社科文献 SSAP 学术文库

| 文史哲研究系列 |

德性论

修订本

A THEORY OF VIRTUE（VOL.1）

（上卷）

江　畅　著

社会科学文献出版社
SOCIAL SCIENCES ACADEMIC PRESS (CHINA)

出版说明

社会科学文献出版社成立于1985年。三十年来，特别是1998年二次创业以来，秉持"创社科经典，出传世文献"的出版理念和"权威、前沿、原创"的产品定位，社科文献人以专业的精神、用心的态度，在学术出版领域辛勤耕耘，将一个员工不过二十、年最高出书百余种的小社，发展为员工超过三百人、年出书近两千种、广受业界和学界关注，并有一定国际知名度的专业学术出版机构。

"旧书不厌百回读，熟读深思子自知。"经典是人类文化思想精粹的积淀，是文化思想传承的重要载体。作为出版者，也许最大的安慰和骄傲，就是经典能出自自己之手。早在2010年社会科学文献出版社成立二十五周年之际，我们就开始筹划出版社科文献学术文库，全面梳理已出版的学术著作，希望从中选出精品力作，纳入文库，以此回望我们走过的路，作为对自己成长历程的一种纪念。然工作启动后我们方知这实在不是一件容易的事。对于文库入选图书的具体范围、入选标准以及文库的最终目标等，大家多有分歧，多次讨论也难以一致。慎重起见，我们放缓工作节奏，多方征求学界意见，走访业内同仁，围绕上述文库入选标准等反复研讨，终于达成以下共识：

一、社科文献学术文库是学术精品的传播平台。入选文库的图书必须是出版五年以上、对学科发展有重要影响、得到学界广泛认可的精品力作。

二、社科文献学术文库是一个开放的平台。主要呈现社科文献出版社创立以来长期的学术出版积淀，是对我们以往学术出版发展历程与重要学术成果的集中展示。同时，文库也收录外社出版的学术精品。

三、社科文献学术文库遵从学界认识与判断。在遵循一般学术图书基本要求的前提下，文库将严格以学术价值为取舍，以学界专家意见为准绳，入选文库的书目最终都须通过该学术领域权威学者的审核。

四、社科文献学术文库遵循严格的学术规范。学术规范是学术研究、学术交流和学术传播的基础，只有遵守共同的学术规范才能真正实现学术的交流与传播，学者也才能在此基础上切磋琢磨、砥砺学问，共同推动学术的进步。因而文库要在学术规范上从严要求。

根据以上共识，我们制定了文库操作方案，对入选范围、标准、程序、学术规范等一一做了规定。社科文献学术文库收录当代中国学者的哲学社会科学优秀原创理论著作，分为文史哲、社会政法、经济、国际问题、马克思主义五个系列。文库以基础理论研究为主，包括专著和主题明确的文集，应用对策研究暂不列入。

多年来，海内外学界为社科文献出版社的成长提供了丰富营养，给予了鼎力支持。社科文献也在努力为学者、学界、学术贡献着力量。在此，学术出版者、学人、学界，已经成为一个学术共同体。我们恳切希望学界同仁和我们一道做好文库出版工作，让经典名篇"传之其人，通邑大都"，启迪后学，薪火不灭。

社会科学文献出版社

2015 年 8 月

作者简介

江　畅　华中师范大学政治学部政治哲学研究中心教授，湖北大学高等人文研究院名誉院长，长江学者特聘教授。国际价值研究学会（ISVI）前会长，中国伦理学会原副会长，中国价值论研究专业委员会副会长，中国文化建设与评价专业委员会常务副会长，中国实践哲学专业委员会副会长。发表论文400余篇，出版《江畅文集》（十二卷本）等著作40余部。获教育部高等学校科学研究优秀成果奖（人文社会科学）二、三等奖各2项，湖北省社会科学优秀成果奖一等奖3项、二等奖2项、三等奖2项，第七届吴玉章人文社会科学奖优秀成果奖和首届罗国杰伦理学教育基金优秀学术著作奖。主持国家社科基金重大项目4项、重点项目2项、一般项目3项。主要研究价值论、伦理学（道德哲学）、政治哲学、精神哲学、中国文化和价值观。

《德性论》简介

伴随着西方德性伦理学的复兴，德性问题已成为当代西方伦理学界乃至世界伦理学界的热门话题，我国近些年来也对这个问题展开了研究。该著在认真研读西方有关德性问题的伦理学原著以及相关的心理学、社会学成果的基础上，立足当代人类品质的现实，提出建立伦理学的德性论，以与伦理学的价值论、德情论和正当论相对应作为伦理学的一个主干分支学科。该著对德性的含义及其与恶性、人性、幸福、智慧、认识、情感、意志、实践、环境、教育的关系等有关德性的基本问题进行了较为系的讨论和阐释，对一系列德性重大问题提出了作者的独到见解，具有一定的开拓性和创新性。

该著以兼顾思想性、学术性、知识性和对话性为写作原则，除了重视思想性之外，还力图加强学术性，注重知识性，尤其突出对话性。根据这种意图，该著大量参阅了国内外有关学术资料，在尽可能充分尊重和理解所有涉及的文本及其作者的基础上与其进行平心静气的讨论，同时也对一些相关的知识性问题进行了梳理，并提出了自己的见解。为该著的研究和写作，作者查阅、搜集了大量英文相关著作并进行了初步研读，吸收了国外相关研究成果，使该著具有学术前沿性和资料性。该著可以为哲学和伦理学专业工作者研究德性问题提供研究基础，可以作为从事德育和思想政治教育专业的教师深入了解和研究德性品质的参考文献，大学生和其他读者也可通过阅读该著增强德性意识、掌握德性知识和德性修养方法。

该著于 2011 年由人民出版社出版，2015 年获第七届高等学校科学研究优秀成果奖（人文社会科学）二等奖，同年获中国伦理学会第二届学术成果奖一等奖，2017 年获第七届吴玉章人文社会科学奖优秀成果奖。

修订本序言

在《德性论》（人民出版社，2011）初版 13 年后的今天，本书能列入"社科文献学术文库·文史哲研究系列"再版，这对于本人来说是莫大的荣幸！

2011 年 10 月 14 日，人民出版社和湖北大学为《德性论》一书举行了出版发行座谈会，人民出版社发行部孙兴民主任、本书责任编辑张伟珍编审、湖北大学副校长鄢明明教授分别致辞讲话，中国伦理学会原会长万俊人教授、中国社会科学院哲学所原副所长孙伟平研究员、武汉大学哲学院原院长朱志方教授、华中师范大学龙静云教授、中南财经政法大学原副校长刘可风教授和龚天平教授、《江汉论坛》杂志社原社长陈金清研究员、湖北大学社会科学处原处长陈道德教授、湖北大学哲学院原院长戴茂堂教授等出席座谈会并发言。《长江商报》《长江日报》以及汉网、搜狐网、中国教育新闻网、湖北大学新闻文化网等媒体对本书的出版和出版发行座谈会做了报道。

《江汉论坛》2012 年第 9 期围绕本书发表了一组"德性伦理研究"的笔谈。在《漫谈德性伦理问题》一文中，万俊人教授指出："我以为，江畅教授的德性伦理研究是成功的，是当代中国伦理学界在目前阶段所达到的一个具有学术高度和重要实践意义的理论成果，具有一种标志性意义。《德性论》在国内目前关于德性伦理的研究方面应该是最有水平的，在中国目前的伦理学界是值得钦佩与学习的，人民出版社出版这部书也是极有眼光的，时间将会不断证明这一点。"龙静云教授的《德性伦理应回答的几个根本问题》评价说："目前，德性伦理的研究已成为国际伦理学研究的前沿性问题之一，而国内对此问题的研究似乎尚未形成气候。在这样的背景下，江畅教授撰写出版的《德性论》无疑是伦理学众多成果中的一大亮点。"戴茂堂教授在《找回德性的力量》一文中说："为了直面当今时代的价值冲突和道德危机，寻求走出冲突和危机的伦理学方案，江畅教授在《德性论》中提出了建立德性论作为与价值论、情感论、规范论并列的伦理学主干分支学科的思路……从而确立起了伦理学研究的德性原则，为我们的时代找回德性的力量开启了一扇智慧之门。这显然意义非凡。"

《湖北大学学报》（哲学社会科学版）2012 年第 6 期发表了一组书评并加了编者按。编者按说："在当今世界'回归德性伦理学'的潮流中，江畅教授出版了他的逾 70 万字的著作《德性论》，试图在建立德性论的过程中，使德性问题重新回到伦理学的怀抱，此举对于完善伦理学学科，增强伦理学对社会的影响力具有十分重要的理论意义，可以在伦理学的视野和框架内对德性问题进行深入的系统的研究，同时在实践意义上也可以为社会和个人的德性培育提供理论根据，从而提高社会的整体德性水平。"中国社会科学院孙伟平研究员的《道德人格的培育与德性的养成》论文结合《德性论》中提出的"德性完善与人格完善是一而二、二而一的"观点指出："一个具有成熟、健全人格的人必定是一个社会人格与自我人格统一的人，一个自觉用高标准要求自己和不断提高自己人格的人，就一定是具有德性人格的道德新人。"湖北大学强以华教授指出："在当今世界'回归德性伦理学'的潮流中，江畅教授出版了他的逾 70 万字的巨著《德性论》，该书的出版既给'回归德性伦理学'潮流添上了厚重的一笔，又给了源自西方的'回归德性伦理学'洪流作出了中国式的回应。"

本书出版后产生了较好的社会反响，2015 年获第七届高等学校科学研究优秀成果奖（人文社会科学）二等奖，同年获中国伦理学会第二届学术成果奖一等奖，2017 年获第七届吴玉章人文社会科学奖优秀成果奖，2022 年入选国家社科基金中华学术外译项目推荐书目。

本书是我研究德性问题的第一部专著，这部专著从哲学价值论的角度系统阐述了本人的德性思想。本书出版后，本人与德性问题研究直接相关的主要成果有《西方德性思想史》（人民出版社，2016 年初版，2018 年修订版）。《西方德性思想史》分古代卷、现代卷、当代卷（上）和当代卷（下）四卷，主要从西方德性思想史的角度深化和扩展对德性问题的研究。《西方德性思想史》试图在认真研读西方思想家原著的基础上，对西方自古至今的德性思想做初步的系统梳理和阐述，并力求揭示其演进过程、精神实质和显著特色，着重阐明西方主要思想家德性思想的来龙去脉、基本观点、内在逻辑、突出贡献和历史影响。其中最重要的是将社会德性纳入德性的范畴，因此这部书不只是从伦理学的角度，也从哲学价值论的角度对西方德性思想加以整理，力图围绕好人格尤其是好品质、好生活、好社会乃至好世界、好生态及其相互关系展现西方个人德性思想和社会德性思想的概貌。为满足研究生教学需要，本人还在上述四卷本的基础上编写了《西方德性思想史概论》（人民出版社，2017）作为教材。

十多年来，本人除了西方德性思想史之外，没有进行多少专门的德性问题探讨，但所有的学术研究都与德性问题有关。归纳起来，这些年主要做了以下五个方面的研究：一是中国当代价值文化和价值观研究，主要成果有《社会主义核心价值理念研究》（2012）、《论价值观与价值文化》（2014）、《论当代中国价值观》（2016）、《论中国价值文化发展》（2018）、《新时代中国幸福观》（2021）。二是中国传统价值观研究，主要成果有《中国传统价值观及其现代转换》（上下卷，2020）、《大国之魂——中华优秀文化基因》（主编，2021）。三是伦理学原理研究，主要成果有《伦理学原理》（2022）。四是哲学基本原理研究，主要成果有《哲学三部曲：本体论、知识论、价值论》（即将出版）。五是精神哲学研究，这是从2021年开始做的研究，《精神哲学：探索与构建》（编辑出版中）。六是政治哲学原理及中西政治哲学史研究，这是2022年4月以来拓展的一个新的研究领域。我为本人主编的"中西政治哲学通史"（共20卷）撰写了总论卷《政治哲学：理论与历史》（2024），并在此基础上编写了《政治哲学概论》教材（即将出版）。这六个方面的研究及其成果看起来范围相当广泛，但整体上是围绕个人德性和社会德性问题展开和深化的。本人认为，文化问题的核心是价值问题，价值问题的难题是道德问题。因此，本人着眼于文化问题研究道德和价值问题，以解决道德问题为突破口破解价值问题和文化问题，以价值问题为中心展开，使道德问题、价值问题和文化问题的研究贯通起来，融为一体。德性（包括个人德性和社会德性）问题是道德问题中最难解决的基本问题，因而也是本人着力最多、研究成果中分量最重的部分。这部分研究为我后来研究其他问题奠定了基础，对于本人学术体系的构建具有重要意义。

本人学术研究的最终目的在于，立足于当代中国现实，着眼于人类未来，弘扬中华优秀传统文化，广泛吸纳人类一切有价值的思想理论成果，在反思、批判、创新的基础上超越，创建以本体论、知识论、价值论为理论基础，以道德哲学（伦理学）、精神哲学和政治哲学为实践面向的现代幸福主义哲学体系。这个体系以弘扬和创新中西古典哲学的本义及其基本精神，并运用其研究范式探讨和回答当代哲学基本问题，因而也可被看作新古典主义哲学体系。我希望借着本书纳入"社科文献学术文库·文史哲研究系列"再版的契机，最终能圆满实现本人创建现代幸福主义哲学体系的夙愿！

本书能列入"社科文献学术文库·文史哲研究系列"再版，我要特别感谢社会科学文献出版社马克思主义分社周琼副社长的倾情举荐，感谢社会科学文献出版社冀祥德社长、总编辑耿显家先生的大力支持，感谢本书文稿编辑梅怡萍女士十分精细而卓越的编校工作！我也要借此机会对本书给予充分肯定和对本人给予热情鼓励的专家学者以及帮助支持我的各位同人致以诚挚的谢忱！

最后需要说明的是，本书这次再版基本上保留了初版的原貌，只做了文字的修订和注释的更新，恳请学界同人和读者批评指正。

江　畅

2024 年 9 月

目　录

上　卷

下　卷

Contents

Volume 1

Volume 2

德性论与伦理学

自古以来，哲学家对德性问题研究很多，最有影响的当数德性伦理学学派。我们不赞同德性伦理学家把伦理学理解为德性伦理学，也不赞同其他哲学家只是将德性问题作为伦理学的一个从属性问题。我们主张德性问题是伦理学的一个基本研究领域，伦理学要对德性问题进行系统研究；关于德性问题的系统研究应作为伦理学的一个分支学科，即德性论。德性论与价值论、情感论、规范论（道义论）一起构成伦理学的四个内在分支。[①]

一　建立德性论的必要性

建立伦理学的德性论，理由是足够充分的。

[①]　笔者在 2022 年高等教育出版社出版的《伦理学原理》中将伦理学的内在分支调整为价值论、德情论、德性论、正当论和智慧论。

　　首先，德性是人生中极其重要的问题。人在世界上生活面临人生问题。人生问题很多。不同学科从不同维度、不同层面研究不同的人生问题。从伦理学的角度看，人生问题可以从总体上划分为三大类，即人的目的问题、人的品质问题和人的活动问题。这三个问题都是人生的重要问题。人的目的问题涉及的是人活在世界上为了什么。一般来说，人活在世界上是为了获得幸福。幸福是一种总体性的终极价值，它是由一系列价值构成的。从这个意义上看，人活在世界上是为了实现价值。价值需要通过认识、情感、意志、行为等一系列活动才能获得。人的活动怎样才能有效地获得价值？人获得价值，除活动本身之外，主要取决于人自身的四个方面，即观念、知识、能力、品质。观念涉及的是活动的方向，知识、能力涉及的是活动完成的可能性，品质涉及的是这种可能性能否正当地变成现实。正确的观念是个人活动完成的前提条件，必要的知识、能力是个人活动完成的可能条件，道德的品质（即德性）是个人活动完成的保障条件。德性品质体现了正确观念，特别是正确的道德观念的要求，没有体现正确道德观念的德性品质这种保障条件，知识再丰富、能力再强也不能正当地达到活动的目的。以正确观念为前提，以德性作为人活动的保障，那么，人的活动就有正确的方向，又有正当的方式，人的知识、能力就能朝着活动的正确方向正当地变为现实。一种品质能称为德性的，是它正当地实现正确人生目的的稳定倾向性和习惯性，是它稳定成形的正确人生态度和养成习惯的正当活动方式。因此，是否具有德性的品质，关系到人生的目的是否正确，关系到这种正确的人生目的能否顺利实现，因而也直接关系到个人的人格是否完善，人生是否幸福。德性是个人幸福之基。约翰·刻克斯（John Kekes）指出："过好生活需要两类德性：完善地指导自然的、正常的人的倾向的德性和指导其他德性发展的德性。前者，即第一层次的德性，属于我们品质的立法力量；而后者，即第二层次的德性，属于它的司法力量。前者根据某种生活和品行应当是什么的观念促使行为，后者促使对指导这些行为的观念进行考察。"[①] 刻克斯的话深刻揭示了德性与好生活即幸福生活的密切关系。

其次，德性是人类社会幸福之基。乍看起来，德性问题是一个个人问题，但事实并非如此。一般说来，德性总是个人的德性，德性如何所直接涉及的是个人幸福与否。但是，社会是由个人组成的，组成社会的个人的德性好不好，直接关系到社会会不会有普遍幸福。人总是具有品质的，不具有德性品质，往往会具有恶性品质。恶性品质意味着对不正确人生目的的稳定倾向性和习惯性，意味着稳定成形的不正确人生态度和养成习惯的不良活动方式。如果人们普遍具有这种恶性品质，社会不可能是幸福美好的，相反可能是一种"人对人是狼"的战争状态。德性是幸福所必需的品质，个人不具有德性，个人就不可能有幸福；社会成员不普遍具有这种品质，社会就不会有普遍幸福。事实上，如果我们从广义上理解德性，那么不仅个人有德性问题，人类生活的共同体特别是国家也有德性问题。柏拉图就将公正看作国家的首要德性。就当代社会而言，自由、平等、民主、法治、公正等都被看作社会的德性。这种意义上的德性更是社会稳定、和谐的保障。因此，德性问题是人类社会的一个重要问题，德性是社会幸福美好的基础，缺乏德性的社会是可怕的，至少不是美好的。这即古人说的"德，国家之基也"[②]。阿拉斯代尔·麦金太尔（Alasdair MacIntyre）在《依赖的理性动物：人类为什么需要德性》一书中充分论证了德性对于人类生存的必要性。他认为，我们人类对于许多种类的痛苦都是脆弱的，我们大多数人都不时地由于某种疾病而遭受痛苦。当我们面对身体疾病和伤害、不充分的营养、精神的缺陷和烦闷

①　John Kekes, *Moral Wisdom and Good Lives*, Ithaca and London: Cornell University Press, 1995, p. 9.
②　《左传·襄公二十四年》。

以及他人的攻击和轻视时，在大多数情况下我们的生存，更不用说我们的繁荣，都得借助别人的力量。我们生存的保护和维系对他人的依赖，在儿童时期和年老时期最为明显。他指出，现代道德哲学特别强调个人的自主性，强调做独立选择的能力，但也必须承认人的脆弱性和痛苦以及随之而来的依赖性在道德上的重要性。这一切都要求人类必须有德性。他力图证明："依赖的理性主体的德性，需要有为其充分运用而由我所称的得到承认的依赖性这种德性与之相伴随，而且理解这一点的失败会遮蔽理性主体的某些特征。

再次，德性是当代社会的重要问题。尽管德性问题无论对于个人还是对于社会都是十分重要的问题，但自近代以来德性问题无论在理论上还是在实践上都被忽视、被边缘化。人类社会倡导个人自由，为了个人自由得以实现，建立了日益完善的法律制度。自由化和法治化是现代社会的基本格局。人们普遍认为有了充分自由和完善法制，人类社会就会进入理想的美好状态。然而，实际情况恰恰相反：虽然人类有了普遍的充分的个人自由和完善的社会法制，但并没有真正进入理想的美好状态。在自由和法治的现代社会，仍存在着犯罪、恐怖、敌对、战争、环境污染、生态失衡、不可再生资源迅速消耗；许多人变得越来越贪得无厌和冷漠无情；社会和自然环境恶化与个人贪婪之心恶性膨胀交互作用，使个人生活得沉重和痛苦。导致这种状况的根本原因是，人忽视内在的良好品质，只讲强力，不讲德性。亚里士多德曾经指出，人一旦趋于完善就是最优良的动物，而一旦脱离了法律和公正就会堕落成最恶劣的动物。不公正被武装起来就会造成更大的危险，人生来便装备有武器，这就是智能和德性，人们为达到最邪恶的目的有可能使用这些武器。所以一旦他毫无德性，他就会成为最邪恶残暴的动物，就会充满无尽的淫欲和贪婪。① 德性问题与许多其他

---

① 参见〔古希腊〕亚里士多德《政治学》，吴寿彭译，商务印书馆，1965，第9页。

社会问题不同，它不是显性的、外在的，而是隐性的、内在的，因而这一问题尽管已经十分严重，但直到今天并没有引起人们的普遍关注。人们都觉得我们生活的世界问题严重，但并不都能意识到问题的症结之一在于我们自己缺乏应有的德性，忽视应有的德性修养。因此，进一步加强这方面的研究，尤其是使这方面的理论成果渗透到现实生活，不仅十分必要，而且非常迫切。

最后，伦理学能从理论和实践的结合上系统回答德性问题。德性问题是一个十分复杂的问题，涉及不少学科。例如，心理学把德性作为心理特征进行研究，教育学研究德性的养成问题，政治哲学研究社会的德性问题。但是，这些学科都不是将德性与人生目的、价值特别是幸福联系起来系统研究个人的德性问题，将它作为人生的根本问题和重大问题之一来研究它的实质、要求及其对人生和社会的意义。这个任务只能由作为人生哲学的伦理学来完成。伦理学自古以来一直都在研究这个问题。西方自古希腊开始一直到中世纪，德性问题都占据着伦理学的中心地位。不过令人遗憾的是，近代以来西方伦理学的研究重心发生了转移，伦理学家们更多地关注规范问题，而淡忘了德性问题。当然，并不能否认许多伦理学家研究过或涉及德性问题，但他们已经使它成为次要的或从属的问题。与西方不同，无论是在过去还是在今天，中国历来都重视德性问题。不过，值得注意的是，以前伦理学对德性问题的研究要么将德性问题作为伦理学的中心问题，要么将德性问题作为其从属问题。前者的问题在于突出了德性问题而忽视或贬低了价值问题、情感问题和规范问题，后者则突出了价值问题、情感问题或规范问题而忽视或贬低了德性问题，因而两者都不能很好地从理论上回答德性问题，特别是不能正确处理德性问题与价值问题、情感问题、规范问题的关系。今天看来，只有伦理学才能从理论和实践的结合上系统回答德性问题，而且还必须将德性问题与价值问题、情感问题和规范问题放在同等重要的地位，建立伦理学的德性论专门研究德性问题，使之与价值论、情感论和规范论（或道义论）一起共同回答人生哲学问题。

　　建立德性论伦理学是研究和回答现实生活中德性问题的需要，也是伦理学学科建设和发展的必然要求。从西方伦理学史看，伦理学早期主要关注德性问题，近代以来重点关注价值问题和规范问题，而不重视德性问题，直到20世纪80年代以后德性问题才引起部分伦理学家的重视。今天看来，近代以来伦理学重视价值问题和规范问题很有必要，也有很充足的理由，但并不能因此忽视德性问题。因为德性问题是人生的重大问题之一，伦理学绕不过它，绕过了它，伦理学就是不完善的。我们赞同大卫·索罗蒙（David Solomon）的看法，"任何充分的伦理学理论必须包括研究德性的部分"①。而且，伦理学不研究德性问题，价值问题、情感问题和规范问题也不能得到很好的解决。以这种有缺陷的伦理学理论指导社会实践和人生，难免偏颇。从研究对象和内容看，虽然德性问题与价值问题、情感问题和规范问题有紧密的关联，但它既不完全是个价值问题，也不完全是个情感问题或规范问题。说它不完全是个价值问题，是因为其中有规范方面的内容，更重要的是还有教育、养成等方面的内容；说它不完全是个情感问题，是因为它是以理智或智慧为基础的，是人格的重要构成要素；说它不完全是个规范问题，是因为其中有很多价值方面的内容，不仅涉及应当怎样，而且涉及怎样更好、怎样最好方面的内容。德性问题的这些内容是价值论、情感论和规范论包含不了的。因此，建立德性论，使德性问题重新回到伦理学的怀抱，对于完善伦理学学科，增强伦理学对社会的影响力具有十分重要的意义。建立伦理学德性论的主

---

① David Solomon, "Internal Objections to Virtue Ethics", in Peter A. French, Theodore E. Uehling Jr., and Howard K. Wettstein, eds., *Midwest Studies in Philosophy Volume XIII, Ethical Theory: Character and Virtue*, Notre, IN: University of Notre Dame Press, 1988, p. 428.

要学术意义在于，可以在伦理学的视野和框架内对德性问题进行系统深入的研究；而其主要实践意义则在于，为社会和个人的德性培育提供理论依据，从而提高社会的整体德性水平。

以上我们提出了构建德性论的理由。这些理由归结为一条，即"德性也是力量"。德性像知识一样也是力量，甚至比知识更有力量，需要一个学科来研究它。这个学科就是伦理学的德性论。

二　德性论在伦理学中的地位

要了解德性论在伦理学中的地位，有必要对伦理学学科进行一些分析。

伦理学作为一门学科在古希腊就已经出现，当时基本上被看作哲学的一个分支，[①] 主要研究善和至善的问题。哲学家对善的理解不同，有的哲学家把快乐理解为善，有的哲学家把德性理解为善，因而有快乐主义伦理学和德性主义伦理学（有的德性主义哲学家把德性与人的完善联系起来，德性主义有时也被称为完善主义）之分。古希腊之后，经过两千多年的发展，特别是伴随着现代文明的昌盛，伦理学已经由一个单一的学科发展成了一个具有不同层次、不同分支的学科体系。伦理学与其他哲学分支学科一样，不同于自然科学、社会科学和人文科学，有众多的学派和观点。对伦理学学科本身，不同的伦理学家、哲学家见仁见智，莫衷一是，没有一个公认的统一学科范式。不过，我们还是可以梳理出一个大致上的结构框架。

伦理学大体上可以划分为三个层次的学科：元伦理学、理论伦理

---

① 这里说"基本上"是指当时大多数哲学家特别是晚期古希腊哲学家把伦理学看作哲学的一个分支，而早期古希腊哲学家并非都如此。例如，苏格拉底的哲学主要研究德性或美德，因而基本上就是伦理学或道德哲学。正因为如此，他被公认为道德哲学的鼻祖。亚里士多德把伦理学看作政治学的一部分，尽管后来人们一般还是把他的伦理学看作他的哲学的一个分支。

学和应用伦理学。

元伦理学（meta-ethics）主要研究伦理学的术语、命题、体系的意义、功能、证明等问题。元伦理学是伴随着分析哲学的出现而出现的，以 G. E. 摩尔（G. E. Moore）1903 年出版的《伦理学原理》为标志。从学科性质来看，元伦理学是研究伦理学自身的一门学科。

理论伦理学，也称为伦理学原理，主要研究善恶、正当不正当、德性恶性等问题，所涉及的主要是人的价值、德性和德行等，而这一切通常都被看作道德现象。这是伦理学最悠久的学科，伦理学自产生之日起就是以今天看作理论伦理学的形态出现的。理论伦理学也是伦理学的主干学科。一谈到伦理学，人们通常想到的就是理论伦理学，其原因是自古以来大多数伦理学派和伦理学家都从事理论伦理学研究，在理论伦理学方面伦理学史积累了极其丰富的研究成果。在当代西方，理论伦理学领域主要存在着功利主义、义务论和德性伦理学的分歧。斯蒂芬·哈德森（Stephen Hudson）认为，道德有不同的层面，可以"直接看"（direct view），即主要看行为，也可以"间接看"（indirect view），即主要看道德主体及其特性、能力和动机等。[1] 对同一道德现象从不同角度看并聚焦于不同的重点，就有了理论伦理学的不同观点。

应用伦理学（applied ethics）主要研究当代人类生活和实践中已经出现和可能出现的实际问题，从伦理学的角度对这些问题做出解释和提供答案。"由于应用伦理学应用于的对象是多元的、多变的，所研究的领域不是固定的，而是变动的，因而应用伦理学不像理论伦理学那样是一个相对固定的学科，而是一个变动的学科群。"[2] 应用伦理

---

[1]　See Stephen D. Hudson, *Human Character and Morality: Reflection from the History of Ideas*, Boston / London / Henly: Routledge & Kegan Paul, 1986.

[2]　江畅：《从当代哲学及其应用看应用伦理学的性质》，《中国人民大学学报》2003 年第 1 期。

学是从 20 世纪 70 年代开始兴盛起来的。美国当代著名哲学家、阿拉巴马大学教授詹姆斯·拉歇尔斯（James Rachels）指出："在 20 世纪 70 年代早期，发生过两大事件，这两大事件为众多新观念的产生开辟了道路。其中第一大事件是应用伦理学运动的兴起。以前我们关于应该怎样生活的讨论一直是空泛和抽象的。现在突然间哲学学究们开始研究诸如堕胎、种族和性别歧视、内乱、经济不公、战争甚至非人的动物的待遇等问题。"[1] 应用伦理学的兴起与现代文明的繁荣及其问题息息相关。伴随着现代文明的繁荣，现代文明所导致的诸多重大现实问题严重威胁着人类的生存。从根本上解决这些问题，使人类走出生存危机，作为生存智慧之学的哲学及其伦理学肩负着重要责任，应用伦理学正是伦理学直面当代重大现实问题而兴起并繁荣的。之所以应用伦理学被称为应用伦理学，是因为它是以理论伦理学为前提的，是理论伦理学的理念、原则、原理向不同的现实生活领域的延伸并应用。但值得注意的是，"应用伦理学研究虽然是一种应用性研究，但绝不只是一种单纯的理论应用和推广过程，而是一种再研究、再创造、再构建的过程。它是通过再研究、再创造、再构建来实现把理论伦理学具体化的目的"。[2]

就其作为伦理学主干领域的理论伦理学而言，由于历史悠久，各种派别和观点不可胜数。不过，不同的理论伦理学家研究的问题和所形成的理论归结起来可划分为四个方面：一是价值问题，二是德性问题，三是情感问题，四是规范问题。琳达·扎格则波斯基（Linda Zagzebski）曾针对约翰·罗尔斯（John Rawls）将伦理学理论研究划分为关于正当、善和价值的研究，主张用德性的概念代替价值的概

---

① Steven M. Cahn and Peter Markie, eds., *Ethics: History, Theory, and Contemporary Issues*, New York / Oxford: Oxford University Press, 1998, p. 475.

② 江畅：《从当代哲学及其应用看应用伦理学的性质》，《中国人民大学学报》2003 年第 1 期。

念，使不同的伦理学研究成为关于正当、善和德性的研究。她说：
"约翰·罗尔斯说道德理论是'正当、善和道德价值的基本概念可以
怎样被排列以构成不同的结构的研究'①。如果用德性概念代替道德价
值的概念，可以发现这会使道德理论的分类变得清晰，通过这种方
式，它们使德性、善和正当行为这几个基本的道德概念关联了起
来。"② 我们赞成扎格则波斯基对罗尔斯的修正，将善、正当和德性看
作伦理学的基本范畴，但还要加上道德情感这个范畴。如果分别以这
四个基本范畴进行研究，就会形成伦理学的不同研究领域或理论伦理
学的四个分支。研究价值（善）问题的伦理学，西方称之为价值论
（axiology）。对于人而言，价值是与目的直接关联的，价值论在一定
意义上也可以说是目的论（teleology）。研究德性问题的伦理学，我们
可以称之为德性论，西方因没有一个相应的专门术语而笼统地称之为
德性理论（theory of virtue）。英文中有一个相应的词 Ethology，可直译
为品质论。尽管这个词的原初意义是品质论，但目前主要在自然科学
中使用，没有用于伦理学，意为动物行为学。不过，弗洛姆使用过一
个词表示品质论，即 characterology。我们可以考虑用这个词表示德性
论或品质论，以与 axiology 或 teleology 以及后面所说的 deontology 相
应。③ 研究情感问题的伦理学可以称为情感论。英文中没有一个与此
相应的专门术语，可考虑一般性地使用 theory of emotion。研究规范

① John Rawls, "The Independence of Moral Theory", *Proceedings of the American Philosophy*, 48 (1974-5): 5-22.
② Linda Trinkaus Zagzebski, *Virtues of the Mind: An Inquiry into the Nature of Virtue and the Ethical Foundations of Knowledge*, Cambridge: Cambridge University Press, 1996, p. 78.
③ 廖申白教授在他的《伦理学概论》中把德性论伦理学与目的论伦理学和义务论伦理学并列在一起，其概括是十分准确的，但是他所说的这三种伦理学（包括德性论伦理学）是从历史上伦理学存在不同形态意义上讲的，而不是从伦理学的内在分支意义上讲的。历史上有分别以目的问题、德性问题和义务问题为研究中心的三种类型的伦理学，但它们都不是将这三个问题作为同一伦理学科中的三个不同主要领域进行研究的。参见廖申白《伦理学概论》第二章"伦理学的历史演变轨迹"，北京师范大学出版社，2009，第25—48页。

（正当）问题的伦理学在西方由于过去主要关注义务问题而被称为义务论（deontology，亦译为道义论），今天可以在更广泛的意义上称之为规范论。英文中没有与此对应的专门术语，可考虑使用 deontology 或 theory of norm。

价值论主要研究何谓善（good），何谓恶（bad 或 evil），何谓至善（super good 或 summum bonum），其主要任务是确立伦理学的价值原则。伦理学价值论从所研究的内容看，早在古希腊就已经出现。在西方，自古希腊一直到近代，价值论主要研究道德价值问题，大约到19世纪末迅速地拓展了研究范围，不仅研究道德价值问题，而且研究政治、宗教、艺术、经济等价值问题，还研究一般价值问题。我国自20世纪80年代开始，价值论的研究也日益兴盛，今天已经成为世界研究价值论的主要阵地之一。不过，我国的价值论研究更多的是从哲学一般价值论的角度进行的。与其他学科研究价值不同，伦理学主要着眼于人类更好生存这一人类根本的、总体的目的研究各种价值问题，特别是道德价值问题即善恶问题。

情感论主要研究什么样的情感是道德的或善的，什么样的情感是不道德的或恶的，其主要任务是确立伦理学的情感原则。在西方，至少在柏拉图和亚里士多德那里就开始重视道德情感问题的研究，中世纪一些哲学家（如奥古斯丁）出于阐释和论证基督教教义的需要也研究道德情感问题，近现代的沙夫茨伯利、哈奇森、亚当·斯密、休谟、逻辑实证主义者等一大批哲学家更十分重视道德情感问题的研究，只是当代这方面的研究相对较少。我国自古以来不太重视道德情感的研究，这方面的成果较少，以至于有学者呼吁要"敞开伦理学的情感维面"①。

规范论主要研究何谓正当（right），何谓不正当（wrong），以及

---

① 戴茂堂：《敞开伦理学的情感维面》，《光明日报》2010年2月16日。

应当或应该（ought to 或 should）怎样，不应当或不应该（oughtn't to 或 shouldn't）怎样，其主要任务是确立伦理学的规范原则。在道德上应当怎样和不应当怎样，通常被看作道德义务（obligation），从这个意义上看，规范论也可以说主要研究道德义务，因此被称为义务论。伦理学开始研究规范问题是在古罗马时期，从那时到中世纪，伦理学十分重视义务问题，包括道德义务和宗教义务。到近代，伦理学不仅重视义务问题，而且也重视行为原则和责任等规范问题。近代以来，规范问题成了中外伦理学研究的中心。因此，近代出现了一次伦理学研究重心从德性论到规范论的转向。① 直至今天，规范问题研究仍然是伦理学关注的最主要问题，规范论仍然是伦理学研究的最主要领域。

人的活动一般涉及两个方面，一是思维的方面，二是行为的方面。价值论研究什么是好的或善的，所涉及的是思维的价值判断、选择、构想、决策问题，提供的是一般目的原则或价值原则，要求人们根据这种原则去判断、选择和追求价值。规范论研究何谓正当，所涉及的是行为规范问题，提供一般行为原则或规范原则，要求人们要依据这种原则去行动。价值论和规范论一方面给人生活以导向，另一方面给人生活以规范，这对于人的生活来说无疑都是十分必要和重要的。但是，一个人可能由于某种外在的原因被迫认可、接受或遵循这种导向和规范，而当这种被迫的因素不存在时，他就可能不再认可、接受或遵循这种导向和规范。一个人也可能处于蒙昧或无意识的不自觉状态，对这些导向和规范不敏感。这里存在着一个人能不能认可、接受或遵循这种导向和规范的能力问题，更存在着一个人是否倾向于认可、接受或遵循这种导向和规范的品质问题。人的品质是认可、接受并遵循这种导向和规范的先在前

① 江畅：《论伦理学的问题论转向》，《哲学研究》2004 年第 1 期。

提。德性论就是研究人的品质问题，研究人认可、接受或遵循价值原则、行为原则所需要的良好品质，即德性，给人提供一般品质原则或德性原则。

德性论要给人们提供一般品质原则或德性原则，面临着一个这样的问题，即德性伦理学算不算规范伦理学。不少西方学者把德性伦理学和义务论、功利主义都归入规范伦理学，以与元伦理学相对。[1] 然而，实际的情形是，德性论的确要给人们提供德性原则，但它并不属于规范伦理学，它与伦理学的规范论有区别。这种区别主要体现在，规范论主要是研究行为的规范，给人们的行为提供规范原则，着眼于通过规范人们的行为维护社会的秩序，而且它所提供的原则是对人们的行为具有约束力的；德性论则主要是研究品质的德性，给人们的品质提供德性原则，着眼于通过德性修养使人成为有德性的人或德性之人（the virtuous person）。德性原则对于行为也具有内在约束力，但一般不具有外在约束力。因此，不应将德性论归入规范伦理学或伦理学规范论，尽管它也与元伦理学不同。

以上简要分析表明，价值论、情感论、德性论和规范论所关注和研究的是人生的四个基本方面，即目的、情感、品质和行为。它们分别从这四个方面解释并回答人生问题，给人生提供伦理学原则。人生的这四个方面既相互联系又相互区别，研究这四个方面的价值论、情感论、德性论和规范论也因而相对独立、相互补充，共同研究回答人生的伦理学问题。这四个学科都有其相对独立存在的价值。[2] 不同的

---

[1]　Cf. , " Virtue Ethics", in *New World Encyclopedia*, http：//www. newworldencyclopedia. org/entry/Virtue_ ethics; in *Stanford Encyclopedia of Philosophy*, http：//plato. stanford. edu/entries/ethics-virtue/#Oth.

[2]　尼古拉·哈特曼（Nicola Hartmann）认为，从内容上看，价值论构成了伦理学的基础〔〔德〕德尼古拉·哈特曼：《伦理学》，见万俊人主编《20 世纪西方伦理学经典》（Ⅱ），中国人民大学出版社，2004，第 249 页〕。我们赞同这一看法，价值论确实在伦理学的四个主干分支中具有基础地位，这不仅因为道德的情感、德性和德行都是善的，而且因为道德的情感、德性和德行都是指向价值特别是终极价值幸福的。

伦理学家侧重于其中的某一学科研究在所难免，但是，用其中某一个学科取代或否认其他学科，那是偏颇的。从伦理学史看，从伦理学对现实生活影响的历史过程看，那种用其中一个学科取代或否认其他学科的做法是有害的。① 伦理学家可以侧重于不同的学科领域进行研究，但伦理学教材和伦理学教学则不能如此。伦理学教材及其教学要系统地给学生传授伦理学基本知识，使学生了解一般价值原则、情感原则、德性原则和规范原则，切忌抓住一点不及其余，否则会误导学生。

三　德性论研究的任务

将德性论作为伦理学的一个相对独立的分支学科，其研究对象是人的品质，主要是研究什么品质是善品质（德性），什么品质是恶品质（恶性），以及如何获得德性和如何避免或克服恶性问题。伦理学的德性论主要研究个人的德性问题，一般不专门研究社会的德性问题，社会的德性问题主要是由政治哲学或政治伦理学研究的。当然，它也会涉及社会德性问题，而且有些德性是个人与社会相通的，如公正。不过，德性论作为伦理学或人生哲学的一个分支，研究的中心是个人德性问题（以下我们都是在个人德性的意义上谈论德性）。简言之，德性论研究什么是德性以及如何获得德性，其主要任务是确立伦理学的德性原则。

人的品质是一个十分复杂的问题，研究这个问题，主要涉及以下九个方面。

（1）德性对人生、对社会的意义。在伦理学中有价值论、情感论和义务论分支，而到目前为止虽然有德性伦理学，但没有相对独立的德性论分支，如果我们认为德性论应该成为一个与价值论、情感论和

---

① 参见江畅《论伦理学的问题论转向》，《哲学研究》2004 年第 1 期。

义务论并列的伦理学分支学科，我们应该为此提供什么样的论证和辩护？

（2）德性和恶性界定，以及德性、恶性与品质的关系。德性和恶性有哪些类型？德性与善、义务、正当、许可以及良心的关系怎样？德性的源泉是社会道德要求还是人更好生存的需要？德性是怎样形成和发展的？

（3）德性的基础和依据。如果将人性看作德性的终极根据，那么我们应该怎样理解人性，人性与德性有什么样的关联？如果我们把人格看作人性的现实化，那么人性是怎样转化为人格的？品质是人格的主要构成因素之一，那么什么是品质？品质的好坏善恶对人格有什么影响，以及品质何以会有可善可恶的性质？人格包括观念、知识、能力和品质，那么作为品质的德性与观念、知识、能力的关系怎样？德性对人格完善具有什么样的重要意义？

（4）德性的终极指向。德性作为一种获得性的优秀品质是有所指向的，伦理学史上通常将其终极指向看作好生活或幸福生活。那么究竟什么是幸福？幸福生活是什么样的生活？德性对幸福的实现具有怎样的意义？

（5）德性与智慧的关系。西方历史上把智慧看作首要的德性，那么，究竟什么是智慧？智慧与理性、智力的关系怎样？智慧究竟是不是德性，它与德性是什么关系？幸福、德性和实践智慧是亚里士多德德性伦理学的基本范畴，那么，应该怎样看实践智慧（道德智慧）与幸福、德性的关系？

（6）德性与活动的互动机制。德性是在活动中形成的，同时作为心理定势又对活动有重要影响，那么，德性与认识、情感、意志和行为等活动的相互作用机制如何？这些活动为什么会存在德性品质问题？德性被认为是人们在实践中获得的习性，那么德性与实践的关系怎样？人的实践与人性修养是什么关系？修养对于德性养成和完善具有什么样的重要意义？德性修养要遵循哪些基本原则？有哪些行之有效的德性修养方法？

（7）德性与环境的相互作用。人的实践是在环境中进行的，如果说德性是在实践中获得的习性，那么家庭环境、学校环境、社会环境、工作环境以及私交环境对德性具有什么样的影响？德性形成对环境提出了什么样的要求？同时，人们的德性与环境存在着交互作用，德性对环境的影响如何？当代西方伦理学热烈讨论"道德运气"问题，那么，在德性形成和完善的过程中是否存在道德运气问题？

（8）教育对德性的影响。如果德性是在环境的影响下、在实践中获得的习性，那么教育能否对它起作用，起怎样的作用，或者说，教育与德性的关系怎样？德性教育应遵循哪些基本原则？德性教育与德性修养的关系怎样？

（9）德性思想史。自古以来，哲学家都关心德性问题，哲学史在德性研究方面给我们留下了什么样的遗产？我们应以什么态度来对待历史上的有关学术资源？德性论在发掘哲学史上关于德性问题的已有学术资源方面要做些什么工作？

以上九个方面就是德性论研究的主要任务。

四　德性论与德性伦理学

西方历史上有德性伦理学（virtue ethics），今天德性伦理学研究在国内外都相当兴盛。为什么还要在德性伦理学之外建立伦理学的德性论呢？这里我们有必要讨论伦理学德性论与德性伦理学的关系。

古希腊、古罗马有不少哲学家研究德性问题，但一般认为亚里士多德的伦理学才是真正意义上的德性伦理学。幸福（*eudaemonia*）、德性（aretê）、实践智慧（phronêsis）① 是亚里士多德德性伦理学的三个基本概念。斯坦·凡·霍夫特（Stan Van Hooft）将亚里士多德的德性伦理学概括为以下六个方面：（1）对伦理学的理解更重视什么使生活值得过，而不是对道德法则的服从。如果人类具有建立在他们真正存在方式上的目的，德性就是有助于我们达到这种目的的东西。（2）把存在的四个层次（即植物的层次、欲望的层次、慎思的层次和沉思的层次）看作灵魂的部分，它们的实现构成幸福。（3）基于我们本性的能力在"品质的德性"与理智的德性之间做出了区别，前者是通过培育发展的，而后者是通过教育发展的。（4）他的理论是规范的，因为他把某些行为特别是那些与快乐有关的行为看作值得人类做的，而另一些是不值得的。人们之所以应该有德性，其理由在于这样做是值得荣耀的。（5）智慧是一种重要的理智德性，在所有理智德性中最重要的是实践智慧，因为它使我们正确地判断一个情境要求我们做什么并使我们做它。（6）德性的目的在他所赋予这个词的特殊意义上是成为幸福的。没有成为善的，你就不能成为幸福的。② 霍夫特的上述概括是相当准确的，它有助于我们对亚里士多德德性伦理学的完整把握。亚里士多德等古希腊哲学家的德性伦理学为中世纪托马斯·阿奎那等经院哲学家所继承并加以神学的改造，由此形成了德性伦理学的传统。但是，到了近代，伦理学研究的重心发生了转移，从关注德性问题转向关注规范问题，德性伦理学的传统因而中断。到20世纪50年代，西方德性伦理学开始复兴。

西方德性伦理学家之所以要复兴德性伦理学，一个重要原因是认

---

① 值得注意的是，在苗力田先生主编的《亚里士多德全集》第8卷（中国人民大学出版社，1994）和邓安庆教授翻译的〔古希腊〕亚里士多德《尼各马可伦理学》（注释导读本）（人民出版社，2010）中译本中，希腊词"phronêsis"被译为"明智"，而在笔者所见到的所有英文文献中，该词都被译为"practical wisdom"（实践智慧）。

② Cf. Stan Van Hooft, *Understanding Virtue Ethics*, Durham：Acumen Publishing Limited, 2006, pp. 80-81.

为近代以来流行的义务论和结果主义主要是功利主义这两种理论在理论上存在着重要缺陷，如强调行为，忽视品质；所提出的一般原则不能解决具体情景中的问题等。罗莎琳德·荷斯特豪斯（Rosalind Hursthouse）指出："关于为什么对义务论和功利主义日益增长的不满会导致德性伦理学复兴，有不少不同的说法（而且没法确定哪一个更精确），但可以肯定的是，每一种说法中都有一个共同点，即现在流行的文献忽视了任何一种适当的道德哲学都应该关心的一些主题，并使之边缘化。它们是我上面提及的动机和道德品质，其他的还有道德教育、道德智慧或辨别力、友谊和家庭关系、深刻的幸福概念、情感在道德生活中的作用以及我应该是什么类型的人、我应该怎样生活的问题。我们能发现这些主题在柏拉图和亚里士多德那里被讨论过。"①

德性伦理学发展到今天已经超出了简单复兴的范畴，并且对整个当代伦理学产生了重要影响。有研究者认为，"德性伦理学的影响已经扩展到它作为道德理论的第三种类型所做出的贡献的范围。正如已经注意到的，对德性伦理学兴趣的复兴已经引起了其他理论观点的拥护者对德性的更大关注。德性的研究也已经导致当代伦理学考察问题的范围普遍拓宽。"② 这种看法是实事求是的。

关于德性伦理学的总体特征，荷斯特豪斯有一个比较简要的阐述。她说："关于德性伦理学的一个共同信念是，它不告诉我们应该做什么。这个信念是纯粹在这样一个得到表达的假定中被表明的某种东西，即'以行为者为中心'（agent-centered）而不是'以行为为中心'（act-centered）的德性伦理学关注是（being）而不是做（doing），关注好（和坏）的品质而不是正当的（和不正当的）行为，关注的是'我应该是什么类型的人'的问题而不是'我应该做什么'

---

① Rosalind Hursthouse, *On Virtue Ethics*, Oxford：Oxford University Press, 1999, pp. 2–3.
② "Introduction", Rebecca L. Walker and Philip J. Ivanhoe, *Working Virtue: Virtue Ethics and Contemporary Moral Problems*, Oxford：Clarendon Press, 2007, p. 4.

的问题。"① 荷斯特豪斯的意思是，德性伦理学主要不是聚焦于正当行为的标准，取而代之的是关注德性的本性和内容——好人具有的那些品质和理智的特性，或者那些人的好生活组成部分的特性。这种对好的行为主体而不是正当行为的聚焦，导致许多哲学家诘难德性伦理学能告诉我们怎样在特定情境下行动。而且，由德性伦理学产生的正当行为的标准（回到了亚里士多德那里）是这样的：要做的正当事情正好是德性之人在那种情境中会做的。②

在德性伦理学兴起过程中有三个人物是重要的，他们改变了现代伦理学或现代道德哲学的方向。

一是伊丽莎白·安斯库姆（Elisabeth Anscombe）。她在 1958 年发表的题为"现代道德哲学"一文中批评现代道德哲学为伦理学的法则概念所垄断，而伦理学的法则概念只涉及义务和责任。像密尔的功利主义和康德的义务论依赖于被要求应用于任何道德情景的道德规则（密尔的最大幸福原则和康德的绝对命令）。这种伦理学路径依赖于普遍原则并导致了一种僵硬的道德法典。这些僵硬的规则基于一种现代世俗社会中无意义的义务概念，因为它们不假定制订法典者存在就没有意义，而我们已不再做这种假定。于是，她要求返回到一种研究哲学的不同方式，即返回到亚里士多德的品质、德性和幸福概念。同时，她也强调情感和理解道德心理的重要性。③ 她要求把德性置于我们理解道德的中心的观点，为不少哲学家采纳，结果造就了当代德性伦理学。

二是伯纳德·威廉斯（Bernard Williams）。他在道德与伦理学之

---

① Rosalind Hursthouse, "Normative Virtue Ethics", in Oliver A. Johnson and Andrews Reath, eds., *Ethics: Selections from Classical & Contemporary Writers* (9th Ed.), Wadsworth: Thomson Learning, Inc., 2004, pp. 454-455.

② Cf. Oliver A. Johnson and Andrews Reath, eds., *Ethics: Selections from Classical & Contemporary Writers* (9th Ed.), Wadsworth: Thomson Learning, Inc., 2004, p. 454.

③ Cf. G. Elisabeth M. Anscombe, "Modern Moral Philosophy", *Philosophy* 33, No. 124 (January 1958).

间做出了区别，认为道德主要是以责任和义务等概念为特征的，道德谴责的要害与义务的概念有着关键性的联系。之所以要被谴责，是因为我们有义务，如果我们能遵守义务而不这样做，就违反了责任。他也注意到这种道德概念拒绝了运气的可能性。如果道德是关于我们有义务去做的事情的，就没有为在我们控制之外的情形留余地。但是，有时好生活的获得依赖于我们控制之外的东西。他采用了一种比道德更广泛的伦理学概念，并拒绝道德这个狭窄而受限制的概念。伦理学包含许多被道德作为不相关的东西而拒绝的情感。伦理学的关注更宽广，包括友谊、家庭和社会，它为像社会公正这样的问题留有余地。他试图表明，"伦理学所要关注的核心仍然是古希腊人提出的那个问题——我应该如何生活"。① 这种伦理学的观点与在亚里士多德和柏拉图著作中发现的古希腊人对好生活的解释是相一致的。

三是麦金太尔。他也像安斯库姆、威廉斯一样，对诸如"应当"这样的概念进行了深刻的批评，同时也试图给德性一种解释。他研究了历史上关于德性的大量解释，并注意到它们之间的不一致，于是得出结论：这些差异源于产生不同德性概念的不同实践。每一种德性的解释要得到理解，需要社会和道德特征在先的解释。这样，要理解荷马的德性，你就需要了解它在希腊社会中的社会角色。这样，德性是运用于那种一致的社会活动形式的实践的，并追求实现对于这种活动而言的内在的好（或善）。存在着一种超越于所有特殊实践的目的，它构成了人整体生活的好。那种目的就是一体的或一致的德性。麦金太尔的观点进一步激发了伦理学家对德性的兴趣。

当代德性伦理学发展的第一阶段主要是对康德义务论和功利主义或结果主义提出反对意见，并针对这两种理论来规定它自身。这主要体现在三个方面。

---

① 〔英〕伯纳德·威廉斯：《道德运气》，徐向东译，上海译文出版社，2007，"译者序"第 2 页。

一是主张伦理学主要关注"人们应该怎样生活"。[1] 近代以来的伦理学主要关注正当和不正当的行为，德性伦理学改变了我们关于伦理学所问的这类问题。义务论和结果主义关注正当的行为，而德性伦理学关注好生活，以及我们应该是什么类型的人。"什么是正当的行为"与"我应该怎样生活，我应该是什么样的人"是两类不同角度的问题。前一类问题涉及的只是行为选择问题，而后一类问题涉及的是完整生活问题。德性伦理学不是问这里和当下什么是正当的行为，而是问我应该是什么类型的人，以便使行为在所有时间都是正当的。义务论和结果主义试图给我们提供正当行为的规则，而德性伦理学则使品质概念成为中心。对"人们应该怎样生活"的回答是人们应该有德性地生活，也就是应该具有德性的品质。

二是重视品质和德性。当代德性伦理学从亚里士多德对品质和德性的理解中寻求理论依据，把品质和德性作为道德的中心问题。对品质发展和情感作用的强调使德性伦理学具有一种道德心理学的解释，而这是义务论和结果主义所缺乏的。迈克尔·斯洛特（Michael Slote）说："一种最充分意义上的德性伦理学必须把德性概念（像'善'或'优秀'）而不是义务概念（像'道德上不正当的'、'应当'、'正当'和'义务'）看作主要的，而且它必须更多地强调对行为者及其（内在）动机与品质特征的道德评价，而不是对行为和选择的评价。"[2] 威廉·弗兰克纳（William Frankena）也明确指出了这一点：德性伦理学"把德性判断作为基础"，"义务判断要么派生于德性判断，要么是完全不必要的"，"而且它可能把关于行为的德性判断看作次要的，是以关于行为者及其动机或特征的德性判断为基础的"。[3] 在他们看来，赞成丰富的德性概念就能避免责任和义务这样的有问题的

---

[1]　Cf. Roger Crisp, ed. , *How should One Live?*, Oxford：Clarendon Press, 1996.

[2]　Michael Slote, *From Morality to Virtue*, New York：Oxford University Press, 1992, p. 89.

[3]　Cf. William Frankena, *Ethics* (2nd Ed.), Englewood Cliffs：Prentice Hall, 1973, p. 63.

概念，因为德性的判断是对整体生活的判断而不是对一种孤立行为的判断。

三是提出反理论（anti-theory），主张伦理学不可法典性。罗莎琳德·荷斯特豪斯说，有一个新的运动叫"伦理学中的反理论"，"它的各种代表人物以拒绝规范伦理学理论为共同的主题，但其中有几位哲学家通常是与德性伦理学关联的，如安妮特·拜尔（Annette Baier）、约翰·麦克道威尔（John McDowell）、麦金太尔和玛莎·C.那斯鲍曼（Martha C. Nussbaum，又译为"努斯鲍姆"）"。① 义务论和结果主义之类的理论依赖于期望应用于所有情境的规则和原则，但这些规则和原则是僵化的，因而不能适应我们面对的所有道德情境。如果问题是变化的，我们就不能期望在一种不允许有例外的刚性和固定的规则中找到它们的解决方法。"我应该怎样生活"的答案不能在一个规则中找到。对于德性伦理学来说，充其量只有"拇指规则"（thumb-rules），即大体适用但不可能总体恰当的规则。亚里士多德的中道学说准确地抓住了这种观念，认为有德性的反应不能被囊括在一个规则或原则中，行为者可以学习这种反应，然后有德性地行动。伦理学不能被囊括在一种规则或原则中，这就是"伦理学论题的不可法典性"（uncodifiability of ethics thesis）。被囊括在一个刚性法典中的伦理学也是多种多样的和不精确的，所以，我们必须用一种像论题本身一样的非固定的和情境反应的理论研究道德。这样，一些德性伦理学家把他们自己看作反理论家，拒绝那种试图囊括和组织所有实践的或伦理学问题的系统理论。②

在对义务论和功利主义提出批评并阐明自己立场的基础上，德性

---

① Rosalind Hursthouse, "Normative Virtue Ethics", in Oliver A. Johnson and Andrews Reath, eds., *Ethics: Selections from Classical & Contemporary Writers* (9th Ed.), Wadsworth: Thomson Learning, Inc., 2004, p. 464.

② Cf. S. Clark and E. Simpson, eds., *Anti-Theory in Ethics and Moral Conservatism*, New York: State University of New York Press, 1989.

伦理学进一步阐发了它对德性的解释。虽然这些解释从柏拉图、斯多亚、阿奎那、休谟和尼采那里得到启发，但是受亚里士多德对德性理解的影响更大，他的德性伦理学概念仍然主导着这个领域。关于这一点，朱丽娅·安纳斯（Julia Annas）指出："无论如何，古代德性理论无意成为等级式的和完全的。在这些理论中，行为者的终极目的、幸福和德性概念能被称作原初的东西，它们是相对于基本的而言的。这些概念是我们的出发点；它们确立了理论的框架，我们根据这些概念来引入和理解其他概念。这样，它们对于理解来说是主要的；它们确立这种理论是关于什么的理论，并且对如正当行为之类的其他伦理学概念的地位给予规定。然而，它们在现代意义上不是基本的，其他概念不是由它们派生的，也很少能还原为它们。"①

德性伦理学主要有三条发展线索，即幸福主义、基于行为者的德性伦理学解释和关怀伦理学。

（1）幸福主义（eudaimonism）。亚里士多德认为，每一行为都指向某种好，而且有些事情是为它们自己的目的而做（目的本身），有些事情是为其他事情的目的而做（目的的手段）。他主张，所有本身是目的的事物也都为一个更广泛的目的做贡献，这就是所有好中的最大的好。那种好就是 eudaemonia。Eudaemonia 是幸福（happiness）、满足（contentment）和实现（fulfillment），它是最好生活类型的名称，它是目的本身并且是生活得好及过得好的手段。亚里士多德注意到，如果一个事物有一种功能，那个事物的好就是当它很好地实现它的功能的时候。将这种论证运用于人，那么，人有一种功能，好的人就是很好地实现了他的功能的人。人的功能是对他所特有的并使他与其他的存在者区别开的东西，即理性。所以，人的功能是理性，人的区别性的生活是根据理性生活。如果人的功能是理性，那么很好地运用理

---

① Julia Annas, *The Morality of Happiness*, New York：Oxford University Press, 1997, p. 9.

性的人就是优秀的人，即有德性的人，他们的生活就是好生活或eudaemonia 生活。

这种幸福主义德性伦理学观点的重要性在于，它将被功利主义颠倒的德性与正当性之间的关系颠倒了过来。一个功利主义者会承认德性的价值，但这只是因为具有善良意向的人能使功利最大化。所以，德性只是由于它带来的结果而被证明是正当的。而在幸福主义伦理学中，德性被证明是正当的，则是因为它是 eudaemonia 即人的繁荣和福祉的构成要素，而这是好本身。

荷斯特豪斯对幸福主义德性伦理学做了详细的阐发。她论证说，德性使其具有者成为好人。像亚里士多德一样，她认为，人类独具特征的方式是理性的方式：人类根据他们的真实本性而理性地行动，这是一种使我们能做出选择和影响我们品质变化的特征，也是使别人认为我们要对那些决策负责的特征。德性地行动，即符合理性地行动，就是以人类本性的特征那种方式行动，而这会导向幸福。这意味着德性对其具有者有利。人们可能认为，道德的要求是与我们的自利冲突的，因为道德是考虑他人的，但是幸福主义德性伦理学呈示了一种不同的画面。人性是这样的，即德性不是与自利对立的，而不如说是人繁荣的精华部分。对于人而言的好生活，就是德性的生活，因而具有德性是在我们的利益中的。不只是德性会导向好生活（例如，如果你是好的，那么你将得到报偿），而不如说，德性生活因我们运用实践智慧而成为好生活，好生活就是对德性的报偿。①

然而，值得注意的是，有许多不同的方式阐发这种好生活和德性伦理学的德性观念。例如，菲力帕·福特（Philippa Foot）就将德性置于对于人类而言是好的东西之上。德性是对其具有者或对共同体有益的。德性与其说构成好生活，不如说是有价值的，因为它们对好生

---

① Cf. Rosalind Hursthouse, *On Virtue Ethics*, Oxford：Oxford University Press, 1999.

活做出贡献。像托马斯·霍卡（Thomas Hurka）这样的完善主义者提供了另一种解释，他从最充分地发展我们的本质的特点引申出德性，强调个体要根据一种完善的标准来判断德性，而这种标准反映人类成就的非常稀少的或理想的层次。德性为了合理性而实现我们的能力，所以在那种意义上对我们的福利和完善做出贡献。①

（2）基于行为者的德性伦理学解释（agent-based accounts of virtue ethics）。不是所有的德性伦理学解释都是幸福主义的，斯洛特阐发了一种基于我们的常识（common-sense）直觉的德性解释，对于这种直觉来说，品质特性（character traits）是值得赞扬的。斯洛特在聚焦于行为者的（agent-focused）理论与基于行为者的（agent-based）理论之间做出了区别。聚焦于行为者的理论的特点是先有德性之人，后有德性之行，德性之人就是判断行为正当与否的标准，德性之人不必刻意考虑自己的行为是否符合德性原则，他的行为本身就是符合德性原则的。亚里士多德的理论是聚焦于行为者理论的代表。与之形成对照的是，斯洛特主张的基于行为者的理论则更根本，强调一个行为是不是德性的，就看它是否以内在的德性品质作为选择的动机。如果一个人自愿地按内在的德性品质的要求行动，他的行为就是德性的。我们发现值得赞扬的那些人的特征（如慈善、善良、同情等）是多样性的，我们能通过我们赞扬的那些人和我们的道德榜样来识别这些特征。② 斯洛特还注意到，"虽然亚里士多德提及我们倾向于赞扬爱人类的人，但他的道德理论似乎一般不需要对人类的关注"。③ 针对亚里士多德理论的这一缺陷，斯洛特特别强调普遍的慈善（universal benevolence）和关怀（caring）。

（3）关怀伦理学（the ethics of care）。关怀伦理学也是德性伦理

---

① Cf. Thomas Hurka, *Virtue, Vice and Value*, Oxford：Oxford University Press, 2001.
② Cf. Michael Slote, *Moral from Motives*, Oxford：Oxford University Press, 2001.
③ Michael Slote, *Moral from Motives*, Oxford：Oxford University Press, 2001, p. vii.

学的一种有影响的观点。这种观点最早是心理学家卡罗尔·吉利根（Carol Gilligan）在 20 世纪 80 年代提出来的。她在《不同的声音：心理学理论与女性的发展》① 一书中提出的道德发展观点主张，存在着两种不同的道德视角，一种是公正的视角，一种是关怀的视角。前者以男人的思考为特征，而后者以女人的思考为特征。公正的视角运用抽象的、普遍的和非个人的原则，与之形成对照的是，关怀是一种对另一个人的福利的直接关注的态度，它是特殊的并且是基于一个人与另一个人之间的情感联系的。安妮特·拜尔等女权主义理论家接受了吉利根的观点。她们要求我们在怎样看道德和德性方面转变观念，转向以妇女作范例的德性，如关怀他人、耐心、养育、自我牺牲等，而这些德性由于社会不充分重视妇女的贡献而一直被边缘化。尽管这些主张并不都是与德性伦理学直接联系的，但在他们关于特定的德性及其与社会实践和教育的关系的讨论中，有许多内容对于德性伦理学来说是具有中心意义的。②

对德性伦理学的解释，以上三类是有代表性的。除此之外，还有大量的其他德性理论，如克里斯丁·斯万顿（Christine Swanton）通过与尼采的联系阐发了一种多元主义的德性伦理学解释。③ 尼采的理论强调内在的自我，并为更好地理解道德心理学的要求提供了一种可能的回答。斯万顿以尼采的观点为基础对自爱提出了一种新解释，并把真正的德性同与之密切相关的恶性区别开来，如将自信与自负或卖弄区别开来。她也使用了尼采的创造性和表达的观念，以表明不同的

① Carol Gilligan, *In a Different Voice: Psychological Theory and Women's Development*, Cambridge, Mass.：Harvard University Press, 1982.

② Cf. Annette C. Baier, "The Need for More than Justice", in Marsha Haren and Kai Nelson, eds., *Science, Morality and Feminist Theory*, Calgary：University of Calgary Press, 1987；*Moral Prejudices*, Cambridge, Mass.：Harvard University Press, 1995；*Reflections on How We Live*, Oxford：Oxford University Press, 2010；etc.

③ Cf. Christine Swanton, *Virtue Ethics: A Pluralistic View*, New York：Oxford University Press, 2003.

知识样式是怎样适合德性的。

德性伦理学在复兴的过程中也遭到了不少批评，主要是批评德性伦理学不能解决自我中心、行为指导、道德运气等问题。针对这些批评，德性伦理学家也进行了辩护。此外，有一些伦理学家针对安斯库姆等人的观点指出，关于德性品质的理论最好是作为对义务行为的理论的补充，而不是代替义务行为的理论。①

从广义上看，德性伦理学的研究属于德性论的研究，但严格地说，德性伦理学是西方伦理学的一个流派，而不是伦理学的一个相对独立的分支。因为它不是将德性问题作为伦理学的基本问题之一并相对于其他伦理学基本问题进行研究，而是将德性问题作为伦理学的最基本问题并将所有其他伦理学问题置于这一最基本问题之下进行研究。对于德性伦理学来说，伦理学就是研究德性问题，伦理学就是德性伦理学。在德性伦理学的视野中，价值问题因为与人生目的特别是幸福相关得到一定程度的重视，但研究的范围和深度十分有限。除了幸福问题，其他价值问题涉及较少，通常只是从与德性关联的角度进行研究。至于规范问题，德性伦理学几乎没有多少涉及。虽然亚里士多德提出了行为和情感的中道原则，其他德性伦理学家也提出德性有规则，② 但这种原则或规则基本上是个人的德性原则，而不是社会规范意义上的道德原则。也许正是因为传统德性伦理学忽视甚至否认规范问题的重要性和研究规范问题的必要性而不适应近代社会生活复杂化的需要，所以它被边缘化。德性伦理学在历史上湮没和中断的教训告诉我们，伦理学不能只局限于德性问题的研究，更不能将德性伦理学等同于伦理学。

---

① Cf. James Rachels, *Elements of Moral Philosophy*, New York：McGraw-Hill, 1978, pp. 159-179.
② Cf. Rosalind Hursthouse, "Normative Virtue Ethics", in Stephen Darwall, ed., *Virtue Ethics*, Oxford：Blackwell, 2003, pp. 184-202; Rosalind Hursthouse, *On Virtue Ethics*, Part I. Action, Oxford：Oxford University Press, 1999.

由于德性伦理学认为伦理学主要研究德性问题，因而在德性伦理学中，价值和规范等问题要么被排斥，要么被置于从属的地位。这种观点首先难以为伦理学的其他学派所接受。许多其他伦理学学派都力图证明，价值问题、规范问题或其他问题更重要，它们更应该成为伦理学研究的中心问题。把德性问题作为伦理学的中心问题，很难得到伦理学界的普遍认同。把德性问题作为伦理学的中心问题在理论上确实存在偏颇。事实表明，人生问题及其相关的社会问题十分复杂，德性问题只是其中的重要问题之一，人生问题不仅仅是一个德性问题。伦理学只关注德性问题并不能完全解决和回答复杂的人生问题。德性论与德性伦理学不同，它是把德性问题作为伦理学的重要问题之一，或者说作为伦理学研究的基本领域之一，并不排斥伦理学对价值和规范等问题的研究。它与伦理学的其他分支一起从不同的角度或从不同的层面研究人生问题及相关的社会问题。因此，将德性问题作为伦理学的一个研究领域并建立德性论专门研究德性问题，能为更多伦理学学派和伦理学家所接受，在理论上也更能自圆其说。

德性伦理学对德性问题的长期研究，为德性论提供了丰富的宝贵资源，如对德性的充分估价和对德性问题的高度重视、对德性与人生的关系特别是与幸福以及与智慧关系的看法、对德性和恶性的定义和解释、所确立的德性原则和德目（德性项目）等。所有这些成果对德性论研究具有极其重要的参考价值和借鉴意义，对此我们完全没有理由置之不顾甚至否认它。我们需要做的是调整视角，转换思路，有批判地将它纳入德性论的框架之内，以充实德性论。

第一章

德性与恶性

什么是德性？这是德性论需要回答的最基本问题。对这一问题的不同回答，反映不同德性论的基本性质。这一问题包括德性的一般含义、特征、源泉、形成和发展，以及德性与善、义务、正当、许可、良心的关系，德性的不同类型及其德目等问题。在研究什么是德性问题的同时，还要对作为德性对立面的恶性问题做相应研究。

第一节　何谓德性

"德"或"德性"是古老的术语，其含义源远流长。

在中国，"德性"的字面意义是具有"德"的性质，说"德性的品质"，就是说品质具有"德"的性质。"德"在汉语中是一个会意字。在甲骨文中，"德"字表示目不斜视，双脚不偏离道路，直达目标。到了西周的金文，"德"含有要按目光直视、走通行大路的准则去行的意思，还要求必须这样去思考。这样，"德"就具有正直、公开以及去行、去想这四层含义。这是周人对"德"这个概念的发展，《易·乾卦》曰："君子进德修业。"唐孔颖达注："德，谓德行；业，谓功业。"《周易·系辞》曰："地势坤，君子以厚德载物。"这些都表明，优良的"操守""品行"是"德"的本意。后来，"德"的观念被孔子提升为"道之以德，齐之以礼，有耻且格"的王道原则；在《礼记·大学》中成了"大学之道，在明明德，在亲民，在止于至善"的道德纲领。"德"是中国传统道德的核心概念，也是中华民族文化的核心概念。在我国传统文献中，"德"这一概念使用频繁，但"德性"一词使用较少。当代中国学界使用词义相近的"品德"一词很多，但这个词主要是指道德品质（意为道德意义上的品质或从道德角度看的品质，而非意为道德的或善的品质）。

在西方，德性（virtue）这个词有两个来源：一是源自拉丁文的virtus。从词源的意义看，它表示男子气或勇敢。用西塞罗的话说，"德性这个术语是从那个表示男人的词来的，一个男人的主要特质是刚毅"。① 二是源自希腊文的 aretê。在英语中，aretê 一般都被翻译成 virtue，但 aretê 的含义要比英文的 virtue 广泛。当然，virtue 更具有道德的意味。对于希腊人来说，aretê 除了指我们今天说的德性的含义，还包括其他各种被看作优秀的性质，如身体的美。正是在这种意义上，可以说"快速是马的德性（aretê）"，"身高是篮球运动员的德性（aretê）"。所以，有学者主张将 aretê 译为"优秀"（excellence）。这种译法也许更准确。就其最广泛的意义而言，德性指一个事物在完善性方面的优秀，正如它的反义词恶性意味着一个事物的缺陷或一个事物在完善性方面的缺乏一样。有研究者认为，

---

① Cicero, *Tuscul*, I, xi, 18.

希腊词 *aretê* 比中世纪的拉丁文词 virtus 含义宽泛，而这两个词的含义都比 virtue 宽泛。[①]

一 古代哲学家对德性的理解

德性（*aretê*）是古希腊伦理学和中世纪伦理学的中心概念之一。古希腊哲学家一般都把德性（*aretai*，*aretê* 的复数）看作灵魂（*psyche*）的品质特征，主要包括智慧、勇敢、节制、公正等。每一种德性都能保证它的具有者在其可能面对的生活情境中以正确的方式行动，具有德性能保证人们践行善的和优良的行为。[②] 古希腊有不少哲学家研究了德性问题，但通常认为苏格拉底、柏拉图和亚里士多德的观点最具权威性。

苏格拉底是对德性问题进行严肃理论探讨的第一人。他针对智者派的道德相对主义、怀疑主义和物质主义生活方式，主张道德的基础在于超出日常实在世界的永恒真理世界。永恒真理既是灵魂的超验部分，也是灵魂中内在的东西，人们只能意识到它，但不能把握它。他理解的灵魂并不是某种幽灵般的实体，而是具有智力和品质的人格结构。灵魂能够拥有关于永恒真理的知识，但要拥有这种知识，灵魂需要培育，而德性就是对灵魂的培育。所以，德性在苏格拉底那里意味着灵魂具有关于永恒真理的知识。相反，恶性则意味着无知。从终极的意义上看，德性与善的形式相关，为了真正成为善的，而不只是根据"正确意见"行动，人们必须逐渐认识不变的善本身。苏格拉底强调只有一种德性，那就是关于永恒真理的知识。在柏拉图的对话《普罗泰戈拉篇》中，普罗泰戈拉主张德性是不同的特性，一个人能具有

[①] Cf. Linda Trinkaus Zagzebski, *Virtues of the Mind: An Inquiry into the Nature of Virtue and the Ethical Foundations of Knowledge*, Cambridge: Cambridge University Press, 1996, p. 84.

[②] Cf. "Virtue", in *New World Encyclopedia*, http://www.newworldencyclopedia.org/entry/Virtue.

一种德性而不具有其他德性。例如，一个人是勇敢的，但不是智慧的。苏格拉底反对这一点，认为智慧、勇敢、节制、公正等这些看起来各别的德性在某种意义上是同一个东西。在他看来，德性之间的区别只不过是相同的知识状态在不同情境中的应用。从这种德性的统一性中，可以推出一个人不能独立于其他德性而具有一种德性：如果他具有一种德性，他必定具有所有其他德性。苏格拉底的这种看法通常被称为德性统一性学说。

柏拉图的德性观点可以理解为是对苏格拉底的发展。在《国家篇》中，他提出了灵魂的三位一体概念，即理性、精神和欲望。理性追求人生活的真正目的，即永恒真理（他称为"形式"或"理念"）；精神是原本为中性但能接受理性指导的动力；欲望则是对肉体东西的愿望。灵魂只要其理性的部分控制了非理性的精神和欲望的部分就能达到秩序和安宁。但是，当灵魂进入肉体后，肉体刺激非理性的部分取代了理性的统治地位，因而无序就发生了，灵魂以前所具有的永恒真理知识就丧失了。柏拉图称重新获得这种知识为"回忆"（anamnesis），并且使它与理性对精神和欲望的控制的重新获得联系起来。所以，柏拉图像苏格拉底一样相信知识是德性。然而，与灵魂三个部分相应，有三种可以区别的德性，即智慧、勇敢和节制。智慧是当理性不被灵魂的非理性的部分纷扰而能看到形式或理念特别是善的永恒知识时获得的。勇敢产生于精神的意志能量即使在逆境中都积极地遵循理性的指导，同时避免轻率或莽撞行为。节制则只有在把欲望保持在一定的限度内并避免过度地追求快乐和满足欲望以使它们不会主导灵魂的其他部分时才能获得。柏拉图也谈到第四种德性，即公正。公正意味着给每一个部分以它自己所应有的，它是在灵魂的每一个部分都履行了它们的功能时获得的。公正的获得意味着灵魂不仅获得了内在的和谐，而且也获得了幸福或福祉。

亚里士多德是迄今为止古代关于德性解释的最有影响力的哲学

家。他相信永恒真理并不是与人类分离地为人类所拥有，所以它不仅能通过研究人性认识，而且可以通过实践获得。人的灵魂作为人自己的形式有三个部分，即理性的部分（人类特有的）、欲望的部分（人与动物共有的）和营养的部分（人与植物共有的）。与人类道德相关的是灵魂的理性部分与欲望部分之间的关系。尽管欲望部分本身不是理性的，是人与动物共有的，但只要在理性的部分控制之下，它也是理性的。道德的德性就是这种意义上的灵魂的各种理性能力。他说："'人的德性'不意味着身体的德性，而是灵魂的德性，我们所说的幸福也是作为灵魂的活动。"① 这些道德德性都不是天生的，而是通过教育和实践习得的。所以，与柏拉图的那种德性基本上只是知识的观念不同，亚里士多德的理解是，每一种德性除了理性知识之外还包含灵魂的自我控制。除了柏拉图的德性项目（德目）之外，亚里士多德还考虑了许多其他德目，包括慷慨、大方、友谊、真诚和自尊等。作为习性，道德德性是品质特性。大多数道德德性可以被理解为两种恶性即过度和不及之间的中道，这也是他的中道学说。② 亚里士多德还认为有另一类德性，那种德性纯粹在于灵魂的理性能力，与控制欲望部分无关。它们就是理智的德性，包括第一原则的"哲学智慧"和善的"实践智慧"。道德德性可以引导我们到达幸福，而理智德性则可以使我们达到更高层次的幸福。

在西方中世纪哲学家中，一般认为奥古斯丁和托马斯·阿奎那对德性所做的解释具有权威性。奥古斯丁虽然不是生活在中世纪，但他是西方中世纪哲学思想的奠基人，其哲学思想与中世纪有着紧密的联系。奥古斯丁主要是从与恶性做斗争的角度解释德性。他认为，自从

---

① 〔古希腊〕亚里士多德：《尼各马可伦理学》（注释导读本），邓安庆译，人民出版社，2010，第71页。

② 很长时间以来，就有一些学者谈到亚里士多德的中道学说不能适用于像说真话和信守诺言这样一些德性。Cf. Michael Slote, *Moral from Motives*, Oxford：Oxford University Press, 2001, p. vii.

亚当夏娃违背了上帝的意志之后，人的意志就不再是自由的，而是堕落的，具有了恶性。人并不是天生恶的，"那些恶人，只是由于浸染了恶习的缘故"。① 人要重新获得意志的自由，必须同这种恶性做斗争，德性就是在这种斗争中产生的。"总之，德性自身，不是自然底原始事物（Primary Objects of nature），它只是由于学习的结果而承受着这些东西的。纵使它在人类善的事物中有最高的地位，但它的职责，没有什么别的，只有是永久地和恶习作斗争——不是在我们以外的，而是在我们以内的，不是他人的，而是我们自己的——这是一种希腊人叫做 σωφροσυνη 我们叫做节制的德性所从事着的斗争，这种斗争控制着肉欲而阻止心灵趋于恶业。"② 他承认，现实世界中的许多真实德性对于应对人生逆境是有帮助的，但并不能把德性之人从不幸中拯救出来，只有对来世的希望，才使人不会陷入许多现世的重大罪恶，这样的人生才会是幸福的、安全的。"我们得救了，我们乃是因希望而得幸福。如果我们还没有得到当前的解救，只有期乎未来的解救，那将是我们的幸福所在，我们只有忍耐。"③

托马斯·阿奎那更倾向于亚里士多德对德性的理解。他认为，德性是指使力量达到完善的习性。任何事物的完善，主要根据目的而定，而力量的目的是行动。所以，说一种力量是完善的，是因为它被决定去行动。有些能力，如物理的活动能力，就是它们自身决定去做它的动作。人则不同，人有理性的力量，这种力量不是被决定去做一个单纯的动作，而是多方面地被习惯所决定而动作。所以，"人类的德性乃是习惯"。④ 而一个习惯之所以被称为德性，一方面是因为它而有了行为为善的倾向；另一方面则是因有这种倾向，它实际上产生了

---

① 周辅成编《西方伦理学名著选辑》上卷，商务印书馆，1964，第355页。
② 周辅成编《西方伦理学名著选辑》上卷，商务印书馆，1964，第356页。
③ 周辅成编《西方伦理学名著选辑》上卷，商务印书馆，1964，第361页。
④ 周辅成编《西方伦理学名著选辑》上卷，商务印书馆，1964，第370页。

德性。

与西方古代的德性伦理学家相比，中国先秦的儒家更重视德性，其德性思想对中国传统文化具有根本性的影响。"历史造就了儒家的德性思想，因而历史最终又选择了儒家，致使儒家的德性思想得以历史地延续，并成为影响整个中国文化、历史进程的思想元点。"① 在西方古代，德性思想主要局限于伦理学领域，它是相对独立于本体论和认识论的，而中国古代的德性思想则是融本体论、认识论和伦理学于一体的。"儒家之学不同于西方之学的根本点，就在于它是以德性的观点和方法认识和把握世界的。"②

在中国，德性思想可以追溯到殷商。在殷商的宗教观念中，"德"已是一个带有政治和道德含义的概念。到西周，传统的原始宗教观念中的"德"被延伸为"敬德"，"德"成为一个融宗教、政治、道德为一体的思想观念。到先秦时期，西周思想中的宗教成分被进一步削弱，并不自觉地将"敬德"思想的根基从周人的"天"移植于"人"。孔子在总结春秋以来注重人事、人道思想的基础上，把周人的德性思想提高到一个新的阶段，创立了"仁学"，孟子则进一步使"德"根植于人心，荀子的"明天人之分"和天道服务于人事的思想则比较彻底地实现了"德"本位由"天"到"人"的转变。至此，中国先秦儒家基本上完成了中国传统德性思想的构建。

中国传统的德性思想内容十分丰富。葛晨虹教授认为，先秦儒家的德性思想是以血缘宗法人伦关系为基础，以仁的实现为目的的以善统真的思想形态。就德性思想的基本特质而言，它是以人为本位，以践履为原则，以合分为方法的价值思想体系。③ 先秦儒家的德性思想

① 葛晨虹：《德化的视野——儒家德性思想研究》，同心出版社，1998，第1页。
② 葛晨虹：《德化的视野——儒家德性思想研究》，同心出版社，1998，第19页。
③ 参见葛晨虹《德化的视野——儒家德性思想研究》第一章"德性思想的血缘根基及其特质"，同心出版社，1998，第1—32页。

经过汉儒董仲舒和宋明理学获得了进一步发展。在发展的过程中，先秦的德性思想逐步被理论化、系统化，同时汉儒、宋儒的德性思想也在许多问题上与先秦儒家有所不同，有些问题甚至偏离了原有命题的原初含义。不过，中国传统儒家的德性思想有着共同的基本价值取向："天合于人的人道价值取向。在天人之际，天道、人道之际，主张以人道为本体，天道合于人道，合于德性，高扬天地间人的地位、人的价值。""情合于性的精神价值取向。追求高尚人格，追求精神境界的内在超越，强调修养践履及道德自律性，高扬人的道德个性。""利合于义的社会价值取向。强调个人对社会整体的责任和义务，注重人伦和谐，重视德治仁政。"①

二 当代伦理学家对德性的阐释

当代哲学家对德性问题的重视是与德性伦理学的复兴相关的。德性伦理学复兴以来，对德性的阐释主要有两种取向：一是亚里士多德主义的或称为新亚里士多德主义的，二是非亚里士多德主义的。后一种情形比较复杂，虽然有些伦理学家属于德性主义伦理学的，但并不赞成或不完全赞成亚里士多德对德性的解释，还有一些哲学家则是在针对当代德性伦理学家对结果主义或功利主义和义务论的批评做出回应的过程中对德性做出阐释的。

当代新亚里士多德主义对德性的解释基本上采取了亚里士多德的观点，将德性看作品质的特性，这种特性呈现于特定的行为类型以及认知和情感的反应之中。根据有关研究，当代新亚里士多德主义的德性概念与亚里士多德本人的德性概念之间既存在着相同的方面，也存

---

① 参见葛晨虹《德化的视野——儒家德性思想研究》第五章"德性思想发展及其基本价值取向"，同心出版社，1998，第195—223页。

在着相异的方面。①

相同方面主要有：第一，德性是一个人的品质状态。例如，判断某人是勇敢的或有智慧的，这是在给一个人的品质而不是给特定行为做出判断。人们称行为正当或不正当，但当人们说一个人是慷慨的时候，他们是在对这个人的道德价值做出断定，所表达的是他具有某种德性的品质特性。第二，德性是一个人品质的意向。意向是在特定处境中具有某种反应（情感、知觉和行为的反应）的倾向。说一个人是慷慨的人比说他过去慷慨行动过内容更丰富。如果他具有慷慨的德性，那么他非常可能在所有要求慷慨的情境中慷慨行动。这就涉及某种反应的持久图式，当一个人处于某类既定的情境时，这些图式体现出他的特征。第三，具有者会做出广泛的反应，包括行为、知觉、态度和情感。一个充分具有德性的人不用有意识地努力就会被关于他行动的情境的考虑所推动，体现出对那种德性的特有情感。罗莎琳德·荷斯特豪斯称德性的这种特点为"多轨迹意向"（multi-track dispositions）。亚里士多德在有德性的人与想要正确地行动但得控制他的愿望和情感的意志坚强的人之间做出了区别。这里的关键是，一个有充分德性的人实现了个人的行为与情感、态度和品质之间的和谐，而不具有这种和谐的人也可能正确地行动，但并不一定是具有（充分）德性的。

差异方面主要有：第一，当代所理解的德性的范围不像亚里士多德那样宽泛。前面我们已说到希腊词 *arête* 在英语中通常被译为"virtue"。这种翻译的问题使我们容易从道德意义上理解德性，而这种理解是与古希腊人的理解存在着差异的。对于希腊人来说，*aretê* 包括我们不会看作与伦理学相关的所有类型的优秀性质，如一个女人身

---

① Cf. "Virtue", in *New World Encyclopedia*, http：//www.newworldencyclopedia.org/entry/Virtue.

体的美、一匹马的快速奔跑等。所以，在古希腊伦理学中，德性不排除道德的意义，但不仅限于此，还包含更多的意义，如智慧和勇敢。第二，当代的德性概念不一定像亚里士多德的那样是目的论的。在亚里士多德看来，德性的活动是要获得我们生活的福利或幸福（eudaemonia），正是为了这个目的，我们得具有 *arête* 的优秀功能意义上的德性。例如，理性是人类特有的功能，一个有德性的人就是使理性能力在获得福利方面得到最大程度的运用的人。与之形成对照的是，当代的德性解释并不都是目的论的。第三，当代有的德性理论将德性看作受历史因素影响的，因而并不一定赞同亚里士多德所提出的一些德性。例如，亚里士多德把"灵魂的伟大性"（megalopsuchia）看作一种德性，而当代理论不会承认它是一种德性。又如"善良"，亚里士多德没有把它列为德性，而当代德性理论从基督教传统中接受了它。第四，当代德性理论对苏格拉底的德性统一性比亚里士多德持更慎重的态度。虽然亚里士多德认识到德性的差异而不赞同苏格拉底的看法，但至少基于实践智慧而肯定苏格拉底的这种观点，即人们不能具有一种德性而不具有所有的德性。亚里士多德主张，人们除非已经具有了实践智慧，否则就不能真正具有任何一种德性。相反，人们如果具有实践智慧，就会具有所有德性。大多数当代伦理学家并不承认实践智慧与德性之间具有那么密切的相关性。

德性伦理学者关于德性的解释并不都是亚里士多德主义的。例如，迈克尔·斯洛特从新亚里士多德主义者转向了道德情感主义者，提出了一种不同于亚里士多德的"聚焦于行为者的"理论的"基于行为者的"理论。[1] 此外，在德性伦理学范围内还有不少其他关于德性的解释。例如，克里斯丁·斯万顿提出了一种与尼采相联系的多元主义的德性解释。她对德性做出了一个她认为不同学派都可以接受的

---

[1]　Cf. Michael Slote, *Moral From Motives*, Oxford：Oxford University Press, 2001.

定义，即"德性是一种品质的好性质，更特别的是，它是以足够优秀或好的方式对在它的领域内的项目做出的一种反应或应答"。[①] 还有的学者从基督教思想家（如奥古斯丁和托马斯·阿奎那）那里受到启发。托马斯·阿奎那关于德性的解释承认德性对意志的作用，人们的意志能由德性指导，具有德性就是要有运用德性的意志和知道怎样做的知识。他们认为，人倾向于作恶，承认这一点能使我们接受信仰、希望和爱的德性，这些德性不同于亚里士多德的德性而且具有意义。

德性伦理学提供的根本不同于义务论和结果主义的解释，引起了结果主义者和义务论者利用有关德性的探讨对自己的理论进行重新审查。多年来，义务论者主要依赖《道德形而上学的奠基》讨论康德的道德理论。德性伦理学的出现引起许多研究者重新考察康德的其他著作，如《道德形而上学》、《从实用观点看人类学》以及《理性限度内的宗教》等。康德的德性思想在某些方面是与亚里士多德类似的，如在《道德形而上学》中，康德强调教育、养成并逐渐发展对于德性的重要性。对于康德主义者来说，德性的主要作用在于德性品质有助于人们制订恰当的道德准则。除此之外，康德的德性概念至少在以下三方面不同于其他德性概念：一是康德的德性是一种对情感的斗争。对于康德来说，道德的价值来源于责任动机，这是一种与爱好做斗争的动机。这显然与亚里士多德的理性与愿望相和谐的图画大相径庭。二是对于康德来说不存在意志软弱这样的东西，而这一点在亚里士多德区别自制与不自制的意义上得到了承认。三是在康德那里，出现于经验世界的德性与存在于本体世界中的道德价值之间存在着某种矛盾，他需要对这些矛盾做出解释。

结果主义一直都把德性看作促进好结果的意向。德性本身是没有

---

① Christine Swanton, *Virtue Ethics: A Pluralistic View*, New York：Oxford University Press, 2003, p. 1.

价值的，它只是就其可能产生好结果而言有价值。我们之所以培育有德性的意向，是因为这样的意向有助于使功利最大化。朱丽娅·戴弗（Julia Diver）给德性下了这样一个定义："德性是系统地导致好结果的品质特性。""这种特性体现的精神状态所产生的行为本身不具有内在价值，尽管它们确实是具有外在价值的。然而，它们的价值要根据外在特征——在正常情况下产生的结果，或者会产生的结果——来理解。"① 这种看法显然与亚里士多德关于德性为了它自身目的的观点相去甚远。功利主义者的其他一些德性观点更激进，如朱丽娅·戴弗甚至认为知识对于德性也不是必要的。②

三　德性的定义及其特性

琳达·扎格则波斯基曾指出，"任何一种给德性的本性提供一般解释的尝试都会遇到一种严重的困难，即我们的语言没有足以表达每一种德性的充分统一的真实性的名词。有的名词表达反应性感情（移情），有的表达欲望（好奇），有的表达行为的动因（慈善），而有的表达看起来是独立于感情和动机（公平）的行动图式。因为这种原因，很容易将德性与某些情形下的感情（移情、同情）混淆，在另一些情形下与技能混淆（公平）。其结果是，给出一个统一的德性解释是非常困难的。"③ 给德性做一般性解释或下定义确实面临着困难，但是这一工作是德性论研究者不得不做的。

通过对德性原初含义、古代和当代伦理学家对德性阐释的考察发现，他们对德性的理解和阐释不尽一致，但也有一些共识：德性是不

---

① Julia Diver, *Uneasy Virtue*, Cambridge: Cambridge University Press, 2001, xviii.

② Julia Diver, "Monkeying with Motive: Agent-Based Virtue Ethics", *Utilitas*, Vol. 7, No. 2 (1995).

③ Linda Trinkaus Zagzebski, *Virtues of the Mind: An Inquiry into the Nature of Virtue and the Ethical Foundations of Knowledge*, Cambridge: Cambridge University Press, 1996, pp. 134–135.

同于一般行为习惯的意向（心理定势）或品质特性；德性是公认为好的、优良的或值得赞扬的品质；德性不是与生俱来的，也不是自发形成的，而是在环境的作用下通过智慧选择形成的；德性不只是体现在行为方面，而且体现在认知、情感、意志等活动及态度方面。根据这些共识，我们可以大致上把握德性的一般含义。这里，我们以上述共识为基础对德性做出这样的规定：德性是人运用理智或智慧根据其谋求生存得更好的本性的根本要求并以生存得更好为指向培育的，以心理定势对人的活动发生作用，并使人的活动及其主体成为善的善品质，即道德的品质。①

德性是一种品质，是人的品质的道德特性或状态。亚里士多德在分析德性的归属时指出，在心灵中有三种东西，这就是情感、能力和品质。在这三者之中，"德性既非性情也非能力，那么只剩下是品质了"。② 亚里士多德意义上的德性，是广义的德性，意指品质的优秀，即价值论上的优秀或值得赞扬的性质，而我们所说的德性特指人的具有道德意义的优秀品质，这种品质在性质上是道德的。亚里士多德认为德性是一种品质，这种观点是正确的，而且得到了许多学者的认同。就德性作为品质而言，它是与作为品质的恶性相同的，因为恶性也是品质，但恶性是一种坏品质或恶品质，而德性是一种好品质或善品质。正如亚里士多德所指出的，仅仅说德性是品质还不够，还要说它是什么样的品质。在他看来，所有的优秀，都不但要使以它为优秀的东西本身状态良好，而且使它很好地履行其功能，而"如果所有事物的德性都是如此，那么人的德性也就必定就是这样的品质了，通过

---

① 需要指出的是，道德的品质，是指具有道德性质的品质。它不同于通常说的道德品质，即品德。道德品质指的是从道德的角度看的品质，因而是中性的。就是说，道德的品质或德性是好的或善的品质，而道德品质或品德可能是好的或善的，也可能是不好的、可恶的。

② 〔古希腊〕亚里士多德：《尼各马可伦理学》（注释导读本），邓安庆译，人民出版社，2010，第86页。

它一个人变成一个优秀能干的人，又能把人所固有的功能实现到完善"。① 我们所说的德性不仅是品质的性质，而且是不同于恶性的品质性质，即品质的善性。

德性也可以说是品质的一种状态。亚里士多德明确说过："德性是一种属于选择的品质，它按照我们所考量过的中庸并为理性所规定来选择。"② 如果从伦理学的角度将品质划分为善的状态和恶的状态，那么，也可以说德性是品质的善的状态。

一种品质之所以被看作德性，是因为它是有利于人更好生存的。这里所说的"有利于人更好生存"，不仅指有利于具有者更好生存，而且有利于他活动于其中的共同体及其成员更好生存，或者有利于其中一者更好生存而无碍于并无害于他者更好生存。有利于人更好生存的品质才是具有道德价值的，才是道德的。这是德性的实质，是所有德性所具有的共同本质。按照苏格拉底的观点，同一种品质和行为在不同的情境对不同的人具有不同的道德含义。任何一种具体品质的德性都是相对的，是因人因情境而异的，只有当一种品质是有利于人更好生存的，它才是德性。每一种具体的德性之所以能成为德性，是因为它具有了有利于人更好生存这种德性的共同本质。德性的这种共同本质是具有普遍而绝对意义的，它不会因为具体德性的相对性、特殊性而丧失其普遍性和绝对性。因此，有利于人更好生存是德性的根本规定性，是否有利于人更好生存则是衡量和评价一种品质是不是德性的根本标准或终极标准。

对于一种品质是不是德性，不同时代的不同道德和文化体系存在着差异，不同的思想家和普通人也有不同的看法。有的将有利于具有

---

① 〔古希腊〕亚里士多德：《尼各马可伦理学》（注释导读本），邓安庆译，人民出版社，2010，第86—87页。
② 〔古希腊〕亚里士多德：《尼各马可伦理学》（注释导读本），邓安庆译，人民出版社，2010，第90页。

者更好生存的品质看作德性，有的将有利于具有者活动于其中的共同体更好生存的品质看作德性，有的将有利于他人的品质看作德性，有的将同时"有利于"这三者看作德性。显然，这四种看法是有差异的，而且这三者有时可能会彼此冲突。从当代伦理学的角度看，真正善的品质或德性是同时有利于品质具有者本人、他活动于其中的共同体及其成员更好生存的品质，至少对其中之一更好生存有利而对其他者无妨碍并无伤害。从道德评价的角度看，一般来说，这种有利的程度（范围和深度或高度）越大，品质的善性越大，德性的水平越高。

这里要特别指出的是，不利于品质具有者本人更好生存的品质不能说是善品质（德性）。例如，中国传统社会妇女的"三从四德"中的"三从"（即"未嫁从父，既嫁从夫，夫死从子"[①] ）是不利于妇女更好生存的，因而不是真正的善品质或德性。现实生活中不顾自己身体的"工作狂"的敬业精神也不是真正的德性。对于德性的这一特点，许多伦理学家已经注意到。菲力帕·福特就断定，德性是既有利于具有者又有利于其他人的品质，因而是个体善的构成部分。如果一种品质特性不利于或不服务于其具有者和其他人需要的满足，这种特性就不能被合适地看作一种德性。[②] 罗莎琳德·荷斯特豪斯也将德性定义为"人类幸福、繁荣或生活得好所必需的品质特性"。[③] 当然，不利于品质具有者活动于其中的共同体及其成员更好生存的品质也不是善的品质或德性。[④]

---

① 见《仪礼·丧服·子夏传》："妇人有三从之义，无专用之道。故未嫁从父，既嫁从夫，夫死从子。"

② Cf. Philippa Foot, *Virtues and Vices and Other Essays in Moral Philosophy*, Berkeley, CA: University of California Press, 1978, pp. 125ff.

③ Rosalind Hursthouse, *On Virtue Ethics*, Oxford: Oxford University Press, 1999, p. 167.

④ 这里不笼统地说共同体或整体，也不说品质具有者生活于其中的共同体，而是说品质具有者活动于其中的共同体，是因为在当代流动频繁的社会，人们在其中活动的共同体并不一定是生活于其中的共同体。例如，一个学者活动于其中的社团组织就不是他的生活共同体。而一个人生活于其中的共同体必定是他活动于其中的共同体。

　　之所以德性会成为有利于人更好生存的品质，是因为德性是理智或智慧根据人谋求生存得更好的本性的根本要求并以人生存得更好为指向自觉培育的。真正意义上的德性不是自然而然形成的，而是德性主体在社会的教育和其他因素影响下，并在生活实践中运用理智或智慧进行选择和确认以及将这种确认转变为意愿、谋求和行为逐渐形成的，而选择又是以反思、比较、甄别、判断为前提的，确认则需要经过寻找理由和试错过程。这个过程通常是德性的养成过程，也是德性的修养过程。在这个过程中，理智发挥着主导作用。德性基本形成之后，还需要进一步使其拓展并提升。这是德性完善的过程，这个过程也是一个德性修养过程。在德性养成和完善的过程中，智慧发挥着主导作用。只有理智转化成了智慧，人们才会自觉地进行德性修养。德性是人们在生活实践中运用道德智慧不断选择逐渐积累下来的心理倾向（表现为态度）和活动方式。

　　在德性养成和完善的过程中，道德智慧选择的根据是人谋求生存得更好的本性。道德智慧是以人更好生存为价值取向进行德性养成和完善的。价值取向存在着正确不正确的问题。正确的价值取向，从终极意义上看，根源于人本性的根本要求。人本性的根本要求就是谋求生存得更好，或者谋求更好的生存。根源于这种根本要求的正确价值取向就是，人的一切活动都要有利于个人自己、他活动于其中的共同体及其成员更好生存。之所以这种价值取向是正确的，是因为它兼顾了个人与他者（包括他人、社会组织、国家、环境等），实现了两者的互利共赢。当这种正确的价值取向成了一个人的内心信念时，它就成了他的善恶观念。所谓善恶观念就是关于什么是善的、什么是恶的观念。善恶观念是道德观念的核心。从人的本性的角度看，正确的善恶观念把追求个人与他人、社会、环境互利看作善的，把为了其中一方利益而妨碍或损害他方利益看作恶的。显然，这种正确的善恶观念正是正确价值取向的体现。从这种意义上看，德性也是理智或智慧以这种正确的善恶观念为根据做出选择的结果。

当然，无论从历史还是从现实来看，不少人的价值取向受不同的道德环境以及个人的其他因素的影响，并不一定是有利于德性具有者本人、他活动于其中的共同体及其成员更好生存的。在整体主义的道德环境中，个人的价值取向通常是整体主义的；在个体主义的道德环境中，个人的价值取向通常是个体主义的。而事实表明，这两种取向可能并不真正是有利于德性具有者本人、他活动于其中的共同体及其成员更好生存的。然而，无论历史上和现实中人们的实际价值取向如何，从伦理学的角度看，只有理智或智慧以有利于个人和他活动于其中的共同体及其成员更好生存为价值取向或善恶观念做出的选择才是正确的选择，根据这种选择所形成的品质才是德性的。也正因为德性是理智或智慧根据这种正确的价值取向和道德观念选择的结果，所以它才是有利于人更好生存的。

德性作为品质是对认识、情感（包括情绪）、意志、行为活动具有稳定的规范和导向作用，并通过这些活动体现出来的意向或心理定势。德性不仅在行为方面，而且在认识、情感和意志等活动中体现为稳定的态度。它不仅对行为具有规范和导向作用，而且对认识、情感、意志活动具有规范和导向作用；不仅对人的活动、人生活的各方面具有规范和导向作用，而且对于整个人具有规范和导向作用。可以说，德性作为道德意义上的好品质是使人的认识、情感、意志、行为乃至人成为善的道德规定性。正是这种道德规定性使人的各种活动成为好活动，使人成为好人。这就是亚里士多德所说的："每种德性既使承载德性的实体本身达到优秀和卓越的状态，也使其功能达到完善。……如果所有事物的德性都是如此，那么人的德性也必定就是这样的品质了，通过它一个人变成优秀能干的人，又能把人的所固有的功能实现到完善。"①

---

① 〔古希腊〕亚里士多德：《尼各马可伦理学》（注释导读本），邓安庆译，人民出版社，2010，第86—87页。

德性对认识、情感、意志和行为的上述作用通常是无意识的、自然而然的，而不是有意识的、理性控制的。用康德的话说，是"出于倾向"的，而不是"出于责任（或义务）"的。关于这一点，笔者不太赞同亚里士多德的看法。按照亚里士多德的观点，"每一个德性的行为都是一次实践智慧的运用"[①]。笔者也不完全赞成斯洛特所主张的德性行为由德性动机决定，完全不用道德智慧参与的观点。[②] 笔者认为，德性通常是以未被意识到的动机对人的活动发生作用，这时道德智慧一般没有参与，但有德性的人也可以使这种无意识的动机转变为有意识的动机，这时道德智慧就会起作用。例如，一个具有诚实德性的人在一般的情境下会以诚实的心理定势从事活动，在这种意义上，许多伦理学家将德性看作良好的习惯。不过，在有些情境中（如当他作为医生通过检查发现患者患上恶性疾病的时候），他也可以根据情境对是否出于诚实的德性行事进行选择。在这种情况下，德性的动机还需要道德智慧加以调控。克里斯丁·斯万顿所主张的"德性的品质能够对情境做出合理性反应"[③] 的观点，基本上反映了德性与活动之间关系的特点。

人们谈到德性时，可能指某一种德性，也可能指一个人的德性。因此，德性这个词可以指单一的德性，也可以指整体的德性。我们通常说的"善良""诚实""正直"，所指的就是单一的德性，人们常常在这种意义上使用德性。但是，严格说来，德性是一个总体。作为总体的德性，它有两个维度：完整性和高尚性。完整的德性是指人可能具备的德性达到了完整无缺的程度，高尚的德性则是指人可能具备的

---

① Karen Stohr, "Manners, Moral, and Practical Wisdom", in Timothy Chappell, ed., *Values and Virtues: Aristotelianism in Contemporary Ethics*, Oxford: Clarendon Press, 2006, p. 202.

② See Michael Slote, "Agent-Based Virtue Ethics", in Stephen Darwall, ed., *Virtue Ethics*, Oxford: Blackwell, 2003.

③ Christine Swanton, "Virtue Ethics and Satisfying Rationality", Daniel Statman, ed., *Virtue Ethics*, Edinburgh: Edinburgh University Press, 1997, p. 82.

德性达到了至高无上的程度。达到了完整和高尚有机统一的德性，可谓之为"完善的德性"或"至德"。至德是一种德性的理想境界，是人德性修养（包括德性养成和完善的过程）所追求的终极目标。

根据以上对德性含义的阐释，我们可以看出德性具有以下共同特性。

其一，指向性。詹姆斯·瓦拉斯（James Wallace）指出："所有德性的本性和价值都能根据它们在我们的生活中的各种功能和作用来理解。"① 我们不能就德性本身来理解德性，而要根据它对于生活的意义来理解德性。任何一种德性不是目的本身，而是有所指向的。德性所指向的目的在不同的价值体系中可能是不同的。例如，封建社会倡导的德性指向维护封建统治秩序。对于德性的指向性，亚里士多德是肯定的，他的德性伦理学是目的论的，德性的目的是幸福。不少现代德性伦理学家不赞同亚里士多德的目的论观点，把德性作为目的本身。这种看法值得讨论，虽然德性具有一定的目的意义，但归根到底是指向人更好生存的，因而可以肯定德性具有指向性。不过，这里所说的德性的指向性不同于结果主义或功利主义所主张的其价值在于所产生的结果的看法，它是指德性最终要服从于和服务于其具有者、他活动于其中的共同体及其成员更好生存。从这个意义上看，德性即使具有目的价值，也不具有终极价值。

其二，意向性。德性不是一般的心理现象，而是一种心理定势，对人的态度和活动具有规范作用和导向作用。或者说，它是一种心理的倾向和活动的方式。因此，许多西方伦理学家将德性理解为"意向"（dispositions）或倾向（inclinations）。亚里士多德认为，德性是为了自身的目的而选择那些优良或高尚行为、避免低劣行为的固定的

---

① James D. Wallace, *Virtue and Vice*, Ithaca and London: Cornell University Press, 1978, "Preface", II.

意向。① 但是，德性的这种规范和导向作用不同于社会的法律、制度、政策等的规范和导向作用，它不是通过一定的外在强制力和影响力起作用的，而是作为一种个人的心理定势发挥作用的。在很多情况下，德性的规范和导向作用是自发的，不需要理性的判断，也不需要意志的强制力。所以，有西方学者认为"德性是一以贯之地以正当方式行动的有价值的品质特性或意向"②。德性意向性的另一重要体现是，德性总是实践性的，它要通过人们的活动体现出来。正是在这种意义上，亚里士多德强调德性的实践需要运用"正确理性"，认为道德方面存在的问题都是过度和不及导致的，"伦理德性会被不及和过度所败坏"，③ 而只有适度或中道才产生德性，中道是德性的本性之所在。中道也就是理性功能在现实活动中的实现，这样实现的理性（即中道）就是正确的理性。"正确理性"可以被理解为"实践智慧"。一方面，德性是合乎实践智慧的，实践智慧就是关于活动的正确原则，德性合乎实践智慧，也就是合乎正确原则；另一方面，德性是与实践智慧不可分离的，德性为人们确定正确的目标，而选择达到目标的正确道路则需要实践智慧。从德性具有鲜明的意向性看，一些西方学者认为德性伦理学具有规范意义，这是有一定道理的。④

其三，多维性。德性作为人的心理定势体现在人活动的各个方

---

① Cf. "Introduction", in Stephen Darwall, ed., *Virtue Ethics*, Oxford: Blackwell, 2003, p. 2.

② Ludwig Siep, "Virtues, Values, and Moral Objectivity", in Christopher Gill, *Virtue, Norms, and Objectivity*, Oxford: Clarendon Press, 2005, p. 83.

③ 〔古希腊〕亚里士多德：《大伦理学》，苗力田主编《亚里士多德全集》第8卷，中国人民大学出版社，1994，第253页。

④ 例如，荷斯特豪斯就主张德性伦理学具有规范的意义，她专门针对德性伦理学不关心正当行为问题的指责写了一篇《规范的德性伦理学》的文章。(Cf. Rosalind Hursthouse, "Normative Virtue Ethics", in Stephen Darwall, ed., *Virtue Ethics*, Oxford: Blackwell, 2003, pp. 184–202) 克里斯托弗·基尔（Christopher Gill）也以古代德性伦理学具有普遍性为理由并以斯多亚派的"自然法"为例论证古代德性伦理学具有规范意义。(Cf. Christopher Gill, "In What Sense Are Ancient Ethical Norms Universal?", in *Virtue, Norms, and Objectivity*, Oxford: Clarendon Press, 2005, pp. 15–40)

面。人的活动是复杂的，通常被划分为知、情、意、行。在人活动的所有方面都存在着德性问题，在认识方面有"好学"的德性，在情感方面有"关怀"的德性，在意志方面有"刚毅"的德性，在行为方面有"勇敢"的德性。从这个意义上看，德性不是一维的，而是多维的、多向度的。这种多维性大致上相当于罗莎琳德·荷斯特豪斯所说的"多轨迹的意向"，即"德性不仅具有做道德上值得或需要的事情的倾向，而且具有一种复杂的心灵模式（mindset）。它包括情感、选择、愿望、态度、兴趣和感受等"。①

其四，统一性。德性的统一性思想最初是苏格拉底提出来的。罗伯特·亚当斯（Robert Adams）根据柏拉图的《普罗泰戈拉篇》提出，苏格拉底的德性统一性思想包括三层含义：一是"德性在这种意义上是一，这种意义隐含着'公正'、'节制'、'虔诚'以及其他通常看作特殊德性名称的词，并不真正是在本性上彼此不同的有区别的性质的命名"；二是"除非就一个人具有所有德性而言，否则他不能具有其中的任何一种德性"；三是一个人如果不具有所有的特殊德性，就不能具有整体意义上的德性。② 按照亚当斯的这种理解，很多人难以接受苏格拉底的观点。但是，如果从苏格拉底的"诸德为一"和"德性是知识"的观点看，他的德性统一性思想可以理解为德性统一于关于德性的一般知识。这种理解更符合苏格拉底思想的基本精神。亚里士多德其实也主张德性具有统一性，他的思想隐含着道德的德性统一于中道原则之上，情感和行为遵循中道原则就会获得德性，而道德德性最终的根源在于实践智慧。中道原则就是实践智慧的原则。③ 苏格拉底和亚里士

---

① Cf. "Virtue", in *New World Encyclopedia*, http：//www.newworldencyclopedia.org/entry/Virtue.

② Robert Merihew Adams, *A Theory of Virtue: Excellence in Being for the Good*, Oxford：Clarendon Press, 2006, p. 170.

③ 古希腊哲学家关于德性统一性的思想情形很复杂，限于篇幅这里不可能做更详细的介绍，可参见 John M. Cooper, "The Unity of Virtue", in Ellen Frankel Paul, Fred D. Miller, Jr. and Jeffrey Paul, eds., *Virtue and Vice*, New York：Cambridge University Press, 1998, pp. 233-276。

多德关于德性具有统一性的观点在基督教神学家那里得到了肯定，他们把这种统一性理解为德性的关联性。圣·格里高利（St. Gregory）说："如果德性是分离的，那么德性在本性上就不能是完善的，因为不是公正、节制和勇敢的，就不是真正审慎的。"① 格里高利的观点在基督教教会得到了公认。我们基本上赞成苏格拉底和亚里士多德的观点。

德性的统一性首先在于德性都以道德智慧为基础，所有德性都是智慧特别是道德智慧的体现。兰茜·硕曼（Nancy Sherman）在谈到实践理性（实即道德智慧）对于品质的意义时说："正是实践理性使品质的不同目的一体化，同时精化和评价它们，并最终对什么是要做的最好和最优的事情全部做出经过考虑的判断。"② 根据道德智慧对于品质的这种重要作用，我们可以把智慧看作总体德性或德性总体，也可以说是第一德性或最高德性。不过，虽然德性统一性的基础在于智慧，但其根源在于人（包括德性具有者、他活动于其中的共同体及其成员）生存得更好，其目标在于人的幸福。可以说，智慧是德性统一性的基础，幸福是德性统一性的目标，而智慧和幸福两者之间又是相互关联和依存的。③

德性的统一性还在于不同的德性之间存在着如圣·格里高利所说的相互关联性、相互促进性。各种德性之间存在着相互依存、相互联系、相互作用的关系，而且一种德性和多种德性有助于另一种新德性的形成。德性之间还可以相互强化，从而促使德性的稳定和德性水平的提高。德性的这种相互关联性和相互促进性既体现在不同类型的德

① Cf. "Virtue", in *New World Encyclopedia*, http：//www.newworldencyclopedia.org/entry/Virtue.

② Nancy Sherman, *The Fabric of Character: Aristotle's Theory of Virtue*, Oxford：Clarendon Press, 1989, pp. 4–5.

③ 关于幸福与智慧的关系，参见江畅的《理论伦理学》（湖北人民出版社，2000）和《幸福与和谐》（第2版，科学出版社，2016）等。

性之间，也体现在同一类型的德性之间。例如，在对于他人的德性方面有很多德性，如善良、诚实、正直等，这些德性是相互关联、相互促进的，甚至可以说它们是从不同角度看同一种德性。德性涉及个人对自己、对他人、对群体、对环境等方面，这些方面的德性也是相互联系、相互促进的。

德性的统一性使德性成为一个人是好人的规定性，有学者将德性看作"那种使人成为一个好人的品质"。[①] 当然，德性的统一性也不是绝对的，否则就不需要那么多的具体德目。

其五，稳定性。德性作为品质不容易形成，一旦形成也难以改变，只有在一些特殊情况下才可能突然发生变化。荷斯特豪斯曾提醒我们："关于人们的德性和恶性的一个重要事实是，一旦获得它们，它们就会强有力地盘踞下来，这是因为它们涉及的远不只是以某些方式行动的倾向。这样的品质特性方面的变化是一种深刻的变化，这种变化是我们所说的'整体下滑'（all the way down）。这样一种变化慢慢地发生，但在它突然发生变化的情况下，这种变化要求特殊的解释，如宗教的惯例、改变人们的整个生活观的一种经历、大脑受损或药物作用。它肯定不是一种人们一夜之间就可以决定造成的变化，就像人们可能决定打破终身的生活习惯，停止早餐喝咖啡一样。"[②]

其六，普适性。麦金太尔主张德性是历史性、相对性的，每一种德性都是相对于一定社会和文化体系的。"麦金太尔在《德性之后》中提出的中心观点是不同的文化体现不同的德性。"[③] 麦金太尔的观点在一定意义上说是对的，因为历史上不同的道德和文化体

① 〔美〕余纪元：《德性之镜：孔子与亚里士多德的伦理学》，林航译，中国人民大学出版社，2009，第41页。

② Rosalind Hursthouse, *On Virtue Ethics*, Oxford：Oxford University Press, 1999, p. 12.

③ "Introduction", Daniel Statman, ed., *Virtue Ethics*, Edinburgh：Edinburgh University Press, 1997, p. 20.

系都有各自特有的德性。但是，麦金太尔的观点是一种对历史事实的描述，从伦理学的角度看，存在着明显的局限。首先，虽然"不同社会强调不同的德性"①，但如果从全人类来看，有不少德性是相同的或可得到不同道德和文化体系认可的，如古希腊的智慧、勇敢、节制、公正、友爱这些德性在其他民族得到认同，不会认为是恶性的。其次，伦理学家不是要为不同道德和文化体系的德性做论证和辩护，而是要确立德性的一般原则并根据这种原则审查人类存在过的德性，认定人类存在过的德性哪些是真正的德性，哪些不是真正的德性，去伪存真，批判地继承人类的德性遗产，并在此基础上构建适合当代人类生活的德性。这种构建的德性不再是只适合于特定道德和文化体系的德性，而是适合于全人类的具有普适性的德性。

四 德性的源泉及其与道德规范的关系

自亚里士多德以来，许多学者都承认德性是人通过实践特别是行为活动获得的品质，但对这种品质的道德性质是从哪里来的或者说人因为什么而要获得德性则有不同的看法。

在亚里士多德那里，德性被看作人运用实践智慧进行道德选择的活动。他在谈到德性与情感的区别时指出："我们发怒和陷于恐惧不是出于自己事先的决断，反之道德行为却是自我决断的行为，或者至少是与这种行为不可分的。"② 这种选择不是根据某种道德规范进行的，而是人的实践智慧根据特定的情境做出的。在他看来，道德德性所涉及的是情感和行为，而情感和行为都存在着过度、不及和中道（中庸）的情形。道德德性就是实践智慧根据特定情境在这三者之中

---

① Stan Van Hooft, *Understanding Virtue Ethics*, Durham: Acumen Publishing Limited, 2006, p. 1.
② 〔古希腊〕亚里士多德：《尼各马可伦理学》（注释导读本），邓安庆译，人民出版社，2010，第86页。

选择的中道，"过度和不及属于过错，中道属于德性"。① 德性作为"一种中庸的品质"② 是理性决定的，并且是具有实践智慧的人决定的。根据亚里士多德的观点，德性不是某种社会道德要求的内化或个性化，而是理性或智慧根据怎样才能使人成为好的或善的并能很好地履行其适当功能的需要在情感和行为的过度与不及之间做出的中道选择。

亚里士多德的这种观点为不少当代德性主义伦理学家所赞同。按陈真教授的说法，许多当代伦理学家认为所有的道德行为都可以从德性中推出，他们试图证明所有道德的行为都可以解释为合乎德性的行为，所有的道德规则都可以来自德性，而且德性的概念是第一性的。③ 对此，迈克尔·斯洛特说得十分明确："在德性伦理学中，焦点在于有德性的个体和那些使之配称为有德性个体的内在的特性、意向和动机（一些德性伦理学承认一般的规则甚至法则，但这些规则或法则被明确地看作派生的或次要的因素）。"④ N. J. H. 顿特（N. J. H. Dent）更是把人的能动能力看作德性的源泉。他将人的能动能力划分为感官欲望（sense-desire）、激情欲望（passional desire）和理性欲望（rational desire）三类，认为这三种能动能力在人的行为决定方面具有中心作用。它们之间的关系和相互依赖的本性和后果是某些复杂的结构，从这些复杂结构的存在中我们能发现德性所具有的特征的类型。⑤ 亚里士多德及当代德性主义伦理学家的这种看法虽然强调人的理性或智慧的选择在德性形成过程中的作用，但这种选择是根据人成为好人或人

---

① 〔古希腊〕亚里士多德：《尼各马可伦理学》（注释导读本），邓安庆译，人民出版社，2010，第89页。
② 〔古希腊〕亚里士多德：《尼各马可伦理学》（注释导读本），邓安庆译，人民出版社，2010，第89页。
③ 参见陈真《当代西方规范伦理学》，南京师范大学出版社，2006，第281页。
④ Michael Slote, *Moral from Motives*, Oxford: Oxford University Press, 2001, p. 4.
⑤ N. J. H. Dent, *The Moral Psychology of the Virtues*, Cambridge: Cambridge University Press, 1984.

能过好生活而对情感和行为本身合适不合适或者说是否中道做出的，而不是根据外在的行为规范做出的。我们可以将这种观点称为"内在论"的观点。这种内在论观点强调德性存在的根据和指向在于人自身成为善的或过上好生活，因而也可以看作内在目的论的观点。

与亚里士多德主义的这种观点不同，有不少学者把德性或道德品质看作社会的道德规范在个人身上的内化。这种观点在我国比较流行。罗国杰教授主编的《伦理学》认为："道德品质是一定社会的道德原则和规范在个人思想和行为中的体现，是一个人在一系列的道德行为中所表现出来的比较稳定的特征和倾向。"① 唐凯麟教授在谈到个体道德及其与社会道德的关系时也指出："社会道德是构成个体道德的本质内容，而个体道德则是社会道德在个体身上的内化和个性化。"② 在他看来，所谓道德内化，就是个体在社会实践中，通过对社会道德的学习、选择和认同，将其转化为自身内在的行为准则和价值目标，形成相应的个体道德素质的过程。"个体道德就是这种道德内化的产物"，③ 如果我们把德性看作个人的道德的话，德性也应该是社会道德在个人身上的内化和个性化。这种观点将德性看作社会道德要求在个人身上的内化或个人思想和行为中的体现，可以称为"内化论"的观点。

在当代西方，也有学者主张这种内化论的观点。弗兰克纳认为，离开了规则（原则）或行为后果（也可以表达为原则），我们无法确定德性是什么。因此，道德规则或行为后果是第一性的，而德性是从属的、第二性的，德性不过是按原则行动的心理倾向。④

内在论的观点和内化论的观点并不是对立的，而是互补的，有一

---

① 罗国杰主编《伦理学》，人民出版社，1989，第 394 页。
② 唐凯麟编著《伦理学》，高等教育出版社，2001，第 159 页。
③ 唐凯麟编著《伦理学》，高等教育出版社，2001，第 161 页。
④ 参见陈真《当代西方规范伦理学》，南京师范大学出版社，2006，第 273—277 页。

些共同的方面。这两种观点都将德性看作人的品质或道德行为的稳定特征和倾向；都强调德性是后天获得的，而不是与生俱来的；都重视道德实践在德性形成过程中的作用；都注意到了人自主选择对于德性形成的意义。两者的区别主要在于，内在论的观点侧重于从人自身更好生存的角度考察德性的源泉，而内化论的观点侧重于从社会道德对个人影响的角度考察德性的源泉。个人为什么要接受社会道德的影响？为什么要将社会的道德要求内化？是因为个人意识到只有这样个人才能更好地生存。可见，这两种观点是在不同的层面考察德性的源泉的结果。

用 R. M. 黑尔（R. M. Hare）将道德思维划分为直觉思维和批判思维的观点来分析，内化论的观点是在直觉的道德思维层次考察德性的源泉，而内在论的观点是在批判的道德思维层次考察德性的源泉。从直觉的道德思维层次上看，人们的德性一般都是社会道德要求在自己身上的转化，在德性自发形成的过程中更是如此。人们通常是在社会道德要求的影响下（通常通过父母、教师等权威的力量或舆论褒贬的力量等）自觉不自觉地践行社会道德要求，并逐渐形成道德行为习惯和德性品质。在这一过程中，许多人并没有意识到德性形成与自己更好生存的关系，不一定形成了道德智慧。只有当一个人在这一过程中逐渐意识到了为什么要按社会道德要求行动，这种行动对自己的生存有什么意义，并根据自己更好生存的需要对自己已形成的品质进行批判性反思并重新进行德性的选择和确认的时候，他的道德思维才达到了批判的道德思维层次。从这个层次看，德性的最终根源在于德性具有者自己更好地生存及他活动于其中的共同体及其成员更好生存。当然，即使人们达到这种道德思维层次，他们所选择形成的德性仍然可能符合社会道德要求，也可能不符合，也可能不完全符合。实际上，并不是所有人都达到了批判的道德思维层次，一般来说，只有学习过伦理学的人才会具有批判的道德思维。

因为人们的德性可能有两个不同层次的源泉，所以当不同的伦理学家从不同层次上进行考察时会形成不同的观点。内在论注重的是人们着眼于自己更好生存而获得德性，而内化论则注重的是人们根据社会道德要求而获得德性。两种观点各有其合理性，也各有其局限性。如果将两种观点结合起来，可以实现对德性源泉更全面的认识。在这种意义上，我们可以说这两种观点是互补的。

在谈到德性的源泉的时候，我们需要对德性与社会道德规范的关系做进一步的考察。

德性通常体现为德目或德性要求，人们一般都承认这种德目具有规范性，在一定意义上说是一种规范。罗莎琳德·荷斯特豪斯认为，每一种德性都有一个对应的行为规则，比如，诚实的对应规则就是"讲真话"等；每一种恶性也都有一个对应的戒律。她将这些规则和戒律称为 V 规则，即德性规则。[①] 克里斯托弗·基尔也以古代德性伦理学具有普遍性为理由并以斯多亚派的"自然法"为例论证古代德性伦理学具有规范意义。[②] 荷斯特豪斯和基尔的看法是有道理的。但是，德性规范与道德规范在性质上是有区别的。我们可以用约翰·塞尔（John Searl）的观点来区分这两者之间的关系。塞尔在他的非常著名的文章《怎样从"是"派生出"应当"》中将规则区分为规范性的规则（regulative rules）与构成性的规则（constitutive rules）。他说："有些规则规范存在着的行为形式。例如，礼貌的餐桌行为的规则规范吃的行为，但吃的行为独立于这些规则存在。另外，有些规则不仅规范而且创设或界定新的行为形式，例如，下棋的规则就不仅规范一个先前存在的被称为下棋的活动。它们……还创制那种行为……的可能性……婚姻、金钱、承诺的惯例是像棒球或下棋的惯例一样的，因

---

① 参见陈真《当代西方规范伦理学》，南京师范大学出版社，2006，第 286 页。
② Cf. Christopher Gill, "In What Sense Are Ancient Ethical Norms Universal?", in Christopher Gill, ed., *Virtue*, *Norms*, *and Objectivity*, Oxford: Clarendon Press, 2005, pp. 15-40.

为它们都是这种构成性规则体系。"① 根据塞尔的这种区分，我们可以说德性规范是构成性规则，它是使一个人成为德性之人的规则，而道德规范则是规范性规则，它使一个行为成为道德行为的规则；道德规范通过人的有意识动机对行为发生影响，而德性规则则通常通过无意识动机对行为发生影响。不过，两者并不是截然分离的，而是关系密切的。

社会的道德规范是不同社会根据自身的需要自发形成或自觉提出的对人们行为的道德要求，这种道德要求被有的学者称为"实践必要性"（practical necessity）②。社会是一个复杂的概念，人们可以从社会形态的角度来理解社会，也可以从文化体系的角度来理解社会。在当代，人们更多地从国家的角度来理解社会，而且伴随着全球化时代的到来，社会的范围在进一步扩大。由于社会并不是一个明确的概念，因而社会的道德规范的外延也不是十分明确的。不同社会的根本需要和终极追求各不相同，有的社会将统治的长治久安作为终极追求，有的社会则将社会成员的普遍幸福作为终极追求，因而以这种不同需要为根据自发形成或自觉提出的社会道德规范也不会相同。而且，社会的道德规范可能是明确提出甚至是成文的，也可能是以风俗习惯的形式流行的。尽管社会的道德规范的情形非常复杂，但有一点是可以肯定的：每一个社会都有自己的道德规范，而且每一个社会的道德规范都会对其成员的行为有不同程度的约束力并对其成员的品质有不同程度的影响力。正是这种约束力和影响力催生了人们的德性，并不断地对人们的德性起强化作用。同时，由社会成员践行道德规范构成的社会道德生活也给人们的德性提供了可供吸取的营养和可供实践的场所。社会道德规范是个人德性生长的土壤。

---

① John Searl, "How to Derive 'Ought' from 'Is'", in Philippa Food, ed., *Theories of Ethics*, Oxford：Oxford University Press, 1964, p. 112.

② Stan van Hooft, *Understanding Virtue Ethics*, Durham：Acumen Publishing Limited, 2006, p. 8.

另一方面，在社会道德规范约束和影响下形成的德性，对于社会道德规范的践行又具有非常重要的积极作用。个人的德性不只是个人的幸福之基，而且可以使人们更自觉地遵守社会的道德规范。人们可能主要出于三种动机遵守社会的道德规范：一是出于外在压力被迫遵守，二是出于理性权衡自愿遵守，三是出于德性品质自发遵守。出于外在压力遵守道德规范的问题在于，当这种压力不存在时，人们就有可能不遵守。最典型的情形是，当一个人干坏事不可能被人发现时，他就有可能不遵守道德规范。出于理性权衡遵守道德规范也有问题，当人们发现违反道德规范可能带来更大利益时有可能置规范于不顾。出于德性品质遵守道德规范可以克服前两种动机的问题，它的特点在于使按道德规范行事成了行为习惯，在没有任何外在压力的情况下也会不考虑利害得失地遵守道德规范。一个德性之人是一个不会感到道德规范对自己有约束力的人，是一个"从心所欲不逾矩"的自由人。因为德性对于社会道德规范具有重要的促进和保障作用，所以历史上的统治者都十分重视社会成员的德性建设。当然，许多统治者重视德性建设并不是出于德性是个人的幸福之基，而是为了统治的长治久安。

五　德性的形成、发展与变化

虽然人的德性形成、发展与变化过程并非千篇一律，但存在着大致相同的轨迹。了解德性的形成、发展与变化过程，既有助于我们对德性的进一步了解，也有助于我们根据德性形成、发展与变化的规律修养德性。

如果从个人自身生长的角度看，德性的形成发展大致上可划分为四个过程：德性自发形成过程、德性养成过程、德性完善过程、德性维护过程。根据发展心理学家卡拉·K. 西格曼（Carol K. Sigelman）和伊丽莎白·A. 瑞德尔（Elizabeth A. Rider）的观点，人生命的全程可划分为八个时期：胎儿期，从受孕到出生；婴儿期，0—2 岁；学前期，2—5 岁、6 岁；童年期，6—12 岁；青少年时期，大约 12—20 岁；成年早期，20—40 岁；成年中期，40—65 岁；成年晚期，65 岁以后。[①] 按照人生发展的这种划分，20 岁前，人一般处于德性自发形成过程；20 岁后，人一般处于德性养成、完善和维护的过程。

德性自发形成过程是个人在他人和环境影响下形成德性的过程。其主要特点是个人对德性及其形成没有意识，也没有主动的意愿。这样形成的德性像人的其他个性心理特征（如知识、能力）一样是与身体的生长发育和教育、环境的影响相伴随的。自发形成的德性（可简称为"自发德性"或"自然德性"）一般是比较淳朴、率真的德性，但有两个明显的问题：一是没有经过思想意识的作用，其具有者对这样的德性没有形成确信，在外在因素的影响下很容易对这种德性产生怀疑。这种德性很容易发生变化，在社会变革时期尤其如此。二是这种德性没有经过人的自主构建，不完备、不高尚甚至是残缺不全的。这种德性不可能成为人幸福的工具、保障和内容。自发德性是不完全意义上的德性，如果将这种德性也看作德性的话，那它是德性的最低层次。如果一个人一辈子停留在这种德性水平，他就不可能有幸福，也不可能有成功。德性自发形成过程一般从人出生后就开始，但到什么时候终结则因人而异。有的人很早就有了德性意识，因而很早就开始走出了德性自发形成过程；有的人较晚才开始走出这个过程；而有的人一生都没有走出这个过程，始终都处于这个阶段。走出这个过程是以人的德性意识觉醒为标志的，而人的德性意识觉醒则以人的自我意识觉醒为前提，因而走出德性自发形成阶段一般要到 20 岁前后。

人到一定年龄后在某种因素（如学习伦理学或哲学）的影响下开

---

① 参见〔美〕卡拉·K. 西格曼（Carol K. Sigelman）、伊丽莎白·A. 瑞德尔（Elizabeth A. Rider）:《生命全程发展心理学》，陈英和审译，北京师范大学出版社，2009，第 5 页。

始对自己的自发德性进行反思、批判和确认，并在此基础上养成自己的基本德性，这就进入了德性养成的过程。其主要特点是已经有了德性意识，并在此基础上开始了自觉的德性养成活动，包括对自发德性进行的反思和清理。这里所说的"养成"，本身就包含了人的主动性的意味。这样形成的德性一般是自觉的、智慧的德性。它可以避免出现自发德性的两个问题，个人对这种德性具有更坚定的确信并因而具有耐冲击力的韧性。这样的德性才是人生幸福所需要的德性。德性养成过程可以分为广义的和狭义的。广义的德性养成过程指从最初自觉进行德性养成开始一直到不再进行德性养成为止的过程，相当于德性修养的过程。对于有的人来说，这个过程一直到他们去世才终结。狭义的德性养成过程指自觉进行基本德性养成的过程。本书中我们是在狭义上使用德性养成的。在这种意义上，养成的德性也有其局限性，主要体现在两个方面：其一是所养成的德性是基本德性，还有很多派生德性特别是一些基本领域（如职业生活领域、个性生活领域）的德性还未形成，因而这种德性有较大的局限性，还不完备。其二是所养成的德性还是基础性的，还不高尚。德性养成过程一般从进入大学前后开始，但到什么时候终结也是因人而异的。有的人可能终身就处于这个阶段，而有的人较早就步入了德性完善的过程。一辈子处于这一阶段的人，德性肯定不会达到完善的程度。

德性完善过程是指人在德性养成（只是初步养成）的基础上进一步使德性结构完备、德性层次提升的过程。其主要特点是有强烈的德性意识和使德性完善的愿望，并为此而自觉地进行德性修养。这个过程的目的有两个：一是在具备基本德性之后追求德性的完整，使德性覆盖人生的各个方面；二是对形成的德性进行提升，使之达到更高的水平或境界。这两个目的在不同人那里、在同一个人的不同时段可能是分离的，也可能是结合在一起但有所侧重的。这是一个典型的德性修养过程，需要更强烈的德性意识和更高的智慧水平。这个过程一般要到大学毕业后才会开始，但有的人可能开始得更晚一些，当然，更有不少人一辈子都没有开始这个过程。特别是在德性被边缘化的当代社会，许多人想都没想到要进行德性修养以使自己的德性走向完善。

德性维护过程是指对人的德性养成和完善过程中形成的基本德性、完整德性和所达到的德性水平不断加以维护使之不丧失、不缺损的过程。其主要特点是在德性意识的作用下经常反思自己的德性状态，有意识地使德性保持在原有水平，使之不得而复失。德性由于不是人性的自发倾向，而是人智慧作用的结果，因而容易受到人本性自然倾向的侵蚀，也会受到外来诱惑或压力的冲击。不用心维护德性，就很有可能出现德性丧失、完整的德性变成不完整、高尚的德性水平下滑的情况。因此，德性维护是人保持德性水平所必须不断进行的修养活动。德性维护的过程在一定意义上也可看作德性养成过程和德性完善过程的一部分。这个过程是以经过养成和完善形成了自觉德性为前提的，只要有这样的德性存在，就需要这一过程。

对于以上这种划分，有两点需要补充并强调。一是在德性形成发展的过程中，人的德性意识和德性自觉非常重要。如果从人是否有德性意识和德性自觉的角度看，人的德性形成发展大致上可划分为前反思阶段、反思阶段和后反思阶段。在前反思阶段，人没有对自己的德性进行反思、没有形成德性的自觉要求，只是在他人或环境影响下自发地形成德性。在反思阶段，人在理智或智慧的作用下产生了德性意识，并通过理智或智慧对自己在前反思阶段形成的德性进行反思、批判和确认。在后反思阶段，人在对德性进行反思的基础上自觉地养成、完善和维护德性。前反思阶段形成的德性是自发的德性，反思阶段和后反思阶段形成的德性是自觉的德性。用休谟的话说，前者是"自然的德性"（the natural virtues），如大方、慷慨和同情；后者是

"人工的德性"（the artificial virtues），如公正、忠诚。① 在这三个阶段中，后反思阶段是以反思阶段为前提的，在一定意义上说后反思阶段属于反思阶段。二是前述四个过程，后一过程一般以前一过程为前提和基础，但后一过程并不是前一过程的必然演进。一个人完全可以停留在或"固置"于其中的某一过程。一个未与外部世界接触过的深山里的老农，他的德性可能始终都是自发的德性。不少人的德性可能一辈子都处于养成阶段，至死基本德性都没有养成。因此，对人们进行德性教育，启发人们的德性意识，让人们了解德性的特性和掌握德性修养的知识，对于人们的德性完善具有重要意义。

以上所说的是德性形成发展的过程，是一个上升的过程。德性的形成发展也可能出现相反的过程，即从高尚到低劣、从完整到残缺、从具有到丧失的过程。这个过程也是一种德性的变化过程，在现实生活中这种过程并不鲜见。部分公职人员的"59岁现象"表明，形成的德性绝不是铁打的，而是可变的。总体上看，德性发展的规律与人发展的规律是一致的，作为人发展一个重要方面的品质发展与人的其他方面的发展遵循着共同的规律，这些规律包括：在生命全程中我们是完整的人，人类发展过程是多维的；发展是连续性和阶段性的过程；发展具有可塑性；发展是先天和后天交互作用的过程；随着年龄的增长，发展变得越来越个性化；发展处于特定的文化和历史背景之下；在发展过程中人是主动的；发展是一个生命全过程；发展可以从多学科理解。②

---

① Cf. David Hume, *A Treatise of Human Nature*, Beijing: China Social Sciences Publishing House, 1999, p. 477. Also see Paul Rusell, "Moral Sense and Virtue in Hume's Ethics", in Timothy Chappell, ed., *Values and Virtues: Aristotelianism in Contemporary Ethics*, Oxford: Clarendon Press, 2006, pp. 162ff.

② 〔美〕卡拉·K. 西格曼（Carol K. Sigelman）、伊丽莎白·A. 瑞德尔（Elizabeth A. Rider）：《生命全程发展心理学》，陈英和审译，北京师范大学出版社，2009，第670—675页。

第二节　德性与善、义务、正当、许可

在伦理学中，经常谈到善、义务、正当、应当、许可等概念，为了更准确地了解德性的含义和特性，有必要对德性概念与这些概念之间的关系进行辨析。

一　德性与善

"善"在汉语中的道德意义主要指善良、慈善、善行、善事，与"恶"相对。"善"在英文中的对应词是"good"。"good"这个词在英文中的含义要比中文的"善"的含义丰富得多、复杂得多，大致上相当于中文的"好"，所以通常被译为"好"。"good"在英文中是一个形容词，指事物或人具有好的性质（goodness）。从道德的角度看，"good"主要是指"道德上优秀的"或"道德的"。考虑到英文中的"善"与"好"没有严格的区别，我国学者一般在道德和伦理学的情景中才将"good"译为"善"。从这个意义上看，善也可以说是道德上的好。

善是一个道德概念，也是个宗教概念。佛教把善看作顺理之义，行理有十法，这就是佛教的"十善"。这"十善"又分为两大类。一类是止恶的（与"十恶"相反的），即"以止恶故，得名为善"。这"十善"分为三小类：一是与身有关的三种，不杀生，不偷窃，不邪淫；二是与口有关的四种，不妄语，不绮语，不恶口，不两舌；三是与意有关的三种，不悭贪，不嗔恚，不邪见。另一类是行好的，即所谓"以行好故，亦名为善"。这"十善"也分为三小类：一是与身有关的三种，救护生命（不唯不行杀害，更能行其救护），给施资财（不唯不行盗取，更能行其给施），遵修梵行（不唯不行淫邪，更能行其清净）；二是与口有关的四种，说诚实语（不唯不行诳惑，更能行其实语），和合彼此（不唯不行离间，更能行其和合），善言安慰（不唯不行粗犷，更能行其柔和），作利益语（不唯不行杂秽，更能行其正直）；三是与意有关的三种，常怀舍心（不唯不行悭贪，更能行其施舍），恒生慈念（不唯不行嗔恚，更能行其慈忍），正信因果（不唯不行邪见，更能行其正信）。① 从佛教对善的理解看，宗教的善在很大的程度上是道德意义的，在一定意义上可以说，宗教的善是宗教形式下的道德善。

道德善恶指的不是实体或实物，不是指的善事物或恶事物，而是指的事物所具有的道德性质，或者说，是指善事物或恶事物所具有的善性质或恶性质，即善的性质或恶的性质。② 说一个行为是善的，是说这个行为具有善性质，是善行为，而不是说这个行为就是善。另一方面，道德善恶不是具体的道德性质，而是最一般的道德性质。它不像正当不正当，通常只适用于行为，它适用于所有对人有利害关系的事物，如行为、品质、动机、结果等。

对于善恶是指事物的性质而不是指事物本身，伦理学界的观点是基本一致的，但"善"这个概念含义非常复杂，不同的伦理学家对善有不同的理解并做出了不同的划分。

亚里士多德最早将善划分为"目的善"和"手段善"。他在《尼各马可伦理学》中明确提出，"善是在双重意义上而言的：一种是善本身，另一种是鉴于善本身而善的"。③ 显然，亚里士多德这里的"善本身"，就是目的善，而"鉴于善本身而善"的"善"则是手段善或工具善。在《大伦理学》中，他更明确地谈到这一点，认为有些

---

① 参见（明）杨卓编《佛学次第统编》。
② 廖申白教授在谈到"善"的概念时指出，它不只是指性质，有时也与被述说的事物的状况有关。不过，他也注意到这种状况又同它具有某种或某一组性质有关。参见廖申白《伦理学概论》，北京师范大学出版社，2009，第 68 页。
③ 〔古希腊〕亚里士多德：《尼各马可伦理学》（注释导读本），邓安庆译，人民出版社，2010，第 50 页。

善是目的,有些善不是目的,而是手段,而且强调目的总比那些手段更好,如同健康比为健康的东西(如医药)更好一样。他还认为,有些善在灵魂中,有些善在肉体中,有些善则是身外之物,其中,灵魂中的善是最好的。①

有的伦理学家将善划分为"自然的善"(natural goodness)与"次级的善"(secondary goodness)。菲力帕·福特在《自然的善性》一书中提出,当主体属于有生命的事物(无论是植物、动物还是人类)时,关于善和恶的判断有一种特殊的"语法"。她认为,我们总是对自然中的无生命事物如土壤、天气等做出评价,也对由人制造的物品如房屋、桥梁等或者由动物制造的物品如鸟巢等做出评价,所以常常不加区别。但是,我们对无生命事物和制造品的评价所表达的善性,是一种"次级的善性"。正是以这种派生的方式,我们谈论土壤或天气以及与植物、动物或与我们自己相关联的事物的善性。我们也将这种次级的善性归属于像我们想要的那样生长的植物,归属于像我们想要的那样让我们骑的马,而制造品经常根据他们所主要服务的需要或利益而被命名并评价。"与之形成对照的是,'自然的'善性,像我给它下的定义那样,只属于有生命的事物本身,属于它的部分,属于它具有的特征,或属于它的活动,它是内在的或'自动的'善性,因为它依赖于个体与它所属类的'生命形式'的关系。"②

也有伦理学家将善划分为"值得赞赏的"(admirable)善与"值得欲望的"(desirable)善。迈克尔·斯洛特指出:"我们知道,'好'这个术语是(差不多)含糊的,其应用涵盖许多领域,而且如果告诉我们,说'伊娃是一个好人'中'好'的使用不同于说'她的行为具有好的结果'中'好'的使用,我们不可能太强烈地表示异议

① 参见〔古希腊〕亚里士多德:《大伦理学》,苗力田主编《亚里士多德全集》第8卷,中国人民大学出版社,1994,第247、249页。

② Philippa Foot, *Natural Goodness*, Oxford: Clarendon Press, 2001, pp. 26–27.

（即使以理论为根据我们可能倾向于认为'好'具有单一的意义），因为我们认识到善性作为值得赞赏性（道德的或相反）与善性作为某种（内在的）值得欲望性之间存在着清楚的区别。"① 扎格则波斯基在谈到德性的善时也区分了这两种善。她说："当我们说一种德性是善的时，我们可能意指它使一个人善，我们也可能意指它对于它的具有者是善的。在善前一种意义上，德性就它的具有者而言是值得赞赏的，在善的后一种意义上，它是值得欲望的。"②

还有伦理学家通过区别"好"这个词的"归属性的"（attributive）用法与"论断性的"（predicative）用法区分善的不同意义。当我们说"这个蛋糕是好的"时，就是"好的"归属性用法，它只是意味着"我确实喜欢这个蛋糕"，因而就有可能像主观主义者那样将这个用法解释为宣称性的或表达性的。根据这种解释，"好"这个词通常只是表达个人的喜好或偏爱。但是，当我说"阿司匹林是一种好的止痛药"时，我就在论断性地使用"好"这个词，并且我所说的不只是表达一种偏爱。我可能喜欢阿司匹林的味道（如果它有一种味道的话），但如果事实上阿司匹林不是一种好的止痛药，即使全世界的人都喜欢它，也不能使"它是一种好的止痛药"成为真的判断。③

在对善的理解上，伦理学家们历来存在着一个重大的分歧：是把善理解为"内在善"或"善本身"（good in itself）还是理解为"外在善"或"相对善"（good for...）？一个事物或行为可以理解为它本身就是善的，也可以理解为它对于什么而言是善的。前一种观点是内在主义的观点，G. E. 摩尔旗帜鲜明地说："许多的不同事物本身就是

---

① Michael Slote, *From Morality to Virtue*, New York / Oxford：Oxford University Press，1992, p. 184.

② Linda Trinkaus Zagzebski, *Virtues of the Mind: An Inquiry into the Nature of Virtue and the Ethical Foundations of Knowledge*, Cambridge：Cambridge University Press，1996, pp. 89-90.

③ Cf. Gordon Graham, *Eight Theories of Ethics*, London/New York：Routledge, 2004, p. 56.

善的或者恶的。"① 按照这种观点，一个事物是善的，是它本身就是好的，无论别人怎么看它，甚至独立于上帝的意志。这种观点具有明显的客观主义倾向。后一种观点是一种外在主义的观点，如罗素明确断定"从对存在的事物的研究中，我们不能推论出任何关于什么是善的或什么是恶的结论"②。按照这种观点，一种事物之所以善不是因为它本身善，而是因为它对于其他事物有意义或有助于实现其他事物的某种目的。这种观点具有相对主义的倾向。这种分歧的情形就是 W. D. 罗斯所描述的："关于'善'的本质或价值本质的争论，主要是围绕着内在善的问题而展开的。因为，可以将大部分价值理论划分为以下两类：一类将善或价值当作一种属性；另一类则将善或价值当作一种关系，即将善或价值当作具有价值的东西或为善者与其他东西之间的关系，而所谓的其他的东西常常（不总是）被说成是心灵的某种状态。"③ 这一对于善的理解的分歧是导致伦理学客观主义与主观主义、绝对主义与相对主义分歧的根源。

既然善恶是事物所具有的一般道德性质，那么我们可以根据事物是否具有这种道德性质而判断该事物是不是道德的，是否具有道德价值。一个事物具有善的道德性质，它就是具有道德价值的，或者说它就是道德的或善的；一个事物具有恶的道德性质，它就是不具有道德价值的，或者说它就是不道德的或恶的。于是，道德善恶就成了最一般的道德判断标准。由于作为判断的道德事物（如行为、品质）通常是人为的，是人意志作用的结果，因而事物是善是恶的判断可以转变为对事物的道德评价，并根据这种评价对行为主体进行赞扬或谴责。另一方面，人们还可以根据对事物善恶的判断标准，指导并进而规范

---

① 〔英〕摩尔：《伦理学原理》，长河译，商务印书馆，1983，第 3 页。
② 〔英〕罗素：《伦理学要素》，见万俊人主编《20 世纪西方伦理学经典》（I），中国人民大学出版社，2004，第 100 页。
③ 〔英〕罗斯：《善的本质》，见冯平主编《现代西方价值哲学经典（语言分析路向）》上册，北京师范大学出版社，2009，第 295 页。

人们的行为，在这种情况下，对事物的善恶判断就转变成了对行为的指导和规范。这样，道德善恶标准不仅是事物道德性质的判断标准，而且是事物道德性质的评价标准，还是使事物（主要是行为）具有道德性质的指导和规范标准。因为善恶是最一般的道德判断标准、道德评价标准、道德指导标准和道德规范标准，所以善恶概念在伦理学中具有核心地位。

道德生活涉及人生活的方方面面，因而作为一般道德标准的善也被广泛运用。不过，伦理学不可能研究善所运用的每一种情形，而主要关注品质的善、人格的善、行为的善以及善观念（包括一般善的观念）等问题。其中品质的善属于人格的善，并决定着人格的善，因而人的品质的善代表着人格的善。善观念、品质善、行为善这三个方面是紧密关联的。善观念是品质善和行为善的必要条件，没有善观念就没有真正的品质善和行为善；品质善又是行为善的前提，没有品质善，即使行为善也不一定具有真正的道德价值；行为善和品质善在道德环境的作用（如社会舆论的影响）下又促进善观念的形成和强化。

品质善就是善的品质，也就是德性。德性是一种特殊的善，是善的一种特殊形式，即品质善。从这种意义上看，德性与善的关系是特殊与一般的关系。在日常的道德生活中，善并不是特殊的事物，而是存在于各种具体事物中的一般的善性。张三孝敬父母是善的，李四热爱祖国是善的，王五友爱是善的，朱六勇敢是善的。虽然这些行为和品质各不相同，但都具有善性。这些行为和品质都是特殊的，而它们所具有的善性是一般的。之所以这些行为和品质是善的，是因为它们符合善的要求。这种善的要求就是道德原则。相对于各种善的行为和善的品质而言，善性是它们中的一般性质，是一般道德原则的体现。德性相对于各种特殊的德性（如友爱、勇敢）而言也是一般的，是各种具体的德性品质中的一般善性，这种品质的善性的根据在于它符合品质善的要求或符合德性原则。虽然品质的善性（德性）也是一种一般的善性，但相对于更一般的善性而言，德性则是一种特殊的善，即品质的善。

另一方面，德性是具有善性的品质，因而是具体的，而善总是体现于某种东西之中的，如体现在品质或行为之中，因而是抽象的。从这个意义上看，德性与善的关系也是具体与抽象的关系。善是存在于各种品质和行为之中的，没有一种善的现实事物（实在），只有存在于实在之中的善性。我们说"孝敬父母是善的"，这表明孝敬父母的行为具有善的性质，这一行为是具有善性的善行，但这一行为本身并不就是善。一个善行为与它所具有的善性不是一回事。由此看来，善总是以抽象的形态存在，而不是以具体的形态存在。德性则不同，它总是以具体的形态存在。我们说"某人勇敢"，这里的勇敢不是具有善性的善物，而是善本身，只有勇敢的品质才是具有善性的善物。因此，善是一种抽象的东西，而各种德性是善的具体形态，更准确地说，是善的一类具体形态，即善在品质方面的具体形态。

同时，善作为一种一般性、抽象性的东西是不能被感知的，而只能通过思维抽象出来并以观念的形态存在。这种观念作为价值观念具有意向性，即要求现实化，德性和德行就是这种观念的现实化或实在化。从这种意义上看，善是一种观念，而德性和德行是一种实在，因而德性与善也是实在与观念的关系。从个体的角度看，一个人的一般善的观念或一般价值原则会在德性中体现出来。或者说，德性是善观念或价值原则在品质方面的体现。一个勇敢的人，他在观念上肯定会把勇敢看作善的。他的勇敢的德性就是他的善观念的体现。从社会的角度看，社会的一般善的观念和一般价值原则会通过各种途径反映到个人的德性之中，或者说个人的德性会体现社会的一般善观念和一般价值原则。从伦理学上看，价值论要确立一般善观念和一般价值原则，而德性论则要根据一般善观念和一般价值原则确立德性原则和具体的德目。从伦理学意义上看，善主要指情感善、品质善、行为善、一般善。这四个方面的善也就是伦理学的四个基本分支研究的对象：价值论主要研究一般意义的善以及诸善之间的关系；规范论主要研究行为善即善行或德行；德性论主要研究品质善，即德性；情感论主要研究情感善，即道德感情。

以上所说的是德性与一般善性的关系，德性与善的关系还特别涉及德性与行为善（德行）的关系。行为可能在四种情况下成为善的，或具有善性：一是具有德性而使行为具有善性；二是不具有德性但出于道德要求行事而使行为具有善性；三是既不具有德性也不出于道德要求，而是迫于舆论压力按道德要求行事使行为具有善性；四是完全没有道德的考虑，行为符合道德要求使行为具有善性。第四种行为属于"歪打正着"，行为虽然具有善性，但并不真正具有道德价值。第三种行为具有道德价值，但道德价值不高。第二种行为和第一种行为具有同样的道德价值，但第二种行为并不总是如此的习惯性行为，因而是不稳定的，这样行事的主体由于在不同的情景中受不同因素影响而并不总能出于道德要求行事；而第一种行为由于已经成为习惯性行为，因而是稳定的，是具有内在意向性和必然性的，不容易受外在环境和因素的干扰。更为重要的是，如果不具有德性，或者具有恶性，那就根本不可能出于道德要求行事，充其量只能被迫按道德要求行事。从这个意义上看，德性是行为善的可靠保证，从根本上规定着行为的善。

了解德性与善的这种特殊与一般、具体与抽象、观念与实在的关系，有助于我们把握两者之间的内在的根本的一致性。了解德性与行为善的关系，有助于我们更清楚地认识到德性对于行为善的根本性意义。

二　德性与义务、正当

义务是伦理学规范论的主要概念，也是伦理学的基本概念。

义务在汉语中的含义很广，主要指法律、政治、道德、宗教等方面应尽的责任，因而有法律义务、政治义务、道德义务、宗教义务等。义务的英文对应词是 obligation，意思是指法律、规约、责任、契约等的约束力，或所承担的责任。义务与责任（duty）一词的关系密切。"责任"在汉语中主要指分内应做的事；在英语中指道德或法律的义务，或人们有义务或责任去做的事情，也指某人必须执行的任务或行为。由此看来，责任比义务的含义要广泛，大致可以说义务属于责任。

义务的表述通常是以"应当"或"不应当"为联系词的，如"应当孝敬父母""不应当说谎"等。"应当"的英文对应词是 ought to（有时也用 should，should 的含义比 ought to 广，包含 ought to）。"应当""不应当"原本是联系动词，但由于义务经常是以它们作为联系词的，因而"义务的"有时也被表述为"应当的"。按道德义务要求做就是应当的，不按道德义务要求做就是不应当的。①

按道德义务要求做的"应当的"，通常被看作正当的；不按道德义务要求做的"不应当的"，通常被看作不正当的。所以，道德义务、应当又与正当紧密相连。"正当"在汉语中的意思是"合理合法的"。"正当"的英文对应词是形容词"right"，"不正当"的英文对应词是"wrong"。英文"正当"的意思是"在道德上善的""公平或责任要求做的""符合法律或责任要求的"。与善恶不同，正当不正当没有比较级和最高级，我们说某物更善、最善，但不说某行为更正当、最正当。从伦理学的意义上看，正当不正当指的是行为的道德性质，正当是指行为具有道德价值，不正当是指行为不具有道德价值。正当不

---

① 需要指出的是，义务本身有以"应当"为联系词的义务（如"应当孝敬父母"）和以"不应当"为联系词的义务（如"不应当说谎"），这两方面的义务都是义务。按这两方面的要求做都是按义务的要求做，都是应当的，而不按这两方面要求做都是不按义务要求做，都是不应当的。

正当这种道德性质是就行为是否符合社会道德要求而言的，符合社会道德要求的行为就是正当的，否则就是不正当的。因此，正当不正当像善恶一样也是道德标准，它是用于判断和评价行为的道德标准。在道德实践中，正当不正当这种道德标准对于行为具有重要意义，人们可以自主地或被迫地根据正当不正当的道德标准行动，社会也要根据正当不正当的道德标准评价、规范和指导人们的行为。

由于不同社会有不同的道德要求，因而正当具有相对性，一个社会认为是正当的，另一社会可能并不认为是正当的。那么，"正当"有没有伦理学的一般意义呢？廖申白教授提出，如果我们采用已经约定俗成的、基于经验的观念来说明正当的概念，那么，"说一个行为是正当的，是说它满足它所处的同其他相关行为的关系的那种（那些）特有的约束性、责任或义务、要求、承诺等等，并且是对待行为者自身或相关他人的一个适度的、合宜的、正确的行为"。① 如果我们从人更好生存的意义上考察正当概念，那么，廖申白教授所说的"适度的、合宜的、正确的"的终极根据则在于有利于人（包括行为者自己、他所涉及的共同体及其成员）更好生存，有利的就是正当的，否则就是不正当的。

正当与义务和善的关系非常密切。义务通常是基本的道德要求，因而行为正当与否的根据或标准主要是义务，履行义务的行为就是正当的，否则就是不正当的。行为正当不正当与行为善恶经常是互通的，一般认为，正当的行为就是善的行为。在这种意义上，王海明教授将正当不正当与道德善恶等同起来："正当（Right）和不正当（Wrong）亦即所谓道德善恶。"② 当然，两者存在着差异，行为的善恶是从价值论意义考察的，行为正当不正当则是从规范论意义考察的，而且道德善恶不仅可以用于评价行为还可以用于评价品质、人

---

① 廖申白：《伦理学概论》，北京师范大学出版社，2009，第 83 页。
② 王海明：《新伦理学》，商务印书馆，2001，第 39 页。

格、情感等，而正当通常只用于评价行为。

义务、应当、正当三者是有区别的：义务和应当是对行为的道德要求，正当是对行为履行了义务、符合应当的要求的判断和评价；前者的作用是指导行为，而后者的作用是评价行为。但三者联系十分紧密。义务、应当是行为正当与否的根据，而正当则是义务和应当的目的或指向。更重要的是，义务、应当和正当是就行为而言的。这一点与德性明显不同，因为德性是就品质而言的。在这三者之中，正当性质上与德性更一致，因为德性、正当（性）、善（性）都是指某种东西具有的正面道德性质：德性指的是品质的正面道德性质，正当指行为的正面道德性质，而善指人（包括品质、行为、人格或品质等）的正面道德性质；义务和应当则不是某种东西的性质，而是一定的道德主体（主要是一定社会）的道德要求，所体现的是道德主体的愿望和意志，是主观性的。

在实际的道德生活中，德性与义务、应当、正当的关系比较复杂，两者之间存在着不对应的情形。

一种情形是，出于某种德性的行为与义务要求的行为或被评价为正当的行为之间可能不一致。一方面，出于某种德性的行为可能并不是符合道德义务的行为或不是正当的行为。一名监考人员在监考期间出于善良或同情品质的放任作弊行为是不符合作为监考人员必须严防考试作弊这一道德义务的。一般都认为诚实是一种德性。出于这种德性的行为在不少情况下可能是与义务的要求相冲突的。例如，医生有为病人保护隐私的义务。如果医生出于诚实的德性而将病人的病情告诉了不应该告诉的人，那么他的行为就是违背医生的道德义务的。不过，真正有德性的人，不能只是出于某种德性行动，而是出于整体的德性行动。真正出于德性的行为，是多种相关德性综合作用的结果。一位有德性的监考人员，不仅会出于善良、同情的德性监考，在这种特殊的情境中，更要出于负责、守规、公正等德性监考。多种相关德性共同作用的行为，或者说，综合体现一个人的德性品质的行为，才是真正出于德性的行为。

另一方面，出于义务的正当行为不一定是出于德性的行为。在我国，人们一般认为见义勇为是正当的行为。在这种道德环境中，有的人可能尽管并没有真正的关怀德性，但感到自己有见义勇为的义务，并出于这种义务的动机做出这种行为。

这里既有个人的德性是不是与社会的道德要求（体现为义务）总体上一致的问题，也有德性体系和义务体系本身的内在一致性问题。就前者而言，如果个人的德性与社会的道德要求总体上不一致，出于德性的行为与义务要求的行为就会常常发生冲突。例如，一个人所生活的社会的总体价值取向是整体主义的，而他的德性的总体价值取向是个人主义的，他出于德性的行为就常常与他所生活的社会的义务要求不一致。就后者而言，无论是个人的德性体系还是社会的义务体系，其自身都存在着不一致的问题。"忠孝不能两全"就是社会义务体系内部不一致的典型例子，前面的监考例子则可能体现了个人德性体系自身的不一致，因为一个人德性体系中可能既有善良、同情的德性，也同时有负责、公正的德性。如果这名监考人员不是出于善良、同情的德性，而是出于负责、公正的德性，他就会认真负责地履行监考人员的职责，也就不会在监考的过程中放任考生的违纪行为。

另一种情形是，即使个人的德性与社会的道德要求一致，出于德性的行为也可能由于某种客观因素的影响而与义务的要求不一致，并不是正当的行为。负责的德性通常是与对工作要恪尽职守的道德要求相一致的。但是，如果让有负责德性的人去做一项他不能胜任的工作，他就不可能真正尽到恪尽职守的义务。

尽管德性与义务、应当、正当存在着以上不一致的情形，但是，德性是有助于义务履行的，出于德性的行为通常是正当的行为。除了在社会道德体系处于急剧变革时期之外，德性的形成总是会受社会道德要求或义务影响的，各种不同类型的道德要求都有相通或一致的方面，因而不论在哪种道德体系中形成的德性大都有助于义务的履行。另一方面，义务的履行有助于德性的形成。义务的履行可以促进道德的自觉，从而增强道德感和道德意识，促进德性的形成。从这个意义上看，德性与义务、应当、正当之间具有相互补充、相互促进的作用。

三　德性与道德许可

传统社会通常是道德价值二元化的社会，人们的行为要么被判断和评价为善的，要么被判断和评价为恶的。随着价值相对化和多元化时代的到来，道德价值已经从二元化走向多元化。在今天的人们看来，不仅存在着具有善恶性质的行为，而且还存在着大量不善不恶或无所谓善恶性质的中性行为。这些中性行为，在道德上既不被赞扬，也不被谴责，但却是许可的。

道德许可（moral permissive）和道德不许可（moral impermissible）是新近引进伦理学的术语，其基本含义是指某行为在道德上是否可接受，或者说指行为的道德可接受性。道德上可接受的行为就是许可的，否则就是不许可的。不许可的行为与恶的行为、不正当的行为大体上同义。就是说，恶的、不正当的行为都是不许可的，不许可的行为一般也都是恶的或不正当的。但是，许可的行为不是与正当的或善的行为同义的，而是在道德价值上比正当的、善的行为低的行为。不是正当的或善的行为不一定就是不正当的或恶的，而不是道德许可的行为一定是不正当的或恶的。因此，道德许可可以说是道德的底线。行为突破了道德许可，就是不许可的，也就是不正当的、恶的。

与行为的道德许可得到越来越多的认同不同，品质的道德许可问题在伦理学中似乎还没有被提出来。道德许可可以引入品质领域，因为在品质方面存在着既不是德性也不是恶性但在道德上是许可的品质。像体魄的强健、思维的缜密、行动的敏捷等人身心方面的优秀品质，在价值论的意义上是有价值的品质，在德性论的意义上虽然不是德性，但应该是道德上许可的。另外，现实生活中不少人具有虽不勤奋但也不懒惰、虽不好学但也非不学等品质。这样的品质在价值论上虽然没有多少价值，但在道德上一般不给予谴责，就是说是道德许可的，因为它一般无害于个人、他人、群体和环境。这些道德上许可的品质是不善不恶或无善无恶的中性品质。鉴于许可与正当、应当的概念一样是一种规范概念，它一般只适合用于行为，不用于品质，因而我们将道德上许可的品质称为中性品质。从这种意义上看，人的品质在道德意义上有三类：德性品质、恶性品质和中性品质。虽然中性品质不是道德的，但也不是不道德的。如果我们要将品质划分为道德和不道德的两类，中性的品质应划入道德的品质范围。道德的品质在广义上说包括德性品质和中性品质。

根据以上对品质的划分，许可的行为一般需要以德性为前提。没有德性作为前提，人们的行为可以在外在的道德规范约束下成为许可的，但经常会成为不许可的。因为没有德性品质作为心理定势，人们在没有外在的道德规范约束下常常会做出不许可的行为，甚至还会在有道德规范约束的情况下做出不许可的行为。例如，没有德性的人，因为有外在的道德约束而做一些善举（如在汶川地震中有些老板在外界的舆论压力下为灾区捐赠了大笔的金钱），但可能一点同情心都没有。我们可以认为许可行为不以德性为前提，但它也不会是出于恶性的。出于恶性的行为除了"歪打正着"之外不可能是真正许可的，更不可能是善的或正当的。一个人的品质是自私的，他出于自私品质的行为不是损人利己的就是损公肥私的，甚至是不择手段的，这样的行为肯定不是道德许可的。

当然，一个人的恶性品质并不总是赤裸裸地表现出来的，常常隐藏得很深。有些品质是恶性的人常常会出于舆论的压力、出于对惩罚的畏惧或为了更深层的利益考虑而做出道德许可的行为甚至善的或正当的行为。不过，这样的行为不是道德许可的，真正道德许可的行为必须以品质不是恶性的为前提。另一方面，一个有恶性品质的人甚至品质整体上是恶性的人，也不会在任何的情况下都出于恶性行动，他们的那些不直接与某种或某些恶性相关的日常行为并不一定就是恶的，而通常是许可的。现实生活中，没有任何一个人的品质是完全彻底恶的，因为这样的人无法在社会中生存。即使是一个恶性之人，也只是从总体看他的品质是恶的，或者说，恶性在他的品质中占主导地位。有恶性品质的人总是程度不同地具备德性，并会出于德性行动。一般来说，只有他们的那些出于恶性的行为才是不许可的，那些不是出于恶性的行为大多是许可的。

道德许可行为是人们日常生活中的经常性行为，在人的行为中占的比重很大，因此，道德许可行为是人们的基本道德实践。这种基本实践是人们德性养成的基础，人们首先是在行为许可不许可的道德环境中从避恶弃恶开始养成德性的。注意这一点对于儿童的德性养成教育非常重要，因为儿童品质的形成要从对行为许可不许可的判断开始。

第三节　德性与良心的关系

德性和良心是个人道德的两个基本要素，两者之间存在着区别，同时又相互联系、协同作用。在我们研究德性的时候，需要重点关注和阐明这两者之间的关系。

一　良心的含义、特点和意义

"良心"或"良知"是一个古老的道德概念。《现代汉语词典》

解释，良心是"指内心对是非的正确认识，特别是跟自己的行为有关的"。① 英文中的良心（conscience）一词，源于拉丁文 conscire，本意是"知道"，由此衍生出"con-scientia"（知识、意识）。其字面的含义是"人对自己思想和行为正确与错误的意识"。② 中英文都认为，良心从字面上看主要是对思想和行为正确与否或对错的认识或意识。

在中外思想史上许多学者从宗教、心理学和哲学等角度对良心做过研究。基督教神学家认为，良心是当你对你的邻人作恶时使你感到不安的那种东西，或者是在你这样做时告诉你什么行为是正当的、什么行为是不正当的。当你为你的邻人做好事时，良心不会被唤醒，但你伤害无辜者的恶行会引起良心的大叫。这是因为上帝已经要求所有人都爱邻人。当一个人没有这样做时，他就违背了上帝的法则，这样他的良心就会使他感到不安，直到他向上帝忏悔他的罪并悔改那种罪。如果一个人长期坚持恶的生活方式，那说明他的良心已经泯灭。③心理分析学家弗洛伊德将良心看作起源于超我（superego）的东西，它是人在孩童时期从父母那里获得其暗示的。在他看来，不服从良心的结果是"有罪"的，而这种有罪感会成为神经病的一个诱发因素。人的良心是通过有罪的否定性反馈系统使一个人在社会意识形态之下活动的社会结构。④ 海德格尔从哲学本体论的意义来理解良心或良知，把良知看作人走出"沉沦"、返回本真的能在的途径。他说："我们所称的良知，即呼唤，是在其自身中召唤常人自身：作为这样一种召唤，它就是唤起这个自身到它的能自身存在上去，因而也就是把此在

---

① 《现代汉语词典》（第 7 版）"良心"，商务印书馆，2019，第 814 页。
② 参见《牛津高阶英汉双解词典》（第 4 版增补本）"Conscience"，商务印书馆、牛津大学出版社，1997，第 296 页。
③ Cf. "Conscience", in *New World Encyclopedia*, http：//www.newworldencyclopedia.org/entry/Conscience.
④ Cf. "Conscience", in *Wikipedia*, *the Free Encyclopedia*, http：//en.wikipedia.org/wiki/Conscience.

唤上前来，唤到它的诸种可能性上去。"①

从伦理学的角度研究良心的更多。《自由百科全书》中的《良心》一文对良心做了这样的规定："良心是一种区别人们的行为是正确还是错误的能力。当人们做了违反他的/她的道德价值的事的时候，它产生懊悔的感受；而当人们的行为符合我们的道德价值时，它产生正直的感受。它也是人们在履行任何行为前对他们的道德判断有影响的那种态度。这样的道德判断基于理性的程度，几乎是贯穿整个西方哲学史的一个有争论的问题。"在介绍了从宗教、精神分析、生物心理等角度对良心的解释之后，该文又从伦理学的角度对良心做了这样的解释："良心就其术语学意义而言是指具有知识。但这个英语词隐含着心灵中的行为道德标准，以及对我们自己行为的意识。良心是关于正当与不正当所使用的并且是与认可和谴责的情绪相伴随的理由。关于良心的任何考虑，必须考虑良心的评价和决定作用以及作为结果的确信、正当或责任。"②《自由百科全书》对良心的规定和解释对于我们理解良心的性质是有启示意义的。

一般来说，良心就是人的具有自我道德调控作用的道德感，即好善恶恶的道德情感。"人心头上有一大团的感情；人要做违犯我们是非标准的行为必定要冲过这个感情的重围，并且假如我们终于违犯这个标准，这团感情大概后来要变成悔恨，而重现于心上：义务观念的钳制力就在于人有这一团感情。无论我们对于良心的性质或起源有什么意见，这种感情是构成良心的基本成分。"③"良心指一个人的正当不正当感。具有良心意味着对一个人行为的道德正当不正当或者一个

① 〔德〕海德格尔：《存在与时间》，见万俊人主编《20世纪西方伦理学经典》（II），中国人民大学出版社，2004，第273页。

② "Conscience", in *Wikipedia, the Free Encyclopedia*, http://en.wikipedia.org/wiki/Conscience.

③ 〔英〕约翰·穆勒：《功用主义》，唐钺译，商务印书馆，1957，第50页。

人意图的善恶的意识。"① 这种道德感不是一般的情感，而是一种复杂的情结。从伦理学的意义上看，良心是人们在道德实践中形成义务感、责任感以及荣辱感有机统一的复杂情感，它能对行为及其动机做出道德评价，同时也对人们的认识、情感、意志、行为具有道德调控作用。良心是人的一种自我道德调控机制，对于人扬善抑恶具有自我调控作用；良心也是人的一种自我保护机制，所指向的是人更好地生存。不过，需要注意的是，良心是道德情感，但不能说道德情感是良心，良心是基本的道德情感，是好善恶恶的道德情感。道德情感除这种好恶道德情感之外，还有更高层次的道德情感，如仁爱、博爱等感情。

综合有关学术成果并结合笔者的研究，笔者认为良心具有以下一些特点。

第一，良心是人辨别行为及其动机或目的善恶和区分行为正当与不正当的道德能力。洛克说："所谓良心并不是别的，只是自己对于自己行为底德性或堕落所抱的一种意见或判断。"② 良心是人们在长期的道德实践中形成的道德认识和判断的能力，人们总是根据自己的良心来认识和判断自己行为及其动机或目的的善恶以及自己行为的正当不正当。这种认识和判断的过程也是辨别善恶和区分正当不正当的过程，而辨别和区分的对象常常是自己的行为及其动机或目的，而不是他人的。良心对他人行为及其动机善恶的辨别及正当不正当的区分也有一定的作用，但通常是一种直觉，而不是一种自觉的道德意识，不是一种有意识的认识、判断和评价。对他人行为的认识、判断和评价在更多场合下是通过理性而不是通过良心实现的。良心对行为及其动机或目的善恶的辨别、对行为正当不正当的区分是以良心具有某种善

---

① "Conscience", in *New World Encyclopedia*, http：//www.newworldencyclopedia.org/entry/Conscience.

② 〔英〕洛克：《人类理解论》（上），关文运译，商务印书馆，1959，第31页。

恶标准和正当不正当标准为前提的，它是控制或禁止个人行为或思想的伦理和道德原则的情结，所以人们经常说"凭良心办事"。这种善恶、正当不正当标准是在道德生活中逐渐形成的深层道德观念，而不是一般的道德认识。

第二，良心是一种好善恶恶的自我道德调控机制。良心对行为及其动机或目的的善恶、对行为的正当不正当有一种认可或否认的态度，并对于善的动机或目的及正当的行为有一种感到满意或欣慰的感受或情感，而对于恶的动机或目的及不正当的行为则会感到厌恶或懊悔。良心不只是一种道德观念，而且会根据道德观念对善的动机或目的、正当的行为给予认可，并感到满意或感到欣慰，而对恶的动机或目的、不正当的行为给予否定，并感到厌恶或懊悔。因此，良心是人们的自我道德调控机制，它通过情感对人们的行为进行道德调控。人们经常说的"对得起良心""受到良心的责备"就是良心的这种道德调控机制的作用。

第三，良心是一个人行为或动机中的内在正当不正当感，它推动人们从事正当行为。良心能通过认可和否定的态度、欣慰和懊悔的感受自觉地调控动机和行为，使人们倾向于善的动机，倾向于正当的行为，特别是能强烈地遏制作恶的倾向。有良心的人在作了恶之后常常会感到强烈不安甚至痛苦不堪。因此，良心是人的一种扬善抑恶的自我道德调控机制，对于人的行为及其动机或目的具有强有力的自发调节作用。人们常说的"接受良心的审判"所体现的也许就是良心的调控作用。良心的这种调控作用并不是消极的，不只是对自我的限制，而是积极的，是通过对自我加以适当限制来保护自我，促进自我的发展。它要求人们适当克服只顾个体、局部、眼前利益的自然倾向，而兼顾整体、全局和长远利益，要求人们通过正当的手段达到正当的目的。因此，"良心是自我制约机制，同时又是自我保护机制，自我协调机制，自我适应机制。它的功能和作用就在于为自我实现，为生存、发展和享受需要更好地得到满足营造环境，开辟道路"。①

第四，良心是自发地发生作用的，它的形成是一个从道德意识走向道德无意识、从道德自觉走向道德自发的过程。无论是良心对动机的善与恶、行为的正当与不正当的区分，还是良心对它们的认可或否定态度、满意或厌恶的情感，都不是有意识的，而是自发的，是自然而然形成的，是以直觉或感受的形式出现的。从这种意义上来说，良心是人的一种自动的道德调控机制。

第五，虽然良心是自发发生作用的，但它是人道德自觉的重要体现。由于文化积淀的作用，每一个人生来就具有良心的禀赋。任何人都具有孟子所谓的"善端"或"良知"。但是，这种先天的禀赋并不是完全意义上的良心。完全意义的良心，是在特定的社会文化和道德体系中最后形成的。良心可以自发地在社会生活中形成，也可以通过修养形成。自发形成的良心一般是与一定社会的日常道德状况相一致的。社会道德环境好，人们会普遍形成良心，社会道德状况不好，人们就难以普遍形成良心，而且所形成的良心在性质和水平上与社会流行的道德相一致。修养形成的良心则不同，它的性质取决于个人修养的内容，修养的内容不同良心的性质也不同。修养是人的自觉、自主活动，通过修养形成的道德是自主性的道德，这种自主性的道德是现代人道德的特征。在价值、道德多元化的当代社会，个人的道德和良心越来越成为个人自主选择和养成的结果。修养对于现代人形成什么样的良心、良心作用力的大小有着决定性的意义。现代社会中任何人的良心不管是自发形成的还是修养形成的，都可以看作修养形成的。在这种意义上，可以将良心看作人道德自觉的一种重要体现。

---

① 江畅：《理论伦理学》，湖北人民出版社，2000，第128—129页。

良心具有自我道德调控作用，我们应当重视良心的这种好善恶恶、扬善抑恶的作用。良心一方面要求兼顾整体与个体、全局与局部、长远与眼前的利益，另一方面要求目的和手段都正当。因此，良心这种内在自我调控机制能使人不贪图个人的、局部的、眼前的狭隘利益而兼顾他人、整体和长远的利益，使人不沉湎于即时的享乐而追求持久的幸福，使人通过正当的手段实现个人幸福的目的。在外在约束力减弱的情况下，不建立起良心这种自律机制，人们的行为即使是合法的，也可能是不合适、不理智、不正当的。每个个体都是道德主体，他自己就应当有使行为成为正当的、道德的控制手段。这种手段不是别的，就是他的良心。同时，在现代社会条件下，一个人如果没有良心，没有良心的召唤，没有良心的警告，没有良心的约束，他不但不会获得真正的自由，相反会受奴役，成为私利、贪欲的奴隶。

二　德性与良心的异同

一般认为，德性和良心是个人道德的两个基本方面。"品德属于个人道德，它和良心一起构成个人道德。如果说良心是个人道德水平的标志，那么品德是个人道德素质的标志。作为个人道德，品德像良心一样是人生的一种特殊价值，对于人生和幸福具有十分重要的作用。良心是实现人生幸福的自我制约机制，品德则是实现人生幸福的自我保障条件。它们一起为人更好地生存、发展和享受提供动力、营造环境、丰富内容。"① 这个论断大致阐明了德性与良心的异同。下面我们再做一些具体的辨析。

第一，德性是人的道德品质，而良心是人的道德情感。每一个人都有其品质，品质有善有恶，德性是人的善的品质或道德的品质。每一个人也都有情感，情感也有善有恶，良心是人的善的感情或道德的

---

① 江畅：《理论伦理学》，湖北人民出版社，2000，第130页。

情感。德性是道德品质而良心是道德情感，这一区别是德性与良心的基本区别，其他区别都是由此派生的。

第二，德性是一种心理定势，而良心是一种调控机制。作为心理定势的德性，其特点是意向性，也就是它倾向于怎样，而不对人的知情意行具有直接的调控作用，它潜移默化地、不动声色地、持久地影响人的生活，所以人们经常将德性与习惯联系起来。与德性不同，作为调控机制的良心，其特点是调控性，也就是它要求怎样，对人的某一具体行为具有直接的调控作用，并且通常以激烈的形式针对具体行为进行调控。例如，一个人具有负责的德性，他就会在各个方面体现出负责的特点，除非意外的阻碍，他会一以贯之地表现出责任心。而如果一个人在负责方面有良心，他会对他的某一特别负责任的行为感到欣慰，尤其会对某一不负责任的行为感到不安或自责。他可能（并不必然）因为感到欣慰而强化同类行为，可能因为感到不安而改进同类行为。

第三，德性涉及人生活的方方面面，具有多维性，而良心主要涉及人的行为方面，具有一维性。人生活的方方面面都存在着品质问题，人的品质涉及人的知情意行各个方面，是人格的一个基本维度。品质的好坏直接关系到人的好坏，关系到人过什么样的生活。虽然良心与人的知情意行有一定关系，是各种因素综合起作用的情结，但主要涉及的还是人的行为方面，包括行为本身和行为的意图和动机，通常不直接涉及人的知识、能力等方面。良心主要是由人的行为引起的并对行为起作用的道德情感。从这个意义上看，我们可以说德性所涉及的是如何做人的问题，而良心所涉及的是如何做事的问题；德性要求做好人、优秀的人或道德的人，而良心要求做好事、正当的事或道德的事。

第四，德性更具有普适性、一般性，而良心更具有特殊性、针对性。德性虽然总是某人的德性，但其中有相当部分的德性（体现为具体的德目）是一定社会公认的，有一些甚至还是人类有史以来不同民族公认的，如善良、诚实、关怀等。与德性相比较，良心通常更会因人而异，因社会道德体系不同而差异较大。因为良心作为一种行为调控机制，与一定社会的道德要求的关系更密切，而不同社会的道德要求常常是差异较大的。

第五，德性的形成要比良心开始得早。德性作为一种品质特性从人有意识时起就在环境的影响下开始了形成过程，并会逐步形成一些自发的德性。当人有了反思意识之后，人们可以在道德观念的影响下通过反思强化或改变原来的德性，并进一步形成新的德性，构成其德性体系。与德性不同，良心作为一种道德情感一般要到人有了反思意识后才会在道德观念的影响下形成。因为只有当人们有了反思意识才能对自己的行为及其意图和动机进行反思，也才会对自己的行为及其意图和动机感到满意和反感，形成认可和否定的态度，并对行为及其意图和动机进行调控。

德性与良心作为个体道德的两个方面，存在着一些共同点或相通点，了解这些共同点有利于更深入地认识两者之间的关系，更协调地发挥两者的作用。两者的共同点主要表现在以下四个方面。

第一，两者从根本上说都是指向服务人更好地生存的。德性是人在生存的环境中通过智慧的选择所养成的习性。之所以这些习性会被选择并使之成为习性，是因为这些习性是有利于个人生存发展的。德性中有些是直接有利于个人生存和发展的，如审慎、勤俭、进取等，虽然有些不是直接的，但能间接地有利于个人的生存发展，如关怀、合作、公正等。德性的这种终极目的指向是不可否定的。良心就其本性而言是自我制约机制，同时又是自我保护机制、自我协调机制和自我适应机制。它的功能和作用就在于为自我实现，为生存、发展和享受需要更好地得到满足营造环境、开辟道路。良心看起来更明显地指向他人和群体，实际上最终还是指向自己，为的是使自己更好地在世界上安身立命。德性和良心都是人的智慧的体现，它们都是人类在进化的过程中形成的保护自我、实现自我和发展自我的心理机能。虽然两者在复杂的社会生活环境中可能发生某些偏离其本性的情况，甚至有时还会发生异化，但它们的本性是不变的，而且伦理学就是要致力于使其本性复归。

第二，两者都是智慧根据一定的价值观念（特别是善恶观念）选择的结果。德性和良心，特别是现代人的德性和良心几乎都不是完全自然而然形成的，而是在环境的影响和教育的作用下，个人运用自己的智慧根据一定的价值观念选择所逐渐养成的。在这方面两者几乎是完全相同的，它们可以说是同一道德智慧在两个方面的结晶。对于同一个人来说，虽然价值观念不同时期不尽相同，但大体上是相同的，两者是以相同的价值观念为前提的，或者说两者有共同的价值观念源头。一个人的价值观念与其德性和良心在性质上是大致相同的。价值观念变成德性和良心还需要智慧的权衡和取舍，需要一定修养锻炼的功夫。德性和良心都是价值观念、智慧和实践在一定环境中相互作用的结果。不过，德性要比良心受环境影响更大，正如朱丽娅·戴弗所说，"人身上的德性或优秀不只是他们与社会环境分离的内在状态问题"①。

第三，两者都是以趋善避恶、扬善弃恶为价值取向的。虽然德性和良心是两种不同的心理机能，但两者有共同的价值取向——趋善避恶、扬善弃恶。德性是要使趋善避恶成为心理定势和行为习惯，成为自然而然的事情；良心则直接就是奖善罚恶的调控机制，它的目的是要使行为符合道德观念的要求。它们的目的都是使人及其行为成为善的而不成为恶的。

第四，两者都是自发发生作用的。德性和良心虽然是个人道德生

① Julia Driver, *Uneasy Virtue*, Cambridge：Cambridge University Press, 2001, p. xvii.

活的两个方面，但不是全部。在个人的道德中，还有德性和良心发生作用以外的领域，这主要就是个人自觉地根据一定的道德规范行事。一个人的道德活动可能有三种情形：一是出于德性行动，二是凭良心办事，三是按道德要求（如道德义务）行事。这三者相互联系、目的一致，但存在着一个基本的差别，即德性和良心自发地发生作用，而按道德要求行事是自觉的。这里所谓的"自发"，是指不需要经过人们理性的权衡，不需要意志的作用，德性和良心就会自然而然地发生作用。一个人的德性不需要经过理性和意志的作用就会在行为中体现出来。如果一个有良心的人做了坏事，就会自然地感到不安或愧疚，不需要经过理性和意志的作用。不过，在良心的作用下对行为进行调控还是需要意志的作用的。这里所谓的"自觉"，是指要按道德要求行事，首先要有理性（理论理性）认识到这是对自己的要求，其次要通过意志（实践理性）将这种要求变为行动。这里理性的作用就是有意识的自觉作用。当然，按道德要求行事可能是自愿的，也可能是被迫的，但都是有意识的、自觉的。

德性和良心所共同具有的这种自发发生作用的性质告诉我们非常重要的两点：其一，德性和良心都很难形成，因为它们都是要把人们有意识的道德活动变成习惯成自然的活动，而这一转变是很难的；其二，养成德性和良心极其重要，一个人只有真正成为有德性的、有良心的人，才能真正"从心所欲不逾矩"。一个人的道德活动是一定的，那么德性和良心发挥作用的空间越大，按道德要求行事的空间就越小，而德性和良心的空间越大，人就越自然而然地自由生活，越少受理性和规范的约束。

三　德性与良心的互动机制

德性是个人相对稳定的道德心理特征和定势，所体现的是人的道德基本素质。良心是个人的稳定的道德调控机制，所体现的是人的道德调控能力。两者之间存在重要的互动关系。

首先，两者之间存在着相互支持、相互促进的关系。德性在人出生后就开始了其形成过程。良心的形成过程是以反思为前提的，而人的反思能力至少要到少年时期才开始形成。因此，从发生的角度看，德性开始形成的过程在前。由于德性是向善的心理定势，在儿童时期就已开始其形成过程的这种定势必定会对良心的形成产生积极的影响。

德性对良心形成的积极影响主要体现在两方面：一是德性的取向会对良心的选择起定向作用。德性形成于良心之前，而德性又是一种心理定势，因而德性的价值取向必定对良心的选择潜在地起定向作用。如果一个人德性的价值取向是幸福主义的，这种取向就会潜在地使人们选择形成幸福主义的良心。当然，这种定向作用并不是绝对的，因为人们在形成良心的过程中会受到价值观念特别是道德观念以及环境的影响。一般来说，一个人越缺乏道德的自觉，他的良心就越受德性取向的自发影响。二是德性的水平对良心起基础作用。良心不仅在德性之后形成，而且德性作为心理定势一旦形成就会为人的认识和选择，包括对良心的认识和选择提供一个平台和起点。德性范围越广，良心形成的平台就越广，所形成的良心的范围也就越广；德性水平越高，良心形成的起点就越高，所形成的良心的水平也就越高。从以上两方面看，人德性形成的状态对良心的形成状况有着十分重要的直接影响。

不仅德性对良心的形成有促进作用，良心对德性也有重要的促进作用。人开始形成良心的时候，德性并没有最终形成，尚处于重要的生长期。良心形成过程会加速德性的形成过程，促进其最终形成。良心形成的过程是一个人在道德认识的基础上不断强化道德观念和意志、形成道德情感和态度的过程，也即一个外在的道德要求转变为内在的道德自律的过程。道德观念和意志的强化、道德情感和态度的形成，都会促进德性的形成从主要依赖道德环境熏染转变为主要依赖个人自主养成，而且可以促进德性养成的广度和深度。同时，在良心形成的过程中，智慧特别是理性要进行复杂的道德认知和反思活动，这是一个主体愿望与道德要求相互作用的自我意识和对象意识的过程，这种相互作用会促使人们对已形成的德性进行反思。通过这种反思，人们可能有意识地改变原来主要是在环境作用下形成的一些德性。

形成后的良心在发生作用的过程中对德性的完善也具有意义。这至少表现在以下两方面：一是一些良心可以积淀为德性。如果在工作责任心方面有良心，良心对工作责任心的呼唤可以唤醒人对责任的意识和强化责任行为，久而久之，就可以养成负责的德性。二是良心可以强化德性。一个人在某方面可能已经有一定程度的德性，但并没有达到优秀的程度，如果这时这方面的良心形成并发挥作用，这种作用会强化这种德性，使之达到优秀的程度。一个比较正直的人有时可能由于某种原因做了不那么正派的事，如果每次这样做都受到良心的责备，他的正直德性会得到强化。

其次，两者之间存在着相互依赖、相互制约的关系。德性作为人的一种道德素质，从根本上规定着良心发生作用的范围、深度和力度，规定着行为可能达到的道德水平。德性是良心发挥作用的空间，德性的空间有多大，良心能发生作用的空间也就有多大。一个不诚实的人不会为说谎感到脸红。一个懒惰的人，不会为吃嗟来之食感到羞耻。只有具有良好的品质，一个人才能真正发挥良心的自我调控机制作用，才会有优良的行为表现。因此，要充分发挥良心的作用，需要形成完整而高尚的德性。另一方面，良心作为一种道德感或自我道德调控机制对人的德性具有重要的维护作用。缺乏这种维护，再好的德性也会慢慢丧失。因为德性再完善、再高尚的人也不可能完全避免外界的诱惑或一时的疏忽所导致的道德上的失误。在这种情况下，如果没有一种机制进行自我制裁，久而久之，原来高尚的德性就会变得不高尚，原来完善的德性就会变得不完善，一些德性还有可能丧失。德性是获得性的，没有调控和保障机制，完全有可能失去。一个具有守规德性的人也难免在日常生活由于种种原因发生违规的情况。出现了这种情况，特别是由于行为者本身的原因出现了这种情况，如果有良心发生作用，他就会对这种违规行为持否定态度，甚至对违规行为感到厌恶，以后会减少以至于杜绝这种情况的发生；相反，如果没有良心的否定态度和厌恶情感，他可能越来越不在意违规行为，久而久之，守规的德性就会丧失。从这种意义上看，良心是德性的忠诚卫士。

此外，德性与良心还具有互补的作用。德性使人自然而然地为善，但由于生活的复杂性以及人性的弱点，自然而然地为善也可能发生偏差甚至背离。当这种情况发生时，也就是当人没有为善时，良心提醒人们，让人们警醒。无私的德性是与人性利己的自然倾向不完全一致的，需要实践智慧才能认识到无私对于人生的意义。即使一个人具备了无私的德性，也会常常面临人性利己自然倾向的挑战，以致失足。在这种情况下，如果有良心，一个人就会通过良心的否定和反感作用纠正失足，巩固或强化无私的德性。德性对良心也有重要的补充作用。良心通常是在面临比较大的道德问题时才出现。一个人在做了一件较有意义的善事时，他的良心才会感到安慰；而做出了一次较严重的不良行为，他才会受到良心的责备。然而，在日常生活中，人们更经常面临的是小事，在这种情况下，主要靠德性这种道德心理定势起作用，来维护人们日常的德行。

由此可见，一个人要成为有道德的人，既要有德性，也要有良心，两者缺一不可，而且两者的取向必须一致。

第四节　德性的项目及其类型

在人类长期的道德实践中，德性常常是以德性项目的形式出现的。当德性进入伦理学的视野以后，伦理学家们基于对德性的本性及其项目的反思提出一些德性项目并进一步对德性进行分类，将不同的德性项目纳入不同的类型。从伦理学的意义上看，德性的项目与德性的分类是紧密相连的。

一　德性项目（德目）的含义

琳达·扎格则波斯基在描述德性的特征时指出，"德性是一种优秀；德性是一个人的深层特性；这些在历史上的不同地点、不同时间以大量的德性名目表现出来的性质，事实上就是德性"。[①] 扎格则波斯基在这里指出了德性这种品质的性质会在不同的地点和时间体现为不同的德性项目。

德性项目，简称为"德目"，是人们在长期的社会生活中逐渐形成的一些德性要求，它们既是人们判断和评价德性的标准，也是人们进行德性培育（包括德性教育和德性修养）的根据。德目一般都是以名词的形式出现的，而且都是肯定性的、正面的，而不是否定性的，如"公正"。虽然德目在字面上并没有明显的德性要求，但隐含着德性的要求，可以说是德性原则。

人们通常把"善良""正直""诚实""守信"等看作德目，这是一些日常生活的德目。它们更多地体现在不同的人群中，不同的人群有不尽相同的日常生活德目，如古希腊荷马时代有所谓"英雄的德性（德目）"，中国过去武林中有"武德"，日本武士有体现武士道精神的德目[②]。古希腊的"四德目"或"四主德"，中国的"三纲五常"中的"五常"，是学者对日常生活中人们公认的德目进行概括所

---

① Linda Trinkaus Zagzebski, *Virtues of the Mind: An Inquiry into the Nature of Virtue and the Ethical Foundations of Knowledge*, Cambridge: Cambridge University Press, 1996, p. 89.

② 日本武士道精神中有义、勇、仁、礼、诚或信、名誉和忠七种中心德性，此外还有孝、悌等。

形成的成组德目。日常生活德目是人们在日常的道德生活中自发形成的。人们在长期的生活中逐渐注意到一些德目是有利于人的生活的，特别是有利于个人在世界上安身立命、有利于社会的安定和平的。对于这些在日常道德生活中自发形成的德目，我们可称之为"常识性德目"。

常识性德目具有四个主要特点：一是形成的自发性。常识性德目一般不是通过教育和修养而是通过道德环境的熏染自发形成的。人来到世间后在环境以及道德舆论的影响下，会通过耳濡目染不自觉地接受并养成一些德目。对这种德目人们通常是没有经过认真反思和批判的，人们养成这些德目也没有明确的目的性，在很大程度上是随大流。二是认同的普遍性。由于常识性德目主要是在道德环境中自发形成的，因而在相同的道德环境中，绝大多数人都会对该道德环境中流行的德目司空见惯，自然而然地认同它们。三是含义的含混性。常识性德目通常是没有经过学者认真梳理和提炼的，其含义比较模糊含混，很难准确把握。由于其含混性，常识性德目之间可能会发生冲突。四是适用的局限性。根据这种德目自发形成的德性由于没有道德智慧的洗礼而往往难以应对一些复杂的、例外的道德情境。常识性德目的这四个特点决定了它需要精致化，特别需要伦理学对它进行概括和提炼。

除了常识性德目，政治家、宗教家等也常常从不同角度提出一些德目。《周礼》中记载的"四德"（妇德、妇言、妇容、妇功），孙中山提出的"八德"①，基督教的信仰、希望、爱或仁爱，本杰明·富

---

① 即"忠孝""仁爱""信义""和平"。这是孙中山在《三民主义》民族主义第六讲中特别倡导的德目，因共计有八字，故一般简称为"八德"。孙中山在书中说："穷本溯源，我们现在要恢复民族的地位，……就要把固有的旧道德先恢复起来。有了固有的道德，然后固有的民族地位，才可以图恢复。讲到中国的固有道德，中国人至今不能忘记的，首是忠孝，次是仁爱，其次是信义，其次是和平。……但是现在受外来民族的压迫，侵入了新文化，那些新文化的势力此刻横行中国。一般醉心新文化的人便排斥旧道德，以为有了新文化，便可以不要旧道德。不知道我们固有的东西，如果是好的，当然是要保存，不好的才可放弃。"（孙中山：《三民主义》，东方出版社，2019，第64页）

兰克林提出的十三德目①，等等，都是这一类德目。这些德目不一定是完全道德意义上的，但常常与道德有关，因而通常也被看作德目。这些德目很少是政治家、宗教家提出的，而是他们从现实生活中存在的德目或伦理学家主张的德目中选择出来加以倡导的，因而可称为"倡导性德目"。

倡导性德目不完全是根据个人生存发展需要加以倡导的，而主要是根据社会生活某方面的现实需要加以倡导的，如政治家的主要根据是政治的需要，宗教家的主要根据是宗教的需要，教育家的根据可能是人成长的需要。倡导性德目通常只适用于特定人群或特定年龄段的人，不具有普适性，如宗教家倡导的德性往往只适用于教徒，政治家倡导的德性则常常只适用于成年人。当然，也不排除例外的情形，如宗教家为了使非教徒成为教徒而倡导非教徒养成宗教的德性。倡导性德目通常兼具两方面的品质特性，除了德性之外还同时具有政治性或宗教性等。倡导者常常希望将这种政治性、宗教性等变成像德性那样的品质特性，并通过德性这种人们普遍认同的形式承载政治性、宗教性等方面的内容，使两者混合起来，以便使人们认同和养成。当然，在他们所倡导的德目中，有些也是真正意义的德目，但这样的德目往往是为其政治或宗教的目的服务的。倡导性德目是政治家、宗教家等有意识有目的倡导的，这些人拥有一定的社会调控手段，他们可以利用这些手段强制推行他们倡导的德目。例如，宗教家可以利用宗教组织、宗教仪式等手段来推行他们倡导的宗教德目。因此，倡导性德目在社会生活中影响较大，往往会成为社会或特定人群的主流性德目。不过，如果倡导性德目过于偏私和褊狭，即使轰轰烈烈宣传和强制推

---

① 本杰明·富兰克林提出的十三德性是节制（temperance）、沉默（silence）、秩序（order）、决心（resolution）、俭朴（frugality）、勤奋（industry）、真诚（sincerity）、公正（justice）、稳健（moderation）、清洁（cleanliness）、安宁（tranquility）、贞洁（chastity）、谦逊（humility）。他自己称这些德性为"道德完善"（moral perfection）。

行也不能为人们所认可，更难为人们作为品质修养目标加以追求。

伦理学家也相当关心德目。当伦理学家介入德性研究之后，在德目方面主要做两方面的工作：一是他们在概括德性的本性及概念的基础上对社会生活中熟知的德目（包括常识性德目和倡导性德目）进行提炼。这种提炼一般是以反思和批判为前提的，而不像政治家、宗教家那样主要是根据自己的需要一般不经过反思和批判地从社会生活中选择的。同时，这种提炼要对现存的或流行的德目进行界定，明确其含义和适用范围，规定德目彼此之间的关系，使之体系化。二是根据德性的本性和类型提出新的德目，以构建新德目体系或补充根据现存或流行的德目所构建的德目体系，使之完善。一个伦理学家可以同时做这两方面的工作，也可能只做其中一方面的工作。柏拉图的四大德目（智慧、勇敢、节制和公正）体系就是对古代雅典社会流行的主要德性提炼构建的。奥古斯丁和托马斯・阿奎那则是在批判性继承古希腊四主德的基础上提出并论证三种神学德目（信仰、希望、爱）从而构成他们的德目体系的。伦理学家的德目都是在反思和批判的基础上经过哲学论证所主张的，因而可称为"论证性德目"或"伦理学德目"。

与政治家、宗教家等主要根据某方面的现实需要倡导德性不同，伦理学家通常根据所主张的价值取向和道德体系的需要批判地提出德目，构建其德目体系。他们所主张的价值取向和道德体系一般都是最终指向人的根本的总体需要的，或者说是为了人更好地生存的，因而伦理学家的论证性德目常常具有深远的影响力和持久的生命力，具有跨越区域、超越时代的意义。柏拉图所论证的智慧、勇敢、节制和公正直至今天仍然是许多人德性修养的目标，这算得上一个有力的证明。

伦理学家所提炼和主张的德目远远没有覆盖全部的道德生活，充其量只涉及道德生活的一些主要方面。从近代开始一直到20世纪70

年代，德性问题（包括德目问题）在伦理学领域被边缘化，大多数伦理学家停止了德性及其项目的研究工作，导致论证性德目远远不适应现实生活的需要，人们一谈到论证性德目，言必称古代。这类德目在现实社会生活中的影响力也很有限。在这种情况下，常识性德目、倡导性德目在实际的道德生活中仍然发挥着重要作用，论证性德目充其量只是与它们同时发挥作用，远没有占据主导地位。这种状况是应该改变的。

人类已有的德目产生的时代不同、环境不同、途径不同，其情形相当复杂。有些德目只适用于一定时代或时期、一定范围或区域，这些德目可以称为"特适性德目"；有些德目，特别是其中的一些抽象意义，则具有恒久的、超文化的、超国界的性质，这些德目可称为"普适性德目"。这种区分是相对的，那些普适性德目也总是在特定条件下产生的，因而常常具有一些特适性内容，具有一定的局限性。那种绝对普适的德目是没有的，尽管伦理学家努力确立这样的德目。柏拉图主张的四主德虽然至今为人们所称道和践行，但其中包含有他生活时代的等级制的明显印记。另一方面，那些特适性的德目也有某种普适性意义。如基督教倡导的神学德性，不仅对于其他宗教有借鉴意义，对于世俗社会也有借鉴意义。因此，所谓普适性德目和特适性德目的划分是相对的。普适性德目是具有较大普适性的特适性德目，而特适性德目是具有较小普适性的普适性德目。

在人类的道德生活中，为什么会有德目这种道德现象？人类为什么要概括出德目？为什么政治家、宗教家、伦理学家要倡导和主张一些德目？德目就其实质而言不过是具体的德性原则，或者说德性规范，是便于理解和记忆、用简练术语表达的德性要求。人们十分重视德目，主要出于四种需要：一是告知的需要。德目以通俗易懂的简练形式告诉人们什么是好品质，使人们知道什么品质是道德的。二是评价的需要。人们的品质状况不仅对个人有决定性影响，也对社会有决定性影响，社会需要对人们的品质进行评价。评价品质是有标准的，德目就是评价品质的明确的、具体的标准。三是鼓励的需要。人们的品质对人的行为活动有着根本性的影响，因而品质也被纳入了社会调控的范围。鼓励是社会调控的一种手段，德目可以作为社会进行鼓励的依据。四是倡导的需要。社会要调控人们的品质，最重要的就是倡导人们按好品质的要求进行品质培育，德目就是这种好品质的要求。从以上四种需要也可以看出，倡导和主张什么样的德目事关重大，应受到社会和学界的高度重视。

二　对德性的不同划分

伦理学家对德性进行分类最初可能是出于对德目进行分类的需要，但后来则是因为他们发现从理论上将德性划分为不同的类型更有助于人们对德性及其德目的了解和掌握。

在伦理思想史上，古代对德性进行过分类的伦理学家有柏拉图、亚里士多德、奥古斯丁和托马斯·阿奎那。

柏拉图在《欧绪弗洛篇》和《普罗泰戈拉篇》中讨论过五种德性，即智慧、勇敢、节制、公正和虔敬，① 但在《国家篇》（即《理想国》）中则从国家和个人相统一的角度只讨论了四种德性，即智慧、勇敢、节制和公正，② 这就是后来人们广泛地谈论的古希腊的"四主德"。严格说来，柏拉图这里的讨论并不是对德性的划分，而是从个人的灵魂结构和国家的等级结构的四个相应部分及其功能讨论的。但是，他的这种划分为他的学生亚里士多德对德性的划分奠定了基础。从这个意义上看，也可以说是一种德性的分类。

---

① 《欧绪弗洛篇》主要讨论虔敬，《普罗泰戈拉篇》还讨论了其他四种德性。Cf. Plato, *Euthyphro*; *Protagoras*, 330b.

② 参见〔古希腊〕柏拉图《理想国》427e、435b，郭斌和、张竹明译，商务印书馆，1986，第144、157页。

在柏拉图看来，国家是由个人组成的，它不过是放大了的个人，而个人的灵魂即本性是由理性、意志和欲望三个部分构成的。灵魂的这三个部分各有其德性：理性是灵魂的最优秀部分，其德性是"智慧"；意志是灵魂中根据理性的命令行动的部分，其德性是"勇敢"；欲望则是灵魂中最低劣的部分，其德性是"节制"。当灵魂的这三个部分都具备了各自的德性时，整个灵魂也就达到了和谐，从而具备了最高的"公正"德性。与个人灵魂的这三个部分相适应，国家也由三个部分构成，即少数统治者，保卫者，为数众多的下等人以及儿童、妇女、奴隶等。智慧是属于治理国家的统治者的德性，勇敢是属于保卫国家的辅助者和武士的德性，而节制则是属于被统治的第三等级克制自己的欲望接受统治者统治的德性。当国家的这三个阶层各具其德、各守本位、各司其职就实现了国家的德性"公正"。柏拉图认为，公正是国家的德性，也是国家的总原则。他说："我们在建立我们这个国家的时候，曾经规定下一条总的原则。我想这条原则或者这一类的某条原则就是正义。……我们规定下来并且时常说到的这条原则就是：每个人必须在国家里执行一种最适合他天性的职务。"①

亚里士多德着眼于幸福来研究德性及其分类，"由于幸福是灵魂合乎完满德性的一种活动，那么我们现在就把德性作为我们探讨的对象，这样之后我们也就能够更清楚地理解幸福了"。② 他认为，人的心灵有两个部分：非理性的部分和理性的部分。"但非理性的部分在某种程度上是听从理性的劝告的。"③ 如果非理性的部分也可以看作理性的话，那么理性的部分也可一分为二：一部分是理性本身，另一部分

① 〔古希腊〕柏拉图：《理想国》433a，郭斌和、张竹明译，商务印书馆，1986，第154页。
② 〔古希腊〕亚里士多德：《尼各马可伦理学》（注释导读本），邓安庆译，人民出版社，2010，第71页。
③ 〔古希腊〕亚里士多德：《尼各马可伦理学》（注释导读本），邓安庆译，人民出版社，2010，第73页。

则是对理性的服从。亚里士多德就是依据对灵魂的这种划分将德性分为理智的德性（intellectual virtue）和道德的德性（moral virtue）的。他把纯粹科学（pure science）、智力（intelligence）和实践智慧（practical wisdom）看作理智的德性，而把慷慨（liberality）和完善的自我调控（perfected self-mastery）看作道德的德性。在亚里士多德看来，形成道德的德性就是要养成正确选择的习惯，而正确选择必须遵循一条基本原则，即中道原则。中道原则要求无论是情感还是行为，都要无过度也要无不及，始终保持适度。例如，就情感而言，在应该的时间和场合，对应该的对象，以应该的目的和方式产生情感，这就是中道，换言之，是最好的品质，它就是德性的性质。① 亚里士多德非常重视中道原则，甚至将中道与德性等同起来。他说："德性是一种中庸的品质，因为它本质上以达到中庸为目标。"② "德性就其本质和其实体的规定而言就是一种中庸；但按照它是最好而且把一切都实现到最完善的意义，它也是极端。"③

在亚里士多德看来，理智的德性大多是通过教育培养起来的，因而需要经验和时间；而道德的德性则来自习惯，不是自然生成的。"德性既非出乎自然也非违反自然，而是我们具有自然的天赋，把它接受到我们之内，然后通过习惯让这种天赋完善起来。"④ 在两类德性的关系上，理智的德性必须凭借理性，而道德的德性则要借助意志的作用，理智的德性高于道德的德性。道德的德性可以使人获得幸福，但所获得的幸福不是最大的幸福，只有理智的德性才能使人获得最大

---

① 参见〔古希腊〕亚里士多德《尼各马可伦理学》（注释导读本），邓安庆译，人民出版社，2010，第89页。
② 〔古希腊〕亚里士多德：《尼各马可伦理学》（注释导读本），邓安庆译，人民出版社，2010，第89页。
③ 〔古希腊〕亚里士多德：《尼各马可伦理学》（注释导读本），邓安庆译，人民出版社，2010，第90页。
④ 〔古希腊〕亚里士多德：《尼各马可伦理学》（注释导读本），邓安庆译，人民出版社，2010，第76—77页。

的幸福，亦即真正的幸福。一般人都具有道德的德性，但未必具有理智的德性，理智的德性只有少数有智慧的人才能获得。一般人只能得到次等的幸福，只有智慧的人才能获得真正的幸福。

奥古斯丁关于德性的分类是通过对柏拉图的"四主德"进行神学的改造并加以补充完成的。奥古斯丁的思想集中于上帝与自我的关系上。在他看来，人生于今世，无论如何也达不到至善，只有求助于上帝的拯救才能享永生之福，免永劫之苦。他根据自己的神学观点对希腊人所崇尚的"四主德"进行了解释，认为这四种德性如果不以爱上帝作为前提，就不具有道德意义。他在"四主德"的基础上根据《圣经》的有关内容补充了信仰、希望和爱这三种神学德性，形成了中世纪流行的人的"七主德"（the seven chief virtues）。"七主德"的首德是爱。爱是指对上帝的爱，只有爱上帝，才能得到上帝的拯救。他对爱寄予了满腔热忱的歌颂，认为爱是最高的德性，是一切德性之源，是唯一能占领和充满永恒的东西。世界上如果没有爱，就没有了一切。爱使人变得圣洁，使人变得虔诚；圣洁使人高尚；虔诚使人笃信。①

在德性的分类上，托马斯·阿奎那基本上继承了奥古斯丁的思想，不过他利用亚里士多德的思想资源给予了其更具有哲学意义的论证。在他看来，德性是使一个人的德行达到完善的习性，而完善则要视目的而定。人完善的目的就是要尽可能像上帝，有助于实现这个目的的就是德性，反之就是罪恶。他根据人同时是物质世界和精神世界的公民这一观点出发，认为人的德性也可以分为两类：自然的德性和神学的德性。自然的德性建立在人的自然本性之上，包括自我保存、追求幸福、生养后代、同情别人等。如果人能公正地、审慎地、刚毅地和节制地追求这些东西，人就获得了自然德性。这些自然德性既是

① Cf. St. Augustine, *City of God*, IV, 20.

理智的德性，也是实践的德性，只有经过训练、教育和培养才能养成。自然德性是人在世界上安身立命、达到完善（获得幸福）的准则，但只具备这四种自然德性还不能达到至善至福，还需要另一些超自然的神学德性，即信仰、希望和爱。这三种神学德性表现出人对上帝的依赖和人在宇宙中的特殊地位。在他看来，获得了自然德性，人可以获得尘世的幸福；而获得了神学的德性，则可以达到永恒的至福，尽管这种至福只有来世才能实现。①

以上几种德性的古典划分虽然不尽相同，但有一个基本的共同点，这就是它们着眼于德性的指向性或者说着眼于人生存的目的来对德性进行划分。柏拉图的"四主德"是着眼于人灵魂的和谐和社会的和谐论证的；亚里士多德将德性分为理智的和道德的，认为道德德性得到的幸福并不是最大的幸福，最大的幸福只有从纯粹思想的德性中获得，其目的所指向的是幸福；奥古斯丁和托马斯·阿奎那将德性划分为自然的和神学的，也是出于鼓励人们追求更高幸福的目的。对于古典伦理学家的德性具体划分我们不一定赞同，但他们划分的思路和方法是值得我们借鉴的。这种思路和方法就是要着眼于人更好生存，着眼于个人幸福和社会和谐。

有学者将西方古希腊哲学家和中世纪哲学家对德性的分类综合起来，认为德性可以划分为三类，即道德的德性（moral virtues）、理智的德性（intellectual virtues）和神学的德性（theological virtues）。② 这种观点将西方哲学史上哲学家关于德性划分的主要观点综合起来，有助于一般人了解德性的类型。还有学者根据亚里士多德理智德性和道德德性的观点，主张将德性划分为非道德的德性和道德的德性。我们

---

① 参见〔意〕托马斯·阿奎那《神学大全》第二部分（上）论题61、62，见周辅成编《西方伦理学名著选辑》上卷，商务印书馆，1964，第378—383页。

② Cf. "Virtue", in *The Catholic Encyclopedia*, http：//www.catholic.org/encyclopedia/view.php？id=12106.

不同意这种划分，因为德性的含义和本性就在于它是道德意义上的好的或善的品质，我们一谈到德性，它就是道德性的，而不是非道德性的。如果存在着非道德的德性，那这种德性就已经不是德性了，而是某种其他的优秀性质或特性。有人可能会以亚里士多德将德性划分为理智的和道德的作为根据为存在着非道德的德性辩护。这种辩护的理由并不充分，因为在亚里士多德那里，"德性"主要用的是 aretê 这个希腊文词，而这个词尽管今天英译为 virtue，但其本义是"优秀"（excellence），而且亚里士多德一般也都是在"优秀"的意义上使用 aretê 这个词的。如果德性不是特指道德的品质，而是指优秀的品质，那么当然就存在着非道德的德性。

近代，没有多少哲学家对德性进行划分，其中比较重要的有休谟。"休谟在自然的德性（如慷慨、慈善和同情）与人为的德性（如公正、忠诚）之间做出了一个基本的划分。"[①]

当代有多位德性伦理学家对德性进行了分类。乔治·亨里克·冯·赖特（Georg Henrik von Wright）和迈克尔·斯洛特等人将德性分为"关涉自我的"（self-regarding）和"关涉他人的"（other-regarding），[②]比较有影响。他们的划分注意到了德性所涉及的两方面的基本关系，即个人与自我的关系和个人与他人的关系。[③] 但是，这种划分存在着两个局限或不足：一是忽视了个人与其生活共同体及环境的关系。现代人都生活在不同的群体和不同环境之中，个人必须处理与群体、环境的关

---

① Paul Russell, "Moral Sense and Virtue in Hume's Ethics", in Timothy Chappell, ed., *Values and Virtues: Aristotelianism in Contemporary Ethics*, Oxford: Clarendon Press, 2006, p. 162.

② Cf. Georg Henrik von Wright, *The Varieties of Goodness*, London: Routledge and Kegan Paul, 1963, VII. Virtue; and Micheal Slote, *From Morality to Virtue*, New York / Oxford: Oxford University Press, 1992, p. 9.

③ 中国学者孙英也持这种看法，认为品德可以分为善待自我和善待他人两大类型。参见孙英《品德与德性：概念辩难》，《上海师范大学学报》（哲学社会科学版）2001年第 2 期。

系，必须具备处理好这两种关系的德性。二是忽视了划分的终极依据，没有着眼于个人更好地生存或幸福来考虑德性的划分。德性是有指向性的，这种指向性归根到底就在于人更好地生存，着眼于人更好地生存来考虑德性的分类更有助于人们认识和养成德性。

罗伯特·亚当斯在《德性伦理学：追求善过程中的优秀》一书中，对德性进行了两个层次的划分。他首先将德性划分为："追求善过程中的持久优秀"意义上的德性和像慈善、智慧之类的特殊特性意义上的德性。前者没有复数，他用大写字母 V 表示。具有这种德性的人不仅具有一些优秀的特性，而且使这些特性优秀地组成一个整体。后者则是复数的，他用小写字母 v 表示，这种德性有无限的及有限的项目。然后他将有复数的德性又进一步划分为"实质的或动机的"（substantive or motivational）德性和结构的（structural）德性。前者是由动机定义的德性，而动机又是由人在具有善的时候赞成它们来定义的，如慈善。后者与其说是根据特殊的动机或某人的主要目的，而不如说是根据一个人组织和安排自己动机的方式的结构特征来定义的，如勇敢、自制、忍耐。① 亚当斯的这种划分突破了对德性做平面划分的传统，有助于更深入地理解德性。

詹姆斯·瓦拉斯在《德性与恶性》一书中，从德性对于人生活的价值的角度将德性分为三类。② 第一类是针对人的各种欲望和厌恶的德性，他没有给这类德性一个总体名称，以勇敢和自制为范例。他认为，各种类型的欲望和厌恶会扰乱个人的实践推理或者阻止它付诸行为，因而有某些功能在于预先阻止这种扰乱和干预的德性。它们包括勇敢、平和、忍耐以及与自溺对立的德性（节制）。第二类是以某种

---

① Robert Merihew Adams, *A Theory of Virtue: Excellence in Being for the Good*, Oxford: Clarendon Press, 2006, pp. 32–35.

② James D. Wallace, *Virtues and Vices*, Ithaca and London: Cornell University Press, 1978, pp. 60ff.

方式聚焦于人们过共同体生活必须遵守的一些惯例形式的德性，如诚实、公平、真实、守信等。他称这种德性为"有良心"（conscientiousness）。第三类是关心他人，以亲人、朋友的态度对待他人的德性，如善良、慷慨、仁慈、同情等，他称为慈善（benevolence）。他认为，"所有这些特性都履行对人的生活具有某种本质意义的功能。如果人们缺乏这样的特性，他们就不能在一起过具有人类特征的那种生活。当这些特性在个体那里发展到显著的程度，它们就是德性，即人类的优秀。当这种特性达到如此完善以至于成为德性的时候，这些特性就会提升人类性，使它繁荣"。①

卡思林·赫金斯（Kathleen Higgins）认为，除了积极的德性之外还有消极的德性。针对当代伦理学普遍关注积极的德性而忽视消极的德性，他提出应当重视消极德性。他认为，尽管对于伦理学而言德性包括许多积极的方面，但它们并不能涵盖整个德性领域。鉴于许多当代西方关于德性的讨论强调德性的积极方面而忽视了其消极方面发挥主导作用的一些范畴，他将这种德性范畴称为"消极的德性"（negative virtue）。消极的德性以人放弃心灵的某些活动或状态为其特征，特别是可以避免某些像反思和痴迷的思想这样的心理活动加以描述。在消极意义上，有德性主要是一种心理取向问题，一个人消极地有德性是培育内在的平静和放松控制自己的努力的结果。这种德性的典型德目就是庄子的"无为"。在庄子看来，德性既不是理性主义的，不是压制的，也不是通过成为有良心的而获得的。"不如说，它算作一种人的整个存在的健康，一种与使一个人能逍遥和完全无所作为的环境达到的平衡。"②

---

① James D. Wallace, *Virtues and Vices*, Ithaca and London: Cornell University Press, 1978, p. 161.

② Kathleen Marie Higgins, "Negative Virtue: Zhuangzi's Wuwei", in Stephen M. Gardiner, ed., *Virtue Ethics*, *Old and New*, Ithaca and London: Cornell University Press, 2005, pp. 125-141.

三　德性的基本类型及其德目

针对将德性局限于主要德性的观点，克里斯丁·斯万顿提出："就品质在日常生活的方方面面得到表达而言，德性是无所不在的，而且这种表达应该被看作重要的。"① 在她看来，德性是一种"对世界的要求"（demands of the world）做出适当反应的意向。"对世界的要求"在一种广泛的意义上不仅包括对我们提出要求的项目的德性，而且包括对诸如非动物对象提出要求的项目的德性，还包括对我们自己要求的项目的德性，如自重、节制对发展人们才能的创造性德性等。② 我们赞成斯万顿的这种主张，认为德性作为人的一种品质会体现在人的生活及其与之相关的方方面面。

人是在关系中生存的，这些关系包括与自身的关系、与他人的关系、与群体的关系和与环境的关系。一个人要在世界上生存得更好，必须处理好这四方面的关系。德性作为对人的生活具有规范和导向作用的心理定势，要最终服从于和服务于人更好地生存，必定涉及与自我、与他人、与群体、与环境的关系。在当代，人们客观上存在着处理与自我、与他人、与群体、与环境这四个方面的德性。因此，我们可以也应该据此来划分德性的基本类型，即有利于自我生存发展的德性③，有利于人际关系和谐的德性，有利于群体利益增进的德性，有

---

① Christine Swanton, *Virtue Ethics: A Pluralistic View*, New York：Oxford University Press，2003，p. 69.

② Cf. Christine Swanton, *Virtue Ethics: A Pluralistic View*, New York：Oxford University Press，2003，p. 21.

③ 需要特别指出的是，常识道德、康德所理解的道德只注重和强调他人的利益而不注重和强调行为者本人的利益。根据这种道德观念，行为者增进他人利益的行为是道德的，而行为者增进自己利益的行为则不是道德的，除非它是作为增进他人利益的一种手段。这种道德被迈克尔·斯洛特称为个人与他人"不对称性"的道德。斯洛特对这种道德进行了批判，这种批判在当代伦理学界得到了较多的认同（Cf. Michael Slote, *From Morality to Virtue*, New York / Oxford：Oxford University Press, 1992）。我们赞成斯洛特的观点，肯定个人存在着对自己的道德关系。

利于环境舒美友好的德性。这四种基本类型也可以分别简称为利己的德性、利他的德性、利群的德性和利境的德性。我们也可借鉴冯·赖特和迈克尔·斯洛特的做法，将这四种德性分别称为关涉自我的德性（self-regarding virtues）、关涉他人的德性（other-regarding virtues）、关涉群体的德性（group-regarding virtues）和关涉环境的德性（environment-regarding virtues）。

下面立足于人生活得更好这一德性的终极指向，结合思想史的资源和日常生活的德性经验，对上述四类德性及其主要德目做些简要的阐述。

利己的德性是从德性与具有者自己的利害关系看的，指那些有利于具有者自己更好生存的德性。个人的生活是一个复杂的立体结构。从维度看，个人生活包括生理、心理、行为；生理包括吃穿住行、健康、安全等；心理又包括知情意，包括世界观、社会观、人生观、价值观，包括人的权利、义务、尊严、人格。从层次看，个人生活包括生存和发展。前面所说的生活维度基本上是就生存而言的，人的发展包括更复杂的内容，如事业成功、个性完善、社会地位等，人的享受可以是生存层次上的，也可以是发展层次上的。个人生活是个人自己构建起来的，要构建健康良好的个人生活，必须具备处理个人生活的德性。由于个人生活很复杂，有利于个人自己生活的德性也很复杂，但人们一般特别关注的是有利于个人身心健康及和谐、有利于个人发展和完善方面的德性。体现这类德性的德目可以列出以下十种，即自重、自尊、自助、明智、乐观、刚毅、节制、勤劳、节俭、好学。

（1）自重要求珍惜生命，爱护自己，防范伤害，保持身心健康及其和谐，注重身体锻炼和保健，不沉沦放纵，不悲天悯人。

（2）自尊要求自我尊重，维护自己的尊严、人格和权利，坚守做人的底线原则，从容自如，不卑不亢，不奴颜婢膝，不趋炎附势。

（3）自助要求维护自己的独立和自由，有自己的价值追求和价值判断，自己的事自己做主，自己的事自己办，自己解决自己的问题，自己对自己负责，有主见，"求诸己"①，"自强不息"②，不依附别人和组织，不跟风盲从，不随波逐流。

（4）明智要求注重并善于运用理性，着眼于长远、全局，整体考虑和处理问题，开明豁达，有敏锐的洞察力和独到的见解，"言而当""默而当"，③见义智为，不昏聩愚蠢，不意气用事，不顾此失彼。

（5）乐观要求心态平和，性情开朗，能进能退，能屈能伸，超然洒脱，对未来充满希望，相信一次失意、受挫不是世界的末日，相信世界明天会更美好，相信别人的机会来了自己的机会也不会远，不悲观失望，不怨天尤人，追求"宠辱不惊，闲看庭前花开花落；去留无意，漫随天外云卷云舒"④境界。

（6）刚毅要求坚定而自信，为人处世一以贯之，追求目标和理想专心致志、矢志不渝、不屈不挠、坚强勇敢，有克服困难的信心和勇气，"誉之不喜，毁之不怒"⑤，从容面对痛苦、失败和挫折，并将之作为人生的历练，不灰心，不气馁，不半途而废，不自暴自弃。

（7）节制要求为人处世有度有节，注重把握分寸，讲求适度满足，"不役耳目，百度惟贞"⑥，廉洁自律，不贪婪，不放纵，不骄横霸道，不骄奢淫逸。按亚里士多德的说法，"在有节制的人身上，欲望必须和理性保持一致。因为对两者而言，目标都是高贵，有节制的人欲求应该欲求之物，且以适当的方式，在适当的时候。而这恰恰就是理性的命令"。⑦

---

① 《论语·卫灵公》。
② 《周易·乾》象辞。
③ 《荀子·非十二子》。
④ （明）洪应明：《菜根谭》。
⑤ （北宋）司马光：《温国文正司马公文集》卷一《灵物赋》。
⑥ 《尚书·旅獒》。
⑦ 〔古希腊〕亚里士多德：《尼各马可伦理学》（注释导读本），邓安庆译，人民出版社，2010，第132页。

（8）勤劳要求勤奋刻苦，积极努力，肯干用功，吃苦耐劳，无怨无悔，不畏难，不懒惰，不游手好闲，不玩物丧志。

（9）节俭要求"强本节用"①，爱惜时间，珍惜钱财和资源，讲求效率，讲求效果，讲求投入产出，不攀比，不奢侈，不大手大脚，不铺张浪费，做到古人所说的"每一食，便念稼穑之艰难；每一衣，则思纺绩之辛苦"②。

（10）好学要求肯学习，肯钻研，"学而不厌"③，善于学习钻研，"温故而知新"④，积极探索，与时俱进，不断丰富知识，努力提高能力，不仅向书本学习，也向实践学习，既注重总结自己的经验，又注重学习和借鉴他人的经验，不自满，不狂妄，不闭门造车，不夜郎自大。

利他的德性是从德性与他人的利害关系看的，指有利于与具有者有关的他人，从而有利于具有者自己生存所需要的和谐人际关系的德性。人生活在世界上要与各种人打交道，个人要在人际关系中生活和谋求发展。人际关系是人生存的基本环境，这种环境的好坏直接关系到人能否生活得好。人际关系不是自然而然形成的，而是人经营或营造的结果。要营造良好的人际关系环境，个人必须具备处理人际关系的德性。人际关系十分复杂，这方面的德性要求或德目也很多，人们比较注重的是以心换心、以诚换诚、以情换情，以及乐于助人、爱人如己方面的德性。体现这种德性的德目也可以列举十种主要的：善良、诚实、正直、谦虚、审慎、宽厚、守信、感恩、关怀、慷慨。

（1）善良要求心灵纯洁，与人为善，富有同情心和正义感，为人处世动机纯正并多往好处想别人，无不良企图，无害人之心，不乘人

---

① 《荀子·天论》。
② （唐）吴兢：《贞观政要·教戒太子诸王》。
③ 《论语·述而》。
④ 《论语·为政》。

之危，不落井下石。

（2）诚实要求忠诚老实，待人真诚，做事踏实，言行一致，表里如一，朴实无华，不说谎，不欺瞒，不哄骗，不口是心非，不表里不一，不哗众取宠。

（3）正直要求襟怀坦白，率真刚正，为人正派，处事公道，"以直报怨，以德报德"①，"贵不能威，富不能禄，贱不能事，近不能亲，美不能淫"②，不委曲求全，不同流合污，不恃强凌弱，不阿谀逢迎。

（4）谦虚要求态度温和，谦虚谨慎，虚怀若谷，先人后己，"劳而不伐，有功而不德"③，从容大方，举止得体，"不自见""不自是""不自夸""不自矜"，④ 不态度粗暴，不盛气凌人，不自以为是，不以自我为中心，不虚情假意。

（5）审慎要求慎言慎行，"入境而问禁，入国而问俗，入门而问讳"⑤，为人处世深思熟虑，审时度势，稳健持重，注重处理和协调各方面的关系，有耐心，不莽撞草率，不不择手段，不偏激过分，不急于求成。

（6）宽厚要求心胸宽广，胸襟坦荡，宽容体谅，忠实厚道，"和以处众，宽以待下，恕以待人"⑥，容人大度，得理让人，尊重他人的人格、权利和隐私，"己所不欲，勿施于人"⑦，多看别人优点，多给别人方便，多站在别人角度考虑问题，不计较个人得失，不无事生非，不刁钻油滑，不撒泼耍赖。

（7）守信要求重信守诺，说话算数，言而有信，"言必信，行必

---

① 《论语·宪问》。
② 《管子·任法》。
③ 《周易·系辞上》。
④ 《老子》第二十三章。
⑤ 《礼记·曲礼》。
⑥ （宋）林通：《省心录》。
⑦ 《论语·卫灵公》。

果"，一诺千金，"耻其言而过其行"①，不背信弃义，不投机取巧，不坑蒙拐骗。

（8）感恩要求对自己已得到和占有的一切怀感激之情，知足和珍惜，知恩必报，赡养父母，尊敬长辈和老人，不怨天尤人，不过河拆桥，不恩将仇报。

（9）关怀要求"民胞物与"②，关心他人，乐于助人，平等待人，友爱热情，热心于服务，替他人分忧，为他人的欢乐而欢乐，不麻木冷漠，不幸灾乐祸。

（10）慷慨要求乐善好施，扶贫济困，关心和支持公益事业，不畏畏缩缩，不吝啬，不斤斤计较，不患得患失，不求回报，不图虚名。

利群的德性是从德性与具有者活动于其中的共同体的利害关系看的，指有利于群体和平稳定、繁荣昌盛的德性。在古希腊时期，个人与群体的关系主要是与城邦国家的关系，而在今天，个人不仅生活在国家（国家也比当时大得多且复杂得多）中，而且活动在各种群体之中，还可能活动于世界各地，个人与群体的关系已经极其丰富而复杂了，因而也是最难处理的关系。要促进个人活动于其中的群体的和平稳定、繁荣昌盛，个人必须具备处理好与群体的关系的德性。体现这种德性的德目也很多，这里也着重讨论十种，即互利、务实、忠诚、守规、负责、敬业、合作、进取、创新、公正。

（1）互利要求"见得思义"③"见利思义""义然后取"，④"以义制利"⑤，合理地追求个人利益，讲究对群体的贡献，注重双赢共享，通过组织利益的实现来实现个人利益，努力追求个人利益与群体利益

---

① 《论语·宪问》。
② 《张载集·正蒙·乾坤》。
③ 《论语·季氏》。
④ 《论语·宪问》。
⑤ 《荀子·正论》。

共进，不极端利己，不损公肥私，不以权谋私。

（2）务实要求踏踏实实，认认真真，说实话，用真功，干实事，立足现实，注重基础，一心一意强实力，全心全意谋发展，不做表面文章，不搞花架子。

（3）忠诚要求热爱组织，对组织尽心尽力，忠实履行角色职责，将个人的发展与组织的发展紧密联系起来，尽力为组织的和平稳定、繁荣昌盛做出贡献，不拉帮结派，不投机钻营，不出卖良心，不叛国投敌。

（4）守规要求遵纪守法，按规范和程序办事，坚持真理，廉洁自律，尊重规律，追求合规律与合目的的统一，不鲁莽蛮干，不无所顾忌，不钻法制的空子。

（5）负责要求敢作敢为，勇于担当，具有强烈的责任心，对自己负责，对家庭负责，对所在的组织负责，忠实履行自己应尽的责任和义务，勇于承担责任，不文过饰非，不推诿拖拉，不推卸责任。

（6）敬业要求敬岗爱业，把所从事的职业作为自己的天职，恪尽职守，专心致志，精益求精，积极努力，奋发有为，干一行，爱一行，专一行，成一行，圆满完成职业所赋予的任务，追求职业成就，不懈怠，不满足现状，不得过且过，不敷衍塞责。

（7）合作要求互助协作，互利互惠，共赢共享，以建设性的态度积极与他人对话沟通，与他人分工协作，"崇人之德，扬人之美"[1]，"成人之美，不成人之恶"[2]，不以邻为壑，不挑拨离间，不玩弄是非，不以怨报德，不趁火打劫。

（8）进取要求积极开拓，奋发有为，有理想，有志向，有自信心，视野开阔，目光远大，追求事业成功，追求家庭和睦，追求个性丰富，追求人格完善，追求境界提升，不断提高自己的综合实力和核

---

① 《荀子·不苟》。
② 《论语·颜渊》。

心竞争力，努力改善环境并在改变环境的同时努力完善自己，不满足现状，不苟且偷安。

（9）创新要求以创造精神对待工作和生活，敢闯敢干，敢为天下先，注重吸收新观念、新理论、新技术，不断改进工作，努力提高办事效率和工作效益，不墨守成规，不刻板守旧，不故步自封。

（10）公正要求"举公义，辟私怨"①，在分配、评价、裁决、奖罚过程中使相关者得其所应得，讲求公平，关怀弱者，伸张正义，廉洁自律，"不以言举人，不以人废言"②，不以权谋私，不徇私舞弊。

利境的德性是从德性与具有者生活环境的利害关系看的，指有利于环境舒美和友好的德性。中国古代思想家就比较重视利境的德性，如老子就提出："生之畜之，生而不有，为而不恃，长而不宰，是谓玄德。"③ 但在人类历史上，有很长一段时间这方面的德性被忽视。20世纪以来，伴随着现代文明的繁荣和人口的增长，人类生活的环境问题日益突出，环境恶化已经严重地威胁人类的生存。在这种情况下，保护和改善环境、建立与环境的友好关系的问题已经成为摆在全人类面前的重大问题。要保护和改善我们的生存环境（包括社会环境和自然环境），建立人与环境的友好关系，个人必须具备处理好与环境关系的德性。个人在这方面究竟有哪些德性要求，还需要进一步研究，这里初步提出十种体现这类德性的德目，即环保、节能、贵生、爱物、利废、虔敬、简朴、整洁、文雅、沉稳。

（1）环保要求保护空气、水源、植被、动物、大气层和太空，维护大气层范围内的物理气候系统和生物地球化学循环之间相互作用的和谐，维护陆地生态系统（包括森林生态系统、草原生态系统、农田生态系统、城市生态系统等）的平衡和水域生态系统（包括湖泊生态

---

① 《墨子·尚贤》。
② 《论语·卫灵公》。
③ 《老子》第二十七章。

系统、海洋生态系统、河川生态系统、沼泽生态系统等）的平衡以及两者之间的平衡。尽可能地减少废水废气废物，减少各种垃圾，不排放对环境和生态有害的气体、液体和物品，妥善处理各种废品和垃圾。

（2）节能要求爱惜和珍视所有资源，包括不可再生资源和可再生资源，特别是节约各种能源、淡水资源、土地资源等，提高资源的利用率和再利用率。

（3）贵生要求善待生命，保护动物，给动物以生存空间，不滥杀动物，不虐待动物，尊重和维护动物生存的权利；爱护各种植物，不乱砍滥伐树木，不毁坏森林、草原、草坪、植被，减少木材的使用，提高木材的利用率，在可能的情况下多植树种草养花。

（4）爱物要求爱惜和保护各种物品、设施，特别是公共场所及其公共物品、设施，遵守公共物品、设施和场所的规则和使用要求。

（5）利废要求注重生产废弃物和生活垃圾的循环利用以及废旧品的重复使用，变废为宝，最大限度地节约资源，减少排放，减少垃圾。

（6）虔敬要求要珍惜和保护各种历史文物和古迹，虔诚对待宗教及其神灵和经典，敬畏自然和历史，"畏天命，畏大人，畏圣人之言"[1]，不亵渎自然、神灵和古人，不毁坏历史遗址和古迹，不盗窃、倒卖、走私、私自收藏重要历史文物。

（7）简朴要求个人穿着打扮、产品包装、房屋装修、公共设施等都要简单朴素，不铺张，不奢侈豪华，做到老子所说的"去甚，去奢，去泰"[2]。

（8）整洁要求"动容貌""正颜色""出辞气"，[3] 注重个人自身衣着、家庭内外、工作场所以及公共活动场所的整齐、干净、清洁，不乱丢乱扔，不随意泼洒。

---

[1] 《论语·季氏》。
[2] 《老子》第二十九章。
[3] 《论语·泰伯》。

（9）文雅要求文明雅致，"毋侧听，毋噭应，毋淫视，毋怠荒，游毋倨，立毋跛，坐毋箕，寝毋伏"①，言行举止不卑不亢、潇洒大方，礼貌让人，在公共场所不高声说话，不吵闹喧哗，不打架斗殴，不强人所难，不妨碍他人。

（10）沉稳要求为人处世沉着稳重，安静平和，注重个人、他人人身安全、公私财产安全、信息安全、数据安全，不急功近利，不急于求成，不焦虑，不狂躁，不莽撞，不冒险。

以上所有德目也可以划分为基本德目或底线德目②、派生德目和关键德目。对于哪些德目是基本德目，学者们有不尽相同的看法。例如，新近有两位实证心理学的领军人物克里斯托弗·彼德森（Christopher Peterson）和马丁·塞里格曼（Martin Seligman）认识到心理学过于聚焦于机能障碍而不是造就健康和稳定人格的不足，致力于"品质力量与德性"研究，提出了六个广泛领域的核心德性，认为它们具有令人惊奇的跨文化的简单性，强烈地表明历史的和跨文化的趋同性。这六个核心德性范畴是勇敢（courage）、公正（justice）、仁爱（humanity）、节制（temperance）、卓越（transcendence）和智慧（wisdom）。③ 根据我们对德目的划分，大致上说，自重、刚毅、节制、

---

① 《礼记·曲礼》。

② 詹姆斯·雷切尔斯（James Rachels）在《道德哲学的要素》中提出，有二十四种德性是德性的基础，用他自己的话说，是其他德性的"一个合情理的开始"（a reasonable start）。它们是慷慨（benevolence）、公平（fairness）、合情理（reasonableness）、文明（civility）、友谊（friendliness）、自信（self-confidence）、同情（compassion）、宽大（generosity）、自制（self-control）、有良心（conscientiousness）、诚实（honesty）、自律（self-discipline），合作（cooperativeness）、勤奋（industriousness）、自助（self-reliance）、勇敢（courage）、公正（justice），机智（tactfulness）、礼貌（courteousness）、忠诚（loyalty）、多思（thoughtfulness）、可靠（dependability），适度（moderation）、宽容（tolerance）。Cf. James Rachels, "The Ethics of Virtue", in Steven M. Cahn, ed., *Philosophy for the 21st Century: A Comprehensive Reader*, New York/Oxford: Oxford University Press, 2003, pp. 671-672.

③ Cf. Christopher Peterson and Martin E. P. Seligman, *Character Strengths and Virtues: A Handbook and Classification*, Oxford: Oxford University Press, 2004.

勤劳、节俭、善良、诚实、正直、谦虚、关怀、互利、忠诚、守信、负责、守规、环保、节能、贵生、爱物、虔敬这二十个德目属于基本德目（四大类德性中每一类有五种）；而自尊、自助、乐观、好学、宽厚、感恩、慷慨、敬业、务实、合作、进取、创新、公正、简朴、利废、整洁、文雅、沉稳这十八个德目属于派生德目。在所有德性中，明智和审慎是两个特殊的德目，它们是智慧的具体体现。明智体现思辨智慧，而审慎体现实践智慧。这两种德性对于人的生存和幸福具有关键性意义，所以我们可以将它们称为关键德目。

基本德目是德性的基本要求，或者说是底线的德性，因而也可以说是基本德性。这种德性是一个正常的人必须具备的，不具备就不是一个正常人，而是有问题的人或恶性之人。之所以基本德性是底线，是因为它从总体上规定着一个人的品质是不是道德的，突破了它一个人的品质就是恶性的。因此，具备不具备基本德性是一个人品质是不是德性的分水岭。派生德目则是德性的更高要求，或者说是倡导的德性，因而也可以说是派生德性。这种德性是一个优秀的人应该具备的，不具备即使是一个正常的德性之人，也不是一个优秀的、德性高尚的人。派生德性之所以是非基本的，是因为这种德性必须以基本德性为前提才是德性，否则它就不是德性，在有些情况下可能还是恶性的帮凶。关键德目在性质上也是派生的，也必须以基本德性为前提。

从以上所述可以看出，不同类的德目之间以及同一类的不同德目之间难以做出严格的划分。这一方面表明不同的德性之间存在着统一性和相互关联性，同时也表明我们的这种划分和排列只是相对的、大致的，换一位伦理学家完全可以做出其他不同的划分。自古以来，不知有多少学者对德目做过划分和排列，但没有一种为人们普遍公认的。这里的问题也许不在于怎么划分和排列，而在于通过有针对性的划分和排列帮助人们更完整地把握德性。我们之所以做出这种相对、大致的划分和排列，主要也是为了把握的方便。我们相信，这样的划分虽然不精确、不严格，但有助于对不同德性和德性总体的更好把握。

以上四十种德目大多是大类，每一类德目还可以细分为更具体的德目。例如，关怀（关爱）就可以进一步划分为友爱、仁爱和博爱，而友爱又可以划分为基于善的友爱、基于快乐的友爱和基于实用的友爱，仁爱和博爱又可以分别划分为邻人之爱、公民之爱、同胞之爱、人类之爱和生命之爱等多种。①

四　"德性之人"问题

当我们对德性进行了分类并提出了德性的不同德目时，就出现了一个人具有什么样的德性才算是有德性的人（即所谓"德性之人"）的问题。

"德性之人"（a virtuous person）的问题最初是义务论和功利主义对德性伦理学提出的一个诘难。德性伦理学所主要关注的是"人应该怎样生活"的问题，而它所主张的是人应该成为"德性之人"。因此，"德性之人"是德性伦理学的一个核心范畴，如何认定"德性之人"也是德性伦理学必须回答的问题。对于义务论和功利主义来说，这个问题是不成问题的。义务论强调义务，认为一个人只要履行了义务就是有道德的人，我们可以称之为"道德之人"（a moral person），而功利主义则强调行为的结果，认为一个人只要其行为的结果给最大多数人带来最大益处就是"德性之人"。无论是否履行义务还是行为结果如何都是容易判断的，因而据此认定一个人是不是"道德之人"不存在多大的困难。但是，德性伦理学强调德性，认为一个人有德性就是"道德之人"，而一个人是否有德性是不好认定的。有学者据此指责德性伦理学不能像义务论和功利主义那样给行为提供指导，因为

---

① 参见廖申白《伦理学概论》第二十五章"友爱与仁爱"，北京师范大学出版社，2009，第326—341页。

义务论和功利主义都明确要求人们怎样行动，只要这样行动就是"道德之人"，而德性伦理学则没有要求人们怎样行动，只是要求人们形成德性，因而不能给行为提供直接的指导，这种理论即使对行为有指导意义，那也是间接的。有些德性伦理学家对这种指责进行了辩护。这里我们无意于讨论不同伦理学学派关于"道德之人"的争论，但它们的争论给我们提出了一个十分重要的问题，即一个人具有什么样的德性或者说具有多少德性才是德性之人，德性之人算不算道德之人？

首先我们看看"德性之人"算不算"道德之人"。一个人是不是有道德的人需要从三个维度进行考虑：一是要考虑一个人是不是具有德性品质，即是不是有德性的；二是要考虑一个人是不是具有道德感情，尤其是不是有良心的；三是要考虑一个人是否遵守道德规范，即是不是守规范的。一般说来，具有德性品质的人即德性之人是道德之人。这首先是因为在德性中包含了守规的品质。守规当然包括遵守道德规范。因此，德性之人一般是遵守道德规范的人。如果说一个人是德性之人，而他不遵守道德规范，他就不能算作真正的德性之人，或者说他的德性是有缺陷的。当然，由于德性之人面临的情境同样是复杂的，因而也有一个面临复杂的情境时需要运用智慧做出判断和选择的问题，也就是说德性之人在面临实际情境时也需要智慧的作用。但是，我们并不能因此否认他是守规范的人。说德性之人是道德之人其次是因为德性之人一般是具有基本道德情感即良心的。如果没有良心这种自我道德调控机制，自觉的德性就无法形成。实际上，德性是与良心紧密关联的。一般来说，德性之人是有良心的人，有良心的人一般也是有德性的人。因此，有良心的人也可以说是有道德的人。但是，遵守道德规范的人并不一定是道德之人，因为一个人有可能出于不道德或非道德的动机遵守道德规范。一个人可能出于功利的动机遵守规范，如为了自己的名声，这样的人不能说是道德之人；一个人也可能出于害怕谴责的动机遵守规范，这样的人也不能说是道德之人。

因此，我们可以说，表面上看一个德性之人只有同时遵守道德规范才是道德之人，而由于德性包含了守规的要求因而德性之人一般就是道德之人。

其次我们再看看什么样的人才算"德性之人"。这是一个较为复杂的问题。我们前面将德性分为四类四十种，同时也将德性分为基本德性和派生德性，那么，我们面临着下面的问题：一个人要具备所有德性才算是德性之人，还是具备部分德性就算得上是德性之人？如果具备部分德性就算得上德性之人，那应该具备多少德性呢？一个具备所有德性的人，也就是具备完整德性的人，无疑是德性之人。然而，在现实生活中具备完整德性的人可能少之又少，而且人要经过长时期的德性修养才会使德性完整，就是说，一个人可能要到相当大的年龄才能达到德性完整的程度，而此前是德性不完整的。这样来看，现实生活中绝大多数人是德性不完整的，而这就意味着，如果只有具备所有德性的人才算是德性之人，那现实生活中就没有多少德性之人。一个人并不一定非得达到德性完整的程度才能称作德性之人，而只要具备了各种基本德性，他就大致上可以称为德性之人。在现实生活中具备基本德性的人是相当多的，因而属于德性之人之列的人也相当多。如果我们把具备基本德性的这一类德性之人称为"君子"，那么具备完整德性的人则可以称为"贤者"，而具备完整德性且德性达到高尚程度的人则可以称为"圣人"。

这里面临这样一个问题，即对那些只具有某方面德性或某种德性的人应怎样看、怎样称呼的问题。对于这些人我们可以称之为具有某方面德性或某种德性的人。我们可称具有利己德性的人为利己之人，称具有利他、利群、利境德性的人为利他之人、利群之人、利境之人。我们也可以称具有诚实德性的人、具有刚毅德性的人为诚实之人、刚毅之人。当我们这样称呼一个人时，说明我们只是对他具有某方面的德性或某种德性做出了评价和认定，而没有对他是不是"君子"、"贤者"和"圣人"做出认定。一般来说，"贤人""圣人"都可以说成是具备某方面或某种德性的人，如我们可以说某位"圣人"或"贤者"是诚实的人。但是，对于"君子"则不能这样，因为君子虽然具备了基本德性，但有些派生德性并不一定具备。例如，一个具备基本德性的"君子"，不一定是一个具有创新德性的人。

第五节　恶性

恶性是与德性相对立的人的品质特性，伦理学长期以来较重视德性，而很少关注恶性。其原因也许正是罗伯特·亚当斯所认为的那样，"善和恶并不构成一种一极像另一极一样根本的极性。不如说，恶性作为善性的缺乏和善的对立物，是善性的寄生物，并且必须借助善性来理解"。[①] 然而，恶性无论是对个人的生存，还是对组织的和谐和社会的稳定都有严重的负面影响。因此，伦理学在重视德性问题研究的同时也要重视恶性问题的研究。

一　恶性的性质

在汉语中，平常似乎较少使用与德性或美德对应的专门术语，说一个人品质不好时通常用"品质恶劣""道德败坏"等短语。在英语中，则有与德性对应的专门术语，即"vice"（如果"virtue"一词译为"美德"，"vice"也可译为"恶德"）。英文"vice"一词来自拉丁文的 vitium，原意为"堕落"或"缺点"，意指被认为是不道德的、堕落的或品质低劣的习惯。在英语中大致上与缺点（a fault）、堕落（depravity）、罪（sin）、邪恶（iniquity）、缺德（wickedness）、败坏（corruption）、不道德（immorality）等词同义。一般来说，作为德性

---

① Robert Merihew Adams, *A Theory of Virtue: Excellence in Being for the Good*, Oxford: Clarendon Press, 2006, p. 36.

的对立面，"vice"主要是指一个人的品质不道德或低劣。①

关于什么是恶性，罗伯特·亚当斯做过一个界定。他说，恶性在下述意义上是品质的一种坏的特性，即如果你具有它，那就会（并不必然决定性地）不利于你具有道德的品质或总体上的德性。换言之，"恶性是不利于你在追求善并抵制恶的方式方面整体优秀的特性"。②他认为，恶性是善性的寄生物，必须根据善性来理解恶性。从这种意义上来理解恶性，它就是善性的缺乏或者说是善的对立物。在他看来，通常将恶性理解为缺乏性，但在构成德性的优秀方面的缺乏并不总是构成恶性。恶性或邪恶性在有些极端的情况下是某种令人恐怖或令人发指的东西，而不仅仅是一种空缺。在这样的情形中，恶性与善性的关系是一种对立、敌对或违反的关系，而不是一种缺乏的关系。与善性对立的恶性，有可能使一个人成为那些关注善的人的敌人。③亚当斯从恶性与善性的关系角度考虑恶性对德性和善的消极影响，使他注意到恶性不只是一种善的缺乏，而且本身就是邪恶，是善的对立物。但是，亚当斯并没有将上述思想概括进他的恶性定义之中，而且他的定义也没有考虑恶性与人的生存的关系，因而他的恶性定义是不完全的。

恶性是在智慧缺失的情况下受错误的道德观念影响所自主形成的，有害于具有者和他活动于其中的共同体及其成员更好生存，通常以心理定势对人的活动发生作用并使人及其活动成为恶的恶品质，即不道德的品质。

"恶性像德性一样，是人及其生命的品质。"④　恶性也是人的品质

---

① "Vice", in *Wikipedia*, *the Free Encyclopedia*, http：//en. wikipedia. org/wiki/Vice.

② Robert Merihew Adams, *A Theory of Virtue: Excellence in Being for the Good*, Oxford：Clarendon Press, 2006, p. 36.

③ Cf. Robert Merihew Adams, *A Theory of Virtue: Excellence in Being for the Good*, Oxford：Clarendon Press, 2006, pp. 36-37.

④ Gabriele Taylor, *Deadly Vices*, Oxford：Clarendon Press, 2006, p. 1.

的特性或状态。它像德性一样，对认识、情感（包括情绪）、意志、行为活动具有稳定的规范和导向作用，并通过这些活动体现出来。但是，恶性是德性的对立物，两者水火不容。同一种品质不能既是德性的，又是恶性的。一个人是正直的人，不能同时是一个奸猾的人。同样，一个人不能既是德性之人，又是恶性之人。有德性存在就没有恶性存在的余地，反之亦然。当然，这并不排除在同一个人的品质结构中同时有德性品质和恶性品质的情况。

伦理学之所以将有些品质看作德性的，将有些人看作德性之人，而将有些品质看作恶性的，将有些人看作恶性之人，最终的根据在于这些品质和这些人的品质是否有害于其具有者、他活动于其中的共同体或其成员更好生存，或者同时有利于还是有害于这三者更好生存。恶性之所以被看作恶性的，主要的依据是这种品质要么是有害于其具有者，要么有害于具有者活动于其中的共同体，要么有害于他人，更不用说同时有害于三者。因此，恶性是有害于其具有者、他活动于其中的共同体或其成员更好生存的。这里要注意的是，有害于三者中的任何一者的品质就是恶性品质，那就是说，一种品质即使对其中二者有利而对其中一者有害，也是恶性的。虽然"工作狂"极端的忘我工作的品质可能对他人和共同体有利，但这种品质并不是一种德性，而是一种恶性，因为它导致其具有者自残。

导致恶性的原因很多，但其根本原因是人的智慧缺失。恶性是在智慧缺失的情况下以错误的道德观念为前提并根据错误的价值取向自主形成的。智慧缺失可能是没有智慧，也可能是有智慧而不运用。智慧缺失既可能体现在认识方面，也可能体现在意志方面。智慧缺失在认识方面的体现是认识错误，主要表现为由是非善恶含混导致的道德观念错误、价值取向错误，最终导致的善恶品质错误。智慧缺失在意志方面的体现是意志软弱，主要表现为对优良品质形成缺乏毅力，对不良诱惑缺乏抵御力，最终导致恶性形成和不能克服。在恶性形成方面环境的不良影响具有一定的作用，但不是决定性的，决定性的因素是人自身，是人的智慧缺乏。每一个人都具有智慧潜能，而且都能通过自己的努力使之变成现实。导致一个人智慧缺失的原因在于他自己，是他自己没有开发智慧，或者有智慧不运用。因此，恶性的形成和存续的责任都在于个人，即使一个人是在无意识中形成了恶性，那也应该看作他自主形成的。他本来应该开发和运用智慧而没有如此，由此导致的恶性他自己是应该负责的。

恶性作为心理定势会无意识地使人的认识、情感、意志、行为乃至人成为恶的。恶性的直接表现通常是行为，并主要通过行为对其具有者、共同体和他人产生危害，但也会通过人的其他所有活动（认识、情感、意志）表现出来。例如，人的恶性可以通过人的情感活动体现出来，一个恶性之人的情感通常是负面的、消极的。那种体现恶性的活动在通常情况下会是恶的。当然，说恶性会通过活动体现出来，恶性使所体现出来的活动成为恶的，也并不意味着一个恶性之人的所有活动都是恶性的。即使是一个恶性之人，在现实生活中也不会像基督教所说的撒旦那样是只干坏事而不干任何好事的恶魔。恶性之人的品质中或多或少有德性的成分，只是恶性占据着主导地位，或者说，他的品质从总体上看是恶性的。恶性具有意向性，因而也是人活动的一种动机，但这种动机是无意识的动机，只有当人们有意识地反思才会意识到这种动机。因此，恶性像德性一样，通常无意识地对人的活动自发地发生作用，表现为不由自主地行动，与人们的那种有意作恶是不同的。

恶性可以指单一的恶性，也可以指总体的恶性。一个人的品质是一个结构，其中有不同的构成要素。恶性可以指其中的某一个要素，也可指总体的结构。前面已说过，一个人的品质结构要素通常不会完全是恶的，也许世界上可能有品质没有任何恶性的人，但没有品质没有任何德性的人。因此，总体意义上的恶性，只是就品质的主要方面、主导方面整体而言的。从这个角度看，说一个人是恶性之人也是就其品质的主要方面、主导方面整体上看的，而不是指其"恶贯满盈"。

从以上对恶性的阐释可以看出，恶性具有以下主要特征。

一是自发性。恶性作为一种品质的特性，像德性一样也是一种心理定势，具有意向性，会自发地体现在人的态度和活动之中。一个人养成了某种恶性，这种恶性会成为无意识的行为动机，一以贯之地表现出来。恶性所导致的恶行与一般的违反道德规范的恶行不同，前者往往是行为者没有意识到而自然而然地做的，而且在相同的情境还会这样做；后者通常是有意识做的，但在不同的时间和地点可能不会重复做，特别是前一次行为受到谴责时更会如此。恶性的自发性告诉我们，我们要经常反思自己的行为并由此反思我们的品质：我们习以为常的行为是不是恶性的？如果发现存在着恶性的情况，就要坚决根治。

二是难控性。恶性是人们的心理定势，体现为态度倾向和活动方式，因而出于恶性行事时常常是不自觉的，其行为产生了危害而行为者往往没有意识到。即使意识到，往往也只有有意识地意识时才能克服恶行，而一旦放松了警惕就会死灰复燃。恶性的难控制性不仅表现在恶性之人自己难以改正，而且也表现在别人对他的恶行往往难以预防，难以监控，难以纠正。当某种恶性或某些恶性普遍盛行时，就会成为一种风气，甚至成为一种恶劣的文化。在历史上有的民族以凶悍著称，民族内部以狠称雄，对外以狠称霸，别的民族望而生畏。这种凶悍的恶性就成了这个民族的特性，这种民族性或文化性的恶性就更难以纠正和控制。

三是顽固性。恶性是通过长期的选择和实践养成的，因而一旦成了心理定势，成了态度倾向和活动方式，就很难改变。恶性之所以顽固难除，一个重要原因是恶性必须以德性取而代之才能去除，而由恶性变为德性比没有恶性的品质养成德性要难得多，因为首先得克服已经形成的恶性然后才能养成德性。然而，恶性一旦养成，就会对人有某种好处，而这种好处时常对人有难以抵挡的诱惑力，甚至让人产生对这种好处的依赖。显然，对于德性的养成来说，有这种诱惑力的影响比没有这种诱惑力的影响难度要大得多。由于恶性顽固难除，只要一有机会就会表现出来，因而由恶性导致的危害不是一次性的，而是持续不断的。如果一个人妒忌成性，他一见到别人得到好处或有所进步心里就会难受，就会对他进行讥讽或攻击。因此，恶性引起的后果及其危害应特别引起注意并加强防范。

四是可恶性。一般来说，现实生活中有不少人有一些程度不同的恶性，当恶性不足以对自己特别是对他人或共同体产生严重危害时，人们尚可谅解，但当一个人具有某种极端恶性并被看作品质败坏的人即恶性之人时，特别是当他的恶性对他人或生活共同体会产生严重危害时，人们就不会谅解他，相反会谴责他，甚至对他像躲避瘟疫一样唯恐躲避不及。人们十分憎恶恶性的原因有二：首先，恶性所表现的行为往往一以贯之，一般的谴责和惩罚难以使其改变，以致人们对恶性不得不时刻提防；其次，恶性总是无意识地体现出来，当人们出于恶性而产生了恶行时，他们不会感到羞耻，这更会使人们觉得他们厚颜无耻。如果一个人养成了仇恨的恶性，那么只要有人在某一件事情上妨碍了他，他就会记恨，并伺机报复。这种人不仅很令人厌恶，而且很可怕。养成了恶性与平常做错了事不同，人们会认为恶性之人的"坯子"坏了。对这样的人人们会时刻提防，而对平常做错了事的人人们并不一定会这样。恶性的可恶性告诉我们，在现实生活中，我们尽量不要让别人说自己"德性不好"，千万不要让人说自己的品质恶劣。说"德性不好"还只是说德性有问题，而如果别人说我们品质恶劣，就在人品上被判了死刑。

五是"一票否决性"。一个人具备诸多德性不一定生活得好，不一定生活得幸福，但只要养成了一些恶性特别是极端恶性，就注定生活得不好，注定不能获得和享受幸福。以背叛为例，如果一个人有了背叛的恶性，那么无论对朋友、亲人还是对单位、国家，他都可以为了蝇头小利而将他（它）们出卖掉。这种人的心理阴暗，见不得阳光。他们可能有快感，但不可能成为幸福的人。恶性的这一特点表明，任何一种极端恶性都是致命的、可怕的。对恶性的保留和纵容就是对幸福的抛弃和牺牲。

二　恶性的种类和程度

恶性可以划分为不同的种类。在西方历史上，基督教对恶性进行过划分。基督教徒相信，存在着两种类型的恶性：一种是源于身体器官的作为邪恶本能的恶性，如淫欲；另一种是源于精神领域虚妄的偶像崇拜。第一种尽管是有罪的，但没有第二种那么严重。源于精神的恶性包括亵渎（神圣被背叛）、变节或背教（信仰被背叛）、绝望（希望被背叛）、仇恨（爱被背叛）和冷漠（《圣经》解释为一种"铁石心肠"）。基督教神学相信最具有破坏性的恶性是某种骄傲或完全的自我崇拜，所有最坏的恶由这种恶性产生。在犹太—基督教的教义中，作为纯粹恶魔的精神恶性比教会所经常诅咒的其他任何东西都坏。[①] 基督教的这种划分显然是站在基督教的立场上的，从伦理学意义看，其局限性很明显，在今天看来，还有许多恶性没有进入其视野。

罗伯特·亚当斯将恶性分为四种类型：一是缺点的恶性和过度的恶性（vices of weakness and of excess），二是恶魔（撒旦）的邪恶性（satanic wickedness），三是恶意（malice），四是冷酷和冷漠的恶性（vices of ruthlessness and indifference）。缺点的恶性分为两类，一类是

---

① Cf. "Vice", in *Wikipedia*, *the Free Encyclopedia*, http：//en. wikipedia. org/wiki/Vice.

与动因的德性相应的动因的恶性（motivational vices），它一般是与实际的或潜在的善对立导致的恶性；另一类是与结构的德性相应的结构的恶性（structural vices），它主要是缺乏自我控制力量导致的恶性。过度的恶性是指人们对于某种善过于强烈地追求所导致的恶性。恶魔的恶性是指恶人的恶性，其形象就是撒旦，这种人"对待某些恶像一般人平常对待公认的善一样"。恶意"意指为其本身的缘故抵制善，追求恶，而且不仅仅为了恶可能用来达到的其他目的"，如残忍（cruelty）、复仇（vindictiveness）、幸灾乐祸（schadenfreude）。冷酷和冷漠的恶性是指对可能引起的伤害无动于衷或对避免可能引起的伤害漠不关心。冷酷的人可能是恶意的，也可能不是，但即使没有恶意，冷酷也是非常邪恶的。[①] 亚当斯对恶性做出的这种划分有深度，值得我们重视。[②]

　　个人在世界上生活主要涉及四方面的关系：一是与自身的关系，二是与他人的关系，三是与群体（组织或共同体）的关系，四是与环境的关系。我们可以也应该据此来划分德性的基本类型，同样可以也应该据此来划分恶性的基本类型，将恶性划分为关涉自己、关涉他人、关涉群体和关涉环境的四类，即有害于自我生存发展的恶性、有害于人际关系和谐的恶性、有害于群体利益增进的恶性、有害于环境舒美友好的恶性。我们可以分别将它们称为害己的恶性、害他的恶性、害群的恶性和害境的恶性。像利境的德性一样，害境的恶性是根据当代人类生活的新情况增加的，其中一些项目尚未得到公认。

---

① Robert Merihew Adams, *A Theory of Virtue: Excellence in Being for the Good*, Oxford: Clarendon Press, 2006, pp. 37ff.

② 当代西方伦理学家还有一些其他的分类，如托马斯·霍克（Thomas Hurka）将恶性划分为：（1）纯粹的恶性与冷漠的恶性，（2）基础层次的恶性与较高层次的恶性，（3）有意识地对待善的态度的恶性与人懒得有意识地对待善的恶性。Cf. Thomas Hurka, *Virtue*, *Vice and Value*, New York: Oxford University Press, 2001, pp. 92-105.

害己的恶性是从恶性与具有者自己的利害关系来看的，指那些有害于具有者自己更好生存的恶性。这里我们择要列举十种：自残、自卑、卑屈、昏庸、厌世、怯懦、放纵、懒惰、奢侈、冷漠。

害他的恶性是从恶性与他人的关系来看的，指有害于与具有者有关的他人，从而有害于具有者本人生存所需要的和谐人际关系的恶性。其中比较公认的可以列出十种：歹毒、虚伪、奸猾、骄傲、残酷、背信、忘恩、仇恨、吝啬。

害群的恶性是从恶性与具有者活动于其中的共同体的关系来看的，指有害于群体和平稳定、繁荣昌盛的恶性。以下十种是比较突出的：贪婪、虚浮、背叛、懈怠、鲁莽、玩忽、忌妒、苟安、冥顽、自私（包括徇私）。

害境的恶性是从恶性与具有者生存的环境来看的，指有害于环境舒美和友好的恶性。这种恶性的德目尚未形成共识，这里初步列出十种：破坏、滥用、践踏、铺张、乱扔、损公、僭妄、邋遢、粗野、冒险。

恶性不仅存在着不同的种类，而且有着程度的不同。早在中世纪，基督教神学家就已经注意到了恶性的程度问题并使之凸显出来。他们提出有七种恶性是"致命的恶性"（deadly vices）。这七种恶性也被基督教贴上了"七种致命的罪"（seven deadly sins，也译为"七罪"）的标签。这七种致命的恶性是懒惰（sloth）、妒忌（envy）、贪婪（avarice 或 covetousness）、骄傲（pride）、愤怒（anger 或 wrath）、淫欲（lust）和贪吃（gluttony）。[①] 据说这七种恶性是但丁提炼出来的，并产生了广泛的影响。懒惰是指时间和其他分配的资源闲置或浪费，它之所以被谴责是因为懒惰导致其他人得更辛苦地工作，也因为有益的事没做；妒忌是指因为别人的占有而愤恨，但丁称之为

---

① Cf. Gabriele Taylor, *Deadly Vices*, Oxford: Clarendon Press, 2006, p. 1.

"对自己财物的爱滑向了剥夺别人的东西的欲望";贪婪是指占有多于一个人需要或使用的愿望,用但丁的话说叫作"过分爱钱和权";骄傲是指对自我过分地爱,用但丁的话说叫作"爱自我达到了憎恨和不顾邻人的程度";愤怒是指憎恨、报仇的感情,以及超出公正的惩罚欲望,用但丁的话说是"对公正的爱滑向了报仇和恶意";淫欲指过度的性欲望,但丁的标准是"淫欲损害真正的爱";贪吃是指过度沉溺于吃喝,或者错把对吃的欲望当成了感性快乐,"对快乐的过度爱"。① 基督教神学家认为,这七种致命恶性中,骄傲、妒忌和愤怒是与情感相联系的,淫欲和贪吃涉及对快乐的沉溺,懒惰涉及自我沉溺,而贪婪隐含着无限的欲望。他们之所以将这七种恶性看作"致命恶性"或"主要恶性",是因为它们"将死亡带给灵魂"。

基督教神学家所说的致命的恶性就是程度最深的极端恶性。如果我们承认有极端恶性,那么就有不极端的或者说一般的恶性。按照基督教神学家的思路,恶性至少有两个层次:一是致命恶性或主要恶性,二是非致命恶性或次要恶性。我们基本上认同这种思路,将恶性划分为主要恶性或极端恶性(或简称为极恶)和次要恶性或一般恶性。那么,我们以什么为根据做这种划分呢?

托马斯·阿奎那把主要恶性定义为"具有一种非常值得欲望的目的,以致由于对这种目的的欲望一个人持续不断地犯许多罪,所有这些罪都被说成是由那种恶性产生的"。② 按照阿奎那的观点,那些持续地产生严重恶行的品质就是极端恶性。阿奎那的观点主要是从恶性的后果来区分极端恶性和一般恶性的,抓住了判断极端恶性的主要根据,但这只是区别恶性程度的一个重要方面,除此之外还要考虑其他方面。具体而言我们可以从三个方面综合考虑区分恶性的程度:一是恶性本身的邪恶程度,即看恶性是否到了无以复加的程度;二是恶性

---

① Cf. "Vice", in *Wikipedia*, *the Free Encyclopedia*, http://en.wikipedia.org/wiki/Vice.

② Thomas Aquinas, *Summa Theologiae*, 2a2aeq.153, art.4.

的顽固程度，即看恶性是否根深蒂固；三是恶性的破坏程度，即看一种恶性所产生的恶行是否持续不断地对个人生存、个人活动于其中的共同体或者其成员造成严重损害。这三个方面是一种恶性是不是极端恶性的判断依据或标准。那种所产生的恶行持续不断地对个人生存、个人活动于其中的共同体或者其成员造成严重损害的根深蒂固的无以复加的恶性，就是极端恶性。未达到这种程度的恶性则是一般恶性。不是每一种恶性都是极端恶性，只有那些所产生的恶行持续不断地对个人生存、个人活动于其中的共同体或者其成员造成严重损害的恶性才是极端恶性。所产生的恶行是否持续不断地对个人生存、个人活动于其中的共同体或者其成员造成严重损害，是判断恶性是不是极端恶性的主要依据。

需要指出的是，这种标准也许具有某种超时代的意义，但有些品质特性在一个时代不被看作恶性，而在另一时代会被看作恶性；有些品质在一种文化体系中不被看作恶性而在另一文化体系中被看作恶性。有些恶性在一个时代或一个文化体系不被看作极端恶性而在另一时代或另一文化体系中被看作极端恶性。最典型的也许是我们前面所说的害境的恶性。这种恶性（至少其中的一些）在一些国家的今天也许都算不上恶性，更算不上极端恶性，充其量只能算作可以容忍的不良习惯。

根据这种区分的标准，从当代人类社会的主流文化看，前面所说四类恶性中，达到根深蒂固、无以复加程度时就会成为极端恶性的有：属于害己恶性的自残、昏庸、放纵、懒惰、冷漠；属于害人恶性的歹毒、虚伪、残忍、骄傲、仇恨；属于害群恶性的贪婪、背叛、妄为、忌妒、自私；属于害境恶性的破坏、滥用、践踏、损公、粗野。这二十种恶性中的任何一种都有可能严重损害个人生存、个人活动于其中的共同体或者其成员，当它们达到根深蒂固、无以复加程度时就成了极端恶性。

品质一旦达到这种恶性的极端程度就难以从根本上改变。而且恶性像德性一样，是具有统一性和关联性的，一个人不用说具有所有恶性品质，即使具有几种甚至一种极端恶性，就可能使他的整个品质成为恶性的，使他成为恶性之人。一个极端自私的人，他的那种"拔一毛以利天下而不为"的极端自私品质会在他的各种行为中体现出来，从而使他成为一个恶性之人。

三　恶性与恶、罪的概念辨析

恶性与恶、罪的关系非常密切，有必要从概念上对它们之间的关系进行分析。

恶性与恶（evil and bad）的关系大致相当于德性与善的关系。如果说德性指品质的善，或者说是指道德的品质，那么恶性则是指品质的恶，或者说指不道德的品质或邪恶的品质。

恶主要是一个道德概念，同时也是一个宗教概念。例如，在佛教中就大量涉及恶的问题。在佛教看来，恶就是背理的行为，体现在身体、言语和意念三个方面，即所谓"恶者乖理之行，谓众生触境颠倒，纵此感情于身口意"。

"恶"有时也被用于法律，其意义大体相当于"罪"。例如，中国隋开皇年间定律时，将《北齐律》中的"重罪十条"稍加改动，定名为"十恶"，这即今天常常谈到的"十恶"。这十恶是谋反（谋危社稷），谋大逆（谋毁宗庙、山陵及宫阙），谋叛（谋背国从伪），恶逆（殴及谋杀祖父母、父母，杀伯叔父母、姑、兄姊、外祖父母、夫、夫之祖父母、父母），不道（杀一家非死罪三人，肢解人，造畜蛊毒、厌魅），大不敬（盗大祀神御之物、乘舆服御物；盗及伪造御宝；合和御药，误不如本方及封题误；若造御膳，误犯食禁；御幸舟船，误不牢固；指斥乘舆，情理切害及对捍制使，而无人臣之礼），不孝（告言、诅詈祖父母父母，及祖父母父母在，别籍、异财，若供养有阙；居父母丧，身自嫁娶，若作乐，释服从吉；闻祖父母父母丧，匿不举哀，诈称祖父母父母死），不睦（谋杀及卖缌麻以上亲，殴告夫及大功以上尊长、小功尊属），不义（杀本属府主、刺史、县令、见受业师，吏、卒杀本部五品以上官长；及闻夫丧匿不举哀，若作乐，释服从吉及改嫁），内乱（奸小功以上亲、父祖妾及与和者）。①

从宗教和法律对恶的理解来看，宗教和法律的恶在很大程度上是道德意义的。由此我们可以说，恶主要是一个道德术语。

恶和善一样，也是伦理学及其价值论的基本概念。在伦理学中，如果说善是最一般的肯定性道德价值标准，那么恶则是最一般的否定性道德价值标准。说一个行为或品质是恶的，意味着它是违反道德要求的，因而不仅不具有道德价值，而且还是有害的。例如，说偷盗是恶的，其意思是说偷盗违反"不得偷盗"这一道德要求，而且对他人和社会有害。"恶具有一种超过坏的不好的含义。它也许是我们的道德词汇需要给予最严厉谴责的，所以它不应该在因果意义上被使用，它的提供证明的归属条件应该被澄清。恶涉及引起致命的或持续的生理伤害的严重损害，如谋杀、折磨和致残那样。严重的损害不一定是生理的。……严重的损害可能是由灾害、动物或病毒引起的；人类也可能对动物群或植物群造成伤害。然而，恶在原初的意义上涉及由人对人造成的严重损害。"②

在哲学史上，通常把恶划分为三类，物理的恶、道德的恶和形而上学的恶。③ 物理的恶指引起对人的损害的恶。这种损害可能是由对

---

① 参见《唐律疏议》。

② John Kekes, *The Roots of Evil*, Ithaca / London：Cornell University Press, 2005, p. 1.

③ 菲力浦·柯尔（Phillip Cole）在《恶的神话》中，将可能产生的世俗的恶的概念划分为四种，即滔天的概念（the monstrous conception）、纯粹的概念（the pure conception）、不纯粹的概念（the impure conception）和心理的概念（the psychological conception）。Cf. Phillip Cole, *The Myth of Evil*, Edinburgh：Edinburgh University Press, 2006, pp. 12–20.

身体造成伤害和阻碍人的自然欲望引起的，也可能是由阻碍了人的能力的充分发展引起的；可能是直接由自然秩序引起的，也可能是人类生存的各种社会条件引起的。疾病、意外事故、死亡等，就是直接由自然引起的物理的恶；贫穷、压迫和其他灾祸形式则是从不完善的社会组织产生的恶；而像焦虑、失望和懊悔之类的精神痛苦以及阻碍人类获得对他们环境充分理解的智力局限，则是由每一个人在品质和程度上与自然意向和社会环境相应变化产生的先天性的恶。道德的恶被理解为人的意志对道德秩序所要求的规范的偏离及其所导致的行为。这样的行为如果纯粹源于无知就不算道德的恶，道德的恶被严格限定于意志追求良心不赞成的目的和动机。道德的恶不仅会在世俗的自然生活环境中发生，也会在超自然的秩序中即人的福利会受到影响的宗教氛围发生。这种氛围的戒律最终依赖于上帝意志，因而是最严格的义务，违犯了这种戒律也是道德的恶。形而上学的恶则是指自然界中各种构成要素之间的相互限制。由于这种相互限制，自然对象多半由于受到阻碍（如物理条件的持久压力或突然的灾祸等）而不能达到充分的、理想的完善。例如，动物和植物的机体受到气候和其他自然原因的不断影响；食肉动物为了生存而依赖对生命的破坏；自然会遭遇风暴和灾变，它的秩序依赖于由其部分相互作用导致的永恒毁灭和重生。如果不考虑动物受苦的情形，不可避免的自然局限并不会引起任何痛苦。形而上学的恶只是在类比的意义上才能称为恶，这种恶与人类所经验的恶相当不同。①

　　无论哪一种恶，其共同特点是它们在本质上都是否定性的，而不是肯定性的。就是说，它们都不在于任何东西的获得，而是对于完善的某种缺失或丧失。作为身体恶标准的痛苦，就是一种否定性的东

---

① Cf. "Evil", in *The Catholic Encyclopedia*, http：//www.newadvent.org/cathen/05649a.htm.

西，尽管感觉或情感是纯粹主观的，但痛苦的恶的性质在于它对受苦者产生的有害影响。同样，道德恶所赖以存在的意志的不正当行为，也不过是正当行为的纯粹否定形式。虽然道德恶是行为选择的一种积极要素，但导致不正当行为的恶品质并不是由选择这种要素构成的，而是由它拒绝正当理由所要求的东西构成的。

伦理学意义上的恶是指道德的恶，这种恶是善的缺失或丧失，是善的否定形式。这种恶与恶性的关系是：道德恶包括行为恶（不正当）和品质恶，而恶性作为品质恶是道德恶的一种，是品质善或德性的本来缺失或得而丧失，是品质达不到德性的基本要求。不过，品质的恶与行为的恶不同，行为恶可能是品质恶的结果，也可能是有意违反道德要求的结果；品质恶是养成的，因而它不是违反品质的德性要求，而是所养成的品质不符合德性的要求。关于恶、恶性和恶行三者的关系，约翰·刻克斯的以下说法大致上是对的："恶是流行的，它的流行主要是行为的习惯性和可预料的形式的结果。这些行为是由其主体的恶性而来的，在许多情形下，恶行及其由以产生的恶性都不是自主的，不过，把从事这些行为的主体看作要在道德上对这些行为负责是可以得到证明的。"[①]

在西方，恶性的概念与罪（sin）的概念关系密切，两者既有联系又有区别。"sin"这个英文词一般翻译为中文的"罪"。"sin"是一个宗教和神学术语，主要指宗教意义上个人或组织的恶行。"sin"与"crime"（通常译为"犯罪""罪恶"）和"guilt"（通常译为"罪""罪过""罪行"）不同。"crime"主要是指违犯法律的犯罪和罪恶；"guilt"指一般意义上的罪、罪过、罪恶，如受良心谴责所引起的罪恶感；而"sin"主要是指宗教意义的罪，这种罪被看作与生俱来的，是人的原初本性，如基督教所说的原罪就是这种意义上的

---

① John Kekes, "The Reflexivity of Evil", in Ellen Frankel Paul, Fred D. Miller, Jr. and Jeffrey Paul, eds. , *Virtue and Vice*, New York：Cambridge University Press, 1998, p.216.

罪。世界上的主要宗教几乎都有其意义不尽相同的罪的观念，但还没有像基督教那样完整的罪的概念，更没有像基督教那样使罪的观念深深地渗透到一种文化之中。基督教的"罪"一般指违反道德规则或道德法则，这大致与"恶"的意义一致，但是罪所违犯的道德法则主要是指神所制定的神法（包含道德规范），就此而言，"罪"与"恶"有所区别。另一方面，罪不只是存在于行为，而且也存在于灵魂或心灵，也就是说存在于人的本性。基督教的"原罪说"就是认为自从亚当和夏娃背叛上帝之后，人的本性就堕落了，成为有罪的，即有所谓"原罪"。从这个意义上看，罪的观念基本上属于人性本恶的观念。

关于恶性与罪的关系，罗马天主教会在两者之间所做出的区别是有启发意义的。在罗马天主教会看来，恶性是使一个人倾向于罪的习惯，而罪本身是个人道德上不正当的行为。在罗马天主教教义中，"罪"这个词也指根据一个人所干的道德上不正当的行为将会降临给他的状态。无论在哪种意义上，这个词总是意味着有罪的行为。它是罪，而不是恶性，这种罪是使上帝所神圣化的恩赐丧失的行为，并会使一个人受到上帝的惩罚。托马斯·阿奎那说："绝对地说，罪在邪恶性上超过了恶性。"[1] 另一方面，甚至在一个人的罪得到宽恕之后，作为其基础的习惯（恶性）还会存在。正如恶最初是由屈从于罪的诱惑而产生的一样，恶性也只有通过抵制诱惑和履行德性的行为才能消除。恶性越顽固，消除它所需要的时间就越长，所需要的努力就越大。托马斯·阿奎那说，德性一旦成为习惯和获得，恶性就不会作为一种习惯或者不如说作为一种纯粹的意向而坚持下来，而且它就正处于被消除的过程中。[2]

综上所述，"罪"（sin）与"恶性"（vice）的含义十分相似，它

---

[1]　Cf. "Vice", in *Wikipedia*, *the Free Encyclopedia*, http：//en. wikipedia. org/wiki/Vice.

[2]　Cf. "Vice", in *Wikipedia*, *the Free Encyclopedia*, http：//en. wikipedia. org/wiki/Vice.

们都指人的导致恶行的恶性，但是我们要着重注意它们之间的区别。两者的区别主要体现在以下三个方面：一是"罪"是一个宗教（主要是基督教）和神学（主要是基督教神学）的术语，而"恶性"是道德和伦理学的术语。二是"罪"更侧重于人的灵魂（本性），指本性的恶所引起的恶行或对作为道德法则的神法的违犯，而其前提往往是人生本身是恶的或有恶的倾向；恶性更侧重于人的品质，指的是品质的恶所引起的恶行及其对人的道德本性的伤害，不具有品质本恶或有恶的倾向这样的前提。三是罪至少包括行为对神法的违犯的含义，这种违犯是以神法存在作为前提，并以神法作为标准对行为进行衡量的；恶性则不包括对某种道德法则违犯的含义，而是已经养成的一种恶的心理定势和活动方式，行为的恶是品质恶的心理定势使然。恶性不是对德性原则的违犯，而是没有按德性原则养成和维护品质所导致的德性缺失或德性丧失。

四　恶性的危害

恶性对个人的直接影响是毒害、腐蚀具有者的心灵，并因而使人的价值丧失。兰茜·硕曼认为，恶性的行为似乎不以相同的方式构成它们自己的目的，它们的重点和焦点似乎在于外在的目的，如权利、利益、欺骗等，实现这些外在目的就是有价值的。如果不将心思最终用于所追求的外在目的之中，我们很难想象这样的个体会在他们的追求过程中形成价值。因此，"恶性之人的目的的外在性限制理性主体的价值和职权。它限制置于行为本身的价值"。①

"心灵"是一个哲学术语，并没有十分严格的界定，但从心理学的角度看，心灵大致上相当于人的心理世界，特别是人的人格。人格包括诸多方面，按照笔者的理解至少包括观念、知识、能力、品

---

① Nancy Sherman, *The Fabric of Character: Aristotle's Theory of Ethics*, New York：Oxford University Press, 1989, p. 116.

质等方面。一个人要过上正常生活，更不用说幸福生活，人格的所有这些方面乃至整个人格都应该健全，不能存在缺陷或疾病。一旦有缺陷就会发生心理学所说的"人格障碍"。"人格障碍指不伴精神症状的人格适应缺陷，其行为倾向的发展没有明确的起迄时间，发展缓慢，极难治疗，但也不是不可矫正的状态。这些行为倾向组成对自己对社会都是不被允许的、不得体的行为型（形）式。"① 人格障碍有各种表现，但所有表现的根源在于人的品质发生了问题。这些问题不一定都是品质的恶性导致的，但恶性的品质会程度不同地导致人格障碍。品质在人格中是一种特殊结构要素，它会对人格中的其他要素产生重要影响。如果品质是恶性的或存在着恶性的方面，就会影响其他要素的善恶性质，并进而影响人格的健全。以能力为例。能力也是人格的一个要素，而能力用于什么，能力的发挥是否有利于个人生存，是否有利于人格健全，则取决于品质的性质。如果品质是恶性的，能力就可能持续地运用于恶行，能力也就成为恶性的，能力越强，能力的恶性就越大，恶行的强度也越大，对人的生存和人格的负面影响也就越大。总体上看，作为人格的基本构成要素之一，品质是决定人格好坏善恶的关键因素，无论人格整体上是恶性的还是部分是恶性的，都表明人格是有问题的、不健全的、有缺陷的。

恶性品质及其所导致的问题人格都会在人的活动中体现出来，从而产生有害的后果。恶性作为品质的恶和人格的不健全对个人、他人、群体都是极为有害的，那些极端恶性尤甚。

从对个人的角度看，恶性的危害在于有害于具有者更好地生存。人们都希望在世界上过上好生活。好生活就是幸福生活，主要包括家庭和睦、职业成功和个性健康丰富等基本方面。恶性对其具有者的危

---

① 陈仲庚、张雨新编著《人格心理学》，辽宁人民出版社，1987，第416页。

害主要就体现在对好生活的这些方面产生有害影响。

家庭和睦既是好生活的重要方面，也是好生活的重要条件。家庭和睦本身则是以家庭成员品质具有起码的德性为前提的。如果有一个家庭成员的品质是恶性的，这个家庭就不会真正和睦。一个家庭成员具有自残的恶性，把自己的身体甚至生命当儿戏，这一家人的日子无疑是痛苦不堪的。不只是涉及个人和家庭的恶性会影响家庭的和睦，其他的恶性也会给家庭带来负面影响。假如一个家庭有成员对他人和社会充满仇恨，这个家庭就不会有安宁的日子。

职业成功是好生活的重要方面之一，职业成功需要许多德性，而任何一种恶性都会影响职业的成功。一个厌学的人就不会取得职业成功，因为在现代社会要获得职业成功人们必须不断学习提高，只有不断学习才能掌握新的知识和技能，才能适应职业日益变化的要求。现实生活中不少人能力很强，但不具备合作的品质，甚至妒忌成性，其结果是得不到重用，无所作为。至于那些自私、贪婪、骄傲、吝啬的人，他们的职业难以取得成功更是显而易见的。弗兰西斯·哈奇森（Francis Hutcheson）曾经从道德恶（恶性）与自然恶的角度谈到道德恶对人际关系的消极影响。他说："我们领会为道德恶的无论何种品质，诸如背叛、残忍和忘恩负义，即使它们根本不会伤害我们自己，都会引起我们憎恨我们观察到的具有这些品质的人；然而，我们衷心地爱、尊敬并怜悯许多遭受自然恶的人，诸如痛苦、穷困、饥饿、疾病和死亡，哪怕他人的这些自然恶给我们带来诸多不便。"①当一个人因其恶性引起别人讨厌甚至躲避时，他还有可能取得职业成功吗？

个性健康丰富是现代人好生活或生活质量高的重要体现之一，而个性健康丰富是以品质的德性为前提的。如果品质总体上是恶性

---

① 〔英〕哈奇森：《论美与德性观念的根源》，高乐田等译，浙江大学出版社，2009，第81—82页。

的，甚至有一些品质是恶性的，个性就显然不是健康的，同时，也不能成为丰富的。一个人一旦有了恶性，生活就会发生问题，他会被这些问题所困扰，他既无心去丰富自己的个性，也没有丰富个性的必要条件。一个人有某种害己的恶性，他就可能没有健康的身体和心态去发展自己的个性。一个人有某种害人和害群的恶性，他就会生活在别人和群体的憎恶之中，他就没有条件，也无心去丰富自己的个性。例如，一个歹毒的人就会成天想着怎样害人，同时也想着别人会怎样像自己害人一样害己。这样的人很难有心思去丰富他的个性。

恶性作为一种负面的品质，不仅会使人的生活达不到幸福的高度，而且还会危害个人正常的生活，甚至还会危害个人的生命。《武汉晚报》载《62岁老汉点燃成都公汽》：一名叫张云良的又嫖又赌、不务正业的老汉为发泄悲观厌世情绪而点燃汽油引起公共汽车燃烧，烧死除他自己以外的26名无辜乘客。① 这位老汉的悲观和仇恨等恶性使他成为死有余辜的可恶之徒。我们可以想象，一个恶性之人的人格、个性不仅不会达到幸福的要求，而且还有缺陷或疾病，他的职业和家庭生活也会如此。恶性对正常生活的危害还表现在，恶性会对人的身体和心理产生严重的危害。一个具有恶性的人，会经常受到他人、组织的或显或隐的指责，会经常遭白眼。在这种情况下，他的心灵就难以获得安宁，特别是良心发现时更是如此，时间长了就会影响他的正常生活。同时，他还有可能会因为郁闷而患上忧郁症。

从对他人的影响看，恶性的主要危害在于会影响和谐人际关系的形成，甚至会对他人造成伤害。一个具有恶性品质的人是难以得到别人的信任和关怀的，别人不愿意与他合作共事。没有人会愿意与那种

---

① 参见《武汉晚报》2009年7月3日。

自残的人、卑屈的人交朋友。别人也许会感到有这样的朋友而影响自己的形象。恶性是正常人际关系的大敌。实际生活中有不少人的人际关系不好，其原因从根本上看就在于他们的品质不好。这些人常常抱怨别人对他不好，而实际上是他自己有恶性的品质这种祸根影响了他的人际关系，只是他自己没有意识到而已。

从对组织和社会的影响看，恶性的危害在于影响组织和社会的稳定和和谐，影响组织和社会的繁荣和发展。组织和社会都是由个人组成的，其组成人员的品质直接关系到组织和社会的状态。对于社会来说，个别人的恶性品质通常影响不大，但不用说多数人，即使是少数人的品质是恶性的，这个社会的稳定就会出现问题，稳定、和谐和繁荣、发展就会受到阻碍。如果贪婪成为相当一部分社会成员的品质，这个社会就不会安宁，甚至可能陷入"人对人是狼"的战争状态。就一个单位而言，假如有一个人是恶性之人，这个单位可能因为他而你争我斗，纷争不止。

五 恶性的成因

恶性是怎样形成的？这是一个十分复杂的问题。有一种观点认为，恶性的成因是德性的败坏。在这种观点看来，一种德性会由于不使用、滥用或过度使用而败坏。例如，与希腊"四主德"相应有四种主要恶性，即淫欲、怯懦、愚蠢、贪污，它们就分别是不使用节制、不使用勇敢、滥用德性而成为智慧的对立面和不使用公正导致的。[①] 这种观点是有一定道理的。一般来说，人来到世界上、生活在社会中，就生活在有德性要求的环境中，如果一切正常，就会在这个环境中按德性要求形成德性，而没有按德性要求形成德性可以看作德性的不使用、滥用或过度使用。但是，这只是恶性形成的部分原因，

---

① Cf. "Vice", in *Wikipedia*, *the Free Encyclopedia*, http：//en. wikipedia. org/wiki/Vice.

还有其他的原因。归结起来，有两方面的原因导致恶性：一是外部原因，主要是环境的不良影响；二是内部原因，主要是个人的智慧缺乏。

环境的不良影响是恶性形成和不能克服的重要外在原因。有的人生活的环境好，有的人生活的环境坏，好环境有利于人们的德性品质形成和完善，而坏环境则不仅不利于人们的德性品质形成和完善，而且会成为恶性品质形成的重要诱因，在有了恶性品质的情况下不利于恶性的克服，甚至会强化恶性。但是，每一个人生活的环境都是复杂的。最好的环境也有对活动于其中的人的品质不利的因素和不利的影响，只是坏的环境会对活动于其中的人的品质产生更多、程度更深的不利影响。从这种意义上看，关键不在于环境本身的好坏，而在于环境对品质影响的好坏及其程度。环境的不良影响才是恶性形成和难以克服的真正原因。

人品质形成的最初环境是家庭。家庭成员，特别是父母以及对小孩有直接影响的人（如带小孩的祖父母、保姆等）的品质状况构成了小孩品质形成的最初环境。如果这些亲近的人的品质是恶性的，他们的恶性会很自然地感染小孩。例如，一个与小孩十分亲近的人是歹毒的人，小孩就有可能在他歹毒的恶性影响下形成歹毒的恶性。当小孩成长到有了自我意识时，他可能会在环境的作用下通过反思意识到自己的恶性，并努力根治恶性，养成德性。不过，这个过程很艰难，而且如果不自我反思和自我批评，他根本就不会认为这种品质是恶性的，甚至还会认为人人都如此。

学校环境的不良影响也是导致恶性的重要原因。人的品质形成受学校环境的影响很大。在现代社会，学生一般要在学校生活十多年，一个人品质的自发形成和品质反思一般是在这个时期完成的。如果学校环境恶劣会对为数众多的学生的品质产生不良影响。不良学校环境对学生品质的影响主要有三种：一是教师的示范作用。一般来说，学校不会让孩子培养恶性，但老师会成为孩子模仿的对象。如果老师有恶的品质，这种品质就有可能影响到学生。二是同学之间的相互影响。同学之间的相互影响是很大的，如果同学的恶性品质盛行，也会成为孩子形成恶性的环境。三是学校应该对学生进行德性教育而没有进行。学校没有进行有效的品质教育，没有能使学生掌握社会的德性要求，没有要求并教会学生根据德性要求反思和批判自己已形成的德性，并按社会的德性要求自觉养成德性，这会使学生受不良环境的影响而形成恶性。

工作环境和社会环境的不良影响也是恶性形成和不能克服的重要外在因素，但相对于家庭环境和学校环境的影响来说，间接一些。

智慧缺乏（包括有智慧不运用）是恶性形成和不能克服的内在原因和决定性因素。环境的不良影响对于大多数人来说总是不同程度地存在的，但为什么在相同的环境中有的人养成了德性，而有的人养成了恶性，有的人有了恶性能克服，而有的人有了恶性不能克服，一个根本的原因在于是否具有和运用智慧。人并不是一来到世界上就有智慧，就能运用智慧。一般来说，真正有智慧和能运用智慧可能要到人有了反思意识之后。正常人都具有智慧的潜能，但存在着是否开发和在何种程度上开发的问题。这种潜在的智慧只要适当加以开发就会变成现实的智慧。当人有智慧后，人就可以在品质养成方面运用智慧做三件事：一是运用智慧对以前自发形成的品质进行反思和批判，经过反思和批判可以保留其中的德性成分，而清除其中的恶性成分。经历了这个过程，即使以前形成了恶性，也可以克服或使恶性变成德性，这即所谓的"浪子回头"。二是在进一步的品质养成中运用智慧进行选择，防止选择恶性作为养成的目标。三是智慧可以使人更准确地把握品质形成的合理限度，即把握亚里士多德的"中道"原则。在这三个方面，如果缺乏智慧就会发生恶性的问题。

一个人自发形成的品质或多或少有些问题，有些可能已经是恶性，有些可能是恶性的萌芽。如果这个人缺乏智慧，他通常不会对品质进行反思，因而也就不可能发现自己品质中存在的恶性，更不可能运用智慧去克服已经形成的恶性。一个人懒惰可能是从小养成的，如果不经过智慧的反思和批判，这种从小养成的恶性是难以改变的。人的许多品质是在人进行德性反思后经过选择逐渐养成的，在这个过程中如果缺乏智慧，他就很有可能做出错误的选择。例如，残忍这种恶性通常不是从小养成的，而是后来在缺乏智慧或没有运用智慧的情况下选择和养成的。在智慧缺乏的情况下，人们是不可能正确地把握品质好坏的度的。人的许多恶性是由于没有把握好亚里士多德所说的中道原则导致的，在进行品质选择的过程中要么过度（如鲁莽），要么不足（如怯懦）。这种恶性品质的具有者通常并不一定怀有恶意选择恶性，只是在选择的过程中发生了偏差导致了恶性的形成。导致这种偏差发生的原因就在于缺乏智慧或没有运用智慧。

在防止和克服恶性过程中，智慧缺失主要体现在两个方面：一是认识错误，二是意志软弱。一个有智慧的人是能明辨是非善恶美丑的人，也是择善而从的人。当一个人智慧缺失时就会是非不辨、善恶含混，常常将邪恶的、不正当的东西当成是善良的、正当的东西，做出错误的判断和选择。这种认识错误是导致恶性的一个重要原因。不过，在当代信息发达和人们受教育程度普遍提高的情况下，发生认识错误从而导致恶性形成的情况比较少，人们的恶性形成更多的是在对是非善恶有正确判断的情况下，由于意志力差，不能有效地调控自己的欲望、情感和行为，一味顺从或放纵人的本性造成的。之所以会出现这种情况，并不是人没有意识到这会导致恶性的后果，而是因为意志不坚强，不能克服本性的自然倾向以及环境的不良诱惑。例如，人都有一种好逸恶劳的本性倾向，许多人都知道这种倾向不好，但有的人不能克服这种本性倾向而任其强化，其结果就形成了懒惰的恶性。这里主要的原因就是意志薄弱，意志本应克服本性不良倾向而没有克服。意志薄弱的根子还在于智慧的运用。意志是实践智慧的体现，意志薄弱就是实践智慧不具备或不充分。

六　防止和克服恶性的对策

对于如何克服和防止恶性，G. 泰勒（G. Taylor）提出用"敌恶的德性"（countervailing virtues）或"治愈的德性"（healing virtues）克服恶性的观点值得重视。

泰勒认为，恶性就恶性之人对他们自己的态度而言是自我破坏的（self-destructive）。敌恶的德性在某种意义上是对那种自我破坏的自我有益的。在恶性破坏和腐蚀的地方，敌恶的德性应该能治愈和约束这种自我。这样的"自我治愈的"德性并非必然地被看作严格意义的、需要某种形式的利他主义动机的道德德性的东西，但也并非必然属于有时贴上"关涉自我的"（self-regarding）德性或"实施的"（executive）德性①标签的类型。一个行为主体可以为了他自己的利益或别的某个人的利益而运用这些德性，以便可以具有所有这些德性，然而它们整体上是自利的甚至是恶的。他认为，勇敢、审慎、耐心和自我控制属于这类德性。自我治愈的德性是与其他类型的德性联系的，其意义在于它给行为主体提供一种逃避自我的包袱的方式，这种方式给他提供他过幸福生活的机会。泰勒特别强调这种逃避的方式，因为逃避某人自我的包袱也许能被看作恶性之人态度和活动背后的一种驱动力量。当然，也存在着朝错误方向逃避的情形。

泰勒针对西方传统的七种恶性提出了对策。他主张，用谦卑

---

① 伯纳德·威廉斯所使用的术语，参见 Bernard Williams, *Ethics and the Limits of Philosophy*, London：Fontana，1985。

（humility）或谦虚（modesty）治愈骄傲，用节制（temperance）治愈
贪吃，用博爱（chastity）治愈贪欲，用忍耐（patience）治愈愤怒，
用勤奋（industry）治愈懒惰。节制、博爱、耐心、勤奋和勇敢一起
属于"关涉自我的"德性。具有这些德性的行为主体不需要关于他人
的考虑而完全出于自己的利益运用它们。这些德性也被菲力帕·福特
称为"纠正的"（corrective）德性①。它们被看作对某些可能使我们
不恰当地或不合情理地行动的欲望和感情的纠正。泰勒认为，敌恶的
德性的功能是要治愈恶性所腐蚀的德性。既然个人的德性像恶性一样
是相互联系的，那么选择就存在着某种限制。就此而言，所选择的德
性的特征应当是作为一般的或特殊的最恰当的德性特征。同样，严格
说来"治愈的"德性也要通过各种方式获得，任何所挑选的德性特征
都不可避免地与其他德性特征相联系。

在传统的意义上，德性之人的模式一直都是受理性控制的人。恶
性之人是以不理性为特征的，那么受理性控制就要被选择作为敌恶德
性的主导特征之一。② 泰勒的这种观点与托马斯·阿奎那的看法相似。
在托马斯·阿奎那看来，基督教所说的所有致命的恶性（罪）都是理
性对激情的不充分控制导致的。他说："人是从他的理性灵魂中获得
他的类的属性的，其结果，与这种理性秩序相反的无论什么东西恰当
地说都是与人作为人的本性相反的。所以，……恶性就其与理性相反
而言，是与人的本性相反的。"③

泰勒的对策主要是针对如何克服恶性而言的，其主旨是要诉诸
人的理性自觉使有恶性的人意识到恶性对自身的危害来克服自己的

① Cf. Philippa Foot, "Virtues and Vices", in Oliver A. Johnson, Andrews Reath, eds.,
Ethics: Selections from Classical & Contemporary Writers (9th Ed.), Wadsworth: Thomson
Learning, Inc., 2004, p. 445.

② Cf. Gabriele Taylor, *Deadly Vices*, 8, Countervailing Virtues, Oxford: Clarendon Press,
2006.

③ Thomas Aquinas, *Summa Theologiae*, 1a2aeq. 71, art. 2.

恶性。这种最终诉诸理性的对策表面看起来有道理，但深究起来可能是有问题的。因为恶性像德性一样并不是自发形成的，而是人经过选择后形成的。恶性归根到底也是理性选择的结果，即使对恶性加以理性控制也不一定能变成德性，因此与其诉诸个人的理性，不如诉诸个人的智慧。智慧与理性最大的不同在于，它包含了正确的价值导向，包含了德性要求，是人的最佳调控机制。因此，在一个人具有了恶性的情况下，只有诉诸智慧，培养和运用智慧才能真正意识到恶性的危害，通过智慧的调控作用逐渐改变恶性。当然，在一个人没有恶性的情况下，运用智慧更能防止恶性产生。一个人要克服和防止恶性就要努力培养和充分运用智慧特别是道德智慧。德性是运用道德智慧的结果，具有道德智慧就会自觉选择和培养德性，也才有可能在具有了恶性的情况下形成"敌恶德性"或"治愈德性"，从而克服恶性。而道德智慧缺失必然导致恶性形成和恶行产生，也根本不可能形成克服恶性的"敌恶德性"或"治愈德性"。因此，从个人的角度看，道德智慧才是克服和防止恶性的有效的根本手段。

要克服恶性，特别是要防止恶性的发生，除了要诉诸个人的智慧，还需要进行综合治理。从个人的外在影响看，这种综合治理主要包括通过教育培养道德智慧并启发道德自觉、努力净化各种道德环境和完善社会调控体系几个方面。人们的智慧和道德自觉通常不会自发形成，它们的形成主要通过教育的作用，特别是要通过学校的系统道德教育。道德教育要与道德环境配套才能有效地发挥作用。因此，在加强道德教育的同时，也需要营造良好的道德环境，特别是要营造有利于德性形成的家庭环境、学校环境和社会环境。同时为了防范人们的恶性形成并使人们克服恶性，还要建立完善的社会调控体系，包括规范体系、制约体系以及惩治体系，运用强制的规范和惩治力量防止人们的恶性形成。所有这些方面与个人道德智慧的培养和运用有机地结合起来，可以防止恶性产生，对于已经产生的恶性也能起到遏制甚至克服的作用。如果像泰勒所说的只是诉诸个人的理性，即使诉诸个人的智慧，也是远远不够的，因为要使个人具有智慧、运用智慧还需要其他条件，特别是需要道德教育的作用。

第二章

德性与人格

人为什么会有德性，人为什么要有德性，这是德性的基础问题。对于这一问题，不同伦理学家有不同的回答，我们主要从人性与人格关系的视角考察德性的基础及其意义问题。

第一节　人性及其实现

如果我们将人性作为品质及其德性的基础，我们就有必要首先讨论人性及其实现问题，并以此作为我们以后讨论的出发点。这里我们不是专门讨论人性问题，而是从与品质及其德性关联的角度讨论人性及其实现问题，以揭示人性与人格之间的内在关系以及品质在其中的地位。

一　人性的含义及其结构

关于人性（human nature）问题，古今中外思想家提出过无数不同的观点。"人性是人类倾向于具有的一组内在的区别性特性的概念，这些特性包括思维、感受和行为方式。"① 这个一般性定义是准确的。这个定义表达了四方面的基本意思：一是人性是人内在具有的，不是获得的；二是人性是人倾向于具有的，而不是现实具有的，或者说，是潜在的，而不是现实的；三是人性是人倾向于具有的，也就可现实化，从这种意义上看，人性是人的潜能，是人自身具有的可以实现的现实可能性；四是人性是人区别于其他事物的特性。

前面三层意思是大家都可以接受的，关键是第四层意思怎么理解。我国许多学者将人的本性或本质看作人区别于动物的特性。这种理解是有偏差的。王海明教授针对这种观点提出："人性、一切人的共性无疑可以分为两部分：一部分是更为一般的、低级的，是人与其他动物的共同性，是人所固有的动物性，如能够自由活动、都同样有食欲和性欲等等；另一部分则是比较特殊的、高级的，是使人与其他动物区别开来而为人所特有的属性，是人的特性，如能制造生产工具以及具有语言、理性和科学等等。"② 相对于流行的看法，王海明教授的看法更具有合理性，不过，人性可能比他所说的两个部分还要丰富。"按照科学的观点，人是从动物进化而来的，动物是从生物进化而来的，生物是从无生物进化而来的。这种进化不是一种完全否定的过程，而是一种继承和变革的过程，是一种外延缩小内涵丰富的过程。就其规定性而言，生物性统摄而又超越了无生物性，动物性统摄而又超越了生物性和无生物性，人性统摄而又超越了动物性、生物性和无生物性。假如把这种统摄和超越的结果看作是一座宝塔的话，那么人性就不是这座宝塔的顶尖，而是这座宝塔的整体。"③ 这就是说，

---

① "Human Nature", in *Wikipedia*, *the Free Encyclopedia*, http：//en. wikipedia. org/wiki/ Human_ nature.

② 王海明：《新伦理学》，商务印书馆，2001，第 180 页。

③ 江畅：《理论伦理学》，湖北人民出版社，2000，第 33—34 页。

人作为人具有区别于动物的特性，作为动物具有区别于生物的特性，作为生物具有区别于无生物的特性。因此，人的特性不是平面的、单向度的，而是多层次的、多向度的，是各种潜在特性有机统一的整体。

如果把人性看作由人之所以为人的潜在规定性构成的整体，那这个整体又是什么呢？这个整体就是由人谋求存在、生存、生存得好、生存得更好的各种潜在的特性构成的统一整体。因为人作为存在物，要谋求存在；人作为生物，要谋求生存；人作为动物，要谋求生存得好；作为人，则要谋求生存得更好。生存得更好统摄了存在、生存、生存得好，因此，人性是由谋求生存得更好的各种潜在特性构成的统一整体。这个整体就是一个人的人性，而谋求存在、生存、生存得好、生存得更好则是人性的根本特性，是人性的一般内涵（或者说一般人性），也是人之所以为人的根本规定性。这种人性的根本特性、人的一般内涵还是抽象的，而不是现实的。我们可以把这种人性称作"人的本性"（human essential nature），即人本来如此的规定性。只有具有这种规定性，人才是人。人的本性在不同时代、不同地域的不同个人身上体现为各种不同的潜在特性。由这些潜在特性构成的整体才是具体的人性。具体人性是人的本性的具体体现，是人的现实的历史的规定性，它比人的本性更具体、更现实，内涵更丰富。人的本性或一般人性是从源头上、从根本上看人，而具体人性则是从断面上、总体上看人。

人性的本质或人的本性在于谋求生存得更好。本性是一种事物区别于其他任何事物的根本规定性，人的本性则是人区别于任何其他事物的根本规定性。在这种意义上，人性的本质或人的本性也就是人的本质。人在很多方面不同于世界上的其他事物，但从总体上看，谋求生存得更好是人区别于世界上所有其他事物的本性。就谋求生存而言，人不同于无生命的事物，因为无生命事物只是单纯的存在者，它们不能谋求生存；就谋求生存得好而言，人不同于动植物以外的其他生物，因为这些生物只谋求生存，而不能谋求生存得好；就谋求生存得更好而言，人不同于动植物，因为动植物充其量只能谋求生存得好，而不能谋求生存得更好。因此，我们有理由说，人的本性就在于谋求生存得更好。这一点无论从整个人类历史来看，还是就不同人群（氏族、部落、种族、民族、国家）而言，或是就个人而言，都是不证自明的。在正常情况下，人类整体、群体、个体都是谋求生存得更好的，只有在某些极端情况下才会发生例外。

人类谋求生存得更好的本性主要体现在以下五个方面，即"它们具有自主性，不仅主动地适应环境，而且自主地改变环境，重构环境，使环境适应自身的生存和发展；它们具有创造性，不仅从环境中获取生存资料，而且生产和创造环境所不现成提供的生存资料，以使自己生存得更好；它们具有协调性，不仅适应和改变自然环境，而且不断营造和改善社会环境；它们具有更新性，不仅追求现实的生存和生存得好，而且谋求未来的发展和生存得越来越好；它们具有互利性，不仅要求自己生存得好，而且要求他人也生存得好，谋求通过他人生活得好来实现自己生活得好，谋求自己与他人或社会的生存、发展和享受的共进"。[①]人本性的这五种特性不是一成不变的，而是逐渐获得并不断加强的，在今天的人类身上已体现得十分明显和突出，而且为当代人类所公认、所强化。

人的本性是人在自然竞争和自然选择中积淀下来的有助于人更好生存的潜在特性，因而一般来说，人的本性在价值论的意义上对于人而言是好的，是最有利于人更好生存的。因此，人的本性越全面、越充分地实现，人就会生存得越好。但是，人类的这种有利于自己更好生存的本性，由于环境的不利影响特别是人与人之间的负面相互作

---

① 江畅：《理论伦理学》，湖北人民出版社，2000，第35页。

用、人生理心理的某些局限以及人的作为不够等因素的影响，并不一定能在整个人类全面而充分实现，更不是在每一个人类群体和个体那里都能全面而充分地实现的。在不同时期的人类整体、群体或个体，其本性的有些方面没有得到实现，有些方面只得到了不充分的实现，在有些时候、有些情况下还会发生违反本性的情况。例如，虽然人的本性中本来包含协调性、互利性，但在一些情况下由于多种因素的作用，协调性变成了敌对性，互利性变成了互害性。人类是有自我意识的，只有当人类意识到自己的真正本性，并创造条件努力普遍实现这种真正本性并防止其向恶转化时，人类本性的有利于自己更好生存的性质才能充分体现出来。

人的本性是人生存的出发点，实现和复归人的本性是人生存的终极目的，同时也是人生存的过程。人是为了谋求生存得更好来到世间的，来到世间后的一切活动归根到底都是在谋求生存得更好，其目的是生存得更好。生存得更好是一个不确定的动态目的，人不可能一蹴而就地达到这一目的，而且永远也不可能完全达到这一目的，因而人的一生就处于不断谋求生存得更好的活动之中。从这种意义上看，人的本性决定着人的终极目的，决定着人的全部活动，决定着人的生命过程。人的整个一生都在体现着人自己的本性，都在实践着自己的本性，都在实现着自己的本性。人的本性是对人全部活动起操纵作用的"看不见的手"。然而，人的本性在实现的过程中会受到环境和人性的惰性的消极影响，这些消极影响对"看不见的手"起"掣肘"作用，使这种本性不能得以完全而充分地实现，甚至在实现的过程中发生偏离或异化。人生就是在本性要求与环境制约、遵循本性要求与违背本性要求的矛盾中展开的，始终面临着排除干扰以进一步实现人性和复归人性的重负。

人的本性是一般的人性，它在不同的时代、不同地域的个人身上的具体体现则是具体的人性。具体的人性即我们通常所说的"人性"，构成具体人性的各种潜在特性也是人性的各种规定性，从人性现实化的角度看就是人的各种潜能。这里所说的"潜能"，就是人性所具有的那些可以实现的可能性或现实的可能性，包括潜在的能量（如需要、情感、意志，其中需要是根本性的）、潜在的能力（如潜在的体力、认识能力、情感能力、意志能力、行为能力等）和潜在的品质。"从总体上看，人性是一个综合体，是一种立体结构。这种立体结构的要素就是人性的各种不同的规定性，它们是人本性的体现和展开。"① 笔者曾将人性这种综合体概括为六个子系统，即需要系统、动力系统、获取系统、满足系统、调节系统、智能系统。② 如果做进一步概括，可以说，人性的结构主要是由能量的潜能、能力的潜能和品质的潜能构成的，或者说，能量的潜能、能力的潜能和品质的潜能是人性结构的三大支柱。人的所有潜能，最终都可以归结为这三种潜能。只要具备必要的主客观条件，这些潜能就可以实现，如一个正常的人只要生活在社会中就能将说话的潜能变为现实。

就当代人类而言，人的三种基本潜能及其实现之间相互影响、相互制约，它们之间的关系越来越密切。在人的三种能量潜能中，需要的潜能是根本性的，情感和意志的潜能归根到底是从属于、服务于人的需要潜能的。需要潜能包括生存需要的潜能、发展需要的潜能和享受需要的潜能三个基本方面，它们可归结为更好生存的需要的潜能。需要的潜能是在能力潜能开发的过程中伴随着开发的，深受能力潜能开发数量和程度的影响。人的能力潜能十分复杂，从人活动的角度看，主要包括生理能力的潜能、认识能力的潜能、情感能力的潜能、意志能力的潜能和实践能力的潜能。能力潜能从人性结构上看是服务于需要潜能的，要通过能力的开发，开发需要潜能并满足开发出来的现实需要。人的品质潜能是服务于人的能力潜能的，所涉及的是各种

---

① 江畅：《理论伦理学》，湖北人民出版社，2000，第37页。
② 参见江畅《理论伦理学》，湖北人民出版社，2000，第37—40页。

能力本身的品质，同时涉及能力运用与个人自己更好生存的关系，以及与人更好生存所需要的他人、群体、环境的关系问题，特别是道德不道德或善恶问题。

人的本性对于所有人而言，都是共同的，但人性并非如此，不同时代的人之间，同一时代的不同人群之间，以及同一人群的人与人之间，在人性方面都存在着差异。人性这种综合体是由人的各种潜能或可能性构成的，它们也可以说就是人的禀赋。人的禀赋具有不同的维度和程度。在有的人那里，人性的构成要素可能出现缺失的情况；在不同的人那里，相同的人性构成要素有程度的不同；在同一个人那里，人性构成的各要素的程度也会不同。每一个人禀赋的构成要素及其程度各不相同，因而每一个人的禀赋结构、每一个人的禀赋也迥然不同。每一个人的禀赋不同意味着潜能不同，潜能不同意味着人性不同。我们通常承认每一个人的禀赋不同，也承认每一个人的潜能不同，但一般不说每一个人的人性不同。实际上，尽管人的本性是相同的，但每一个人的人性是不同的。世界上之所以没有两个完全相同的人，其根源就在于人们的人性不同，而人性的差异是不能通过后天的培育来消除的。

人性的差异可以大致上划分为三类：一是数量上的差异，即不同人的人性构成要素是不尽相同的。有些人具有的人性构成要素是别人根本不具有的，如女性具有的怀孕潜能是男性不具有的。二是程度上的差异，即不同人的同一人性要素的潜能不尽相同。有些人在某一人性要素上所具有的潜能是别人难以具有的。达·芬奇所具有的绘画艺术潜能是一般人所达不到的，我们许多人可能多少有些绘画艺术潜能，但不具有达·芬奇所具有的程度。三是质量上的差异，即不同人相同程度的潜能在质量（广义上也可以说是品质）上有所不同。正是这三个方面的差异使不同人的人性从总体上看千差万别，丰富多彩，同时也使不同人的人性存在着好坏优劣问题。这一点应该是能得到公认的。一般来说，一个人的人性结构要素构成越完整，他的人性结构和人性就越完整、越全面；一个人的人性结构要素程度越高，他的人性结构的层次就越高；一个人的人性结构要素质量越好，他的人性质量就越好。不过，就人性的潜能而言，不存在道德不道德或善恶这种社会性质的问题。我们不能因为一个人的人性不优而说他的人性是不道德的，更不能说这个人是不道德的。

人性是潜在的东西，它需要通过人的作为现实化。这里说的"作为"是指人有意识地使人性现实化的活动。人的活动丰富多彩，而有意识的活动主要包括认识活动、情感活动、意志活动和行为活动几大类。并不是所有人的活动都能开发人的潜能，只有人的有意识的活动才能使人性现实化。也不是所有人的有意识的活动都能开发人的潜能，只有人有意识地开发潜能的活动才能开发人的潜能，这种活动通常是旨在开发潜能的学习、训练和践行活动。所有这些活动都可以看作人开发潜能的作为。离开了人的这种作为，人性就不能现实化，就不能变成现实的人生。人开发潜能的作为是在环境中进行的，环境既给作为提供了空间、平台和条件，同时又会给作为设置障碍、增加阻力，有时还会对作为施加消极影响。因此，人性的现实化是人性、作为和环境三者的函数，是人在环境中通过认识、意志、情感、行为等有意识活动实现人性的各种可能性的结果。

二　人性与人格

人性是一个人的潜能或禀赋（或者说是一个人禀赋的潜能），是一个人的潜在自我。这种潜在自我的现实化，就是一个人的现实自我，现实自我就是一个人的人格（personality，亦译为"个性"）。英语中的 personality，将其直译为汉语就是"个人性"，即一个人的现实规定性或现实规定性的总和。如果说人性是人之所以为人的潜在规定性，是由使人成为人的各种可能性构成的统一整体，那么可以说人格是人之所以为人的现实规定性，是使人成为人的各种现实性构成的统一整体。人性与人格的关系极其复杂，这里我们做些初步的分析。

人格是心理学、社会学、伦理学研究的重要问题之一。关于人格的理解分歧很大，定义很多。personality 这个词起源于拉丁文的 persona，意思为"面具"（mask）。值得注意的是，在古拉丁语世界的剧场，面具不是用作装扮一个人物身份的情节设计，而是用来代表那个人物或使那个人物典型化的惯例或程式。心理学家一般将人格看作人的内在本性的外在表现。R. 里克曼（R. Ryckman）将人格定义为一个人具有的一组在各种情境中独一无二地影响他或她的认知、动机和行为的动力和有组织特征。① 大致来说，可以从外延和内涵两个方面来理解人格。从外延上看，人格是"人的心理倾向、心理过程的特点，个性心理特征，以及心理状态等综合的心理结构"。② 它主要包括需要、欲望、兴趣、动机、理想、信念、世界观、价值观、人生观等人格倾向性，观念、知识、能力、品质等个性心理特征，以及心理过程和心理状态。从内涵上看，人格是"个体内在的在行为上的倾向性，它表现一个人在不断变化中的全体和综合，是具有动力一致性和连续性的持久的自我，是人在社会化过程中形成的给予人特色的身心组织"。③ 这个定义把人格理解为全面整体的人、持久统一的自我、有特色的个人和社会化的客体这四个方面。从以上对人格的理解可以看出，人格十分复杂，几乎涉及个人内在的以及外表的各个方面。

人格是与自我、同一性大致相当的概念。关于三者的关系，心理学家约翰·W. 桑特洛克（John W. Santrock）认为，"自我是一个人全部特质的总和"；"同一性指一个人是谁，代表自我认识的综合和整

① Cf. R. Ryckman, *Theories of Personality*, Belmont, CA: Thomson / Wadsworth, 2004.
② 参见高玉祥编著《个性心理学概论》，陕西人民教育出版社，1985，第 8 页。
③ 陈仲庚、张雨新编著《人格心理学》，辽宁人民出版社，1987，第 50 页。

体";"人格是个体一贯的个人特点"。"通常，人格被看作是三个概念中范围最广的一个，涵盖了其他两个概念（自我和同一性）。"①

人格问题是近代开始进入心理学视野的，到目前为止在心理学领域，人格研究已经形成了丰富多彩的理论，但还没有在"人格"的定义上形成共识。大多数心理学家都不鲜明地宣称自己的理论主张，而是根据研究的需要选用理论。一些研究更重视经验方法，如"大5"人格模式（big 5 personality model）②；一些研究者则强调发展，如心理动力学；也有一些研究者强调人格测验这样的应用领域。

人格心理学理论主要有以下七种：（1）特质或特性论（trait theories）是对环境与被展示在宽广的社会和个人情景中的某人自己进行知觉、关联和思考的持续的形式。研究者一般假定特性是相对稳定的，特性在个人之间不同，特性影响行为。特性的最共同的模式包括三个到五个维度或要素。最少争议的维度是古希腊就已经注意到的维度，即外向性（extraversion）和内向性（introversion）。（2）类型论（type theories）是指对不同类型的人进行心理学的分类。人格类型不同于人格特性，它源于人格的不同层次或程度。例如，根据类型论，有两种类型的人，即内向型的人和外向型的人，而根据特性论，内向性和外向性是连续的维度的构成部分。（3）心理动力论（psychoanalytic theories）根据各种人格构成要素的相互作用解释人的行为。弗洛伊德是这种理论的奠基人，他基于热能转换成机械能的观念提出心理能量能转换成行为。（4）行为主义理论（behaviorist theories）根据外部刺激对行为产生的效果解释人格。这一学派的创始人是 B. F. 斯金纳

①　〔美〕约翰·W. 桑特洛克：《毕生发展》（第3版），桑标等译，上海人民出版社，2009，第359页。

②　指人格的五个维度：开放性（对变化的兴趣和好奇 vs. 对惯例的偏爱）、责任感（原则性和组织性 vs. 缺乏严肃和认真）、外向性（社交性和外向 vs. 性格内向）、宜人性（服从和合作 vs. 怀疑）、神经质（情绪不稳定 vs. 稳定）。参见〔美〕卡拉·西格曼（Carol K. Sigelman）、伊丽莎白·瑞德尔（Elizabeth A. Rider）《生命全程发展心理学》，陈英和审译，北京师范大学出版社，2009，第369页。

（B. F. Skinner），他提出了人或有机体与环境相互作用的模式。他相信做坏事是因为那种行为作为一种强化源起作用而获得注意。例如，一个孩子哭是因为他过去的哭引起了注意。孩子得到的注意是强化的结果。根据这种理论，人们的行为是由操作条件反射（operant conditioning）构成的。他提出了一种"三期偶然模式"（three term contingency model），这种模式有助于促进对基于"刺激—反应—结果模式"（stimulus-response-consequence Model）的行为的分析。（5）社会认识论（social cognitive theories）认为，行为是由关于世界特别是其他人的认识（如期待）指导的。这种理论是强调思维和判断等认识过程的人格理论。（6）人本主义论（humanistic theories）强调人具有自由意志，他们在决定怎样行为的过程中具有能动作用。这种理论聚焦于人的主观经验以与强迫的、限定的决定行为的要素相对抗。亚伯拉罕·马斯洛（Abraham Maslow）和卡尔·罗哥斯（Carl Rogers）是这种观点的拥护者。马斯洛花了他的大部分时间研究"自我实现的人"（self-actualizing persons）。这种人是实现了他们自己并使其能力达到极致的人。他相信对生长有兴趣的那些人都能走向自我实现（生长、幸福和满足），他们中的许多人以他们的人格的维度表明了这种趋向。（7）生物心理学论（biopsychological theories）将大脑和环境因素与特定类型的活动联系起来，它是一种实体化的人格模式。①

心理学的人格测验主要有两种模式：一种是投射测验（projective tests）。它假定人格主要是无意识的，并且通过个人怎样对一种模糊的刺激做出反应来评价个体。无意识的需要将在一个人的反应中出现，如侵略性的人可能看到一个破坏的形象。另一种是客观测验（objective tests）。它假定人格是有意识、可达到的，可以通过自我报告调查表测量。对心理评价的研究已经发现客观的测验比投射测验更

---

① Cf. "Personality Psychology", in *Wikipedia*, *the Free Encyclopedia*, http：//en. wikipedia. org/wiki/Personality_psychology.

有效和更可靠。

在心理学家大量研究人格的同时，社会学家也对人格问题给予了注意。社会学家通常从自我与社会化之间关系的角度研究人格。著名社会学家乔治·赫伯特米德（George Herbert Mead）认为，自我起源于以个人的世界为利益中心。年纪较小的儿童在周围环境中，会想象以自己为中心，因而很难从他人的角度思考。这种以自我为事件中心的倾向从来没有完全消失。随着年龄的增长，自我中心有所改变，儿童会开始注意其他人的反应。父母、朋友、同事、教练以及老师都是塑造个人自我的主要人物。米德用"有意义的他人"（significant others）这一词语来意指对个人自我发展具有重要影响的人物。例如，许多年轻人会被父母从事的工作领域所吸引。①

伦理学则主要从道德的角度研究人格。国外这方面的研究并不多见，但国内不少伦理学家关注并研究人格问题。罗国杰教授主编的《伦理学》认为，伦理学研究人格，仅仅与处在社会道德关系之中的、进行着社会道德活动的个人相联系，与人的本性相联系。"所谓人格，就是指人与其他动物相区别的内在规定性，是个人做人的尊严、价值和品质的总和，也是个人在一定社会中的地位和作用的统一。"在罗国杰教授等学者看来，人格虽然是个人的人格，但每个人的人格之间却有着同一性，人格都是建立在人性基础之上的，都是从人的族类那里获得规定性的，都有做人的尊严。在这个意义上，人格就是人与动物相区别的规定性，有着人的尊严和权利，因而应当在社会中受到人的待遇。从狭义上来讲，人格只是个人的品格，是个人的价值和品质的总和。②唐凯麟教授对人格的含义、特征、结构和功能做了更系统的研究和阐述。他认为，人格或道德人格是指个体的人格的道德规定

---

① 〔美〕理查德·谢弗：《社会学与生活》（插图第9版），刘鹤群等译校，世界图书出版公司，2009，第79—80页。
② 参见罗国杰主编《伦理学》，人民出版社，1989，第438—439页。

性，是一个人做人的尊严、价值和品格的总和，也就是一个人在社会道德生活中的地位和作用的统一。在他看来，道德人格具有意志自主性、自我同一性、主体完整性，是个体的道德准则意识、道德责任意识和道德目标意识这三个要素构成的统一体，其中每个要素都是以个体道德认识、道德情感、道德意志、道德信念和道德习惯作为其道德心理基础的。道德人格具有对外和对内两种功能。对外的功能指道德人格对周围环境的适应和改造；对内的功能包括动机整合、行为动力、价值定向和自我调控等功能，而对内功能更充分地体现着道德人格的本质力量，具有更重要的意义。①

虽然心理学、社会学、伦理学以及其他学科对人格做过不少研究，但是，它们都较少涉及人格与人性的关系。笔者认为，人格是人性的现实化，两者有着密切关联。

首先，人性是一个人自我的潜在可能性的集合，而人格是一个人自我的现实规定性的集合，是一个人现实的总体状态。每一个人一来到世间就禀赋了各种可能性，用海德格尔的话说，是一种"能在"，即可能的存在。他有生理成长、成熟的可能性。因为有这种可能性，他可以成为一个体魄强健的人，也可能成为一个体弱多病的人。他有说话的可能性，他可能成为一个口若悬河的人，也可能成为一个不善言辞的人。他有思维的可能性，他可能成为一个思想深邃的人，也可能成为一个思想浅薄的人。所有这些可能性就构成了一个人的人性。当所有这些可能性不同数量、不同程度、不同质量、不同性质地变为现实时，它们就变成了一个人的现实状况，一个人就获得了他的人格。就不同数量而言，有的人性的可能性更多地变为现实，而有的人性的可能性较少地变为现实。例如，几乎每一个人都有唱歌的可能性，但有的人一辈子不练习唱歌，他们的这种可能性就完全没有变为

---

① 参见唐凯麟编著《伦理学》，高等教育出版社，2001，第181—188页。

现实。一般来说，人性的可能性变为现实的越多，一个人的人格越丰富。就不同程度而言，有的人性的可能性更充分地变为现实，而有的人性的可能性较不充分地变为现实。仍以唱歌为例。当代中国，有许多人利用卡拉 OK 唱歌，但唱歌的水平差异很大。这固然有唱歌的天赋问题，但更主要的是一个人是否充分地学习和练习，以使自己的唱歌潜能开发出来。就不同质量而言，有的人性的可能性优质地变为现实，而有的人性的可能性则非优质地甚至劣质地变为现实。两个有大致相同唱歌天赋的人，一个人接受严格的学习和训练，他的歌喉变得像百灵鸟一样娓娓动听；而另一个人没有接受学习训练，只是经常跟着卡拉 OK 唱唱，他的歌喉就完全不可与前一个人相提并论。就不同的性质而言，有的人性的可能性道德地变为现实，而有的人性的可能性则不道德地变为现实。两个都练习唱歌的人，一个人每天清晨到公园去"吊嗓"，不影响他人，也有可能给晨练者带来一些音乐的享受；而另一个人则大清早在家放声高歌，吵得四邻不安。他们练就了一副好嗓子之后，一个人只要有钱赚，什么歌都唱，什么场合都唱，"有奶便是娘"，而一个人则出于社会责任感有选择地唱。一个人的人格就是他人性的各种可能性不同数量、不同程度、不同质量和不同性质地变为现实的结果，是所有这些结果构成的整体。也正因为人格是人性各种可能性各不相同地变为现实的结果，所以即使两个人的人性完全相同，也不会有两个相同的人格。当然，事实上，世界上没有两个完全相同的人性，不同人的人性本身也是各不相同的。

其次，人性是人格的阈限，但人格的结构并不等于人性的结构。人性在现实化的过程中，受外在环境和条件以及个人作为的影响而会发生诸多变化，因而人格不会是与人性一一对应的。人性与人格的关系不像工程的施工图纸与根据图纸施工的结果的关系那样，工程是根据图纸施工出来的。人格不是根据人性塑造出来的，而是在人性的阈限内自觉或自发产生的。一个人在进行人格塑造的时候，他并不知道他的人性状态，他只是后来才逐渐了解一些自己的人性。这种了解需要个人的反思，需要苏格拉底所主张的"认识你自己"，如果不反思，也许一个人一辈子都不了解自己的人性。而且，即使一个人反思也未必完全了解自己的人性。因此，一个人的人性对于他自己来说具有很大的盲目性。正因为有这种盲目性，一个人可能就会忽略了人性的某种可能性，或者使某些可能性实现得不充分，而使某些可能性过分实现。在人性现实化的过程中，人性原来的结构必定会改变，出现人格偏离人性、人性发生变异的情况。

再次，不同人的人性虽然存在着质量的区别，但不存在道德不道德的区别，人们一般不对一个人的人性做道德评价，但人们通常会对一个人的人格做道德评价。虽然一个人的人格会在很大程度上受环境条件的制约，但主要还是他作为的结果——人格是塑造的结果。这就是我们经常说的"个人是自己的作者"。在相同环境长大的孪生兄弟，会有很不相同的人格，这要从个人作为方面做出解释。既然人格主要是自己作为的结果，那么个人要对自己的人格负道德责任。人性则不同，它是与生俱来的，不能通过作为改变，因而人们对自己的人性不应该负道德责任。

人在使自己人性现实化的过程中存在着两个问题：其一，一个人是不是努力去实现自己的人性。努力去实现自己人性的人不仅对自己有利，使自我得到尽可能充分的实现，而且对社会有利。因为一个人努力实现人性意味着他努力追求马克思所说的全面而自由发展。如果一个社会的每一个成员都追求全面而自由发展，这个社会就会是美好的。其二，一个人是不是通过有利于社会来努力实现自己的人性。通过有利于社会（包括社会整体、不同群体和其他人）的途径实现自己的人，会达到个人自我实现与社会利益共进和协调。这两个方面都存在道德问题。传统道德只强调有利于社会，现代道德则强调有利于社会与有利于自己的协调统一。

三　人格的主要特性

就其实质而言，人格是人性的现实化，那么，作为人性现实化的人格本身具有什么特性呢？笔者认为，人格是人类的共同规定性与个人区别于任何其他人的独特自我规定性的统一。它以人性禀赋的潜能为基础，以满足更好生存的需要为旨归，通过人的认识、情感、意志和行为等各种活动塑造并体现在这些活动中；由观念、能力、知识、品质等方面的个性心理特征构成，表现为一个人的具有一致性和稳定性的总体个性特征和完整精神面貌。一个人的人格也可以说是这个人不同于任何其他人的独特自我，这种自我是与环境交互作用的，表现为一个持续的社会化过程。

人格是个人独特的，也是人类的共同规定性与个人独特规定性的有机统一。人格是每一个人之所以成为他这样一个人的综合规定性。人格可能发生分离（二重人格），但这种综合规定性是人的真实人格。真实的人格包括两个方面：一方面是所有人具有的作为人的规定性（如理性），即人不同于其他种类的事物包括动物的共性方面；另一方面是每一个人独特具有的规定性，即人各不同的个性方面。这两个方面不是分离的，而是有机统一的，这种统一是共性寓于个性之中的统一。大家都是人，但又是各不相同的人。因此，考察一个人的人格既要考察他作为一般人的共同规定性，又要考察他作为特殊人的独特规定性。作为一般人的共同规定性更具有根本性，不具有一般人的规定性，或作为一般人的规定性有缺陷，他就是有缺陷的人，甚至不是真正的人。

人格作为人性的现实化，是以人性禀赋的潜能为基础的。人性禀赋的潜能是人格的阈限，对人格具有根本性的、总体性的制约作用，人格的形成是以此为基础和前提的。弗洛伊德将人格划分为本我（伊底）、自我和超我，认为本我是人格中原始的、与生俱来的、无意识的结构部分；自我是人格中意识的结构部分，处于本我与外部世界之间，根据外部世界需要而活动，其主要能量用于对本我的控制和压抑上；而当自我的力量还不足以控制本我的时候，就出现了超我，即通常所谓的良心。① 弗洛伊德对人格的这种划分虽然遭到不少批评，但有一点是值得重视的，他注意到人格不是一个平面结构，而是一个有深度的立体结构，既包括要素结构，也包括层次结构。不过，他将本我仅限定于本能、欲望等无意识内容是有局限的。如果我们将这种本我看作一个人人格的潜在形态，除无意识方面的潜能之外也包括意识方面的潜能，也许更能说明人格的本来面目。

就人的禀赋而言，人格与气质有着特别密切的关系。"气质与人格，即个体持久的个性特点，有密切关系。……气质可以被看作是人格的生物和情感基础。"② 气质（temperament）是人心理活动的动力方面的原初禀赋，包括心理过程的速度和稳定性、心理过程的强度以及心理活动的指向性特点等，如活泼、直爽、沉静、浮躁等等。在人的心理因素中，气质是最典型、最稳定的，它以同样的方式表现为各种各样的心理活动的动力，而且一般不以活动的内容、目的和动机为转移。气质是一个很古老的概念，希波克拉底（Hippocrates of Cos II 或者 Hippokrates of Kos，约前460—前377）和盖仑（Galen，Claudius Galenus，130—200 年）曾根据人体内的四种液体（即血液、黏液、黄胆质和黑胆质）中的哪一种在人体中占优势而把气质分为多血质、胆汁质、黏液质和抑郁质四种基本类型。他们所使用的四种气质类型的名称一直沿用到现在，而且这种观点曾被许多学者所采纳，并从不同角度做出了解释。对气质做这样的划分比较公允地反映了心理意向的主要类型，当然还可以对它们做进一步的划分。而且，尽管科学家

---

① 参见高觉敷主编《西方近代心理学史》，人民教育出版社，1982，第385—387页。
② 〔美〕约翰·W. 桑特洛克：《毕生发展》（第3版），桑标等译，上海人民出版社，2009，第336页。

在气质所依赖的精确因素方面尚未达成一致，但气质的不同形式具有一种有机的基础是确定的。

人格都是人出于自己更好生存的需要，通过认识、情感、意志和行为等有意识活动塑造并体现出来的。尽管从抽象的观点看，人一出生就获得了人格，但这还只是一种潜在的人格，一个人的人格是人在成长的过程中通过与环境的互动逐渐形成的。"多样性的互动会塑造人类的发展。"① 因此，人的人格并不是与生俱来的，而是后天获得的。在人格获得的过程中，虽然环境、教育等因素具有重要的作用，但最终的决定因素还是在于个人自己的活动和作为。人格是个人自己塑造的，是通过自己有作为的活动塑造的。

人之所以要塑造人格，归根到底是人本性的要求，是出于自己更好生存的需要。人的本性就是谋求更好地生存，它也要求人们去谋求更好地生存。无论自觉与否，人都会在这种本性的驱动下活动，并在这种实现本性的活动中人塑造自己的人格。尽管不少人的人格连他自己也不满意，但这种情况改变不了他是在谋求更好地生存的驱动下或者说是以这种本性为根本动因塑造自己人格的事实，只是他的塑造不成功甚至适得其反。每一个人都是出于谋求更好生存的本性和为了更好生存的目的塑造自己的。

在人格中和在人格塑造的过程中，自我意识具有重要的作用，它是人格形成的前提，并标志着人格形成的水平。有研究表明，儿童把自己作为主体从客体中区分开来是人格开始发展的主要标志之一。儿童从十二岁开始从脱离对父母的依赖，一直到十八岁，这种倾向表现得越来越明显，此后自我意识随着年龄的增长而进一步增强。② 正常人都具有自我意识，因而在人格方面具有自我塑造的能力，也负有自

---

① 〔美〕理查德·谢弗：《社会学与生活》（插图第9版），刘鹤群等译校，世界图书出版公司，2009，第75页。
② 参见高玉祥编著《个性心理学概论》，陕西人民教育出版社，1985，第194—199页。

我塑造的责任，或者说应该塑造自己的人格。每一个人之所以在人格上都能够有所作为，根本的原因就在于人有自我意识。

人格不仅是通过人的各种活动形成的，也是通过各种活动体现出来的，活动是人格呈现的载体。人格隐而不现，不可能通过经验直接把握，但真实人格总会体现在人的各种活动中，因而可以通过人的认识、情感、意志和行为等活动洞察人的真实人格。不过，这里会出现这样的问题，即真实人格与在各种活动中呈现的人格以及人们通过呈现人格产生的印象人格之间的差异问题。一般来说，真实人格与呈现人格和印象人格多少是会有差异的，而人们只能通过一个人的认识、情感、意志和行为等活动来认识他的作为内在自我的人格，这就使我们的人格评价变得困难，而且容易发生偏差。因此，要了解和评价一个人的人格，需要对他的活动表现进行较长时间的综合考察，而不能根据对一个人的一时印象做判断。

由于人格会体现在人的各种活动中，体现在人生活的各个方面，因而也可以从不同的角度看人格。看的角度不同，同一个人似乎有不同的人格，如道德人格、政治人格、宗教人格等，也有所谓的"资本人格化"之说。但是，对于一个人来说，人格只有一个，人们从不同角度看出的人格只是同一个人格在不同方面的不同呈现而已。在实际生活中，人们更注重从道德方面特别是从德性方面看一个人的人格。人们之所以特别重视人格的德性方面，是因为人格中的德性因素对其他因素（特别是知识和能力）朝着有利于人更好生存的方向发挥功能具有根本性的规定作用。

人格是观念、能力、知识、品质等要素构成的一个人的总体个性特征和完整精神面貌。人格是人的综合规定性，而其规定性的要素主要是观念、能力、知识和品质这四个方面。这四个方面是人的内在人格要素，虽然它们是人各具有的，但观念正确与否、知识是否丰富、能力是强是弱、品质是否优良共同规定着一个人的真实人格。人们在这些要素方面的差异决定着人们人格的差异。这些要素共同构成一个人的总体个性特性和完整精神面貌，因而一个人的人格主要不是一个人的生理状况或身体形象，而是这个人的心理特征的综合体现，是他内心世界的呈现。从这种意义上看，人格主要是心理的人、精神的人，与生理的人并没有直接的关联。一个残疾人也可能有完善的人格，一个体魄强健的人也可能是一个人格扭曲的人。这种心理的人、精神的人就是人的真实人格，但这种真实的人格可能有不同的呈现。正常的人格是真实的人格与呈现的人格大致上相一致的，如果严重不一致，人格就是不正常的。人格一旦形成就具有相对稳定性或同一性，尽管人格有变化的可能性，但正常人格变化是缓慢的。

人格形成变化是在环境特别是社会环境中实现的，因而人格形成变化的过程也是一个不断社会化的过程。人的社会化就是通过自我与环境的交互作用使自我成为一种社会的存在。一般来说，每一个成熟的人格都是社会化了的人格，人的社会化完成是人格形成的重要标志。在人社会化的过程中，家庭、学校、同辈群体和大众传媒起着重要的作用。① 社会学研究发现，人的自我形成发展过程是一个毕生持续的社会化过程。随着社会化过程的持续，人格会相应发生变化。除了正常的社会化之外，对于那些社会化发生严重问题的人还要进行再社会化。"再社会化指的是为了彻底改变儿童或病人的人格而详细控制其环境的过程"，② 如监狱和精神病医院将犯人或病人隔离起来，限制他们打电话、写信和被访。监狱或医院成为他们唯一生活的环境，这样的环境有利于工作人员改变犯人或病人的人格，起码能使其变得顺从。

---

① 参见〔美〕约翰·J. 麦休尼斯《社会学》，风笑天等译，中国人民大学出版社，2009，第150页。

② 〔美〕约翰·J. 麦休尼斯：《社会学》，风笑天等译，中国人民大学出版社，2009，第161页。

对于人格形成发展的过程，不同学者划分为不同的阶段。

著名精神病学家 H. S. 沙利文（H. S. Sullivan）将一个人从婴儿到成年的人格发展过程划分为六个阶段：①婴儿期，从出生到言语行为能力的成熟；②儿童期，与同伴相处生活能力的成熟；③少年期，爱情能力成熟，"内部的"批评已经发展为自我系统的一部分，自我采取了一种更加社会化的人格形式，表现为对名誉的重视；④前青年期，儿童的内心需要以生殖需要的精神推动力形式表露出来；⑤成人早期，性欲行为的成形；⑥成人后期，身心全部成熟。沙利文认为，在人格发展的各个阶段中，生理成熟与社会认可之间往往产生矛盾和冲突，可以引起焦虑、倒退和自我中心的人格。因此，个人只有协调自己的发展各阶段，才能获得完善发展的人格。[1]

著名精神分析学家 E. 埃里克森（E. Erikson）认为，人的发展是依照渐成原则进行的，人的一生是一个生命周期，可以分为八个阶段：第一阶段为婴儿期，从出生到 1 岁半，其特殊任务是获得信任感和克服不信任感；第二阶段为儿童早期，其发展任务是获得自主感，克服羞怯和疑虑感；第三个阶段为学前期，从 3 岁到 6 岁前后，其发展任务是获得主动感和克服罪疚感；第四个阶段为入学前期，主要是获得勤奋感和克服自卑感；第五个阶段为青年期，到 18 岁为止，其发展任务是建立同一感和防止同一混乱感；第六个阶段为成人早期，从 18 岁到 25 岁，其发展任务是获得亲密感以避免孤独感；第七个阶段为成人中期，约至 50 岁，发展任务是获得繁殖感而避免停滞感；最后阶段为成人后期，直至死亡，主要任务是发展完善感和避免失败感或厌恶感。这八个阶段中的前五个与弗洛伊德的心理性欲发展阶段

---

[1] 参见高觉敷主编《西方近代心理学史》，人民教育出版社，1982，第 405—407 页。也见〔美〕卡拉·西格曼（Carol K. Sigelman）、伊丽莎白·瑞德尔（Elizabeth A. Rider）：《生命全程发展心理学》，陈英和审译，北京师范大学出版社，2009，第 368 页。

相当，后三个阶段则是埃里克森补充的。在他看来，这八个阶段体验着生物的、心理的、社会的事件的发展顺序，前后相继，循序渐进。这是一个以个人的自我形成为中心的既分阶段又有连续性的心理社会发展过程。在每一个阶段都有其特定的带有普遍性的心理社会任务有待解决。每一个人解决任务的程度，总是落在两极端之间的某一点上，遵循着发展的内在规律，沿着一条"之"字形的道路依次不断前进。人格正是在自我与环境的交互作用中不断发展着的。①

社会学家米德认为，我们都会为自己命名，那就是自我。自我是一个与其他人明确区别的定义，它并不是一个静态的现象，而是在我们生活中持续地变化着的。米德在发展查尔斯·霍顿·库利（Charles Horton Cooley）的互动论（即主张我们通过与他人的接触来了解自己）的基础上提出自我发展经历三个阶段：（1）预备阶段。在这个阶段，儿童只会模仿身旁的人，特别是与他们互动关系密切的人。当儿童更大以后，他们愈来愈能适应用符号与人沟通。（2）游戏阶段。在这个阶段，儿童假装扮演别人，儿童成为不同的角色，如医生、父母、英雄等。这个阶段的重点在于角色扮演，即通过大脑想象成为他人的过程。（3）游戏比赛阶段。儿童大约8—9岁时不再玩角色扮演了，他们开始注意到真实的挑战以及同时存在的关系。他们想抓住的不只是他们的社会地位，别人在他周围扮演何种角色也是他们关注的焦点。经历这些阶段后，儿童就可以对社会环境中不同的角色扮演有所反应了。他用"概化的他人"（generalized others）一词代表儿童的行为会考虑社会整体的态度、观点以及社会整体的期望。也就是说，一个人表现的行为举止，会将整体的期望纳入考虑。②

无论心理学家和社会学家将人格的发展过程分为几个阶段，有一

---

① 参见高觉敷主编《西方心理学的新发展》，人民教育出版社，1987，第328—332页。
② 〔美〕理查德·谢弗：《社会学与生活》（插图第9版），刘鹤群等译校，世界图书出版公司，2009，第78—79页。

点是可以肯定的，那就是人格有一个发展过程，而且呈现为阶段性。无论是对于个人的人格塑造来说还是对于社会的人格教育来说，了解人格的发展规律性都是十分重要的。

人性总体上看是有利于人更好生存的，一般不涉及道德不道德问题，但人格却不仅存在着正常不正常、健全不健全问题，而且存在着道德不道德、高尚不高尚的问题。人格的各种要素在正常情况下是一个完整的集合，但可能会发生缺损，即所谓的人格缺损。真实的人格和呈现的人格应该是有机统一、协调一致的，但可能发生分离。一旦发生分离，就是通常所谓的双重人格。人格的各种因素及其集合还可能发生扭曲、分裂、变形等情况，出现人格扭曲、人格分裂、人格变形等人格病态。人格出现问题就是人出现了问题，导致精神性的疾病。这种疾病比生理的疾病更难治愈，对人的生存和发展、对人的幸福威胁很大。正常的人格一般可看作健全的人格，但健全的人格还存在是否道德、是否高尚、是否个性化的问题。一个人人格健全、道德、高尚并具有个性，其人格就是完善的。

第二节　品质及其道德性质

品质对于人性实现的性质和人格发展的方向具有决定性的影响，我们有必要进一步讨论品质究竟是什么、它作为人的一种个性心理特征和人格构成要素同其他的个性心理特征和人格构成要素是什么关系、为什么品质具有伦理学的意义、怎样从伦理学的角度对品质的性质进行划分这些问题。对于这些问题，伦理学史上研究得并不充分。

一　品质的含义

"品质"的英文对应词是 character。这个词源于希腊文的 *charaktêr*，它原初是印在硬币上的标记，后来逐渐有了一事物区别于其他事物之意。在英语中，character 一词就其指人而言，主要是指一个个人、组织、民族等不同于其他个人、组织、民族等的精神的或道德的性质，汉译为"（个人、集体、民族等特有的）品质，特性"①。对这个英文词，有的学者译为"性格"。② 在汉语中，"性格"与"品质"是有区别的。根据《现代汉语词典》的解释，"性格"是指"在对人、对事的态度和行为方式上所表现出来的心理特点，如开朗、刚强、懦弱、粗暴等"③；而"品质"有两种意思，一是指"行为、作风上所表现的思想、认识、品性等的本质：道德品质"，二是指"物品的质量：江西瓷品质优良"。④ 从《现代汉语词典》的释义看，"性格"比"品质"一词的含义更宽泛些。从较严格的意义看，character一词译为"品质"更恰当。不过，从笔者所接触的英文有关文献看，学者们似乎更多是在汉语中的"性格"的意义上使用 character。正因为如此，我们在本书中虽然使用"品质"这个概念，但一般都是作汉语中"性格"的意义来理解，同时突出性格的本质特点，即《现代汉语词典》的"品质"的含义。

"品质"这个词在不同的情景有不尽相同的含义。一般来说，品质是个人基于禀赋特别是气质形成的、体现在心理和行为活动中并对其有定势作用的比较稳定的独特心理特性。在哲学史上，亚里士多德最早系统研究品质问题，他对品质含义的理解具有代表性和权威性。兰茜·硕曼在《品质的结构：亚里士多德的德性论》一书中对亚里士多德关于品质的理解做了这样的阐述："对于亚里士多德来说，正如对于我们来说一样，这个术语得涉及一个人的持久特性，就是说，得

---

① 参见《牛津高阶英汉双解词典》（第 4 版增补本）"character"，商务印书馆、牛津大学出版社，1997，第 225 页。
② 如曹日昌主编的《心理学》（吉林科学出版社，2007）和高玉祥编著的《个性心理学概论》（陕西人民教育出版社，1985）中将 character 译为"性格"。
③ 《现代汉语词典》（第 7 版）"性格"，商务印书馆，2019，第 1470 页。
④ 《现代汉语词典》（第 7 版）"品质"，商务印书馆，2019，第 1005 页。

涉及影响一个人怎样看、怎样行动和怎样生活的态度、感受和信念。作为一种持久状态，不仅可以用这些东西解释某人为什么以现在这种方式行动，而且可以解释某人为什么能被指望以某种方式行动。在这种意义上，品质给行为一种特殊类型的可解释性和图式。"① 我们赞同硕曼的这种理解。

品质是一种个性心理特征。有心理学家认为，个性心理特征主要由能力、气质和品质或性格三个要素构成。② 这种划分可能不那么准确，因为气质不是与能力对应的独立心理特征，而是品质或性格的禀赋方面。另一方面，这种划分忽视了对人的心理活动具有重要影响、体现个性心理特征或内在人格的观念、知识这两种因素。也有心理学家将个性心理特征划分为能力和人格两个部分。③ 这种观点将能力置于人格之外与之并列起来并不合适，因为能力如何是人与人之间区别的重要标志之一。个性心理特征主要由观念、知识、能力和品质四个要素构成。虽然观念、知识、能力和品质都是人的心理活动与生活环境交互作用所形成的稳定个性心理特征，但它们是个性心理特征的四个不同方面，或者说四个不同维度的标识。

品质是与其他个性心理特征有机地结合在一起形成的，并且体现在人的各种活动中。人在以一定的观念、知识、能力与现实世界的人和事物打交道的过程中，通过认识、情感、意志和行为活动就会形成一定的态度倾向，这种态度倾向又会以一定的形式表现在个人的活动之中，构成个体的特有活动方式，这就是人的品质特征。人的品质特征各种各样，主要包括四个方面：一是态度特征，包括对别人、集体、社会的态度，对劳动和工作的态度，对自己的态度等；二是意志

---

① Nancy Sherman, *The Fabric of Character: Aristotle's Theory of Ethics*, New York：Oxford University Press, 1989, p. 1.

② 例如，曹日昌主编的《心理学》（吉林科学出版社，2007）就将能力、气质和性格看作个性心理特征。

③ 彭聃龄主编《普通心理学》，北京师范大学出版社，2004，第403—472页。

特征，如对行为目标明确的程度，对行为自觉控制的水平，在紧急状态或困难情况下表现的特征（如勇敢、果断、镇定、顽强），贯彻执行自己做出的决定方面的特征等；三是情感特征，表现为情感的强度、稳定性、持久性、主导心境等；四是理智特征，体现为感知、思维、想象等方面。[①] 所有这些品质特征相互联系，彼此制约，构成一个具有动力性的品质结构。

品质作为人的态度倾向和活动方式是人的心理定势，通常以未被意识到的活动准备状态，对人的观念、知识、能力形成和发挥从而对人的活动发生重要作用和深刻影响。一方面它规定着形成什么样的观念、知识和能力，怎样运用它们以及将它们运用到什么程度；另一方面它决定着人的观念、知识、能力运用的性质和方向。因为品质对人的心理活动及其观念、知识、能力和行为起规范和导向作用，所以它被认为是人的最重要的个性心理特征。品质是把一个人与其他人区别开来的显著标志之一。

人的品质不是与生俱来的，而是后天形成的。在任何时代，对成熟的人来说，其品质都是两种不同类型的因素的结果：他与生俱来的原初的或固有的因素、他自己获得的因素。每一个人从出生开始就具有某种本性或意向。这种意向一方面缘于身体器官的结构，特别是他固有的神经系统；另一方面缘于被赋予的心理潜能。它在其生命开始之初构成了它的个体性，包括对外在影响反应的敏感性和以人各不同的各种方式发展的潜能。个体在品质方面生来具有的原初禀赋或天性因素，大致上就是西方古代和中世纪哲学家所说的气质（temperament）。尽管我们的原初气质是独立于我们的意志给予的，但我们自己在形成我们的品质方面具有重要作用。有学者将品质看作"一种完全被塑造的意志"（a completely fashioned will），或"完全被

---

① 参见高玉祥编著《个性心理学概论》，陕西人民教育出版社，1985，第124—127页。

意志塑造的天赋气质"（natural temperament completely fashioned by the will）。① 这表明，个人的作为（塑造）在品质的形成过程中具有关键性的作用。

品质是我们获得的习惯与我们原初的意向结合的结果，是我们从婴儿时期开始在环境的熏陶和教育的影响与自身的作为交互作用中逐渐形成的，是后天获得的习性或第二天性。有机体及其不同部分的性质、形状和结构在生长的过程中，特别是在早年的可塑阶段，会因营养、运用和环境中的变化而变化，人的能力也会因它被运用的方式以及所运用的对象的本性而有变化地发展。在品质养成所需要的获得性因素中，可以区分那些属于认识（无论是感觉的还是理智的）的因素和那些属于情感和意志的因素。能力的运用可以强化能力并拓宽每一种能力的范围，同时产生一种在相同方向上进一步运用的渴望。理性的正常使用、意志的调控活动、判断和反思的实践，这些都或多或少地有助于有思想的和精制化了的心灵习惯的构成。特别是经常放纵会产生像愤怒、妒忌、同情、忧郁等感情或养成对这些情感的倾向，这些倾向会使人的大部分行为成为无意识的偏好。但是，意志的运用最终在形成什么类型的品质方面起主导作用？思想的出现、情感的波动都由意志推动、指导和调控，它对决定作为结果的品质类型的影响不亚于思想或情感本身的性质。低级动物的生活是完全被内在的本能控制的，同时也是被外在的偶然环境控制的。低级动物不能获得品质。人由于理性的觉醒和反思的增长，通过针对冲动的审慎选择的运用，逐渐发展了自控。通过运用这种能力，道德品质得以形成。品质是一系列意志力的结果，因此，我们对我们品质的伦理学性质负有责任，我们要对我们的品质负责。②

---

① "Character", in *Catholic Encyclopedia*, http：//www. newadvent. org/cathen/03586a. htm.

② Cf. "Character", in *Catholic Encyclopedia*, http：//www. newadvent. org/cathen/03586a. htm.

　　品质一旦形成就具有稳定性，会通过人的各种活动持续地体现出来。不过，由于环境的复杂性、多样性和变化性，受其影响的品质也并非一成不变的。它既具有稳定性又具有可塑性，会随着人的活动的多样性表现出可变性。品质的变化有其特殊性——不像能力那样，能通过教育或个人努力较快地改变，但也不像气质那样，很难通过教育和个人努力改变。总体上看，品质虽然可以改变，但改变的难度较大，而且过程较长。

　　到目前为止，尚无研究品质的专门学科，但有一门称为"品质论"（Ethology，亦翻译为"性格学"和"特性学"、"个体生态学"等）的学科与研究品质有关。"Ethology"是从希腊文"èthos"（ηθος）派生出来的，意思是"品质"。"伦理学"（ethics）和"伦理学的"（ethical）也是从"èthos"派生出来的。早在 1843 年约翰·斯图亚特·密尔在《逻辑体系》一书中提出要建立一门新的科学，即品质论，第一次使用了"品质论"（Ethology）的术语。他认为，品质论的目的是要以联想主义心理学为基础解释个体和民族在品质方面的差异。不过，他的这种主张没有被采纳。"Ethology"这个术语是美国的蚁学家威廉·莫顿·威勒（William Morton Wheeler）在 1902 年开始使之在英语中流行的。大约在 20 世纪 30 年代荷兰生物学家尼古拉斯·丁伯根（Nikolaas Tinbergen）和澳大利亚生物学家康拉德·洛仑兹（Konrad Lorenz）将品质论作为一个学科。品质论由此成了一种对动物行为的科学研究，成了动物学的一个分支学科。它是实验和田野科学的结合，与其他某些学科（如神经解剖学、生态学、进化论）有密切的关系。品质论家主要对行为过程而不是对特殊的行为群体感兴趣，并且经常研究不相关动物的行为的某一类行为（如侵略）。自 21 世纪以来，对理解动物的愿望使品质学成了一个热门的话题。

　　这种品质论能扩展到人类吗？品质论与现代生物学以及社会科学

相结合导致了"社会生物学"的产生，其标志是哈佛大学昆虫学家 E. O. 威尔森（E. O. Wilson）的《社会生物学：新的综合》。威尔森的基本观点是，我们"以自然历史的自由精神考虑人，好像我们是从另一个星球上来的动物学家，来完成地球上社会类的编目。从这种宏观的观点看，人性和社会科学缩小成了生物学的特殊化的分支；历史、传记和小说是人类品质论的研究方案；而人类学和社会学构成一个单一的灵长目属的社会生物学"。① 在他看来，社会生物学是用一种演化生物学对人类作为具有社会性交互作用的较高级动物进行的研究，其目的在于以那种对什么是人类生存最自然的因而也是最成功的模式做出解释的方式，把从进化论、遗传学、品质学和社会学角度所做的探讨结合起来。威尔森出版的《论人性》是对这种研究进路的直接解释，在此后的德斯蒙德·莫里斯（Desmond Morris）的《裸猿》和里查德·道金斯（Richard Dawkins）的《自私的基因》中也能发现这样的解释。②

由此看来，从丁伯根和洛仑兹开始的品质论其实并不是真正意义上的品质论，尽管后来出现了社会生物学，但真正作为自然科学的品质论并没有形成。为了与"Ethology"相区别，可考虑用以"character"（品质）为词根的"Characerology"表示"品质论"或"德性论"。

二　品质的伦理学意义

人的品质具有道德意义，这是人们很早就注意到的道德事实，人们并因此在日常道德生活中把那些有利于人更好生存的品质，特别是

---

① E. O. Wilson, *Sociobiology: The New Synthesis*, Cambridge, MA：The Belknap Press of Harvard University Press，2000, p. 547.

② Cf. Gordon Graham, *Eight Theories of Ethics*, London and New York：Routledge, 2004, pp. 59-61.

有利于他人、群体和环境利益的品质看作道德的品质。从伦理学的角度看，古希腊伦理学家就已经注意到人的品质具有道德的性质，并将它作为伦理学的研究对象。人的品质具有道德意义，并因而成了伦理学的研究对象，具有伦理学意义；而同样作为人的个性心理特征的观念、知识和能力则不像品质那样成为伦理学的研究对象。这是什么原因呢？讨论一下这个问题，有助于我们对品质的伦理学意义的把握。

人先天具有进化积淀下来的心理潜能或禀赋，这些潜能表现为感知、注意、记忆、思维、情感、言语、意志等心理活动过程。这些心理活动不是封闭的，而是开放的、有所指向的，也就是具有哲学家和心理学家所说的"意向性"（intentionality）。在现实生活中，心理活动所指向的主要是人生活的环境，包括自然环境、社会环境、家庭环境等，当然也指向人自身。这种指向活动不是单向度的，而是双向度的。也就是说，这些心理活动在指向环境的过程中，环境也在作用心理的指向活动，在使心理活动成为现实的心理活动过程的同时，也使人的潜能变成现实的心理能力。这种心理能力的形成又在使人成为心理主体的同时为心理的指向活动提供了主观条件。这种主观条件与客观环境相互作用的过程就是现实的心理活动过程。现实的心理活动总是在不同的个人身上发生的，每一个人的潜能不同、心理活动发生的环境不同、作为心理活动与环境交互作用结果的现实心理能力及其品质不同，因而每个人的心理活动是各不相同的。那些体现个人心理活动不同于他人心理活动的经常的、稳定的具有个性特色的性质，即个人的个性心理特征，这种个性心理特征也就是人的内在人格，包括观念、知识、能力和品质这些构成要素。人格由两个层次构成，一是内在的人格结构（或内在人格），二是外在的人格呈现（外在人格）。外在人格并不一定是内在人格的真实呈现，但内在人格要通过外在人格表现出来，两者一起构成整体人格。

在观念、知识、能力和品质这四种内在人格构成要素中，知识和能力一般只从程度方面评价，评价知识用渊博或丰富与否，评价能力用大小、强弱，而观念和品质则一般从性质方面评价，观念存在着正确错误的问题，品质存在着善恶的问题。在四个个性心理特征或内在人格结构要素中，只有品质有善恶之分，通常也只对品质做道德评价，因而品质属于道德调控范围，具有道德意义，并因而成了伦理学研究的对象，具有伦理学意义。

观念是基于认识形成的稳定的信念。人是观念的动物，人的活动一般都是在观念的前提下进行的，特别是有意识的活动都是以观念为前提的。观念是人的思维定势，对人的活动先在地起着定向的作用。观念有不同的类型，如哲学观念、事实观念、价值观念和规范观念等，而且可以划分为正确观念与不正确观念。但是，观念一般没有善恶正当不正当之分。中国改革开放以来，人们通过解放思想进行了观念更新，被更新的旧观念一般是不正确的或错误的观念，而更新后的新观念大多是正确的观念。那些旧观念虽然是过时的、不正确的，但我们不说它是恶的、不正当的、不道德的观念；那些新观念虽然是时新的、正确的，但我们不说它是善的、正当的、道德的观念。而且我们也不能说一个人具有正确观念就是善的、正当的、道德的，反之就是恶的、不正当的、不道德的。观念本身、一个人观念正确与否不具有道德性质，古今中外概莫能外。即使是道德观念或善恶观念，虽然与品质和行为关系密切，但本身也无所谓善恶正当不正当的问题。这就说明，在人类的文化中，观念没有被纳入道德及其评价的范围。一般来说，观念不具有伦理学意义，伦理学也不专门研究观念的善恶正当与否，只是从与价值、情感、德性、规范相关的角度研究观念问题。

知识是对某种对象的状态和价值的正确意识或对某种文本的正确理解。在现代社会，知识对于人的生活越来越重要，而且对于观念、能力和德性都有直接影响。知识一般是以真为条件的，是人的正确认识的结晶。人们的知识状况有很大的差异，主要体现在广度和深度方面，渊博性（广度和深度）是衡量人们知识水平的标准。但是，知识像观念一样，也不存在善恶正当不正当的问题，一般不存在道德意义和伦理学意义。我们不能说某种知识是善的或恶的、正当不正当的，也不能说具有更渊博知识的人更善、更正当、更有道德。知识是中性的，运用知识的行为才具有道德意义。运用知识行善，这时只是运用知识的行为而不是知识本身具有善的意义；运用知识作恶，这时也只是运用知识的行为具有恶的意义。

通常认为能力是完成某项活动或工作的主观条件。人有一般能力和各种特殊能力，而且无论是一般能力还是特殊能力都存在着一个有无和大小或强弱的问题。社会都鼓励人们提高能力，推崇能力强的人，但是对于不具备某种能力或某种能力弱的人并不给予道德上的谴责。某种能力的有无或强弱通常不具有道德意义，也因而不进入道德评价的范围。能力像技术一样，本身是中性的，某种能力的有无或大小并不会直接给他人、社会以及个人自己造成危害。但是，以下三种与能力有关的情况涉及道德评价问题：一是有可能提高能力而不努力提高能力；二是有能力但到应该运用能力时不运用能力；三是运用能力去做损害他人、社会甚至自己的事情。这三种情况已经不是能力本身的问题，而是能力培养和运用方面的问题，它们都与人的品质和行为有关。

但是，品质与行为的好坏、正当不正当直接关联，因而具有直接的道德意义。品质主要体现为两个相互关联的方面，一是态度的倾向，二是活动的方式。品质不同于人们的世界观、价值观、人生观和理想、信念等观念。观念也是心理定势，也是一种态度的倾向，但一般不是与活动的方式相联系的，不会对人们的活动产生直接的影响；品质则不同，它作为态度的倾向是与活动的方式联系在一起的，会对人们的活动产生直接影响，会表现为习惯的行为。态度的倾向也存在着好坏和正确与否的问题，但并不直接对他人、社会和个人自己造成影响，因而虽然有时也成为人们道德评价的对象，但那通常是在极端的情况下（如态度十分恶劣）或者与活动相关联的时候才如此。但是，活动的方式则不同，它在相同的情境中会成为现实的活动。活动总是以一定的方式进行的，活动方式直接决定着活动特别是行为是否会对他人、社会、个人自己造成影响。对于造成这种直接影响的具体行为要进行道德评价，而对于习惯性地造成某种活动的活动方式，当然更需要做道德评价，因为按照这种活动方式进行的活动会反复发生，会经常对他人、社会或个人自己产生影响。

有学者批评德性伦理学过分推崇德性，他们认为，品质的形成在很大程度上是与人生存的环境相关的。好的环境更有利于好的品质形成，坏的环境不利于好的品质的形成，而环境不是人完全能控制的，尤其不是处于品质初步形成阶段的儿童所能控制的。就是说，对于品质的形成来说存在着"道德运气"（moral luck）的问题。关于道德运气的问题伦理学界有多种不同意见，但对于品质的道德评价来说，"道德运气"是一个事实，不能不考虑，但又不能不考虑人在对待环境上的主观作用和实践智慧在品质形成过程中的作用。因此，对品质善恶的评价比对某一具体行为的评价要复杂得多，因而也更需要伦理学进行理论的研究和回答。从这个意义上看，品质具有更深刻、更复杂的伦理学意蕴。

由于品质具有重要的伦理学意义，因而伦理学史上不少伦理学家都关注品质问题。早在古希腊，亚里士多德就已经开始系统研究品质问题，当代德性伦理学家兰茜·硕曼还专门写了《品质的结构：亚里士多德的德性论》[①] 一书研究品质问题。与心理学主要探讨品质的形

① Nancy Sherman, *The Fabric of Character: Aristotle's Theory of Ethics*, New York：Oxford University Press, 1989.

成不同，伦理学主要研究品质的善恶性质。不同的伦理学系统对什么是善的品质的看法不尽一致，并且推崇不同的品质作为理想的品质。对于斯多亚派来说，刚毅和自制是主要的优秀品质。对于基督教来说，基督是理想品质的榜样。利己主义的快乐主义会赞成将开明的审慎（enlightened prudence）作为最高的德性。就功利主义者而言，他们将伦理学的目的置于整个共同体的世俗幸福最大化之上，将慈善看作构成理想品质的主要因素。不过，几乎所有研究品质的伦理学家都关注品质的道德性质，研究道德的品质是什么以及如何获得道德的品质。他们的一个共同前提是认为道德的品质是存在的。

三　德性品质与恶性品质

品质有好坏与善恶之分。在日常语言中，品质的好坏与善恶是不加区别的，从学理上看，品质的好坏与善恶显然是有区别的。在汉语中，"善"具有特定的道德含义，相当于道德上的好。说一种品质是善品质，意指它是一种道德上好的品质，或者说意指它是道德的品质。在汉语中，善的品质与道德的品质是同义的。这一点与英语不同，英语中在语词上没有与"好"与"善"分别对应的词，它们都用"good"这个词表达，要辨别"好的品质"（a good character）这个短语是否具有道德意义要看具体的语境。不过，在英语中，"坏"（bad）与"恶"（evil）各有相应的表达，因而"坏的品质"（a bad character）与"恶的品质"（an evil character）在语词上是可以加以区别的。因此，品质的好坏（也可以说品质的优劣）是就一般意义而言，品质的善恶是就道德意义而言的。好坏比善恶的含义要宽，善的品质肯定是好的品质，但好的品质不一定是善的品质。一个人思维敏捷可以看作他的思维具有的好品质，但我们不能说这种品质是善的品质。人有许多好品质，亚里士多德和希腊人将好品质称为"优秀"（aretê），善品质只是好品质中的一部分，是道德意义上的好品质或优秀品质。

从一般意义上看，人的品质除了好的品质和坏的品质之外，还有一些并不好也不坏的中性品质。现实生活中有的人既不勤奋也不懒惰、不无私也不自私、不公正也不偏私，他们的品质也许就属于中性品质一类。从这种意义上看，人类的品质可以划分为三类，即好品质、坏品质和中性品质。由于善的品质即道德的品质是好品质中的一类，而恶品质即不道德的品质是坏品质中的一类，因而从道德的角度看，除了善品质和恶品质之外，所有其他品质（包括不善的好品质和不恶的坏品质）都是中性的品质。例如，思维敏捷是一种好的思维品质，这种品质在道德上不是善的品质，而是道德上中性的品质；而一个人思维迟钝是一种坏品质，但在道德上不是恶品质，也是一种道德上的中性品质。因此，人的品质可以从道德的意义上划分为善的品质、恶的品质和中性的品质，而道德意义上的中性品质要比一般意义上的中性品质范围更宽。

对于善的、道德的品质和恶的、不道德的品质，自古以来有不同的说法，中外比较流行的说法是将善的、道德的品质称为德性品质，或者称为德性或美德（virtue），而将恶的、不道德的品质称为恶性品质，或者称为恶性或恶德（vice）。从伦理学的角度看，也许将善的、道德的品质称为德性更能体现品质的道德属性，而将善的、道德的品质称为美德，尽管也表达了对这种品质的肯定，但其道德属性表现得不鲜明。在汉语中，虽然人们广泛地使用"美德"，但不常用"恶德"，因而可以用"美德"表示道德的品质，但不可以用"恶德"表示不道德的品质，那不符合汉语表达习惯。这样使用语词，"德"就成为中性的了，而"德"在汉语中通常是褒义的。因此，我们赞成用"德性"标示善的或道德的品质，而用"恶性"标示恶的或不道德的品质，用"德性"和"恶性"作为评价品质善恶、道德不道德的特有尺度，以区别于用正当不正当作为评价行为善恶、道德不道德的特有尺度。这两种特有尺度都从属于更一般的善恶、道德不道德的道德价值尺度（可以称为道德的"一级尺度"），可以看作这种道德一级尺度在品质和行为这两个对于道德具有特别重要性的领域的派生尺度（可以相应称为道德的"二级尺度"）。对于这个问题我们在讨论德性与善、正当的关系时还将做进一步的阐述。

这里存在着一个以什么为根据和标准判断和评价品质的善恶的问题。虽然品质是个人的，但判断和评价品质的根据或标准总是社会性的，而不是个人的。一个人的品质是德性的还是恶性的不是个人说了算，而是社会说了算，社会的判断和评价通常是以社会舆论的形式表达出来的，不一定有一个权威的判断和评价机构。判断个人品质善恶的直接根据和标准是社会在品质方面的道德原则或德性原则。无论是伦理学家还是普通人，通常更多注意的只是社会的一般道德原则（通常称为道德基本原则），而不太注意社会的德性原则，而且往往将社会的一般道德原则理解为道德行为原则。实际上，社会不仅有一般道德原则，而且也有道德意义上的价值原则、行为原则、情感原则和品质原则，这些原则是社会一般道德原则在人生目的、行为、情感和品质领域的体现。就品质而言，社会的道德体系都把诚实看作一条德性原则，这条原则要求人们具备诚实的品质，做诚实的人。这就是说，社会道德体系中本来就有德性原则。它们是判断品质善恶的标准，也是评价品质善恶的标准，还是人们进行德性教育和修养的根据。

德性原则通常是以德目的形式表现出来的，如古希腊的"四主德"（智慧、勇敢、节制、公正）就是四条基本德性原则。德目虽然通常是名词，但本身隐含着"要"的要求，智慧、勇敢、节制、公正这些德目隐含着要有智慧、要勇敢、要节制、要公正。德性原则也意味着对德目的反面或对立面的否定或"不要"的要求。例如，诚实的对立面是虚伪或不诚实，那么"要诚实"的德性原则也意味着"不要虚伪或不诚实"。也许有些"不要"的德性要求并不就是德性的直接反面或对立面，或不是直接与德性相应的。所有"不要"的德性要求也是德性原则。如果我们将"要"的德性要求看作"倡导性德性原则"，那么我们可以将"不要"的德性要求看作"禁止性德性原则"。这两种原则都是社会判断和评价人们品质的根据和标准。

每一个社会都存在着占主导地位的道德体系，因而一个社会判断和评价品质的德性原则也就存在于这种占主导地位的道德体系中，而最终往往是这种占主导地位的道德体系的一般道德原则的体现。这样，道德体系及其一般原则不同，德性原则不同，品质善恶道德不道德的判据也不同。对于中国封建社会占主导地位的道德体系来说，"三从四德"是妇女的德性原则，而当代中国社会占主导地位的道德体系则不再把它们看作德性原则。"信仰、希望、爱"被基督教道德看作高于世俗德性的神学德性加以推崇，而这三种神学德性不一定被世俗道德体系、其他宗教道德体系看作德性。从这个意义看，德性恶性的判断和评价具有相对性，它们通常是相对于不同时代、不同道德体系或文化体系而言的。但是，我们也不能否认确实存在着一些自古以来各民族都推崇的德性（如善良、正直、勤劳、勇敢等）和贬抑的恶性（如歹毒、偏私、懒惰、怯懦等）。这表明，人们判断和评价品质是德性的还是恶性的，还有一些超出特定道德体系的根据和标准。

判断和评价品质善恶的德性原则的根据和标准在于不同社会占主导地位的道德体系特别是一般道德原则，这是一种历史的和现实的事实。但是，这种事实正在发生变化。随着全球化时代到来，全球已经成了人类最大的生活共同体。在这种情况下，对德性和恶性的认定、判断和评价越来越超出了特定社会的道德体系，越来越多的德目和恶目为越来越多的人所认同，也有越来越多的人在越来越多的德性原则上达成共识。在这种情况下，品质善恶的根据和标准不仅要考虑特定社会的德性原则及其所属的占主导地位的道德体系，而且要考虑人类谋求更好生存的本性、全人类更好地共同生活的需要以及由此派生的人类的普适性的基本道德原则，还得考虑人类在德性原则上形成的共识。

从伦理学理论的角度看，德性论虽然要研究与不同社会道德体系相应的德性恶性的根据和标准，更要研究具有全人类普适性的德性恶性的根据和标准，还要研究全人类普适性的德性原则。道德是具有历史性的，是相对不同的社会文化体系而言的，伦理学则不同，它是超特殊的社会文化体系的，而且具有一定的超历史性。不同社会的道德体系及其德性原则是特殊的，伦理学体系及其德性原则则应该是一般的，它要提供具有普适性的理论道德体系和理论道德原则。这种理论的体系和原则具有理想性，它要通过一定的途径使理想变为现实，从而改变现实社会道德各自为政的无政府状态。

不过，我们也应看到，一方面，对于是否存在普世道德，包括是否存在普世德性或恶性还有不少人抱有疑虑或持否定态度，而且在什么是德性、什么是恶性、有哪些德性和恶性以及以什么标准为根据判断品质是德性的还是恶性的等问题上，还存在着诸多分歧。另一方面，在当代人类社会，人们都是生活在以国家为主要形式的特定社会，即使那些具有普世性的德性原则也只有被纳入不同国家的主导道德体系的范围之内才能为社会所倡导。同时，在伦理学理论上，也没有在德性原则上形成普遍共识，这也在很大程度上限制了伦理学的理论德性原则对现实的介入。考虑到这些因素，伦理学更要加强德性问题的研究，以给全人类提供判断和评价品质善恶的一般品质原则或德性原则。

虽然品质有善恶之分，但只有善的品质才是人之所以为人的品质。在伦理思想史上，许多思想家，特别是中国的儒家，尤其强调这一点。在孔子看来，人与动物的分别就在于人有人伦道德，人能"亲亲""爱人"，而动物不能，"鸟兽不可与同群"。[①] 这也是《中庸》

---

① 《论语·微子》。

的"仁者，人也"之义。对此，孔子也有直接的表述，如"人之生也直""天生德于予"。① 孟子更直接地把人之为人的本质确定为善，断定人的善的本性是人所独有的。他认为人生而具有仁义礼智的"善端"，这些善端不是后天加于人的，而是人生而固有的。② 他甚至断言："人性之善也，犹水之就下也。人无有不善，水无有不下。"③ 笔者并不赞成儒家人性本善的观点，但肯定人的本性是向善的，因而人性总体上是向善的，因为人的本性在于谋求更好地生存，只有向善，人才能更好地生存。因此，善的品质或者说德性才是体现人的本性和人性的总体倾向的，而恶的品质或恶性则是与人的本性相反的。在这种意义上，我们可以将德性看作人之所以为人的根本规定性，看作人之具有人格的前提条件。

四　品质对人性实现的影响

人性的实现过程与人格的形成过程是同一个过程。在这个过程中，人的品质状况对于人性实现的性质和人格的发展方向具有决定性的影响。

品质状况决定着人性实现的道德性质。人性不存在道德性质问题，但人性的实现、人格的形成存在着道德性质或善恶性质问题。这种道德性质说到底就是人性实现的方向和方式问题。就方向而言，人性的实现存在着是否有利于人更好生存这一人的根本需要得到满足的问题，有利的是正确的方向，不利的或有害的就是错误的方向。一般来说，人们的人性实现基本上都着眼于自己更好生存，但并非果真如此。例如，一个人一切唯利是图，这看起来是有利于自己更好生存的，实际上有害于自己更好生存。因此，真正有利于个人更好生存的

---

① 《论语·雍也》《论语·述而》。
② 参见《孟子·告子上》。
③ 《孟子·告子上》。

方向是道德的价值取向，即通过个人利益与他人、群体和环境利益共进来实现自己的更好生存。这也就是人性实现的方式问题。一个人只有以道德的方式实现人性才能满足自己更好生存的根本需要。

决定人性实现道德的取向和道德的方式的是人的品质。在人格构成的四因素中，品质是人的心理定势，它能对人的所有活动起定向作用，而其他的因素则不具备这种功能，尽管对品质的形成具有不同的作用。品质有两种基本的特性，即道德的品质即德性和不道德的品质即恶性。两者的分水岭在于在实现自己的人性的过程中是否关注和促进他人、群体和环境的利益。一个人只有具备道德的品质才会选择人性实现的道德的取向和道德的方式，并根据这种取向和方式有意识地进行人格塑造。相反，一个人不具备道德的品质甚至还具备不道德的品质，他就不会选择道德的取向和方式而选择不道德的取向和方式。

品质状况关系到人格是否健全。人性的全面健康实现就是人格健全。人格健全包括人格的各种构成要素完整健康、协调一致、前后一贯。品质作为人格的基本构成要素，直接关系着人格的完整。一个人如果不具备某种基本的品质就会影响人格的健全。如果一个人不具备基本的职业品质，他的品质就是不健全的，他的人格也会不健全。更重要的是，品质是德性还是恶性决定着人格是否健康。人格不健康有种种表现，如人格变形、扭曲、异化等。导致人格不健康的因素很多，其中最重要的因素是品质是恶性的或有恶性。假如一个人的品质是自私的，他就可能变得贪得无厌，这样他就会偏离人的真实本性，他的人格就会成为偏执型的，甚至会成为反社会型的。那些贪官都是由自私、贪婪走向对金钱的偏执并进而走向犯罪的。品质的状况还对人格的其他要素有着极其重要的影响。一个人具有德性品质，他会更注重他的能力潜能的开发，尤其会道德地运用他的能力；一个人具有恶性品质，他不会注重能力潜能的开发，尤其不会道德地运用他的能力。在观念和知识方面，情形也大致如此。

品质状况更直接决定着人格是否道德和高尚。人格是否道德涉及三个方面：其一，是否具有德性品质；其二，是否具有道德情感，特别是良心；其三，是否具有以社会道德要求为取向的意志。在这三个方面中，品质是不是德性的，是衡量人格是否道德的基本方面。因为品质是心理定势和行为倾向，对人们的活动特别是行为经常自发地发生作用，所以最能体现一个人的人格是否道德。一个品质是德性的人，他会在所有的活动中体现德性的要求，他的所有行为都会具有道德的特征。正因为如此，我们将德性看作人格道德的主要标志，而道德情感、道德意志则可以列入道德能力（属于人格构成因素的能力）的范畴。相反，一个人不具备德性品质，即使他具有道德感情和道德意志，他的人格也不是道德的。品质的道德状况是人格道德状况的主要决定因素，情感、意志的道德状况则只对人格的道德状况起辅助作用。一个人的品质是德性的，如果他还具有道德情感和道德意志，他就具有完善的道德人格，就是一个道德完善的人。

人格高尚所反映的是人格的整体层次，不只是指人格的道德方面。但是，在人格高尚中，道德高尚特别是德性高尚是必要条件和主要因素。如果一个人人格的其他方面（如观念、知识、能力）都是高层次的，而品质不是德性的，或者德性不高尚，那么他的人格不能说是高尚的。但是，即使一个人人格的其他方面层次不高，甚至较低，而他的德性高尚，人们也常常将他看作人格高尚的。这就是说，在人们的心目中，人格高尚常常就意味着德性高尚，德性高尚成了人格高尚的充分必要条件。德性高尚在人格高尚中之所以具有如此重要的地位，是因为德性高尚的人会有利于他人、群体和环境，而构成人格高尚的其他因素（如渊博的知识、卓越的能力）在没有德性作为前提的情况下可能有害于他人、群体和环境。

总之，人性实现的过程存在着性质问题，人性实现的结果也存在着性质问题，品质是决定人性实现过程和结果性质的决定因素。具有德性的品质，人性实现的过程的性质就是道德的，人性实现的结果的性质也是道德的，而这正是社会的期待。

当然，人的品质并不是与生俱来的，而是像能力、观念和知识一样后天形成的，并且是在人性现实化和人格形成过程中形成的。人生来就具有品质的潜能，这种潜能是人性的一个方面，它是在与其他人性因素相互作用中、在所有人性因素与环境的交互作用过程中通过人有意识的作为形成的。在形成的过程中，禀赋因素和环境因素的作用固然重要，但人有意识的作为是主导因素。人的作为可以控制品质形成的价值取向和善恶性质。因此，一个人要对自己的品质状况负道德责任，人们也可以对一个人的品质状况做道德评价，给予赞扬或给予谴责。

五　米尔格拉姆实验的挑战

无论是普通人还是伦理学家，他们一般都承认道德的品质是存在的。这似乎是不言自明的。但是，对于这一普遍共识，一些心理学家通过心理实验提出了挑战，其中最有影响的是米尔格拉姆实验（Milgram experiment）。

在 20 世纪 60 年代初，耶鲁大学的心理学家斯坦利·米尔格拉姆（Stanley Milgram）专门做了一系列道德感是否存在的社会心理学实验，即米尔格拉姆实验。这个实验研究参与者服从一个权威人物的意愿，这个权威人物引导他们执行与他们个人的良心相冲突的行为。米尔格拉姆 1963 年首先在《变态的和社会的心理学杂志》上发表的文章中描述了他的研究，[①] 后来在 1974 年出版的《对权威的服从：一种

[①]　Stanley Milgram, "Behavioral Study of Obedience", *Journal of Abnormal and Social Psychology* 67（1963）：371-378.

实验的观点》① 中更深入地讨论了他的研究成果。

这个实验开始于 1961 年，即在纳粹战犯阿多尔夫·艾克曼（Adolf Eichmann）审判开始后的三个月。米尔格拉姆设计他的心理学研究以回答这一问题，即"情形是艾克曼与他在大屠杀中的同犯至少就大屠杀的目的而言有共同的意图吗？"换言之，"在所涉及的人之中存在着一种共同的道德感吗？"他的测试表明数百万同犯都纯粹是执行命令，尽管违背了他们的最深层的道德信念。他在 1974 年发表的《服从的危险》文章中总结了这次实验。他说，服从在法律和哲学方面是具有极其重要性的。他在耶鲁大学从事了一个简单实验以测试一个普通公民只是因为他被一个实验科学家命令而会对另一个人施加多少痛苦。成年人会根据权威的命令做出极端行为成了这一实验研究的主要成果和最急迫需要解释的事实。只是做自己工作、对他们的角色没有敌意的普通人，能成为一个可怕的破坏过程的行为者，甚至在他们破坏的结果变得相当清楚而他们被要求执行与基本道德标准不一致的行为时，相当少的人有所需要的抵抗权威的才智。

米尔格拉姆的实验是这样的：有三个人参加实验，即实验者、学习者（受害者）和教师（参与者）。只有教师是实际参与者，即不知道实际的装置，而学习者是实验者的同伙。实验者的角色由一个严厉的、冷漠的穿着工作服的生物教师扮演，受害者由一个 47 岁的爱尔兰后裔美国会计扮演，他为扮演这个角色受过专门的培训。实验者要求参与者和学习者参与一个实验，以帮助他研究记忆力和在不同情境中学习的情形。题目分别给了教师和学习者。参与者抽签以确定他们的角色。他们都不知道两张纸条都写的是"教师"，以保证参与者总会是"教师"。然后，"教师"和"学习者"分别被带进两个房间，

---

① Stanley Milgram, *Obedience to Authority: An Experimental View*, New York: Harper Colophon Books, 1974.

他们可以联系但不能见面。

实验的一种方式是：实验者给"教师"一个控制器，然后给他一长串将要教学习者的成对语词，并告诉"教师"在实验时读成对语词，并读四个可选择的答案。"学习者"按一个按钮指示他的反应。如果不正确，"教师"就要用控制器给"学习者"一个电震，而且每答错一次增加15伏。如果正确，教师就继续读下一个成对语词。实验者知道，虽然"教师"以为"学习者"每一次答错都会受到电震，但其实"学习者"并没有受到任何电震。因为实验者事先设置了一个带有电震控制器的磁带录音机，并预先录制了在每一个电震强度上"学习者"反应的录音。"学习者"的反应不过是播放的录音。

实验开始后，在电震达到了某一电压层次后，"学习者"开始在与"教师"隔开的墙上敲打并抱怨。在多次敲墙和抱怨之后，"学习者"会停止所有反应。这时，许多"教师"都表达了停止实验并检查一下"学习者"的愿望。一些实验者在达到135伏时暂时中止了实验，并向"教师"说明了实验的目的。大多数"教师"在确信自己不会负任何责任的情况下主张继续进行实验。一些"教师"在听到"学习者"发出痛苦的叫声时就开始神经质地笑或显示出其他极端紧张的征兆。如果"教师"表示停止实验的愿望，实验者就会以这样的一些命令给他连续的语词刺激：

请继续。

实验要求你继续。

你继续是绝对本质的。

你没有其他的选择，你必须继续。

如果"教师"在所有四个连续的语词刺激后还是希望停止，实验就会停止。否则，直到"教师"连续三次使电震达到450伏的最大量时，实验才会停止。

在进行这个实验前，米尔格拉姆分别征求了14个耶鲁大学心理学专业的高年级学生的意见，了解他们认为结果会是什么。所有人都相信，只有极少数人（平均 1.2%）会准备加到最大量的电压。米尔格拉姆也分别征求了他的同事的意见，发现他们也相信非常少的实验主体会加到非常强的电震。但是，在米尔格拉姆的最初的实验中，实验参加者的 65%（40 人中的 26 人）达到了实验的最大量，即 450 伏的电震，尽管其中许多人在这样做时非常不舒服，每一个参与者都在实验过程中停下来质疑这个实验，一些人甚至表示愿意归还付给他们参加实验的报酬。只有一个参与者在不到 300 伏的水平时就坚决地拒绝继续进行电震。后来，米尔格拉姆教授和其他的心理学家在全世界做了各种类似的实验，都得到类似的结果。马里兰大学的托马斯·布拉斯（Thomas Blass）博士对重复进行的实验的结果进行了分析。他发现，不考虑时间和地点，准备加到致命电压的参与者的百分比仍然明显地稳定在 61%—66%。[①] 米尔格拉姆还摄制了一个片名为《服从》的纪录片展现实验及其结果。米尔格拉姆的实验由于参与者经受的极端情感压力而受到了科学实验的伦理学质疑。在辩护的过程中，84%的以前参与者后来说，他们"高兴"或"非常高兴"参与实验，15%选择了中性的反应。[②] 许多人后来还写信表达感谢。这种实验也引起了不少批评，但批评主要指向实验的意蕴问题，而不是实验本身的伦理学问题。

米尔格拉姆实验通过科学的方法证实了人类道德现实的复杂性。这一实验一方面证明人的德性、良心确实存在，另一方面也证明了人的德性、良心有一定的脆弱性。当实验中的主体即"教师"将电压升到一定的高度时，他们感到不舒服、有压力，这表明他们的品质和情

---

① Thomas Blass, "The Milgram Paradigm after 35 Years: Some Things We Now Know about Obedience to Authority", *Journal of Applied Social Psychology*, vol. 29, no. 5 (1999): 955-978; "The Man Who Shocked the World", *Psychology Today*, 35 (Mar/Apr 2002): 2.

② Stanley Milgram, *Obedience to Authority: An Experimental View*, New York: Harper Colophon Books, 1974, p. 195.

感存在着德性和良心的一面。但是，他们在某种外在的"命令"的作用下仍然做了自己感到有悖于自己德性和良心的事情，这表明了品质和情感的道德性质的脆弱性和可变性。这一实验比"真诚的纳粹"现象更能使人深刻地认识到个人品质和情感的复杂性以及德性品质和道德情感的相对性。这无疑有助于我们更全面、更深刻地理解品质和德性及其意义，防范德性品质在特殊情况下发生畸变。米尔格拉姆实验给了我们重要启示，就个人的道德生活而言，单纯靠德性的品质或良心是不够的，还需要个人在特殊情境下运用智慧做出正确的道德选择，而且外在的道德规范的约束也是必要的。不过，这些实验所揭示的是在极端情况下人的品质可能发生的变异，我们不能因此否认德性品质对于人更好生存的意义，不能以这种极端情况概括德性品质的一般情形。

第三节　德性与观念

观念是德性形成的重要前提，它也通过智慧对德性发生作用；德性对正确观念的形成也具有重要意义。到目前为止，观念与德性的关系尚未引起多少研究者的注意，但这种关系是值得重视的。

一　观念的含义

观念是日常生活中常使用的概念，也是哲学的一个重要概念。西方自古以来的哲学家都很重视观念的研究，中国的研究较少。这里主要根据西方有关的文献对观念的含义和意义做些阐述。

在汉语中，观念既指"思想意识"，也指"客观事物在人脑里留下的概括的形象（有时指表象）"。[①] 在英语中，"观念"的对应词是"idea"，其字面的意思比较复杂，不仅有观念的含义，还有主意、意

_____

① 《现代汉语词典》（第7版），商务印书馆，2019，第479页。

见的含义，最一般的含义也许是"心灵所构想的东西"。从观念的角度看，idea 主要有四层意思：一是"再现的形象，如对象的形象"①；二是"构想，思想，主意"②；三是"你所相信的东西"③；四是"当一个人思考时呈现在心灵前的任何东西"④。在西方哲学史上，有许多哲学家分别从本体论、认识论和价值论或伦理学的角度对观念进行了大量的研究，这些研究大大丰富和深化了人们对观念的认识。

根据人们日常对观念的理解和哲学史上的有关思想资源，可以对观念做这样的界定：观念是指人们基于认识及其成果形成的、对人们心理和行为具有重要影响的、关于事物及其关系的状况和价值的稳定信念。

对这一界定，我们可以做以下进一步的阐发，所阐发的这几个方面，也可以看作观念不同于其他东西（如知识、能力、德性）的不同特征。

首先，观念是以认识及其成果为基础的，认识是观念的源泉，认识的成果是观念的素材。虽然我们不能否认人有某种天赋的观念的潜能，但人的观念不是天赋的，而是来源于人们对现实世界的认识。没有对现实世界的认识，观念就成了无源之水。人的认识从来源的角度看大致可以分为三类：第一类是对事物状态的认知；第二类是对文本的理解，即通过对文本内容的理解把握其意义；第三类是对事物状态或文本内容的评价以及据此提出的规范。前两类认识大致相当于当代哲学家所说的"事实认识"，事实认识所形成的是事实描述或陈述；后一类认识即当代哲学家经常说的"价值认识"，价值认识所形成的是对事物状态和文本内容的价值判断。无论是事实认识，还是价值认

---

① "Idea", in *Wikipedia*, *the Free Encyclopedia*, http：//en. wikipedia. org/wiki/Idea.
② 《牛津高阶英汉双解词典》"Idea 1"，商务印书馆、牛津大学出版社，1997，第733 页。
③ 《高级英汉双解大词典》"Idea 2"，中国大百科全书出版社，2003，第394 页。
④ "Idea", in *Wikipedia*, *the Free Encyclopedia*, http：//en. wikipedia. org/wiki/Idea.

识，它们一般都是由概念、命题和推理构成的，包含着逻辑结构。认识的结果是看法和观点及其构成的理论等，这些看法、观点存在着与事实（包括文本的原意）或价值是否一致的问题，也就是说存在着真理性问题。那些是真理的看法、观点构成知识，认识结果（包括知识）构成了观念的素材，如果没有这些素材，观念就成了无本之木。

其次，观念的实质在于对认识结果的确信，这种确信存在着正确性问题。虽然认识是观念的源泉，认识的结果是构成观念的素材，但观念并不等于认识及其结果，观念是对作为认识结果的看法、观点等的确信，因而它已经不是观点、看法，而是对它的确信，这种确信通常被称为信念。人们可通过两种途径形成观念：一是个人根据自己生活的需要而确信某种看法、观点，从而形成观念。这种确信是有意识地自主形成的；二是随大流，别人都相信，自己也相信，从而形成观念，这种确信不是个人自觉形成的，而是自发形成的。在现代社会，由于人际交往密切，以及人们分工越来越细，人们的许多看法、观点都依赖他人，人们的观念也依赖他人，因而人们的许多观念是通过第二种途径形成的。人们在生活中通过认知或学习随时都有可能获得各种看法、观点，因而人们的看法、观点很多，但真正能成为人们观念的要少得多。

由于作为观念来源的认识存在着真理性问题，作为它们结果的看法、观点和理论也存在着真理性问题，因而以认识及其成果为基础的信念也存在着真和假的问题。在现实生活中，人们的不少观念并不是真的。例如，相信上帝存在、灵魂不朽的观念至少在无神论者看来不是真的。但是，评价观念的标准与评价认识结果的标准不同，评价认识结果通常只有一个标准，即是真是假的真理性标准，而评价观念的标准除了真理性标准之外，还有一个是否有效的有效性标准。所谓有效性标准，是指某种观念是不是对人更好地生存有用或有积极的效果。将这两种标准结合在一起，可以称为观念是否正确的正确性标准。所谓正确性标准，是指某种观念是否既是真的又是有积极效果的。从这种意义上看，杜威等实用主义者所主张的"根据观念的结果决定观念的意义"① 实用主义原则，是有一定道理的。了解观念的这一特性非常重要，因为在现实生活中，不少人可能只注意其中的一个标准，而忽视了另一个标准。当前有不少人信奉宗教，形成了一些宗教观念，这些宗教观念可能对于人的生活有某种益处（如使人有某种精神寄托），但一般都不是真的。这些人之所以信奉宗教，就是因为他们只注意到了宗教观念的有效性一面，而忽视了宗教观念的真理性一面。另一方面，像逻辑重言式（如 A = A）这样的观念虽然是真的，但在日常生活中也许是无用的。观念的正确性问题告诉我们，我们在自觉形成观念的过程中需要对作为观念素材的观点、看法进行判断并选择，形成那种既真又有用的观念。

再次，观念是成体系的。每一个人的观念都是成体系的，尽管有的人比较完整，有的人不那么完整。之所以说观念是成体系的，其一是因为每个人都具有相互联系的事实观念、价值观念和规范观念。如果我们将观念划分为事实观念、价值观念、规范观念和哲学观念四类，那么可以说每个人都具有事实观念、价值观念和规范观念，但并不是每个人都具有哲学观念。关于事实、价值和规范的观念既可以通过教育也可以通过环境的影响形成，因此，无论一个人是否接受教育，他都会在现实生活中受环境的影响形成这些观念。哲学观念则不同，它通常需要接受哲学教育或自学哲学书籍才能形成，因而一个人如果没有接受教育而又不自学哲学就不会形成哲学观念。所有这些观念一旦形成就会相互影响相互作用。之所以说观念是成体系的，其二是因为各类观念也是成体系的。无论是事实观念、价值观念、规范观念还是哲学观念都具有一定的体系性。其中最典型的是价值观念，它

---

① 〔美〕杜威：《道德观念中的改造》，见冯平主编《现代西方价值哲学经典（经验主义路向）》上册，北京师范大学出版社，2009，第27页。

一般由关于目标、手段、规则、控制等不同方面的观念构成，并相互作用和影响。①

观念体系中一般都具有一些核心观念，这些观念就是通常所谓的理念。理念最简单地说就是人们的核心观念或主要观念。这些观念是观念结构网络中的枢纽，在观念体系中发挥着核心作用。不同人的观念结构不同，理念也不同，而结构之所以不同，主要就是因为其中的理念不同。一个基督徒的观念体系之所以与非基督徒不同，一个重要原因，是他的观念体系中有上帝这个核心观念，即上帝理念。由于理念在观念体系中具有十分重要的作用，所以人们在更新观念的过程中特别重视破除旧的理念和树立新的理念。在近代西方社会变革的过程中，资产阶级就提出了"自由""平等"的理念，以取代"专制""等级"的理念。正是这种核心观念的转换带来了西方社会的变革。

又次，观念难以形成，形成后更难以改变。观念都是人们所确信的，而所谓确信，就是坚定不移地相信。观念的这种特点决定了观念既难以形成，形成后也难以改变。观念之所以难以形成是因为观念形成有一个复杂的过程。人们相信某种认识和知识并不是很难的，但是要坚定不移地相信则是很难的。要坚定不移地相信，有三个方面的问题需要解决：一是利害关系或正确性的考虑。要确信一种观念，需要考虑这种观念是不是真的、是不是对自己有利的，真的、有利的观念人们才会选择作为自己的观念。通常只有在一个人觉得某种观念是真的或对自己有利，或者在既真又对自己有利的情况下，他才会确信它。二是情感和意志的作用。要确立一种观念，需要人们对这种观念有好感、有偏好，而且需要人们通过意志的力量始终坚持相信这种观念，抵御不同观念的冲击。三是实践效果的验证。要确立一种观念，需要人们在实践中不断验证，经过反复验证是真的或对自己有利的观

---

① 参见《论价值观念》，《江畅自选集》，华中理工大学出版社，1999，第250—259页。

念才会成为个人自己的观念。由于这三方面问题的解决是一个相当长的复杂过程，因而观念的形成是很难的。

观念之所以难以改变，是因为观念一旦形成就会根深蒂固，或者说具有惰性，在改变一种观念的同时又需要形成一种相应的新观念，而这个形成过程如前所述是一个复杂的漫长过程。因为观念的形成涉及复杂的因素，所以要改变一种观念，必须相应地改变相关的因素。大致上说，观念改变要经历以下过程：首先要由确信一种观点或看法变为不相信；其次要找到这种观念不真或对自己不利的理由；再次要改变对它的情感态度，并通过意志力的作用消除这种观念；最后还要通过实践验证这种观念确实是不真的或对自己不利的。在破除旧观念的过程中要确立新观念，而确立新观念的过程除了涉及如前所说的形成观念的因素外，还有一个新旧观念比较、鉴别的问题。只有以充分有力的证据或理由证明新观念好于旧观念或旧观念不正确而新观念正确，人们才愿意消除旧观念确立新观念。任何一种观念都有其优点和缺点，都有其长处和短处，任何一种观念都不会是尽善尽美的或一无是处的。这样，破旧立新就很艰难，因为人们总可能找到为旧观念辩护和指责新观念的理由或证据。特别是在一个社会范围内，不同的观念反映了不同人的利益，人们会从不同的利益角度考虑问题，要实现全社会的观念破旧立新，斗争会更复杂和激烈，过程会更艰难和漫长。

对于观念难以形成和改变，特别是一个国家或民族普遍具有的观念更难以形成和改变，我们可以举两个例子加以说明，一个例子是中国的改革开放，另一个例子是西方的现代化运动。举世公认，自1978年实行改革开放以来中国社会发生了翻天覆地的变化，这种变化的根本原因就是通过思想解放所实现的观念更新。中国的思想解放和观念更新是一个十分痛苦的过程。四十多年来一轮又一轮的思想解放运动受到了来自各方面的干扰，遭到了各种阻力。排除干扰和阻力后，人的观念得到了普遍的更新，中国社会才发生了如此巨大而深刻的变化。另一方面，中国当前出现了许多新的社会问题，而这些问题又是与我们的观念不适应已经变化的现实直接关联的，要解决这些难题也只能通过进一步的思想解放实现进一步的观念更新。西方的现代化运动大约从1300年的商业革命开始，之后经历了文艺复兴、宗教改革、启蒙运动、政治革命、产业革命、科技革命、哲学革命等一系列革命运动。正是通过这一系列的革命运动才实现了西方人的观念从传统到现代的转换，也才有了西方的现代化。这两个例子一方面表明旧观念的改变和新观念的形成十分艰难，尤其是在观念方面"破旧立新"艰难，同时也表明观念对社会现实和人们的生活具有巨大作用：观念不同，社会和个人的面貌就不同；观念变了，社会和个人的生活就会变化。

最后，观念一旦形成就会作为思维定势对人的一切活动发生作用，它从根本上规定着人们活动的性质和程度（范围和深度）。人是观念的动物。一个正常的人会在社会生活中形成一系列的观念，这些观念有些是人们意识到的，有些是人们没有意识到的。无论人们是否意识到，观念都会对人们的一切活动（包括心理活动和行为活动）发生影响。在人的所有观念中，自主性的观念对人活动的性质具有最深刻的影响。当一个人具有"个人是自主的"的观念时，就会更注重和相信个人的认知和评价，更有主见，也会在日常生活更注重按个人的意愿行动，更能主动地承担责任。相反，如果一个人具有"一切都不能个人说了算"的他主观念，他就会在判断和选择的过程中瞻前顾后，缺乏自信和主见，而在行为方面也更相信环境的或其他外在的力量，缺乏按自己意愿行事的勇气，不敢承担责任。观念还对人活动的范围和程度有重要影响。观念不同会导致不同人的相同活动的范围和程度的差别。观念对行为的影响通常是自发的，不经过反思，人们是意识不到的。正因为如此，我们说观念是一种思维定势，它作为思维定势对行为发生作用。用解释学的话说，它是一种"先见"。

在哲学史上，哲学家们对观念做出过种种分类，如简单观念与复杂观念、内在观念与外在观念、天赋观念与经验观念、对象观念与反思观念等等。为了便于把握，我们可以将观念划分为哲学观念、事实观念、价值观念和规范观念四种主要类型。这种划分并不是十分严格的，存在着一些介于两者之间的情形。

观念要以认识及其结果为基础。认识结果就是看法、观点和理论，其中那些真的观点和理论通常被称作知识。认识是观念的源泉，知识作为认识的成果是观念的素材，但并非只有知识可以成为观念的素材，认识的所有结果，无论其真假，都可以成为观念的素材。在这里我们首先看一下观念与认识的关系，主要是观念与作为认识一般结果的看法和观点的关系。

观念是在认识结果（包括知识）基础上的思维重构，这种重构使观念的内容有了更多的主观成分。我们的观念中有大量的简单观念，这种简单观念一般都是直接对认识结果的确信，也就是直接从观点、看法转化为观念的。例如，"太阳绕着地球转""天下雨，路面湿"这样的观念就是直接从观点、看法转化来的。但是，我们的观念中也有大量的复杂观念，这些复杂观念一般都不是直接从认识的结果来的，它们是对观点、看法进行概括、抽象或重组形成的。一个人的生死观念就有可能是通过自己的直接认识和体验以及通过学习有关知识后形成的复杂观念。这种观念具有个性的特点，与其他人的生死观念、与各种书本提供的相关知识是不尽相同的。即使是简单观念也不是与观点、看法完全相同的，因为一旦观点、看法变成了观念，它们就不再受时间、地点、条件的限制，成为人们确信无疑的信念。例如，"三角形的三内角和等于180度"这一个命题作为知识是以平面三角形为条件的，如果这种知识转化为观念，它的前提条件就有可能被忽略。

认识的结果如果没有转化为观念就容易变化，而观念一旦形成就具有很大的稳定性，不容易改变。认识的结果是看法或观点，看法、观点形成后会随着看法、观点的对象及其产生的时间条件的变化而变化。这种变化是随时的，除非在某种特殊情况下（如"指鹿为马"的故事），一般也不会有多少思想障碍。早晨出了太阳，我说"今天是晴天"，但到了下午天下起了雨，我又说"今天是雨天"。显然这种认识的变化是经常发生的，而且人们也不会对这种变化感到不可接受。在这方面，知识的情形比一般的看法、观点要复杂一些，那些公认的知识通常没有个人的看法、观点容易变化，它们其实是一些流行的观念。但是，如果没有成为流行的观念，知识作为观点也会随着时间条件的变化而变化。观念却不同，它一旦形成就很难改变。一个大家熟悉的例子是"地球是宇宙中心"的观念。这一观念在古希腊形成后在西方占统治地位一千多年，尽管有很多证据证明这种观念是错误的，但仍然难以改变，一直到哥白尼的"日心说"提出后相当长一段时间这种观念才慢慢改变。观念之所以一旦形成就很难变化，是因为观念不仅经过了思维的重构和经验的确认，而且已经获得认同并牢牢地扎根于心灵深处，成为人们的思维定势。观念是人们在生活实践中通过反复地确认逐渐积淀下来和确立起来的。一种看法、观点只有在人们通过反复地经验确认是有效的时才会被真正相信，并进而转化为观念。认识的结果一旦发现是错误的可随时纠正，而这种人们通过反复地经验确认而"信以为真"的观念，很不容易改变。

认识的结果能够现实地直接发生作用，而观念主要作为思维定势发生作用。认识一旦形成，或者知识一旦被掌握，人们马上就可以利用它们来为自己服务。我看到今天下雨，我就会马上拿一把雨伞。同样，我掌握了计算机知识和技术，我马上就可以利用计算机干活。因为认识的结果特别是知识具有这种直接的实用性和有效性，所以培根断定"知识就是力量"。与认识的结果和知识不同，观念是作为思维定势潜移默化地起作用，只要我们思想或行动，观念就会自动地出现在我们面前，对我们发生作用，而这种呈现和作用往往是我们没有知觉的。例如，一旦我们形成了"知识就是力量"的观念，我们就会在自己的生活中尊重知识、热爱知识、努力学习知识和运用知识。这些表现是自然而然的。正因为两者发生作用的方式不同，所以对于认识结果和知识我们要有意识地去运用，而对于观念我们无须有意识地去运用，它们会自发地起作用，我们想不让它发生作用都很难。

观念与认识的关系并不是单向的，而是双向的。观念要以认识为基础，而观念一旦形成就会作为一种"先见"对认识发生影响。观念对认识具有定向的作用。人的认识并不是完全随意的，而是有选择的。人认识什么不认识什么在很大程度上受观念的制约，人的宇宙观、社会历史观和人生观都从根本上规定着人们认识的取向。一个人如果没有正确的社会历史观念，就会更多地去看社会历史中丑恶的方面；一个人如果具有正确的人生观，就会更多地去看人生中的积极的、正面的东西。观念还对认识具有规范作用。人们的观念中本身就有规范观念，这些规范观念会对人们的活动起到直接的规范作用。如果一个人确立了"做人要诚实"的观念，他的这种观念就会对不诚实的言行起制约作用。人们的那些非规范性观念也会对人的活动起到一定的规范作用。一个树立了仁爱观念的科学家不会去研究那些可能对人类造成伤害的科学课题。此外，观念对认识的广度和深度也有重要影响。

同时，观念像认识一样本身也存在着认识问题，不过不像认识那样能以命题的形式表现出来，可以直接对认识本身进行认识。由于观念通常是通过活动体现出来的，因而在很多情况下不能对它进行直接的认识，而要进行深入的观察和分析或者反思，只有这样才能认识观念。对观念进行认识不仅是为了了解人们具有什么样的观念，更重要的是要了解人们所具有的观念是否正确。观念来源于认识，认识的结果是观念的素材，认识及其结果一般都有真理性问题，由认识结果构成的观念一般来说也有真理性问题。但是，观念除了存在着真理性问题，还存在着有效性的问题。因此，观念与认识不同，判断观念的标准不只是真理性，而且还有有效性。这两个标准结合起来，就是正确性。观念是否正确，这是观念认识的主要问题。人们通常就是根据观念是否正确决定要不要对观念进行更新的。对观念进行认识很重要，只有经常对观念本身进行认识，我们才会不断破除旧观念、确立新观念，使观念与时俱进，更好地适应人更好生存的需要。

　　谈到观念与认识的关系，有必要对"观念"与"观"这两个概念做一些辨析。在中国人的日常生活中，人们更喜欢用"观"，而不太喜欢用"观念"，而且经常不加分别地混用。人们经常说的"观"可以是两种含义上的：一是指观点或看法，如人们说"金钱观""家庭观""职业观"的时候指的就是对金钱、家庭、职业的看法，而不是指对它们的观念；二是指观念，如人们说"世界观""价值观""人生观"时通常指的是观念。这两种含义在很多时候是混在一起的，很难区分。上面所说的"金钱观"有时也有金钱观念的含义，而"世界观"有时也有关于世界的观点和看法的含义。这种"观"和"观念"的使用习惯是值得反思和批判的。我们最好不要将两者混用，用"观"指观点、看法，而用"观念"指我们说的观念。如果混用，我们也要在使用时十分注意两者之间的差异，避免两者意思的混淆。

　　弄清了观念与认识及其一般结果的关系，也就比较容易了解观念与知识的关系。知识作为认识的结果，当然是观念的素材，而且随着人类知识的急剧增长，知识在观念素材中的分量越来越重。知识与其他看法、观点和理论的不同之处在于它通常是被证明或被公认为真的看法、观点和理论。如果我们用古希腊哲学家的话说，认识成果中真的部分是"真理"，而不真的部分是"意见"。因此，以知识为素材的观念，或者说以知识为根据形成的观念，通常不存在着真理性的问题，充其量只存在有效性的问题，而其他的看法和观点则不仅存在有效性问题，还存在真理性问题。从这种意义上看，在当代知识日益丰富的社会，人们更要根据知识确立或更新自己的观念，而要尽量减少根据那些没有得到证明或公认的看法、观点确定或更新自己的观念。不过，需要注意的是，知识虽然是得到证明或公认的真观点，但知识的真理性也是相对的。知识可能因为时间、地点、条件的变化而由真变得不真或不那么真。更为重要的是，那些得到公认的知识常常已经成为社会公认的流行观念，这种已经成为流行观念的知识已经不是本来意义上的知识，而是包含了某种利害考虑的观念。知识一旦包含了某种利害关系的考虑，就有可能成为偏见。例如，古希腊的"地心说"知识因为符合基督教的需要而成为中世纪的流行观念。这种观念虽然还包含着"地心说"的内容，但已经不是本来意义的知识，而是一种偏见，至少是一种包含了偏见的观念。显然，以这种偏见为根据确立的观念不会是真的。因此，人们在以知识为根据确立和更新观念时要考虑到这种情况。否则，即使根据知识确立的观念也是不真的。

二　德性与哲学观念

哲学观念主要是指基于对宇宙、世界、社会和人生的根本性和总体性认识或知识形成的根本性、总体性的观念。像"宇宙是由自在之物与自为之物构成的"，"社会是人为的、属人的、为人的"，"人的本性在于谋求生存得更好"之类的观念就是哲学观念。哲学观念是以哲学认识或哲学知识为基础的。这种认识和知识可能是通过学习哲学获得的，也可能不是通过学习哲学而是通过自己的观察、体验和思考形成的，也可能是兼而有之的。无论是通过什么途径获得的哲学认识或知识，要使它们成为哲学观念都要通过人们的思维重构和经验确认。只有通过思维重构和经验确认，个人的哲学认识或知识才会转化为自己的哲学观念。

哲学观念与所有其他观念的不同在于，它是关于宇宙、世界、社会和人生的根本性和总体性观念。所谓根本性，是指这些观念是关于宇宙、世界、社会和人生的本体、本质或本性的。所谓总体性，是指这些观念是关于宇宙、世界、社会和人生的整体面貌、整体结构和整体变化的。哲学观念是关于宇宙、世界、社会和人生的本体、本质和本性及其整体面貌、结构和变化的观念。这种观念既是最宏观的，也是最抽象的。

根据哲学的对象划分，哲学观念可以划分为关于宇宙的观念（即通常说的世界①观）、关于社会的观念（即通常说的社会历史观）和关于人生的观念（即通常说的人生观）。此外，逻辑观念也可以划入哲学观念。

关于宇宙的观念是关于宇宙的本体、结构及其变化的观念，所涉及的最重要问题是什么东西是最实在的。人们关于宇宙的观念很不相同：有的相信这种最实在的东西即本体是物质，有的相信是精神，有的相信是存在；有的相信本体是一元的，有的相信是二元的，有的相信是多元的；有的相信本体是某种具体事物，有的相信是元素，有的相信是抽象本质；有的相信宇宙中的事物是由本体派生最后又复归于它的，有的相信其是由作为元素的本体构成的；有的相信有神存在，宇宙是神创的，有的相信无神存在，宇宙是自然生成的。

关于社会的观念是关于社会的本质、结构、目的的观念，所涉及的最重要问题是什么样的社会是好社会。由于社会是变化发展的，有明显的演进过程即历史，因而社会常常与历史联系在一起，关于社会的观念也可以说是关于社会历史的观念。在历史上，人们的社会观念很不相同，但自近代以来，人们的社会观念日渐趋同。人们越来越相

---

① 需要注意的是，这里所说的"世界"指的是宇宙或自然界，而不是指人类在地球上生活的世界。在这种意义上，世界是宇宙的一部分。现实的人类世界实际上是属于"社会"的范畴，这里我们将其划入社会的范畴。

信，社会的本质在于它是人为的、属人的、为人的；社会的目的是使全体社会成员更好地生活或幸福地生活；社会的范围越来越大，从氏族部落扩展到国家并正在扩展到世界，社会日益全球化；好社会是那种自由、平等、民主、法治、公正的社会，是个人身心和谐、人与人和谐、人类与自然和谐的和谐社会。

关于人生的观念是关于人的本性、生存的目的和道路、人生价值的观念，所涉及的最重要问题是什么样的生活是好生活。历史上，人们关于人生的观念很不相同；近代以来，人们的人生观念有趋同的迹象。人们一般相信，人性在于谋求生活得更好；人生的目的是过上好生活，即获得幸福；幸福不仅在于拥有资源，更在于个性的全面而自由发展；实现幸福的道路主要是个人的奋斗和作为；人生的价值主要在于自我实现和自我超越。不过，与社会观念容易形成共识不同，人生观念很难形成共识。尽管许多人认同普遍流行的一些观念，但在实际生活中并不真正相信这些观点，并没有将这些观点变成自己的观念，他们所确立的观念与公认为正确的观念相去较远。不少人尽管认识到幸福不仅仅在于占有资源，但在实际生活中却把占有更多资源作为生活的唯一目的。导致这种情况的原因很复杂，如环境的各种诱惑力太强，个人意志力太弱，人们面临的生存难题太多等。这种情况表明，确立正确的人生观念是相当难的。

逻辑观念是关于思维一般规律的观念。对于一般人来说，逻辑观念主要是普通逻辑或形式逻辑观念，包括同一律的观念、排中律的观念、充足理由律的观念、演绎的观念、归纳的观念、分析命题的观念、综合命题的观念等等。逻辑观念与人们日常的思维、语言关系密切，确立了逻辑观念，人们在思维、语言方面就会不犯或少犯逻辑错误。

逻辑观念存在着真假问题，其正确性体现为真假问题，其他的哲学观念的正确性没有统一的标准。按著名哲学史家陈修斋先生的说法，"哲学无定论"①。与哲学认识无定论相应，哲学观念也无定论。但是，人们一般还是认为哲学观念有真假之别，至少哲学家一般都认为自己所主张的哲学观点是真的。哲学观念的正确性主要体现为论证理由的充足性。一种哲学观念所基于的哲学理论，只要其论证的理由是充足的，它就是正确的。那么，论证理由的充足性何在？在于所提供的理由是不是能给人们更好地生存提供有效的指导。从这个意义上，哲学观念既存在真理性问题，也存在有效性问题，即存在正确性问题。

哲学观念是关于宇宙、社会、人生的根本性的、总体性的观念。哲学观念十分抽象，对德性没有直接的影响，但有间接的影响。这种影响主要不是体现在对德性的初步养成上，而是体现在对德性的完善上。因为人的德性一般在大学期间基本养成，而此前的一段时间人们没有学习哲学，即使学习了一些哲学，哲学观念也没有形成。人们的哲学观念一般是在大学阶段形成的。在哲学观念形成过程中和形成之后，哲学观念会对人们初步形成的观念发生定向、规范和限制的作用，这种作用可能不是直接的、自觉的作用，而可能是像解释学所说的"视界融合"那样的自发作用。但是，如果我们考虑哲学智慧同时发生作用，哲学观念就有可能通过哲学智慧的作用而对德性发生更直接的影响。由于哲学观念本身存在着正确不正确的问题，因而哲学观念并不一定会提高和改善德性，也有可能使德性发生否定性变化。那些不正确的哲学观念，会使原本未经哲学洗礼的自发德性变成受不正确哲学观念影响的德性，甚至变成恶性。不过，尽管存在着哲学观念使德性恶化的可能性，但哲学观念可以使德性更完善并达到更高的层次。我们不能因为哲学观念有可能使德性恶化而忽视哲学观念对德性的积极意义。

---

① 陈修斋：《关于哲学本性问题的思考》，《武汉大学学报》（社会科学版）1988 年第2 期。

哲学观念对德性的影响主要体现在两个方面。

其一，每一类哲学观念甚至每一种哲学观念都会对德性产生影响。这里具体分析一下宇宙观念、社会观念和人生观念对德性的影响。

关于宇宙本体、结构和变化方面的哲学观念，看起来远离德性，与德性似乎没有什么关系，其实不然。如果我们相信宇宙万事万物都如莱布尼茨所主张的那样，是自主的个体，这些自主的个体之间的关系都是前定和谐的，我们就会在这种观念的影响下在德性方面更注重自尊、自主等德性的养成，也会更注重关怀、合作、公正等德性，而且我们还会更自觉、主动地进行德性修养。如果我们相信宇宙都如霍布斯所主张的那样，是那些惰性的物体构成，物体只做机械运动，那我们就不会去养成自尊、自主等德性。更重要的是，我们根本就不会主动地去养成和完善自己的德性，因为人也是惰性的物体，用法国哲学家拉美特利（Julien Offroy de La Mettrie）的话说就是"人是机器"，人不可能也没有必要去主动地养成德性，完善自己。如果我们相信宇宙像斯宾诺莎所主张的那样，是一个一统的实体，所有个体都不过是这个一统实体的偶性，那么我们还有必要去养成自主、进取、创新等德性吗？如果我们相信宇宙是上帝创造的，上帝是全智全能全善的终极实体并决定着人们死后是否进入天堂，而在尘世没有幸福可言，那么我们就不需要什么其他的德性，只要有奥古斯丁等人所说的信仰、希望和爱这三种神学德性就足够了。

关于社会本质、结构和目的的社会观念，与德性的关系相当密切。人具有什么样的社会观念对德性有深切的影响。如果我们相信社会的本质在于"自由人的联合体"，我们就会努力培养自重、自尊、自主等德性，并会自觉意识到个人是德性的主体，也是德性养成的主体。如果我们相信社会是像柏拉图的理想国那样的等级模式，那有许多德性（如好学、进取、创新、公正等）对于只需要节制的普通老百姓来说就是不必要的，而有些德性（如节制、勤劳、节俭等）对于统治者来说也不需要。相信社会的目的是维护统治者的统治，就会把"三纲五常"作为德性要求加以培养。我们在前面提出的四十种德性要求或德目则是基于把社会的本质看作人为的、属人的、为人的（这里的"人"指全体社会成员），把社会结构看作民主与法治相统一的，把社会的目的看作全体社会成员幸福的社会观念提出的。如果我们不是持这种社会观念，所提出的德性要求可能是完全不同的，因为德性要求从根本上说是与社会本质、结构和目的的要求相一致的。

关于人的本性、人生存的目的和道路以及人生价值的观念与德性关系很直接。一般来说，人们的德性是受人们的人生观念直接制约的。如果相信人的本性是自私的，我们就会把实现个人的私利作为德性的根本要求，所有的德性都以私利的实现为指向。如果我们相信人的本性是利他的，我们就会把实现他人利益作为德性的根本要求，那些自重、自尊等德性可能无法纳入视野。如果我们相信人的本性是谋求生存得更好，而这种谋求离不开他人和社会，我们就会把自重与关怀作为德性的根本要求。另一方面，如果我们相信人生存的目的是快乐，我们就不会把勤劳、进取、创新、负责等德性看作德性，而会把尽情享受、及时行乐作为德性要求。如果我们相信人生存的目的在于幸福，而幸福是由家庭生活和睦、职业生活成功、个性生活健康丰富构成的，我们就会将我们所列举的那些德目作为德性要求。人生道路和人生价值的观念对德性的影响也很直接。如果一个人相信人生的幸福主要靠个人奋斗，那么他就会努力培养勤劳、节俭等德性。而当一个人相信人生的价值在于自我实现的时候，他就会不断进取，通过自己的努力去证明自己究竟有多大的潜能，因为只有在通过自己的努力去实现自我之后我们才会知道"自我"有多大潜能，自我究竟实现了没有。

其二，哲学观念可以使德性更完整、更系统，成为一个有机的体系。哲学观念是关于宇宙、社会和人生根本性的总体性的观念，如果一个人形成了较系统的哲学观念，那么他就会在系统的哲学观念影响下，使自己的德性成为一个首尾一贯、自相一致的德性体系。哲学观念虽然有不同的类型，而且也存在着一个人不同时期的哲学观念不一致的情形，但在一般情况下，受过系统哲学教育的人所形成的哲学观念是具有内在一致性的。这种内在一致的哲学观念通过它的定向、规范和限制作用，可以使德性朝着与之一致的方向改善，并形成内在一致的德性体系。一个相信宇宙原本是由自主的个体组成的和谐宇宙的人，也会相信社会应该是由自主的个体组成的和谐社会，而个体则在本性上是自主而又彼此和谐共处的。具有这种哲学观念的人在选择上更倾向于那种体现自主与和谐要求的德性，而且会使他所要养成的所有德性体现这种要求。假如一个人相信自为的存在只是一种可能性，而人就是这种存在，他就会相信人的"存在先于本质"，人作为一种可能性，处于不断地"成为自己"的过程中。具有这样的哲学观念，他所追求养成的德性可能是体现那种不断进取和超越要求的德性。只有这样的德性才能为实现其本性提供保障。人人都有哲学观念，无论是否受过哲学训练。但是，只有受过系统哲学训练的人，才会形成系统的哲学观念。受过系统哲学训练的人并不都会形成系统的哲学观念，但没有受过系统哲学训练的人肯定不会形成系统的哲学观念。要养成内在一致、层次较高的德性，不仅需要接受系统的哲学训练，而且要在接受哲学训练的过程中有意识地形成自己系统的哲学观念，成为有自己哲学的人。

从上面的分析可以看出，不仅哲学观念对德性的影响很深远，而且不同的哲学观念会产生不同的影响，正确的哲学观念会产生影响，不正确的哲学观念也会产生影响。这里就存在着一个哲学观念的选择问题。哲学观念与其他观念不同，哲学观念正确与否，很难判断。哲学观念如同哲学理论一样，像花园中的花，各有魅力，不好简单地给予肯定或否定的判断。但是，对于一个特定的人来说，就某一个哲学问题而言，只有一种哲学观念是最适合于他的，不可能所有的哲学观念或几种哲学观念同时适合于他。一般来说，适合于他的哲学观念对于他来说就是正确的哲学观念。

这里有两个问题要考虑：一是要了解有哪些哲学观念，二是怎样判断哪种哲学观念对于个人合适。要了解有哪些哲学观念，我们必须进入哲学的百花园。哲学的百花园就是哲学史。我们的哲学教育应当是史论结合的，以介绍哲学史上的各种哲学观点为主，加上适当的点评。在我国目前哲学教育的框架下，人们要自己学习一些包含哲学史上各种主要观点的哲学文献。关于怎样判断某种哲学观念对个人合适，这要根据个人的经历、处境、所受的教育、所从事的工作等因素综合考虑。哲学史上自古流传到今的哲学大多都有自己的独特价值，能适合于不同人的需要，我们不能简单地说它们正确不正确。一个人只有选择了一种不适合自己的哲学观念，这个人的哲学观念才是不正确的。

哲学观念可以自发地形成，但主要靠学习、训练来培养，尤其是系统的哲学观念，只能通过学习、训练培养。然而，许多人都有一个共同的感受，那就是哲学的学习和训练十分艰难，那些抽象的概念、晦涩的语言和深藏的意蕴让人望而却步。在哲学学习和训练、哲学智慧和哲学观念的培养过程中，德性具有重要的意义。有些德性的意义是十分直接的，如好学、刚毅、进取。学习哲学没有什么功利价值，要学好哲学需要有强烈的求知欲，需要具备好学的品质。一个人如果不好学，连生存所需要的知识和专业都不想学，他是不会去学习难学的哲学的。学哲学很难，很多人学了一阵子就坚持不下去，这当然学不好哲学。因此，学习哲学需要坚持不懈、坚韧不拔的刚毅品质。哲学学习和训练不只是在学校期间进行的，而且贯穿于整个人生过程。如果在生活中不断学习和体验，我们就会使自己具有良好的哲学素养。持之以恒地学习哲学知识、培养哲学智慧和观念，与人的进取精神也有密切关系。一个具有进取品质的人，会在不断进取的过程中体会到哲学的意义，并将哲学素养的提高作为进取的内容之一。以上这些品质一般都在哲学观念形成之前已经形成，因而可以在哲学学习和培养的过程中发挥作用。

德性可以为哲学观念培养提供基础。许多德性的要求与哲学观念在本质上是一致的，如自主、明智、审慎、互利、关怀、进取、创新等。我们养成了这些德性，不仅可以为相应的哲学观念的培养奠定良好的基础，而且还更容易接受和确立相应的哲学观念。例如，我们养成了自主的德性，我们会更倾向于认同那种"宇宙万事万物都是自主的"哲学观点并使之成为自己的哲学观念。我们养成了进取的德性，我们会更容易培养那种"人的本性在于谋求生存得更好"的哲学观念。

德性还对哲学观念的选择有一定的意义。德性对人们的活动有定向和规范的作用，人们所养成的德性会作为品质定势对人们选择或倾向于什么哲学观念有影响。假如一个人的德性整体上是整体主义的，他可能更倾向于接受斯宾诺莎的哲学观念；而一个具有以个人主义为价值取向的德性的人，可能会更倾向于接受存在主义"存在即自由""自由即选择"的哲学观念。

三　德性与价值观念

德性与价值观念的关系十分密切，价值观念是人们进行德性选择和养成的依据，只有那些被相信是对自己有价值的东西才会被人们作为德性选择的内容。同时，有一部分德性就是价值观念的直接体现，是价值观念的品质化。另一方面，德性对价值观念的形成和更新具有重要影响。

"价值"概念是 19 世纪才进入哲学的，"价值观念"概念进入哲学的时间可能更晚。价值观念在哲学中主要是相对于事实观念而言的。事实观念是指基于事实认识形成的观念，或者说是指基于对事物状态的认知或对文本有关事实状态的意义的理解形成的观念。事实观念可以是单个事物的观念，如"地球是椭圆形的"，也可以是事物之间关系的观念，如"地球绕着太阳转"；可以是关于事物的性质的，如"雪是白的"，也可以是关于事物状态的，如"中国在亚洲东部"；可以是关于事物现象的，如"人是会笑的动物"，也可以是关于事物本质的，如"人是有理性的动物"；可以是关于具体事物的，如"中国是社会主义国家"，也可以是关于抽象事物的，如"公正是社会的第一美德"；可以是基于直接认知形成的，如"太阳东升西落"，也可以是基于对文本理解形成的，如"太阳是一颗恒星"；等等。

事实认识的结果通常以"是"为联系词，所陈述的是事物的性质、状态等，以事实认识结果为基础的事实观念通常也是以陈述为表达形式的，大致上与事实陈述同形。表达事实观念的命题与事实认识一样也是陈述性的。

事实认识是对客观事实（实在）的陈述，而事实认识正确的标准是真理性，那么，事实观念正确性的标准也主要是真理性。当然，事实观念也存在着是否有利于人更好生存的问题，但这通常不被看作事实观念是否正确的主要依据，因为一般来说只有虚假的事实观念对人有害，而真实的事实观念通常是对人有利的。就事实观念而言，真理性标准与有效性标准在某种意义上是一致的。由于事实观念是基于事实认识的，而事实认识比较容易验证，人们一般也比较容易形成共识，因而事实观念的主观性较小，人们关于事实观念的分歧也较小。在人们的所有观念中，这一类观念最具有普遍性。

与事实观念不同，价值观念是指基于对事物的价值认识（评价）形成的观念。关于价值观念，笔者做过一个界定，在今天看来，这个界定还是成立的。这个界定是："价值观念，简单地说，就是人们在关于各种事物所具有的各种价值的观点或看法基础上所形成的对这些事物所具有的这些价值的信念。这种信念是人们进行价值判断和选择、确立价值取向和追求的范型和定势。它不同于价值认识。价值认识既包括具体的价值观点和看法也包括一般的价值观点和看法，即通常所谓的价值观。当人们只是形成了这样的价值认识时它们还不是价值观念，只有当它们成为人们的信念，并从而成为人们进行价值判断和选择、确立价值取向和追求的范型和定势时，它才成为价值观念。"① 这里所说的"关于各种事物所具有各种价值的观点或看法"就是价值认识。

与事实认识通常是以陈述的形式表达不同，价值认识通常是以判断形式表达的。一般说来，这种判断也是以"是"为联系词的，但价值判断与事实陈述不同，事实陈述只是对对象的性质、状态等的描述，而价值判断看起来是对对象的价值的陈述，其实是对对象对于谁具有的价值的判断。我们做出"青草是绿的"这个事实描述，只是就青草本身而言的，但我们做出"青草是有价值的"这个判断，就不只是对青草本身的判断，而是相对于什么主体（比如牛）而言做出对青草的判断。"青草是有价值的"，实际上意味着"青草对牛是有价值的"。虽然价值判断也像事实陈述一样是以"是"为联系词的，但需要另外加上"对于……而言"才是完整的。以价值认识为基础的价值观念在表达方面也是与价值认识同形的，表达价值观念的命题是判断性的。

在所有观念中，价值观念是最复杂的。首先，属于价值观念的类型很多，而且很难与其他观念完全分开。从社会的角度看，属于价值观念的有道德价值观念、宗教价值观念、审美价值观念、政治价值观念、经济价值观念、科技价值观念、文化价值观念、教育价值观念等等。个人一般也会具备这些观念。同时，价值观念与哲学观念、事实

---

① 江畅：《理论伦理学》，湖北人民出版社，2000，第51页。

观念、规范观念都存在着交叉关系，而且有些观念不好明确划归哪一类。哲学中关于人生价值的观念可能就是价值观念。例如，"人生的价值在于自我实现"这一观念就可以说既是哲学观念，又是价值观念。许多事实观念是介于事实观念与价值观念之间的。"科技是第一生产力"这一观念，就既可以说是事实观念，也可以说是价值观念。规范观念更常常被人们甚至哲学家们与价值观念混同起来。西方的非认识主义伦理学家〔如 A. J. 艾耶尔（A. J. Ayer）、R. M. 黑尔〕一般都把规范命题与价值命题不加分别地看待，以规范命题的特征作为价值命题的特征。这种将两种命题混淆起来的做法是不正确的，但这两种命题容易混淆是事实。这两种命题有时是等值的，可以转换。例如，"孝敬父母是善的"与"应当孝敬父母"就是如此。

其次，无论是就社会而言，还是就个人而言，价值观念都是成体系的，主要包括目的观念、手段观念、规则观念、制约观念等方面。"整个价值观念结构具有鲜明的目的性，这就是怎样使价值目标有效地得以实现。正是这种目的性，使整个价值观念结构形成一个有机的整体。"① 李德顺教授也认为，价值观念是成体系的，"作为人类特有的一种精神形态，它是指人们关于基本价值的信念、信仰、理想系统"。② 他将价值观念的一般结构和要素提炼概括为五个方面：主体的定位和自我意识，简称主体意识；关于社会结构和秩序的信念、理想，简称理想和信念；关于社会规范的立场和选择，简称规范意识；关于实践行为的心理模式，简称实践意识；关于首位价值或本位价值认定，简称本位意识。"这些内容之间是整体性地联系着的。它们存在于人的头脑之中，就像一个完整的坐标系，以主体为原点，向四面动态地伸展开来，投射向生活的各个角落，显示出人的精神世界。"③

---

① 江畅：《理论伦理学》，湖北人民出版社，2000，第 51 页。
② 李德顺：《价值论》（第 2 版），中国人民大学出版社，2007，第 199 页。
③ 参见李德顺《价值论》（第 2 版），中国人民大学出版社，2007，第 210—215 页。

再次，价值观念通常与特定的社会文化相关联。每一种社会文化都有自己的价值观念，尽管这种价值观念并不是为每一个社会成员所认同的，但仍然会对他们的价值观念有不同程度的影响。这种价值观念，在社会学上称为文化价值观。"文化价值观（values）指的是一种文化中共同的概念，认为什么是对的、好的以及合适的，也包括什么是错的、不好的以及不合适的。这些价值观指出该文化中人民的喜恶，认为什么是重要的以及在道德上正确的（或错误的）事物。"①这种价值观念直接影响一般人的行为，同时也被用来作为评价他人的标准。"价值观念的特有功能，在于它成为人们内心深处的评价标准系统"，"它对人的思想、感情、言论和行动起着普遍的整合和驱动作用"。② 一种文化中的价值观念、规范与奖惩之间存在着直接的关系。③

最后，价值观念的正确性标准也比较复杂。价值判断、价值观念涉及价值的主体，因而它们正确性标准的情形要比事实观念的情形复杂得多。价值观念正确性标准一般来说也是真理性和有效性，但与事实观念有很大的差异。主要表现在，价值观念的真理性具有更大的相对性，在评价价值观念是否真时必须考虑价值观念主体的各种因素；另一方面价值观念的有效性具有更重要的地位，是衡量价值观念是否正确的主要标准。价值观念不仅要看它是否真，更要看是否有效，即看它是否有效地促进人更好地生存。这种有效性更具有主体相对性，对一个价值主体是有效的价值观念，可能对另一价值主体不是有效的。总体上看，价值观念的正确性标准具有更大的相对性，而这正是价值观念不同于事实观念的显著特点。

---

① 〔美〕理查德·谢弗：《社会学与生活》（插图第9版），刘鹤群等译校，世界图书出版公司，2009，第61页。
② 李德顺：《价值论》（第2版），中国人民大学出版社，2007，第199、222页。
③ 参见〔美〕理查德·谢弗《社会学与生活》（插图第9版），刘鹤群等译校，世界图书出版公司，2009，第61页。

价值观念涉及的范围很广，包括日常价值观念、道德价值观念、宗教价值观念、审美价值观念、政治价值观念、经济价值观念、科技价值观念、文化价值观念、教育价值观念等。所有这些价值观念都会程度不同地对德性产生影响，其中道德价值观念的影响最大，可以说德性主要是在道德价值观念影响下形成的，其次是宗教价值观念，宗教价值观念对信奉宗教的人的德性也有很大影响。在现代社会，政治价值观念对人们的德性也有直接的影响。这里我们主要从道德价值观念的角度分析价值观念对德性的影响，也对宗教价值观念、政治价值观念对德性的影响做些简要分析。

道德价值观念有两个基本的方面，即善恶观念和荣辱观念。善恶观念是关于什么是善的和什么是恶的观念。善恶观念主要是在社会道德的影响下形成的，也就是说作为善恶观念基础的善恶知识通常不是个人自己的道德评价，而是社会的道德评价。但是，个人的善恶观念毕竟不同于社会的道德评价或不同于社会的善恶观念，它是经过个人的思维重构和经验验证确定下来的。如果每个人的善恶观念都与社会的善恶观念完全一致，人与人之间就没有多少道德差异，社会也会少了许多道德问题。

对于个人来说，善恶观念是成体系的。之所以这样说，是因为善恶观念一般都涉及四个方面：一是关于对待自己的善恶观念，所涉及的是个人怎样对待自己是善的，怎样对待自己是恶的；二是对待他人的善恶观念，所涉及的是个人怎样对待他人是善的，怎样对待他人是恶的；三是对待组织（包括家庭、工作单位、所生活的社区、国家）的善恶观念，所涉及的是个人怎样对待组织是善的，怎样对待组织是恶的；四是对待环境的善恶观念，所涉及的是个人怎样对待环境是善的，怎样对待环境是恶的。我们说个人的善恶观念是成体系的另一个重要理由，是善恶观念一般都有某种基本的价值取向。从与善恶观念所涉及的四类对象相关联的角度看，人们的善恶观念的价值取向大致上也可以是四种类型的：一是以有利于个人生存为主要取向，就是说个人所有的价值观念都以个人生存得更好为指向和中心，这种善恶观念的价值取向是个人主义的。二是以有利于他人生存为主要取向，就是说个人所有的价值观念都以他人生存得更好为指向和中心，这种善恶观念的价值取向是利他主义的。三是以有利于组织生存为取向，就是说个人所有的价值观念都以组织生存得更好为指向和中心，这种善恶观念的价值取向是整体主义（在中国习惯称之为集体主义，西方一些学者用社群主义表达）的。四是以有利于环境友好为取向，就是说个人所有的价值观念都是以对环境更友好为指向和中心，这种善恶观念的价值取向是环境主义的。根据善恶观念的价值取向的四种类型，人们的善恶观念可以分成个人主义、利他主义、整体主义和环境主义四种类型。这四种类型的善恶观念虽然价值取向不同，但并不是完全对立的，除某种极端的情况（如中国古代极端整体主义和近代西方极端个人主义）之外，它们对什么是善的、什么是恶的看法大体上是一致的，只是在价值发生冲突时选择有不同的偏向。

由于四类善恶观念各有优点和局限，因而我们主张一种和谐主义的善恶观念，这种观念以既有利于个人生存，也有利于他人和组织生存，还有利于环境友好，通过有利于他人、组织生存和环境友好来实现个人的更好生存，达到个人与他人、组织、环境的利益共进和和谐。这种和谐主义的善恶观念才是正确的善恶观念。从当代人类道德生活现实看，这种善恶观念正在得到越来越普遍的认同，一些在家庭、职业和个性方面发展得好的人一般都树立了这种新的善恶观念。

正确的善恶观念是德性的前提，德性是智慧在这个前提下根据个人的正确价值取向进行选择形成的。具体地说，善恶观念与德性的关系可以从以下几个方面把握。

首先，德性是人们以正确的善恶观念为前提养成的。从理论上看，任何一种德性都是以善观念为前提形成的。我们可以想象，如果我们对一种在道德上有价值的或者说善的东西有坚定的信念，我们在道德实践中就会选择它作为德性养成的目标，就会形成与之相应的德性。例如，如果人们要选择关怀这种德性要求作为自己的德性，他一定得相信关怀他人是善的，这就是一种正确的善观念。如果我们根本没想到关怀他人是不是善的，或根本不相信关怀他人是善的，我们怎么去养成关怀这种德性呢？当然，有了善观念并不就是德性，善观念常常是通过转化为道德上正当的观念并借助智慧和实践的作用才会转化为德性品质。

其次，德性是人们正确的善观念的体现。善观念是一种心理定势，但它是人的道德思维定势，而德性作为一种心理定势是品质定势。善观念作为道德思维定势，对人的品质和行为都会起作用。正确的善观念对品质的作用就是将正确的善观念转变为道德规范观念进而转变成德性，转变为一种品质定势。每一个人所具有的德性是不相同的，但他们的德性都是他们的善观念的体现。我们列举了四十种德目和四十种恶目，它们就是我们的善观念和恶观念的体现。当我们把"善良"作为德目时，那就意味着我们在善恶观念上相信"善良是善的"；而当我们把"自私"作为恶性时，那就意味着我们在善恶观念上相信"自私是恶的"。人们所有德性的最终依据是善观念，没有某种正确的善观念，我们很难想象会形成相应的德性。例如，如果我们不相信好学是有价值的，是善的，我们就不会去养成这种德性。当然，即使我们相信好学是善的，也并不一定具有好学的德性，因为德性的形成还需要智慧的选择和实践的养成。

最后，德性是在正确的善恶观念的范围之内，而不在善恶观念的范围之外。所有被人们看作德性的东西，在善观念中都被认为是善的；而所有被人们看作恶性的东西，在善恶观念中都被认为是恶的。人们的善观念比德性要丰富，不是所有的善观念都会成为德性，只有那些与个人行为联系比较紧密的善观念才会变成德性，而那些与个人行为没有什么关系的善观念一般不会成为德性。例如，今天大多数人相信"国际人道主义援助是善的"，但他们一般不会养成这种国际人道主义品质，因为这种善观念的主体一般不是个人而是国家或组织。德性一般都在正确的善观念范围，但正确的恶观念对于德性的形成也起一定的作用，关于什么是恶的观念可以在一定程度上防止人们养成恶性，如果与耻辱的观念联系起来，对恶性养成的阻止作用会更大。

荣辱观念是对什么感到光荣、对什么感到耻辱的观念。荣辱观念一般是以善恶观念为前提的，荣誉观念是对善观念相信是善的东西感到光荣的观念，耻辱观念则是对恶观念相信是恶的东西感到耻辱的观念。善恶观念有正确错误的区别，荣辱观因而也有正确错误的问题。荣辱观错误就有可能对恶的东西不以为耻，反以为荣。但是，荣辱观念与善恶观念并不是同口径的，善恶观念中只有一部分是与荣辱观念对接的。一般来说，只有那些与自己直接相关的善恶观念才会与荣辱观念对接。例如，今天大多数人都相信恐怖主义行为是邪恶的，但具有这种观念而不是恐怖主义者的人一般不会有对恐怖主义感到耻辱的耻辱观念。又如，人们一般都相信无偿献血是善举，但一个身体不适合献血的人可能就不会形成以无偿献血为荣的荣誉观念。荣辱观念的对象不只是行为，也可以是动机、意图、目的、品质，人们可能因为有一种害人的动机而感到耻辱，也可能因为有一种善良的意图而产生荣誉感。荣辱观念是直接与善恶观念联系在一起的，因为人们一般对自己善观念的现实化感到光荣，而对自己做了自己的恶观念所否定的事情而感到耻辱。与善恶观念不同，荣辱观念不只是以道德认识为基础，而且也以道德感情为基础。因此，可以说正确的荣辱观念是借助道德情感力量扬善抑恶的观念。

荣辱观念对于德性的养成和维护都具有十分重要的意义。在现实世界中，不少恶的东西并不是人们厌恶和反感的，甚至对人还颇有诱惑力。人的许多恶性的养成是与人抵御不了恶的东西的诱惑力分不开的。有了正确的荣辱观念就会对自己所为的善感到光荣，对自己所为的恶感到耻辱，当然也会对自己可以为而没有为的恶感到光荣。荣辱观念的形成以情感力量为依托，因而荣辱观念与荣辱感直接关联，有某种荣辱观念就会相应产生某种荣辱感。正确的荣辱观念以及由此产生的荣辱感可以持续鼓励人们去追求那些感到光荣的善的东西，并因此而促进相应的德性形成，同时也可以持续地抑制或阻止人们去追求那些感到耻辱的东西，并因此而防止相应的恶性形成。另一方面，如果人们已经养成了某种德性而且这种德性发挥着正常的作用，荣辱观念就会对自己具有这种德性或对这种德性产生了良好效果而感到光荣，并因此而鼓励自己继续这样做下去；而当人们放弃这种德性或这种德性没有发挥其应有的作用时，荣辱观念会对自己的做法或表现感到耻辱。显然，正确的荣辱观念的这种作用对于德性的养成和维护是意义重大的。在德性形成和维护的过程中，荣辱观念主要是通过荣辱感发挥作用的，荣辱感作为人的基本道德感情是荣辱观念对德性养成和维护发生作用的现实心理活动机制。在一定意义上可以说荣辱感是德性的守护神。

宗教价值观念一般是基于对宗教教义的信奉所形成的价值观念。不同宗教有不同的价值观念，这些价值观念一般是通过宗教家或神学家总结、概括、提炼出来的。例如，中国佛学就形成了系统的价值观念。根据方立天教授的概括，中国佛学的主要观念包括缘起、因果、求智、修善、平等、慈悲、中道、圆融这八个范畴，"它们构成了中国佛学思想的精华"。[①] 显然，这些观念多为价值观念。宗教价值观念与其他价值观念的一个重要区别在于，它主要不是基于人们对某种宗教的认知形成的，而是通过接受某种宗教教义进而信奉这种宗教教义

---

① 方立天：《中国佛学思想精华与当代世界文明建设》，《新华文摘》2010 年第 2 期。

形成的。信仰是宗教价值观念形成的基础。世界上有很多种宗教，各种宗教的教义都不相同，一个人信奉一种宗教教义的过程，也就是他确立这种宗教的价值观念的过程。当一个人成为基督教徒时，那就意味着他接受了基督教教义，也就意味他确立了基督教的价值观念，如相信上帝存在，相信存在着天堂地狱，相信人必须得到上帝的拯救才能死后进天堂等。宗教价值观念是专属宗教信徒的，而且不同宗教的教徒有相当不同的宗教价值观念。不过，与世俗的价值观念不同，同一宗教教徒的宗教价值观念要比特定社会内部成员的世俗价值观念一致得多。尽管同一宗教内部有教派的区别，但就个人而言，他们的宗教价值观念个性特色较少，教徒彼此之间在宗教价值观念方面没有多大的差异。

宗教价值观念对德性的影响主要体现在三个方面：一是宗教价值观念一般都相信存在着某种终极实在（如上帝、安拉、佛等），这种终极实在也是绝对真理和绝对价值。为了达到这种终极实在或得到这种终极实在的拯救，就必须按照绝对价值的要求修行。这种绝对价值的要求包含了道德要求，也包含了个人的德性要求，达到这种绝对价值的要求人就具有了德性。二是几乎所有的宗教价值观念中都包含善恶观念和荣辱观念。这种善恶观念的根据就是教义的要求，教义一般都规定了哪些是善的，哪些是恶的，确信这些教义的规定就形成了宗教的善恶观念。这种善恶观念也是宗教倡导的德性的前提，宗教倡导的德性是这些善恶观念的体现。与善恶观念配套的也有荣辱观念，这种荣辱观念像世俗的荣辱观念一样为德性的养成和维护提供保障。三是几乎所有宗教价值观念都包含修行或事功的价值观念，这些观念是直接为人们养成宗教倡导的德性服务的。当人们确立了这些观念之后，就会自觉地履行宗教义务，特别是按宗教的有关要求修炼，通过这种修炼养成德性。宗教倡导的德性虽然不完全是道德意义上的德性，但一般包含着道德德性的要求，是宗教要求与德性要求的混合体，所以我们也应该将它们看作道德意义上的德性。

政治价值观念是基于政治评价所形成的价值观念。当代社会总体上是一个政治开明的社会，而且人类在政治价值方面日益趋同，形成了许多普遍信奉的政治价值观念。其中最突出的有："每一个人享有与生俱来、不可剥夺的基本权利"的人权观念；"人生而自由"的自由观念；"人人平等"的平等观念；"公民是国家的主人"的民主观念；"国家应该依法治理，而法律要体现公民的意志"的法治观念；"社会成员应该得其所应得"的公正观念；等等。尽管人类社会的政治实践远未实现这些政治要求，但这些要求已经为人们普遍相信，成了流行的政治价值观念。这种现代政治价值观念与传统社会的政治价值观念至少存在着三大差别：一是现代政治价值观念不像传统政治价值观念那样把社会成员看作国家的被统治者，而是把社会成员作为社会的具有自由和权利的独立主体；二是现代政治价值观念不像传统社会政治价值观念那样是各国各民族各不相同的，而是世界绝大多数国家所公认和信奉的；三是现代政治价值观念不像传统社会那样为少数统治者垄断，而是为全人类绝大多数人所认同和信奉的。正是这样一些特点使现代政治价值观念对人们的德性具有很直接的重要影响。

现代政治价值观念对德性的影响具体表现在以下两个主要方面。一是现代政治观念对道德价值观念有很大的影响。现代社会政治对社会生活的干预增加，政治价值观念渗透到社会生活的各个领域，包括道德领域，现代的许多道德价值观念是深受政治价值观念影响的。既有利于个人生存，也有利于他人、组织生存和环境友好的和谐主义善恶观念，就是基于现代政治追求个体自由与整体和谐这一核心价值观念形成的。德性是以道德观念为前提形成的，因而现代政治价值观念通过道德价值观念对德性产生了重要影响。从我们前面所列举的德目不难看出这一点。二是对现代政治价值观念的普遍信奉为德性走向普遍一致奠定了基础并提供了保障。现代政治价值观念在全人类越来越得到普遍的认同，这种趋势对德性从过去不同国家或民族有不同的要求走向全人类有共同的要求具有很大推动作用。今天在各国的德性基本要求中特殊的成分越来越少，共同的成分越来越多。德性作为品质定势和行为习惯，越是全人类一致，越有利于人们和谐一致地生活在世界大家庭之中。

在德性形成的过程中，价值观念对德性有重要影响，德性的形成对一些价值观念特别是善恶观念的形成也有重要影响。这是一种相互影响的过程。这里我们着重分析一下在品质形成的过程中，德性对善恶观念的影响。

人出生之后就本能地具有一些价值偏好。婴儿喜欢吃母乳，这就是本能的价值偏好。在本能的价值偏好的基础上，儿童会形成一些初步的利害观念。这种利害观念是基于什么对自己有利、什么对自己有害形成的朴素观念。儿童早期就是在这种观念支配下行动的。朴素的利害观念的形成要早于善恶观念。只有当小孩懂事之后，他们才在大人的影响下、在利害观念的基础上形成善恶观念。一个小孩想吃他喜欢吃的东西，当他没有善恶观念时，他见好吃的东西就会拿着吃。当他有了善恶观念后，虽然他相信这是好吃的东西，但发现这种东西不是自己的，就知道自己不应该吃，因为随便吃别人的东西不是好孩子（就是说这样的行为不是善的）。

在形成善恶观念的过程中，孩子会在大人的影响下逐渐自发地形成一些德性品质。这些德性品质对他们善恶观念的形成有很大促进作用。很多孩子很小就在大人的教育下养成了诚实的德性，由于具有了这种德性，他就不仅不会在日常生活中撒谎，而且比较容易形成撒谎是恶的善恶观念。因为只要他有了意识，他会思考为什么要诚实，思考的结果就是诚实有价值或有利。当他对此有了确信之后，诚实的观念就会形成。如果一个孩子具有了互利的德性，他在没有什么东西可以换回别人好吃的东西的情况下，他不会要别人的东西。在这种情况下，互利的德性显然对于孩子形成只有通过给别人需要的东西（如玩具）才能换取自己所想吃的东西的善恶认识，进而形成相应的善恶观念有着决定性影响。从逻辑的角度看，善恶观念是在先的，但是由于善恶观念是一种思维定势，它的形成离不开德性的作用。因此，从发生的角度看，德性形成的过程与善恶观念确立的过程大致上是相互作用的同一过程，很难分出谁先谁后。在这个相互作用的过程中，不仅善恶观念对德性起作用，德性也对善恶观念起作用。

在整个人的一生中，德性对于人们善恶观念以及其他价值观念的形成都有重要影响。社会生活是不断变化的，人的日常价值看法或观点也是不断变化的或者说是常新的，而人的德性则是相对稳定的，德性会对人们日常的价值看法或观点进行过滤，让那些与德性一致的看法或观点变成观念，而对那些与德性不一致的看法或观点变成观念起阻碍作用。人们的价值判断是很多的，但只有那些与德性或恶性相一致的价值判断才可能通过思维的重构和经验的验证成为价值观念，而那些与自己的德性或恶性不一致的价值判断会被过滤掉。这里值得注意的是，并不只是德性会影响价值观念，恶性也会影响价值观念。例如，一个歹毒的人就可能根据对自己歹毒品质的认识形成所有人都歹毒的价值观念。

自发形成的德性是没有经过个人反思和重新审视的德性。在自发德性形成的过程中，人也会在父母、老师或其他人的影响下形成一些道德认识，并形成一些善恶观念。这些道德观念是没有经过个人反思和重新审视的善恶观念。随着人的成长，人的意识和智慧逐渐参与德性的形成过程，人们开始了自己的观察、反思、对照、比较、判断、选择，并在实践中对已经形成的德性进行确认，从而形成新的德性。也正是在形成德性的过程中，人们通过智慧的作用，同时开始了对已经形成的善恶观念进行批判和重新审视，并对一些新的道德认识进行思维重构和经验验证，形成新的善恶观念。在这整个过程中，善恶观念和德性事实上是相互作用着的。一方面，善恶观念给德性的形成提供了内容，德性的形成意味着一些善恶观念品质化；另一方面，一些经过思维重构的善恶观点也正是通过德性养成或通过德性养成所需要的反复智慧选择和道德实践得到经验的确认，从而使这些观点成为善恶观念的。这同一过程是一个形成两种心理定势的过程，即形成善恶思维定势（善恶观念）和形成德性品质定势（德性）的过程。

善恶观念确立与德性形成之间的这种相互作用过程对于道德教育具有重要的现实意义，我们在进行道德教育时要注意把德性教育与善恶观念培养有机结合起来，使两者相互促进。

在人的价值观念形成的过程中，利害的观念是最早开始形成的，随后是善恶观念开始形成，许多其他的价值观念后来才开始形成。如果说德性与善恶观念大致同时开始形成，那么可以说，许多其他价值观念都是在德性开始形成后才开始形成的，人们的价值观念在不断拓展着，人的许多价值观念，特别是政治价值观念、经济价值观念、科技价值观念、文化价值观念、教育价值观念、审美价值观念等，是在善恶观念形成后才形成的。对于这些价值观念的形成，德性也具有一定的作用。这种作用至少体现在以下两个方面。

一是限制作用。德性是一种品质定势和行为习惯，一个人所具有的德性对人们在选择价值观念过程中将什么样的价值判断确定为价值观念是有重要限制作用的。例如，一个勤劳的人会更看重政府是否勤政，他会认为一个勤政的政府才是好政府；如果他也是具有进取德性的人，他会更进一步认为一个好政府还应该是积极有为的。同样，一个勤劳而进取的人会相信勤劳和进取是通向富裕之路。可以说，一个人的价值观念基本上是与他的德性相一致的，不会有太大的偏离。

二是激励作用。德性是优良的品质，其中许多品质对于人们解放思想、更新观念、确立新观念具有重要的推动作用。人们的价值观念是具有相对稳定性的，在社会变化迅速的时代，价值观念常常不适应变化了的情况，在这种情况下，就需要解放思想、更新观念，也需要根据新变化的新要求确立新的价值观念。在这个过程中，如果一个人养成了那种不满足现状、积极进取的德性（如好学、进取、创新等），那么他就会具有随时解放思想、更新观念的心理准备，这种更新也因为与他的德性的倾向性一致，不会遇到太多认识、情感、意志和行为方面的阻碍，而且德性还能给这种更新提供某种动力。

四　德性与规范观念

在所有观念中，德性与规范观念联系最直接，有相当一部分德性是规范观念，特别是道德规范观念的品质化，或者说有些德性就是规范观念在品质上的直接体现。同时，德性对规范观念的形成也有一定的影响。在研究德性与观念的关系时，德性与规范观念的关系特别值得注意。

规范观念是指基于对人们应当怎样行动和不应当怎样行动的要求的规范认识形成的观念。像"应当诚实守信""应当保护环境""不应当乱扔垃圾""不应当损坏公物"等观念就是规范观念。规范观念是对规范的确信，而这种确信通常是建立在认为规范是正确的基础之上的。当一个人认识到某种规范是正确的，并对此确信无疑，久而久之这种对规范的认识就转变成了规范观念。例如，"应当诚实守信"这种规范观念就是在认为并确信"应当诚实守信"是正确的前提下逐渐形成的。规范观念一般是以对规范要求的认识为根据形成的，而规范要求的基础则是价值认识。当人们认识到一些行为有价值，而另一些行为没有价值而且对人有害时，他们就可能要求将那些有价值的行为变成对人们的肯定性要求，而将那些对人有害的行为变成对人们的否定性要求。例如，当人们认识到诚实的行为是有价值的时候，他们就会将这种行为变成对人们的肯定性要求，于是形成了规范认识，即"应当诚实"，而当人们认识到欺骗是对人有害的行为时，他们就会将这种行为变成对人们的否定性要求，于是形成了"不应当欺骗"的规范认识。

黑尔在谈到"好的"与"正当的"的关系时分析说，一般来说，说有很多好的 X 是很自然的，但在大多数语境中说有很多正当的 X 却很奇怪，因而无怪乎在现代英语中"正当的"没有比较级和最高级，而且，"好的"可以修饰很多名词，而"正当的"则不能。因此，我们可以说"好的艺术"，而不能说"正当的艺术"。① 一般来说，人们主要是将那些与他人、群体、环境利害相关的行为的价值认识转化为规范要求，并进而形成规范认识和观念。规范所涉及的主体是有行为能力的个人或群体，那些不具有这种能力的事物不能成为规范的主体。我们可以根据"人孝敬父母是有价值的"这一价值判断提出"人（这里的'人'在规范命题中通常被省略）应当孝敬父母"的规范要求，规范观念所反映的一般不是个人自己的要求，而是社会的要求，其目的是维护社会整体和全体社会成员的利益。由于规范所涉及的只是价值认识中很少的一部分，因而规范认识和规范观念的范围要比价值认识和价值观念的范围小得多。

与事实陈述和价值判断不同，规范要求不是以"是"为联系词的，而是以"应当"（ought to）或"应该"（should）为联系词的，所体现的是对人们行为的要求。② 对这种要求的认识也存在着真假的问题，但由于这种要求更多地体现人们的意愿，因而其真理性比较弱，而有效性比较强。因此，规范要求一般不怎么考虑真理性，而主要考虑有效性。其有效性体现为其要求能否得到贯彻落实。规范要求

---

① 〔英〕黑尔：《"应当"与"正当"》，见冯平主编《现代西方价值哲学经典（语言分析路向）》下册，北京师范大学出版社，2009，第 867 页。

② 黑尔认为，"应当"这个词被用于规定，但规定的形式远不止一种。他认为至少有三种不同类型的规定句。参见〔英〕黑尔《"应当"与"正当"》，见冯平主编《现代西方价值哲学经典（语言分析路向）》下册，北京师范大学出版社，2009，第869—875 页。

的有效性的前提是恰当性，只有恰当的规范要求才会是有效的、正确的。恰当性主要涉及两个方面：一是要求的对象合适不合适。例如，"青年应当积极报名参军"是恰当的，"老年人应当积极报名参军"是不恰当的。二是对象的能力具备不具备。例如，对于具备能力的成年人提出"应当见义勇为"是恰当的，而对于不具备能力的儿童提出这种要求则是不恰当的。与规范要求的这种情形相应，规范观念虽然也存在着真假性质问题，但真假性质较弱，而恰当不恰当性质较强，其正确性标准主要在于恰当性和有效性。

规范观念是人们根据社会的要求相信应当做什么和不应当做什么的观念。规范观念通常是与行为相关联的，所涉及的是应当怎样行动和不应当怎样行动，所体现的往往是社会的要求。人们的行为涉及社会生活的各个领域，因而相应有不同类型的规范观念，如有道德规范观念、法律规范观念、政治规范观念、经济规范观念、科技规范观念、文化规范观念、教育规范观念、宗教规范观念、习俗规范观念等。个人的规范观念大致上是与社会的规范对应的，社会的规范主要有三类：一是规范行为者对待他人的行为的规范，二是规范行为者对群体或组织的行为的规范，三是规范行为者对环境的行为的规范。与此相应，个人的规范观念也可以分为对待他人的规范观念、对待群体的规范观念、对待环境的规范观念。社会的规范是以"应当"或"不应当"为联系词的，个人的规范观念也是如此。社会的规范的评价标准一般是"正当性（正当不正当）"①，个人规范观念的标准也是"正当"。在个人所有的规范观念中，道德规范观念、法律规范观念和政治规范观念对德性的养成具有更重要的影响，这里我们就这三种规范观念对德性的影响做些讨论。

道德规范观念是根据社会的道德要求所形成的应当做什么和不应

① "正当"的英文对应词是"right"，"right"可译为"正当"或"正确"。因此，正当性标准也可以说是正确性标准。

当做什么的观念，所涉及的主要是行为者与他人、群体、环境的关系，是应当怎样处理这些关系的观念，它一般不涉及行为者自身。个人的道德规范观念主要是以社会道德规范为基础的，也可以说在相当大的程度上是社会道德规范的反映。但是，个人的道德观念并不等同于社会的道德规范，它们是人们在对社会道德规范认识的基础上经过思维的重构和经验的验证形成的。其中有些直接就是社会的道德规范的观念化，有些则有所修改甚至与社会的道德规范完全不一致。当然，也有不少社会规范并没有转化为人们的道德规范观念。例如，保护环境是现代社会的一种道德规范，然而，到目前为止，这种道德规范在我国许多企业老板那里根本就没有成为个人的道德规范观念，他们为了获得更多的利润大量消耗能源，肆意排放污水和废气，极力逃避政府的监管。这种情形显然是社会的道德规范没有转变为企业老板的个人道德规范观念，而之所以如此，不是他们不了解社会道德规范，而是他们所具有的唯利是图的道德观念作祟。

道德规范观念对德性有十分直接的影响，主要体现在以下三个方面。其一，有一些德性直接就是道德规范观念的体现或品质化。在我们前面所列的有关利他、利群、利境三类德性中，有相当多的德性是由道德规范观念转化而来的，所反映的是社会道德要求。我们所列的十种利境的德性几乎都是社会道德规范的要求的体现，是社会道德规范转化为个人的道德规范观念然后再转化为个人的品质的。其二，德性必须是符合和体现社会道德规范要求的道德规范观念。德性作为根据有利于具有者、他活动于其中的共同体及其成员更好生存的根本要求选择逐渐形成的品质，必须符合社会道德的底线要求，否则就会有害于行为者及其活动于其中的共同体及其成员更好地生存。在一般情况下，德性应体现个人的道德规范观念，而个人的道德规范观念应符合社会道德规范的要求。其三，那些不符合社会道德规范要求的道德规范观念不能转化为德性。道德规范观念一般是个人相信他自己的行为必须遵循的底线要求，达不到这些要求的行为是他本人认为不道德的，但是达到了这种底线要求的道德规范观念，如果没有体现社会的道德规范要求，即使养成了他自己认为是德性的品质，也不是真正的德性。真正的德性必须是符合社会道德规范要求的。一个人根据自己的特殊经历相信"人为财死，鸟为食亡"，并根据这种唯利是图的观念养成了他认为是德性的自私品质，那么他这种自认为是德性的自私，不是一种德性，相反是违反社会道德底线要求的一种恶性，因为它不符合社会道德规范的要求。

法律规范观念是根据社会的法律要求所形成的应当做什么不应当做什么的观念。法律规范观念一般都是与社会的法律规范相一致的，因为法律的强制性不允许人们有多少思维重构和经验验证的空间。法律规范与道德规范在相当大程度上是重叠的，在一定意义上可以说法律规范是道德规范的法律化。但是，道德规范一旦法律化后不仅具有强制性，使按规范行事成为法律义务，而且使道德规范具体化，使之成为可核准、可裁定的量化条文。也正因为法律的这种特点，使法律规范难以为人们所完全掌握。一般说来，人们大都知道道德规范的要求，但不一定知道法律规范的要求。不过，只要人们按道德的要求行事，通常是不会违反法律规范的。所以，法律规范观念对人们德性的影响主要不是内容上的，而是影响力上的，因为其内容与社会道德规范的内容是基本一致的。一个人确立了法律观念，至少意味着他相信社会的法律规范是不能违背的，否则就会受到法律的制裁。因此，当一个人确立了法律观念后，他就更有可能去选择和养成符合社会法律规范的德性。一般来说，一个确立了牢固法律观念的人，至少不会养成那些妨碍和伤害他人的恶性。

政治规范观念是根据政治要求所形成的应当做什么和不应当做什么的观念。政治规范观念一般是社会政治规范的反映。在现代社会，许多政治规范已经法律化，但是也有一些没有法律化，在那些非法治或非完全法治的国家，有更多的政治规范没有法律化。政治规范中有一部分是国家和政府的政治规范，也有一部分是国家和政府所倡导的道德规范。当一个国家主张"以德治国"时，道德规范一般就都会成为政治规范。法律规范有法律的强制力，政治规范有行政的强制力，而纯粹的道德规范一般没有什么具体的强制力。一旦道德规范成了政治规范，它也就具有了行政的强制力。胡锦涛提出倡导的践行社会主义荣辱观[①]，其中的大部分内容是道德规范，由于中共中央的倡导，这些道德规范的内容就成了政治规范的内容。我们说政治规范观念对德性具有影响，所指的主要是根据政治规范化了的道德规范所形成的观念对德性的影响。经过政治和舆论力量的宣传和推行，"八荣八耻"已经成了不少人的政治规范观念。当它们成为人们的政治规范观念后，它们对德性的影响比它们只是作为道德规范观念的影响要大，人们可能出于政治的需要按照这些政治规范观念来养成德性或改善德性。政治规范观念对德性的作用之所以比道德规范观念的作用大，是因为社会的政治规范能否转化为个人的政治规范观念，个人的政治规范观念能否转化成个人的德性，常常与个人的政治表现并进而与个人的政治前途联系在一起。一个人如果能够顺利地实现这两种转化，他就有可能在政治上得到提升或重用。有这种政治利害关系比没有这种政治利害关系对德性的养成和改进的作用要大得多。如果"八荣八耻"只是伦理学或思想品德教材的内容，即使人们通过学习能将这些内容转化为道德规范观念，这种道德规范观念也远不如通过政治力量将它们转化为政治规范观念对德性的作用大。

在我国伦理学界长期流行着这样一种观点，即认为德性或道德的

---

① 社会主义荣辱观简称"八荣八耻"，是指"以热爱祖国为荣，以危害祖国为耻；以服务人民为荣，以背离人民为耻；以崇尚科学为荣，以愚昧无知为耻；以辛勤劳动为荣，以好逸恶劳为耻；以团结互助为荣，以损人利己为耻；以诚实守信为荣，以见利忘义为耻；以遵纪守法为荣，以违法乱纪为耻；以艰苦奋斗为荣，以骄奢淫逸为耻。"

品质是社会道德要求或规范的内化。这种观点是有局限的。德性所体现的不只是社会道德规范的要求，也体现社会的其他规范要求，不只是体现社会规范的观念，也体现人们的价值观念。德性所涉及的范围要比规范涉及的范围广。应该说，德性是符合社会道德规范和其他规范要求的，但不限于社会的道德和其他规范要求，还包括有利于人更好存在的其他要求。德性是有道德的品质或品德，我们不能理解为它就是社会道德要求或规范的体现，而应该理解为它是符合社会道德要求的，是在社会道德规范底线之上的。德性不仅包含了怎样才善的内容，也包含了怎样更好、怎样最好的内容。如果说怎样才善所体现的是规范的内容，怎样更好、怎样最好所体现的就不是规范的内容，而是价值追求的内容，具有一定的理想性。因此，我们不能将德性纳入规范论（道义论或义务论）伦理学的范围，而应该有专门的分支学科研究它。

由于德性的养成与观念的确立是一个相互作用的过程，因而德性对于观念包括规范观念的确立也有重要意义，既有直接意义也有间接意义。

德性对规范观念的直接意义主要体现在：德性中包含守规的德性，而这种德性作为一种品质定势和行为习惯，能使人在行为的过程中，自然倾向于按规范办事，或者说养成了按规范办事的习惯。规范观念像其他观念一样，首先需要有对规范的认识，然后要经过思维的重构和经验的验证才能确立。如果一个人具有守规的德性，那么他会更重视对规范的认识，而一旦形成对规范的认识，由于守规德性的作用，他会更容易把握规范对于人更好生存的意义，从而确信规范，并使对规范的认识转变成规范观念。一个具有守规德性的人，在认识到保护环境是当代社会的一种规范并且认识到保护环境具有重要意义时，他就会很自然地按这种规范的要求行事，并在不断这样行事的过程中形成对保护环境的确信，从而形成保护环境的规范观念。一个人在守规德性养成的过程中，可能保护环境这一社会规范尚未形成，但有了守规这一德性，当这一规范提出后，他就比不具有这种德性的人对这一规范更敏感，更倾向于认识、确认和相信它。

德性对规范观念的间接意义主要体现在：德性之人或者说德性完善的人更有可能着眼于人更好地生存思考和行动，当他面对社会的各种规范时也会如此。社会规范是人类社会秩序的保证，没有规范社会就会陷入无序，而社会秩序是人更好生存的基本条件。德性之人会更深刻地认识到规范的这种重要意义，会更自觉地对规范进行思维的重构和经验的验证，经过对规范认识的确认后，会形成对规范的确信。一般来说，德性之人也是观念丰富而正确的人，而观念与德性是相互作用、相互促进的。

第四节　德性与知识

苏格拉底的名言"德性是知识"十分引人注目。对于知识是不是德性的前提，学界存在着分歧，但是可以肯定知识对德性有重要影响，德性对于知识具有重要意义。

一　知识的含义

知识这一概念的含义十分丰富，人们对知识有种种不同的理解。这里我们根据有关资料对知识的含义、本质、类型、问题及意义做些简要阐述。

"知识"一词在汉语的一般含义是"人们在社会实践中所获得的认识和经验的总和"，也指"学术、文化或学问"。① "知识"的英文

---

① 《现代汉语词典》（第7版）"知识"，商务印书馆，2019，第1678页。

对应词是"knowledge"，包含几层含义：（1）知道的状态或事实；（2）通过经验或学习得到的熟悉性、意识或理解；（3）被知觉、发现或学会的东西的总汇或范围；（4）学会，博学；（5）关于某物的具体信息；（6）肉欲的知识。① 在《牛津英语辞典》中，知识被定义为：（1）一个人通过经验或教育获得的专业知识或技能，对一个主题的理论的或实践的理解；（2）在某个特殊的领域或总体上所知道的东西、事实或信息；（3）通过对一个事实或情境的经验得到的意识或熟悉性。知识的获得涉及复杂的认识过程，如知觉、学习、交际、联想和推理等。② 有学者认为，知识作为原始的意识事实，严格说来，是不能定义的，但是指出它的本质的、与众不同的特征可以使直接和自发的知道意识更清楚。因此，考虑动词"知道"或"认识"（know）的现行使用是有意义的。③ "know"的含义十分丰富，既有知道、了解、懂得的意思，也有相识、认识、结识的意思，还有能区别、能分辨、能识别的意思以及熟悉、精通等意思。

在哲学领域，知识的定义一直是一个有争议的问题。埃德蒙特·葛梯尔（Edmund Gettier）断定柏拉图将知识定义为"得到确证的真信念"（justified true belief，简称JTB），并认为这个定义是关于知识的经典定义。根据这个定义，一个陈述要成为知识，至少有三个标准必须满足：其一，得到证明；其二，是真的；其三，被相信。但是，关于知识的这个经典定义在当代遭到"葛梯尔问题"（The Gettier Problem）④ 的质

---

① "Knowledge", Answers. com., http：//www. answers. com/topic/knowledge.

② Cf. "Knowledge", in *Wikipedia*, *the Free Encyclopedia*, http：//en. wikipedia. org/wiki/Knowledge.

③ Cf. "Knowledge", in *Catholic Encyclopedia*, http：//www. newadvent. org/cathen/08673a. htm.

④ 葛梯尔问题是现代认识论中关于知识定义的问题。埃德蒙特·葛梯尔在1963年发表了一篇名为《得到确证的真信念是知识吗?》的文章，他在文章中针对关于知识的经典定义提出了两个反例，说明即使是得到辩护的真信念也未必是知识。这篇文章引发了哲学界对于知识定义的一系列争论。争论的基本问题是一个信念要 （转下页注）

疑和挑战。不过，尽管柏拉图关于知识的定义面临质疑和挑战，但我们注意到，哲学界对知识的理解不同于人们日常对知识的理解。人们日常理解的知识，指的是人们通过认识或经验获得的关于对象的信息，并不强调它的真实性，而哲学家所理解的知识则通常强调这种信息的真实性，即"真信念"。

根据有关资料，我们大致上可以对知识做以下界定：知识是人通过认知、理解、评价等认识活动获得的，主要以命题形式存在的对某种事物的事实及其价值的正确意识，或者对某种文本的内容或价值的正确意识。对于这一定义，我们可以从以下五个方面做进一步的阐发。

第一，知识本质上是对某一对象的事实或内容及其价值的正确意识。知识是对某种对象的意识。知识的对象可以大致上划分为两类：一类是事物，像一个事件、一个物质实体、一个人、一个几何公理、一个心理过程、社会、世界、自然或宇宙等等；另一类是文本，像一本书、一篇文章、一幅画、一首乐曲等等。从广义上看，文本也是事物，但它作为认识对象与一般事物不同，人们不是要认识它的状态或本质，而是要理解它的内容或意义，而且这种意义常常是人赋予的。知识首先是对事物的状态、本质、规律、事物之间的关系这些事实的正确意识。例如，西方哲学史上有三个著名的形而上学命题，即"上帝存在"、"灵魂不朽"和"意志自由"。许多哲学家都承认这三个哲学命题是哲学知识。"地球围绕太阳运动"是对地球与太阳关系状态的正确认知，这就是知识。同时，知识也是对某种文本内容的正确把握。我们读了维特根斯坦的《逻辑哲学论》，并且正确地理解和掌握

（接上页注④）成为知识，必须满足什么条件。一个命题要算作知识，（1）它必须被相信，（2）它必须是真的，（3）相信者对他的信念必须有好的理由。但是，"理由"的定义本身是复杂的，因为我们感到理由必须是相关的，并且它本身要基于不仅仅是非理性信念的事实。《田野中的牛》一书提供了更清楚的阐释，其中详细说明了推理对信念的帮助"事实上"证明是有错误的。

了其中的思想，我们也获得了知识。知识不只是对某种事物或某种文本的意识，而且是对某种事物或文本的价值的意识。"地球是人类生存的家园"就是对地球对于人类价值的正确意识，这显然是知识；"《逻辑哲学论》是一部有价值的哲学著作"则是对这本书（文本）内容的价值的正确意识，当然也是知识。在对知识的理解上，许多人只注意到它是关于事物的意识，而忽视它也是关于文本的意识，或只注意它是关于事物的事实或文本的内容的意识，而忽视它也可能是关于它们的价值的意识，这是片面的。

第二，知识是通过人的认识能力获得的，是人认识活动的产物，具有相对独立性。人的知识不是天生的，而是后天的，是人通过认识能力认识对象获得的。没有认识能力不会有知识，没有认识对象也不会有知识，没有认识能力认识认识对象的活动也没有认识。认识能力、认识对象或文本、认识活动是知识形成的三要素，缺乏任何一种要素知识都不会形成。一般认为，认识能力是主观的，认识对象是客观的①，而认识活动是主观与客观相互作用的。但是，知识不是认识，而是认识的结果。认识的结果有观点、看法及其构成的理论等形式，以这些形式存在的知识一旦形成具有相对的独立性，可以积累、丰富、完善、修正和传承。正是在这种意义上，卡尔·波普尔（Karl Popper）将知识看作宇宙进化过程中出现的一个层次，它是物质世界（"世界1"）和精神状态世界（"世界2"）之外的另一个层次，即"世界3"。"世界3"是精神产物的世界或客观知识的世界。

第三，知识通常是以命题的形式存在的。知识是由概念构成的，但概念并不是真正意义上的知识，而是知识的构成要素。严格意义的知识是以命题的形式存在的，而其语言形式就是句子。这种命题有时

---

① 认识对象一般来说是客观的，或者说主要是客观的，也有一些并不客观存在的东西成了认识对象，如上帝、天国、地狱等。

是直接获得的，有时是需要深入研究才能获得的。"今天是晴天"，这种知识就是通过感官直接获得的，而"地球围绕太阳转"则要通过科学研究才能获得，人直接获得的知识是"太阳东起西落，围绕地球转"。知识虽然是以命题的形式存在的，但不同的知识有不同的表达方式。对于这些表达方式，不同哲学家有不同的说法。关于事实的知识（包括经验的和科学的知识）是以陈述的形式存在的，关于价值的知识是以判断的形式存在的，而关于规范的知识则是以命令或祈使的形式存在的。关于事实的知识通常是对事物的状态、性质、关系等进行描述或陈述，而不是对事实的情形进行判断。事实陈述是以"是"为联系词的。事物及其关系的价值一般是不能根据经验或实验感知的，因而对事物及其关系是否具有价值及价值大小进行判断通常是有标准的。因此，我们说关于价值的知识是判断而不是陈述。价值判断一般也是以"是"为联系词的，但与事实陈述不同，对象的价值总是相对于某一主体而言的。因此，价值判断总意味着"对于……"有价值，尽管"对于……"经常并不出现在判断中。例如，在"玫瑰花很美"这个价值判断中，虽然没有出现"对于"，但意思很明显，玫瑰花只是相对于人而言很美。关于规范的知识则是对人们的要求，是以"应当""不应当"或"应该""不应该"的形式存在的，所表达的是人们的愿望。

第四，知识以真理为条件，而真理通常是可证明的。知识与认识不同，认识存在着真理性问题，即存在着真假情形，而知识则是由人的认识的结果与对象（实在）相一致的内容构成的。认识的结果与实在（reality）相一致就是知识，否则就不是知识。构成知识的命题是与实在相一致的，如果两者不一致就不是知识。有一些认识的成果形式上看是知识（如虚假的观点、看法、理论等），但并不是与实在一致的，它们就不是知识，而是知识的表象，西方哲学家称之为"意见"（opinions）。认识的结果是不是知识就看认识的结果是不是真理，而认识的结果是不是真理是可以证明的，证明的根据就是认识的结果是否与实在相一致。

有人（如柏拉图）主张知识除必须真以外，还必须是"确信"（certitude）的。所谓确信，指的是确定无疑地相信。在这种观点看来，知识是人们确实知道的东西，或者说是人们对所知道的东西确信无疑。在一般情况下，当一个人认为某种观点是真的时，那就意味着他相信它是真的，但将确信作为知识成立的一个条件在今天看来过于严格。今天人们在学校里学习的许多知识虽然被认为是真的，但并不是学生都确实知道的。例如，一个文科学生在科学史课程中学习了一点相对论知识，知道它的一般结论（原理），但并不完全理解相对论。对于这个并非确实知道相对论的学生，我们不能说他所具有的有限的相对论知识不是知识。而且，在很多情况下对于我们知道的东西我们自己也并不总是确信无疑的。有人知道"日心说"，但他并不一定对它确信无疑，这并不能说明"日心说"对他而言不是知识。当然，如果一个人完全不相信某种观点，不能说这种观点对于他而言是知识。如果一个人心存怀疑，我们不能说他知道。"我认为它如此"与"我知道它如此"意义是很不相同的。前者表达的是意见，是不确信的；而后者表达的是知识，是相信的。

知识的真理性质及其证明问题非常复杂。有一些认识的成果在一些人看来是真的，是知识，而在另一些人看来不是真的，不是知识。一些宗教的命题就是如此。另一方面，即使在某一历史时期是知识也可能随着历史条件的变化而不再是知识。统治人们宇宙观一千多年的"地心说"后来被"日心说"所取代。至于知识随着历史的发展而修正、完善的情形更是不胜枚举。这些复杂情况表明，知识的证明并不是十分确定的，正因为如此，在知识的证明问题上哲学家们存在着种种分歧。不过，哲学家们一般都还是承认，知识不同于认识的其他结果，它是具有真理性质的，而且这种真理性质可以在不同程度上得到证明。

第五，知识是工具，在价值上是中性的。观念有正确不正确之分，谈到一种观念，我们首先要考虑这种观念是正确的还是不正确的；知识则不同，一般说到知识，它本身就应该是真的，如果不是这样，它就不是真正的知识。正因为有知识和有能力一样，本身无所谓正确不正确，所以它们在价值上是中性的。它们像工具一样，本身具有工具价值，但这种工具价值因为所用于的目的不同而价值的性质不同。例如，对于一位具有顶尖核能知识的核能专家来说，如果他将知识用于核能的和平利用，他的知识所产生的价值就是正面的；而如果他将知识用于制造核武器屠杀人类，他的核能知识所产生的价值就是负面的。将知识用于创造正面价值还是负面价值的决定因素在于知识的运用者，而不是知识本身。知识的这种价值上的工具性，决定了对它的使用必须控制和限制。

二　知识对于德性的意义

知识对德性具有重要意义，但学界对知识是不是德性的前提条件存在分歧。

朱丽娅·戴弗在她的《不安的德性》一书中提出了一个"无知的德性"（virtues of ignorance）的概念，并针对亚里士多德认为德性的中心特征是"正确的知觉"（correct perception）的观点，主张德性不是以知识为前提的。

朱丽娅·戴弗明确宣称自己是站在功利主义或结果主义立场上的，她写《不安的德性》一书的重要目的之一，就是论证"结果主义不应受到新近以来的一些攻击"，而且"一旦这一理论得到发展，它的许多优点将超过它的对手"。[①] 她站在结果主义的立场上，对亚里

---

① Julia Diver, *Uneasy Virtue*, Cambridge：Cambridge University Press, 2001, p. xiii.

士多德的德性概念进行了批评。她认为，亚里士多德的德性概念对现代德性伦理学的发展产生了广泛影响，而这种德性概念的要害在于将道德的优秀置于认识的优秀之中。她分析说，亚里士多德认为，德性的一个中心特征是"正确的知觉"，那就是说，德性的行为者正确地知觉什么与道德是相关的。亚里士多德对德性解释的这种特征不仅得到了德性伦理学的特殊主义者的阐发，也在约翰·麦克多威尔（John McDowell）和马瑟·纳斯鲍曼（Martha Nussbaum）那里得到了阐发。德性伦理学的特殊主义认为，像功利主义者和康德主义者那样赞成正当行为的规则是愚蠢的。任何规则或决策过程都不能把握或阐释"正当行为"的特征。特殊主义者强调，使行为者的品行恰当的东西是一个极其复杂的问题，并且是一个不能被法则化的问题。在提供一种关于我们应当做什么和我们应当怎样做的方案的过程中，人们应该集中注意判断和辨别正确的知觉。针对这种特殊主义，朱丽娅·戴弗指出，"对正确知觉的强调是错误的，德性的一个有意义的层次，即无知的德性，包括谦虚，不能为这种观点所容纳。这样，它冒有将我们道德经验中的一个重要因素拉下的危险"。①

在朱丽娅·戴弗看来，对于亚里士多德所说的德性在于德性行为者的"正确的知觉"这一观点的理解，存在着分歧。分歧在于，正确知觉对于德性来说是充分必要的还是仅仅必要的。她通过讨论她称作"无知的德性"这一德性类型，对古典的德性伦理学的这个观点进行了批评。她的看法是，"正确的知觉"对于德性不仅不是充分必要的，甚至也不是必要的。她说："存在着一种道德德性的类型，这种类型既不要求行为者知道他正在做的是正确的也不要求他知道他正在做的是更坏的，它实际上是要求行为者是无知的。"② 她将这种德性称为"无知的德性"。属于这种德性类型的有谦虚（modesty）、盲目的仁爱

---

①　Julia Diver, *Uneasy Virtue*, Cambridge：Cambridge University Press, 2001, p. xiv.

②　Julia Diver, *Uneasy Virtue*, Cambridge：Cambridge University Press, 2001, p. 16.

（blind charity）、冲动的勇敢（impulsive courage）、一种宽恕（a species of forgiveness）以及信任（trust）。她以谦虚作为这类德性的范例进行分析。她认为，真正的谦虚要求行为者在某种程度上（尽管不达到构成自我反对的程度）低估自我价值。这意味着行为者犯了一个错误。当行为者事实上是世界上最好的钢琴家时，他没有充分认识到这一点，并因而不认为自己是世界上最好的钢琴家。这就是一种谦虚。如果谦虚是一种德性，那么，谦虚就提供了一个亚里士多德理论的反例。因此，"构成德性因素的知识不是德性的必要条件"。①

朱丽娅·戴弗注意到，传统的德性理论家可能会做这样的辩解，即这种谦虚的特性简直不能是德性，因为它似乎完全没有给行为者的繁荣做出贡献，而且要明了我们怎样会向某人推荐这样的德性是困难的，这特别是因为一个人可能不会因为他自己而想要一种这样的德性。她批评说，首先，道德的德性主要通过帮助改善社会的人际关系而对其他人的繁荣做出贡献。所以，个人的繁荣不是道德德性的主要目的，尽管其他德性（如审慎的德性）是这样的。其次，在称赞与推荐之间存在着区别。人们的许多德性是值得称赞的，如冒生命危险或为处于困境中的别人而牺牲自己，这些德性具有值得称赞的价值，但我不愿意将其推荐给其他人，这也不是我自己想要的，我绝不会将这样的德性推荐给我的孩子。无知的德性就是这样的德性。如果我把这样一种值得称赞的德性推荐给其他人，我会感到不安。但是，这些无知的德性还是被人们珍视的德性。这些德性之所以被珍视，是因为它们在改善社会关系方面有用。这样，她就从功利主义的观点出发对这种无知的德性做出了解释："使这些特性具有道德价值的是它们倾向于产生有利的效果。"② 她的观点是，任何关于德性的解释都必须能容忍某些实际的错误，只要这些错误整体上能对善有促进。而从亚里士

---

① Julia Diver, *Uneasy Virtue*, Cambridge：Cambridge University Press, 2001, p. xiv.
② Julia Diver, *Uneasy Virtue*, Cambridge：Cambridge University Press, 2001, p. 36.

多德对德性的解释可以看出，他是不容忍认识上的缺点的。①

朱丽娅·戴弗所说的"无知的德性"这种情况是存在的，但这种无知的德性是一种自发的德性或前反思的德性。我们在分析德性与智慧的关系时指出过，智慧在德性形成过程中具有关键性的作用。人出生后在环境的影响下，特别是在他人（如父母、老师等）的教导或奖惩的作用下会形成一些德性，这些德性主要不是个人自觉作用的结果，而是外在因素作用的结果，没有必要的知识作为基础，没有经历反思、比较、甄别、判断、选择、寻找理由、试错、确认以及将这种确认转变为意愿、谋求和行为等智慧过程。这时的德性还不是真正意义的德性，我们可以称之为自发的德性，或前反思的德性。只是人成长到一定的时候，即人的智力基本形成并具备了一定的知识之后，人在智慧的作用下对以前形成的德性进行反思，并通过比较、甄别、判断、选择、寻找理由、试错、确认以及将这种确认转变为意愿、谋求和行为等智慧活动的洗礼，所保留下来的德性以及之后在智慧作用下自主养成的德性才是真正意义上的德性。这种德性是不同于此前自发形成的自发德性的自觉养成的自主德性或智慧德性。智慧德性的关键在于有智慧，而智慧的重要构成因素之一就是知识。

毫无疑问，自发德性也是有价值的。在有智慧参与之前，人在环境的影响和他人的作用下，可以形成德性，也可以形成恶性。如果一个孩子生活在道德风尚良好的环境中，对他产生影响的他人是德性之人，这个孩子更有可能形成德性的品质；反之，如果一个孩子生活在道德败坏的环境中，这个孩子更有可能形成恶性的品质。不言而喻，一个孩子形成自发的德性无论对于他自己还是对于他人和他活动于其中的共同体都是有利的，特别是可以为自觉的德性形成奠定良好基础，就是说，一个孩子具有自发德性肯定比具有自发恶性好。而且，

---

① Cf. Julia Diver, *Uneasy Virtue*, Cambridge：Cambridge University Press, 2001, p. 41.

在一个经济文化落后、教育不发达的社会，许多人没有多少知识，不具有智慧或智慧水平很低，这些人也许一辈子不会经过智慧的洗礼，他们的品质水平始终都处于自发的状态。在这种情况下，德性肯定比恶性有价值。

自发德性有其优点，最主要体现为淳朴。但是，这种自发的德性存在着两个不足：一是这种德性在复杂的情境中容易出错。自发德性一般是在比较单纯的环境（通常是在人际关系简单的生活环境、学校环境或熟人环境）中形成的，不具备必要的知识基础，因而也只适用于单纯的环境，而一旦遇到复杂的环境（如政治环境、工作环境或生人环境），这种德性就不适应，有可能导致不良的后果。小孩大多具有诚实（主要是不说谎）的德性，一旦孩子遇到复杂的环境，这种德性就会发生问题。二是自发德性容易发生蜕变。自发德性是通过模仿或根据他人的要求形成的德性，一般是没有经过反思，没有经过自己的比较、甄别、判断、选择、寻找理由和自我确认，因而在强有力的外在作用下，特别是在一些诱惑下，往往难以坚守，甚至走向了反面。而且，在现代教育发达的社会条件下，人们一般都程度不同地接受了教育，具有一定的知识。在这种情况下，人们的德性能够而且也应该以知识为基础，不以知识为基础的德性是有问题的德性，甚至不能说成是德性。例如，冲动的勇敢就是如此。勇敢的德性必须以一定的知识为必要前提，否则就不是勇敢而是鲁莽。在我国现实生活中就出现过不会游泳的人毫不犹豫地跳进江河中去救人的例子。这种冲动的勇敢我们不能认为它是德性，因为它没有以必要的知识作为条件。将这种冲动的勇敢看作德性，我们不能从理论上为其辩护，也不应该从理论上为其辩护，如果我们为这样的"德性"辩护，就可能提供错误的导向。

在这个问题上，我们不能像朱丽娅·戴弗所主张的那样完全以对社会直接功利作为德性的标准。完全以对社会直接功利作为德性的标准存在着两方面的问题：一方面，有些属于个人德性的德性并不对社会有直接的功利，但从终极意义上看情形并非如此。自重、自助之类的德性并不直接对社会有利，但如果我们社会的每一个成员都如此，我们的社会负担就会大为减轻。且不谈自助，仅说自重。如果我们社会的公职人员都珍惜生命，爱护自己，防范伤害，保持身心健康及其和谐，注重身体锻炼和保健，我国用于公费医疗方面的费用就会大大减少。另一方面，一些恶性也可以给社会带来一些有利的结果，如奢侈可以拉动消费，忌妒可以推动人们奋发努力，自私和贪婪可以促进社会法治建设等。我们不能因为这些恶性在某些情况下可以对社会起到某种积极作用而认为它们是德性。它们的积极作用实际上要么是歪打正着，要么是从坏事中引出好的结果。

强调德性要以知识为前提，并不是简单地否定存在着在德性发挥作用的过程中可能发生错误的情况。德性是人的心理定势和行为习惯，人们出于德性行动时，受环境的影响以及个人的某种主观因素（如生病）的影响，可能会产生与德性本性或要求不一致的不良的甚至有害的结果。但是，作为德性前提的认识不能发生重大错误，或者说不能以虚假的知识为前提，否则所形成的就不是德性。如果一个人以有意贬低自己为真理（实为错误），并以此为前提养成自认为是德性的谦虚，那么所形成的谦虚事实上不是谦虚德性，而很可能是一种恶性，即虚伪或伪善，至少别人有可能这样看。同样，如果一个人以为勇敢就是面临危险不顾一切往前冲，那么在这种对勇敢的错误理解下形成的品质，显然不是真正的勇敢，而是鲁莽。

以上分析表明，表面看来，德性可以不以知识、智慧为必要条件，但这样的德性是肤浅的、表面的，甚至是有害的、危险的。德性是道德智慧的体现，而道德智慧按约翰·刻克斯的说法是"无知的丧失"①。

---

① John Kekes, *Moral Wisdom and Good Lives*, Ithaca and London: Cornell University Press, 1995, pp. 213ff.

只有以知识和智慧为必要条件的德性，才是靠得住的德性，才是我们应该倡导的德性。

知识是智慧的主要内容之一，知识可以通过智慧对德性产生重要作用。同时，知识对于德性的养成和完善也具有直接作用。这种直接作用可以从两方面来看：一方面是德性知识对德性的积极意义，另一方面是其他知识对德性的积极意义。

德性知识是指关于一般德性和各种具体德性的含义、特点、要求、意义的知识。德性知识也是关于善恶的知识。"我们关于善恶知识的对象因而是我们的品质、持续不断的苦难以及构成我们周围环境的历史、社会、政治和经济现实所给予的可能性和限度。"① 有关德性的知识主要包括两个方面：一是关于德性的一般知识，主要是关于德性的性质、德性的类型、德性对于人生的意义、德性养成和完善等方面的知识；二是关于某种德性的特殊知识或具体知识，主要是有关某种德性的含义、特点、意义、要求及其养成和完善的方法等方面的知识。这两类德性知识可能是联系在一起的，也可能是分离的。许多人是先获得某种德性的知识，后获得一般德性知识，也有人可能反过来；有人可能只停留在某种或几种德性知识上；也有人可能只停留在一般德性知识上。但是，只有既具备各种具体德性的知识，也有一般德性的知识才能为完善德性的修养提供支撑。一般来说，人们可以通过各种途径获得具体德性的知识，但要获得一般德性的知识必须学习伦理学，只有学习伦理学人们才能掌握德性的一般知识，也才会有更深厚的德性知识修养。

德性知识对德性养成和完善的作用主要体现在两个方面：一方面是德性知识是德性的基础，另一方面是德性知识对德性具有促进作用。

自发德性一般来说不需要德性知识作为基础，而只要模仿着做或

---

① John Kekes, *Moral Wisdom and Good Lives*, Ithaca and London: Cornell University Press, 1995, p. 73.

按要求做就行，但要形成自主德性，那就需要德性知识作为基础。德性知识对于德性的基础意义主要体现在三个方面：一是它使人明白为什么要养成和完善德性品质，以及为什么要养成和完善各种具体的德性；二是它使人了解德性品质以及各种具体的德性是什么，有什么要求；三是它使人知道怎样养成和完善德性品质以及各种具体的德性。人只有对一件事情理解了，再去做这件事才能达到自觉。上面所说的"明白"、"了解"和"知道"都是理解。当我们理解了德性对于人生的幸福和社会美好具有重要意义时，我们才会知道为什么要去养成和完善它；当我们理解了德性的一般本性和各种德性的特点及其要求时，我们才会知道怎样才算养成了某种德性；当我们理解了德性的养成和完善的途径和方法时，我们才会知道如何去养成并完善它。德性知识不只是德性的蓝本，而且是德性的向导或通往德性的道路。当然，具有这些德性知识并不一定就会自觉地去养成和完善德性，但具有德性知识之后，如果一旦想去养成并完善德性，就能养成和完善德性。正是在这种意义上我们说德性知识只是德性的基础，而不是德性本身。要使有关德性的知识转变成德性，还需要智慧、意志、情感等因素的协同作用。

所有的德性知识都不是普通人自己能通过认识获得的，而是通过学习获得的。这些德性知识一般要由伦理学家提供。一个不是专门从事伦理学研究的人可能获得一些关于德性的知识，但一般不可能达到系统的程度，他的德性知识往往是零散的。其实，一位伦理学家也不一定能提供所有的德性知识，特别是那些具体德性的知识。系统的德性知识要由不同的伦理学家来共同提供。要形成这样的知识，我们不仅要汇聚伦理学家研究的成果，而且要使之适度通俗化，使之成为教材或普及读物。只有这样，人们才方便阅读和理解。

德性知识在对德性养成和完善起基础作用的同时，也会对德性起以下三个方面的促进作用。

第一，德性知识促进反思德性。现代人的德性一般有一个从自发德性转变到自主德性的过程。在这个转变的过程中，德性知识具有重要的触媒作用。这种作用体现在两个方面。一是使人们反思自己品质的状况：具不具有德性，具有哪些德性；具不具有恶性，具有哪些恶性；具有的德性与德性知识告诉我们还存在哪些欠缺。一般来说，人们如果不学习伦理学，不具有德性方面的知识，就很难进行这样的反思，即使偶尔地想到自己的德性，也无法对自己的德性状况做出正确的判断。关于德性方面的知识，一方面可以促使我们反躬自问，另一方面也给我们的"问"提供依据并给所提的问题提供答案。不少人有贪婪的恶性而自己并不知道，但如果具有德性方面的知识，他们就知道为什么说贪婪是恶性，贪婪有什么特点和有什么危害，他们也就有可能要去克服自己的贪婪恶性。二是使人们反思自己所具有的德性的局限。人们一般是在掌握了一定的德性知识后，将自己原来具有的自发德性与之比较、对照，才意识到自己的自发德性的自发性和局限性，才萌发要以德性知识为依据改造自发德性，使之转变成自主德性。以关怀为例。一个人开始懂事之后，受家人或周围的人的影响可能形成关怀的德性，但这种关怀的对象常常是自己的亲人、朋友、同学、老师或邻居等熟人。显然这种关怀的德性是有局限的，是一种未经反思的自发德性。如果这个人学习了伦理学的德性知识，懂得真正的关怀不只是要关怀熟人，而且要从熟人圈逐渐扩展，扩展到生人圈，甚至扩展到外国人、人类，懂得关怀不只是关心他人、为他人做好事，而且要通过他自己的努力为他人、为社会、为人类做贡献。这时他就会根据这种德性知识反思他过去的关怀德性，使他的狭隘的关怀转变成宽广的关怀，使之成为真正的德性。德性方面的知识并不是促进人们走向自主德性的唯一推动者，人的观念、愿望也可能起这种作用。但是，德性知识具有更直接的作用。因为德性知识可以强化德性意识，通过使人认识到德性的重要意义而促使他修养德性。

第二，德性知识促进提升德性。德性知识在促进人们对自己的德性进行反思的过程中，同时也可能促进人的德性提升。这种促进作用首先体现为对某种德性的提升，如关怀的对象从熟人拓展到生人乃至人类，日常生活的助人为乐上升为对人类的责任感。几乎每一种德性都有不同的层次或境界，这些境界需要修养才能逐渐达到。要进行修养首先必须了解有哪些境界，这些境界有什么要求。一个人如果不具备德性知识，他就不了解德性的境界及其要求，他的德性修养就是盲目的，不知道德性提升的方向和目标。德性知识是蓝图，是航标，不仅告诉人们有哪些德性，而且会告诉人们德性的不同境界，为德性修养指明方向和航程。德性知识对德性提升的促进作用还体现在对整个德性的提升方面。我们一般人在没有学习伦理学之前，对德性的理解是零碎的、片面的、肤浅的，这种对德性的理解不足以为德性的养成和完善提供强有力的支撑。当人们学习了伦理学，具备了有关德性的重要性、含义、特点、要求、养成和完善的途径、方法等方面的德性知识，他才会成为德性的自觉修养者，他不会轻易地因为一些外在的诱惑或生活中的道德冲突而动摇对德性的信念和对德性的坚守。具备了这样的德性知识，一个人的德性才会提升到一个新的境界。现实中许多人是出于外在压力养成德性的，这种德性的基础极其脆弱，禁不住风吹浪打。之所以如此，就是因为他们没有真正理解德性，不具有德性的全面知识。也许正因为如此，苏格拉底强调德性是知识，作恶是由于无知。

第三，德性知识促进拓展德性。如果说德性知识促进德性提升的作用是使德性深化和提高的话，那么德性知识促进德性拓展的作用则是使德性全面和丰富。一个人自发形成的德性总是零散的、片面的，他也许根本没有想到除他自己具备的德性之外还有其他许多德性。笔者长期从事伦理学研究，应该说对德性包括哪些方面比一般人了解得多一些，但是在本书写作的过程中才发现，有一些德性是自己过去也没有意识到的。例如，我们过去谈德性的时候一般只谈涉及与自我、他人、群体的关系，几乎没有涉及与环境的关系，而事实上涉及与环境关系的德性问题在当代已经十分突出地提出来了，只是我们还没有意识到而已。正是在研究的过程中，笔者增加了有利于环境方面的德性（称为"利境的德性"）。对于一般人来说，他们没有时间精力来考虑这些，即使有时间精力考虑，也可能由于专业的限制考虑不清楚。这就需要借助伦理学关于德性的知识。掌握德性知识的人会知道人应该具备哪些德性，他会思考，与之相比自己现有的德性还存在哪些欠缺，而且他有可能由此进一步完善自己的德性。人们只有借助伦理学的德性知识才能真正意识到自己的德性的不完整性，并以德性知识为依据进一步完善自己的德性。

除了关于德性的知识之外，还有许多其他知识对德性具有积极作用。人的知识大致可划分为哲学知识、人文科学知识、社会科学知识、自然科学知识、技术知识等类型。在所有这些知识中，除了技术知识对德性没有多少直接作用，其他类型的知识都对德性具有积极意义。

哲学知识包括本体论知识、认识论知识和伦理学知识。伦理学知识特别是其中的德性论知识对德性具有最直接的意义。伦理学的价值论知识、规范论知识对德性的意义也非常重要。价值论知识可以使人们加深对德性价值本身的认识，特别是能使人们将德性的价值放在人的整个价值追求中来理解其重要性。规范论知识可以使人们认识德性与规范的相互作用、相互补充、相互转化关系，认清德性和规范的实质和意义。哲学的认识论知识可以使人们认识到认识及知识的本质、特性、意义、类型，从而可以使人加深对知识对于德性意义的认识，并有可能使人为提升和拓展自己的德性而更加自觉地去增加自己的知识。本体论知识涉及的是宇宙观、社会观和人生观。这些根本性总体性的观念可以促使人们更深刻地理解人在宇宙和社会中的地位、社会和人的本性及目的，更深刻地理解德性对于人生存的重大意义。哲学不同领域的知识是相互联系的，本体论知识和认识论知识是伦理学知识的基础，掌握这些知识可以加深对伦理学知识的理解。

人文科学知识主要是指历史文化（包括宗教）、文学艺术方面的知识。这些知识大多是以扬善抑恶为指向的，一般都是有利于德性养成、保持和完善的。历史知识给人们昭示的是，人类的历史是正义战胜邪恶、德性战胜恶性的历史，是人类走向完善和美好的历史。这种历史的真理可以使人们增强养成和完善德性的信心，也可以使人们看透社会和人生的本质。世界上所有宗教都宣扬"善有善报，恶有恶报"的向善观念，这种观念对于人们具有警示作用，并会促进人们注重现世的品质和行为。文学艺术更是以美的形式彰显善，使人们在艺术享受中受到美和善的陶冶。人文知识丰富不仅能使人更深刻地理解人生和德性，而且能有力地推动人们向善去恶、完善自我。

社会科学知识是关于人类社会各个领域、各个层面的知识，这种知识对于人们理解社会以及个人与社会的关系有重要帮助。当然，今天的社会科学知识十分丰富，一个人不可能掌握所有的社会科学知识，只能掌握其中的一部分学科的一部分内容。在各门社会科学中，社会学、法学、政治学、经济学、教育学等学科的知识对于人们认识社会、认识德性的社会作用以及恶性对于社会的危害很有意义。一个具有社会学知识的人会更深刻地理解个人的德性对于社会和各种组织的重要性；一个具有法学知识的人会更敏锐地体会到恶性对于社会的严重危害；一个具有经济学知识的人更清楚地意识到德性对于经济发展、企业繁荣和个人成功所具有的重要意义；一个具有教育学知识的人会更明确地知道教育在德性养成和完善方面的作用及其限度，从而更好地利用学校教育这一培养德性的主渠道。

自然科学知识对于德性也具有意义。这涉及自然科学知识与道德的关系问题，而在这个问题上学界一直存在着意见分歧。概括地说，有两种对立的观点：一种观点认为二者关系密切，科学知识有助于道德进步，甚至认为二者是等同的；另一种观点则认为二者毫无联系，甚至是绝对对立的。① 对于这一问题这里不便展开讨论，但有一点是可以肯定的，即自然科学至少有助于人们摆脱迷信和偏见的束缚，扩大自己的眼界，完善自己的智能和道德观念。② 有些自然科学还对德性的形成和完善有直接的积极作用，如生态学。生态学是研究有机体与其周围环境（包括生物环境和非生物环境）相互关系的科学，人们有了这种知识就会意识到生态环境对于人类的至关重要性，也会知道自己如何行动才能保护生态环境。如此，人们才有可能更自觉地培养自己关涉环境的德性即利境德性。总体上看，自然科学发展是人类文明进步的重要基础和强大动力，人类文明进步无疑既包括社会道德状况的改善，也包括个人德性水平的提高。

知识之所以对于德性具有重要意义，是因为知识本身具有善的价值。对于知识的价值，托马斯·霍卡做过相当充分的探讨。霍卡认为，知识是一种完善主义的善（a perfectionalist good）。作为完善主义的善的知识具有三个特征：（1）知识是一种中立于主体的善，（2）知识的价值存在于它的形式的特征之中，（3）知识的对立物是虚假的信念。就第一种特征而言，作为功利主义者的霍卡根据快乐计算知识的价值。他首先计算个体的功利，然后进行总计得出社会功利。如果我们将个体的生活看作个体功利的单位，在那里，知识而不是快乐是功利的标准，那么，假若一种生活包含知识与整个对立面的积极平衡，这种生活就是值得爱的。如果一个世界在总量上超过当时那个世界中的个人所具有的知识，并在总体上比它的对立面多，那么这个世界就是值得爱的。关于第二个特征，在霍卡看来，知识作为完善主义的善，必定是某种东西的发展，而它作为一种总体的善，其价值不只是

① 沈静：《略论科学与道德的关系》，《科学管理研究》1983 年第 2 期。
② 参见马云华《论科学在道德进步中的社会功能》，《江西社会科学》2002 年第 7 期。

工具性的。就是说，知识是一种得到证明的真实信念的网络的发展。如果一种网络包含得到证明的信念比另一种网络具有更大的统一性，而不考虑这些信念是什么信念，那么，这种网络是比另一种更好的、得到更好发展的。所以，当我们为自身的目的评价知识的时候，我们是为其形式特征评价它，这些形式特征包括真实性、统一性和广延性等。在个体层次上的知识最大化因而就是最广泛可能的得到证明的真实信念，它们之间具有尽可能大的统一性的网络。关于第三个特征，我们能将完善主义的知识价值总计为超过虚假信念的真实信念在个体层次和全球层次的发展。就个体层次而言，一个人的认识发展的水平要通过在他的信念网络中的知识超过虚假信念的平衡来测量，而不考虑他的信念的内容。就全球层次而言，我们可以根据一个世界的人口的人均知识对虚假信念的比例来计算一个世界的内在认识价值。[①] 霍卡的上述观点虽然有形式化的色彩，但他充分肯定了知识作为真实信念的重要客观价值。

三 德性对知识的作用

像对观念、能力一样，德性对知识也具有一定的作用。德性对知识的作用可以是直接的，即对知识的产生、控制、运用具有直接的影响；也可以是间接的，即通过对认识的影响而对知识发生作用。这里我们只讨论德性对知识的直接作用，德性通过认识对知识的作用后面再具体讨论。

知识虽然会存在错误甚至被恶性运用的情况，但总体上看是一种好东西，是人类不可多得的一种重要力量。人类的历史可以说是追求

[①] See Thomas Hurka, *Virtue*, *Vice and Value*, New York: Oxford University Press, 2001; also see George W. Harris, "The Virtues, Perfectionist Goods, and Pessimism", in Stephen M. Gardiner, ed., *Virtue Ethics*, *Old and New*, Ithaca and London: Cornell University Press, 2005, pp. 198-201.

知识和真理、力避愚昧和谬误的历史。因此，追求知识、追求真理一般都是德行。人们出于各种动机追求知识：可能出于将来获得一个好职业求知，可能出于父母的压力求知，也可能出于为社会和人类做贡献求知。人们还可能出于德性求知。出于德性求知与出于其他各种动机求知虽然有着某种联系，但存在着重大区别。出于其他动机求知与人求知的目的直接相关，同时需要意志持续不断地发挥作用；出于德性求知，则与人的求知目的和意志的作用没有直接关联，而是人在某些德性作为无意识动机的直接作用下，将求知变成了心理定势，变成了行为习惯。出于德性求知不再需要不断明确目的、强化动机，而将求知变成了人自然而然的行为。当然，在这些德性形成的过程中，选择目的、形成动机和发挥意志力的作用具有重要意义。当德性形成后，这一切都已经凝聚为德性。德性对于求知作用比其他动机更可靠、更有效、更持久，养成和完善求知所需要的德性，对于求知的作用更加重要。

首先，有德之人会从人生存得更好的意义上理解知识对于人的意义并追求有利于人更好生存的知识。知识对于人生存得更好具有重要意义，而德性的终极指向是生存得更好，因而求知是德性的指向之一，所有的德性都是有利于求知的。一个德性之人或德性完善的人会把求知作为他的人生重要追求之一，注重不断获得和更新知识。

其次，有许多德性对于求知具有直接的作用。像自助、勤劳、刚毅、好学、谦虚、务实、关怀、敬业、进取、创新、环保、节能、利废等德性都是有利于人们求知的。其中的一些是为求知提供动力的，另一些为求知提供方向。像勤劳、刚毅、好学、谦虚、务实这些德性是为求知提供动力的。一个勤劳、刚毅、好学的人就会勤奋刻苦地、坚持不懈地去学习，通过学习获得知识；一个谦虚、务实的人就不会因为具有了一些知识而自满自足，停滞不前，也不会好高骛远，华而不实。具备为求知提供动力的德性的人，他们会把求知作为人生活的一部分，在一切可能的情况下都不会停止求知的行为。像自助、关怀、敬业、进取、创新、环保、节能、利废这些德性是为求知提供方向的。就是说，具有这些德性的人会将求知的动力引向一定的目标，将求知的动力运用于这些方面，或者说是为了实现这些德性的要求而求知。一个自助的人，他会为了实现自助不断追求自己解决自己问题所需要的知识；一个敬业的人，他会为了忠实地履行自己的职责而不断追求职业所需要的知识；一个环保的人，他会为了实现环保而不断追求保护环境、实现环境舒美和与环境友好所需要的知识。

对求知具有促进作用的两类德性本身是相互依赖的。那些作为求知动力的德性需要有求知的正确方向，否则即使一个人在求知方面再勤奋、再刚毅、再好学，可能所求的知识不是真正有用的。另一方面，那些作为求知方向的德性需要有求知动力的保障，否则即使一个人在求知方面方向再明确，也可能缺乏追求的动力。当然，求知方向方面的德性本身也可以转化为动力。一个具有进取德性的人会在知识的追求方面不满足，会不断扩展和深化自己的知识。从这个意义上看，以上的划分是相对的。

只有知识才具有真理性，但是知识的真理性质是相对的。世界上没有绝对的真理，也没有只有真理成分没有任何错误成分或局限的知识。知识只是真理含量较高，而不是百分之百的真理。而且知识作为认识的结晶应随着认识的深化和扩展而变化，如果认识深化并扩展了，而知识没有相应更新，知识可能就成为过时的甚至不再是真理的知识。另一方面，宇宙中的任何事物都是变化的，当知识所反映的对象或实在变化了而知识没有相应地发生变化，知识也会成为过时的甚至不再是真理的知识。知识本身的局限性、作为知识源泉的认识变化以及知识对象的变化都会影响知识的真理含量。知识的真理含量是动态的，要真正发挥知识的积极作用，使知识真正成为力量，在知识问题上就始终都存在着坚持真理问题，坚持真理是对待知识应当具有的正确态度。我们不应当坚守知识，而应坚守知识中的真理，以是不是真理为标准衡量一种知识是不是真正的知识。当发现知识中存在着错误时，要努力给予改正；当作为知识源泉的认识深化了或扩展了时，知识的真理含量也发生了变化，这时需要更新知识，要坚持和丰富其中的真理，而修正其中的错误；当知识所反映的对象发生了变化时，知识也要相应地发生变化，要使知识与对象保持一致，保持知识应具有的真理内容。

在坚持知识的真理方面，人的德性具有重要的作用。德性作为一种心理定势所表达的是人的一种态度或倾向，作为一种行为习惯所体现的是人的一种选择或决断。这种态度和决断是出于人更好地生存的需要形成的，这种需要客观上要求人们在知识问题上坚持真理、改正错误，随着认识的深化和扩展，根据对象的变化适时地更新知识。真正的德性应当具有这样的作用，那种不能随时坚持真理、改正错误的品质不是真正的德性，因为那种不能随时坚持真理和改正错误的品质会危害人更好地生存。一个德性之人，他的思想始终是朝真理开放的，他会在求知的过程中不断地改正错误，他的求知过程也是坚持真理、丰富真理、否弃错误的过程。一个思想僵化的人，一个死守那些过时的、陈旧的、真理含量越来越少的知识的人不可能是真正的德性之人。这就是说，真正的德性之人会出于人更好生存的需要而始终热爱真理、追求真理、坚持真理、丰富真理、改正错误，并根据这种要求不断取舍知识、更新知识。

根据人更好地生存的需要坚持真理、改正错误，这也是德性的要求。人的德性并不是一成不变的，历史上不同社会、不同文化倡导的德性要求很不相同，甚至相互冲突。其中有相当一部分并没有体现有利于人更好生存这种根本指向性，这样的德性当然很难说具有坚持真理、改正错误的作用。但是，这样一些在不同社会或文化中被看作德性的东西并不是真正的德性，它们与人更好地生存的需要相违背，在历史的长河中逐渐被淘汰。今天，我们在确定人们应具备的德性的时候，必须接受历史的教训，使德性成为坚持真理、改正错误的稳定态度和选择，并根据这种要求来确定德性原则和德目。

知识与真理，它们在价值上都是中性的，所具有的价值主要是工具性的，而不是目的性的，更不是绝对的。我们过去将真理特别是将某种真理看作绝对价值，倡导人们为真理而献身，这种主张是错误的，在实践上是有害的。1096 年到 1291 年，罗马天主教会发起了以驱逐塞尔柱突厥人、收复圣地为目标，以解放巴勒斯坦基督教圣地（耶路撒冷）为口号，并对东部地中海沿岸各国进行多达 9 次、持续近 200 年侵略的十字军东征。十字军东征一般被认为是天主教的暴行，天主教自己后来也承认十字军东征造成了基督教徒与伊斯兰教徒之间的仇恨和敌对，是使教会声誉蒙污的错误行为。如果我们反思一下十字军东征热情所导致的严重后果，就可以充分认识笼统地倡导为真理献身的有害性。历史教训告诉我们，知识和真理都存在着如何运用的问题，其运用存在正确与否的问题。

当代，社会的民主化和法治化有助于防止知识和真理的错误运用，但在世界范围内，没有真正有效的确保知识和真理正确运用的制度和机制。2001 年的"9·11 恐怖袭击事件"运用了大量知识和真理，恐怖分子所劫持的民航客机准确地击中美国纽约世界贸易中心和华盛顿五角大楼。今天，运用计算机程序制造并传播计算机病毒更是常见的令人类困扰的"顽疾"。这就是说，就世界或个人而言，知识和真理的运用都存在着如何确保其正确性的问题。在这两者中，根本的还是个人，如果"9·11"事件中的劫机者能够正确运用他们所掌握的知识和真理，就不会做出这种灭绝人性的暴行。因此，个人知识和真理的正确运用具有根本性的意义。确保个人知识和真理正确运用的最可靠手段是个人的德性。个人的德性就像是康德所说的"善良意志"一样，它在总体上是绝对善的（如果世界上还有某种绝对善的东西的话），其他一切东西，包括知识、真理只有以它为前提才会是善的，人类的一切有效的工具（包括知识、真理）也只有在德性的范围内才会有真正正确的运用。

德性对于知识和真理正确运用的作用体现在以下几个方面。

首先，德性认可和鼓励知识和真理的正确运用。德性作为人的一种向善抑恶的倾向和态度，一切以人更好地生存为标准取舍。知识和真理的正确运用是十分有利于人更好地生存的，因此，德性就其价值取向而言是认可和鼓励知识和真理正确运用的。德性对于人更好生存具有两方面的意义：一是防止危害人更好地生存的行为发生，二是鼓励有利于人更好地生存的行为出现。如果我们肯定正确运用知识和真理的行为是有利于人更好地生存的，那么它就在德性鼓励的范围。当然，德性不像观念、能力等心理特征那样主动地对知识的正确运用产生作用，但它可以将这种运用纳入鼓励的范围，使之成为人的一种自然倾向或积极态度。

其次，德性会及时改正知识和真理的不正确运用。知识的不正确运用存在着两种情况：一种情况是有意的恶性使用，"9·11"事件中的劫机者就是如此；另一种情况是由主客观条件限制或个人失误造成的。就后一种情况而言，知识和真理在实际运用的过程中难免发生这样那样的错误。这些错误的发生不一定是与德性相关的。即使一个德性完善的人，也不可能在运用知识和真理的过程中不发生任何错误，因为客观环境和主观条件会制约他在实际行为中正确地运用知识和真理。德性之人与不具有德性的人之间的区别不仅在于他具有运用正确知识的自然倾向，而且在于他一旦发现发生了错误的运用就会立即予以纠正。一个德性之人是诚实、谦虚的人，他不是不犯错误的人，而是少犯错误、犯了错误立即改正的人。

再次，德性能防止恶性运用知识和真理的动机产生。德性对于知识和真理的正确运用最重要、最直接的作用是防止产生恶性运用知识和真理的动机。知识和真理正确运用的大敌是知识和真理的恶性运用，而这种运用是出于恶性运用的动机的。一个德性之人，由于具有对知识和真理的正确态度，因而是不可能产生这种恶性运用动机的，即使有时产生了某种恶性运用的念头，这种念头也会马上受到抑制和谴责。没有恶性地运用知识和真理动机，当然也就不会有恶性运用的行为。如果"9·11"事件中的劫机者具有德性，那么他们就不会产生恶性运用知识和真理的动机，也就不会进行这一恐怖袭击，他们也不会成为遗臭万年的恐怖主义者。

最后，德性对知识和真理的恶性运用持坚决否定的态度。德性之人是正义的人，对有意恶意运用知识的动机和邪恶行为是持坚决否定态度的，更不会去干这样的事情。"9·11"事件中的劫机者如果具有德性，即使被别人强迫，他们也会断然拒绝，坚决不干如此伤天害理的事情。从伦理学的角度看，他们是些不具有基本德性的人，相反是具有诸如凶残、歹毒、仇恨等极端恶性的人。

四 "德性是知识"的偏颇

讨论德性与知识的关系，不能绕过苏格拉底的名言"德性是知识"。这一命题之所以能流传两千多年，肯定有其合理性。但是，这个命题在对德性与知识的关系的理解上确实存在着偏颇，而这种偏颇更值得我们注意。

"德性是知识"的结论是在柏拉图的对话《美诺篇》中苏格拉底运用"辩证法"（即苏格拉底式的讨论方法）与美诺讨论德性问题时得出的。苏格拉底说自己对德性一无所知，于是请教美诺。他问美诺："什么是德性?"美诺回答说，男人的德性是善于管理城邦的事务，女人的德性在于精心照管家务，孩子和老人也各有自己的德性。苏格拉底说，我问你什么是德性，你却列举了一系列的德性，那么这些德性具有什么"共同性质"呢？美诺回答说，这就是"统治人的能力"。苏格拉底诘难说，这样的德性能适用于儿童和奴隶吗？美诺不得不承认自己的德性的一般定义不具有普遍适用性，于是又把德性说成是公正、勇敢、节制、智慧等。对于所有这些说法，苏格拉底进行了进一步的诘难，认为这种种德性都还只是"一种德性"，而不是"德性本身"，这正如一种图形并非图形本身一样。苏格拉底的诘难使美诺再一次陷入矛盾之中。最后，他不得不在苏格拉底的启发下一步一步地从具体的德性走向德性的一般定义，最终得出"德性是知识"的结论。

苏格拉底认为，任何一种具体的德行本身并不足以构成德性，因为同一行为对于不同的人可能具有不同的道德含义。例如，同样的欺骗行为，欺骗朋友是恶行，而欺骗敌人是善行。但是，善本身并不会因为每一种具体善行的相对性而失去它的绝对的和普遍的意义。相反，每一种善行之所以是善行是因为它"分有"了善的概念。只有关于这种绝对的、普遍的善的知识，才是德性。由于善本身有着不可改变的绝对内容，德性也就获得了客观的规定性，成为普遍的知识，而不再是个人的任意活动。苏格拉底相信，如果一个人知道善是什么，或者说具有了善的概念或知识，他就会总做那些善的事情。例如，如果一个人真正理解勇敢、自制或公正的意义，他就会以一种勇敢的、自制的、公正的方式去行动。

在苏格拉底看来，一切善的东西都是有益的，而恶的东西都是有害的，而人不会自己害自己，所以"无人有意作恶"，所有的作恶都必定是由于无知。"没有人会自愿趋向于他相信是恶的东西；也不会有人，看起来，按其本性，想要趋向于他相信是恶的东西，而不是趋向于善的东西。"① 他相信，没有人有意识地做那是恶的事情，他们总是认为他们做的事情是正确的。例如，我们能想象某个人说"我知道

---

① 《普罗泰戈拉篇》，见《柏拉图全集》（增订版）上卷，王晓朝译，人民出版社，2018，第451页。

这个行为是完全错误的和绝对邪恶的，但我无论如何要去做它"吗？事实上，即使一个从事了最凶残行为的人也总认为他是因为某种善的理由在做它。据此，苏格拉底又从"德性是知识"引申出了"我们中间有人是好的，因为他是聪明的，我们中间有人是坏的，因为他是无知的"的观点。[①] 由此可以推论，苏格拉底不会接受亚里士多德称为"道德缺点"（moral weakness）的那种情形。"道德缺点"是指"知道善，却去作恶"。在苏格拉底看来，我们是在欺骗我们自己去思考我们所作的恶就是善，以便我们能证明我们的邪恶行为是正当的。在这种意义上，作恶者既不真正知道善是什么，也不会有意地去选择恶。

苏格拉底将知识与德性等同了起来，但是，他所说的知识不是我们今天意义上的知识，而是关于善的本性的一般知识，是理性。亚里士多德说苏格拉底认为"德性是理性的特殊表现（因为这些表现总而言之就是知识）"。[②] 因此，他所说的"德性是知识"或"知识是德性"，其实是一个意思，即德性与关于善的本性的一般知识是一回事。也正是在这种意义上，他强调德性的统一性，即"诸德为一"，认为所有的具体的德性的共同本性是同一的，都具有善的本性。当人们只知道一个具体的善行或德性而不知道善的本性或所有德性的共同性质时，他就有可能作恶，但这样的作恶并不是他有意所为，而是他缺乏关于善本性的知识导致的。

苏格拉底"德性是知识"的思想有其合理性，这主要体现在，它强调了关于一般德性的知识对于德性的极端重要性。在他看来，如果一个人要成为有德性的，那么必须掌握关于德性本性的知识，或者

---

① 《拉凯斯篇》，见《柏拉图全集》（增订版）上卷，王晓朝译，人民出版社，2018，第 168 页。

② 〔古希腊〕亚里士多德：《尼各马可伦理学》（注释导读本），邓安庆译，人民出版社，2010，第 235 页。

说，必须掌握关于善的本性的知识。只有这样，他才能在任何情况下根据善本性或德性本性的要求去行动，而不受某种具体德性的限制。如果我们把善本性或德性本性理解为有利于人生活得更好（苏格拉底本人还没有达到这样的高度，而只是把善的本性笼统地理解为"有益的"），那么我们对任何具体德性的运用就都要放在这个框架下把握。例如，对于诚实这种具体的德性，如果不将它纳入德性的本性的范围考虑，在有些情境下就有可能变成恶性。在一般情况下，对朋友诚实是德性；但在战争期间，对敌人诚实可能就是恶性。如果我们在具体情境中将诚实放在更一般的德性要求下考虑，看它是否最终有利于我自己或我所在的组织，我们就不会对敌人诚实。当然，我们也不会因此否认诚实还是一种德性。由此看来，具有关于德性本性的一般知识对于具体德性在具体情境中运用具有极其重要的意义。只有具有了关于德性本性的一般知识，我们才有可能在任何情境下都知道真正的德性是什么，而不完全受具体德性的具体含义的限制。相反，如果一个人没有掌握关于德性本性的知识，而只知道一些具体的德性，他就不可能在具体的情境下将具体的德性置于德性本性的知识框架下考虑，只能僵硬地按具体的德性要求行事，而不能灵活地应对具体的情境。这样，他出于某种德性的行为可能是恶的。

苏格拉底强调关于善本性或德性本性的一般知识对于人的道德生活的极端重要性，其意蕴是深刻的，意义也是重大的。但是，他的这种思想从理论上看也确实存在着缺陷或局限，主要表现在它混淆了德性的本性与关于德性本性的知识，混淆了德性的知识与德性的行为。这两个"混淆"也可以说是两个不正确的"等同"，即将德性的本性与关于德性本性的知识等同，将德性知识与德性行为等同。

德性的本性是真正的德性，是德性的实在（真实），各种具体的德性（如古希腊的智慧、勇敢、节制、公正）都是德性的表现或形式。这一点在苏格拉底那里是清楚的。但是，德性的本性与关于德性本性的知识不是一回事。如果德性本性是客观的实在，那么关于德性本性的知识则是人们通过认识获得的关于德性本性这种客观实在的真认识。这种知识的内容是客观的，是对客观实在的反映，但它的形式是主观的，而且它既然是反映，就不是对象本身，总有自身的局限。当然，一般人不一定能把握德性的本性，他们对德性本性的把握是通过哲学家或伦理学家告知的相关知识。对于一般人来说，关于德性本性把握与关于德性本性知识的把握是一致的，他们在日常的道德生活中一般是根据德性的知识而不是根据德性本性行动的。但是，我们不能因此说德性本性就是德性本性的知识，更不能由此说德性就是知识。强调对德性本性和德性知识的把握的重要性是正确的，但不能由此将德性与德性知识等同起来。这样等同起来，不仅理论上不能自圆其说，而且在实践上会导致消极后果。

这种等同在理论上不能自圆其说是显而易见的，因为任何知识与其对象不是一回事。这种等同在实践上可能导致的消极后果在于，人们会将某位哲学家关于德性本性的观点当成德性本身，而如果这位哲学家的观点不是正确的，就可能误导他人。德性的本性是一种客观的实在，对于这种客观的实在，不同的哲学家由于种种原因认识的结果不尽相同。一位理性主义哲学家可能从理性主义角度将其理解为理性主义的，而一位经验主义哲学家可能从经验主义角度将其理解为经验主义的，一位宗教哲学家可能从某种宗教的立场将其理解为某种宗教的。而且有的哲学家可能从全人类的立场看，有的哲学家可能从国家的立场看，有的哲学家可能从个人的立场看。从各种角度、各种立场看德性的本性所形成的知识可能都在不同程度上是真的，但不尽相同是肯定的。

如果我们将德性的本性与德性的知识等同起来，而人们接受的德性知识可能只是某一位哲学家的，那么就会出现将这位哲学家关于德性本性的知识等同于德性本性的情况。如果不同的人接受不同哲学家的不尽相同的德性知识，那么不同人对德性的本性的理解就会发生很大差异，而且往往认为自己的理解是正确的，别人的理解是错误的。这种情况在人类历史上是常见的。例如，西方中世纪的基督教神学家和经院哲学家就认为自己的德性知识是德性本性的反映，是唯一正确的，其他异教甚至异端的知识都是错误的。基督教教会甚至以此为依据对异教和异端进行迫害。

然而，如果我们明确告诉人们，德性本性与哲学家们关于德性本性的知识不尽相同，我们可以通过某种德性本性的知识了解德性本性，但两者之间是不同的，那么人们就不会将两者等同起来，更不会认为自己所掌握的德性知识是唯一正确的，而别人的德性知识是错误的。在这种情况下，人们会更明智，他们知道他们所掌握的德性知识是有局限的，并不就是德性的本性，德性的本性还需要通过这种知识或以这种知识为桥梁进一步去把握。而且他们对其他哲学家的不同观点的态度也会更宽容、更开放，甚至可以进一步学习了解其他哲学家的有关知识，以加深对德性本性的理解。

将德性知识与德性行为等同似乎是更难说得通的。一般来说，有德性知识的人才有可能成为德性之人，不具备德性知识的人不可能成为真正意义上有德性的人。对德性本性知识的掌握是一个人成为德性之人的必要条件，但并非充分条件。成为德性之人除了必须具备德性知识，还必须具有智慧和在道德实践中运用智慧，必须在实践中进行德性修养。将德性知识与德性行为等同起来，事实上忽视了德性的养成和完善除了需要德性知识之外，还需要智慧的作用和实践的作用。

更为重要的是，具有德性知识不一定就会成为德性之人，人们作恶可能是由于无知，但也可能在有知的情况下由于其他的原因。今天，不少人都上过大学，大致上都具有关于德性本性的知识，然而他们并没有真正成为有德性的人。我们看到过一些关于因贪污受贿落马的公职人员的报道。这些人一般学历都相当高，接受过很多应该怎样做人、应该怎样为官的正面教育，而且有很多制约机制要求他们成为德性高尚的人，可以说他们应该已经具备了良好的德性知识。然而令人遗憾的是，他们不仅没有成为德性之人，而且成了有恶性的人，成了社会的罪人。如果我们还是用苏格拉底的观点来解释这种情况，说导致这种情况发生的原因是他们对德性无知，那人们也许会认为我们这些哲学家是痴人说梦，是我们对德性无知，是我们过于迂腐。

苏格拉底将知识与德性等同的直接原因是他将德性等同于一般善性，而不是将德性看作品质的特性，看作一种心理定势和行为习惯。苏格拉底实际上是将德性理解为善性，将德行理解为善行。善性是善品质和善行为具有的善性质，它可以是品行长期具有的，也可以是行为一次性地具有的。一个人具有了善的知识，他可以马上按善的知识的要求行动，产生善行。但是，德性不同，德性是人的品质特征或习性，它需要经历长期的实践过程才能养成，一旦养成就会作为心理定势和行为习惯长期体现在行为之中。一个人有了关于德性的本性的知识并不马上就能将其转变为德性的品质，而必须经过反思、比较、鉴别、判断、选择、寻找理由、确认以及将这种确认转变为意愿、谋求和行为等复杂的智慧过程和经验验证过程。发现德性的这种特性的是亚里士多德。在苏格拉底那里，德性的这种特点还没有被注意到，德性与善性、善本性与德性本性、善知识与德性知识是混淆不清的。没有注意到德性是品质的特性，这是苏格拉底将德性与知识等同起来的直接原因。

苏格拉底将知识与德性等同的一个更深层的原因是，将概念与本性或本质等同，以为关于事物概念的定义就是事物的本性。在他那里，关于德性的知识就是关于德性的概念，而关于德性的概念的定义就是德性的本性。将概念与实在（事物的本性或本质）等同起来，这是苏格拉底哲学的一个重要特点，也是导致他将德性与知识（实即德性的本性与德性的概念或德性概念的定义）等同起来的深层原因。

第五节　德性与能力

德性作为优良的品质不是先天具有的，而是后天获得的。德性的获得需要以一定的能力为前提，同时德性在形成过程中和形成之后对能力的获得和发挥具有重要而积极的影响。两者的关系十分复杂，需要认真研究。这里我们只是从一般意义上对德性与能力的关系进行研究，后面对德性与智慧、认识、情感、意志、实践关系的研究在一定意义上也可看作对德性与能力的关系的展开研究。

一　能力的含义

能力是平常经常使用的概念，也是心理学和日常生活十分关注的一个重要问题，但能力概念的含义很复杂，需要做些澄清。

能力在汉语中含义比较笼统，一般是指"能胜任某项工作或事务的主观条件"[①]。在英语中，有很多词具有"能力"的含义，其中比较常用的有 ability、capacity、faculty、talent、skill、competence、aptitude等。这些词一般都指能使一个人获得或完成某事的能力或素养，但各有不同的侧重。ability 指做某事的心理能力或生理能力；capacity 指获得能力的潜能；faculty 指固有的内在能力；talent 侧重天生的能力，特别是艺术方面的能力；skill 强调通过经验获得的或开发的能力；competence 意指令人满意地但并非必然显著地做某事的能力；aptitude 隐含着学习、理解或实行的固有的内在能力。[②] 其中 ability 大致上与

[①] 《现代汉语词典》（第 7 版）"能力"，商务印书馆，2019，第 947 页。
[②] Cf. "Ability", in *The Free Dictionary by Farlex*，http：//www.thefreedictionary.com/ability.

我们日常所说的"能力"的含义相当，我们可以主要根据 ability 来理解能力。如果不考虑其生理能力的含义，仅就心理能力而言，ability 可以从两方面理解：一是指综合能力，涵盖人的所有心理能力，如智力（intelligence）、意志（will 或 volition）或意志力（willpower）、情感（emotion）等；二是可理解为 aptitude，指人的某种能力。我们通常说的能力既指综合的能力，也指单项能力。例如，我们说"张三能力很强"，一般是指他各方面的能力都比较强；而我们说"李四的口才很好"，则是指他的口头表达能力强。

根据人们日常对能力的理解和有关能力的学术资料，我们可以给能力做这样一个大致的界定：所谓能力是指人们在先天禀赋的基础上通过学习、训练和实践获得或开发的人生存、发展和享受所需要的主观条件，是直接影响活动效率和效果的个性心理特征。能力既泛指人获得的满足生存发展享受需要的一般能力，包括体力、认识能力（主要是智力）、意志能力、情感能力和行为能力，也特指顺利完成某项活动（或工作）所需要的特殊能力，如专业能力、技能。

对于这一定义我们可以进一步做以下的阐发。所阐发的这些方面也可以看作能力不同于其他心理特征（主要是观念、知识和德性）的特性或特点。

首先，人的能力是以先天禀赋或潜能为先决条件的。人的体力与人的先天生理素质有着直接的关系，先天生理素质好的人不仅不容易患病，而且更具有成为体格强健的人的潜质。就心理能力而言，人的心理并不像洛克所说的那样是一块"白板"，倒有点像莱布尼茨所说的那样像有花纹的天然大理石。人的心理或人性具备可开发的能力潜能。没有这种潜能，是不可能开发出能力的。一些较高级的动物，由于没有智力的潜能，无论怎样学习和训练也不可能获得像人所具有的那种智力。每一个人都有先天禀赋，但不同的人的先天禀赋是不同的，即使进行完全相同的学习、训练和实践，不同的人的能力也不会是一样的。先天禀赋的不同是导致人们能力差异的根本原因。从这种意义上看，孟子的"人皆可以为尧舜"说法是不能成立的。

其次，人的能力不是先天具有的，而是通过学习、训练和实践获得的。虽然人具有先天的能力禀赋，但这种禀赋不经过开发是不可能成为能力的。即使一个人先天生理素质好并且后天有丰富的营养，如果缺乏体育锻炼或体力劳动锻炼，他也不能获得强健的体力。人的所有心理能力更离不开开发。开发能力的直接途径是学习、训练和实践，在当代社会，人们的学习训练主要是通过教育实现的，因而教育在人的心理能力开发方面具有至关重要的作用。在人能力形成的过程中，社会环境也具有重要影响。能力的开发一般是有生理年龄限定的，不同的能力需要在不同的年龄段开发，否则就可能开发不出来或开发不充分。这方面最有说服力的事例是印度1920年发现的两个狼孩。从狼孩的故事可以看出，一个人的智力高低、能力大小，并不完全取决于先天禀赋，而更多的是受成长环境和教育的影响。在能力形成的过程中，实践经验也具有重要意义。人的许多能力仅仅靠教育训练是不够的，需要个人自己在生活和工作实践中磨炼和积累经验。只有经验才能使人的能力达到炉火纯青的程度。

再次，人的能力需要在活动或工作中体现，而活动或工作中所体现的能力都不是单一的。人的能力是一种心理特征，它是看不见摸不着的，需要通过活动显示出来，活动或工作是人的能力的载体。能力总是与人完成一定的活动联系在一起。"离开了活动，谈不上特殊能力，也谈不上一般能力。"[1] 离开了具体活动既不能表现人的能力，也不能发展人的能力。但是，我们不能认为凡是与活动有关的，并在活动中表现出来的所有心理特征都是能力。只有那些完成活动所必需的直接影响活动效率和效果的心理特征，才是能力。例如，人的知识虽

---

[1] 高玉祥编著《个性心理学概论》，陕西人民教育出版社，1985，第94页。

然对活动有一定影响，但不是顺利完成某种活动最直接最基本的心理特征，因此不能称为能力。

人的任何一项活动或工作都不是完全单一的，有许多活动还相当复杂，要完成一项活动和工作，一般都需要多种能力的协同作用。为了完成学习任务，不能仅仅靠记忆力，还要靠观察力、理解力、概括力、分析问题和解决问题的能力，甚至还需要书写能力。教学工作需要收集资料的能力、理解力、综合概括能力、写作能力、口头表达能力、书写能力等。因此，我们说能力时，可能是指某一个单项能力，也可能是指综合能力。上面所说的口头表达能力是一种单项能力，而教学能力则是综合能力。一般来说，从事某项活动或某种工作的能力都是综合能力。同时，任何一项活动或一种工作都需要一定的智力作为前提和基础。没有智力作为支撑，任何活动或工作都是不可能进行和完成的。这就是说，完成一项活动或工作，既需要多种单项能力的综合运用，也需要智力作为基础和前提。

最后，能力是有个性差异的。人的能力属于人的人格构成要素和个性心理特征，与每一个人的人格相联系，受人性的潜能制约，在每一个人身上表现出自己的独特风格和各自的个性特点。有心理学家对人们在认识问题和解决问题的过程中采取的策略进行了探讨，发现在解决问题的时候每个人的做法不完全相同，每一个人都有一套自己的策略，但结果都能完成作业。他们将这方面的策略概括为四种不同的类型："同时扫描型"，被试应用每个否定或肯定的事例去推测哪种假设是可取的，哪种是应该淘汰的，做出选择后就牢牢记住所淘汰过的假设，并把这种记忆保持到问题解决时为止。"继续扫描型"，每次都只限于一种假设，根据成功与否直接决定该假设的真假。"保守的集中型"，根据一个肯定的事例，继续改变一种属性，从其中引出正负反应以决定假设的取舍。"集中的赌博型"，不从一个一个属性去检查，而是将几个属性放在一起测试，结果为正就把问题解决了。这四种策略是四种不同的认知方式和行为策略，也反映了人各不相同的个性差异。[①]

能力有不同的类型，对能力的类型有不同的划分。我们比较倾向将能力划分为一般能力和特殊能力。"特殊能力是在一般能力中获得充分发展的某种特殊的心理活动系统，而一般能力则是在种种特殊系统基础上发展起来的整体。"[②] 特殊能力包括专业能力和技能。因此，也可以说能力可以划分为三类，即一般能力、专业能力和技能。一般能力是所有正常人都程度不同地具备的能力，主要包括认识能力、情感能力、意志能力、行为能力。专业能力指从事各种专业性工作的能力，如教师专业能力、律师专业能力、管理专业能力等。技能指从事各种操作性行为的能力，如驾车技能、打字技能、游泳技能等。特殊能力并不是每一个正常人都同时具备的。人们从事任何一项专业性或操作性活动既需要一般能力，也需要特殊能力。二者的运用是难以完全分开的，它们的发展也是相互促进的。

能力最显著的个人差异在于人们的能力有大小强弱的区别。对于能力的大小强弱，心理学提供了一些测验方法，其中比较重要的是关于一般能力的三种有影响的测验，即智力测验、情感测验和意志测验（主要是挫折测验）。这三种测验的指标被称作"3Q"，即"智商"（IQ）、"情商"（EQ）、"挫折商"（AQ，又称"逆商"）。这些测验有助于我们更深入地理解能力。

二　德性与智力

鉴于智力是一般能力中最重要的能力，我们着重讨论作为一般能力的智力与德性的关系。

"智力"一词在中文里是指"人认识、理解客观事物并运用知

---

① 参见高玉祥编著《个性心理学概论》，陕西人民教育出版社，1985，第87—88页。
② 高玉祥编著《个性心理学概论》，陕西人民教育出版社，1985，第94页。

识、经验等解决问题的能力，包括记忆、观察、想象、思考、判断等"。① 智力的英文词 intelligence 来自拉丁文的 intellegere，原意为"理解"。对智力有两个较权威的定义。一个是美国心理学会 1995 年提供的《智力：知道与不知道》报告中的定义："个人在他们理解复杂观念、有效适应环境、从经验中学习、从事各种形式的推理、通过思考克服障碍的能力方面彼此不同。尽管这些个体差异会是实质性的，但它们绝不是完全一致的：一个既定的人的理智的运用在不同的场合、不同的领域会由于根据不同的标准判断而变化。……的确，当若干位著名的理论家最近被要求给智力定义时，他们给了若干个不尽相同的定义。"② 另一个是由 52 位智力研究者于 1994 年签字的"智力主流科学"中下的定义：它是"一种非常一般的心理能力（capability），尤其包含推理、计划、解决问题、抽象思维、理解复杂观念、快速学习和从经验中学习的能力（ability）。它不只是书本学习、一种狭窄的专业技能或考试才智。它反映一种较宽、较深地理解我们环境的能力（capability）——'理解'事物、'把握'事物的'意义'，或'筹划'要做什么"。③

　　由此看来，智力是人的一般心理能力，主要是指通过学习和训练获得的，认识事物、理解意义并在此基础上形成观念、做出选择和决策、构想形象和方案、解决问题的能力。智力是人完成任何活动都不可缺少的，是能力中最重要而又最具普遍意义的部分。智力包括许多相关的能力，如推理能力、计划能力、解决问题能力、抽象思维能力、理解能力、使用语言能力、学习能力、创造能力等。有学者从智

---

① 《现代汉语词典》（第 7 版）"智力"，商务印书馆，2019，第 1692 页。
② R. Perloff, R. J. Sternberg and S. Urbina, "Intelligence：Knowns and Unknowns", *American Psychologist* 51（1996）.
③ L. S. Gottfredson, "Foreword to 'Intelligence and Social Policy'"（pdf）, *Intelligence* 1（1997）：1-12, doi：10.1016/S0160-2896（97）90010-6, http：//www.udel.edu/educ/gottfredson/reprints/1997specialissue.pdf. Retrieved on 2008-03-18.

力测验的要素角度将智力分为观察力、注意力、记忆力、思维力和想象力五种。这种划分基本正确，不过还需要将思维力进一步划分，而且这种划分是十分必要的，因为思维力是智力的这五种要素中最重要也最复杂的。如果将思维力进一步分为认知（陈述）能力、理解能力、评价（判断）能力、选择能力、构想能力、决策能力和反思能力，那么智力就应由观察力、注意力、记忆力、认知（陈述）力、理解力、评价（判断）力、选择力、构想力、决策力、反思力、想象力等十多种能力构成。

与其他能力相比较，智力具有以下特点。

第一，智力主要通过学习和训练获得，但先天的禀赋对智力具有决定性的规定作用。每一个正常人都有智力的潜能，这种潜能需要开发。在现代社会，智力的潜能主要通过学校教育开发，或者说是通过个人在学校学习和训练开发的。现代的学校教育从幼儿园到大学都是开发智力的过程，在大学阶段还包含专业能力培养。相同的智力潜能，由于受教育的程度和受教育的质量不同而不同。具有相同智力潜能的两个人，接受了大学教育的人比只接受了中学教育的人智力开发得要充分，在质量高的学校接受教育的人比在质量低的学校接受教育的人智力开发得要充分。对于智力来说，开发是非常重要的，但智力的潜能对智力的制约作用很大。智力的潜能有局限，仅靠教育开发是难以突破的。如果子女智力潜能平平，而家长力图通过上更高层次的学校和上好学校来使子女的智力达到很高的水平，那是不现实的。一般来说，接受与智力潜能相应的教育是最经济的，也不会使孩子学习的压力很大。当然，智力的潜能一般不好把握，但正规的教育考试大致能反映孩子的相对（即与同龄孩子相比）智力潜能。例如，一个孩子高考的成绩只够"三本"学校的录取线，让他上"一本"学校可能就是不合适的。

第二，智力在很大程度上是知识的转化，经验对智力有一定的影响，但影响有限。人的智力开发主要是以知识为载体的。从幼儿园到大学的学习主要是学知识，人们主要是通过学习知识获得智力的。一般来说，知识学习得越广阔、越深入、越扎实就越有利于智力潜能的开发和智力水平的提高。但是，所学习的知识不能是死知识，而要是活知识。所谓"活知识"就是融会贯通的知识，是可以灵活运用的知识，而不是死记硬背、生搬硬套的知识。所以，从知识到智力有一个转化的过程，转化得正常、顺利，知识就会成为智力；转化不正常、不顺利，知识就只是知识，而不能成为能力。在知识转化为智力的过程中，经验能起一定的作用。一般来说，经验（包括日常经验、科学的观察和实验）越丰富则对这种转化越有利。但是，经验对于智力形成的作用没有对于专业能力和技能形成的作用重要。我们不能只诉求经验来提高智力，而要诉求教育来开发智力，诉求知识来提高智力。

第三，智力需要与特殊能力结合起来才能充分体现其价值。智力水平高低对人的生存发展非常重要，总体上看，智力水平高的人发展相对较好，生活质量相对较高。但是，智力是一般性的能力，在现代社会分工发达的情况下，智力水平需要与特殊能力，特别是要与专业能力结合起来，才能更充分地体现其价值。就是说，一个人只是智力水平高而没有什么专业能力，他就可能成为"万金油"式的人，难以在职业领域取得较大成就。现实生活中我们可以发现这样的人，他们智力水平相当高，但没有什么专业能力，或专业能力平平，因而在职业方面没有什么成就。真正有作为的人，一般都是智力水平高同时又专业能力强的人。

智力对德性具有两方面的重要影响：一方面智力通过智慧影响德性，另一方面智力可以直接影响德性。

智慧是人通过修养形成的一种综合机能，它是由多种因素构成的，能力是其中最重要的因素，而能力中智力又是主导方面。智慧不同于智力的地方在于，它除智力之外还包含知识，也包含特殊能力，而且包含对观念正确和德性品质的要求，包含实践的倾向。但是，智慧究其根本还是在于智力，正因为如此，不少学者、不少文献将智力等同于智慧。因此，我们讨论智慧时，需要特别重视智力与智慧的关系。智力是人的认知能力、理解能力、评价能力、选择能力、构想能力、决策能力和反思能力。这些能力构成了智慧的核心内容。我们说德性形成的整个过程是一个反思、比较、甄别、判断、选择、寻找理由、试错、确认（决策）以及将这种确认转变为意愿、谋求和行为的过程，这个过程是一个智慧运用的过程，但所运用的智慧显然是以人的智力为前提的。反思、比较、甄别、判断、选择、寻找理由、试错、确认都是运用智力进行的活动，它们都是智力在活动中的体现。这个过程的任何一个环节发生问题，智慧的运用也就会发生问题，德性形成过程就会中断、不完整或发生问题。在刚毅这种德性形成的过程中，我们的判断能力较差或出错，将那种刚愎自用的品质当作刚毅，那么所形成的德性就不是真正的刚毅，而是刚愎自用。这里就是智力的局限或错误导致了判断和选择出错。

不仅智力作为认知、评价、理解、选择、构想、决策和反思能力直接影响智慧，并影响德性，而且智慧在观念选择、知识运用和德性要求的掌握等方面，也需要智力。知识是智慧的内容，那么对于一种德性的形成来说，智慧需要运用哪些知识，这需要智力选择和判断。智慧是以正确观念为前提的，那么对于一种德性形成来说，什么观念正确什么观念不正确，智慧有一个判断和选择的问题，这种判断和选择也离不开人的智力。智慧包含对德性品质的要求，那么对于一种德性形成来说，所需要的智慧需要包含哪些德性要求，也有一个智力判断和选择的问题。由此看来，智力对智慧的影响是全方位的，因而对德性的影响也是全方位的。

智力水平决定着智慧水平，而智慧水平则在很大程度上决定着德性水平，智力对德性的影响是间接的，但具有根本性、整体性。兰茜·硕曼在谈到实践理性与品质的关系时指出："正是实践理性使品质的各种不同目的整合为一，使它们优化，对它们做出评估，并最终对做什么是最好的和最优的做出充分考虑过的判断。"① 硕曼关于品质与实践理性不可分离的看法深刻揭示了德性与智力以及智慧之间不可分离的密切关系。

智力对德性的形成还具有直接的影响。有多种智力因素在德性形成的过程中直接发生作用，这种作用并不是通过智慧间接发生的。我们至少可以列举出观察能力、模仿能力、学习能力这三种智力对德性的形成具有直接作用。人的德性的形成与行为直接关联，当一个人注意到别人通过行为表现出的德性的时候，他可能受其影响模仿和学习而形成德性。这种情形在儿童那里十分明显。我们一般都把勇敢看作一种德性（在我们的德目中，勇敢被归入刚毅），这种德性在那些古代以狩猎为生的部落是非常重要的德性。狩猎部落的大人们主要靠勇敢与凶猛的野兽做斗争。这些部落的孩子，从小就会观察大人们的勇敢行为，并在这种生存环境中受大人的影响去勇敢地面对野兽，从而形成勇敢的德性。观察能力、模仿能力、学习能力都对德性形成具有直接的作用。今天，我国农村的许多家庭都是靠勤扒苦做维持生计的，勤劳仍然是农民的突出德性。生活在这种环境中的小孩也会通过观察、模仿、学习形成勤劳的德性。当然，通过直接的观察、模仿和学习形成的德性是非反思的德性，这种德性是未经过智慧洗礼的，还不是真正意义上的德性。不过，这种非反思的德性很容易通过智慧的确认而成为反思的德性。

实际上，智力对德性的直接作用可能远远不止于此。在人们智慧没有完全形成的时候，不同的智力形式都有可能在德性形成过程中发

---

① Nancy Sherman, *The Fabric of Character: Aristotle's Theory of Ethics*, New York: Oxford University Press, 1989, pp. 4-5.

生作用。即使一个尚未形成智慧的小孩也可以按某种德性的要求行事，并逐渐形成某种德性。在这里，学习能力和理解能力就发挥着作用。今天的许多成年人在小学阶段都学习过"说谎话的孩子"的课文。通过这个课文的学习，学生都知道了什么叫说谎、什么叫诚实，而且理解了诚实的意义和说谎的后果。许多学过这篇课文的人，当时还是不到十岁的小孩，并不一定具有智慧，但通过对这篇课文的学习和理解开始了诚实德性形成的过程。

德性对智力也具有重要意义，这种意义可以从以下三个方面看。

首先，德性对智力的形成具有促进作用。一般来说，德性的形成与智力的形成在起点上恐怕很难分出先后，但是智力的形成过程是相当长的，有些种类的智力可能是在成年以后才形成的。哲学思维能力就是如此，哲学思维能力一般都是上大学学过哲学后才有可能形成的。对于这些种类的智力的形成，德性是有促进作用的。在过去有关智力的文献中，构想能力很少被注意到。构想能力是人的一种非常重要的能力，如作一篇学位论文要构思框架，开展一项活动要构想方案，建设一项工程也要策划方案。构想能力如何直接关系到一个事项的成败好坏。这种构想能力是人的一种认识能力，属于智力的范畴，并且与多种智力以及经验相关。这种构想能力通常是在人成年以后才形成的。对于构想能力的形成和发挥，人的德性就起着重要作用。如果一个人满足于普通的工作，他就不需要这种能力或对这种能力要求不高。但是，从事那些难度大的复杂工作的人则非常需要这种能力。对于一项工程的设计者（总设计师）、一个单位的管理者、一项大活动的组织者来说，构想能力就是至关重要的。对于这种能力的形成至少有两种德性起着重要的作用：一是进取的德性，二是创新的德性。有进取德性的人才有可能获得形成这种能力的机会。如果一个人不积极进取并有所作为，他就不太可能有机会承担那些需要构想能力的工作。人们在选择承担需要构想能力的工作的人选时，会选择那些具有进取精神并已有所作为的人，而不会选择那些饱食终日、无所用心的人。而且那些具有进取精神的人也会积极争取和创造这样的机会。例如，只有那些有进取精神的人才会去攻读学位，才会在撰写学位论文的过程中形成或增强构想能力。具有创新德性则会使人在发挥构想能力的过程中追求创意。人的创新主要是靠构想能力实现的。如果一个人具有创新的德性，他干任何事都会想到并致力于创新，那么他就会在构想能力形成的过程中、在构想的过程中有创新的意识和追求，就会形成具有创新性的构想能力，并构想出具有新意的论文或方案。

其次，德性对智力的提高具有推动作用。德性对智力提高的意义更为明显。人的智力水平不是一蹴而就的，而是有一个提升和衰退的过程。智力能达到什么程度，一般是人们难以完全弄清的，但是在人衰老之前许多种类的智力都有提高的空间。在这个过程中，人的许多德性都能对智力的提高起推动作用。例如，自主的德性就能对智力的提高起到重要的推动作用。人是自主的人，会独立自主地进行自己的活动。他会按照自己的想法去认知、评价或去学习、理解，他会自主地判断、选择、构想和决策。他独立自主地去从事他自己的活动对于提高他的相关能力会有很大的帮助。如果有一项重大的庆祝活动要举行，对于一个自主的人来说，他会主要靠自己的努力来策划和组织这一活动，而对于一个不具备自主德性的人来说，他可能一切依赖别人，自己没有什么主见。当然，依赖别人来筹办也可能比独立自主地筹办效果好，但是独立自主筹办更能提高一个人的构想能力和决策能力等多种能力。公正的德性也会对人的多种智力提出更高的要求，从而对这些智力的提高有促进作用。公正要求人们对相关人的状况了解得更清楚，这需要更强的认知能力；要求对相关人的贡献、现状等有正确的评价，这需要更准确的评价；要求有更合理的分配方案；要求做出更正确的决策等。所有这一切都会对人们的相关智力提出更高的要求，要真正体现公正德性的要求，必须提高相应的能力。

再次，德性对智力的发挥尤其具有重要意义。智力不仅存在着形成和提高的问题，还存在着使用和发挥的问题。现实生活中有不少人具有相当高的智力水平，但是，由于种种原因他们不愿意或没有机会运用他们的智力。一个人不愿意发挥自己的聪明才智，一般与他有某种不满情绪有直接关系，而导致人们产生不满情绪，或有了不满情绪不能得到及时化解的原因，则与人们的品质有直接关系。一个人不具备乐观的德性就可能因为受到某种挫折而悲观丧气，从而影响他的智力的发挥；一个人有妒忌的恶性会因为别人在某方面比自己领先而心存不满，从而不愿意发挥自己的聪明才智。我们可以找到许多这样的事例，我们自己也会经常遇到这样的问题。产生不满情绪是难以完全避免的，但长期不能化解并影响智力的发挥，那就是德性有问题了。人们没有机会运用智力也与德性有很直接的关系。人们之所以没有这样的机会，也许是客观原因，但更主要是因为德性存在着某方面的缺陷。假如一个人缺乏勤劳的德性，他在哪里都不受欢迎，他失去的发挥智力的机会就比别人多得多。假如一个人缺乏敬业、负责的德性，他从事什么工作都会发生问题，他再有聪明才智，别人也不敢让他发挥，因为他的发挥可能导致严重的后果。现实生活中不少人抱怨社会或单位不给他们发挥聪明才智的机会。症结在哪里？我们不能否认存在着一些不公的问题，但最主要的原因可能还是在于他们自己，是他们的德性或多或少存在着致命的弱点。

三　德性与专业能力

专业能力对德性的影响比智力要小，但也不可忽视。同时，德性对专业能力的提高也有重要的积极作用。

专业能力（Expertise）是人们从事专业所需要的能力。什么是专业？"社会学家用专业（profession）来形容一种需要广泛知识并由一套操守规范约束的工作。"① 专业与一般职业相比，要求有一套系统的理论或抽象的知识，专业训练时间长而且正式，有很大的专门程度、很高的自主性等。② 由此看来，专业能力主要是指经过专业学习和训练并通过经验获得的，以专业知识和专业基础知识为基础，能从事专业性强的职业的能力。从事医疗、法律、科研、教学、管理等工作的人一般都具有专业能力，被称为专业人士。

专业能力与智力水平有十分密切的关系。智力水平越高越有利于专业能力的形成和提高。在所学专业知识相同、努力程度相同的情况下，智力水平越高越对专业能力的形成和提高有利。但是，专业能力并不与智力成正比关系，相同的智力水平可以形成水平很不相同的专业能力。这与对所从事专业的态度和努力程度有直接关系。如果一个人对所从事的专业高度热爱，具有强烈的事业心和敬业精神，他就会奋发努力和潜心钻研，他的专业经验就会丰富，专业能力就会提高得快；一个人缺乏这种专业感情和精神，他的专业经验和能力都会因而受到影响。

专业能力与专业知识和专业基础知识成正相关，专业知识和专业基础知识越渊博越有利于专业能力的形成和提高。如果说智力与基础知识和各方面的知识呈正相关，那么专业能力在此基础上还需要专业知识和专业基础知识，专业知识和专业基础知识越广博越深厚则越有利于专业能力的形成。尤其重要的是，专业知识和专业基础知识越渊博，专业能力的后劲越足，也就是专业能力提高的空间越大。这里需要特别指出的是，对于专业能力的提高来说，最好形成一个金字塔形

---

① 〔美〕理查德·谢弗：《社会学与生活》（插图第9版），刘鹤群等译校，世界图书出版公司，2009，第284页。
② 参见〔美〕理查德·谢弗《社会学与生活》（插图第9版），刘鹤群等译校，世界图书出版公司，2009，第284页。

的知识结构：专业知识、专业基础知识、相关知识和一般知识。这个金字塔的底越宽、顶越高，为专业能力的发展提供的空间就越大，越有利于专业发展。

专业能力既需要专门的学习训练，也需要实践经验，经验对于专业能力的提高意义重大。从事专业的人一般需要接受较长时间的正规专业学习和训练，但是通过学校学习训练所获得的专业知识和专业能力还是初步的，还需要将在学校学习的专业知识和专业能力运用到实践中去，并在实践中进一步学习和提高。高水平的专业能力需要通过长期有心的实践才能获得。

不同的专业有不同的专业能力，职业难度越大越需要专业能力。现代社会分工越来越细，而且也越来越专业化，因而专业也越来越多。不同的专业有不同的专业能力，在一般情况下，专业能力不能打通使用。一位再高明的医生也不能当桥梁工程师。当然，也有一些专业能力可以兼具，特别是许多专业人员都可以从事专业教学。从广义上来看，当今社会的所有职业都具有专业性，都可以说是某种专业，不过，人们通常所说的专业更多的是指像科技、医疗、教育、管理这样一些较高层次的专业。正因为如此，人们常常认为只有特殊职业才需要专业能力。

玛丽-莱因·爵迈因（Marie-Line Germain）2006年研发了一个被称为"一般化专业能力测量"（The Generalized Expertise Measure，简称为GEM）的专业能力测量表。她界定了"专业人员"的行为范围并提出了16项衡量标准，包括5个客观的专业能力项目和11个主观的专业能力项目。客观的项目被命名为"基于证据的项目"（evidence-based items），主观项目由于其行为构成成分而被命名为"自我提升的项目"（self-enhancement items）。她衡量专业人员的16项标准是：具有他工作领域所特有的知识，表明他接受过作为一个专业人员在他的领域所必要的教育，具有他的领域的知识，具有在他的领域作为专业人员所需要的资质，在他的专业领域一直进行训练，对他在公司的工作有雄心，能评估一个与工作相关的处境是否重要，能改善他自己，是有个性特征的，能熟练地根据与工作相关的处境对事情做出推断，对工作是具有直觉的，能判断他的工作中什么是重要的，具有取得他所在领域所能取得的成就的动力，是自信的，对自己充满信任，是一位开朗的专业人员。实践表明，玛丽-莱因·爵迈因的测量标准的可信度是高的。这个测量标准对于我们了解专业人员应具备什么样的专业能力很有启示意义。

专业能力强的人在职业领域更具有优势。那些较高层次的职业一般都是专业性强的职业，需要从业者具备更强的专业能力。因此，专业能力强的人在不同的职业领域更有可能从事层次比较高的职业，而在同一职业领域，专业能力强的人更有可能获得发展的机会。

从前面对专业能力的特点的分析可以看出，专业能力与勤奋努力的程度和专业实践的经验有着十分密切的关系。一个人越是勤奋努力，他的专业能力就会越强；一个人越是注重躬行实践，他的专业能力就会越强。专业能力形成和提高的这种特点，使专业能力对德性的形成和提升具有重要影响。

专业能力的最初形成过程与德性关系密切。一个人要在学校学好专业，打下扎实的专业基础，就需要一些与之相适应的德性。许多专业客观上要求必须具备相应的德性，不具备这些德性，专业能力就不可能形成。比如医学专业就是如此。一个学医学专业的学生，他不在学习医学专业知识的同时养成敬业、关怀、负责等德性，他能形成他的医疗能力吗？他首先难以真正掌握医疗技术，因为对医疗技术的掌握需要有对病人的高度责任心；即使掌握了医学知识，他也会因为缺乏应有的德性做支撑而不能真正形成医疗能力。掌握专业知识、培养专业能力与相关德性养成是同一个过程。在这个过程中，一个人学习掌握专业的动机和愿望比他养成德性的动机和愿望更明显、更强烈，这样，他对专业的需求会带动他对相关德性的需求。

专业能力提高的过程也是与德性提升的过程一致的。专业能力提高是一个漫长的实践过程，常常贯穿于人的整个职业生涯。在这个过程中，要不断提高专业能力，人们必须不断学习钻研，不断思考探索，不断反复实践和不断积累经验。在人们长期追求专业能力提高的过程中，专业所需要的德性也会不断得到提升；当人们的专业能力达到完善的程度，一些相关的德性也臻于完善，达到所谓的"德业双馨"的境界。爱因斯坦一生热爱科学，也热爱人类。他没有因为埋头于科学研究而把自己置于社会之外，而是一直关心着人类的文明和进步，并为之顽强、勇敢地战斗。他说过："人只有献身于社会，才能找出那实际上是短暂而又有风险的生命的意义。"他自己正是这样去做的。当爱因斯坦后来从无线电广播知道美国对广岛、长崎投下原子弹，杀伤许多平民时，他感到非常痛心。他后来写了一封告美国公民书，严肃地告诫科学家必须限制原子能绝对不能使用来杀害全人类，而是用来增进人类的幸福方面。爱因斯坦的这些优良德性是在他长期的科学研究实践中伴随着专业能力和专业成就养成和完善的。

另一方面，当一个人专业能力达到较高的境界时，他也会更注重德性修养，在专业方面获得人们尊重的同时，追求"德高望重"，追求人格的崇高和人生的完善。正是通过这种更高的德性追求，这些学有专长、业有专攻的专家成了受到普遍尊重的"大师""大家"。那些德高望重的教授对学生更关心、更耐心、更负责。经常去医院看专家门诊的人也会有这样的体会，专家看病比普通医生看病更细致，对病人更耐心，开处方更慎重。许多这样的专业人员也许不一定追求成为大师、大家，但当他们的专业水平和能力达到一定程度时，他们大都会十分注重自己在专业领域的言行举止，注重自己的形象，注重自己的德性修养。

值得注意的是，专业能力所促进的德性一般都是专业所需要的德性，或与专业相关的德性，并不一定能促进人的所有德性的提升。在现实生活中，我们可以看到不少专业能力强、专业德性高的人的整体德性有问题。抗日战争期间，日本有一个臭名昭著的 731 部队专门从事生物战和细菌战研究并进行相关人体实验。这些人的情形类似于第二次世界大战中德国的那些真诚为纳粹效命的所谓"真诚纳粹"。这些人的德性由于价值取向的错误而不是真正的德性，是"助纣为虐"的恶性。这样的事例表明，要使专业能力的发挥有利于人类整体，专业人员必须具备有利于人类更好生存的基本德性。

不少德性是与专业能力相伴形成的，这种德性对于专业能力的作用以上已有所述，这里再从总体上就德性对于专业能力的作用做些阐述。

首先，德性对专业能力的形成和提高具有支撑作用。专业能力的形成和提高是一个长期的、十分艰苦的过程。现实生活中许多人之所以成不了专业人士，成不了专家、"大家"，就是因为他们不能忍受这样一个漫长的艰苦过程。不少人因为忍受不了这样的过程而根本不能进入专业人士行列，一些人好不容易进入了这个行列但因为后来不能长期忍受这样的过程而成不了专家，更多成了专家的人后来不能一如既往地坚守这样的过程而成不了"大家"。要成为专家、"大家"，需要有相应的德性提供保证。在科学史上有许多这样的例子。一个众所周知的例子是著名科学家居里夫妇。为了研究放射性元素，居里夫妇数年如一日，百折不挠，坚持不懈地进行着繁重的工作。由于发现放射性元素，他们夫妇于 1903 年获得了诺贝尔物理学奖。居里逝世后，居里夫人因其重大成就于 1911 年又获得了诺贝尔化学奖，成为历史上第一位两次获得诺贝尔奖的伟大科学家。这就是马克思所说的，"在科学上没有平坦的大道，只有不畏劳苦沿着陡峭山路攀登的人，才有希望达到光辉的顶点。"① 要能够长期忍受这样艰苦的过程，就需要一些作为支撑的德性。其中比较重要的直接相关德性有勤劳、刚毅、好学、谦虚、务实、敬业、开拓、创新。靠着这些德性，一个人才能在追求专业能力形成和提高的过程中踏踏实实、勤勤恳恳、不畏艰难、求真务实、专心致志、不屈不挠地坚持走到底。我们可以设想，除了这些德性之外，还有什么可以支持人们走完专业能力形成和完善的漫长过程呢？没有。无论是兴趣，还是热情，都不可能发挥这种持久的支撑作用。也许对某种理想的追求能起到这种作用，但任何对理想的追求也都要以一定的德性做支撑。

其次，德性对专业能力的形成和提高具有重要激励作用。专业能力的形成和提高需要激励。激励源可能有多种，如对理想的追求、强烈的事业心、高度的责任感、个人的名誉等。无论激励源有多少种，德性肯定是其中的一种持久发挥作用的激励源。像关怀、负责、合作、进取、创新等德性，一旦形成就会作为定势和习惯发挥作用，不需要人们不断地去激发。而且具备了这样的德性，人们更容易形成与之相应的观念和精神，它们结合在一起，会成为不断提高专业能力和水平、做出专业成就的巨大力量。爱因斯坦就是典范。正像历史学家认为 17 世纪下半叶是牛顿的时代那样，人们常把 20 世纪上半叶看成爱因斯坦的时代。因为他的相对论开创了物理学的新纪元，几乎整个 20 世纪物理学的创造历程，都有他的巨手在指引着前进的方向。人们常说，爱因斯坦是天才，但他取得伟大的成就，主要是他极度勤奋，不倦探索，敢于创新。他的极度勤奋、不倦探索和敢于创新不只是他的精神特征，更是他的德性表现。他的勤奋、进取、创新等德性以及与之相应的精神成就了他的天才，成就了他的专业和事业。

① 《马克思恩格斯全集》第 44 卷，人民出版社，2001，第 24 页。

再次，德性对专业能力的运用具有正确的定向作用。尽管专业能力是人们通过不懈的艰苦努力获得的，但它仍然像人的其他能力一样在价值上是中性的，可以用来造福于人类，也可以用来损害人类的生存。因此，专业能力的运用有一个正确定向的问题。对专业能力的定向，有多种因素可以起作用。法律制度可以对人们专业能力的运用起重要的限定作用，社会的道德规范能起导向作用，人们的观念也能起作用。这些作用都不可否认，但德性对于专业能力的正确运用更具有持久性、自发性的作用。如果一个人具备完善的德性，再加上以上所说的因素的作用，他的专业能力就更能朝着有利于人类更好生存的方向发挥。相反，对于一个不具备基本德性的人，法律、道德的外在约束作用是有限的，是治得了标治不了本的。

四　德性与技能

技能对德性的影响相对最小，但德性对技能的作用还是比较大的。

技能（skill）一般是指比专业能力更具体的专门能力，它是通过一段时间练习掌握的、能够完成一定任务的相对单一的能力。技能按其性质和表现特点可区分为动作技能（如驾车、拳击等）和智力技能（如心算、写作等）。通常所说的技能主要是指动作技能。"动作技能（motor skill）是指通过练习而形成的一定的动作方式。"[①] 技能按其熟练程度可分为初级技能和熟练技能。初级技能只表示"会做"某件事，而未达到熟练的程度。熟练技能是经过长时间的运用达到娴熟的程度。技能按其工艺水平可分为普通技能和技巧性技能。普通技能就是通过练习学会后即可运用的技能。普通技能如果经过有目的、有组织的反复练习，动作就会趋向自动化，达到技巧性技能阶段。技能按

---

① 彭聘龄主编《普通心理学》，北京师范大学出版社，2004，第488页。

其运用的领域可分为职业技能和运动技能等。职业技能如电焊、钣金、车工、钳工、汽车驾驶（司机）等对机器设备的操作，弹钢琴、弹吉他、吹笛子等乐器的演奏，等等；运动技能如骑车、跳水、游泳、打球等。

在技能形成的过程中，不同技能之间会相互作用。已形成的技能若促进新技能的形成，叫技能正迁移。例如，一个会驾驶汽车的人学开摩托车，就更容易学会；一个会蛙泳的人会更容易学会侧泳。这就是正迁移。如果一个人已形成的技能阻碍了新技能的形成，叫技能干扰，或技能负迁移。例如，一个人擅长打羽毛球，可能比不会打羽毛球的人更难学会网球，因为羽毛球的动作习惯会影响网球动作习惯的形成。①

技能作为特殊能力一般要以智力为基础和前提，而且智力越高越有利于技能的学习和掌握。这就是我们在日常生活中经常见到的聪明人学什么都快。因为智力水平高的人理解能力和接受能力强，会很快掌握动作要领。但是，智力对技能的影响是有限的，一个智力强的人可能学会技能快，但学会后与智力差的人掌握的技能差异不太大。这就如同一位博士算小学的算术题可能没有小学生快一样。一般来说，对于掌握技能来说，具有正常的智力水平就可以了。不过，某些特殊的禀赋对技能特别有利，如有数字天赋的人善于心算，味觉特别敏感的人可以培养超常的品酒技能。

技能与智力之间存在着以下四方面的不同。一是智力是一般能力，是所有其他能力的基础和前提，同时这种能力也会在人生活的各方面体现出来。技能则是不同的专门能力，只能在某一方面运用。二是智力的形成需要漫长的时间，学校教育特别是通过教育获得的知识对于智力发展具有极其重要的意义。技能的掌握则一般不需要漫长的

---

① 参见彭聃龄主编《普通心理学》，北京师范大学出版社，2004，第497—499页。

学校教育过程，许多技能通过短期的练习就可以获得。一个人只需三个月就可以学会驾驶小汽车，而三个月对于一个人提高智力来说没有什么明显的效果。当然，技能的形成是以智力发展到一定程度为前提的。三是技能的获得方式与智力也不相同。智力是在各种知识的学习过程中获得的，而各种知识（如生活常识、物理知识、化学知识、数学知识等）可以通过语言文字的形式传授。技能则必须进行操作，并坚持练习，只有这样，才能掌握其中的技巧。四是智力一旦形成一般不会丧失，而技能一旦停止使用，不久就会变得生疏。因此，可以说技能是一种熟能生巧的体力活，对各个器官的协调能力要求很高。正如卖油翁所言："无它，唯手熟尔。"

专业能力与技能没有多少直接的关系，两者之间存在着明显的差异。专业能力是需要经过相对较长时间的正规学习和训练才能获得的，而且必须以一般知识和专业知识为基础，而技能则可以通过较短时间的练习获得，而且不必以专业知识为基础。例如，一个文盲一般通过三五年的学习就基本上可以掌握中国传统手艺（如木匠）的技能，而一个医生则需要更长的时间才能掌握医疗专业技术，而且必须有相应的一般知识、专业基础知识和专业知识作为基础。专业能力一般是与比较复杂的职业相联系的，而技能一般所涉及的是比较单一的活动，当然也可以作为职业，如驾车、打字等。不过，随着社会的进步，专业能力与技能的界限越来越模糊，特别是越来越多的具有专业能力的人同时掌握多种技能。例如，一位有专业能力的科学家，可能同时会驾车、打字、操作电脑。今天，不少技能已经成为人们日常生活和工作必须具备的能力，否则，生活和工作就会很不方便。

技能对德性影响的范围和深度主要体现在两个方面：一是技能的形成和提高要求具备一些共同的德性，形成和提高技能可以促进这些德性的养成；二是几乎每一种职业技能都有与之相应的德性要求，从事这种职业就要养成相应的德性。

一个人无论要形成什么技能，要达到熟练的程度，都需要勤学苦练的功夫，缺乏这种功夫，他就不能真正掌握一种技能，可能始终都只停留在初级技能阶段，而达不到熟练技能阶段。这里的勤学苦练功夫就需要多种德性支持，如需要自重、好学、勤奋等德性支持。有很多人打羽毛球健身，其中大多数人没有掌握打羽毛球的技能，不能因此说他们缺乏好学、勤奋等德性。但是，如果一个人打羽毛球或从事其他技能性活动勤学苦练则肯定会有助于他的这些品质的形成。学习技能的过程就是一个修养和践行好学、勤奋等德性的过程。

前面说过技能有普通技能和技巧性技能的区别。普通技能需要勤学苦练或者说用功，技巧性技能则除了要用功之外，还需要用心，需要运用智慧。这里的用心也需要一些德性的支持，而且这些德性一般都是层次更高的派生德性，如刚毅、进取、创新等。许多人掌握了某种技能后就满足现状，无所用心，不求精湛；而有的人则不同，他们在掌握了一种技能后，还潜心钻研，不断提高技能水平，使自己的技能达到炉火纯青、出神入化的程度。在我们国家有许多民间艺人的某种民间艺术的技艺就是如此。显然，这种对技巧性技能的追求，有助于人们培养他们的像进取、创新这样一些高层次的德性。

几乎每一种技能的形成都要求人们形成一些与技能相适应的德性，如果以某种技能为职业，就必须具备与之相适应的德性。比利时的安特卫普被人们誉为"钻石之都"。有人曾经这样形容：在安特卫普的大街上，走着两种人——买到钻石的和还没有买到钻石的。让安特卫普人骄傲的，不单是550多年的钻石切割历史，这里还集中了全世界众多著名的珠宝公司。550多年来，安特卫普一直以"切工精湛"著称。如今，城里的大部分居民仍然从事着与钻石相关的工作。TESIRO 通灵（欧洲在华最大珠宝零售机构之一）全球设计总监安德烈介绍说："早在 16 世纪，安特卫普钻石工匠的切割技术就享誉欧洲。珠宝界有个名词'安特卫普切工'也是由此而来。在这里，如果想成为一名专业对口的钻石切割师，至少需要经过 6—10 年的学习，同时还需要具备高尚的职业操守和信誉。这也保证了我们送往全世界的钻石，都经过一流的切割师精确计算、切割而成，拥有几近完美的火彩。"① 显然，要成为一名"安特卫普切工"必须具备多种职业德性，如讲求职业信誉的敬业德性、对工作一丝不苟的审慎德性、对技术精益求精的负责德性等。

其实，几乎每一种以某种技能为职业的人都要求具备相应的德性。从事刺绣工作的刺绣工人要有超凡的耐心和细致，不具备这种耐心细致的德性就不能从事这一工作。各种工程性职业技能要求人们合理用料、节约资源。节能的德性要求对于不少职业技能来说是应有之义。那些职业篮球运动员、职业足球运动员在比赛的过程中要精诚合作，不能个人逞雄，否则就会使比赛失利。不言而喻，职业德性是职业技能的题中应有之义，具备了职业德性才真正具备了这种职业技能，不具备相应的德性，或者说相应的德性不形成，不能说掌握了这种职业技能。驾驶汽车的职业技能与节制德性特别紧密地结合在一起。不具备这种德性，很容易导致严重的后果。2009 年 8 月我国交通管理部门宣布对"酒驾"实行"零容忍"，并开展了大规模的严查酒后驾车行动。采取这一行动的最直接原因就是当时频发的酒后驾车肇事案件引起了巨大的社会反响。事实上，驾车的技能还要求人们在多方面节制。例如，如果长途驾驶，前一天晚上就不过度娱乐；开车要克制自己笑谈；不能为了逞能开"英雄车"或"飙车"。许多血淋淋的事实都在呼唤具有驾车技能的人要养成节

---

① 参见《TESIRO 通灵：来自比利时的传奇》，《中国航空》2010 年第 8 期。

制的德性。

德性对技能的意义比技能对德性的意义更广泛、更重要。

首先，具备德性会促使人们掌握更多的技能。对于许多人来说，他们可以多掌握一些技能，也可以少掌握一些技能。但是，可以肯定的是，多掌握一些技能无论是对自己还是对他人或组织都有好处，特别是会给人们的生活、工作带来便利，这就是所谓的"艺多不压身"。一个有德性的人当然会出于自己、他人、群体和环境的利益尽可能多地掌握技能，在一定意义上可以说德性之人是多才多艺、个性丰富的人。一个人具备像自助、勤劳、好学、进取等德性，就会不满足现状，自己动手，不依赖或少依赖他人，就会自己去练习一些对工作或对个性有益处的技能。很多从事涉及文字的工作的人过去打字、编辑都是靠他人，有了电脑，他们中的绝大多数都学会了打字，这为他们处理文稿提供了极大的方便。还有很多具有进取德性的人，为了强身健体，自己学会了一种又一种锻炼的技能。这为因地制宜地运用适当技能锻炼身体提供了方便。不少不具备以上所说德性的人，不愿练习一些实用的健身技能，或者有一些技能也不想去运用，结果患上一些由多食少动导致的疾病。像糖尿病之类的"富贵病"越来越严重的一个重要原因，是人们锻炼少，而锻炼少与锻炼的技能少或技能运用少有着密切的关系。这也从一个侧面表明德性对于技能掌握和运用的重要性。

一些德性有助于人们更快更好地掌握技能。在人的德性中，有些德性是有助于人们更快更好地掌握技能的。不用说，一个具有勤奋、刚毅德性的人，由于在练习技能的时候更刻苦努力、吃苦耐劳，能更快地掌握所练习的技能。同样，一个好学、谦虚的人，会在练习的过程中更注意动作要领、更肯学肯钻、更不自满，因而会比不具备这种德性的人学得更好更扎实。

德性更可以使人们更正当、更恰当、更充分地发挥技能。技能像所有其他能力一样，在价值上是中性的。人们可以运用技能来做好事、有益的事，也可以运用技能干坏事、有害的事。这就涉及技能的正当或正确运用问题。例如，一位技能很高的锁匠可以将他高超的技能用于解决别人的困难，也可以见钱眼开，为小偷开方便之门。有很多东西能对技能的正当运用发挥作用，如法律制度、人们的目的和动机等，其中最可靠的还是人们的德性。具有德性的人可以不需要外在压力，也不需要内在的意识或意志自然地、习惯地、经常地按德性的要求运用技能。德性是人们正当运用技能的可靠保证，一个人有了德性不需要其他的作用因素就能正当运用技能，但有其他作用因素而没有德性就并不一定总能正当地运用技能。

德性还能使人们恰当地运用技能。所谓恰当地运用，就是恰到好处地运用，无过无不及。技能不恰当运用可能导致很严重的后果。人类发明和开展体育活动原本是为了健身，但自从竞技体育出现后，在争名夺利日益白热化的当代，体育的竞技性几乎成了体育的主要属性。运动员为了得奖牌，超极限地使用体育技能，导致非常严重的后果。这种技能的过度使用不仅使运动员身体受到伤害甚至摧残，而且影响了社会风气，导致了一定的社会问题。

德性也能使人充分地运用技能。德性在保证技能正当、恰当使用的前提下，还能使人们充分运用其技能，使技能充分实现效益。有某种职业技能的人，如果他具有勤劳、敬业、负责等德性，他就会自觉自愿地、尽其所能地发挥他的聪明才智。前面说到的"安特卫普切工"，就是因为具有高尚的职业德性才使他们的技能达到全球一流，"拥有几近完美的火彩"。具有某种活动技能的人，如果具有自重、勤劳、刚毅、负责等德性，他会坚持锻炼身体，使身体保持良好的健康状态。德性之所以能使人充分地运用技能，是因为德性所指向的是使人更好地生存，而技能是使人更好生存的重要手段，一个有德性的人当然会充分运用这种手段实现更好生存的终极目的。

第六节　德性与自我实现和人格完善

　　每一个人都在实现自己的人性，都在进行自我实现，但朝哪个方向实现、实现的程度如何却千差万别。有的人的人性实现朝着人格健全或完善的方向充分地实现，有的人的人性朝着人格健全或完善的方向不充分地实现，有的人的人性则朝着人格缺损的方向异常地实现。在人性充分实现的过程中，德性对于人性朝着人格完善的方向实现意义重大，具有决定性影响。

一　自我实现与人格完善

　　每一个人都会将自己的人性现实化，都在自我实现。人在自我实现的过程中会受到各种主客观因素的影响，并非必然地朝着有利于更好生存的方向正确而充分地实现，既有可能错误地实现，也有可能不充分地或缺损地甚至变态地实现。从这种意义上看，萨特等人笼统地强调自我实现的重要性是有局限的，容易导致误解。一个人在错误的方向上充分地自我实现，会比在正确的方向上不充分地实现更糟。这里就存在着自我实现的选择问题。

　　按照萨特的观点，人自我实现的过程，即成为自己的过程，是人不断选择的过程。既然人不得不自我实现，那么人不得不选择，因而他将选择看作人命定的。选择有两种：一种是自发的选择，另一种是自觉的选择。当人没有自我意识时，他的选择与植物的向阳性选择无异。从严格的意义上说，这种选择不是真正意义上的选择，而是生命本能的自发驱使，如婴儿要吃奶的情形。只有当一个人有了自我意识之后，他的选择才是自觉的，也只有在这时，他的选择才真正具有了道德意义。我们所说的自我实现的选择主要是就这种意义而言的。当一个人有了自我意识并有自主选择能力的时候，他本来可以选择而不选择，那么可以说他选择了不选择。

在自我实现过程中的自主选择有多种可能性。就选择的取向而言，一个人可能朝有利于自己更好生存的方向选择，也可能朝着不利于自己更好生存的方向选择。在正常情况下，人都会朝有利于自己更好生存的方向选择。但是，人们在做这种选择的时候常常会发生偏颇，即为了一己更好地生存而妨碍或伤害他人、社会或环境。以这种有偏颇的取向做选择，往往最终伤害自己，使自己不能更好地生存。因此，真正以自己更好生存为取向做选择意味着实现个人利益与他人、社会、环境利益共进。就选择的范围而言，有的人可能选择尽可能全面地实现自己的潜能，也有的人可能选择部分地实现自己的潜能。在这方面，不少人在选择实现自己的潜能的时候，往往"小富即安"，实现了自己足以生存下去的潜能即满足现状，不思进取。真正以自己更好生存为取向的选择是不断拓展，更全面地实现自己的潜能，使自己的人生丰富，这就是人的全面发展。就选择的程度而言，人们可能选择深度地实现自己的潜能，也可能选择浅度地实现自己的潜能。有不少人在选择实现自己的潜能的时候，往往"浅尝辄止"。真正以自己更好生存为取向的选择是尽可能深度地或充分地实现自己的潜能，使自己的生存达到更高的水准，达到更高的境界。就选择的质量而言，有的人可能选择优质地实现自己的潜能，而有的人选择劣质地实现自己的潜能，得过且过，不求最佳。一个人要生存得更好，就得选择优质地实现自己的潜能，使自己高质量地生活。

做出以上四个方面的选择，并付诸实施，其结果就形成了人的人格。人格作为自我实现的结果，首先是选择的结果，其次是根据选择塑造的结果。当一个人选择了以自己与他人、社会、环境利益共进互赢为取向，全面、充分、优质地实现自己的潜能后，努力使之付诸实施，一个人就会获得完善的人格。这一选择和实施的过程，就是人格完善的过程。人格完善实质上就是人性的完善实现，也就是人性得到了全面、充分、优质、道德的实现。

人格完善作为人性的完善实现，其内涵十分丰富，涉及不同的要素、层次和结构问题。从人类社会生活现实看，其中最重要的是人格要素是否健康、人格结构是否完整、人格性质是否道德、人格层次高低和人格是否具有鲜明的个性特色这五方面的问题。综合这些方面，人格完善具有人格健全、人格道德、人格高尚、人格个性化四个主要特征。

人格健全，主要指人格的各种构成要素及其结构是健康、完整、协调一致和前后一贯的，人格的各个要素没有缺损和障碍，不存在变形、扭曲、冲突、异化的情况。这样的人是全面完整的人，具有统一稳定的自我。一个知识贫乏的人就不能说他人格完善，一个心理变态的人也不能说他人格完善，一个有自私、贪婪、懒惰等恶性的人更不能说他人格完善。

人格健全的前提是具有自我同一性。自我同一性（ego-identity）又称"自我认同"，"就是对自我的定义与确认，即个体对自己是谁，将来要成为什么样子，以及如何适应社会的知觉与感受"。它的形成既不在青春期开始，也不在青春期结束，而是一个逐渐的纵向发展过程。自我同一性包括七个特征：（1）发生学特征，即自我同一性是儿童期的结果，涉及早期发展任务的成功与失败；（2）适应性特征，即它是自我对社会环境的适应性反应；（3）结构性特征，即它是由生物的、心理的和社会的三方面因素组成的统一体；（4）动力学特征，即同一性调节自我与客体、本我与超我，同一性的形成是一个主动的过程；（5）主观性特征，即它使人有一种自主的内在的一致和连续之感；（6）心理交互的特征，即相对于儿童期的依赖，出现了自我与环境的交互作用，发展了与他人的关系；（7）实体性的存在，即同一性提供给自我和世界以意义感。"同一性的确立意味着个体对自身有了充分的了解和把握，能够将自我的过去、现在和将来组合成一个有机的整体，确定个人理想与价值观，并对未来发展做出自己的思考和选择。"但是，如果个体难以忍受这一探索过程的孤独状态，或者听任他人操纵自己的选择，或者回避矛盾，拖延决定，那么最终会造成同一性涣散（identity diffusion），即由没有形成清晰和牢固的自我同一性所导致的自我处于一种毫无布局的扩散、弥漫状态；或形成消极同一性，即所形成的同一性与社会要求相背离，成为社会不予承认、不能接纳的或反社会的角色。[①]

人格道德，主要是指人格在性质上是道德的，具有正确的价值取向，能服务于个人更好地生存，能妥善处理个人与他人、群体和环境的关系，实现两者的利益共进。人格道德首先体现为其中的品质是德性的。一个人只有品质是德性的，他的人格才会是道德的；相反一个人的品质是恶性的，他的人格就是不道德的。人格道德还体现为具有良心这种基本的道德情感以及其他道德情感，对人的所有活动道德情感都能发挥自我调控作用。人格的道德也体现为具有以社会道德要求为取向的意志控制机制，能在不同情境做出正确的行为选择，能确保行为在任何情况下都是正当的。

人格高尚，主要指人格整体上达到了较高的层次，有很强的自我调适能力、自我塑造能力和自我完善能力。作为人格完善的人格高尚，与通常意义上的人格高尚不完全相同。人们一般把人格高尚理解为德性高尚或有气节，这里所说的人格高尚是指人格的整体水平高，除了德性外还包括观念、知识、能力等人格要素在较高层次上达到了协调一致。当然，德性在人格结构中具有更突出的地位，是人格高尚的主导方面。人格高尚的重要体现是具有智慧。人格高尚的人就是有智慧的人。

---

① 参见韩晓燕、朱晨海《人类行为与社会环境》，格致出版社、上海人民出版社，2009，第367—371页。也见〔美〕约翰·W. 桑特洛克《毕生发展》（第3版），桑标等译，上海人民出版社，2009，第373—379页。

一个人具有健全的人格，他的人格就是正常的，而在此基础上具备了道德、高尚的特性，他的人格就是道德的、高尚的。但是，健全、道德、高尚的人格并不就是完善的，完善的人格还必须具备个性化的特征。由于每一个人的人性是不同的，因而每一个人的人格无论是否完善也是各不相同的。每一个人的人性本身就是个性化的，在进行人格塑造和追求人格健全、道德、高尚的过程中不是要消除这种个性化，而是要在塑造健全、道德和高尚人格的过程中使人格更具有个性特色。因此，个性化也是人格完善的一个重要特性，只有具有个性特色的健全、道德、高尚人格才是真正完善的。

人格个性化，主要指人格具有独特性或不可替代性。一般说来，人格总是共性与个性的统一，不同人的人格总有一些共同性，同时或多或少有些差异。这种差异不是人格个性化，人格的个性化不是自然形成的，而是通过自我塑造达到的。人格个性化所指的是每一个人应有自己不同于他人的独特人格，人格的共性寓于个性之中并通过丰富多彩的个性体现出来。

按照人格个性化的要求，人不应该追求统一或同一的人格，社会要防止所有人的人格趋同，防止使所有的个人统一于一个刻板的模式。人格的个性化是人性的自然倾向，也是人格健全和完善的条件和标志。压制人格个性化并不真能使人格整齐一致，相反会使人格发生各种问题。人类历史上和现实中这样的教训很多，很深刻。因此，我们不能企图通过教育等途径使各不相同的人性最后变成整齐划一的完善人格。如果社会将某种统一的完善人格标准作为全社会每一个成员追求的理想，这种理想最终只会落空。因为无论社会做出什么样的努力都不能使所有人的人性差异抹平，都不能将所有人都塑造成相同的完善人格。海德格尔在批评现代文明对人产生的消极后果时指出，作为个人的"此在"在现代文明的消极影响下，出现了普遍"沉沦"的情况，导致人们追求没有个性、丧失自由的"常人"。由这种"常人"构成的社会是可怕的社会。要解决现代文明导致的问题，就是要使人们的人格个性化。

用人本主义心理学家马斯洛的话说，人格完善就是自我实现。马斯洛的自我实现不是萨特意义上的通过自我选择达到的自我实现。萨特的自我实现并不强调将人性的潜能实现出来，而是强调人要在各种可能性中自由选择，至于选择什么是无关紧要的，没有任何限定的，人性的任何可能性都可以选择；马斯洛则强调要将自己的潜能实现出来，这种潜能是有限定的，即人的基本需要和自我实现需要。萨特要求人们在各种可能性中选择并将这种选择介入到处境中去，即在处境中实现自己的选择；而马斯洛则要求人们在满足基本需要的基础上满足自我实现的需要，从而实现自己的人性。在马斯洛看来，人是在满足基本需要和自我需要的过程中获得人格的，一个人满足了基本需要和自我实现的需要，他就获得了完善的人格。

马斯洛根据他的观察和研究描述了自我实现者共同具有的十五个特征：能认清现实并保持与现实的关系；能接受自然、他人和自己；自发、单纯和自然；以问题为中心的态度；有独处的需要；自主而不依赖环境；能欣赏生活，有持续的新鲜感；有神秘的或"高峰"的体验；关心社会；能发展与他人的深刻关系；民主的性格结构；能分辨手段与目的、善与恶；富于哲理的、善意的幽默感；富有创造性；对文化适应的抵抗。[①] 马斯洛不认为以上十五条是自我实现者都能完全做到的。自我实现者也是普通的人，他们也会犯错误和有人所常有的弱点，但他们比一般人更能自觉地克服自己的弱点，更接近圆满的人性。马斯洛描述的这些特征大致上可以看作完善人格的理想特征。

全面、充分、优质、道德、个性化地实现潜能是一个无止境的过

---

① 参见〔美〕A. H. 马斯洛《动机与人格》，许金声等译，华夏出版社，1987，第178—205 页；也见高觉敷主编《西方心理学的新发展》，人民教育出版社，1987，第410—413 页。

程，永远不可能达到完全彻底的程度，更不可能毕其功于一役。人格完善其实不过是一种理想状态。任何一个人都不可能完全彻底地实现他的人性潜能，也不能完全彻底地达到人格完善。因此，人格完善常被看作人格理想。虽然人只能接近而不能达到人格完善，但把人格完善作为人生理想来追求，能使自己的人生更丰富、更充实、更优质、更道德、更高尚，从而达到更高的境界。

追求理想人格的实现，不仅需要个人的学习、实践、涵养，而且需要良好的生存环境。特别是各种人格问题的克服需要相应的配套环境。例如，在拜金主义盛行的社会环境中，人格金钱化的弊端就很难克服。但是，个人追求人格完善的意识和意志，个人持续地学习、实践和锻炼即不断地进行人格修养，对于人格完善仍然具有关键性的意义。"出淤泥而不染"和"宁为玉碎，不为瓦全"，是有力的证据。

马斯洛在谈到如何达到自我实现时提出了八条自我修养的途径，他的看法对于追求人格完善也具有参考价值。这八条通往自我实现的途径是：自我实现意味着充分地、活跃地、无我地体验生活，全神贯注，心驰神往；让我们把生活设想为一系列的选择过程，一次接着一次地选择；有一个自我要被实现出来，"要倾听内在冲动的呼唤"，即要让自我显现出来；当有怀疑时，要诚实地说出来而不要隐瞒；能够一一做到这些小事的人，将能做出对他而言是正确的选择，他开始懂得他的命运是什么，谁将是他的妻子或丈夫，他一生的使命是什么；自我实现不是一种结局状态，而是在任何时刻、在任何程度上实现一个人的潜能的过程；高峰体验是自我实现的短暂时刻；向自身展示自己——弄清这个人的底细，他是哪种人，他喜欢什么、不喜欢什么，对于他什么是好的、什么是不好的，他正在走向何处，以及他的使命是什么。① 在马斯洛看来，自我实现就是这样的成长过程。

---

① 〔美〕马斯洛：《自我实现及其超越》，林方译，林方主编《人的潜能和价值——人本主义心理学译文集》，华夏出版社，1987，第259—265页。

二 人格完善的价值

自古以来，人格完善一直被作为人生的理想，在不少的民族、国家的某些历史时期，人格完善对于人生的意义甚至比幸福更重要，中国传统社会就是如此。直到今天，还有不少学者将人格完善作为人生的终极追求。人格完善是人生幸福的一个基本方面，即主观条件。如果将人生幸福看作由内在要素和外在要素两大方面构成的，那么完善的人格就是人生幸福的内在要素的总体结构。这一结构对人生幸福具有决定性意义，因而也可以说是人生幸福所需要的主观条件。当一个人形成了完善的人格，并具备必要的外部条件，他就是幸福的。人格完善之人，亦即"完善之人"，只要具备适当外在条件，就是幸福之人。

人格完善作为人生幸福的主观条件可以从两种意义上看。在一种意义上，一个人格完善的人具备了获得幸福的素质。人要获得幸福必须具备一定的条件，如社会条件、家庭条件、职业条件等，就个人本身而言，最重的是个人的素质条件。个人素质如何不仅直接规定着个人幸福的广度和深度，而且对家庭条件、职业条件有直接影响。① 人格就是人的综合素质。人格是否完善，意味着综合素质是否完善，人格越完善，人的综合素质越高。人格完善使一个人的人生幸福建立在高层次的起点上和广阔的平台上。在另一种意义上，一个人格完善的人具备了获得幸福的能力。人格完善指人格的各种构成要素及其结构是健康的、完整的、道德的，是协调一致、前后一贯的，而且整体上达到了高层次，个性特色鲜明，具有很强的自我调适能力、自我塑造能力和自我完善能力。这种能力是获得和享受幸福生活的能力。一个人人格越完善，自我调适、自我塑造和自我完善的能力越强，获得和

---

① 参见江畅《理论伦理学》，湖北人民出版社，2000，第110—113页。

享受幸福的能力就越强。从上述两种意义上看，人格完善是一个人过上幸福生活的充分主观条件。一般来说，个人生活的幸福是与个人人格的完善成正比的。

不过，人格完善的人还只是具备了幸福生活的主观条件，并不一定就会过上幸福生活。因为人的幸福生活受诸多外在条件的影响，而这些条件并不是每一个人所能完全控制的，即使具有很强生存能力的人格完善之人也是如此。例如，在一个不公平的社会，一个人格高尚的人不仅得不到应有的幸福所需要的客观条件，他的状况甚至比那些人格低劣的人更糟。这也就是康德所感受到的"有德者未必有福，有福者实多恶徒"的情形。正是因为这个缘故，不少伦理学家将人格完善或道德完善作为人生的追求，而不是将幸福作为人生追求。但是，我们不能因为在人类历史上出现过人格高尚的人过不上幸福生活的情况而动摇幸福是人生的终极目的的信念。在确定幸福是人生的终极目的的前提下，社会一方面要倡导人们普遍追求人格完善，另一方面要努力营造使人格完善之人享受幸福生活的社会条件。这种社会条件就是人格状况与幸福程度相匹配的、以社会公正为基础的和谐社会。在这种社会，人格普遍完善与社会普遍公正是相互促进的。

就社会成员人格普遍完善与社会环境公正和谐而言，前者在很大程度上受制于后者，没有社会环境的公正和谐就不可能有社会成员人格的普遍完善。由于种种原因，在人类历史上，人们的人格从来没有普遍完善过，即使出现过一些曾经一时被认为是人格完善的人，后来看也并非如此。因为人类并没有建立起真正公正和谐的社会。从人类历史发展过程看，在自然状态下，人们的人格发育还不成熟，甚至还谈不上严格意义的人格。在奴隶社会，那种非人性的、非人道的奴役竟被看作合理的、正当的。在这样的社会条件下，无论是奴役者还是被奴役者，他们的人格都是有缺陷的。在近代以来的现代社会，由于商品化、市场化、科技化、利己主义、拜金主义、享乐主义的影响，人格缺损、人格障碍、人格冲突、人格变形、人格扭曲、人格异化等人格问题日益严重。马克思所揭露的资本家人格资本化和货币拜物教问题，当代世界相当频繁发生的官员腐败、巨资豪赌、痴迷邪教、恐怖活动以及各种犯罪等问题，就是明证。今天人类社会存在的心理问题、精神问题更表明人格问题的严重性。当代人类存在的人格问题是当代人类幸福生活的主要障碍之一。要使社会成员普遍幸福地生活，不仅要有效地解决当前存在的人格问题，使人格健全、高尚和个性化，而且要使我们的生活世界更加公正和谐。

人格完善的意义不只是在于它是获得幸福的充分主观条件，而且在于它是幸福感的重要源泉。人格完善的人具有人格魅力，一个人的人格越完善、越高尚，他的人格越有魅力。人格魅力是由人格高尚、人格完善所产生的吸引他人并令他人倾慕、崇敬、赞美的力量。对于具有人格魅力的人来说，人格魅力的意义主要在于，它使他感到自己不仅得到了他人的认同和尊重，而且得到了他人的倾慕、崇敬、赞美，感到自己的价值得到了实现和公认，从而在心理上得到极大的满足。这种满足感是一种比占有财富、金钱、权力、地位等资源更得到他人认同、更得到自我肯定的满足感。这种满足感是一种有高度、有深度的持久幸福感。因此，具有人格魅力是一个人产生不可替代的高质量幸福感的源泉。

三　德性对于人格完善的意义

虽然人格的内在结构包括观念、知识、能力和品质四个要素，但品质要素绝不只是人格内在的要素之一，而是人格结构中的决定性因素，其善恶性质决定着人格的善恶性质。因此，品质是不是道德的（即德性的），是区别人格是否道德的主要根据。具有德性品质的人，他的人格就是道德的；而具有恶性品质的人，他的人格就是不道德的。

人格是道德的，并不意味着人格完善。人格完善包括其构成因素及其结构完善，人格完善意味着品质完善，完善的品质必定是德性的品质，而不会是恶性的品质，恶性的品质不存在完善问题。因此，品质完善与德性完善实质上是同义的。既然品质是人格的决定性因素，那么德性完善就是人格完善的决定性因素。一个人的其他人格要素无论多么完善，如果他的品质不完善，他的人格绝不能称为完善的。人格只有在品质完善或德性完善的前提下才谈得上完善。德性是否完善是人格是否完善的首要条件。

有了品质完善，人格其他方面不够完善但无明显缺陷的人，可以看作人格完善的人，或者更准确地说是总体上人格完善的人。当然，对这种人格完善最好要加上必要的限定。一个人政治能力很强而德性完善，但知识、观念以及其他能力等方面不够完善，他可以被称为政治人格完善的人。同样，一个艺术造诣很深的艺术家，他虽然观念、知识、能力不很完善，他可以被看作艺术人格完善的人。无论在何种情况下，人格完善都包含德性完善，那种能称得上人格完善的人（无论他哪方面的人格完善），都必须德性完善。德性完善就不只是人格完善的首要条件，更是人格完善的核心内容。一个人的德性越完善，他的人格就越完善。德性完善就是从道德角度看的人格完善，完全意义的德性之人就是从道德角度看的人格完善之人或完善之人。从某种意义上可以说，德性完善与人格完善是一而二、二而一的。有学者认为一个人的德性状况就是这个人的道德人格，并将道德人格与人格等同起来，不加区别。①

德性完善对于人格完善具有极端重要性：首先，德性完善直接规定着人格的好坏性质，只有具有优秀的品质才有优秀的人格，品质有缺陷就不会有完善人格，品质有恶性则绝无完善人格可言。品质不

----

① 参见唐凯麟编著《伦理学》，高等教育出版社，2001，第181—188页。

好，人格中的其他因素再好，可能对人格具有者和其他人乃至社会是有害的。其次，在人格构成因素中只有品质这一构成因素能够较少地受外在因素影响而养成德性并达到完善。无论是观念、知识还是能力在很大程度上是受环境制约的，与禀赋状况，特别是与接受教育的程度直接相关。一个接受教育很少的人很难有丰富的知识和很强的能力，但他们可以追求和达到德性完善。

不过，德性完善毕竟是从道德角度看的人格完善，并不意味着在完整意义上的人格完善。人的社会生活丰富多彩，可以划分为政治生活、经济生活、道德生活、宗教生活、文化生活等，人在这些领域活动都会呈现出不同的人格，人们可以从这些不同生活领域看人格，于是就有人的政治人格、经济人格、道德人格、宗教人格、文化人格等。从每一个视角看的人格都可以呈现为是否完善。德性完善是从道德的视角看一个人的品质所形成的结论。德性完善意味着一个人的品质完善，而品质是人格的构成要素之一，因而德性完善就是从道德的角度去看的人格完善。但是，从道德的视角看人格完善，并不意味着从其他视角看也人格完善。例如，许多德性完善的人是无神论者，他们没有宗教信仰，这些人在宗教徒眼里并不一定是人格完善的，因为从宗教的视角看，一个人格完善的人应该有宗教信仰。

以上是从社会生活的不同领域看的。从人格要素的角度看人格会更合理，从观念、知识、能力和品质这四个方面看人格，就是观念人格、知识人格、能力人格和品质人格。德性完善就是品质人格完善，这种人格完善通常不能完全脱离观念人格、知识人格的能力人格。品质人格完善在整个完善人格结构中居于首要地位，不能等同于其他方面人格的完善。一个德性完善的人并不意味着他的观念、知识和能力完善。现实生活中常常可以发现品质高尚而能力较弱的人。这样的人可以说德性人格比较完善，但能力人格谈不上完善，甚至还存在着缺陷。对于这样的人，不能认定他人格完善。

综合以上考虑，在对人们的人格进行评价的时候，可以将单纯德性完善的人称为德性人格（或道德人格）完善的人，而将不仅德性完善而且其他某方面或更多方面完善的人看作人格完善的人。例如，爱因斯坦是一位著名的科学家，同时他有很高尚的德性，因而他能被看作一位人格完善的人，人们因此称他为伟大的科学家。假如他只有科学上的成就，而品质不完善，他就不是一位人格完善的人，也不能被冠为伟大的科学家，而只能被称为杰出的科学家。

德性对于人格完善的意义不仅体现为德性是人格道德的决定性因素，德性完善是人格完善的首要条件和核心内容，更现实地体现为具有德性可以防止各种人格障碍的发生，也可以通过德性修养克服人格障碍。

在人格形成发展的过程中常常会产生各种障碍，这就是人格障碍（personality disorder）。人格障碍的情形很复杂，可以从不同的角度进行划分。从行为特点的角度看，人格障碍有以下各种类型：偏执型、分裂型、分裂病型、戏剧化型、自爱恋型、反社会型、边缘型、回避型、依赖型、强迫型、被动攻击型等。所有这些人格障碍具有以下三个特征：有紊乱不定的心理特点和难于相处的人际关系；把所遇到的任何困难都归咎于命运或别人的错处，不能感觉到自己有缺点需要改正；自己对别人没有责任可言。人格障碍的行为问题有多种不同的程度。最轻者完全过着正常生活，只有与他紧密接近的人（亲属或同事）才会觉得他们无事生非，难以相处。最严重者事事都违抗社会习俗而且积极表现于外，很难适应正常的社会生活。①

从人格障碍的共同特征和各种表现看，虽然人格障碍都会在行为上有所表现，但深入观察就会发现，这些行为上的问题都是人的品质发生了问题。以最严重的人格障碍——反社会型人格障碍为例。这种

---

① 参见陈仲庚、张雨新编著《人格心理学》，辽宁人民出版社，1987，第418—423页。

人格障碍的主要特征是常做出不符合社会要求的行为：妨碍公众，不负责；经常违法乱纪，行为冲动；缺乏羞耻心和罪责感；犯错后，无后悔的感觉，也不从中吸取经验教训，常把一切责任归罪于他人。如果一个人在品质自发形成阶段形成了德性的品质，特别是在德性养成和完善阶段注重德性修养并形成了完善德性，所有这些人格障碍就不会发生。一个德性之人，他不可能做出不符合社会要求的行为，即使由于行为情境的原因出现了行为偏差，一旦意识到也会及时纠正。因此，德性之人不会产生人格障碍。人格障碍的产生是与品质形成产生偏差直接相关的。人格障碍出现后很难纠正，需要通过多种途径才能对其产生作用，从根本上说，只有通过德性修养才能最终克服。人格障碍实质上是品质缺陷，克服这种缺陷离不开德性的养成和完善。

第三章

德性与幸福

在德性伦理学中，幸福是其三个基本范畴之一。德性伦理学家把德性与幸福联系起来，主张幸福由德性产生的观点是很值得重视的。在我们看来，幸福是德性的终极指向，因此，我们有必要对什么是幸福以及德性与幸福的关系怎样进行专门研究。

第一节　何谓幸福

威廉·詹姆斯（William James）曾说，"如果我们要问'人类主要关心的是什么？'我们应该能听到一种答案：'幸福。'"。[1] 但自古以来，无论是思想家（包括伦理学家）还是普通人对幸福有种种不同的理解，对幸福对于人生的意义也有种种不同的看法，以至于康德曾发出这样的感慨："不幸的是：幸福的概念是如此模糊，以致虽然人

---

① William James, *The Varieties of Religious Experience*, New York：Modern Library, 1929, p. 77.

人都在想得到它，但是，却谁也不能对自己所决意追求或选择的东西，说得清楚明白、条理一贯。"① 那么，究竟应该怎样理解幸福的含义及意义呢？

一　对幸福的不同理解

幸福是一个非常常用的概念，也是伦理学的一个基本范畴。在汉语中，幸福一词是指"使人心情舒畅的境遇和生活"，"（生活、境遇）称心如意"。② "幸福"的英文对应词是"happiness"，它的意思是"快乐、满意、满足等感受"。但是，在西方古典伦理学中，"幸福"概念是与古希腊文的"εὐδαιμονία"（拉丁化为"eudaimonia"③）概念相联系的。"eudaimonia"这个希腊词是一个抽象名词，从形容词 eudaimon 派生而来，而这个形容词是由 eu（意思为"好"）和 daimon（daemon，指一种守护神）构成的复合词。所以，eudaimonia 一词的本义是"好的生活"。尽管这个词在古希腊是指神灵的生活，但古希腊伦理学关于 eudaimonia 的讨论经常是独立于任何超自然意义的。这个词的标准英文翻译是"happiness"。然而，在《尼各马可伦理学》中，亚里士多德用这个词指"满意地生活和满意地行动"（living well and doing well）。所以，"happiness"这个词似乎并不能完全表达"eudaimonia"这个词的意义。两者之间的一个重要区别是"happiness"经常表示处于或有助于处于某种有意识的快乐状态。例如，当人们说某人是一个幸福的（happy）人时，他们的意思通常是他主观上对他生活感到满意，而"eudaimonia"是一个比幸福（happiness）含义更广泛的概念，因为对某人的幸福（happiness）经

---

① 〔德〕康德：《道德的形而上学基础》，见周辅成编《西方伦理学名著选辑》下卷，商务印书馆，1987，第 366 页。

② 《现代汉语词典》（第 7 版）"幸福"，商务印书馆，2019，第 1469 页。

③ 与"eudaimonia"一词对应的英文词有 eudaimonia、eudaemonia 和 eudemonia 三个，它们的意思差不多。

验无所贡献的事情也可以影响一个人的 eudaimonia。eudaimonia 依赖于会使人们幸福的（happy）所有东西，说一个人 eudaimonia 可能包括他有亲情，有益友，等等。所有这些都是关于某个人生活的客观判断。这意味着一个有不良子女的人即使不知情也不能被判断为幸福（eudaimon）。所以，eudaimonia 是与具有一种客观上好的或值得欲望的生活的观念相联系的，不仅包括对福祉（well-being）和成功的有意识的经验，也包括整体上的命运。由于 eudaimonia 与 happiness 之间存在着这种不一致，因而有些人对 eudaimonia 一词提出了一些其他的译法。例如，W. D. 罗斯建议将它译为"well-being"（福祉），[①] 约翰·库帕（John Cooper）提出将它译为"flourishing"（繁荣）。[②] 这些译法也许可以避免一些误解，但这两个词没有"happiness"（幸福）那样为人们所喜闻乐见。所以，我们更倾向于在 eudaimonia 的意义上使用 happiness（幸福）一词。

早在古希腊时期，人们对幸福就有种种不同的理解："有些人把幸福规定为德性；另一些人规定为明智；还有一类人把有智慧看做是幸福；其他人重新把所有这些或者其中的一种加上快乐（或者至少不是无快乐）视为幸福；最后还有些人把外在的运气加进来。"[③] "但究竟什么是幸福，人们对此的看法却不一致，而且一般民众和有智慧的人的意见迥然不同。一般大众所理解的幸福是某种抓得着、看得见的东西，例如快乐、财富或荣誉。但究竟是哪一个，这个人说是这个，那个人说是那个，甚至同一个人有时说它是这个，有时说它是那个。生病时，说健康就是幸福；贫穷时，说财富就是幸福。而在感觉到了

---

① Cf. W. D. Ross, *Aristotle: A Complete Exposition of His Works and Thought*, New York：Meridian Books, 1959, p. 186.

② Cf. John Cooper, *Reason and Human Good in Aristotle*, Indianapolis, IN：Hackett Publishing Company, 1986, pp. 89-90.

③ 〔古希腊〕亚里士多德：《尼各马可伦理学》（注释导读本），邓安庆译，人民出版社，2010，第60页。

自己的无知之后，又羡慕那些高谈阔论、说出一些超出他们理解力的东西的人。"[1] 在现实生活中，人们最容易将幸福理解为福利（welfare），即对资源的占有。冯·赖特对幸福与福利之间的关系做了清楚的辨析。[2] 他认为，"幸福与福利可以区别为是属于不同逻辑范畴或类型的两个概念"。这主要体现在以下三个特征上：首先，幸福是一种享乐概念，与愉悦密切相关，而福利则是一种功利概念，涉及有益还是有害，也与人的要求和需要相关联；其次，幸福是一种状态，一个人可以变得是幸福的或不再是幸福的，因而可以努力争取或获得，而福利与时间中的事件、过程和状态不发生同样的关系；最后，对福利的考虑本质上是对各种各样事件的实施和产生将如何因果地影响到人的考虑，而一个人不必考虑什么是他目前处境的因果关系上的先行事件及未来后果，就可以对于一个人是幸福还是不幸福这个问题做出判断。当然，冯·赖特也承认，这两个概念在逻辑上是紧密地联系在一起的。就哲学家而言，对幸福的理解虽然也存在着众多的分歧，但大致可以划分为两种倾向：一是把幸福理解为德性的德性主义，二是把幸福理解为快乐的快乐主义。

关于幸福的德性主义观点认为幸福在于德性或主要在于德性。这种观点由于一般都把幸福看作好（善）生活，这种好生活是所有善中的最大善，是人的终极目的，因而也被称为幸福主义。持这种观点的主要是苏格拉底、柏拉图和亚里士多德，当代一些德性伦理学家也持这种观点。

苏格拉底像所有其他古希腊伦理学家一样，认为"最重要的事情不是活着，而是善良地活。……善良的生活、美好的生活、正义的生

---

[1] 〔古希腊〕亚里士多德：《尼各马可伦理学》（注释导读本），邓安庆译，人民出版社，2010，第43—44页。

[2] 参见［奥〕冯·赖特《好的多样性》，见万俊人主编《20世纪西方伦理学经典》（I），中国人民大学出版社，2004，第453—454页。

活是一回事。"① 按照约翰·克刻斯的解释，"公正的、美好的生活就是根据德性生活，而苏格拉底认识到这样的生活需要五种德性：节制、勇敢、虔诚、公正以及道德智慧所意指的。他认为，这些德性比部分与整体相关更密切地彼此相关，因为'如果你拥有它们中的任何一个部分，你必定拥有所有部分'，尽管'智慧确实是美德的最大部分'②。所以，好生活是德性生活，而其具有和运用使生活成为由主要德性构成一个统一的整体。道德智慧因而是造就好生活的统一德性的最重要德性。"③ 在苏格拉底看来，所有人都想要幸福超过想要任何其他东西，但他认为德性对幸福而言既是必要的，也是充分的。一个不具有德性的人不会是幸福的，而一个德性之人不会不是幸福的。他认为，德性为幸福生活提供保障。他在《美诺》中谈到智慧时说："灵魂从事和承受的一切，如果由智慧指导，其结局就是幸福；但若由无知来指导，其结局正好相反。"④ 他不同意把幸福生活看作快乐或荣耀的生活，提出雅典人应该关心他们的灵魂，也就是应该关心他们的德性。当灵魂得到适当的关心并得到完善时，它就会具有德性。而且，在他看来，灵魂的健康、道德的品质是最重要的善。灵魂的健康对于幸福的重要性是财富和权力等不可比的。具有德性灵魂的人比具有富有而荣耀但灵魂被不公正的行为所腐蚀的人更好。在他看来，如果灵魂被作恶所毁损，生活是不值得过的。关于苏格拉底的德性主义观点，余纪元先生做了这样的公允评价："德性自身不是一个新观念，但苏格拉底把德性与灵魂的某种状态联系起来，并将德性置于一种幸

---

① 〔古希腊〕柏拉图：《克里托篇》，见《柏拉图全集》（修订版）上卷，王晓朝译，人民出版社，2018，第 38 页。

② 〔古希腊〕柏拉图：《克里托篇》，见《柏拉图全集》（修订版）上卷，王晓朝译，人民出版社，2018，第 41 页。

③ John Kekes, *Moral Wisdom and Good Lives*, Ithaca and London: Cornell University Press, 1995, p. 32.

④ 〔古希腊〕柏拉图：《美诺篇》，见《柏拉图全集》（修订版）上卷，王晓朝译，人民出版社，2018，第 484 页。

福生活的核心地位。"①

柏拉图像苏格拉底一样，主张最好的生活就是幸福生活。针对智者色拉叙马库斯（Thrasymachus）认为道德特别是公正的德性会阻碍强者获得幸福的观点，他提出公正的德性对于幸福来说是必要的，而且认为公正的人是幸福的。② 色拉叙马库斯认为公正妨碍或阻止幸福的获得，因为道德要求我们控制我们自己因而得过欲望没有得到充分满足的生活。显然，如果幸福要通过欲望的满足来获得，而公正要求压制欲望，那么根据道德要求行事就不利于强者。柏拉图通过证明公正的德性对于幸福是必要的来反对这种主张。像苏格拉底一样，柏拉图也认为德性是灵魂的状态，公正的人的灵魂是其所有部分都有序而和谐的，并为了他的幸福而恰当地发挥其功能，而不公正的人的灵魂、不具有德性的灵魂是混乱的，自身处于冲突之中，内在和谐和统一的缺乏使他丧失了获得幸福的机会。在苏格拉底和柏拉图看来，由德性产生的幸福本质上根源于超越于现实世界的某种终极的东西，德性就在于灵魂在追求它自身内在和谐过程中获得的关于永恒真理的理性知识。柏拉图把幸福看作德性之人的生活的最终目的，这种目的植根于理念，特别是善的理念。柏拉图像苏格拉底一样，主张幸福依赖于德性，认为德性对于幸福是必要的，是幸福的最关键的、占主导地位的构成成分。所以，柏拉图的观点也是德性主义的。

亚里士多德是幸福主义的主要代表人物，但他的幸福主义的德性主义倾向是很明显的，正因为如此，当代许多德性伦理学家要复兴他的幸福主义和德性论。亚里士多德注意到，虽然人们对幸福的具体看法不同，但都同意幸福就是"好生活和好品行"③。以这种一般观点

---

① 〔美〕余纪元：《德性之镜：孔子与亚里士多德的伦理学》，林航译，中国人民大学出版社，2009，第64页。

② 参见范明生《柏拉图哲学述评》，上海人民出版社，1984，第445页。

③ 〔古希腊〕亚里士多德：《尼各马可伦理学》（注释导读本），邓安庆译，人民出版社，2010，第43页。

为前提，亚里士多德进一步阐述了幸福的特点。

其一，幸福是目的本身。全部的行为都是有目的的，这目的就是行为追求的善。目的有两种，一种是为了它自身而选择的，另一种是为了其他目的而选择的，前一种目的比后一种目的更完满。幸福就是那种为了它自身而选择的目的，"因为我们永远都是因其自身之故而决不会因为别的缘故而欲求幸福"。① "所以幸福看起来是完善而自足的善，是所有行为的终极目标。"②

幸福既然是目的本身，那么它就是自足的。所谓自足，就是"那种仅仅为其自身就值得欲求并一无所需的生活"，③ "我们认为幸福就符合这一规定。此外，我们甚至认为，幸福是人们所欲求的善目中最值得欲求的，没有什么同类可与之并列"。④ 人是政治动物，需要他人，既要有父母，也要有妻子，还要有朋友，幸福包含了所有这一切。因为幸福是自足的，所以幸福是一切事物中的最高选择，是最高的善。

其二，幸福在于外在的善、身体的善和灵魂的善的统一。亚里士多德在《政治学》中明确说："人们能够有所造诣于优良生活者一定具有三项善因：外物诸善，躯体诸善，灵魂（性灵）诸善。论者一般都公认惟有幸福（至乐）的人生才完全具备所有这些事物（诸善）。"⑤ 不过，他把灵魂高尚看作这三者中最珍贵的。他说："最优良的善德是幸福，幸福是善德的实现，也是善德的极致。"⑥ 所以，他强调"应该为了灵魂而借助于外物，不要为了外物竟然使自己的灵魂

---

① 〔古希腊〕亚里士多德：《尼各马可伦理学》（注释导读本），邓安庆译，人民出版社，2010，第53页。
② 〔古希腊〕亚里士多德：《尼各马可伦理学》（注释导读本），邓安庆译，人民出版社，2010，第54页。
③ 〔古希腊〕亚里士多德：《尼各马可伦理学》（注释导读本），邓安庆译，人民出版社，2010，第53页。
④ 〔古希腊〕亚里士多德：《尼各马可伦理学》（注释导读本），邓安庆译，人民出版社，2010，第53—54页。
⑤ 〔古希腊〕亚里士多德：《政治学》，吴寿彭译，商务印书馆，1965，第340页。
⑥ 〔古希腊〕亚里士多德：《政治学》，吴寿彭译，商务印书馆，1965，第364页。

处于屈从的地位"。① 他赞成梭伦关于幸福的描述，即"那些有适度的外在善缘，做着在他看来最高贵的事情，在慎思中过着节制的生活的人，是幸福的。"② 如果一个人缺乏"高贵的出身，聪明的子女，身材的健美"，幸福就会蒙上阴影；"谁要是把一个外表丑陋，出身卑贱，生活孤苦伶仃的人，同幸福连在一起，简直就是恶意地歪曲幸福"，而"如果某人子女不善，朋友凶恶，或者说有好儿好女好朋友，但亡失了，我们也不大可能说他幸福"。③

　　其三，"真正的幸福取决于合乎德性的现实活动，相反则会导致不幸福"。④ 在亚里士多德看来，幸福需要活动，因而一个人只是具有以某种方式行动的意向是不够的。他认为，一个人运用他的意向，也就是根据理性进行活动，是必要的。但是，幸福不仅需要品质的特性，而且需要活动。活动总是在一定情景中进行的，因而幸福需要有利于幸福实现的情景。"对于亚里士多德来说，幸福生活是具有实践智慧的个体在一种好的共同体中，或者也许更一般地说，在一种适合幸福发展的情景中过的生活。从根本上说，这种情景是主体间的，更特殊地说，是一种个体在其中一般以构成他们自己个体幸福生活的方式行动的主体间情景。"⑤ "幸福不是由诸神赐予我们，而是通过德行和某种学习和训练获得的。"⑥ 幸福就是德性的嘉奖和至善的目的。

　　亚里士多德认为，幸福涉及活动，根据理性并体现德性或优秀。

① 〔古希腊〕亚里士多德：《政治学》，吴寿彭译，商务印书馆，1965，第341页。
② 〔古希腊〕亚里士多德：《尼各马可伦理学》（注释导读本），邓安庆译，人民出版社，2010，第348页。
③ 〔古希腊〕亚里士多德：《尼各马可伦理学》（注释导读本），邓安庆译，人民出版社，2010，第62页。
④ 〔古希腊〕亚里士多德：《尼各马可伦理学》（注释导读本），邓安庆译，人民出版社，2010，第66页。
⑤ Pedro Alexis Tabensky, *Happiness: Personhood, Community and Purpose*, Hampshire: Ashgate Publishing Limited, 2003, p. 11.
⑥ 〔古希腊〕亚里士多德：《尼各马可伦理学》（注释导读本），邓安庆译，人民出版社，2010，第63页。

理性是人特有的，人的功能包括理性能力最大程度的运用，而当人恰当地发展他的理性能力时幸福就会获得。人的幸福包含在理性方面的德性的获得，但理性不只是实践的，而且是理论的、思想的。人的思想不仅仅指向外物，只自限于自身而不外向于他物的思想活动才是更高级的，而且那些指向外物的活动也是以思想为先导的。正是在这种意义上，亚里士多德认为"完满的天福是一种思辨活动"。① 他认定神是享有至福的，而使神的至福有别于其他幸福的活动只能是思辨活动。其他的动物不分有幸福，其原因是它们都缺乏思辨活动；人则以自己所具有的思辨活动而享有幸福，而且思辨越多，所享有的幸福就越大。"所以最高的幸福就是一种思辨。"②

亚里士多德的伦理学也是德性主义的，因为他主张幸福依赖德性。不过，与苏格拉底和柏拉图不同，亚里士多德认为对于幸福来说，德性是必要的，但不是充分的。他明确说："作为人的幸福也必须生活在良好的外部关系中。"③ 他强调灵魂的理性方面的重要性，但并不完全忽视像"朋友、财富和政治权力"之类的"外在善"（external goods）对于幸福生活的重要性，认为幸福也要以外在的善为补充。④

斯多亚派的伦理学持一种强烈的德性主义观点。在斯多亚派看来，德性对于幸福来说是必要而充分的。一般认为，这种观点是源于柏拉图早期对话中的苏格拉底的观点。斯多亚派所使用的 *aretê* 比英文的德性概念要狭窄得多，它仅限于道德的德性，指的是诸如公正、

---

① 〔古希腊〕亚里士多德：《尼各马可伦理学》（注释导读本），邓安庆译，人民出版社，2010，第 347 页。
② 〔古希腊〕亚里士多德：《尼各马可伦理学》（注释导读本），邓安庆译，人民出版社，2010，第 348 页。
③ 〔古希腊〕亚里士多德：《尼各马可伦理学》（注释导读本），邓安庆译，人民出版社，2010，第 348 页。
④ 参见〔古希腊〕亚里士多德《尼各马可伦理学》（注释导读本），邓安庆译，人民出版社，2010，第 62 页。

中道和勇敢之类的状态。斯多亚派提出了相当激进的主张，认为幸福的生活就是道德上有德性的生活。"有道德的人生才是兴旺发达的人生。美德是我们的目标。"① 对于斯多亚派来说，德性是善的，恶性是恶的，而其他的每一种东西如健康、荣誉、富有等完全不是真正的善，而纯粹是中性的。道德的善对于幸福来说既是必要的也是充分的，在这一点上，他们拒绝亚里士多德所强调的外在善的重要性。马可·奥勒留（Marcus Aurelius）在谈到幸福的时候说，幸福不在三段论中，不在财富中，不在名声中，不在享乐中，在任何地方都找不到幸福。"那么幸福在哪里？就在于做人的本性所要求的事情。"② 人的本性就是理性，本性要求的事情就是过理性生活，而理性的生活就是德性的生活。③ 斯多亚派聚焦于道德德性这一点为后来的康德所继承，康德认为"善良意志"的具有是唯一无条件的善。两者之间的一个差异在于，斯多亚派把外在善看作中性的，既不善也不恶，而康德认为外在善是善，但不是无条件的善。当然它们之间还有一个基本的差异，这就是斯多亚派是在古希腊的德性伦理学传统之中，而康德是义务论的，强调人们遵循道德规则的重要性。

当代不少德性伦理学家深受亚里士多德伦理学的影响，有些德性伦理学家甚至以复兴亚里士多德主义为己任。关于这种情形，迪摩思·切佩尔（Timothy Chappell）在他主编的《价值与德性：当代伦理学中的亚里士多德主义》一书的"引言"中做了这样的描述："二十四个世纪以后，亚里士多德对我们社会道德思维的影响仍然是深刻的，甚至当他隐而不现时也是如此。新近伦理学中的最优秀作品公然

---

① 〔古罗马〕爱比克泰德（Epictetus）：《沉思录》（II），陈思宇译，中央编译出版社，2009，第79页。

② 〔古罗马〕马可·奥勒留（Marcus Aurelius）：《沉思录》，何怀宏译，中央编译出版社，2008，第118页。

③ Cf. William O. Stephens, *Stoic Ethics: Epictetus and Happiness as Freedom*, London：Continuum International Publishing Group, 2007, pp. 123-141.

承认其源泉是亚里士多德主义的，当然，特别是在德性伦理学领域，但不只是如此。许多装模作样地把他们自己与亚里士多德区别开的伦理学家和他的追随者都没少受惠于他，有时他们甚至没有认识到这一点。"① 切佩尔的看法是客观公正的。

关于幸福的快乐主义观点认为幸福在于快乐，或者不如说幸福等于快乐。这种观点把快乐即幸福看作唯一的内在善，把痛苦看作唯一的内在恶。幸福即快乐就是这种具有内在价值的终极目的。持这种观点的最主要代表人物是伊壁鸠鲁和约翰·密尔。

伊壁鸠鲁把幸福的生活与快乐的生活等同起来，把幸福理解为或多或少持续的快乐经验，以及痛苦和不幸的免除。但是，他与兰克尼学派（快乐学派）不同，他不主张人们追求任何一种快乐，而主张人们要追求从长远看能最大化的快乐。换言之，他主张如果某些痛苦会带来更大的快乐，那么这些痛苦也是值得追求的。"忍受会产生可以使我们享受的更大满足的特殊痛苦是更好的。免除会产生更严厉痛苦的特殊快乐以便我们不遭受这些痛苦是好的。"② 伊壁鸠鲁针对那些将他的学说与兰克尼学派混为一谈的看法为自己的观点进行了辩解和澄清，他特别强调指出："当我们说快乐是终极目的时，我们并不是指放荡者的快乐或肉体享受的快乐，而是指身体上无痛苦和灵魂上无纷扰。"③

密尔作为功利主义者，坚持功利主义的"最大多数人的最大幸福"的基本原则，即"行为之正当，以其增进幸福的倾向为比例，行为之不正当，以其产生不幸福的倾向为比例；幸福，是指快

---

① Timothy Chappell, ed., *Values and Virtues: Aristotelianism in Contemporary Ethics*, Oxford: Clarendon Press, 2006, p. 1.

② Epicurus, "Fragments from Uncertain Sources", 62, Epeacurean Philosophy Online, http://www.epicurus.info/etexts/fragments.html#D.

③ 周辅成编《西方伦理学名著选辑》上卷，商务印书馆，1964，第104页。

乐和痛苦的免除；不幸福，是指痛苦和快乐的丧失"。① 他在这一点与边沁并无二致，但对边沁的功利主义幸福观做出诸多完善和修正。

首先，为功利主义把幸福作为唯一终极目的的学说提供论证。功利主义主张，幸福作为目的是值得愿望的，并且是唯一值得愿望的东西，所有其他的东西只是作为达到那种目的的手段才是值得愿望的。密尔意识到，要使这一学说为人们普遍接受，必须提供有力的论证。他提供的论证是这样的："能被给予的唯一证明是，一个对象是可见的（visible），是人们确实看见了它。一个声音是可听见的唯一证明，是人们听见了它。而且经验的其他源泉的证明亦如此。同样，我理解，提出任何事物是值得愿望的（desirable）这一点是可能的唯一证据，是人们实际愿望它。"②

其次，幸福并不是当事者的一己幸福。边沁的最大幸福原则是指当事者的最大幸福，密尔对此做了修正："我必须再次申明，功利主义所认为构成行为正当功利标准的幸福，并不是行为者自己的幸福，而是行为所有相关者的幸福。"③ 据此他声称，功利主义伦理学的全部精神就体现在耶稣的黄金律中："待人像你期望人待你一样，爱你的邻人像爱你自己。"④

再次，幸福不仅仅是快乐。密尔承认具有高度刺激的快乐是存在的，但在人生的旅途中这样的快乐状态不可能是连续不断的，"这种快乐乃是人生享受的偶一有的灿烂的闪光，不是它长久的稳定的火焰"。⑤ 在他看来，具有普遍意义的幸福"不是极乐狂喜的生活，

---

① 周辅成编《西方伦理学名著选辑》下卷，商务印书馆，1987，第242页。

② J. S. Mill, *Utilitarianism*, New York：Oxford University Press, 1998, p. 81.

③ J. S. Mill, *Utilitarianism*, Beijing：China Social Sciences Publishing House, 1984, p. 24.

④ Cf. J. S. Mill, *Utilitarianism*, Beijing：China Social Sciences Publishing House, 1984, p. 25.

⑤ J. S. Mill, *Utilitarianism*, Beijing：China Social Sciences Publishing House, 1984, p. 18.

而是痛苦少而短暂，快乐多而有变化，并且主动的快乐在生活中所占的比重比被动的快乐大，全部生活中间有一些片刻的极乐"，① 而且需要对人类公共利益的同情心，需要知识的浇灌和精神的修养等。

最后，快乐不仅有数量上的区别，还有质量上的差异，而高级的快乐带来不同并且更高的快乐质量。他举了一个著名例子：我们能想象一头生活得相当好并充满了快乐的猪，并且我们能想象一个其理智成就巨大但自知自己无知的苏格拉底。猪是满足的，苏格拉底是不满足的。密尔认为，很明显（正如我们大数人可能会同意的），苏格拉底不满足的生活比猪满足的生活好。"宁做一个不满足的人，不做一头满足的猪；宁做一个不满足的苏格拉底，不做一个满足的傻瓜。"② 他认为，快乐的确是价值的试金石，但一些快乐比另一些快乐好。

尽管西方哲学史上对幸福的理解存在着德性主义与快乐主义的分歧，但大多数思想家都把幸福理解为最大的善，把幸福生活理解为好生活。朱丽娅·安纳斯的这样一种说法也许颇具代表性，即"幸福是生活中最好的东西，我们的善中的最大善。它不同于我们所追求的其他善；它不只是另一个目的，而且是我们能动地追求那些其他目的的方式，所以能考虑用来指我们对那些目的的利用"。③

二 幸福与幸福生活、幸福感受（幸福感）④

伦理思想史上关于幸福的理解有许多值得借鉴的内容，如把幸福

---

① J. S. Mill, *Utilitarianism*, Beijing: China Social Sciences Publishing House, 1984, p. 18.

② J. S. Mill, *Utilitarianism*, Beijing: China Social Sciences Publishing House, 1984, p. 14.

③ Julia Annas, *The Morality of Happiness*, New York/Oxford: Oxford University, 1993, p. 329.

④ 有学者认为，幸福可以在三种意义上理解：（1）心灵的惬意状态，（2）生活在幸福的环境之中，（3）过幸福的生活。（参见 Pedro Alexis Tabensky, *Happiness: Personhood, Community and Purpose*, Hampshire: Ashgate Publishing Limited, 2003, pp. 11-12）这里讨论（1）和（3），即幸福感受和幸福生活；下一节讨论（2），即幸福的环境和条件问题。

看作生活的终极目的，看作最大的善和最高的善，看作"满意的生活"（faring well）和"正当的行动"（doing right）的统一，并注重幸福与德性、快乐的关系，等等。但是，这些理解也都有其局限。这主要体现在，无论是把幸福等同于快乐，还是等同于德性，都把幸福的含义理解得过于狭窄，即使既考虑德性，也考虑幸福，也不足以真正表明幸福的含义。幸福是一种价值性质，即善性（或好性）。相对于人而言的任何好物的好性都有一个一般的共同规定性，这就是能直接地或间接地使人更好地生存或生活得更好，或者说能满足人更好生存的需要。但是，不同的好物从不同的方面体现这种一般的性质，也就是说，不同的好物的好性是不同的。如果快乐是一种好性，那么它的好性就在于能使人一时开心痛快地生活。那么，幸福的好性与其他好物的好性的区别何在呢？这种区别在于，其他好事物的好性能直接或间接地满足人某一方面、某一层次更好生存的需要，而幸福这种好性能从根本上和总体上满足人更好生存的需要。正是在这种意义上幸福被许多伦理学家看作终极目的善（ultimate good）、最高的善（highest good），即至善（*summum bonum*）。①

幸福是一种价值性质，即善性（或好性），是使人对生活总体上感到满意的价值性质。幸福并不就是需要的满足，而是生活的那种能使人的需要总体上得到满足并能使人由此产生愉悦感的性质。具有这种性质的生活就是幸福生活，即伦理学家们所说的好（善）生活。人的生活有好坏善恶之分，好生活有次好（善）和最好（善）之别。在伦理学中，幸福生活大致上与"好生活"同义，但严格说来是好生活中的最好生活，幸福可以说是最好或至善。"亚里士多德认为，伦

---

① 按萨拉·布劳底（Sarah Broadie）的看法，"至善"有两种含义：一是密尔所主张的把最高善（快乐）看作正当与不正当的标准，二是古代伦理学家所指的它与其他善的关系，而对这种关系有不同的理解。Cf. Sarah Broadie，"On the Idea of the Summum Bonum"，in Christopher Gill，ed.，*Virtue*，*Norms*，*and Objectivity*，Oxford：Clarendon Press，2005，pp. 41–58.

理学领域工作的真实目的就是要增进我们对过好生活意味着什么的理解，而好生活就是幸福生活之所是。"①

那么，什么是好生活？根据克里斯丁·斯万顿的概括，现行的文献关于好生活的概念主要有三种：其一，好生活是繁荣或兴旺的生活；其二，好生活是既在道德上有价值的又在个人方面令人满足的（兴旺的、个人成功的）；其三，好生活是个人的善处于支配地位的生活。② 其中第二种观点是自古以来为更多学者所接受的观点。"好生活要么是在令人赞赏的意义上有吸引力的生活，要么是在值得欲望的意义上有吸引力的生活。"③ 好生活可以从两种不同意义上理解：一是把好生活理解为"值得赞赏的生活"（the admirable life），这是指的道德或德性高尚的生活；二是把好生活理解为"值得欲望的生活"（the desirable life），这是指的繁荣或发达的生活。真正的幸福生活应该既是"值得欲望的生活"，又是"值得赞赏的生活"。约翰·刻克斯说；"好生活可以被理解为具有道德价值的生活，或者被理解为令人满足的生活，或者理解为具有道德价值和令人满足在某种比例上的结合的生活。这些可供选择的生活被称为'德性的'、'令人满足的'和'达到平衡的'生活。"④ 这种"达到平衡的"生活就是既值得欲望又值得赞赏的生活。达到了这种"平衡"就是最好（善）的生活，也就是我们说的幸福生活。

这里说的幸福生活并不是幸福本身，正如某种好东西并不就是好

---

① Pedro Alexis Tabensky, *Happiness: Personhood, Community and Purpose*, Hampshire：Ashgate Publishing Limited, 2003, p. 4.

② Cf. Christine Swanton, *Virtue Ethics: A Pluralistic View*, New York：Oxford University Press, 2003, pp. 57-58.

③ Linda Zagzebski, "The Admirable Life and the Desirable Life", in Timothy-Chappell, ed., *Values and Virtues: Aristotelianism in Contemporary Ethics*, Oxford：Clarendon Press, 2006, p. 62.

④ John Kekes, *Moral Wisdom and Good Lives*, Ithaca and London：Cornell University Press, 1995, p. 31.

本身一样。幸福生活是具有幸福这种价值性质或规定性的生活，是幸福这种性质使生活变成幸福的。幸福是一种好性或善性，是生活的最高好性或善性，或者说，是生活的最好或至善，它是幸福生活之所以令人幸福的决定性因素。这正如尼古拉·哈特曼所指出的，"价值不仅独立于那些有价值的事物（善者），而且事实上还是其先决条件"。[①]

幸福包括两方面的因素：客观因素和主观因素。

幸福的客观因素在于，人生存需要获得充分满足，发展需要获得一定程度满足并有可能得到进一步满足。人的需要是一个复杂的系统，有不同的维度和层次。随着社会的发展，人的需要还在迅速地向广度和深度扩展。在当代社会，人的需要与人的想要（欲望或愿望）越来越难以分辨，以至于人的需要呈现出没有限度的态势。如果以为幸福是人的所有需要都得到满足，人就不可能有幸福，因为人的需要太多，而且还在不断地产生，任何人都不可能使自己的所有需要都得到满足。因此，应当把幸福限定在人的根本的总体的需要得到某种程度的满足上。人的根本的总体的需要，就是人在世界上生存、发展和享受的需要。但是，人生存、发展和享受的需要也难以得到完全满足。在现实生活中，人们需要的满足只能达到这样的程度，即生存需要获得充分满足，发展和享受需要获得一定程度满足，而且还有进一步满足的可能。这三方面都是必要的，它们是幸福的关键因素，是使人对生活总体上感到满意的客观基础，是赋予生活以幸福性质的价值源泉。具备了这三方面的客观因素，一个人就获得了幸福所需要的前提，他的生活才总体上看是好的，他也才有可能是幸福的。不具备幸福的客观因素，即使一个人感到幸福，他也不是真正幸福的。

一个人的生活具备了幸福的客观因素，或者说一个人客观上过上

---

① 〔德〕哈特曼：《〈伦理学〉导论》，见冯平主编《现代西方价值哲学经典（先验主义路向）》下册，北京师范大学出版社，2009，第701页。

了好生活，并不一定就会感到幸福。这就涉及幸福的主观因素，即幸福的感受或幸福感。所谓幸福感，就是对自己客观上已过上好生活的状态进行反思和回味所产生的愉悦感。幸福感是幸福所必不可少的主观因素，有了幸福感，意味着生活客观的好性质已经为个人意识到、感受到。幸福是人对生活总体上感到满意的价值性质，其主观条件是人对生活的反思和回味，即自己思考和体会自己正在过的生活。只有当一个人去反思和回味时，他才会发现和感受到这种性质，并使这种客观上的好生活转变成个人主观的感受，即愉悦感。如果这种客观上的好生活不经过反思和回味转变成个人的主观感受，客观上的好生活对于一个人来说就是外在的，没有变成对于他而言的幸福生活，他也因为没有意识到和感受到这种客观上的好生活而不是幸福的。因此，幸福感对于个人幸福来说是至关重要的。没有幸福感，即使一个人拥有了整个世界，或者他的一切欲望都得到了满足，他也肯定不会是幸福的。

由此看来，幸福感产生需要具备两个条件：一是客观上过上了好生活，二是要对这种生活有反思和回味。幸福感的前提和源泉是幸福生活所需要的客观条件。幸福所需要的客观条件对于幸福生活而言是决定性的。具备了这种条件，一个人就客观上过上了好生活；不具备这种条件，或者说客观上没有过上好生活，即使他对生活进行反思和回味，一般也不会产生幸福感。在现实生活中，有的人可能在根本没有过上客观的好生活的情况下产生了幸福感，这种幸福感并不是真实的幸福感，而是虚假的幸福感。一个人即使有了这种幸福感，也并不意味着他是幸福的。

另一方面，一个客观上过上了好生活的人，也需要对这种生活进行反思和回味。只有通过反思和回味才会产生幸福感，有了这种幸福感，他才真正过上了幸福生活。这种反思和回味是幸福生活必不可少的主观条件，也是幸福感产生的主观条件。如果一个人客观上过上了好生活，但他不对这种生活进行反思和回味，他就不会产生幸福感。没有这种幸福感，他也就不会认为他自己过上了幸福生活，而且由于缺乏幸福感，他的生活事实上也不是幸福的。反思和回味的重要前提是要有对幸福的理解，要有幸福意识。我们知道了幸福对人意味着什么和幸福是什么，并据此反思自己，我们才会产生我们自己幸福不幸福的感受，而如果我们这时客观上已经过上了好生活，我们就会产生幸福感。现实生活表明，并不是每一个客观上过上好生活的人都会产生幸福感，这即常言所说的"身在福中不知福"。一般来说，一个人只有客观上过上了好生活，同时又有对这种生活的反思和回味，并由此产生了幸福感，他的生活才是真正幸福的，他才真正过上了幸福生活。

现实生活中有不少人将幸福与幸福感、真实幸福感与虚假幸福感相混淆，将虚假幸福感等同于真实幸福感，将幸福感等同于幸福，从而对幸福产生误解。他们或者以为幸福完全是个人的主观感受或精神状态，或者以为幸福完全在于外在的客观条件。这种混淆和误解在实践上很有害，严重妨碍了人们对幸福的正确追求。

幸福和快乐都可以使人产生愉悦感，但这两种愉悦感是有重要区别的。快乐的愉悦感是人的某种欲望特别是强烈欲望得到满足产生的，具有一事性、即时性、一时性，即只要某种欲望得到满足这种愉悦感就当即产生，事过即逝。而且，无论是正常、健康的欲望还是不正常、不健康的欲望都能产生快乐的愉悦感。幸福的愉悦感则不同，它是人的根本的总体需要得到满足产生的，具有整体性、持久性、反思性，即只有根本的总体的需要得到满足才可能产生，只有经过反思和回味才现实产生，一旦产生会成为一种持久的心理状态。而且这种根本的总体的需要包含了对法律和道德的要求，因而幸福的愉悦感总是正常的、健康的美好愉悦感。这两种愉悦感的区别其实就是幸福与快乐的区别。莱布尼茨曾深刻地指出了两者之间的区别："幸福可以说是通过快乐的一条道路，而快乐只是走向幸福的一步和上升的一个梯级，是依照当前的印象所能走的最短的路，但并不始终是最好的路……人们想走最短的路就可能不是走在正路上"；"这就使人认识到，是理性和意志，引导我们走向幸福，而感觉和欲望只是把我们引向快乐"。① 不少人不了解这种区别，常常将快乐的愉悦感等同于幸福的愉悦感，将快乐等同于幸福，这是幸福观上的一个重大误区。"如果幸福在于肉体的快感，那么就应当说，牛找到草料吃的时候是幸福的。"② 赫拉克利特这句名言是值得我们记取的。

当然，快乐对于人生也是具有重要意义的。德谟克利特说："一生没有宴饮，就像一条长路没有旅店一样。"③ 这里所说的"宴饮"意指快乐。没有快乐，人的生活就会是疲惫而乏味的。威廉·詹姆斯更明确指出，"事实上对于任何时代的大多数人来说，获得、保持、恢复快乐是他们做所有事情的内在动机"。他说，快乐的人感知世界更安全，做决定更容易，评价应聘者更友善，更具合作性，过着更健康、更具活力和自我满足的生活。而且，当我们感到快乐时，我们更愿意帮助别人。④ 当代仍然有学者特别强调快乐对于好生活的意义。例如，约翰·布兰马克（John Brännmark）认为，快乐在好生活中具有中心地位，它使我们的生活变成完整的。他说："善生活的构成涉及一个相互依赖的复杂网络。也许没有什么东西是整个无条件地、独立地充分善的。但是，即使如此，似乎可以有把握地说，没有任何其他的善像快乐那样起着这样一种中心作用。"⑤ 在我们看来，无论赋予

① 〔德〕莱布尼茨：《人类理智新论》，陈修斋译，商务印书馆，1982，第 188 页。
② 〔古希腊〕赫拉克利特：《著作残篇》（4），见北京大学哲学系外国哲学教研室编译《古希腊罗马哲学》，商务印书馆，1961，第 18 页。
③ 〔古希腊〕德谟克利特：《著作残篇》（165），见北京大学哲学系外国哲学教研室编译《古希腊罗马哲学》，商务印书馆，1961，第 118 页。
④ 见〔美〕戴维·迈尔斯《心理学》（第 7 版），黄希庭等译，人民邮电出版社，2007，第 449 页。
⑤ See Johan Brännmark, "'Like the Bloom on Youths': How Pleasure Complete Our Lives", in Timothy Chappell, ed., *Values and Virtues: Aristotelianism in Contemporary Ethics*, Oxford: Clarendon Press, 2006, pp. 226-238.

快乐多么高的价值和地位，快乐必须是健康的，只有健康的快乐才是幸福的重要补充，才可以使幸福生活更加丰富多彩，而不健康的快乐会损害幸福甚至正常生活。因此，必须将快乐纳入幸福的范围，用幸福规定快乐，使快乐从属于、服务于幸福生活。

三 "国民幸福总值"（GNH）与"幸福星球指数"（HPI）

幸福是使人对生活总体上感到满意的价值性质，那么什么东西能使人对生活总体上感到满意，从而使生活具有幸福性质呢？这就是幸福生活所必需的主客观条件。幸福所必需的主观条件就是个人对生活的反思和回味，而能从根本上总体上满足人更好生存的需要则是幸福所需要的客观条件或因素。影响幸福的具体的客观条件或因素很多，而且不同的学者有不同的看法。笔者曾在《理论伦理学》等拙著中提出影响幸福的因素最基本的有四个方面，即社会、家庭、职业和素质。[①] 当前人们谈论很多的"国民幸福总值"（通常称为"幸福指数"）和"幸福星球指数"可以说是当代幸福因素的指标体系。这些指数大体上可以看作当代幸福所需要的主要客观因素。

"国民幸福总值"（Gross National Happiness，GNH）这个概念最初是由不丹国王在 1970 年提出来的。他指出，如果 GDP（国内生产总值）、GNP（国民生产总值）是衡量国富与否、民富与否的标准的话，那么我们不丹政府还需要制定一个衡量国民幸福快乐的标准。2001 年扎勒曲宗把这个想法写成奏折并把计算方法上呈不丹国王。国王召集内阁大臣开会商讨，最后批准了这个 GNH 建议，并于每年 2 月向全体国民公布上一年度的 GNH 数字。不丹国王认为，政府应该关注国民幸福，并以实现国民幸福为目标。不丹政府现在每年以廉政善治、经济增长、文化教育发展和环境保护四个部分组成的 GNH 指标

---

① 参见江畅《理论伦理学》，湖北人民出版社，2000，第 110—113 页。

来考核政绩。有学者据此提出，GNH 有四根支柱，即可持续发展的推进、文化价值的保存和促进、自然环境的保护和优良管理的建立。①

国际管理研究所主任麦德·容恩斯（Med Yones）提出了第二代 GNH 概念，他把幸福看作社会经济发展的度量。这个度量通过追踪七个发展领域（包括国家的精神和情感健康）测量社会经济发展。GNH 价值被认为是下列测量标准的人均总平均数的指数函数。（1）经济满意度（economic wellness）：用对诸如消费者的债务、对消费者的价值指数率而言的平均收入和收入分配之类的经济度量进行直接的调查和统计测量来表示。（2）环境满意度（environment wellness）：用对污染、噪声和交通等环境度量的直接调查和统计测量来表示。（3）身体满意度（physical wellness）：用对严重疾病等身体健康度量的直接调查和统计测量来表示。（4）精神满意度（mental wellness）：用对抗抑郁药的使用和心理疗法病人等精神健康度量的直接调查和统计测量来表示。（5）工作场所满意度（workplace wellness）：用失业救济诉求、工作变动、工作场所控告和诉讼等劳动度量的直接调查和统计测量来表示。（6）社会满意度（social wellness）：用歧视、安全、离婚率、对国内冲突的抱怨和家庭诉讼、公共诉讼、犯罪率等社会度量的直接调查和统计测量来表示。（7）政治满意度（political wellness）：用当地民主的性质、个体自由和对外冲突等政治度量的直接调查和统计测量来表示。以上这七个度量被编制成了第一个《全球国民幸福总值（GNH）调查表》。②

过去的发展模式强调经济增长作为终极目标，而 GNH 试图改变以前过分重视 GDP 的偏向，要求通过物质发展和精神发展彼此补充、相互强化来实现社会的发展。GNH 重视人们的整体生活质量，特别

---

① 蔺丰奇：《新标尺——国民幸福指数》，《中国国情国力》2006 年第 7 期。
② Cf. "Gross National Happiness", in *Wikipedia*, *the Free Encyclopedia*, http：//en. wikipedia. org/wiki/Gross_national_happiness.

是重视人们生活的非物质方面，这应该说是一个重大进步。但是，有人对 GNH 提出了批评，认为 GNH 主要依赖于一系列关于福祉的主观判断，政府可以以适合自身利益的方式定义 GNH。例如，不丹政府驱逐了约 10 万人并剥夺了他们不丹公民的资格，其根据是被驱逐出国者是一直非法居住在这个国家的属于少数民族的尼泊尔人。

　　英国的"新经济基金"（New Economics Foundation，NEF）组织于 2006 年 7 月提供了一份《幸福星球指数》（Happy Planet Index，HPI）的报告。HPI 是人的福祉与环境影响的指数，它对 GDP 和"人类发展指数"（Human Development Index，HDI）这样广泛使用的国家发展指数提出了挑战，认为这些标准没有考虑可持续性。GDP 尤其被看作不恰当的，因为大多数人的终极目的不是富有，而是幸福和健康。而且，这个报告相信可持续发展的观念要求我们对追求这些目标所付出的环境成本有一个测量标准。

　　HPI 以功利主义原则为基础，认为大多数人都想活得长并充分享受，最好的国家是容许其国民这样做的国家，而避免侵占未来人和其他国家的人的同样机会。其结果，它促使世界自然保护联盟（IUCN）要求使用一个能测量"每一个单位数量的人的福祉（不必然是物质产品）对自然的消耗或对自然的排放"的度量。人的福祉被换算为"幸福生活年"（happy life years）。对自然的消耗或对自然的排放使用人均收入的"生态足迹"（ecological footprint，也译为"资源消耗指数"）表示，它试图评估支撑国家生活方式所需要的自然资源量。一个人均收入生态足迹大的国家使用了多于它公平份额的资源，它不仅占有了别的国家的资源，而且对我们这个星球造成了持久的损害，这种损害将会影响子孙后代。根据《幸福星球指数》报告，一个国家的 HPI 值都是它的平均主观生活满意度（subjective life satisfaction）、人口平均期待寿命（life expectancy at birth，亦译为"平均寿命"）和生态足迹的函数。准确的函数是一个较复杂的复合指数，但在概念上它大致上是生活满足度和生活期待之积除以生态足迹。大多数生活满意度的数据可以从《世界价值调查》（World Values Survey）和《世界幸福基础数据》（World Database of Happiness）中获取，有一些是使用统计回归技术评估的。

这个报告根据 2006 年的 HPI 值对世界 178 个国家和地区进行了一个排名：HPI 值最高的是一个人口只有 20 万、面积 1.1 万平方公里的太平洋岛国瓦努阿图，HPI 值 68.21，接下来的是哥伦比亚和哥斯达黎加；HPI 值倒数第一的是津巴布韦，HPI 值 16.64，往上数依次是斯威士兰和布隆迪，它们都是非洲国家。八国集团成员排名均在 50 名以后（美国第 150 位，英国第 108 位，俄罗斯第 172 位，意大利第 66 位，德国第 81 位，加拿大第 111 位，法国第 129 位，日本第 95 位），中国排第 31 位，HPI 值 55.99。亚洲位次最高的是越南，排第 12 位，新加坡是亚洲排名最低的国家，排第 131 位。[1] 2009 年 7 月初，英国"新经济基金"组织又对全世界 143 个国家和地区进行了"幸福星球指数"排名，排名靠前的基本上都是中小型国家，前十名中有 9 个是拉美国家，其中哥斯达黎加被列为世界上最幸福的国家。中国排名又有上升，排第 20 位，美国排名也上升到第 114 位。[2]

关于这个指数的批评大多是由于将这个指数理解为一个幸福测量标准，而它事实上是一个支持福祉的生态效能的测量标准。除此之外，批评主要集中在下面几个问题上：HPI 完全忽视了像政治自由、人权和劳动权等问题；《世界价值调查》只涵盖少数国家并每五年做一次，其结果是这个指数的数据大多来自其他资料或使用回归技术进行评估；人们对福祉的主观测量标准表示怀疑；生态足迹是一个多有争议的概念；等等。然而，HPI 及其构成部分在政治圈内得到重视，

---

[1] Cf. "Happy Planet Index", in *Wikipedia, the Free Encyclopedia*, http：//en. wikipedia. org/wiki/Happy_Planet_Index#cite_note-Development_as_Freedom-0.

[2] 参见《幸福感，小国比大国更容易获得》，《环球时报》2009 年 9 月 4 日。

生态足迹得到了世界自然基金会（WWF）的支持，并为不少国家的中央政府和地方政府以及国际组织所使用。

HPI 比 GNH 更具有主观意味，因为它更强调人的幸福感觉。这个指数可能没有考虑到这样的情形，即人们由于某些局限或其他原因而发生的其实并不幸福但自我感觉幸福的情形。

四　幸福生活的主要领域

有幸福生活而没有幸福感的问题症结在于没有幸福的意识，这个问题通过教育启发是容易解决的，但过上客观上幸福的生活却是很难的。所以，研究幸福问题要重点关注的是好生活问题，而不是幸福感问题。这里我们主要从好生活的角度对幸福生活的具体含义再进行一些阐释。

在现代社会，个人的生活丰富多彩，但大致上可以划分为四个主要领域，即家庭生活、学校生活、职业生活和个性生活。如果我们把幸福生活理解为个人的好生活，那么幸福生活就意味着有好的家庭生活、好的学校生活、好的职业生活和好的个性生活，这四个领域也就是幸福生活的主要领域。伴随着义务教育制度的普遍实行，几乎所有人都有学校生活，只是有的人学校生活时间很长，如果从幼儿园算起到博士后流动站流出，在学校时间最长的长达 24 年。学校生活不仅是个人生活的组成部分，而且会对其他生活产生重要影响。学校生活在人一辈子中的时间相对较短，但其状况如何也关系到人的幸福，好的学校生活使人幸福并奋发努力，而坏的学校生活则使人痛苦甚至终身厌学。在当代中国，应试教育和教育不公所导致的诸多问题使部分学生感到学校生活乃至整个生活不幸福、不快乐。

在现代社会，每个人都生活在家庭之中，即使是单身家庭的个人，也有家庭生活，而且一般也会在一生中的某个时段在多人家庭中生活。家庭是个人生活的重要组成部分，家庭生活不好，就不能说一个人的生活好。那么，家庭生活好的标准是什么呢？和睦的家庭生活就是好的家庭。所谓和睦，就是相处融洽友爱。和睦的家庭生活就是以其核心成员（夫妻子女）健全齐备为前提的成员之间融洽相处、互帮互助、相亲相爱的家庭生活。和睦的家庭生活除了其核心成员健全齐备，还有五个标志：（1）自由感，在人生活的所有领域中，这里是最自由、最宽松的，可以无拘无束地思想、谈论、生活，能使人在这里真正放松；（2）舒适感，家庭环境幽雅温馨，自然和谐，回到家就会感到生活安乐，心情舒畅，使人得到休养生息；（3）温情感，没有竞争，没有利害关系，充满温暖和关怀，富有情调；（4）惬意感，各种需要只要可能就能得到尽情的满足并有美好的感觉；（5）眷恋感，对自己的家庭有深情的眷恋，有回家的渴望，觉得自己的家庭是最适合自己的，有心使它更美好，而不忍心破坏它。① 这五个方面也可以说是家庭生活和睦的五种体现。我们可以根据这五个方面来衡量自己的家庭生活是否和睦。

职业是现代人重要的生活领域，一个正常人一般都有职业生活。现代职业不只是个人谋生的手段，而且是个人自我实现的主要途径，特别是个人聪明才智发挥的主要途径。因此，职业生活的状况如何直接关系到人是否幸福。好的职业生活使人幸福，而坏的职业生活使人不幸。在现代社会，职业生活的好也有一个标准，这就是成功。所谓成功，就是取得预期的结果。成功的职业就是个人获得了理想的职业并达到了职业角色所期待的结果。成功的职业有两方面的含义：一是有一个理想的职业。理想的职业不好界定，一般来说，理想的职业并不等于高层次的职业，以高层次的职业为理想职业是误区，真正理想的职业是适合自己的素质、能力和技能的职业。人们在选择职业时可能有一定盲目性，但可以通过适应职业或调换职业来使自己与职业相

---

① 参见江畅《走向优雅生存：21世纪中国社会价值选择研究》，中国社会科学出版社，2004，第111页。

匹配。盲目追求职业的高层次是导致许多人职业不成功的根本原因。一个卓有成就的科学家却谋求成为公职人员，当他谋取了政府职位后，却成了一个十分蹩脚的公职人员。二是圆满实现了职业角色的期待，或者说做到了尽职尽责。职业成功与职业成就不同，职业成就是指在职业方面有所建树，取得突出成就，而职业成功是指实现了职业的预期。取得了突出的成就当然算职业成功，但职业成功并不仅仅指职业成就。许多职业是不可能取得突出成就的，如果我们将职业生活成功理解为取得职业成就，那么从事不可能取得突出职业成就的人就都不会有成功感，不会有职业生活幸福感。

当代社会是日益个性化的社会，人们追求个人的独特性，每一个人都希望有一块自主的私人空间，有自己的个性生活。个性生活是个人满足自己兴趣爱好的生活领域。个人的个性生活已经成为个人生活的一个重要领域。个性生活也存在着好不好的问题，好的个性生活已经成为好生活的重要组成部分。好的个性生活有两条标准：一是健康，二是丰富。所谓健康，就是情况正常，没有缺陷和病变。健康的个性生活就是个人的个性活动有益于身心健康和愉悦，可以丰富生活内容、增加生活乐趣和提高生活品位，而没有怪僻和病态，无伤社会风化。所谓丰富，就是多样化。丰富的个性生活就是个人的兴趣爱好以及休闲生活丰富多彩，不空缺，不单调。个性生活健康丰富的前提是个性健康。所谓个性健康是指个性是正常的、完整的、协调一致、前后一贯的，个性的各个要素没有缺损和障碍，不存在变形、扭曲、冲突、异化的情况。个性健康指一个人是全面整体的人，具有统一持久的自我。因此，个性健康是与人格健全相一致的。有个性健康才有健康的个性生活，但是，个性健康并不意味着个性生活健康，更不意味着个性生活丰富。

如果我们把好生活理解为和睦的家庭生活、成功的职业生活和健康而丰富的个性生活，那么就出现一个问题：是这三个方面都具备才算是好生活，还是只要具备其中的一个方面或两个方面就算是好生活？按照亚里士多德的观点，幸福应该是自足的、完满的。亚里士多德的观点是正确的。生活虽然可以划分为不同的领域，但生活是一个整体，作为幸福的好生活也应该是生活整体上是好的，没有不好的部分，更不能有坏的部分。从这个角度看，只有家庭生活、职业生活和个性生活都好才能是好的生活。在现实生活中我们也可以观察到，一个人家庭生活、职业生活和个性生活任何一个方面存在问题，他都不会感到幸福。我们也许见过不少这样的公职人员和企业家，他们的职业不只是成功，而且卓有成就，但是他们的小孩因为缺少家庭教育而不成器，家庭因为孩子而争吵不已。显然，这些公职人员和企业家的生活是不幸福的。我国个性生活还处于兴起的时期，个性生活在整个生活中的地位不太突出。不少人没有多少个性生活，但他们的职业生活和家庭生活相当好，这些人大致上可以说是幸福的。不过，个性生活不能存在问题，如果一个人有个性怪僻或有疾病，即使有较好的家庭生活和职业生活，也不幸福，而且个性生活有问题，也难得有好的家庭生活和职业生活。

一般来说，只有成年人才有完整的生活，只有成年人才同时有家庭生活、职业生活和个性生活，而儿童和老人至少没有职业生活。儿童没有职业生活而只要有好的家庭生活和个性生活，同样是幸福的。亚里士多德认为孩子因没有合乎德性的现实活动而不能说他们是幸福的，这种观点值得讨论，我们不能因为孩子没有职业生活而否认孩子可能有幸福。虽然孩子没有职业生活，但他们的生活是完整的，只要他们的完整生活是好的，他们就是幸福的。没有职业生活的老人一般曾经有职业生活，过去的职业生活对他们后来的生活会有影响。如果他们尽可能地不受这种影响，使他们的老年的完整生活成为好的，他们就是幸福的。

以上所说的好的家庭生活、职业生活和个性生活都是就最完美的状态而言的，实际生活的情形很复杂，不少人的客观条件决定了他不可能达到这种状态。例如，一个孩子生活在有缺陷的单亲家庭，他无法具备完整的家庭结构。在这种情况下，他的家庭生活不可能达到最好。但是，他的生活还是可以达到尽可能的好，而且其他领域的生活可以达到完善。由于一些客观条件的限制，有些人不能达到完美的生活状态，但这并不能断定他不能过上幸福生活，更不能断定他的生活就一定是不幸的。他们的生活只是存在一些缺憾，这种缺憾有的也许不能弥补，但还是可以使生活过得尽可能的好，在可能的限度内达到最大的幸福。内尔·诺丁斯（Nel Noddings）指出："幸福似乎在日常生活的所有领域都存在。我可能在一个领域中是幸福的，而在另一个领域中可能是不幸的。……尽管这种状况时不时地会发生，但我们可以为了整个生活而追求幸福。"①

五　幸福的意义

人人都谈论和追求幸福，自古以来的思想家也在不断地探讨什么是幸福以及如何获得幸福的问题。幸福之所以对于人生具有重要的意义，是因为幸福作为最好或至善，具有幸福性质的生活作为最好的生活，既是人生的圆满价值，也是人生的终极目标，还是人生的最高理想。

人的生活是由活动构成的，人的活动一般都是有目的的。目的千差万别，但都与价值相关联。有些活动是为了认识价值、判断价值、选择价值，有些活动是为了生产价值、创造价值，有些活动是为了实现价值、分配价值、消费价值、享受价值。价值种类繁多，但大致上可以划分为目的价值和手段价值。所谓目的价值就是能直接满足人消费和享受需要的价值，手段价值则是为目的价值服务的价值。无论目

---

① 龙宝新译《幸福与教育》，教育科学出版社，2009，第 28 页。

的价值还是手段价值都可以成为活动的目的。虽然人们的活动所指向的价值各不相同而且会随着生活的变化而发生变化，但就人的一生而言它们构成一个价值的集合或总体。不同人的价值总体在广度和高度上存在着差异，当这种价值总体达到圆满的程度时，也就是说当它达到了可能达到的最大的广度和最高的高度时，这个价值总体就是我们的幸福。价值也就是好或善，正是在这种意义上，亚里士多德等许多哲学家把幸福看作最大的善或最高的善，因而它是人生的终极目标。冯·赖特在谈到亚里士多德对幸福的理解时指出："在人类行动的可能目标中，幸福占有一个独特的位置。这个独特的位置不是说幸福就是所有行动的终极目标，而是说幸福是那个惟一的目标，它除了是终极的之外不再是任何东西。幸福的本性就在于，不能够为了任何其他的东西而追求幸福。所以，亚里士多德似乎认为，这就是幸福对于人类来说是最高的善的原因。"① 冯·赖特的这种理解是符合亚里士多德的原意的。无论是把幸福看作最大的善也好，还是看作最高的善也好，都没有真正表达幸福作为圆满价值的特点。因为说它是最大价值，那还意味着在它之外还有价值；说它是最高价值，那还意味着在它之外还有次高的价值。而幸福是一种总体价值，是总体价值中达到圆满程度的价值，是人生的完善境界。当一个人达到这种境界时，他就获得了人生的成功，正如弗洛姆所说，"幸福之感乃是个人在生活艺术中取得非常成功的明证，幸福是最伟大的成就"。②

如果幸福是人生的圆满价值，那么当我们说一个人是幸福的时候，那就意味着他达到了人生的完善，或者说达到了人生的圆满境界。然而，由于人性的弱点和人生活环境的局限，人是很难真正达到这种圆满的幸福境界的，而且即使能达到，也许要在人们经过了许多

---

① ［奥］冯·赖特：《好的多样性》，见万俊人主编《20 世纪西方伦理学经典》（I），中国人民大学出版社，2004，第 455—456 页。
② 转引自高觉敷主编《西方心理学的新发展》，人民教育出版社，1987，第 388 页。

年的努力后一直到中老年才达到。这种情况表明，幸福作为一种圆满的价值，既然人们很难达到，那么现实中的幸福就是相对的，不是完全意义上的，而是接近了幸福，或者相对于其他痛苦的人、不幸福的人而言是幸福的。但是，有幸福作为人生的圆满价值、作为人生的完善，可以为人生提供一个追求的目标，而以完善为追求目标对于人生具有重要的意义。"现实中没有一个真正达到完善的人。但是，有完善作为追求和没有完善作为追求，无论是人生的追求过程还是人生的追求结果都是很不一样的。就追求过程而言，追求完善的人，他的人生似乎有一条主线，有一个方向，他的所有欲望、追求、满足好像都是围绕这条主线展开的，都是朝着同一个方向的，都是某一个整体的一个部分。而不追求完善的人，他的一生就是漫无目的的、零散的，生活的内容是分离的、割裂的，生活的道路是蹒跚的、徘徊的。就追求的结果而言，追求完善的人，他的欲望和满足有可能丰富而深厚，他的生活可能充实而完满。而不追求完善的人，他的欲望和满足只会是散乱和浅薄的，他的生活会经常充斥空虚和无聊。"[1] 有哲学家力图论证："我们的生活在整体论意义上是整体性的，这种整体论的结构就它有幸福作为它的意义的终极来源而言也是一种目的论的结构。"[2]

虽然幸福不一定能为人们所完全达到，但可以作为人们终极的价值目标来追求。也正是因为幸福难以完全达到，所以人们才把它作为人生的终极目标。人的活动一般是有目的的，当把目的作为对象来追求时，目的就成了目标。人们追求的目标各种各样，但在这各种各样的目标背后，总有某种终极的东西发生着作用。它规定着所有目标的选择和确定，同时又是所有目标的最后指向和最高追求。这就是我们所谓的终极目标。终极目标是就两种意义而言的。一是就根本意义而

---

[1] 江畅：《理论伦理学》，湖北人民出版社，2000，第62—63页。

[2] Pedro Alexis Tabensky, *Happiness: Personhood, Community and Purpose*, Hampshire：Ashgate Publishing Limited，2003, p. 4.

言，所有其他的目标都是由这种终极目标派生的，最后又都指向这种终极目标。它既是根基，又是依归。二是就总体意义而言，所有其他的目标都从属于它，服从于它，服务于它。它既是全体，又是核心。①在现实生活中，虽然人们并不都能获得幸福，都能达到圆满的境界，但一般都会把幸福作为他们的终极目标。当人们有了自我意识后，他们就会以幸福作为一切活动的出发点和目的，作为人生的终极追求。同时，他们也会自觉不自觉地使他们各种活动的目标与幸福联系起来，使所有的活动指向幸福，使所有活动的具体目标从属于、服从于、服务于幸福这个终极目标。当然，人们的活动会发生偏离幸福这一终极目标的情形，但这种情形主要发生在两种情况下：一是人们抗拒不了外界的诱惑，如当一个人抵御不了权力的魅力的时候，他可能奴颜婢膝地出卖自己的灵魂。二是社会环境不允许人们追求个人的幸福，如"文革"期间，追求个人幸福被看作资产阶级思想而被狠批狠斗。不过，在正常情况下，人们越自觉地把幸福作为终极目标努力追求，人们就越有可能获得幸福。

当人们把幸福作为终极目标而想象它并对它充满了希望时，幸福就成了人们的理想。人在世界上生活会有各种理想，有远大的，也有近期的，有最低的，也有最高的，最高的因为难以达到因而也常常成为远大的。幸福作为一种理想，它是一种最高的理想。这种最高并不只是指层次高，同时也是指它必须以其他较低层次、较具体的理想为基础，它的实现要以它们的实现为前提。

古希腊神话中有一个"潘多拉的盒子"的故事，主神宙斯为了报复人类而创造了第一个女人潘多拉并将她送给有恩于宙斯的伊皮米修斯（普罗米修斯的弟弟）。在他们结婚时，宙斯送给潘多拉一个盒子当礼物。她打开盒子一看，飞出来的是贪婪、杀戮、恐惧、痛苦、疾

---

① 参见江畅《理论伦理学》，湖北人民出版社，2000，第104页。

病、欲望，她赶紧合上盒子，而留在盒子里的是希望。从此，人类充满了灾祸，而唯一缺乏的是希望。然而，人类并没有因为潘多拉的盒子关住了希望而没有希望，幸福就是最大的希望。正是因为有了幸福这一最大的希望，人类在幸福的旗帜下，不断与邪恶做斗争，不断进步和进化，不断走向现实的幸福。

幸福作为人类的希望和理想，是人类的最重要精神支柱，是人类追求的最高精神价值。在对这种精神价值的追求中，人类的物质满足退居到次要的地位。基督教《新约》对物质的有利与精神的损失进行了鲜明对照。耶稣问："如果一个人得到了整个世界而失去了自己的灵魂，那会对他有什么好处呢？"[1] 如果我们不考虑这一表达的宗教意味，我们就会发现它所表达的是精神价值对于人的重要意义，这一意义在《新约》中还体现在另一表达之中。这就是"人不能只靠食物活着"[2]。从当代人类日益世俗化、物质化和享受化所导致的弊端看，《新约》的警示不无道理。人类要有精神价值的追求，我们不一定都能达到尽善尽美的幸福，但有对这种尽善尽美的精神价值的追求，会使人更高尚，更圣洁，更像人那样生活。

第二节　德性与幸福的关系

德性与幸福的关系是德性与人生的最重要关系，在一定意义上也可以说就是德性与人生的关系。正因为如此，这一关系也是伦理思想史上思想家们最关注的重要问题之一。这里需要特别提出的是，我们在讨论德性与幸福关系的时候，我们所说的德性不只是指人的德性品质，也指人出于德性的活动。德性主体必须在活动中体现他的德性，只有追求和出于德性的活动才使人获得幸福。如果一个人具有德性而

---

[1]　参见《新约圣经·马可福音》8：36。
[2]　参见《旧约圣经·申命纪》8：6和《新约圣经·马太福音》4：4。

不能见之于活动，这种德性对于幸福的意义就是非常有限的。正如亚里士多德所强调的："幸福究竟是具有德性还是运用德性，是具有单纯的德性品质还是德性的实现活动，还是存在不小的区别。"①

一 西方学者论德性与幸福的关系

西方学者关于德性与幸福关系的观点，可划分为内在一致论的观点和外在相关论的观点。

德性与幸福内在一致论认为，幸福在于德性或主要在于德性。这种观点由于一般都把幸福看作好（善）生活，这种好生活是所有善中的最大善，也是人的终极目的，而幸福主要在于德性，因而被称为德性主义。持这种观点的学者较多，主要是古希腊和当代的一些德性伦理学家。前面在讨论西方德性主义关于幸福的理解时已对古代德性伦理学家的德性与幸福内在一致论的观点做过介绍，这里不再赘述。总体上看，按简·斯载夫（Jan Szaif）的说法，"古代德性伦理学断定所有人都对他们自己的生活和福利有一种自然关注。它认为过好生活的能力是以我们品质和理智的某些优秀性质和意向为根据的。这些性质或意向被称作 aretai——'德性'，如果翻译上存在着问题，那这里是就这个术语的传统意义而言的"。② 当代一些德性伦理学家力图复兴古希腊德性主义伦理学家的观点，主张德性与幸福之间存在着内在一致的关系。例如，罗莎琳德·荷斯特豪斯从德性主义的立场系统阐述了德性与幸福的关系。她认为，"德性是人类幸福、繁荣或生活得好所必需的品质特性"，③ 而这种特性只有为幸福所必需才能称其为德性。她把这种看法看作"柏拉图对德性的要求"（Plato's requirement on the

---

① 〔古希腊〕亚里士多德：《尼各马可伦理学》（注释导读本），邓安庆译，人民出版社，2010，第60页。

② Jan Szaif, "Aristotle on the Benefits of Virtue", in Burkhard Reis, ed., *The Virtuous Life in Greek Ethics*, Cambridge / New York: Cambridge University Press, 2006, p. 167.

③ Rosalind Hursthouse, *On Virtue Ethics*, Oxford University Press, 1999, p. 167.

virtues）。在她看来，"柏拉图对德性的要求"包括三个方面："（1）德性有益于德性具有者。（它们能使具有者繁荣、幸福和过一种幸福的生活）（2）德性使其具有者成为好人。（为了生活得好、实现人类应有的繁荣、过一种在其特征上好的即幸福的人类生活，人类必须具有德性）（3）德性的以上两个特征是内在联系的。"① 根据荷斯特豪斯的看法，我们可以通过判定品质特性是不是人类实现幸福所必需的来确认这些品质特性是不是德性。"是不是实现幸福所必需的"是检验品质特性是不是德性的标准。她通过目的论的方式，用人类幸福或繁荣来解释德性，认为"德性有利于德性拥有者"，成为德性之人是实现繁荣的最可靠途径。在她看来，拥有德性并不能保证一个人的幸福（或繁荣），但它却是实现幸福（或繁荣）的"唯一可靠的赌注"（the only reliable bet），② 除此之外，别无他途。

德性与幸福外在相关论认为，德性对于幸福具有一定的意义，但德性并不是幸福的内容，只不过是实现幸福的工具，或获得幸福的条件。这种观点的主要代表人物是约翰·密尔和康德。

在约翰·密尔看来，幸福是值得欲望的，但并不是唯一值得欲望的，有人会欲望幸福以外的东西，如德性。在这个问题上，他不同意边沁的看法。边沁认为，提倡德性的禁欲主义虽与功利主义形式相同但内容正相反。因此，他排斥禁欲主义。密尔则力图调和德性与幸福，把德性纳入幸福的范畴，使它从属于幸福。他认为，人所欲望的东西有两类：一类是幸福，另一类是达到幸福的工具。"没有什么东西对于人类是善的，除了它要么本身是令人快乐的，要么是获得快乐或避免痛苦的工具。"③ 德性就是属于达到幸福的工具一类的。德性这种工具与其他许多工具一样，其自身的价值是无足轻重的，但它有助

---

① Rosalind Hursthouse, *On Virtue Ethics*, Oxford：Oxford University Press，1999, p. 167.
② Cf. Rosalind Hursthouse, *On Virtue Ethics*, Oxford：Oxford University Press，1999, p. 172.
③ J. S. Mill, *Utilitarianism*, Beijing：China Social Sciences Publishing House，1984, p. 61.

于目的价值的实现。但是，这种工具由于两方面的原因变成了目的本身。一方面从观念的角度看，人们一旦在观念上把德性与作为目的的幸福联系起来，就会一想到德性就想到幸福，这样久而久之，德性便从依附于目的变成目的本身，德性也就从工具变成了幸福本身或幸福的一部分。另一方面从意志的角度看，人们原本是出于意欲幸福而意欲德性的，如此不断反复，逐渐形成了意欲德性的习惯。这种习惯使人们可以在不意欲幸福这一目的的情况下直接意欲德性，并逐渐地以获得德性本身为幸福。他说："在功利主义学说看来，德性在本性上和起源上不是目的的一部分，但它能变成目的的一部分；在那些无私地热爱它的人那里它已经如此，它不再作为幸福的工具，而是作为他们幸福的一部分而被欲望并被珍视。"① 在密尔看来，德性虽然可以从工具变成目的本身，变成幸福，但工具毕竟只是工具，德性归根到底只是实现幸福的工具，唯有幸福才是真正的目的。

康德是站在理性主义立场上，主张德性与幸福应该相关。康德在《纯粹理性批判》中提出，我们理论的一切兴趣集中于下面三个问题。(1) 我能知道什么？(2) 我应当做什么？(3) 我可以希望什么？在谈到我可以希望什么时，康德认为"一切希望都是指向幸福的"。② 那么，怎样获得幸福呢？他认为，"德行（作为配得幸福的资格）是一切只要在我们看来可能值得期望的东西的、因而也是我们一切谋求幸福的努力的至上条件，因而是至上的善"。③ 德行本身虽然是至上的善，但并不是作为有限理性存在者的人所欲求的对象的全部而完满的善，它要成为这样一种善，还要有幸福。德行与幸福的结合就是至善。那么，至善在实践上如何可能？在康德看来，无论迄今已做了怎

---

① J. S. Mill, *Utilitarianism*, Beijing: China Social Sciences Publishing House, 1984, pp. 54–55.
② 〔德〕康德：《纯粹理性批判》，邓晓芒译，杨祖陶校，人民出版社，2004，第612页。
③ 〔德〕康德：《实践理性批判》，邓晓芒译，杨祖陶校，人民出版社，2003，第151页。

样多的联合尝试，这还是一个未解决的课题。康德注意到，这二者在现实世界中是无法统一起来的。"要么对幸福的欲求必须是德行的准则的原因，要么德行准则必须是对幸福的起作用的原因。前者是绝对不可能的：因为把意志的规定根据置于对人的幸福的追求中的那些准则根本不是道德的，也不能建立起任何德行。但后者也是不可能的，因为在现实世界中作为意志规定的后果，原因和结果的一切实践的联结都不是取决于意志的道德意向，而是取决于对自然规律的知识和将这种知识用于自己的意图的身体上的能力，因而不可能指望在现世通过严格遵守道德律而对幸福和德行有任何必然的和足以达到至善的联结。"① 为了解决幸福与德行的联结，康德求助于"灵魂不朽"和"上帝存在"这两个"悬设"（即有根据的假设，其根据就是自由意志），因为只有假设灵魂不朽才能给人确立道德上完善的目标和来世以德配福的希望，同时只有假定上帝存在才能保证德福匹配绝对公正。这样，德福的统一最终要诉求宗教来解决。康德说："即使道德学真正来说也不是我们如何使得自己幸福的学说，而是我们应当如何配得幸福的学说。只有当宗教达到这一步时，也才会出现有朝一日按照我们曾经考虑过的不至于不配享幸福的程度来分享幸福的希望。"②

在谈到德性与幸福的关系时，涉及对好生活理解的分歧。"好生活"既可以从"值得赞赏的生活"（指道德或德性高尚的生活）和"值得欲望的生活"（指繁荣或发达的生活）两种意义上理解，当然也可以从这两种意义上综合理解。德性与幸福外在相关论者否认德性是幸福本身或存在内在一致的关系，而认为德性是实现幸福的工具或配享幸福的依据，因而在他们那里这两种好生活的意义通常是分离

---

① 〔德〕康德：《实践理性批判》，邓晓芒译，杨祖陶校，人民出版社，2003，第156页。
② 〔德〕康德：《实践理性批判》，邓晓芒译，杨祖陶校，人民出版社，2003，第177页。

的，尽管也可能通过某种中介使之一致起来。德性与幸福内在一致论者将德性看作幸福或者作为幸福的内容之一，因而在他们那里这两种生活是统一的，"值得欲望的生活"以"值得赞扬的生活"为必要条件甚至充要条件。例如苏格拉底就是如此主张。"苏格拉底坚持认为，德性的生活对于幸福既是必要的也是充分的。"[1] 在德性与幸福的关系上，内在一致论者和外在相关论者基本上是各持一端，各有合理的一面，也有局限的一面。在现实生活中，德性可能既是幸福的工具也是幸福的内容，德性对于幸福即使不像苏格拉底所主张的那样既是必要的又是充分的，也至少是必要的。尽管从起源上看，德性最初是作为生存的工具出现的，但德性已经成为现代人幸福的内容之一，这也许是不可否认的事实。

二 德性原初的生存手段意义

从人类历史发展的角度看，德性先于幸福出现。幸福感及幸福观念并不是与人类相伴始终的，至少在人类社会的早期，人类的生活谈不上幸福，人类也没有幸福感和幸福观念可言。但是，在人类有幸福以及幸福感和幸福观念之前很长一段时期，人类就已经有了德性以及德性观念。麦特·里德雷（Matt Ridley）在《美德的起源：人类本能与协作的进化》一书中，通过大量的动物和人类的行为证明，德性是人生存的本能，而且在动物那里就有其基础。他针对20世纪60年代以来盛行的个体每时每刻都在关心的是如何使他们的基因受益的"自私的基因"观念，指出人类并不总是以自己为中心，因此为人处世的驱动力也不见得是个人私欲，也可能是集体利益。[2] 他着重分析了人

---

① Linda Zagzebski, "The Admirable Life and the Desirable Life", in Timothy Chappell, ed., *Values and Virtues: Aristotelianism in Contemporary Ethics*, Oxford: Clarendon Press, 2006, p. 53.

② 〔美〕麦特·里德雷（Matt Ridley）：《美德的起源：人类本能与协作的进化》，刘珩译，中央编译出版社，2004，第55页。

类和动物的互助或互惠互利行为，认为只要得到的比付出的多，人和
动物都愿意帮助对方，因为将来有一天你也会得到他的帮助，这样对
双方来说都有利可图。① 他找到了许多动物的例子证明这一点。以蝙
蝠为例。一只刚刚给予它者食物的蝙蝠此时会得到受恩者的回报，同
样，如果上次拒绝了它者，这次它也同样会遭到拒绝。看来每一只蝙
蝠好像都非常精明，善于盘算，这可能也就是它们乐于相互间梳理羽
毛的目的之所在。蝙蝠在相互整理羽毛时特别关注对方肚子附近的地
方，因为一只吃得肚子鼓鼓的蝙蝠根本无法逃脱对方的眼睛。这次欺
骗了别人，下回它也同样遭到欺骗。互惠互利原则统治着整个蝙蝠群
体。② 他还举了一些人类的事例证明，在社会生活中互惠互利似乎是
人性中不可或缺的一部分，是人的本能。人无须认真分析推理就知道
要"以德报德"，更无须别人教导如何去做。随着一天天成熟起来，
人学会了如何利用这一原则，使之渐渐在心中根深蒂固。③ 他还进一
步通过对道德情感的分析得出了以下结论："美德是人类与生俱来的，
它植根于人类本性之中，像润滑油一样对人类社会不可或缺。"他还
据此建议，社会要更注重发扬人的德性本性，"我们在调整社会机构
组织的时候不应遵循减少人类私欲的原则，而应尽量使其成为发掘人
类美德的有效机制"。④

　　人类在有幸福和幸福观念之前就有了德性和德性观念，这能从不
同民族的史诗及神话传说中得到印证。古希腊的神话，特别是荷马史
诗中就记载和描述了那些远古英雄的德性，并对具有这些德性的英雄

① 〔美〕麦特·里德雷（Matt Ridley）：《美德的起源：人类本能与协作的进化》，刘珩
　　译，中央编译出版社，2004，第60页。
② 参见〔美〕麦特·里德雷（Matt Ridley）《美德的起源：人类本能与协作的进化》，
　　刘珩译，中央编译出版社，2004，第61页。
③ 〔美〕麦特·里德雷（Matt Ridley）：《美德的起源：人类本能与协作的进化》，刘珩
　　译，中央编译出版社，2004，第64页。
④ 〔美〕麦特·里德雷（Matt Ridley）：《美德的起源：人类本能与协作的进化》，刘珩
　　译，中央编译出版社，2004，第151页。

进行了讴歌和颂扬。中国以及其他民族的神话和传说中也有许多这样的记载和描述，尽管所歌颂的德性不尽相同。古代各民族的史诗、神话、传说歌颂的德性很多，不过至少有几种是比较共同的，它们是勤劳、勇敢、无私、正直或公正。所有这些德性之所以产生，之所以为不同民族的史诗、神话、传说所赞扬和传颂，是因为这些德性对于一个个体、部落、氏族、民族的生存具有重要意义，是维系他们生存的重要手段。

勤劳是农耕民族最重要的德性之一。在人类社会的早期，农业处于刀耕火种的原始阶段。在这种生产力十分落后的情况下，要想维持起码的生计，人们得没日没夜地勤扒苦做，否则就采集不到果实，更不可能让大地生长出粮食。中国古代神话中的"精卫填海""愚公移山"所描述和歌颂的就是这种吃苦耐劳、锲而不舍的德性。与作为农耕民族的古代东方民族不同，古代西方民族是游牧民族和海洋民族，它们在与凶狠的野兽做斗争的过程中，在与波涛汹涌的大海做斗争的过程中更需要不怕牺牲、无所畏惧、勇往直前的英雄德性。荷马史诗中描写的伊大卡国王奥德修斯在攻陷特洛伊后归国途中十年漂泊的故事，所体现的就是这种英雄的典型德性。

无私是古代史诗、神话、传说所歌颂的另一重要德性。在原始社会，人类基本上是过着原始的共产主义生活，人们共同劳动，共同分享劳动果实，只有这样才能勉强维持部落或氏族的生存。无论是在劳动中，还是在饮食起居方面，人们都不能不大公无私，否则部落或氏族就无法生存下去。在这种情况下，无私成为公认的德性。中国古代神话中关于尧让帝位于舜、舜让帝位于治水英雄禹的传说，所歌颂的就是尧舜的大公无私、不贪图权贵的美好品质。由于在原始社会个人与集体的生存和命运紧密联系在一起，因而集体中每一成员的无私不仅对集体，而且对集体中的每一成员的生存都具有至关重要的意义。

正直和公正实际上是同一种德性在不同情景中的体现。正直就是襟怀坦白、率真刚正、处事公道、嫉恶如仇。当一个具有正直德性的人面临某种资源的分配时，这种德性就体现为公正。因此，一般来说，正直是对于普通人而言的，而公正是对于具有分配权的人而言的。这两种德性对于原始人类的生存也具有重要的意义。如果氏族部落内部的首领不是公正的，氏族部落内部必然会产生纷争和打斗。在这种情况下，氏族部落就无法团结一致对付恶劣的环境以及其他氏族部落的侵略或攻击。如果氏族部落内部成员不是正直的，就不可能保证首领的公正。如果他们都阿谀逢迎、吹牛拍马，氏族部落就不会有公正，氏族部落就会解体，个人也将不可能生存下去。

以上分析表明，德性首先是生存的手段，而且是必要而有效的生存手段。因此，德性才能成为幸福的手段。幸福是一种好的生存或生活。作为好的生存，内含着生存。对于好的生存而言，首先得生存，然后才谈得上质的好。所以，德性作为生存的必要而有效手段，当然必定同时是作为好生存的幸福的手段。明白这一点是非常重要的，即使不为了幸福，只为生存，也需要有德性。

三　德性作为幸福的前提、保障、动力和源泉

幸福是伴随着人类文明的进步和人类生活状况的改善而出现的一种好生活。当然，幸福的含义也随着人类历史的发展而在不断地变化。到了当代，德性已经远远不仅仅对于生存是必要而有效的手段，对于幸福也具有广泛而深刻的意义。也许正是在这些意义上，历史上许多思想家强调德性对于幸福的至关重要性。

首先，德性是幸福的前提。个人获得幸福和享有幸福的先决条件有诸多方面，如身心健康、适度占有资源、社会安定等。就身心健康而言，没有健康的身体，肯定不会有幸福。就适度占有资源而言，一

个人没有生存、发展和享受所必需的资源，也不可能幸福。至于社会安定对于个人幸福的决定性意义更显而易见，生活在处于战争状态的国家的任何一个人，连生命都无法得到保障，何谈幸福？德性也具有幸福前提的意义。我们说德性是幸福的前提，是指德性是获得和享有幸福的先决条件。

这里所说的德性是幸福的先决条件，可以从三种意义上理解。

一是没有德性不会有幸福。这种情况一般是不存在的，因为今天人类的德性越来越丰富，没有人没有一点德性，即使是一个十恶不赦的歹徒也总有某些德性，否则他就不是人。当然，也不排斥有的歹徒在丧心病狂的时候（如在绑架人质而被围困的时候）德性和天良完全丧失的情形。没有德性肯定不会有幸福，但完全没有德性的情况在实际生活中一般不会存在。

二是不具备那些对于幸福而言必需的德性也不会有幸福。有些德性对于幸福而言是基本的德性，这些德性不同时具备就不可能有幸福。在今天人类越来越丰富的德性中，这样的基本德性也越来越多。究竟哪些德性对于幸福而言是必需的不好明确划定，但至少像自重、节制、明智、善良、正直、审慎、互利、守规、合作等这样一些基本德性是幸福所必需的。今天，一个人不具备这些德性，很难获得幸福。如果一个人不自我珍重，拿生命当儿戏，沉溺于声色犬马，甚至吸毒，最终导致身心崩溃，他就没有了幸福所需要的起码的身心条件。德性对于幸福的先决条件意义，在很多情况下体现为由于不具备这样的德性所导致的后果会对幸福乃至生存产生损害。

三是达不到幸福所必需的德性水平也不会有幸福。对于一个人的幸福而言，不仅他必须具备基本德性，而且他的德性要达到一定的程度。如果我们认为一个人具备了基本德性就是"君子"的话，那么幸福所必需的德性水平要达到"贤人"的层次，即具备比较完整的德性，而且德性在整体上达到比较高的水平。因为一个人仅仅具备基本德性，他的德性还不够完整：一方面，有些生活领域（如职业生活）的德性还不具备；另一方面，除了基本德性之外，还有不少派生德性还不具备，而这种德性对于幸福生活而言也是重要的。而且，当一个人的品质还缺乏这些方面的德性时，他的德性整体上也不可能达到较高的水平。德性的完整程度和水平高低（这两方面可概括为德性的完善性）与幸福的程度成正比，当德性达不到一定的完善程度时，一个人就不可能获得幸福。

其次，德性是幸福的保障。幸福不仅需要先决条件，还需要一定的保障条件。保障条件与先决条件不同，具备先决条件不一定就会有幸福，但在具备先决条件的同时具备保障条件，就会获得并享有幸福。在一定意义上可以说幸福的保障条件是幸福的充分条件。就保障条件而言，德性对于幸福的意义更为突出。当一个人具备了幸福所需要的其他必要条件，获得和享受幸福那就主要靠德性了。我们可以想象，如果一个人有健康的身体和心理，吃住行有基本保障，有适合自己的工作，社会也和平安宁，那么这个人是否幸福主要就看他有无德性了。就是说，一个人具备了幸福所需要的这些先决条件，事实上也就是具备了他满足自己生存和发展总体需要的条件。在这种情况下，关键就是怎样利用好这些条件为更好地生存服务，而德性就是利用这些条件为更好生存服务的必要而有效手段。

几乎所有的德性都可以说是幸福的保障条件，甚至可以说缺哪一个方面都会对幸福产生不利影响。关怀就是如此。关怀看起来是对他人的关心和爱护，与自己的幸福并无直接的关系，实际的情形并非如此。一个人对别人麻木冷漠，所换来的通常会是别人对他的麻木冷漠。一个生活在没有朋友和亲人关心、周围人都对他漠不关心环境中的人，不可能感到幸福。他人对自己的关心是人生存需要的一部分，也是人发展需要的一个方面，这种需要得不到满足，一个人即使其他各方面的德性条件具备得很充分，也不可能产生幸福感。在现实生活中就有一些独善其身的人并不感到幸福的情形。这些人通常各个方面的条件都不错，而且德性情况也整体良好，但有一个问题，那就是因为认为周围的人各方面不如自己而对他们很淡漠，甚至瞧不起他们。这种人当然也就不会有多少朋友，也很难得到别人热情的回报，他会因此而感到孤独寂寞。显然，处于这种状态的人是不会感到幸福的，最多只能孤芳自赏，甚至会坠入自我爱恋的境地。由此看来，每一种德性都能为幸福添砖加瓦，缺乏一种德性，幸福就会缺乏一种保障。

耶稣的"如果一个人得到了整个世界而失去了自己的灵魂，那会对他有什么好处"① 的发问与圣经的另一个说法"人不能只靠食物活着"② 可以互释。这个问题的答案隐含在关于浮士图斯（Faustus）博士的著名故事中，他把他的灵魂交给撒旦以换回无限的物质财富和能力。浮士图斯故事可能是以中世纪德国的魔术师约汉尼斯·浮士德（Johannes Faust）成长的传说为基础的。根据这个传说，浮士德与魔鬼签订了一个契约，这个契约给他远远超过人类正常情况下能得到的知识和魔术能力，通过这种知识和魔术能力他可以实现他所有的世俗愿望，而魔鬼要求他在死的时候还回他的灵魂。为了确保这个交易的两个部分能被遵守，撒旦给他派了一个更阴险的仆人墨菲斯多弗莱斯（Mephistopheles）。他给浮士德携带知识和能力，同时又监督浮士德死亡。这个故事的重要性在于，它迫使我们在物质的好生活与道德的好生活这两种"好生活"的意义之间做出区别。如果认为浮士图斯的选择是错误的，就"必须在物质的好与道德的好之间、在我们怎样生活与我们怎样行动之间、在拥有（having）好的生活与过着（leading）好生活之间做出区别"。然而，仅仅通过做出这种区别还不足以回答浮士图斯和那些像他那样思考的人。我们也得表明为什么一种好生活即正当地行动（doing right）比另一种好生活即满意地生活（faring

---

① 《新约圣经·马克福音》8：36。
② 《旧约圣经·申命纪》8：6 和《新约圣经·马太福音》4：4。

well）更可取。正如柏拉图所看到的，这意味着表明为什么当我们面对这种选择时我们应该宁愿在物质上受苦也不愿作恶。[1] 这里所体现的就是德性对幸福的保障作用。一个没有德性、失去灵魂的人，过再好的物质生活，也不是真正幸福的。

再次，德性是幸福的动力。幸福不是一旦获得就一劳永逸的，而是需要不断追求、精心呵护的，这就需要有不竭的动力。幸福的动力表面看起来似乎主要是幸福意识和幸福意欲。幸福意识就是对幸福对于人的极端重要性、对什么是幸福和如何获得幸福的意识。这种意识对于人们追求幸福是非常重要的，没有这种意识人们就不会自觉地去追求幸福。幸福意欲就是在幸福意识的基础上产生了对幸福的欲望，并把这种欲望变成追求，力图获得幸福。这可以说是人幸福的最直接动力源。但是，这两种动力都是幸福的以意识为前提的动力，而只有德性才是人的品质对幸福的自然倾向和自发追求。斯宾诺莎说："德性的基础即在于保持自我存在的努力，而一个人的幸福即在于他能够保持他自己的存在。"[2] "一个人愈努力并愈能够寻求他自己的利益或保持他自己的存在，则他便愈具有德性。"[3] 斯宾诺莎的话从个人生存的意义上揭示了德性追求与幸福实现的关系。

幸福意识和意欲要以德性为基础和保障，这应是明显的。因为一个人幸福意识和意欲再强烈而不具备幸福所需要的德性也是空虚的，在德性不具备的情况下，甚至幸福意识和意欲越强烈越痛苦，而不是越幸福。例如，一个人懂得幸福对人的极端重要性，而且对幸福有强烈的欲望，但他不具备勤劳和进取的德性，那他的强烈幸福欲望就没有必要的德性作为支撑，因而也不可能得到满足。又如，刚毅对于人

---

① Cf. Gordon Graham, *Eight Theories of Ethics*, London/New York：Routledge, 2004, pp. 98-101.
② 〔荷〕斯宾诺莎：《伦理学》，贺麟译，商务印书馆，1958，第170页。
③ 〔荷〕斯宾诺莎：《伦理学》，贺麟译，商务印书馆，1958，第171页。

们的幸福追求具有重要的支撑作用。当一个人具备刚毅的德性，他就会坚持不懈、不屈不挠地去追求幸福，就不会因为追求幸福的过程中遇到了困难和挫折而放弃对幸福的追求。

德性是人品质的特性，是人的心理定势，它能给人的好生活带来益处，使人自然倾向于对幸福的谋求。麦金太尔曾从德性的价值的角度给德性做出了这样的规定：“德性是一种获得性人类品质，具有和运用这种品质可以使我们有可能获得那些实践的内在的善，而缺少这种品质，就会严重地阻碍我们获得这样的善。”[1] 按陈真教授的解释，所谓“实践的内在善”指的是：如果不从事某种实践活动，人们无法获得这种内在善。[2] 对这种内在善的追求就是对幸福的追求，具有德性就会使这种追求成为人们持久的强有力动机。当然，并不是所有的德性都给幸福提供动力，只有其中一部分是给幸福提供动力的，如刚毅、勤俭、好学、进取、关怀、互利、敬业、创新等。这些德性所指向的是人生存得更好，是为人们不满足于生活得好而追求生存得更好提供动力的。具备了这些德性，人们就不会满足现状，不会满足已经获得的幸福，而要不断地进一步拓展幸福的范围和深度，使自己与时俱进，不仅保持生存得好的状态，而且力求生存得越来越好。例如，进取和创新就是给幸福提供动力的重要德性。进取就是不满足现状，积极开拓，奋发有为。具备这种德性，我们不会满足于已经达到的生活水平，而要进一步使生活达到更高的层次，使生活过得更好。因此，这种进取的德性是我们幸福的强大内在动力。如果说进取是要使水平达到更高的层次，那么创新则是要使自己的生活特别是工作有创意、有个性、有特色。创新既可以使生活和工作达到更深的层次，也可以不断更新生活的内容，使生活充满生机和活力，从而使生活越来

---

[1] Alasdair MacIntyre, *After Virtue: A Study in Moral Theory*, Beijing: China Social Sciences Publishing House, 1999, p. 178.

[2] 参见陈真《当代西方规范伦理学》，南京师范大学出版社，2006，第262页。

越好。因此，创新的德性也是幸福的强大动力。

最后，德性是幸福的源泉。德性不仅对幸福具有前提、保障、动力的意义，而且也可以产生幸福，是幸福的源泉。德性作为幸福的源泉主要体现在两个方面：一方面德性整体上是幸福生活的源泉。幸福体现在人生活的各个方面，整体上看是人生活得好。这里的"好"主要是就有德性作为规定性而言的，有德性才有生活得好，有生活得好才有幸福。幸福在一定意义上就产生于由德性所规定的"好"。正是在这种意义上我们说，德性是幸福的源泉。另一方面，每一种德性也都可以为幸福的获得和保持做出贡献。以好学为例。大约在20世纪上半叶以前，人们一次性的学校教育所学到的知识和能力就足以使人们终身享用，但自20世纪中叶以来，伴随着信息时代的到来，知识能力更新得越来越快。在这种时代背景下，不断学习就成了人们过上好生活和保持好生活的必然要求。如果不学习，过去掌握的足以过上幸福生活的知识和能力，用不了多久就不够了，个人的生活也会由幸福变得不幸福。为了保持幸福，就要不断学习，要养成好学的品质。而且好学还可以使人们不断更新幸福观念，调整幸福追求，丰富幸福内容，从而使幸福永葆青春。

幸福与德性息息相关，不可分割，在今天德性已经成为获得和享有幸福的前提、保障、动力和源泉，从广义上看，也可以说是实现幸福的主要手段。德性之所以是幸福的主要手段，归根到底是因为它是人的智慧的体现和结晶，是人的道德智慧，而道德智慧以及智慧是实现幸福的根本途径。

四 德性作为幸福的内容

人生存的目的有一个演进变化的过程。最初人类生存的目的只有两个：一是生存，二是繁衍。为了实现这两个根本目的，人类不断地创造出更好地实现目的的手段，而为了创造出更好的手段又要为之创造更好的手段。新的手段出现了之后，原来的手段又成了目的，依次类推，以至于无限。人类文明的进步也许就体现为这种目的与手段不断转化、不断丰富的过程。在这个过程中，有不少原本是作为实现生存和繁衍这两个根本目的的手段成了人们生存的直接目的。最典型的是"真善美"。"真"原义指的是认识的真理，真理是有助于实现人生存目的的，相对于人生存的根本目的而言，它是手段，但由于它对于生存根本目的的实现具有极端重要性，因而逐渐成了目的本身，成了人类追求的理想。"善""美"的情形也大致如此。像真善美这样原本是手段的东西后来成了目的，甚至成为比生存、繁衍更崇高、更伟大的目的。德性就属于这类目的。德性最初是作为生存的手段出现的，但随着人类的进化和文明的演变，又出现许多实现德性的手段，德性也成了目的。这种目的的实现也成了人生活得好、获得幸福的重要内容。就个人而言，德性作为目的在他的生活中得以实现，他的生活就成了"值得赞赏的生活"。一个人过上这种值得赞赏的德性生活，就会成为德高望重的人，这样，他不仅有普通的幸福感，可能还会产生高层次的幸福感。

德性成为幸福的内容有一个演进的过程。前面我们已经分析过，德性是人们生存和繁衍的必要而有效手段，当人们追求生存得好和生存得更好的时候，人们发现德性仍然是必要而有效的手段。这种手段对于人更好地生存是如此重要，以至于人会因为具有了德性而感到心理满足，并由此产生愉悦感。这样，德性就已经不只是实现生存目的的手段，而且成了生存特别是更好生存的组成部分，成了人幸福的内容，成了幸福的一个标志。

德性从单纯的生存手段到同时成为生存目的、从实现幸福的工具到同时成为幸福的内容本身的转变，早在古代希腊就已经开始。古希腊那些伟大的哲学家之所以都把德性作为幸福的内容，甚至等同于幸福本身，也许就是因为他们注意到了德性正在实现这种转变，至少看到了这种转变的可能性。近代也有哲学家主张德性就是目的本身。例如，斯宾诺莎就说过，"追求德性即以德性是自身目的。除德性外，天地间没有更有价值、对我们更有益的东西，足以成为追求德性所欲达到的目的"。[①] 又说："幸福不是德性的报酬、而是德性自身。"[②] 不过，从历史发展的角度看，近代西方人包括哲学家大多把德性仅仅看作幸福的手段，甚至不把它看作幸福必要而有效的手段，德性作为生存目的和幸福内容的意义被淡忘。到20世纪80年代，德性作为幸福的必要而有效的手段以及作为幸福内容本身由于当代德性伦理学复兴而重新为人们所关注。这次对德性对于幸福意义的重新认识是人类反思现代文明的缺陷和弊端引发的，可以说是人类痛定思痛的结果。我们相信，自古代希腊开始的德性从作为实现幸福的工具到同时作为幸福的内容本身的转变过程现在可以终结，德性像"真善美"一样成为人类追求的目的本身、成为幸福的内容本身，应该能得到普遍认同。

德性为什么会由工具变为目的、成为幸福内容的一部分呢？前面谈到的约翰·密尔的分析有一定的道理，但比较表面和肤浅。对这一问题不仅要从个人心理的角度进行分析，更要从文化演进的角度进行考察。这种变化的根本原因是人类需要的变化。人类最早的需要就是生存下去和繁衍后代，在追求这两种需要满足的过程中，人类又相继产生了更多需要，特别是产生了精神的需要。在原初需要基础上产生继发需要、追求满足需要和满足需要本身就构成了人类的文化和文明，而文化和文明又作用于人类需要的产生、对人类需要满足的追求以及人类需要满足本身的过程。在两者相互作用的过程中，许多过去的手段逐渐成了目的，成为人们获得满足、产生满足感和愉悦感的源泉。不只是德性，还有其他东西，如真善美等，都是如此。在这整个

---

① 〔荷〕斯宾诺莎：《伦理学》，贺麟译，商务印书馆，1958，第170页。
② 〔荷〕斯宾诺莎：《伦理学》，贺麟译，商务印书馆，1958，第248页。

过程中，人的理性发挥了重要作用，理性的不满足的特性，是人类需要不断丰富和深化的重要动力，也是人类文明演进和繁荣的重要动力。

我们说德性能成为幸福的内容，主要是从心理满足的角度来看的。当我们真正将德性作为幸福的必要而有效的工具的时候，我们就会意识到德性对于幸福的极端重要性。在这种情况下，德性的养成和完善就会成为我们的目的，一旦我们养成和完善了德性我们就会因为两个方面的原因而产生愉悦感：一是我们达到了养成和完善德性的目的，我们会有一种成就感、满足感以及由此引发的愉悦感；二是养成和完善了德性有助于我们的其他生存目的的实现，有助于幸福的获得，我们也会因此而感到愉悦。人的任何一种德性都会因为这两方面的原因而引起愉悦感。如果我们养成了善良的德性，我们就会因为我们任何时候都与人为善、问心无愧而感到心安理得和心情舒畅；同时我们也会因善良而获得他人的信任和好感，这也会引起我们的愉悦感。每一种德性都可以成为幸福的内容，德性整体则可以是人幸福内容的一个基本的或主要的方面。如果我们将真善美作为幸福感在精神方面的主要内容，那么德性则是其中的善的主要方面。人的善无非是品质善和行为善，而行为善主要是品质善的体现。因此，一个人整体上德性好，他就具有了幸福的基本内容，就具有产生幸福感的基本源泉之一。

早在两千年前，奥古斯丁在与埃伏第乌斯（Evodius）的谈话中就谈道："幸福的人也应该是善良的人，但善良的人并不一定幸福，因为他们渴望幸福地生活，即使恶人也有这种需要。但更确切地说，善良的人希望正直地生活，在这一点上恶人却做不到。"① 奥古斯丁的

---

① Saint Augustine, *On Free Choice of the Will*, trans. by Anna S. Benjamin and L. H. Hackstaff, New York：Macmillan, 1964. 转引自龙宝新译《幸福与教育》，教育科学出版社，2009，第8页。

意思是，幸福必须包含善的内容，否则就不会有幸福。然而，到目前为止人们尚未形成对德性是幸福的内容的共识，许多人以为幸福可以不考虑德性的方面。鉴于此，我们有必要强调，应该将德性作为人生目的追求，应该将其纳入幸福的内容考虑。

五　追求幸福对于德性的意义

幸福与快乐不同，它本身包含着对德性的要求。幸福是以德性为先决条件的，而且德性还是幸福的保障、工具和内容，因此，没有德性绝不会有幸福。快乐则没有对德性的要求，一些出于恶性的行为、一些恶行也会引起快乐。吸毒是公认的恶行，但这种恶行可以引起吸毒者的快乐。一个贪婪成性的人，也会因为发了不义之财而沾沾自喜。一个人只要追求幸福，就得养成德性，就得维护德性和追求德性完善，否则他就不可能获得幸福。幸福对德性的要求使幸福对德性的养成、维护和完善都有重要的意义。

首先，对幸福的追求有助于德性的养成和完善。幸福不像商品，只要我们到商店付了钱就可以得到，它是由多种因素决定的一种状态，只有当这些因素都具备了才能达到。德性就是其中的最重要因素，要获得幸福就必须具备德性。因此，只要一个人意欲追求幸福，他就得准备养成德性，就得将德性完善作为目标追求。一个人要追求幸福，他就要追求幸福所必需的德性，就得为了获得幸福而养成德性。一个社会如果要使人们普遍有德性，普遍养成德性和追求德性完善，最好的办法就是要求人们把幸福作为人生的终极目标。这样，就能使人们意识到，要他们养成和完善德性不只是为了社会，更是为了他们自己，为了他们的幸福。我国长期以来在德性教育（德育）方面虽然下了很大功夫但效果不够好，其症结就在于没有完全将德性教育与人们的幸福追求联系起来。

其次，对幸福的追求有助于德性的维护。德性对于幸福的意义十分丰富，不只是通向幸福的桥梁，也是幸福的前提、保障和工具，还是幸福的内容。德性与幸福是形影不离、相伴始终的。因此，在养成了德性后，对幸福的追求还会有助于德性的维护和进一步修养。幸福是没有止境的，它需要与时俱进，不断追求，这种追求必然要求人们保持和完善已经养成的德性，进一步提高德性的水平，使之达到更高的境界。假如一个人由于其德性使家庭实现了和睦，成为他幸福的重要内容。这种状态对他的德性提出了两方面的要求：一是在家庭状态基本不变的情况下，要求他始终保持原有的德性，这样家庭和睦才能维持下去，否则和睦的家庭会变得不和睦；二是在家庭发生变化（如父母去世或子女结婚）的情况下，他的德性必须适应这种变化才能使家庭在新的情况下继续保持和谐，而这就需要德性的进一步修养。

追求幸福与德性修养是合而为一的问题，两者不可能截然分开。当然，两者并不是完全等同的，幸福追求含义更广泛，内容更丰富。

除以上两方面外，追求幸福对德性还有一种意义，这就是追求幸福的人，特别是处于幸福中的人，更会意识到德性对于幸福的意义、对于人生的意义，并会因此更注重德性的修养。意识到德性对于幸福和人生意义的这种德性意识，对人们重视德性修养有非常重要的作用，而处于幸福之中的人对这种意义有更深刻的体会，德性意识会更强烈，因而也会更注重德性修养。例如，学术界和艺术界有许多德高望重或德艺双馨的大师，他们的生活很幸福，幸福的生活使他们更感到德性对于幸福的极端重要性，因而他们在不断提高学术或艺术修养的同时也不断提高德性修养，努力使自己成为德高望重或德艺双馨的大师。

第三节　德性与家庭和睦

家庭是人生活动的最重要领域，对人生幸福有着极其重要的影响。家庭和睦是幸福的重要体现，也是幸福的重要条件。

一　影响家庭和睦的因素

"很难给出一个适用于所有文化和地区的关于家庭的定义。人类生活中存在许多不同的家庭方式，并将继续存在。"[①] 不过，在社会学上，家庭（family）被定义为"一群有血缘、姻亲、领养或其他一致关系的人，共同分担生育以及照顾的责任所形成的一种单位"。[②] 家庭具有生殖、保护、社会化、规范性行为、情感交流、提供社会地位等六大基本功能以及教育和休闲等功能。[③] 和睦的家庭就是以其核心成员（夫妻子女）构成健全齐备为前提，成员之间融洽相处、互帮互助、相亲相爱的家庭。这样的家庭生活才是幸福的家庭生活。那么，影响家庭和睦的因素有哪些呢？家庭的情况千差万别，影响家庭和睦的因素也很多，其中主要的因素有五个方面：一是家庭的结构状况，二是夫妻关系的状况，三是家庭的经济状况，四是家庭成员的身心健康状况，五是家庭成员的品质状况。

家庭有一个历史演进过程，今天的家庭情形十分复杂。从结构的角度看，当代家庭大致可以划分为六种主要类型：①核心家庭，即"由丈夫/父亲、妻子/母亲、至少一个孩子构成的家庭"；[④] ②夫妻家庭，即由尚未养育子女的年轻夫妇组成的家庭，或者由子女长大独立的夫妇组成的家庭，或者由不愿或无能生育子女的夫妇组成的家庭；③扩大家庭（亦称主干家庭），即除父母子女之外还有祖父母、外祖父

[①] 〔美〕卡拉·西格曼（Carol K. Sigelman）、〔美〕伊丽莎白·瑞德尔（Elizabeth A. Rider）：《生命全程发展心理学》，陈英和审译，北京师范大学出版社，2009，第542页。

[②] 〔美〕理查德·谢弗：《社会学与生活》（插图第9版），刘鹤群等译校，世界图书出版公司，2009，第247页。

[③] 参见〔美〕理查德·谢弗《社会学与生活》（插图第9版），刘鹤群等译校，世界图书出版公司，2009，第228页。

[④] 〔美〕卡拉·西格曼（Carol K. Sigelman）、〔美〕伊丽莎白·瑞德尔（Elizabeth A. Rider）：《生命全程发展心理学》，陈英和审译，北京师范大学出版社，2009，第542页。

母或者叔叔、伯伯、姑姑、姨姨在一起生活的家庭；④重组家庭，即夫妇一方或双方有过婚姻经历，并可能有前次婚姻子女参与组成的家庭；⑤隔代家庭，即由于父母离异或伤亡导致的由祖父母与孙子女组成的家庭；⑥缺损家庭，即单亲（可能是由离婚、疾病或意外事故导致的）和子女构成的单亲家庭，或由于未婚、离婚或配偶死亡而形成的单身家庭。

家庭的结构状况对家庭有着重要的根本性影响，在一定意义上可以影响家庭和睦。在现代社会，完整的家庭主要是指家庭的核心成员完整的家庭，即有父母（夫妻）子女的家庭，而在当代中国，完整的家庭则是指除父母外至少有一个子女的家庭。在以上所说的不同类型家庭中，像不愿或无能生育子女的夫妻家庭、隔代家庭、缺损家庭的结构显然是不完整的，这样的家庭是难以达到真正和睦的，即使能达到和睦，也会因为不完整而难以成为幸福的。重组家庭则虽然看起来完整而事实上存在着裂痕，因而也较难以达到真正的和睦。只有核心家庭、扩大家庭以及由尚未养育子女的年轻夫妇组成或由子女长大独立的夫妇组成的夫妻家庭是完整的家庭，也只有这样的家庭才可能实现真正的和睦。

如果说父母子女是家庭的核心成员，那么作为父母的夫妻则是核心中的核心，它们是家庭的拱心石，他们之间的关系状况决定着整个家庭的命运，更决定着家庭是否完整和和睦。夫妻关系融洽甜蜜可以克服家庭的许多困难并化解家庭面临的难题，一般能够使家庭和睦，至少可以维持家庭的稳定和完整。如果夫妻不和，家庭的危机就会随之而来，而夫妻离婚的直接后果则是家庭破裂。夫妻的婚姻关系是家庭正常关系存续的前提，夫妻关系稳定和谐是家庭和睦的前提和关键。事实表明，一旦夫妻离婚则意味着一个家庭的解体。夫妻的婚姻关系如此重要，以至于中国有这样一个说法："宁拆十座庙，不毁一桩婚。"现实生活中有的人随意结婚，随意离婚，甚至"闪婚"（即即结即离的婚姻），人为地造成缺损家庭、隔代家庭、重组家庭，这种拿婚姻当儿戏的做法不仅仅是对婚姻不负责、对社会不负责，而且必将导致当事人家庭不完整、不和谐，最终导致当事人人生不幸福。

家庭的经济状况主要包括家庭的住房条件、收入水平两个方面。和睦的家庭需要必要的住房条件和收入水平，这两方面的状况太糟或对这两方面要求太高都会影响家庭的和睦。

住房条件太差和收入水平太低影响家庭和睦。住房条件太差甚至根本没有住房、收入水平太低会影响夫妻的正常关系，会影响子女的健康成长。一些夫妻因为长期没有自己的住房或没有生活所必需的住房而引起夫妻之间的抱怨或争吵，以至于婚姻关系破裂。住房问题又常常与家庭收入太低分不开，家庭收入太低也会导致家庭难以为继。在住房条件差和家庭收入低的情况下，子女的抚养和教育会受到严重影响，子女的养育问题又常常是家庭破裂的重要原因。必要的住房条件和收入水平是家庭和睦的基础条件，这种条件不具备，家庭迟早会发生危机。

对住房条件和收入水平要求太高也常常是导致家庭问题的重要原因。有的家庭为了获得更好的住房条件和达到更高的收入水平，家庭成员之间特别是夫妻之间彼此抱怨，导致有些人为此铤而走险，最终导致家庭破裂。为贪图优越的生活条件而犯罪甚至比生活条件差对家庭和睦的负面影响更大，家庭成员犯罪对家庭的破坏是毁灭性的，后果十分严重。

家庭成员的身心健康状态也是影响家庭和睦的重要因素。一般来说，家里的老人患难以治愈的严重疾病虽然也会影响家庭的和睦但通常不是灾难性的；而家庭核心成员，无论是夫或妻，还是子女，患上难以治愈的严重身体或心理疾病或受到严重的伤残对于家庭来说都是灾难性的。

家庭的结构，特别是夫妻之间的关系、家庭的住房和收入、家庭成员的身心健康，所有这些影响家庭和睦的因素都与家庭成员的品质状况有关。家庭成员的品质状况是决定家庭是否和睦的内在因素。家庭只要有一个成员具有恶性的品质，家庭就会面临危机，就会发生家庭问题。从一定意义上说，家庭成员的品质状况是家庭和睦与否的首要决定因素。家庭成员都有德性，家庭有再大的困难都可以和衷共济；家庭有一个成员有恶性，家庭其他的一切条件再好，家庭也难以和睦，甚至家庭完整也迟早会被破坏。当然，德性并不是家庭和睦的充分条件，家庭和睦需要一定的物质基础以及婚姻关系的支持，但在具备了这些基本条件的情况下，家庭成员的德性就成了家庭和睦的决定性因素，而且德性对于改善家庭的必要物质条件和构建和谐的婚姻关系也有重要影响。许多家庭不睦和破裂的根本原因就是家庭成员特别是核心成员的品质有问题，不具备应有的德性，甚至还有恶性。恶性是家庭和睦的致命杀手。

二　德性对于家庭和睦的意义

早在两千多年前，亚里士多德就深刻意识到德性对家庭和睦的重要性，并强调家事要重人，不要重物；要重德性，不要重财富。他指出："家务重在人事，不重无生命的财物；重在人生的善德，不重在家资的丰饶，即我们所谓'财富'；重在自由人们（家族）的品行，不重在群奴的品行。"[1]

德性对于家庭和睦的意义首先体现在夫妻关系上。影响夫妻关系好坏的因素很多。如果我们撇开诸如由夫妻彼此了解不充分导致的性格不合、某些婚前未发现的影响夫妻关系和家庭生活的疾病之类的不正常因素对夫妻关系的影响等特殊情况，那么，夫妻双方的德性状态是影响夫妻关系的最重要因素。一般来说，只有夫妻双方具备应有的

[1]　〔古希腊〕亚里士多德：《政治学》，吴寿彭译，商务印书馆，1965，第37页。

德性，夫妻关系才会好，夫妻双方有一方不具备应有的德性，夫妻关系就不会好，至于夫妻双方都不具备应有的德性，即使夫妻关系好，也只是臭味相投，或者貌合神离，不是真正的融洽和谐。夫妻双方具备应有的德性，至少可以在四个方面对夫妻关系起促进和改善作用：第一，彼此以诚相待。有德性的夫妻善良诚实，尤其在夫妻间能赤诚相见，表里如一，不欺瞒，不哄骗。第二，尊重对方的适度自由和权利。有德性的夫妻胸襟坦荡，宽容体谅，对对方不合自己口味的个性能尊重、适应，对对方的一些缺点和过错能善意地批评帮助，不猜忌，不无事生非。第三，对婚姻家庭负责。有德性的夫妻会有强烈的责任感，对对方负责，自觉承担婚姻和家庭义务，不逃避和推卸责任。第四，关爱对方、子女和家庭其他成员。有德性的夫妻有强烈的爱心，关心照顾对方、子女和其他家庭成员，注重沟通与交流，维护家庭和睦，不冷漠，不愤怒。

德性对夫妻关系的促进和改善作用会对子女和整个家庭生活产生良好的积极效应。有德性的夫妻会直接影响子女的德性，十分有助于子女德性的自发形成和自觉修养。子女有德性又会对家庭的稳定、完整和和睦起重要作用。夫妻子女这些家庭核心成员有德性，会对家庭其他成员的德性的养成、维护和提升起重要作用。一般来说，一个家庭只要其核心成员有德性，这个家庭的和睦就有可靠的保证。

德性对家庭和睦的意义最主要体现在对夫妻关系和家庭结构的促进和改善方面，但同时对家庭的经济状况也有重要影响。一个家庭的成员特别是夫妻具有德性，他们就会勤奋刻苦，积极努力，锐意进取，奋发有为，团结奋斗。这样的家庭即使最初经济困难，物质条件艰苦，这种状况也用不了多长时间就会得到改变，这即是所谓的"家和万事成"[①]。这里说的"家和"是以家庭成员具有德性为前提条件

---

① （明）徐田臣：《杀狗记》第十九折。

的。我们在现实生活中不难发现，真正有德性的家庭虽然不一定富有，但获得生活所必需的物质条件是不应该存在问题的。古人云："家有一心，有钱买金；家有二心，无钱买针。"① 一些家庭经济困难，难以为继，除了意外或疾病之外，可能主要是因为家庭成员的品质存在这样那样的问题，他们不具备改善家庭经济状况应有的德性，甚至还有某种恶性。德性虽然是一种非物质的心理特性，但具有创造物质财富的力量，德性可以使家庭兴旺发达，而恶性则会使家庭衰落破败。

德性对家庭经济状况的积极影响也许是间接的，不容易发现的，而对家庭成员身心健康的影响则是十分直接而显见的。家庭成员有德性，他们就不仅出于自重，而且出于对家庭和社会的责任而珍惜生命，爱护自己，注重身体锻炼和保健。他们就不会沉沦放纵，不骄奢淫逸，不会拿生命当儿戏。这样，他们就可以使身体始终保持健康良好的状态，减少疾病发生的可能。德性之人是不会患心理疾病的。家庭成员有德性，他们就会有良好的心态，有乐观的态度，有开阔的胸怀，特别是他们勤奋努力，积极进取，就会感到生活充实，这样的人一般不会发生精神空虚、心理抑郁、悲观失望、心灰意冷、醉生梦死等心理问题。可以说，德性是治疗心理疾病的良药。家庭成员的心理健康需要德性维护，也只有德性才能维护。

文明社会的人几乎都是生活在家庭中的，家庭尤其是现代人存在的形式，没有家的人被认为是无家可归的"弃儿"。人一旦成为这样的"弃儿"不仅是非常可怕的，而且是非常可怜的。然而，人并不是只要有家就愿意居住的。只有那种被认为具有归属感和认同感的家，人才愿意居住，否则人也许宁愿成为"弃儿"也不愿意有家。人们愿意居住的家就是和睦的家，只有这样的家才能使人产生归属感和认同

---

① （明）徐田臣：《杀狗记》第十九折。

感。如果我们认为只有家庭成员有德性才会有家庭的和睦，那么我们也可以说只有有德性，人们才会有对家的归属感和认同感。家庭和睦可以使家庭成员对家庭产生归属感和认同感，而对家庭的归属感和认同感也有助于维护家庭的完整，促进家庭的和睦，而德性是这两者共同的基础和保障。

三　家庭和睦对德性的要求

人的德性状况都与家庭和睦有关联，其中有些与家庭和睦关系特别密切。家庭和睦既有对家庭成员的一般德性的要求，也有对其特殊德性的要求。所以，我们可以将家庭和睦所需要的德性划分为两个层次：一是对其成员一般德性的要求，二是对其成员特殊德性的要求。

个人的家庭是由其家庭成员构成的共同的家庭，一个人要过上和睦的家庭生活，他家庭的每一个家庭成员都应当在整体上是德性之人。正是在这种意义上，和睦的家庭对家庭的每一个成员有一般德性的要求。这里所谓的"一般德性的要求"指的是对一个人具备各种德性的要求。如果按照我们的分类，那就是要求家庭成员个人同时具备利己的德性、利他的德性、利群的德性和利境的德性。这四方面德性中的任何一种德性欠缺，都会损害家庭的和睦。例如，一个人不具备自重的德性，他就可能不爱护身体，不珍惜生命，其结果轻则患病、受伤，重则生命丧失。无论是哪一种结果都意味着家庭的灾难。家中有重病人、残疾人，更不用说有人意外死亡或夭折，这个家庭的和睦就会遭到破坏。又如，一个人不具备宽厚的德性，他就会经常与他人过不去，甚至可能斤斤计较，惹是生非。这样的人无论是在家还是在外都难以处理好人际关系。家中有这样的人，家庭的和睦就会经常发生问题。再如，一个人不具备合作的德性，他就不会在工作单位处理好人际关系，就会妨碍升职，从而影响他的情绪，而一些不正常的情绪会带到家庭，对家庭的和睦造成负面影响。而且，不具备合作德性的人在家庭也难以处理好关系。

一个德性之人也可能在某些德性方面较强，某些德性方面较弱，但一般不会有恶性。对于家庭的和睦来说，并不要求一个人在所有的德性方面都强，但它要求一个人具备基本德性，尤其在任何方面都不能有恶性，有任何一种恶性，家庭的和睦就会遭到破坏。无恶性是家庭和睦对德性的底线要求。

家庭和睦除了对一般德性的要求，还有对一些特殊德性的要求，这些要求也可以说是家庭特别要求的德性。其中比较突出的有六种，即勤劳、节俭、感恩、关怀、负责、进取。为了表达方便，我们将这些家庭生活特别要求的德性称为个人的家庭德性。这些家庭德性对家庭的和睦有更直接、更重要的影响。

勤劳是家庭和睦所要求的基本德性。古人云："民生在勤，勤则不匮。"① 勤劳是改善家庭经济条件的根本途径。我们经常说"勤劳致富""天道酬勤"，其意思是说勤劳是家庭富裕之路，也会得到命运的青睐。我们不能否认家庭富裕还有其他的途径，但勤劳是家庭富裕最可靠的途径。它可以使人白手起家，可以给家庭提供主要经济来源，可以使家庭经济状况变得更好。一个人可以靠父母、靠上辈的遗产甚至可能靠意外的幸运（如中某种大奖）过上富裕的生活，但如果没有勤劳作为基础和保障，也会最终"坐吃山空"。勤劳对于家庭和睦的意义并不止于此。勤劳也是解决家务负担问题的主要措施。任何家庭都有繁重、琐碎的家务活，家务活常常成为家庭纠纷的导火线。当今有不少家务活已经社会化，家庭劳动有很大减轻，但家务活仍然是大量的、经常的。要完成家务活，需要家庭成员个人自觉地分担，而要分担家务活则需要勤劳的德性。具有勤劳德性的人就会是一个闲

---

① 《左传·宣公十二年》。

不住的人，就会在家里见事做事。这样，不仅可以减少因家务活引起的纠纷，而且会使家更干净整洁可爱。勤劳还是减少恶性产生的有效办法。勤劳的人一般不会舍得花时间去吃喝玩乐，不会游手好闲，不会无事生非，不会感到精神空虚，因而可以减少像放纵、懒惰、懈怠等恶性产生的可能。

节俭也是家庭和睦所要求的基本德性。节俭被古人看作非常重要的德性："俭，德之共也。侈，恶之大也。共，同也，言有德者，皆由俭来也。"① 有勤劳的德性，可以使家庭富有，但如果没有节俭的德性，再富有也会消耗殆尽。节俭一方面要求人们在生活中要节约，不大手大脚，以尽可能少的成本获得尽可能多的效益，也就是少花钱多办事；另一方面要求人们生活俭朴，过平常日子，不追求奢侈豪华，不攀比，不图虚荣。节俭不仅可以节流，即节约资财，而且可以避免由追求奢华和虚荣导致的一些恶性，包括直接的和间接的恶性。像骄傲、奢侈、虚浮等恶性都是直接由追求奢华和虚荣导致的，像虚伪、贪婪、自私等恶性则常常与追求奢华和虚荣有关。这即所谓"俭生廉，奢生贪"。

感恩这种德性尤其要体现在家庭生活中。人最要感恩的是父母长辈和配偶。具备感恩德性的人会意识到他人特别是父母亲人对自己的恩惠，并会知恩必报，孝敬父母，抚育子女，尽力为家庭做贡献，尽量减少给家庭造成损害，特别是减少因自己而给亲人带来的麻烦和痛苦。一个人不具备感恩的德性，他就不会知恩必报，就不会知足，就不会珍惜已得到和已占有的一切，甚至抱怨父母无能，抱怨配偶不支持自己，给父母家人带来烦恼和痛苦。因此，感恩的德性是一种重要的家庭德性，对于家庭和睦具有重要意义。

关怀像感恩一样尤其要体现在家庭生活中，在一定意义上可以说

---

① 《司马文正公传家集》卷六十七《训俭示康》。

是感恩德性的延伸。感恩不只是感谢恩惠，更重要的是在此基础上给他人特别是给亲人以关怀。个人的关怀是由亲到疏、由内到外、由近到远的。一个人首先要爱自己，然后要爱亲人，之后要爱朋友同事，最后要爱其他人，以至于人类。显然，关怀亲人是一个人走出单纯的自重的第一步，只有走出了这一步他才可以说走出了狭隘的自我。一个人连自己的亲人都不关心热爱，根本谈不上对其他人的关心热爱，而这样的人是一个没有真正走出自重的自私之人。关怀亲人就是关心家人的喜怒哀乐，与家人同甘共苦，自觉为家人服务，替家人分忧，为他们的欢乐而欢乐，不以自我为中心而对他人麻木冷漠。

负责是对家庭和睦非常重要而常常为人们所忽视的德性。负责这一德性的重要体现之一，就是对家庭负责，也就是对家庭有强烈的责任感，自觉地承担对家庭的责任和义务。对家庭负责既包括对家庭这个组织的和睦负责，也包括对有关成员负责，特别是对父母、子女、配偶负责。对于对父母子女的责任人们一般不会忽视，但对配偶的责任（尤其是丈夫对妻子的责任）则常常被忽略，这是当代世界离婚率较高的重要原因。家庭成员对家庭的责任是多方面的，而不只是单方面的。不少人特别是一些企业家，往往只把为家庭赚钱作为自己的责任，以为只要能为家庭提供优越的物质条件和难得的机会，就尽到了自己的责任。除此之外，他们整天在外吃喝玩乐，把家务和教育子女的责任全扔给妻子或丈夫。这就是放弃了他们对家庭的责任，其结果虽然家庭吃穿不愁，甚至应有尽有，但夫妻关系紧张，子女不成器，最终导致家庭破裂。负责应该说是家庭的最重要德性，有强烈的家庭责任感可以克服许多家庭面临的问题，甚至可以提升人们的德性。一个比较有说服力的例子是，今天中国有不少"80后"的独生子女，虽然在家娇生惯养，怕苦怕累，尤其没有做家务的习惯，但他们结婚后不仅积极做家务，而且努力工作，逐渐养成了勤劳的习惯。这种勤劳的德性很大程度上是出于对家庭的责任感开始养成的。

　　进取主要是职业成功所要求具备的德性，但对于家庭的和睦也是十分重要的。家庭成员特别是夫妻具备进取的德性对于家庭至少具有三种意义：一是家庭成员积极进取可以不断改善家庭经济状况乃至社会地位。不断进取的人更有可能在职业领域取得成功，这必然会给家庭带来更多的经济收入或更高的社会地位。二是家庭成员积极进取的家庭会少生是非。家庭成员积极进取就会将更多的精力放在职业上，放在学习提高上，这样就不会闲极无聊，不会惹是生非。三是家庭成员特别是夫妻积极进取会给子女树立榜样。进取这种德性与其他诸多德性不同，它是一种更难养成的德性，积极进取的父母会给子女以潜移默化的影响。生活在父母积极进取的家庭，孩子一般更有可能养成进取的德性。当然，父母必须对子女承担应有的责任才会如此，如果父母都只管自己不管子女，子女可能因讨厌父母而拒绝养成进取德性。

　　以上诸种德性除了对家庭具有特殊意义之外，还像其他德性一样对家庭生活具有一般意义。节俭的人会在工作中节约资源和注重成本，不会用公款吃喝、以权谋私，这无疑会减少家庭的风险。

第四节　德性与职业成功

　　职业是人生活的一个重要方面，职业成功像家庭和睦一样，是幸福的重要内容，同时也是幸福的重要条件。约翰·杜威说："职业是唯一能将个人的不同能力和他的社会服务平衡起来的事情，发现适合去做什么并争取机会去做是幸福的关键。"[①]

一　影响职业成功的因素

　　职业在传统意义上是指个人在社会中从事的作为主要生活来源的

---

① 　John Dewey, *Democracy and Education*, New York：Macmillan, 1916, p. 308.

工作，在现代社会，它还包含了人们自我实现和体现自己主要人生价值的意义。成功的职业生活有两方面的含义：一是有理想的职业；二是圆满实现了职业角色的期待，或者说做到了尽职尽责。对职业成功有影响的因素很复杂，一般说来主要有五个方面，即能力、知识、人缘、机遇与德性。这五个方面相互影响、相互制约，一起对职业成功产生作用。

一个人的能力状态是对职业取得成功起作用的首要因素。在一种理想的社会中，人们能够各尽所能。就是说，理想的社会是一种每一个人都能找到适合自己能力的工作的社会。现实社会很难完全做到这一点，不过，即使在现实社会中能力强常与职业的成功正相关。在其他条件相同的情况下，能力越强越有利于职业成功。人的能力主要包括三个方面，即一般能力（主要是智力）、专业能力和技能。每一个人都同时具备这三种能力，但这三种能力在不同人那里的组合很不相同。一般来说，智力水平越高越有利于从事高层次的管理职业，如政府官员、企业家、议员等；专业水平越高越有利于从事专业性强的职业，如大学教授、科学家、医生等；技能水平越高越有利于从事操作性强的职业，如各种技术工人。能力大小对职业成功的影响首先体现为对能否获得理想职业的影响。人们通常都希望从事高层次职业，而层次越高的职业，从业人数越少，这样高层次职业就会成为人们竞争的对象。对高层次职业的选择和竞争主要是在人们最初进入职业领域进行的。在这种情况下，智力水平和专业水平越高越有可能获得高层次职业。在人们进入了职业领域后，能力主要对人们能否圆满实现所从事职业的职业角色期待产生影响。不同层次职业所要求的相应能力越强越有利于实现职业角色期待，这是不言而喻的。但是，这方面的情形比较复杂。智力水平高对所有职业都有利，尤其是有助于人们创造性地工作，有利于人们取得更大的职业成就。专业能力和技能越强对从事专业性和操作性强的工作越有利，但对从事那些管理性强的职业则可能起积极作用，也可能起消极作用。例如，对于一名某专业出身的政府公职人员来说，他过去从事的专业可能有利于他对过去所从事的领域的管理，但这种专业的视界又会限制他所从事的管理性工作。无论情况多么复杂，有一点是可以肯定的，即在一般情况下，如果其他条件大体相同，能力越强越有利于职业成功。

知识与能力是相关的。现代人的能力一般都是以知识为基础的，但知识与能力并不相同。知识只能谈渊博（深度与广度）与否，而不能谈大小、强弱。一般来说，知识的渊博程度与能力大小正相关，因而知识越渊博越有助于职业取得成功，但知识需要转化为能力，如果不能转化为能力，知识对职业成功的意义会大打折扣。不过，知识本身也对人们的职业有直接影响。在其他条件相同的情况下，知识越渊博越有利于职业成功和成就。知识可以说是职业成功的基础和起点，基础越厚实、起点越高，职业越有可能取得更大的成功和更大的成就。在现代社会，知识渊博与否常与人们的学历相联系。这种情况常给人们一种错觉，好像学历越高知识越渊博、能力越强。实际的情形是，这两者不能画等号。由于种种原因，许多学历高的人不仅能力差，而且知识也不渊博。

人缘就是人际关系，人缘的状况对职业成功与否的影响也很大，在有些时候和有些情况下甚至超过了能力强对职业成功的影响。严复甚至认为，人际关系如何事关个人生死存亡："能群者存，不群者灭；善群者存，不善群者灭。"① 梁启超对于人为什么需要人际关系做了深刻的分析。他说："人所以不能不群者，以一身之所需求、所欲望，非独力所能给也，以一身之所苦痛、所急难，非独力所能捍也。于是乎必相引、相倚，然后可以自存。"② 在职场，人际关系主要包括职场内部与职场外部两个方面。职场内部的人际关系包括与上级的关系、

---

①　严复：《天演论·制私》按语。
②　梁启超：《饮冰室合集》专集之四《新民说·论合群》。

与同级的关系、与下级的关系。这每一种关系对职业成功都有重要影响，与上级的关系尤其影响重大。一般来说，在能力及其他条件相同的情况下，内部人际关系越好，越有利于职业的成功，尤其有利于职务的提升。职场外部的人际关系包括与服务对象的关系、与客户的关系、与往来单位的关系等。这种人际关系对于从事不同类型职业的人的影响差别很大。例如，与服务对象和客户的关系对于企业家来说生死攸关，对于公职人员来说也应生死攸关，因为"水可载舟亦可覆舟"。

人缘对职业成功之所以有如此重要的影响，首先是因为现代社会是一种分工越来越细而合作越来越密切的现代化社会，现代化将不同的职业和不同的人紧密地联系在一起；其次是因为政府对社会生活的干预作用越来越大，政府的作用使社会的不同职业和不同社会阶层的联系越来越紧密，成为越来越利害相关的共同体。

与其他影响因素相比，机遇对于职业成功来说是一种偶然因素，但这种偶然因素对职业成功的影响很大。机遇通常是指有利的境遇、时机和机会，好的机遇意味着幸运。在现代社会，我们希望得到的一切也是其他人希望得到的。在两个人主观条件相同的情况下，如果其中的一个人获得了一个特殊的机遇，他马上就会处于有利的地位，他就更有可能在竞争中取胜。机遇是各种各样的，而且是经常存在的，关键是能不能获得和把握住。在有些情况下，机遇表面上并不存在，但可以通过适当的途径创造机遇。

对职业成功具有重要影响的最后一个因素是个人的德性状况。与对家庭的影响不同，德性对职业的影响并不那么直接。对于一个家庭来说，其中任何一个成员德性有问题，特别是具有恶性，家庭的和睦很快就会遭到破坏，而现实告诉我们，不少品质并不怎样的人却成为职业成功人士。许多人都承认，一些成功企业家的"第一桶金"即使不是"血与火"的，也不是那么光彩得来的。但是，这种情况并不表明品质对个人职业的成功没有影响，而只是表明品质对个人职业成功的影响受更多因素制约，相对较间接。一些企业家不光彩的原始积累之所以能成功，并不是因为他们的恶性，而是因为社会控制出现了问题，或者说是法制存在漏洞，让那些"冒险家"钻了空子。而且，个人职业的成功并不以个人赚了很多钱或他的企业做得很大为唯一标志，因为职业的成功除了有理想的职业，最主要的在于圆满实现了职业角色的期待。对于一个企业家来说，他的职业角色期待不是赚了多少钱，而是在法制的范围为社会创造了多少财富，同时是否承担了企业家所应承担的社会责任。如果一个企业家赚黑心钱，他赚了再多的钱也没有实现企业家的职业期待，也不能说他真正取得了职业成功。

德性对职业成功的影响是广泛而深刻的，不仅体现在能力的提高和使用、知识的积累和运用、人际关系状况、机遇的获得和把握等方面，还体现在敬业精神、责任感、创新意识等诸多方面。德性不好，所有这些方面都会发生问题，如果这样，那就根本谈不上职业的成功。

二　德性对于职业成功的意义

如果我们把职业成功理解为个人的繁荣或发达（flourishing），那么伦理学家们一般都承认德性对于个人发展意义重大。"对德性的大多数解释，无论是不是结果主义的，都将人的发达与德性联系起来。在通常的情况下，促进人的发展至少是德性的一个必要条件。"[1]

德性对职业成功的意义首先体现在德性对职业成功具有前提、导向、动力、协调四种直接作用上。

不具备必要的德性，职业不可能取得真正的成功，德性是职业成功的前提。前面分析过，影响职业成功的因素很多，其中德性与能力和人缘构成了职业成功必备的三大前提。之所以说德性是职业成功的

---

① Julia Diver, *Uneasy Virtue*, Cambridge：Cambridge University Press, 2001, p. 95.

重要前提，是因为一个人不具备必要的德性，他很难找到理想的职业；即使找到了，也很难把理想的职业坚持下去；即使勉强能坚持下去，也很难把理想的职业做得理想。人们在寻求职业的时候，用人单位一般都要对求职者进行品质的考察。如果发现求职者品质存在恶性的问题，甚至存在某种瑕疵，用人单位就有可能不予录用，在竞争者多、就业压力大的情况下尤其如此。一般来说，品质有问题的人是难以就业的，特别是难以找到理想的工作。但是，由于在招聘的时候用人单位往往不太可能对求职者做深入的了解，而且求职者也可能设法隐瞒自己的品质问题，因而有不少品质有问题的人找到了工作。那些品质存在问题的人找到工作后，如果不克服自己品质的问题，使自己具备做人的基本品质和所从事职业必需的品质，他们很难保住自己的工作，因为那些品质有这样那样问题的人，特别是不具备基本德性的人，很难履行好自己的职责。

由于在职业方面取得成功相对更难，因而职业成功对作为其前提的德性要求更高。首先，它要求人们具备像互利、守规、负责这样一些基本德性。基本德性是人作为人必须具备的，不具备人的正常生活就会面临挑战。从业者首先是人，然后是从业者，不具备作为人应有的德性，根本就不可能成为合格的从业者。例如，一个从业者不具备守规的德性，他就会经常违反规章制度甚至违法，这样的人还可能做好工作吗？其次，它要求人具备像务实、忠诚、合作这样一些派生德性。从业者都承担一定的职业责任和社会责任，因而对于他们的品质要求要高于非从业者。如果不具备一些职责所要求的德性，他们就可能不能尽职尽责。例如，对于一个职场外的人来说，合作的德性也许不是紧要的，但对于一个从业者来说，这就是一种基本品质。此外，对于不少职业来说，还要求明智、审慎这两种关键德性作为前提。例如，对于政治家来说，如果不明智，那将是国家的灾难；对于医生来说，如果不审慎，那将使病人遭殃。

德性是有指向性的，所指向的是人更好地生存。因此，德性可以为人们从事职业规定正确的方向和目标。现实生活中，不少人从事职业只是为了赚钱，即干活是为了赚钱或养家糊口。一般来说，这种从业方向和目标并不错，但从事职业不是仅仅为了赚钱，不能唯利是图。在现代社会，从事职业已经不只是为了赚钱，更是为了自我实现，也就是将自己的潜能、自己的聪明才智充分发挥出来，从而体现自己的人生价值。许多人忽视从业的自我实现意义，而将注意力主要放在赚钱图利上，一个重要原因是他们的品质有缺陷，没有养成应有的德性。现代德性要求人们敬业，要求将所从事的职业当作自己的天职，要求人们以高度的责任心不断学习、进取和创新，而这些德性的要求并不是以赚钱为指向的，而是以为社会做贡献从而更好地实现个人的人生价值为指向的。现实生活也告诉我们，那些有德性的从业者绝不是那些一切为了钱的人，而是出于为社会做贡献而尽其所能的人。另一方面，德性之人也是人，也要生存，因而在从业的过程中也要考虑个人利益，但即使如此，他们也不会唯钱是图，钱多多干，钱少少干，没钱不干。因为德性要求从业者在从业过程中要考虑什么钱该赚，什么钱不该赚，该赚的钱应该怎样赚。根据德性的要求，有些钱是根本就不应该赚的，如有损他人和整体的利益的钱、破坏生态环境的钱是不能赚的；而所有的钱则都要通过合理的途径赚取，如必须以互利、守规、守信为前提赚钱，必须通过勤劳赚钱。因此，对于职业来说，德性具有立足于人更好地生存要求人们或者不如说使人们自发地沿着正确的方向从事职业、在从事职业的过程中追求正确的目标的重要意义。

在当代社会，从事职业在某种程度上被看作自我实现的途径，甚至成了"乐生的要素"。但是，即使如此，人们对职业仍然会产生厌倦的情绪，仍有可能满足现状，以得过且过的态度对待职业。德性对于职业的另一个重要意义就在于，它可以使人保持对职业的敬畏态度，培养不断进取和勇于创新的精神，并且以高度的责任心始终保持旺盛的斗志，任劳任怨、尽职尽责地履行职业使命。因此，我们可以说德性是追求职业成功的巨大精神动力。另一方面，在从事职业的过程中，特别是在从事那些科研性、试验性和风险较大的职业的过程中，难免遇到困难、失败和挫折。在这种情况下，德性之人能够勇敢地面对和担当。他们不会因为遇到困难、失败和挫折而气馁，而抱怨，而放弃，相反会不屈不挠，不懈努力，直至克服困难，走向成功。

德性是智慧的体现和凝聚，它从不同方面和层次使智慧的要求具体化。德性完善的人在职业生活中能自觉地有时甚至能自发地处理好各种关系，特别是能处理好从业者的眼前利益与长远利益的关系、从业者的局部利益与全局利益的关系、从业者个人利益与职业组织利益的关系。一个德性完善的人不仅会敬业，而且会好学肯钻，为适应职业要求的变化做准备，做到未雨绸缪。他不会只盯着一己私利，而会努力通过职业组织的利益实现来实现自己的利益，实现个人与组织的利益共赢。他从事职业不只是为了赚钱，更是为了发挥自己的聪明才智，体现自己的人生价值，提高自己的社会地位和声望。

德性对职业成功的意义还体现在德性对其他影响职业成功的因素有积极作用上。

首先，德性有助于知识的丰富、拓展、深化、更新。在现代社会，知识是能力的基础，而且许多职业本身需要相应的知识。人们开始从事职业时一般都有一定的知识基础和背景，但从事职业前所掌握的知识通常不完全适应职业的要求，需要拓展和深化所掌握的知识，需要再学习新知识。特别是我们的时代是知识日新月异的时代，人们要履行好职业角色需要与时俱进，适时地更新旧知识、掌握新知识。而且，在现代社会，人们从事的职业并不是一成不变的，而是常有变化的。不少人会从一种职业转换到另一种职业，有些人虽然从事的职业没有变化，但在职业内的角色发生了变化。在这种情况下，人们也需要学习和掌握新的知识。所有这一切都表明，从业者的知识存在着丰富、拓展、深化、更新的问题。人的德性在所有这些方面都具有重要意义。德性之人会更自觉、更主动地适应职业及其变化对知识的要求，好学上进，积极进取，勇于创新。此外，知识是人探索、总结和创造的，德性对此也有促进作用。知识的探索、总结和创造是一个艰难的过程，没有进取、创新的品质，人们是很难在知识方面克难奋进，获得新突破、新成就的。

其次，德性有助于能力的开发、增强和发挥。能力强是职业成功的最重要前提和条件。能力强需要良好的天赋，需要对天赋的开发（包括培育和锻炼），开发出来后还需要不断提高。德性对能力的开发和提高具有两方面的作用：一是提供动力。有必要的相应德性，人们就会努力开发自己的能力，并且不满足已有的能力，不断增强能力。一个有好学、进取和创新德性的人就会不断通过学习和实践发掘自己的潜能，想方设法不断增强自己的实力，使自己的能力达到更高的水平。二是可以克服在提高能力的过程中遇到的困难和出现的惰性。不断开发和增强能力的过程是一个不断挑战自我、克服自我惰性的过程，这个过程需要刚毅的德性做支撑。缺乏这种德性，人们是很难不断超越自我的。能力强并不等于强有力的能力得到充分发挥。在把能力充分发挥出来的过程中，德性具有更重要的作用。德性可以克服能力发挥过程中可能遇到的各种障碍，使能力得到尽可能充分的发挥。在现实生活中，一个能力强的人可能因为单位给予自己的待遇不够好而不愿意充分发挥自己的能力，并因而有可能以以酬付劳的态度对待工作。但是，这个人如果具有忠诚和敬业的德性就不会如此，他会忠实履行自己的职业角色，恪尽职守，而不会因为报酬少而懈怠，尽管他也可能会提出获得合理报酬的要求。

需要特别指出的是，知识和能力都是工具。人们可以用它们来为更好地履行职责服务，为单位、为社会造福，也可以用来损人利己、损公肥私，甚至用来损人不利己、损公不肥私。德性对知识和能力的最基础作用就在于，德性是人们正确运用知识和能力、防止人们运用知识能力作恶的可靠保证。不少犯罪分子是具有知识和能力的人，由于他们缺乏应有的德性，或具有恶性，知识和能力成了他们犯罪作恶的可怕帮凶。

再次，德性有助于建立良好的人际关系。职业成功需要良好的人际关系，而良好的人际关系既需要德性作为前提，也需要德性作为保障。哈奇森曾经从道德善（德性）与自然善比较的角度谈到道德善对于赢得人们的好感的重要意义。他说："谈论道德善的所有人都承认，它会为我们认为拥有了它的那些人赢得爱，而自然善不会。……他们对这两种人持有的好感多么不同呀，一种是他们认为拥有诚实、忠诚、慷慨以及友善的那些人，即使他们从受人尊敬的这些品质中无法期许任何利益，另一种是拥有自然善，如房屋、土地、花园、葡萄园、健康、力量和睿智的那些人。我们会发现，我们必然会爱并赞许前者的拥有者，但后者根本不会为拥有者获得爱，而常常会招致嫉妒与憎恨之类的相反感情。"① 德性对于建立良好人际关系的前提意义在于，它能使别人（包括上级、下级和同级以及服务对象或客户）对德性之人有信任感。在人际关系方面，信任非常重要，别人对你信任，就不用提防你，就愿意与你合作，帮助你，给你提供机会和舞台。如果一个人具备善良、诚实、谦虚、感恩、互利、合作等德性，人们就会信任他，他也就有了人缘基础。良好的人际关系建立起来后还需要维护，而维护也需要德性，德性是良好人际关系的可靠保障。德性特别是基本德性存在问题，即使形成了良好的人际关系，不久也会遭破坏。古话说"路遥知马力，日久见人心"，这里的"人心"就是"人

---

① 〔英〕哈奇森：《论美与德性观念的根源》，高乐田等译，浙江大学出版社，2009，第81页。

品"的体现。与人交往久了，别人就会了解你的品质状态。你的品质好，别人就愿意与你交往；你的品质不好，别人不仅不愿意与你交往，还可能避开你、提防你。

最后，德性有助于机遇的获得和利用。人人都希望自己幸运，都希望自己有好的机会，但并不是所有的人都能获得机遇，都善于利用机遇，只有那些品质好、能力强的人才能如此。其中德性是获得和利用机遇的最重要前提。德性之人是自立自强、不懈奋斗的人，这些人活动的内涵丰富、活动的外延宽广，因而更容易遇到机会。这即所谓"勤勉乃幸运之母"。那些德性之人，会使别人信任他并对他有信心。当别人信任你、对你有信心时，他就会觉得给你支援和机会能取得更大的效益，能得到更多的回报，他就会愿意给你支援和机会；当别人不信任你、对你没有信心时，他一般不会给你支援和机会，即使勉强给了，也是一次性的，而且希望远离你。富兰克林在《对一位年轻商人的忠告》一文中对青年商人提出的忠告也许是一个注脚："你的债主在清晨 5 点或晚上 9 点听到你的抡锤苦干的声音时，他会宽限你 6 个月的偿还期；然而，当你应该开始干活时，他却在台球房见到你，或在酒馆听见你的声音，那他转天就会派人向你讨债。"① 那些德性之人不仅会遇到较多的机会，而且更能把握和抓住机会。德性之人都是自立自强、勤奋努力的，因而一般都有较强的实力和能力。实力和能力是机遇的基础，在同样的机遇面前，那些实力和能力强的人更有可能抓住机遇。除非像天上掉馅饼那样的幸运，否则机遇常常与弱者无缘。

如果在等级制的传统社会，一个人的机遇更多地在于他的出身、家族、地位等个人身外条件的话，而在民主制的现代社会一个人的机遇则更多地甚至完全取决于自己，取决于自己的德性和能力。在现代

① 〔德〕马克斯·韦伯：《新教伦理与资本主义精神》，于晓等译，三联书店，1987，第 35 页。

社会竞争日趋激烈的情况下，人们更愿意把幸运之箭射向有德性、有实力、有能力的人。富兰克林断言："自助者，天助之。"[1] 自助，就是自力更生；天助，就是机会、幸运降临。德性之人就是自助者，只有德性之人才能真正得到"天助"。

三　职业成功对德性的要求

职业成功像家庭和睦一样，也有对一般德性的要求和对特殊德性的要求，这种特殊的德性要求可看作个人的职业德性。职业成功对德性的要求特别高，我们首先讨论职业成功所要求的特殊德性，然后再讨论职业成功所要求的其他德性。

职业成功对德性的特殊要求相对较多，至少需要以下十二种，即好学、守信、互利、务实、忠诚、敬业、守规、负责、合作、进取、创新、公正。其中后面十种都是利群德性。

在现代社会，人活着需要不断学习，对于职业来说不断学习尤其重要。当今每一个职业领域的知识、技术和信息都更新很快，传统的一次性学习、终身受用的情形已经完全被改变。不学习就适应不了职业的新要求，更不用说在职业领域成为佼佼者。职业对学习的这种客观要求，使好学成为职业所特别需要的一种基本品质。好学不是一般的喜欢学习，而是使学习成为一种习惯，成为生活中不可缺少的一部分。学习的内容既包括知识和能力，也包括新思想、新观念；既包括职业所直接需要的知识和能力，也包括作为职业基础、前提或背景的知识和能力。

守信也是职业成功特别要求的德性。对于一个企业、一个政府以至于任何一个组织来说，信誉都是生命。信誉主要靠两条：一靠服务质量，二靠信守承诺。其中任何一条出了问题都会损毁信誉。

---

① 〔美〕本杰明·富兰克林：《穷理查年鉴》，〔美〕戴安娜·拉维奇编《美国读本：感动过一个国家的文字》（上），林本椿等译，许崇信校，三联书店，1995，第9页。

一个组织的信守承诺靠每一个成员来实现，其中有一个成员不信守承诺都可能给组织的信誉抹黑。另一方面，个人在职业生活中也需要信誉，信誉不好，别人就不会相信你、信任你。这样，你的人际关系就会变坏，你的职业意图就难以实现。因此，守信是职业的基本要求，是从业者应有的职业德性。守信并不只是指信守口头或书面做出的承诺，而且包括许多并未言明的隐含承诺。例如，你借人的汽车使用，直接的承诺是按时还，而这种承诺背后隐含了没有任何损坏地还。

人类职业的划分是人类分工的必然结果。人类的分工本身隐含着互利，如果不互利，而是互害，分工和职业立即就维持不下去。互利是分工和职业本身的要求，所以从业者必须养成互利的德性。互利有三个层次，最低的层次是在利己时利他，高一个层次是通过利他来利己，最高的层次是不仅通过利他来利己，还要对自己的职业行为负起社会责任。互利的层次越高越有利于职业成功，越有可能做出职业成就。

从事职业也就是通常说的做事。做事要取得成效，要产生好的影响，一个基本要求就是要务实，不虚华漂浮，不搞花架子。务实这一德性所适应的就是这种做事的基本要求。

世界上绝大多数职业都是在组织内的，组织也就是通常所说的"职场"。组织与职业及其从业者命运息息相关。组织兴旺从业者才有更好的从业条件、更多的发展机会和更大的作为空间，而且组织的兴旺也有利于社会的繁荣发展，而组织的兴旺需要从业者对组织的忠诚。忠诚要求从业者为组织尽心尽力，将个人的命运与组织的生存发展紧密地联系起来，在任何情况下不背叛或出卖自己的组织，即使在组织违法违规的情况下，也要通过正常的途径尽力予以纠正，而不推波助澜，更不落井下石。养成忠诚的德性，无论是对从业者个人，还是对组织、对社会都是意义重大的。在当代中国，强调忠诚德性的养成和维护很有针对性。当下，人们一旦觉得所在的组织不尽如人意，所选择的不是怎样去改善它，而是"跳槽"，甚至利用原组织的资源另立门户，与其分庭抗礼。这种做法导致了严重的社会后果，对个人职业成功也十分不利。从业者的这种浮躁心态就是他们缺乏忠诚德性的表现。

忠诚主要是相对于所在组织而言的德性，而敬业则主要是相对于所从事职业而言的德性。敬业的德性是举世公认的，特别是在马克斯·韦伯的《新教伦理与资本主义精神》凸显了把从事职业看作从业者的天职这一新教伦理精神之后，敬业更是作为一种现代职业德性被普遍推崇。敬业德性的核心内涵在于要把职业作为神圣的东西加以敬畏、尊重，而这是为了职业本身，而不是为了职业利益。

当今人类的职业越来越规则化、程序化和制度化，概而言之，就是规范化。遵守规范和制度，依法依规办事，是现代职业的基本要求，人们的一切职业行为都必须在规则和程序的范围内才是被允许的，也才是有利于职业、组织和个人稳定和发展的。现代职业的这种要求使守规成为职业的一种重要德性要求。养成在任何情况下遵守规范的习惯是职业成功的基本前提。离开了这个前提，从业者不仅很难取得职业的成功，而且必定会在职业中经常遇到问题，甚至到处碰壁。

要在职业上获得成功，必须有高度负责的精神，具备负责的德性。在现代职业领域，责任的含义已经大大拓宽，不仅指对所从事工作的责任，而且指对所从事工作所引起的直接后果、现实后果的责任以及可能引起的间接后果、潜在后果的责任，还指所从事工作的社会责任（包括环境保护的责任）。负责作为德性就是要求在从事职业的过程中做任何事都能意识到所承担的所有这些方面的责任，并在所有这些方面都追求最佳的效果，防止任何不利和有害的后果，对于可能发生的不良后果有预防措施并及时妥善处理。

现代的职业活动几乎都是集体性的，即使是个人性的，也离不开他人。要在集体性的活动中履行职责，实现职业目标和理想，需要很好地与他人合作，而要长期地、不间断地与他人合作好，就需要使合作成为我们的品质。由于每一个人都是有个性的，而且集体内成员之间存在着利害关系，因而合作是很难做到的。要搞好合作，关键是要互利。那种一味地顺从、迎合别人的做法不是真正的合作，只有以互利共赢为基础才有真正的合作。因此，合作需要以互利为基础，合作德性的养成必须以互利为前提。但是，互利只是基础，合作不等于互利，它要求在互利的前提下，尊重他人，并以建设性的态度积极与他人对话沟通，分工协作，齐心协力，团结一致，共同完成既定任务。

现代社会竞争十分激烈。竞争有利于社会的进步和繁荣，也对人们的职业提出了不满足现状、不断进取的强烈要求。人们要在竞争中取胜，需要养成不断进取的德性。有了这种德性，我们才能时刻保持开拓进取的心理倾向，在职业领域积极努力，奋发作为，力争在职业领域取得更多的成绩和更大的成就。

进取常常与创新联系在一起。人们要进取在很多情况下需要创新。韩愈说："业精于勤，荒于嬉；行成于思，毁于随。"[①] 这里的"思"就是用心，就是创新。不过，创新与进取并不相同。进取强调的是不满足现状，向广度和深度拓展自己的职业生活和职业收获，而创新则是在追求进取的过程中以创新的精神对待工作，注重吸收和运用新观念、新知识、新技术改进工作，在工作中追求新突破、新创造，因此可以说创新是进取的重要而有效的途径。创新受到诸多因素的制约，因而要养成这种德性是比较困难的，但是，养成创新的德性对于职业成功具有重大意义，尤其是取得更大职业成就的关键性

① （唐）韩愈：《韩昌黎集·进学解》。

因素。

许多职业都涉及机会和资源分配的问题，涉及评价和奖惩问题，分配者要在任何时候都公平合理地分配机会和资源、公平合理地做出评价和进行奖惩，就需要公正的德性。不公正是人们最痛恨的，有权力做出裁决的人不公正，其后果是影响个人的信誉，影响人际关系，最终会影响自己的发展，并且会受到良心的谴责。

职业成功对德性的一般要求要比家庭和睦更高。因为在家庭中，个人品质存在一些小的问题亲人还可以谅解；而在同事之间，个人品质存在任何问题都较难得到别人谅解，都有可能对人际关系产生消极影响。而且职业成功对人的德性要求更高，即使职业品质好，如果其他品质不配套，也难真正获得职业的成功。例如，勤劳就是对职业成功有重要影响的一种德性。现实生活中的大多数人都是普通的从业者，并不能做出多大的丰功伟绩，他们的职业成功主要体现在尽职尽责地做好普通的本职工作上，而尽职尽责做好本职工作所需要的基本德性就是勤劳。刚毅也是一样，没有吃苦耐劳、不屈不挠的精神，不能勇敢地面对失败和挫折，缺乏克服困难的信心和勇气，也不可能在职业方面取得成功。

职业成功特别是职业成就对明智和审慎这两种关键德性的要求也更高。每一位有职业成就的人都必须是一位有思辨智慧的人，站得高，看得远，深谋远虑，眼光独到，乐于并善于学习和思考；同时必须是一位有实践智慧的人，为人处世稳健可靠，无过无不及，兼顾眼前与长远、局部与全局、个人与组织的关系。

第五节　德性与个性生活健康丰富

个性生活越来越成为个人生活的一个重要领域，个性生活健康丰富也越来越成为幸福生活的重要内容。

一　个性生活的含义和特点

尽管个性生活的观念已经进入了人们的心中，而且个性生活已经成为现实，我们经常会听到"个性生活"以及与个性生活相关的"私生活""隐私生活""隐私"这样一些字眼，但学术界对个性生活似乎还较缺乏研究，个性生活的概念似乎还不够明晰。这里我们对个性生活的概念做一个初步的界定。

个性生活是指个人不便或不愿意让别人知道的、与兴趣爱好有关的、体现个性特点的生活。个性生活的含义很广泛，大致上包括家庭生活、学校生活、职业生活以外的所有个人生活领域，而且与家庭、学校、职业领域存在着交叉关系。具体说来，它主要包括四个领域，即个人的情感性爱生活、健身保健生活、娱乐休闲生活、朋友社交生活。

个人的情感性爱生活是个人最隐秘的生活，个人许多情感方面的活动只有自己知道，别的人特别是与之相关的当事人以外的人通常不知道或不知其详，个人一般也极不愿意别人特别是圈外人知道。近年来，媒体曝光了不少"艳照门"，引起舆论哗然，同时也使当事人感到无地自容。这种做法当然是极其无聊的。

情感性爱生活的内容较丰富，大致有婚外性、婚外情、色情、好恶爱恨等形式。

几乎每一个人对他人都有一些好恶爱恨的情感，这些情感在很多情况下都埋藏于心底，不愿意表现出来，不让其对象或其他人知道。例如，有些领导对下属、老师对学生、父母对个别子女、同事对同事特别喜欢，有特殊的偏爱；也有不少下属对上级、同事对同事、同学对同学特别厌恶，甚至十分憎恨。这种好恶爱恨的情感在一些人那里会变成对人的态度，对他的行为和人际关系处理有重要影响。

健身保健生活是指个人为了强身健体所从事的体育锻炼、自我调养活动。伴随着工作时间的缩短、物质条件的改善以及人们对生活质量的注重，健身保健生活越来越成为人们生活中的重要组成部分。健身活动不仅包括各类体育活动，而且包括许多其他形式，如各种气功、瑜伽等。不少健身的方式是个人自己发明创造的、难以述说的独特形式。保健活动更是形式多样，比较多的是利用药品、营养品、保健品，但远远不止如此。保健不仅仅是为了通常意义上的身体健康，还有很多出于其他目的的保健，如为了美容、美体、减肥、增强记忆力等。健身保健生活虽然没有情感性爱生活那么具有隐私性，但许多人并不想让别人知道自己这方面的生活，人们更愿望让别人看见自己身体强健、精力充沛、容貌美丽、青春常驻，而不大愿意别人知道自己是怎么会如此的，因为一旦别人知道真相，可能会使其价值降低。一位看上去年轻漂亮的女士，如果别人知道她是一位"人工"美女，她的审美价值就会大打折扣。不少人不仅不喜欢"人工"美女，甚至对"人工"美女很反感。另一方面，健身保健活动一般也都是很个性化的，与个人的身心情况、文化程度、经济条件、观念意识等关系十分密切。

娱乐休闲生活是一个更具有广泛性的生活领域。在当今中国，许多人没有什么健身保健生活，但有很充分的娱乐休闲生活。例如，麻将被誉为中国的"国牌"，许多人乐此不疲，他们从来不搞其他健身保健活动，只打麻将。网瘾也是一例。有的人特别是青少年上网成瘾，陷入网络游戏不能自拔，不睡觉，甚至不吃饭。娱乐休闲的内容非常丰富，可供人们选择的项目很多（如旅游观光、打各种牌、网上浏览、网络游戏、网上聊天、蹦迪、养花养鸟、养宠物等），而且一个人先后和同时选择的项目也往往不是单一的。一些娱乐休闲项目容易使人上瘾，如打麻将、上网、养宠物等，而且一旦上瘾就有可能影响人的正常生活。同时，娱乐休闲领域容易发生问题，特别是当人们精神空虚、闲极无聊时，更容易在娱乐休闲时出现问题。例如，在迪厅，不少少男少女在一起为了刺激吸食毒品，最后发展到"以毒养毒"，走上犯罪的道路。美国的嬉皮士运动中的同性恋、群体性乱等问题也发生在娱乐休闲领域。

人生活在世界上都有一些朋友，也会有或多或少的社会交往。在当代社会，由于人际交往日益功利化，真正的朋友（挚友、诤友、益友等）已经比较少了，而为了达到某种功利目的或进行"感情投资"的社交生活较多，即所谓的"没有永恒的友谊，只有永恒的利益"。尽管在人们的交往生活中，朋友生活边缘化，而社交生活走向中心，但交往生活仍然是人生活的一个重要方面。无论与朋友还是与其他人交往都既具有公开性的一面，也有隐秘性的一面。就与朋友交往而言，朋友一般是公开的，但朋友之间的言谈和活动则通常是不公开的，属于私人活动。与其他人交往的情形比较复杂，可以为了不同的目的（发财、高升、娱乐、休闲等）与不同对象（同学、同行、战友、同乡、上级、下级、同事等）交往。交往对象的身份一般是可公开的，但交往的内容则有许多是不公开的。

总体上看，个性生活具有以下四个特点。

一是私人性。个性生活的首要特点在于它是由那些个人不便或不愿意让别人知道的活动构成的。有些个性生活是个人不愿意任何人知道的领域，个人婚姻外的性生活就是这样的领域。有些个性生活虽然能让别人知道，但不愿公开出去，如交友生活。还有一些个性生活只愿意向一部分人或少数人、个别人公开，如一些密友生活、西方人向神父的忏悔。概括说来，这里所谓的私人性是指个性生活一般不完全向社会和他人公开。

二是偏好性。个性生活一般都体现了个人的兴趣和爱好，如志趣相投的朋友生活，各种健身、娱乐、休闲活动等。其中有些兴趣爱好可以是比较极端的嗜好，如洁癖、受虐癖等。有些个性生活是直接体现兴趣爱好的，如康乐活动，有些则隐含着兴趣爱好，如性爱生活。

三是独特性。某一种个性活动不一定都体现个人的独特性，如喜欢打篮球这种健身活动，但某一类个性活动或个性生活、整个个性生活则是有鲜明的个性特征的。例如，某一个人总是与某些人交往，他的朋友圈和社会圈就构成了他社交生活的独特性。如果将一个人的全部个性生活综合起来看，那更是独一无二的。这一特点比家庭生活和职业生活更鲜明。家庭生活和职业生活都会程度不同地受社会的规范和习俗的制约，不同人之间的职业生活、家庭生活有较多的共同点，但个性生活由于与个人的生理心理特征、兴趣爱好、性格气质等多种因素相关，而且个性生活较少受社会规范和习俗的制约，因而更能体现个人的个性特色。也正是在这种意义上，我们将这种生活称为个性生活。

四是自主性。个性生活是一个完全由个人说了算的空间，即所谓"我的地盘我做主"。由于个性生活大多不便让别人知道或不愿别人知道，因而在这个领域做选择、决策一般都是自己做主，出了什么问题也只能由自己扛。而且这个领域没有多少外在监督，主要靠自我约束，因而自主的余地大，自己的责任也大。

个性生活是与私生活、隐私生活不同的概念。私生活或"私人领域"是指个人不便公开的生活，而隐私生活是个人不愿意公开的生活，私生活包括隐私生活。个性生活中有一部分属于私生活、隐私生活，如情感生活、性生活大致上属于私生活、隐私生活的范畴，但私生活、隐私生活也包括家庭中的夫妻生活。①

二　影响个性生活健康丰富的因素

从以上对个性生活的含义和特点简述可以看出，个性生活存在着

---

① 关于私人生活、隐私等问题，可参阅 "8. Privacy and Its Limits", in Raziel Abelson and Marie-Louise Friquegnon, eds., *Ethics for Modern Life* (6th Ed.), Boston / New York: Bedford / St. Martin's, 2003, pp. 371-406。

健康不健康、丰富不丰富的问题。幸福的个性生活是健康而丰富的个性生活。健康的个性生活是指个人的个性活动有益于身心健康和愉悦，可以丰富生活内容，增加生活乐趣，提高生活品位，而没有怪僻和病态，无伤社会风化；而丰富的个性生活是指个人的兴趣爱好以及休闲生活丰富多彩，不空缺，不单一。影响个性生活健康丰富的因素很多而且很复杂，不过归纳起来，比较重要的直接影响因素主要有生活环境、生活条件、文化程度、思想观念、德性等几个方面。

一个人的生活环境对他的个性生活健康丰富有着直接的影响。一般来说，生活环境越复杂，个性生活越有可能健康丰富，但相关的问题也会越突出，其中健康的问题尤其容易发生。个性生活健康丰富需要环境的支撑，需要环境资源，但环境也是一把"双刃剑"，可能对个性生活健康丰富有利，也有可能适得其反，导致许多个人问题和社会问题。

首先，社会环境对个性生活有着直接而深刻的影响。一个生活在改革开放以前的人，由于中国社会封闭、经济社会条件落后、社会压抑个性发展等原因的影响，一般没有多少个性生活，基本谈不上健康和丰富的问题，但一个生活在改革开放四十多年之后的今天的人，伴随着社会环境翻天覆地的变化，个性生活可能已经非常丰富，但同时存在着健康问题。在今天的中国，绝大多数人已经有了个性生活，不少人个性生活还相当丰富，但个性生活的健康却存在着不容忽视的严重问题。其中最突出的问题是个性生活不健康和褊狭。有些人的个性生活低级、庸俗、粗野、无聊，有的人只对某一两个个性生活项目感兴趣（如打牌）。

一个人的生活圈对他的个性生活有更直接的影响。俗话说"跟好人学好人，跟燕子学飞行""近朱者赤，近墨者黑"。一个人的同学、同事、亲朋好友对他的个性生活影响很大、很直接。个性生活方面的许多内容是父母老师领导不会告知的，人们知道这些内容的主要来源之一是比较亲近的生活圈内的人。一个山区来城市上学的学生，原本不知什么叫上网，但可能受喜欢上网的同学的影响而得"网瘾"。在当代社会，个人的生活圈在不断向外延伸，已经不止于直接交往的朋友、同学等，还有不见面的其他交往对象，如网友。各种现代媒体，特别是网络的虚拟空间为人们生活圈的扩大提供了无限的可能。现代媒体不仅为个性生活提供了内容和场所，而且提供了通道，人们可以通过这种桥梁现实地或虚拟地、在场地或不在场地走到一起，从而使人们的生活圈和个性生活世界空前地扩大和丰富。

家庭环境对个人的个性生活也有较大影响。母亲喜欢化妆打扮，她的女儿从小开始受其影响逐渐也对化妆打扮感兴趣。父亲喜欢体育运动，其子也可能养成注重健身的习惯。不过，现代社会可能影响个人包括孩子的因素很多，家庭成员对人们的影响呈减弱的趋势，过去所谓的"有其父必有其子"的说法正在改变。

生活条件对个性生活的影响是限制性的。如果说环境为人们的个性生活健康丰富提供了各种可能，那么生活条件则决定着这种可能有没有变成现实和在多大程度上变成现实。一个连吃饭都困难的学生对上网再有兴趣也不可能成天上网。在我国，一些人看见大老板们打高尔夫球很神气，很想培养这方面的兴趣，但苦于没有能力承担打高尔夫球的昂贵费用。一般来说，在其他因素相同的情况下，生活条件越优越，个性生活越有可能健康丰富，特别是越有可能丰富。

伴随着人类生活日益世俗化和平民化，以及高等教育的大众化或普及化，文化程度对个性生活健康丰富的影响在减弱，至少两者不存在直接的正相关。今天，文化程度对个性生活的健康性和丰富性没有直接影响。那些文化程度相对较低的人闲暇时间较多，而且受世俗文化影响，没有多少拘束，因而个性生活通常比较丰富，而那些文化程度高的人工作忙、贪心重，闲暇时间相对较少，个性生活相对较贫乏单调。两者在个性生活的健康性方面也很难有明显的区别。"白天是教授，晚上像野兽"的调侃，表明社会高层次人士在个性生活的健康性上也存在问题。而且，文化程度高的人由于智商较高、更好探讨以及其他一些原因，在个性生活方面也许更好追求新奇特，甚至有些怪僻、变态。当然，文化程度高的人经济收入相对较高，条件较有利，他们的个性生活可能层次相对较高。

任何一个人都应该追求个性生活的健康丰富，因为个性生活健康丰富是个人幸福非常重要的组成部分，可以使人生更丰富多彩，可以为人生增添乐趣和情趣，可以使人有更好的自我感觉。在当代社会，没有丰富健康个性生活的人不能说是幸福的人。而且，当代社会差不多已经给每一个人提供了过健康丰富个性生活的条件，至少大多数人都能过上健康丰富的个性生活。可是现实并非如此。还有相当一些人缺乏真正意义上的个性生活，他们或者全心投入工作，或者一心服务孩子，而有更多的人虽然有个性生活，但要么不丰富，要么不健康。导致这些问题的根源是思想观念。对于个性生活的健康丰富来说，思想观念是比以上所述影响因素都重要的内在决定因素。现代个性生活以与之相应的思想观念为前提。在我国从传统社会向现代社会转型的过程中，有不少人的生活观念还是传统的，他们还没有个性和个性生活的观念，没有意识到个性生活在个人生活中的重要地位，没有意识到社会成员个人个性生活的健康丰富对于社会和谐美好所具有的重大意义。一个人如果认为个性生活可有可无，无关宏旨，人生的价值在于对社会和他人的贡献，那么即使环境再有利、条件再优越、文化程度再高也不会有个性生活。另一方面，如果一个人认为个性生活是个人的事，只要不犯法、不越格，个性生活无论怎样都是一些生活小事，那么他可能有个性生活，但他的个性生活可能是不健康的。不健康的个性生活不是幸福生活的构成部分，不利于甚至有害于个人的幸福，而且会毒化社会风气，破坏社会正常秩序。

德性对于个性生活的意义像对于其他生活领域的意义一样，是积极而多重的。个性生活领域一旦缺乏德性，必定会发生问题，特别是会发生健康问题。因此，德性也是个性生活健康丰富的重要影响因素。

三 德性对于个性生活健康丰富的意义

德性对于个性生活健康丰富具有多方面的意义，而突出地体现在它既是个性生活健康的前提，也是个性生活丰富的动力。

对于当代人的个性生活来说，最突出的问题是个性生活的健康问题。个性生活健康有很多具体的要求，但底线要求主要有三条：一是无害于身心健康，特别是没有怪僻和病态；二是不妨碍和损害他人；三是无伤社会风化。要保证个性生活不突破这三条底线，必须以德性为前提。一个有完整德性的人，肯定不会突破这些底线要求，做那些害己、害人、害群、害境的事。即使是一个不具备完整德性的人，只要他具备像自尊、明智、审慎、节制、关怀、互利、守规这样的德性，他也不会突破以上底线要求。一个明智和审慎的人不会为了满足自己的性欲去破坏别人的家庭，不会因自己的爱情夺人所爱，将自己的幸福建立在他人的痛苦之上；一个节制的人不会上网、打牌成瘾；一个守规的人不会做社会禁止、有伤社会风化的事情；一个自尊的人不会为了自己的高升而卑躬屈膝地在社交圈里混。但是，如果没有德性，特别是不具备个性生活所需要的德性，问题立即就会发生。例如，一个人没有节制的德性，那么他会见到一个自己喜欢的异性就穷追不舍，而不管对方是否喜欢自己，不管这样做是否破坏别人的家庭，其结果不仅害人，也会使自己的个性生活和整个生活一团糟。又如，一个缺乏关怀德性的人就很难有患难时伸出援手的好友至交。

对于个性生活来说，健康是前提，丰富才是目的。个性生活丰富受许多因素制约，其中一个重要因素就是德性。一个德性之人，他会为了生活得更好而致力于丰富个性生活，努力使自己的生活质量提高。一个勤奋而刚毅的人会为了身体健康而坚持不懈地进行体育锻炼，而一个懒惰而怯懦的人则会利用早晨难得的时光睡懒觉。一个好学的人会比一个厌学的人更有可能感受到时代精神和现代观念，会更早意识到个性生活健康丰富对于人生的意义。一个具有进取德性的人会不满足现状，不仅会向生活的深度挖掘，也会不断拓宽生活领域，丰富生活内容，而个性生活领域是最具拓展空间的。个性生活丰富需要以德性作为动力，没有德性，不可能有个性生活的丰富多彩。

这里，我们可以分别从个性生活的不同领域对德性对于个性生活健康丰富的意义做些具体的分析。

德性对情感性爱生活的健康丰富的意义最为明显。当代情感性爱生活出现了许多传统伦理学不能解释的问题，其中最突出的是婚外性、婚外恋等问题。按照传统观点，这些都被认为是不健康的，但在现实生活中却普遍存在，许多人甚至乐此不疲，而且一些国家的法制对这些现象采取认可的态度。从伦理学的角度看，德性对于人们正确处理好这些问题具有重要意义。德性可以减少甚至避免这些问题。一个德性之人会忠诚于婚姻家庭，不做伤害夫妻关系和影响家庭和睦的事，更不会为了个人的幸福快乐而伤害他人，破坏别人的家庭和幸福。同时，德性之人会注意自己行为的社会影响和后果，不会只管尽情享受，及时行乐，"今朝有酒今朝醉，明日愁来明日愁"，不会为了个人的快乐而干一些有伤社会风化的事情，放弃对社会的责任。要解决当今日益严重的情感性爱问题，应诉诸德性的完善。

德性对于情感性爱生活的意义远不止于此。在情感性爱生活中，经常面临的是好恶爱恨的问题。人们在日常生活中产生好恶爱恨是很自然的，但如果把握不好不仅影响人际关系，而且会影响自己的心情，从而影响自己的正常生活。德性对于人们把握好好恶爱恨的度是非常重要的。就"好"和"爱"而言，一个有正直、公正德性的人，不会以自己之所好作为决定和选择的依据，不会庇护或偏袒自己所爱之人。尽管可能有所偏向，但不会违背起码的公正原则。就"恶"和"恨"而言，一个有宽厚、关怀德性的人，不会以自己之所恶、所恨而记仇，以血还血，以牙还牙，伺机打击报复，相反会宽厚仁爱，以德报怨，尽释前嫌。如果一个人不具有德性而具有自私、仇恨、歹毒等恶性，就会反其道而行之。显然，具有这种恶性的人的情感生活是问题很大的，不仅自己的生活被不正常的情感所搅乱，而且会导致"冤冤相报何时休"的恶性循环。从这个角度看，德性对情感性爱生活的意义主要在于防止最坏的可能发生。

就健身保健生活而言，除了会出现个别"过度"（如洁癖）之外，人们一般不会发生像情感性爱领域那样的一些问题。但是，德性在这个领域仍然具有意义。这种意义主要在于，当一个人具有了自重、勤劳和刚毅等德性，他就会自觉地注重身体的锻炼和调节，而且会克服困难和惰性，持之以恒地坚持下去。现实生活中有许多人也意识到健身和保健的重要性，但没有养成自重、勤劳和刚毅的品质，害怕吃苦，贪图享受，不愿麻烦，不能将健身保健坚持到底。有研究表明，中国参加体育锻炼的人有"三多""三少"：老人多，年轻人少；女性多，男性少；病人多，健康人少。这种情况表明，在当代中国，人们大多是出于活命和美容的需要才被迫进行体育锻炼，还远未普遍形成对体育锻炼重要性的意识，没有养成体育锻炼所需要的德性。长此以往，会严重影响中国人的生活质量和幸福。

娱乐休闲生活与健身保健生活不同，健身保健通常是人们不怎么喜欢的，要靠意志力的作用才能坚持下来；而娱乐休闲活动一般都是人们喜欢的，不需要意志力的作用就乐于参加。因此，对于娱乐休闲生活来说，最需要的是节制，不能过度，不能成瘾，更不能玩物丧志。节制本身也需要意志力，但这种意志力不是推动力，而是抑制力。当节制成为一个人的德性时，这种意志的抑制力在必要时就会自发地发挥作用。因此，在这个个性生活领域，节制德性的作用十分重要。如果没有节制的德性，人们仅凭当下的意志控制力往往会发生问题。一个人的意志控制力可能在这一次能发挥作用，下一次不能发生作用；在这个项目上能发挥作用，在另一个项目上不能发挥作用。所以，克服娱乐休闲生活中的成瘾、走偏问题，主要不是靠意志力，而是靠德性，特别是节制的德性。

德性对于朋友社交生活也具有重要意义。就朋友生活而言，德性好，好交朋友，交的朋友就多；而德性不好，别人就不会愿意与你交朋友，交的朋友就少。更重要的是，德性好，所交的朋友可达到久交、深交的程度。今天，在我国社会人们久交、深交的朋友不多，这从一个侧面反映出人们的德性存在一些问题。物以类聚，人以群分，真正的朋友是以志趣相投为交往基础的，但必须具备一些共同的基本德性，其中最重要的是善良、诚实、正直、守信、关怀等。不具备这些基本德性，朋友关系就会发生问题。

德性对于社交生活的重要性大致与对于朋友生活的重要性相同，不过，社交生活中还需要自尊、自主、明智、审慎等德性。有了自尊自主的德性就会在社交生活中维护自己的尊严，坚守做人的底线，从容自若，不卑不亢，不为了一点儿利益而低三下四、趋炎附势。社交生活常常是人为了职业成功而不得不进入的，但社交场合情况十分复杂，在人们的行为举止背后，暗藏着各种不同的利益动机，灯红酒绿之下也许早已布好了捕捉你的陷阱。因此，在社交生活中，既需要察言观色、洞察秋毫的明智，也需要小心谨慎、进退自如的审慎。德性对于社交生活来说具有维护和保护的重要作用。

四　个性生活健康丰富对德性的要求

个性生活健康丰富对德性的一般要求没有对家庭和睦和职业成功的要求高，但也有一定的要求。对此前面已分别做过一些阐述，这里着重分析一下个性生活对德性的特殊要求。这种特殊要求，我们可相应称为个人的个性生活德性，主要有自重、乐观、节制、好学、关怀这五种。

个性生活健康丰富主要是从三个角度对自重提出要求的。首先，个性生活是以自重为前提的。个性生活是一个现代概念，它以肯定人是独立自主的主体为前提，以承认个人应该追求个人生活独具特色和丰富多彩为前提。个性生活的这种特点决定了它要求人们必须自重，必须珍惜自己的生命，维护自己的尊严和权利，关照和善待自我。一个人如果没有自重这种德性，他就不会追求使生活独具特色和丰富多彩的个性生活。如果一个人心中只有他人、只有工作或只有功名利禄而没有自我，就是说他不知道自重，更不具有自重的德性，那显然他就不会有个性生活。个性生活要求具备自重的德性，一个人有自重德性才会在他的生活中开辟出一块个性生活的空间。其次，个性生活健康需要自重德性。个性生活幸福的前提是个性生活健康，个性生活健康则需要自重作为保障。人们的个性生活的许多方面都可能发生偏差和走向极端，如果没有自重的德性，这种可能就会变为现实。一个人如果没有自重的德性，就可能在个性生活领域恣意妄为，无所顾忌，其结果个人可能在激情燃烧中走向毁灭，在尽情享受和及时行乐中沉沦下去而不能自拔。最后，个性生活丰富也要求人们有自重的德性。自重的人会追求生活的质量、品位和多样化，那么他也会追求个性生活的丰富多彩。在人生活的所有领域，个性生活的空间最广阔，最有可能向深度和广度扩展。一个自重的人要追求生活质量、品位和多样化，必定会注目于个性生活这一领域。

个性生活的健康丰富是需要好心情、好心态的。影响人们心情、心态的因素很多，其中的一个重要因素就是对世界、社会和人生的态度。这种态度是乐观的，一个人的心情、心态通常会好；而如果是悲观的，一个人的心情、心态就会经常不好。一个人养成了乐观的德性，那他在一般情况下都想得通，看得透，心态平和，即使遇到困难、失败、挫折，也不会悲观失望，怨天尤人。个性生活之所以需要乐观的德性，是因为只有养成乐观的德性，一个人才会总是保持好心情、好心态。人们需要情感性爱生活，是因为人们希望在情感性爱生活中获得情感和性爱的满足，从而使自己开心愉悦，而要达此目的，首先必须有好心情、好心态。心情、心态不好，有妒忌之心，情感性爱生活必定一团糟，不但不会开心，反而会增加诸多烦恼。健身保健活动、娱乐休闲活动、朋友社交活动亦如此。没有好心情，对这些活动就感觉到乏味、没劲。总之，心情好、心态好个性生活才会有滋有味，才会给人以美好的感觉，而心情好、心态好必须有乐观的德性提供保障。

前面谈到娱乐休闲生活最需要节制，其实其他个性生活领域都需要节制这一德性。几乎所有个性生活领域的活动都需要适度，需要无过无不及。个性生活领域的大多数活动能给人快乐，甚至给人极大的喜悦，但如果度把握不好，就会乐极生悲。节制，一般来说，不是抑制，而是控制，使活动控制在一定限度内。节制的这种含义是就可做之事而言的。在个性生活领域有些事是可做之事，有些事是不可做之事。就可做之事而言，节制就是要求把握好限度。这个限度有三个方面：一是不因自己所从事的活动而伤害自己的身心或给自己留下后患；二是不因自己所从事的活动破坏家庭和睦；三是不因自己的活动损害他人或他人家庭，造成不良社会影响。这里的关键在于个人所从事的个性活动不能损人利己，也不能损人不利己，更不能损人损己。节制也包含抵制、克制的含义。对于那些不可做之事，节制要求抵制、克制。在个性生活领域，有些事情是本来不能做的，只要做了，就只会给人带来很多烦恼。有夫之妇，不能去追求，否则是害人害己的。对于做这样一些不可做之事的想法和做法，必须坚决抵制和克制，否则就不会有健康的个人情感生活。

个性生活的很多内容是因人而异的，一般不好纳入学校教育。就健身而言，各人有不同的喜好，生活条件也各不相同，因而人们可能会根据自己的情况选择健身的项目。而且要使个性生活丰富也需要人们不满足现状，扩展新知识和新能力，深化已有知识和能力。个性生活的这种特殊性决定了它要求人具备好学的德性，不断根据自己个性生活的需要学习知识和培养能力。就当前我国而言，个性生活中的许多内容没有被纳入学校教育，有些内容（如体育）虽然被纳入了学校教育，但由于应试教育的影响而不被重视。因此，对于中国人来说，个性生活所需要的知识和能力主要靠自学获得。这样，中国人的个性生活更要求人们具备好学的德性。作为一种德性，好学是一种学习的心理定势和行为习惯。在个性生活领域，就是始终保持开放的心态，不断根据自己的环境、条件、年龄等情况接受和学习有助于丰富个性的知识和能力，并通过学习提高自己在个性生活方面的知识和能力水平。现实生活中的许多事例表明，一些人个性生活单一的一个重要原因就是在个性生活领域不好学。这些人可能在职业领域还是好学的，但到了个性生活领域就不想下功夫学习，因而缺乏这方面的知识和能力。当然，他们不好学与他们对个性生活的重要性认识不够也有关系，而人们对于个性生活的重要性的认识又与人们的学习状况有关，只有好学，才能不断更新生活观念，使自己的生活与时俱进。

个性生活领域虽然主要是个人自主的领域，但也要与人打交道，而且在个性生活领域所交往的人一般与个人自己的关系比较亲近或有利害关系，很多是朋友和伙伴。因此，在个性生活领域也需要对他人的关怀，需要人们具备关怀的德性。就个性生活领域而言，关怀就是要关心朋友和伙伴，经常与他们沟通，为他们的快乐高兴，为他们的痛苦分忧，在他们需要的时候及时伸出援手。关怀的重要前提是善良、真诚和正直。只有这样的前提下的关怀才是弥足珍贵的，才能换来真情和友爱，才会赢得可靠的朋友和伙伴。友爱对于个性生活的健康丰富以至于个人幸福的最大价值在于：给人一片更纯净的真情友爱天空，人的情感能得到交流，人的心情能得到放松。

第四章

德性与智慧

在德性伦理学中，德性与智慧是一对关系最为密切的概念。德性伦理学家对智慧及其与德性关系问题的高度重视是富有启示意义的，德性论要对德性与智慧的关系给予特别的关注。

第一节　何谓智慧

智慧像幸福、德性一样，是一个美好的字眼，说一个人有智慧，那是对他的褒奖。早在古希腊时期智慧就被推崇为个人和城邦的第一德性（美德），哲学也被看作智慧之学，可见智慧对于人类的极端重要性。然而，人类常常误解了智慧甚至淡忘了智慧。因此，我们要经常回味一下智慧的本性和意义，对它与理性的关系做些反思。

一　智慧的意蕴

在汉语中，智慧一般是指"辨析判断、发明创造的能力"。[1] 智慧的英文对应词是"wisdom"，"《牛津英语词典》［*Oxford English Dictionary*（2nd Ed.），1989］给'智慧'下的前两个定义是：'（1）指在与生活和品行有关的问题方面正确判断的能力；指在手段和目的的选择中判断的圆满性；有时在不太严格的意义上，指实践事务方面的圆满感。（2）指知识（特别是高级的抽象的知识），与愚蠢相对。'根据《兰登书屋词典》［*The Random Dictionary*（2nd Ed.），1987］解释，'智慧'的两个可选择的意义是：'（1）有智慧的性质或状态，与就行为做出的公正判断相关的真的或正确的知识；（2）学术上的知识或学问。'"。[2] 显然，英语"智慧"一词的日常含义比汉语要丰富和深刻。

智慧与愚蠢相对立，与聪明相近。关于这三者之间的关系，彭富春教授曾从哲学的角度做过一个很富启发意义的辨析。他说："愚蠢就是不知道。它不知道事情是什么。这就是说，它不知道什么是存在的，什么是不存在的；什么是真实的，什么是虚幻的。它甚至不知道自己不知道，也就是不知道自己的愚蠢。愚蠢在自己和世界两方面都处于无知状态。""但智慧往往被等同于聪明。聪明指人有特别的听和看的能力，也就是人能听和看到事物。但一般意义的聪明是有疑问的。它虽然有听和看的能力，但都有一个无法逾越的限度。故聪明大多不是大聪明，而是小聪明。这意味着它只知道小，而不知道大；只知道近，而不知道远。于是，聪明也容易变为愚蠢。""与愚蠢和聪明不同，智慧是真正的知道。知道表现为一种特别的心灵的能力，它能

---

[1] 《现代汉语词典》（第7版）"智慧"，商务印书馆，2019，第1692页。

[2] John Kekes, *Moral Wisdom and Good Lives*, Ithaca and London：Cornell University Press, 1995, p. 4.

洞晓万事万物的奥秘。它知道什么是存在的，什么是不存在的；什么是真实的，什么是虚幻的。它知道自己知道。它不仅知道世界，而且知道自己。"[1] 虽然只有具有哲学智慧的人才会知道什么是存在的和不存在的，以及什么是真实的和虚幻的，但任何一个称得上有智慧的人都是"真正知道"的人，而不是"不知道"或有"无法逾越的限度"的人。

在哲学界，许多哲学家对智慧的含义和本性做过规定。沙容·莱恩（Sharon Lyan）在对西方哲学家关于智慧本性进行概述的基础上提出："S是有智慧的，当且仅当：（1）S有广泛的事实和理论知识，（2）S知道怎样生活得好，（3）S在生活得好方面是成功的，（4）S有非常少没有得到证实的信念。"[2] 这一规定是比较全面的，但对智慧的含义阐述得不够清晰。《牛津哲学指南》的"智慧"词条对智慧有一个一般性的解释，这个解释也许更有助于我们对智慧含义和本性的把握。这个词条将智慧界定为"把反思的态度与实践的关切统一起来的一种理解（understanding）形式"。"这种反思态度的目的是要理解实在的本性及其对过好生活的意义。这种实践关切的对象是要在主体的品质和环境既定的情况下构成一种关于过好生活的合情合理的概念，并对他们得在其中做出决定和行动的情境做出评价。做出这些评价因为许多情境的复杂性是困难的，好生活是不完全的，个体的品质和环境的可变性使一般原则成为不充分具体的。因此，智慧可以与评价复杂情境的好判断以及通过对人的条件的反思性理解获得的好生活的概念等同起来。"[3] 另外一位哲学家对智慧的解释也许更容易理解："一个有智慧的人不仅知道实在是什么，而且知道它能是什么。当一

① 彭富春：《论中国的智慧》，人民出版社，2010，第4页。

② "Wisdom", in *Stanford Encyclopedia of Philosophy*, http：//plato. stanford. edu/entries/wisdom/.

③ "Wisdom", in *The Oxford Companion to Philosophy*, Oxford：Oxford University Press, 1995.

个人必须接受像他所发现的那样的世界时，他或她还能做另外两件事情：（1）区分世界的哪些方面更有价值，（2）以这样的方式行动——改进这个世界。哲学家的任务就是要阐明怎样做这两件事情。"①

综合哲学史上哲学家对智慧理解的资源，结合我们对智慧的理解，笔者认为，智慧是适应人更好生存需要形成的，观念正确、知识丰富、能力卓越和品质优良在经验基础上实现有机协调的，注重整体观照、恪守推己及人、践行中庸之道、既入世又出世的，明智审慎并重、使所有活动恰当合理的综合统一机能和活动调控机制。它"是人特有的一种复杂机能，是人的灵性的集中体现"，② 是理智的优化和最佳状态。

智慧并不是人类一开始就有的，而是随着人类的进化适应人类更好地生存的需要逐渐形成和增强的。从历史的角度看，智慧大致上到人类进入文明社会开始形成，在古希腊神话中就有智慧女神，这表明那时人们已经有了智慧的概念。但是，智慧并不是一成不变的，随着人类的进化，特别是人类教育科技文化的进步，人类的智慧在不断地向广度和深度方向发展。智慧之所以会随着人类的进化而不断增强，是因为智慧不仅是适应人类更好生存产生的，更是人类更好生存的内在机能和生存方式。今天，人类的智慧已经形成并对人类更好生存发挥着极其重要的作用。智慧作为人适应自己更好地生存所形成和发展起来的特有综合统一能力和调控机制，其使命是要使人能在艰难的生存竞争中有效地保护自己，丰富自己，发展自己，获得需要满足，实现自我价值。因此，智慧实质上就是生存智慧。

但是，人类整体和人类个体并不总是有智慧地生存，常常会发生

---

① G. Runkle, *Theory and Practice: An Introduction to Philosophy*, New York：CBS College Publishing, 1985, p. 208.
② 江畅：《幸福与和谐》（第 2 版），科学出版社，2016，引言 vi。

偏差。特别是就人类个体而言，虽然每一个人都具有理智，都有智慧的潜能，但并不是每一个人的理智都转化成了智慧，并不是每一个人的智慧潜能都被开发了出来，更不是每一个人将它开发出来后就运用它。智慧的形成需要智慧修养，智慧的运用需要智慧意识。因此，虽然智慧是适应人更好生存形成的机能，但在不同的人那里差别却是很大的。

智慧是知识和能力在理性和经验基础上的有机综合统一，而这种统一是以正确观念为前提、以德性为要求的。在哲学史上不少哲学家将智慧等同于知识，这种看法局限非常大。不能否认，没有必要的知识，一般来说是不会有智慧的，在现代社会尤其如此。所以，一般可以说有智慧的人是有知识的人。但是，我们不能反过来说有知识的人就是有智慧的人。现实生活中，许多有知识的人并不具有多少智慧。智慧包含知识，但不等于知识。智慧也是人的生存能力，有智慧的人是生存能力强的人，生存能力强的人就是有智慧的人。智慧包含德性的要求，有智慧的人不是那种有知识、有能力但有恶性的人，而是有知识、有能力的德性之人。智慧还必须以观念正确为前提，观念正确是智慧的首要条件。一个人观念不正确，即使他再有知识、能力和德性，也难算得上有智慧。事实上，说智慧是观念，是知识，是能力，是德性都不准确，智慧是这四者协调一致的综合机能。具有这种机能的人就能生存得好，一个有智慧的人就是能生存得更好的人。不同的人，智慧的这四个方面的比重各不相同，于是个人智慧的质与量就有了差别。鉴于现代社会一般人都具有一定的知识和能力，人们要成为有智慧的，最需要的是正确观念和优良品质。

智慧的观念、知识、能力和德性这些构成要素有机综合统一的基础是理性和经验。理性是智慧的能力基础，经验是智慧的生长基础。其中经验对于智慧的形成具有特殊的意义。经验像土壤，为智慧的生长提供平台和营养；经验又像一个熔炉，将正确的观念、丰富的知识、卓越的能力和优良的品质熔炼为一种综合的机能，而智慧的这四方面的构成要素也是在经验中生长起来和熔炼出来的。

智慧体现在人的活动全过程。人生是由活动构成的，包括认知与评价、判断与选择、构想与决策、动机与愿望、情感与意志、行为与反思等等。智慧不只是体现在人的活动的某一个方面，而是体现在所有这些活动的全过程。一个有智慧的人，具有较强的认知能力，善于发现真理；具有正确的评价能力，能对事物做出客观正确的评价；具有正确的判断和选择能力，能对事物和行为做出正确的判断并在此基础上做出正确的选择；具有较强的决策能力和构想能力，能做出正确决策，并善于根据决策制订恰当的活动方案；具有较强的行为实践能力和反思能力，善于将活动方案付诸实践并追求良好的效果，注重对自己的思想和行为进行反思，通过反思和自我批评不断修正错误，克服缺点和不足，使活动趋于完善；具有善良积极的动机和愿望，无损人利己、损公肥私的意图，注重个人与他人、组织的利益共进；具有健康的情感和坚强的意志，积极进取，勇于开拓并不屈不挠，不达目的不罢休。当然，任何一个人都不可能在所有这些方面都做到尽善尽美，但一个有智慧的人追求所有活动的完善，坚决杜绝那些有害于自己、他人、群体和环境的活动，对于各种活动中发生的问题及其导致的消极后果能及时有效地予以纠正。

智慧是具有实践意向的活动调控机制。智慧不是单纯的知识和能力，而是具有将知识、能力运用于实践的要求并对人的各种活动进行调控的自觉调控机制。尽管西方不少哲学家认为智慧有实践的方面，或者将智慧分为理论智慧和实践智慧，但一般都更强调智慧的实践意义或为好生活服务的意义。《哲学百科全书》"智慧"词条对"智慧"就做出了这样的规定："从最广泛、最普遍的意义上说，智慧指的是对生活行为做出合理的、满意的判断。智慧可以伴之以渊博的知识、敏锐的理智和深刻的预见，但它并不是这些中的任何一种，而是在它们不在的地方显现。智慧涉及理智的理解或洞察，但与其说它关注对事实的肯定或理论的严密，不如说是关注实践生活的手段和目的。"①这一规定与我们前面所引证的西方有关文献对"智慧"的解释一样，特别强调智慧的实践意向。

智慧的实践意向集中体现为它要求人们要明智与审慎并重，并根据这种要求对人的活动进行调控。在《幸福与和谐》中，笔者曾将智慧的特点概括为四个方面，即注重整体观照，要求人们注重从根本上总体上认识和处理问题，要求人们在认识和处理各种问题时兼顾各方面，立足于根本、着眼于总体认识和处理问题，切忌顾此失彼，抓住一点，不及其余；恪守推己及人，要求人们"己所不欲，勿施于人"，也就是时时事事处处想到别人也是人，也有与自己一样的自由、权利和追求，这一切都应该得到尊重，切忌强人所难，把自己不想要的、不想做的强加给别人；践行中庸之道，要求人们为人处世要遵循中道原则，无过无不及，力求做到恰如其分，合情合理，切忌走极端，无所顾忌；既入世又出世，要求人们以积极的态度追求成功，为自己和所在集体（包括单位、国家等）谋求福利，同时又要求人们以超然的态度对待追求的结果，适度淡化对功名利禄的占有，切忌成为利益的奴隶，成为贪欲的奴隶。② 这四个方面可以进一步概括为明智和审慎两个方面。明智就是要注重整体观照，恪守推己及人；审慎就是要践行中庸之道，既入世又出世。

智慧的实践意向所指向的是人更好生存。人活在世界上就是为了过上幸福生活，每一个人都追求幸福生活。那么，怎样才能过上幸福生活呢？智慧是过上幸福生活的最佳路径。智慧就是人类为实现幸福而准备的综合统一的机能和调控机制，它存在的根据和价值就在于为

① "Wisdom", in *The Encyclopedia of Philosophy* (2nd Ed.), New York: Macmillan Reference USA, 1996, p. 73.
② 参见江畅《幸福与和谐》（第2版），科学出版社，2016，引言 vi。

创造幸福生活的实践服务。人类之所以会在长期的进化过程中积淀了智慧的潜能，个人之所以会热爱智慧，开发智慧，通过修养获得智慧，就是因为智慧能为人更好地生存服务，使人走上幸福之路。"智慧是人生的指南针、控制器。它给人认识、评价、选择、活动以正确方向，给人与环境（包括自然环境和社会环境）的关系、人自身内在的各种关系以恰当调节。"①

二 智慧的类型与道德智慧

亚里士多德在《形而上学》中将智慧划分为两种，即哲学智慧（sophia）和实践智慧（phronesis）。这一划分在哲学史上影响很大，而且引起很多讨论。

在亚里士多德那里，哲学智慧的目的在于真理，而实践智慧的目的在于行为。② 哲学智慧所追求的真理是"使其他事物产生真实后果者"。③ 世界上存在永恒事物，也必定存在最真实的永恒事物的原理或原则，④ 它们可以被称作"第一原理"。⑤ 哲学智慧就是关于第一原理的知识，它们是必然的，并且不能是其他的。与之形成对照的是，实践智慧是"善于权谋对他而言是好的和有益的事情，这不是指具体的好或有益，像什么对他的健康或者体力好或有益这样，而是对好生活整体上有益"。⑥ 然而，实践智慧包含具体处境的那些能被改变以使生活更好的方面，所给予的知识是关于怎样改善人类生活和个人生活

---

① 江畅：《幸福与和谐》，人民出版社，2005，2008 年第 2 次印刷，第 10—11 页。
② 参见〔古希腊〕亚里士多德《形而上学》，吴寿彭译，商务印书馆，1959，第 33 页。
③ 参见〔古希腊〕亚里士多德《形而上学》，吴寿彭译，商务印书馆，1959，第 33 页。
④ 参见〔古希腊〕亚里士多德《形而上学》，吴寿彭译，商务印书馆，1959，第 33 页。
⑤ 〔古希腊〕亚里士多德：《形而上学》，吴寿彭译，商务印书馆，1959，第 33 页。
⑥ 〔古希腊〕亚里士多德：《尼各马可伦理学》（注释导读本），邓安庆译，人民出版社，2010，第 212 页。

的。如果我们举一个当代的例子，美国在决定是否投第一颗原子弹时，很明显地首先面临怎样制造原子弹的技术问题，面临对原子弹杀伤力的预计问题。这是关于变化的事物的知识，但这并不是亚里士多德在谈到实践智慧时所考虑的。技术的可行性是需要考虑的，但一个在实践上有智慧的人会更关注历史、政治、军事和人类等方面的情况，确定这种情况下应该达成什么目标，决定达成这些目标的最佳方式是什么。亚里士多德主张，只有道德上优秀的人才会是实践上有智慧的，因为只有道德上优秀的人才知道某种处境中真正重要的东西，并采取恰当的行为。因为实践智慧是服务于行为的，涉及可改变的事物，并因为人类不得不选择某些行为而不选择另一些行为，所以对什么行为需要正好产生所期望的结果，人们需要深思熟虑。那些既在道德上有德性又有实践智慧的人会深思熟虑并因而能做出恰当选择。

从亚里士多德的观点看，哲学智慧、实践智慧、道德德性之间关系的情形大致是这样的：实践智慧不是哲学智慧的必要条件，哲学智慧也不是实践智慧的必要条件；哲学智慧不是道德德性的必要条件，道德德性也不是哲学智慧的必要条件；道德德性是实践智慧的必要条件，实践智慧也是道德德性的必要条件。在亚里士多德看来，具有实践智慧和道德德性的人不一定需要哲学智慧。他的观点是，实践智慧和道德德性需要在道德的社会中长期培养和指导。我们之所以需要它们，是要通过它们表明什么事物是在一个处境中关系重大的，怎样感知这样的事物，怎样恰当行动，而这一切都不一定需要哲学知识。道德教育的目的不是发现什么是善的，而是告诉怎样合适地行动。

由以上所述可以看出，亚里士多德将智慧划分为哲学智慧和实践智慧是存在着明显问题的。主要表现在以下三个方面。

第一，他的两种智慧不具有共同的本性。他的哲学智慧主要是指获得一般真理的智力。这些真理是那些必然的、永恒的真理，寻求这种真理的可能主要是哲学、逻辑等抽象的学科。显然，在亚里士多德那里，哲学智慧与智力（主要是指灵魂中的纯粹理性部分）有关系，而与人们的其他能力没有什么关系，它属于理智德性，与道德德性没有什么关系，所需要的知识也是那种抽象的知识。而实践智慧作为一种指向好生活的深思熟虑的活动，与抽象真理没有直接关系，甚至与其他知识也没有多少关系，但与德性关系密切，以德性为必要条件，而且需要认识、判断、决策和行动的能力。显然，亚里士多德并不是在同一意义上使用智慧，虽然它们的基础都是人的理性，但两者本身似乎没有什么共同的本性。他的这两种智慧中，哲学智慧严格说不属于智慧的范围，实践智慧虽然大致上属于智慧的范围，但又排除了知识和观念。亚里士多德没有意识到智慧是通过修养形成的一种综合机能，这种综合机能可以运用和体现于人的活动的不同方面和不同层次，但无论从不同维度看的智慧还是从不同层次看的智慧，它们都具有共同的本性，是同一种机能的运用和体现，而不是不相关的不同东西。

第二，他将哲学智慧与获得必然的、永恒的真理的能力等同起来。哲学智慧作为一种特殊的智慧虽然与其他智慧有所不同，但它也不只是获得必然的、永恒的真理的能力，它也应该包括正确的哲学观念、丰富的哲学知识及其他相关知识和必要的德性，即使哲学智慧所包含的能力也不仅仅是哲学思辨能力，还应该包括其他的能力，如哲学理解能力、哲学运用能力等。亚里士多德将哲学智慧与获得那些高深的、抽象的真理的能力等同了起来，以为这样的真理更难获得或更需要智慧，于是就将获得这些真理的能力与智慧等同起来。亚里士多德作为哲学家十分推崇那些关于所谓"第一原理"的真理或必然的、永恒的真理，同时又极度推崇哲学智慧，把哲学智慧看作人最宝贵的东西。对这两方面的推崇使他在智慧的划分上走入了歧途。当然，"哲学智慧"的概念并不是不可以使用的，我们承认存在着哲学智慧，如我们可以说作为认知活动成果的哲学理论（包括真理）是有智慧的，从事这一活动的哲学家具有哲学智慧。但是，我们也要承认相对于哲学智慧而言，还有科学智慧、技术智慧、工艺智慧、操作智慧、日常智慧等，人的所有活动都存在着智慧问题。这些智慧不是指从事科学、技术等活动以获得真理的能力，而是指这些活动及其成果运用和体现了同一种智慧，而这种智慧不仅包括能力，而且包括正确观念、丰富知识和优良品质等。如果将智慧仅仅与某种能力等同起来，那显然是有偏颇的。就哲学智慧而言，它不仅包括获得一般真理的作为智力的哲学思维能力，而且包括正确的哲学观念、必要的相关知识和基本的德性。而且哲学智慧像其他种类的智慧（如道德智慧）一样，既可以从理论的层面看也可以从实践的层面看，因而不能将智慧分为哲学智慧和实践智慧两种。

第三，这种划分导致了将德性做出错误的二重划分。与将智慧划分为哲学智慧和实践智慧相一致，亚里士多德将德性也划分为理智德性和道德德性。理智德性大致是与哲学智慧相对应的，而道德德性则大致与实践智慧相对应。对德性的这种划分存在着诸多问题，人们很难理解清楚。这种德性的划分存在着三个问题：一是两种德性含义混乱。他的理智德性不仅包括纯粹科学、智力，而且包括实践智慧。如果理智德性包括实践智慧，那么实践智慧与道德德性之间的关系怎样理解呢？无论是读者还是研究者都始终无法说清楚理智德性与道德德性、实践智慧的关系。二是这种划分不周延。理智一般是与情感、欲望相对应的。如果理智有德性问题，那情感、欲望更有德性问题；如果说情感、欲望有道德的德性问题，理智也应该有道德的德性问题。理智作为能力有德性问题，人的其他能力（专业能力、技能）也应该存在德性问题。亚里士多德虽然承认这些能力的存在，但根本没有提及这些能力的德性问题。三是两种德性像两种智慧一样，没有一种共同的本性，似乎是两种完全不同的东西。道德的德性是人的品质的德性，而理智的德性是人的智力的德性，对于两者的共同方面，只能说它们优秀，而无法进一步做出规定。亚里士多德所说的理智的德性，似乎是理智的一种性质或品质，即最好的理智，而不是德性。在这里用上德性这个词，使人犯迷糊。

人的智慧只有一种，它作为一种综合机能，是观念、知识、能力和德性的有机综合统一，体现在人的不同活动中。一个人的认知活动可以是有智慧的，一个人的评价活动可以是有智慧的，一个人的行为可以是有智慧的，而人活动的结果可以体现智慧，成为智慧的结晶。既然智慧体现在人生活的方方面面，因而可以从不同角度对智慧进行划分。例如，可以从个人活动的角度将智慧划分为认识的智慧、情感的智慧、意志的智慧、行为的智慧等，也可以从社会生活的角度将智慧划分为政治智慧、经济智慧、科学智慧、技术智慧、文化智慧、道德智慧、宗教智慧、军事智慧等。这些不同的智慧是人的智慧在个人不同活动中的运用和体现，也是人的智慧在不同的社会生活领域中的运用和体现。它们是同一种智慧的不同表现形式，具有共同的本质，尽管它们有不同的侧重和特点，但并不是完全彼此不同的。所有这些智慧的形式，大致上都可以划分为理论智慧和实践智慧两个层面。理论智慧更侧重揭示事物的本质和规律，提出和论证理论观点或理论体系，而实践智慧则更侧重于改进和创造世界，使生活变得更好。

在所有的智慧类型中，伦理学所关心的主要是道德智慧，因为道德智慧直接关系人的品质和行为、德性和德行。当然，伦理学也要研究一般意义的智慧，因为不研究一般意义的智慧就无法从整体上、根本上把握道德智慧。

关于道德智慧有不同的观点，约翰·刻克斯关于道德智慧的一系列观点值得重视。他认为，"幸福主义把道德智慧看作对于过好生活是本质的"。[①] 那么，什么是道德智慧？道德智慧是在那些会深刻影响

---

① John Kekes, *Moral Wisdom and Good Lives*, Ithaca and London: Cornell University Press, 1995, p. 30.

好生活的问题上，对我们应该做什么做出正确判断的心理能力。它的构成包括：关于好生活的合情理的概念、善和恶的知识、对行为者必须在其中行动的情境的评价及其在这些情境的更复杂情形下运用的判断。① 在他看来，道德智慧是一种意向，但不像其他许多意向，它不是与任何特殊类型的行为的履行联系的。"道德智慧不是通过直接聚焦于行为而是通过关注我们的行为在正常情况下由以产生的我们的品质的发展来指导行为并指引品行的。而且道德智慧是根据我们的好生活概念所提出的评价通过强化或弱化我们第一级德性或恶性（即道德的德性或恶性——引者注）来这样做的。"② 对于约翰·刻克斯来说，道德智慧作为一种道德生活的智慧，不是某一方面的能力，而是一种使人过上好生活的综合机能。在这里，对好生活的追求规定道德智慧的特性，正是这种追求使智慧成为道德意义的智慧。他说："道德智慧既不应该与哲学智慧也就应该与实践智慧等同起来，尽管它体现每一部分。道德智慧在追求第一原则的知识方面像哲学智慧，但这种原则只是与过好生活有关系的原则。这是使道德智慧成为道德的东西。"③

在西方伦理学界，许多学者将亚里士多德的实践智慧看作道德智慧，对实践智慧与道德智慧不加分别地使用，这是一种误解。在亚里士多德那里，实践智慧指的是智慧的实践方面，它不包括理论的方面，而我们所说的道德智慧指的是在道德生活中的智慧，它像政治智慧、科学智慧一样，既包括理论的方面，也包括实践的方面。实践智慧是就智慧的层次而言的，而道德智慧是就智慧的维度而言的。两者

---

① Cf. John Kekes, *Moral Wisdom and Good Lives*, Ithaca and London: Cornell University Press, 1995, pp.14,31.

② John Kekes, *Moral Wisdom and Good Lives*, Ithaca and London: Cornell University Press, 1995, p.14.

③ John Kekes, *Moral Wisdom and Good Lives*, Ithaca and London: Cornell University Press, 1995, p.17.

虽然有交叉的部分，但并不是一回事。约翰·刻克斯指出："道德智慧不纯粹是关于什么是真的或善的无偏见的知识，它也要求知识实际地用于过自己的好生活。然而，道德智慧也不只是实践的，因为它所追求的不只是纯粹而简单的好生活，而且也是通过目的和手段两者的选择而被追求、通过关于什么是真的或正当的知识所把握的好生活。所以，道德智慧的理论方面包含一类知识，而它的实践方面包含一类善。"① 约翰·刻克斯的这种看法是很有道理的。

三 智慧与理性、理智的关系辨析

智慧与理性的关系十分复杂。在西方哲学史上，不少哲学家对这两个概念不加分别地使用。在古希腊早期，智慧作为一种德性，其含义比较丰富，不仅包含理论、理性的方面，也包含实践、非理性的方面。但是，自苏格拉底追求给事物下定义开始，后来的哲学家们一直都比较强调智慧的理性方面，甚至将智慧与理性等同起来。康德将亚里士多德的哲学智慧和实践智慧转变成了理论（思辨）理性和实践理性。亚里士多德虽然注意到智慧与理性之间的差异并赋予了实践智慧含义的丰富性，但所推崇的还是理性，特别是思辨的沉思活动。总的来看，自苏格拉底一直到 19 世纪非理性主义哲学出现，西方哲学一直都推崇理性，并以理性取代智慧，即使是中世纪的经院哲学也追求对上帝存在等基督教义的理性论证。

尼采对传统价值的重估揭开了对西方理性主义传统的反思和批判。但是，由于西方传统文化的广泛影响，直到今天，很多人都分不清理性与智慧。王蒙先生在《思想的享受》的演讲中讲到"智慧的享受"。他对智慧做了这样的解释："什么是智慧？就是通过思想之后，把复杂的东西弄得越来越清晰了，弄得越来越明白了，把混乱的

---

① John Kekes, *Moral Wisdom and Good Lives*, Ithaca and London: Cornell University Press, 1995, p. 5.

东西整理出个头绪来了，过去别人不知道的东西，你现在知道了，你有所发现、有所发明，这种智慧对人的享受，可以说也是无与伦比的。"① 显然，王蒙先生这里讲的是理性，而不是智慧。这种情况表明，即使在今天，我们仍很有必要将智慧与理性的关系进行认真的辨析，以了解两者之间存在着什么差别，以及忽视智慧而单纯重视理性已经导致和可能导致的消极后果。

在汉语中，"理性"既指"属于判断、推理等活动的（跟'感性'相对）"，也指"从理智上控制行为的能力"。② 后一种含义大体相当于"理智"。理性的英文对应词是 reason，reason 一般是指人的思考、理解、构成意见等的思想能力。从哲学的角度看，理性是指通过判断、预言、推论、概括和比较等心理活动来提出和断定命题。在这种意义上，理性经常与权威、直觉、情感、玄想（神秘主义）、迷信和信仰相对照，而理性主义者认为它在发现什么是真的或什么是最好的方面比这些东西更可靠。这个词的意义在很大程度上是与合理性（rationality）交叉的，而且在哲学中"reason"的形容词在通常情况下是"rational"，而不是"reasoned"或"reasonable"。对于理性在什么精确的意义上不同于情感、信仰或传统，人们是有争议的。理性活动可以是隐含的或外显的，它可以在心里进行，也可以写出来。理性的概念是与语言和逻辑联系在一起的，并且反映了希腊的"logos"一词的多重含义。"logos"是"logic"的词根，翻译成拉丁文就成了"ratio"，然后翻译成法文就成了"raison"，由此派生出了英语的"reason"。③

从以上所述可以看出，理性虽然有多重含义，但基本的含义是指

---

①　王蒙：《思想的享受》，《光明日报》2009 年 7 月 23 日。

②　《现代汉语词典》（第 7 版）"理性"，商务印书馆，2019，第 800 页。

③　Cf. "Reason", in *Wikipedia*, *the Free Encyclopedia*, http：//en.wikipedia.org/wiki/Reason.

人的一种通过判断、推论、概括、比较、构想等方式思考、理解、阐述的认识能力，其主要特点是思想。从广义上看，即从与直觉、情感、信仰等相比较看，理性包括思想，也包括康德所说的知性，甚至包括感性；从狭义上看，它不包括感性，是相对感性而言的，大致相当于智力。与我们所说的智慧相比较，两者之间存在着如下差异。

第一，理性是人的一种思想能力，而智慧是人的一个综合机能。理性是人的认识能力中的一种，即思想能力。除了理性之外，人还有其他认识能力，如感觉、直觉、灵感等。除了认识能力之外，人还有其他能力，如体力、欲望力、情感力、意志力等。智慧则是人的观念、知识、能力和德性有机综合统一的机能。除能力之外，智慧还包括正确的观念、丰富的知识和优良的品质。仅就能力而言，智慧除了思想能力之外，还包括感觉直觉、灵感、欲望、情感、意志等能力。理性是一个中性词，并不意味着思想能力强，而智慧是一个褒义词，意味着思想能力强，虽然每一个正常人都有理性，但并不是都有智慧的，只有那些思想能力较强的人才能说是有智慧的。理性不仅不包括直觉、灵感、欲望、情感、意志等能力，而且基本上是排斥它们的。人类历史事实已经表明，人越强调理性，理性越发达，人的直觉、灵感、欲望、情感、意志等能力越萎缩或扭曲。智慧则不同，它在注重人的理性的使用和发挥的同时也注重发挥人的非理性能力，不忽视人的欲望、情感、意志、感受，所追求的不只是合理，而且是合情。有研究者指出，历史上的智慧学派一般都强调智慧是知识、理解、经验、谨慎和直觉理解等因素的不同结合，以及很好地应用这些因素解决难题的能力。"在许多文化传统中，智慧和智力具有一些交叉的意义，换言之，它们被按等次排列，智力对智慧是必要的，但不是充分的。"①

---

① "Wisdom", in *Wikipedia*, *the Free Encyclopedia*, http：//en. wikipedia. org/wiki/Wisdom.

第二，理性所追求的是共性、普遍性、统一性，而智慧所追求的是合情合理性。理性的一个重要特点是要在个别中寻求一般，从特殊中寻求普遍，从多样性中寻求统一性，因此理性越发达，人们的生活越趋同，越统一，越扼杀个性，越排斥特殊性，越缺乏多样性，社会就会成为千人一面的社会，个人也会成为没有情感的纯理性动物。智慧则不同，它追求的是适宜性、合情合理性，容许多样性和个性。古希腊雅典城邦是一个推崇智慧的社会，那个社会丰富多彩，每一个人的个性都得到了较好的发挥，人们的幸福感也很强。而今天的现代文明社会则是一个推崇理性的社会，这种社会越来越单调统一，个性没有了，多样性没有了，个人成了社会这一大机器上的没有情感的部件，人们的幸福感也越来越差。

第三，理性的重要特点是注重局部精确和不懈追求，而智慧的特点是注重总体观照和适度满足。理性讲求统一性和精确性，因而有利于科学技术和生产力的发展，有利于全人类建立共同的标准和规范。这是理性的优点，但理性的这种特点运用到人的日常生活中，就有可能导致人们斤斤计较，争名于朝，夺利于市。理性的另一个特点，就是康德所说的追求"打破砂锅问到底"，这种精神对于推动科学技术和生产力发展是有利的，但运用到人们日常生活中，就有可能使人们始终不满足现状，追求占有更多社会紧缺资源，导致贪欲的产生。智慧则不同，它作为人的一种综合机能，要求人们注重从根本上总体上认识和处理问题，要求人们在认识和处理各种问题时兼顾到各方面，立足于根本、着眼于总体认识和处理问题，切忌顾此失彼。同时，构成它的德性要素要求人们追求适度满足，不能贪得无厌。当然，智慧本身包含理性，它并不排除理性在经济、科技、管理等领域追求精确和不满足现状，但反对将这种做法运用于个人生活的所有领域。

第四，理性在价值上是中性的，而智慧在价值上则是正面的。理性作为一种思想能力，每一个人都具备，而且不包含德性的要求。因此，一个人可以运用这种思想能力为人类造福，也可以运用这种能力去作恶。一个罪犯越有理性，他作案的水平就越高超，其破坏性越大，案件也越难侦破。智慧则是包含德性在其中的，一个有智慧的人是一个德性之人，他不会运用智慧去作恶，如果他去作恶，就不能说他有智慧。智慧与幸福、德性一样，是正面的价值，是人类追求的价值目标。一般来说，理性如果不置于智慧的范畴之内，就有可能发生问题。

理性与智慧都是适应人类更好生存需要形成和发展的能力，而且在人的智慧中，理性是最重要的能力，没有理性人类不会有如此发达的文明。但是，在人类发展的过程中，出现了过分重视理性而忽视人的其他能力和功能的问题，导致了许多文明病。今天我们强调智慧，就是要克服在对待理性上存在的偏颇，正确运用理性，将理性的运用纳入智慧的范围，从而使理性更好地为人类生存服务。

理智在汉语中的意思是"辨别是非、利害关系以及控制自己行为的能力"。[①] 理智的英文对应词是 intellect。Intellect 的意思是"心灵推理和获得知识的能力（与感情和本能相对）"[②]、"思想的能力"[③]。显然，"理智"与"intellect"并不是对应的，汉语的"理智"包括了控制力的含义，与意志相关，而英文的"intellect"没有这种含义，大致相当于理性（reason）。而且西方学者也通常将"intellect"与"reason"看作同义的。托马斯·阿奎那就明确说："人的理智与理性不会是不同的能力。如果我们考虑它们各自的行为，我们就能清楚地理解这一点。"他的结论是："很清楚，人的理智和理性是同一种能力。"[④] 我国学者将 intellect 译为"理智"不是很准确。不过，也有西

① 《现代汉语词典》（第 7 版）"理智"，商务印书馆，2019，第 800 页。
② 《牛津高阶英汉双解词典》（第 4 版增补本）"intellect"，商务印书馆、牛津大学出版社，1997，第 777 页。
③ "Intellect", in *Catholic Encyclopedia*, http://www.newadvent.org/cathen/08066a.htm.
④ Thomas Aquinas, *Summa Theologica*, First Part, Question 79.

方学者看到了理智与意志的关系。例如，斯宾诺莎就说过，"意志与理智是同一的"。[①] 他论证说，意志与理智不是别的，只是个别的意愿与观念自身，但个别的意愿与观念是同一的，所以意志与理智是同一的。我们这里在汉语的意义上使用"理智"。从汉语的角度看，理智与智慧都以理性为基础，而且其结构要素也是相同的，包括观念、知识、能力（包括智力、意志力等）、品质等主要方面，并且体现在人的认识、情感、意志的活动之中。它也是一种综合机能，但理智与智慧的区别在于，每一个正常的人都有理智，但并不是每一个正常的人都有智慧。从这种意义上看，智慧属于理智的范畴，但智慧是理智的一种特性或状态，从伦理学的意义上看，智慧是理智的最佳状态，是理智的优化。智慧与理智的关系，大致上相当于德性与品质的关系。[②] 两者之间的另一个差异在于，理智通过学习训练就可以获得，而智慧除此之外还需要自觉地修养。一个人只有通过有意识地进行涵养锻炼才可能获得智慧。

这里需要特别指出的是，无论是理性、理智还是智慧都是以人的意识特别是自我意识为前提的。自我意识是意识的核心内容，是人与动物区别的主要标志。人在与环境交互作用的过程中，能意识到人与环境的关系，意识到环境的力量和价值，意识到自己的目的和活动及其结果。自我意识就是人作为活动的主体对自己的存在价值、地位、需要以及满足需要的途径等的意识。自我意识是与对象意识相对而言的，并且是在对象意识的基础上形成的。一般而言，当人的意识包含了自我意识的时候，它才成为理性的。以自我意识为前提对人的活动进行调控，人就具有了理智，而能使这种调控达到最佳状态，人就是有智慧的。

---

① 〔荷〕斯宾诺莎：《伦理学》，贺麟译，商务印书馆，1958，第82页。
② 顺便指出，我们不赞成柏拉图将智慧看作理性的德性（实即优秀），因为理性不包含意志力，而智慧是包含意志力的。

四　智慧的意义

"智慧是自古代以来一直作为运用过好生活所需要的知识来歌颂的理想。'智慧'超出简单地知道/理解什么事物是可供选择的，而提供在它们之间进行辨别的能力，选择其中最好的。"① 这一论断大致上指出了智慧的意义。如果我们将好生活理解为幸福，那么这一论断与笔者在《幸福与和谐》等著述中将智慧看作实现幸福的最佳途径是一致的。② 智慧的直接意义就在于它对于人生的意义，即它是实现幸福这一人类终极目的的最佳途径。约翰·刻克斯指出："道德智慧的具有存在着程度问题：它越多使生活越好，而它越少使生活越坏。所以尽可能多地追求道德智慧是合情合理的。"③

智慧能为人生确定正确的终极目的，即幸福。人的活动都是有目的的，人的目的千差万别，但在所有的目的背后有一个对所有目的和追求具有制约作用的终极目的。对于这种终极目的，有的人意识到了，有的人没有意识到，意识到终极目的的人追求终极目的会更自觉。人们的终极目的各不相同，不少人把更多占有金钱、财富、权力、名誉等社会紧缺资源作为终极目的，也有人把尽情享受、及时行乐作为终极目的，还有人把职业上的成就作为终极目的。有智慧的人能在所有这些终极目的中发现哪种终极目的是正确的，是人应该选择的。从伦理学的角度看，只有幸福才是人的正确的终极目的，因为只有幸福生活才是好生活。然而，虽然有伦理学的定论，但由于种种复杂因素的影响，人们并非必定选择幸福作为生活的终极目的。只有有智慧的人，才会意识到幸福对于人生的意义，才会将幸福作为自己的

---

① "Wisdom", in *Wikipedia*, *the Free Encyclopedia*, http：//en. wikipedia. org/wiki/Wisdom.
② 参见江畅《幸福与和谐》（第 2 版）"引言：幸福与和谐"，科学出版社，2016。
③ John Kekes, *Moral Wisdom and Good Lives*, Ithaca and London：Cornell University Press, 1995, p. 1.

人生终极追求。因为"一个有智慧的人能辨别重要问题的核心"，①
在人生问题上他能把握什么是对人生最紧要的。

　　智慧能使人全面而深刻地把握好生活即幸福生活的真谛和要求。
自古以来，人们对幸福生活的理解并不一致，存在着不少的偏差。一
个有智慧的人的智慧本身是适应幸福生活的需要形成的，这样的人具
有正确的观念、丰富的知识、卓越的能力和优良的品质，因而能正确
理解什么是幸福生活，把握幸福的实质和各方面的要求。这样的人不
会对幸福做片面的、肤浅的理解。这样的人不会把幸福理解为对资源
的占有，因为资源的一定占有只是幸福的条件，占有再多资源也不意
味着一个人幸福。这样的人也不会把幸福理解为具有德性，尽管德性
既是幸福的条件也是幸福的内容，但德性并不等于幸福。对于这样的
人而言，幸福意味着人的根本的总体的需要得到较好的满足，并有进
一步满足的可能；幸福是一个理想，但这种理想对于人生具有根本性
的导向和激励作用，人们在追求的过程中享受着幸福。因此，有智慧
的人的幸福观是全面的、深刻的，不会抓住一点，不及其余，也不会
浅尝辄止，满足现状。正是在这种意义上约翰·刻克斯把道德智慧看
作过好生活所需要的最重要德性。他说："道德智慧是一种对于过好
生活具有本质意义的德性。"②

　　智慧能使人在追求幸福的过程中处理好各方面的关系。人生面临
诸多关系需要处理，如个人与组织的关系、个人与他人的关系、眼前
与长远的关系、局部与全局的关系、理想与现实的关系、奋斗与享受
的关系、物质需要满足与精神需要满足的关系等等。处理好这些关
系，人才能获得幸福。智慧是一种综合协调的能力，也是一种综合协
调的思维方式，它要求人们着眼于人生存和发展的根本的、总体的需

① "Wisdom", in *Wikipedia*, *the Free Encyclopedia*, http：//en. wikipedia. org/wiki/Wisdom.
② John Kekes, *Moral Wisdom and Good Lives*, Ithaca and London：Cornell University Press，1995, p. 1.

要来对待和处理这些关系问题，整体观照，将所有这些关系问题纳入如何有利于幸福的实现来思考和解决。同时，"有智慧的人对他人是真诚和直率的"，① 有智慧的人的德性也为他们处理好这些关系特别是人际关系问题奠定了良好基础。

追求智慧的过程与追求幸福过程具有高度一致性。智慧是人的一种有机综合机能，这种机能并不是自发形成的，而是追求它才能形成的。每一个人都有智慧的因素（观念、知识、能力、德性），但一个人要成为有智慧的，必须将这些智慧的因素提升到一定的程度并综合协调统一起来。这是一个相当艰难的过程，需要修炼。智慧是人获得幸福的能力，将智慧运用于现实生活，人就可以过上幸福生活。因此，获得智慧这种能力，就是获得幸福的能力，人们追求智慧的过程，也就是为幸福准备主观条件的过程，也就是追求幸福的过程，这两个过程是高度一致的，是同一过程的两个方面。人们幸福的程度是与其获得幸福的能力直接相关的，一个人越有智慧，他就越有可能过上幸福生活，生活的幸福广度和深度就越大。

智慧不只是对个人幸福具有重要意义，对于社会发展也具有重要意义。

首先，建立以智慧为基础的文明可以从根本上克服以理性为基础的文明的弊端。从近代西方发源的现代文明是一种以理性为基础的文明。"现代化的各个方面如以自然科学知识为基础的技术的普遍运用（技术现代化），以机器大生产为基础的工业化（经济现代化），一体化、法治化和集权化的国家体制的建立（政治现代化），科层制的普及（组织的现代化），以功能、绩效原则为基础的高度分化与流动的各种社会结构的形成（社会现代化），理性至上、个人至上、成就至上、效率至上的价值观的确立（文化现代化）等等，都不过是社会生

---

① "Wisdom", in *Wikipedia*, *the Free Encyclopedia*, http：//en. wikipedia. org/wiki/Wisdom.

活'理性化'的不同方面。现代化社会的许多特点如专业化、标准化、同步化、集中化、规模化、系统化、控制化等都是社会生活全面'理性化'的条件与结果。现代化说到底依赖于人类借助（工具）理性来实现的对自然界和人类社会生活本身的控制能力的增长。"①

以理性为基础和主要手段的现代文明的缺陷随着现代文明的发展日益显露出来，而且已经导致了许多不良后果：从个人与自身的关系来看，由于过分刺激对资源的欲望和鼓励对资源的无限追求，人日益被欲望所主宰、所奴役；从个人与他人的关系来看，由于社会资源总是相对有限的，而人又变得日益贪得无厌，因而人与人之间争权夺利的竞争愈演愈烈；从国家与国家的关系来看，由于一些国家拼命扩张本国利益并力图占有更多有限资源，世界各国竞争日益激烈，弱肉强食；从人类与自然的关系来看，人类为了满足不断扩大的欲望，不断向自然开战，把自然看作无主的、取之不尽的宝库，只管收获，不问耕耘，野蛮地掠夺自然。②

要克服现代文明的这些弊端，需要做许多工作，但最根本的就是要由以理性为基础和手段管理社会和谋求社会发展，转变为以智慧为基础和手段管理社会和谋求社会发展。智慧与理性的最大区别在于：理性追求统一性、普遍性，追求成功、效率、竞争、占有，追求利益的最大化，而不管人的其他方面的发展；智慧则追求多样性、特殊性，追求幸福、公平、和谐、共享，追求生活的最优化，全面考虑人的发展。显然，以智慧作为社会管理和发展的基础和手段，可以克服以理性为基础和手段的种种弊端，使社会更稳定和美好。

其次，可持续发展观需要运用智慧贯彻落实。"可持续发展"的概念最早是 1972 年在斯德哥尔摩举行的联合国人类环境研讨会上正

---

① 谢立中、孙立平主编《二十世纪西方现代化理论文选》，上海三联书店，2002，第12页。

② 参见江畅《幸福与和谐》（第 2 版），科学出版社，2016，第 334—335 页。

式提出的，在 1987 年由世界环境及发展委员会所发表的《我们的共同未来》的报告中将"可持续发展"定义为"人类有能力使发展持续下去，也能保证使之满足当前的需要，而不危及下一代满足其需要的能力"。① 可持续发展观强调实现代际公平、同代人之间的公平以及人与自然之间的公平，其实质在于既要达到发展经济的目的，又要保护好人类赖以生存的大气、淡水、海洋、土地和森林等自然资源和环境，使子孙后代能够永续发展和安居乐业。可持续发展观作为人类全面发展和持续发展的高度概括，不仅要考虑自然层面的问题，甚至要在更大程度上考虑人文层面的问题；不仅要研究可持续的自然资源、自然环境和自然生态问题，还要研究可持续的人文资源、人文环境和人文生态问题。

显然，可持续发展观的贯彻落实不能以理性作为思维方式，而只能以智慧作为思维方式。理性思维方式的一个重要特点，就是追求利益最大化和占有最大化。以理性为基础的发展观根本不可能是全面、可持续的，而是片面、不可持续的。智慧思维方式不同，它强调整体观照，从人类整体和未来考虑问题，它追求利益和占有的适度化和道德化。可持续发展观其实就是一种智慧的发展观，而不是理性的发展观。今天不少人不能按可持续发展的要求行事，其根源就在于还是理性思维方式。贯彻落实可持续发展观的关键，在于社会的管理者，特别是国家领导人。如果社会管理者仍然保持理性的思维方式，可持续发展就是一句空话，只有社会管理者普遍转变思维方式，用智慧思维代替理性思维，社会才有可能真正实现可持续发展。

再次，追求智慧可以使社会更和谐美好，使地球更适合人居。"智慧要求人们不仅能做事实判断或描述判断，而且也能做规范判断。

---

① 世界环境与发展委员会：《我们共同的未来》，吉林人民出版社，1997，第 10 页。

人的目的，按照古希腊人的传统，就是要把握'善、真、美'。"① 古希腊社会把智慧作为首要的美德来追求，因此，古希腊人不注重财富、权力的占有，而追求人生的真善美。古希腊人的生活实践表明，追求智慧，可以避免因为过分追求资源占有所导致的各种社会问题，可以使社会更个性化、多样化。个性化、多样化是社会和谐的基础，也是个人按照自己意愿生活的前提。

社会成员普遍追求智慧，对于社会和谐美好至少具有三方面的意义。

一是每一个社会成员追求智慧，他们就不会只把对资源的占有作为追求目标，而会把适合自己个性的幸福生活作为追求目标。幸福的最重要特点就是不以占有资源为取向，而是以自由而全面发展为取向。幸福虽然可以成为社会普遍追求的目标，但幸福是一个抽象的概念，每一个人都可以也需要对它进行填充，因而不同的人有不同的幸福生活。每一个人的主观条件不同、环境不同，因而每一个人的幸福生活是不完全相同的，在这种意义上，幸福事实上是一种多元的目标。如果每一个社会成员因为有智慧而把追求自己的幸福生活作为目标，显然社会就不会因为每一个成员普遍地追求有限的资源而产生争斗和祸患。这样的社会才有可能真正成为和谐美好的。

二是每一个社会成员追求智慧，他们就能处理好自己人生中的各种关系，特别是物质需要满足与精神需要满足的关系。"幸福不在于占有畜群，也不在于占有黄金"，② 而在于对生活的满意感。这种满意感不是占有资源就能产生的，而要通过人的各方面的需要（包括物质的和精神的需要）综合协调地满足才能产生。智慧是正确认识和处理这种关系的唯一正确路径。有智慧的人不会因为别人比自己提升快而

---

① G. Runkle, *Theory and Practice: An Introduction to Philosophy*, New York：CBS College Publishing, 1985, p.205.

② 周辅成编《西方伦理学名著选辑》上卷，商务印书馆，1964，第79页。

嫉妒、郁闷，更不会为了占有更多的资源去铤而走险。有智慧的人的生活是少有烦恼的，是从容自若的。如果一个社会的所有成员都追求智慧，心理正常的人就会越来越多。

三是每一个社会成员追求智慧，他们就会按智慧的思维方式行事，能处理好个人与他人、与组织的关系，形成和谐的人际环境。如果一个社会没有大的利益争端和冲突，而且人们普遍能处理好人际关系，这个社会当然会是和谐和美好的，也是人们乐于在其中生活的。我们今天的社会矛盾和冲突的根源除了追求资源占有，就是人们缺乏宽容和信任。人们之间不宽容、缺乏信任感与利益冲突有关，也与人们的思维方式有关。以理性为思维方式更强调人的独立性和他人、组织的外在性、竞争性，而以智慧为思维方式更强调人的社群性和他人、组织的不可或缺性、协调性。当人们普遍将他人和组织真正看作自己的生存条件、真正意识到"人最需要的是人"（霍尔巴赫语）时，社会的人际关系环境就会从根本上得到改善。

智慧对于人类意义无比重要，但它不被人类重视。智慧是宝藏，需要挖掘；智慧是花朵，需要呵护；智慧是合金，需要冶炼。在当前这个智慧几近枯萎的时代，更需要激活并复兴智慧。赵汀阳研究员曾断言："智慧已经衰退了。""我们长时间地容忍了思想的无聊和无用。从不再智慧的思想中搜寻各种角度和说法，又有什么意义？用已经不再智慧的思想去打捞过去的智慧，又能有什么收获？只有当拥有了新的智慧，才能理解旧的智慧——一种智慧只有在另一种智慧中被理解——当我们越来越没有智慧，也就越来越不理解过去的智慧。在缺乏新智慧的情况下，旧智慧也会变质。"[①] 他认为，在这个无智慧的状况急速弥漫的时代，"复兴智慧"是我们这个时代"最需要的文化行动之一"。

---

① 赵汀阳：《二十二个方案》，辽宁大学出版社，1998，第 71 页。

第二节　德性与智慧的互动性

早在古希腊，人们就已经将德性与智慧联系起来，智慧被看作四主德之一，而德性又被看作通过智慧获得的。古希腊人启示我们，研究德性问题，需要研究德性与智慧的关系。

一　德性伦理学的解释

在以亚里士多德为代表的古典德性伦理学的德性、幸福和智慧这三个中心概念中，德性与智慧的关系问题是他们重点关心的问题之一。亚里士多德也像柏拉图一样，根据灵魂的理性能力控制其欲望部分来解释德性，但不像柏拉图那样认为德性只是以知识为基础的，而断定道德德性是通过实践成为习惯的，但德性之人在具体的处境中进行判断和选择也需要智慧。例如，一个有慈善德性的人有好意图，但如果他做出了错误的判断，并不必然产生好结果。在亚里士多德看来，德性之人也必须有"实践智慧"（理智德性的一种形式）在既定的处境中、在正确的时刻、以恰当的方法做出合适的判断。对于道德的行为来说，德性和实践智慧两者都不可少。他说：德性使我们确定目的，而实践智慧使我们选择达到目的的正确的方式。①

当代德性伦理学家朱丽娅·阿那斯（Julia Annas）阐述了实践推理（实即"实践智慧"）与德性的关系。② 在她看来，德性是一个人的状态或意向。这是一种有理性的、直觉的要求。如果某个人是慷慨的，那么他就有某一类品质。他在意向上，也就是在习惯上和可靠性上是慷慨的。这样，德性不是无心的习惯，不是行为者不顾实践推理

---

① 参见〔古希腊〕亚里士多德《尼各马可伦理学》（注释导读本），邓安庆译，人民出版社，2010，第236页。

② Cf. Julia Annas, "Virtue Ethics", http：//www. u. arizona. edu/~jannas/forth/coppvirtue. htm.

的行为源泉。德性不像纯粹的习惯，它是因为理由（for reasons）而行动的意向，因而是通过行为主体的实践推理运用的意向。它是通过做选择和在做进一步选择过程中运用并养成的。行为者实践推理的运用对于德性的养成和运用都是本质性的。不同的德性理论给我们提供了不同的做理论上更老练的反思的方式，但是德性伦理学试图改进我们所有人都具有的推理，而不是用一种不同的推理取代它。

德性是因为正当的理由，以恰当的方式——诚实、勇敢等做正当的事情。这涉及两个方面：感情的方面和理智的方面。行为者可以做正当的事情并对它有多种感情和反应：他可以恨做正当的事情，但无论如何要做它；可以做正当的事但与感情冲突或有困难；可以不费力地并且没有内在对立地做正当的事。古典德性伦理学的重要特征之一是要把没有任何对立倾向地做正当的事看作一个德性之人的标志。正当行为的纯粹履行存在着行为者的整个态度问题；德性作为一个品质问题，要求因为正当的理由并且没有严重的内在对立地做正当的事情。在德性伦理学中，最要紧的是你是什么类型的人。关于我们的情感本性，所有德性伦理学理论没有共同的统一理论，所以就我们要怎样成为有德性的，而不只是因为正当的理由做正当的事而言，有各种观点。然而，在古典传统中，所有的理论都接受和强调类似于常识的观点，即在纯粹正当地行动的人与对他所做的事全心全意的人之间存在着重要的道德差异。一些现代理论则隐含地否认这一区别的重要性，但没有为此提供理由。

有德性的行为者因为正当的理由而专心地做正当的事情，就是说，他理解这是要做的正当的事。那么，这种理解是什么？古典德性伦理学认为，做特殊的正当不正当的判断的过程，在把一些人作为样板或者遵循某些规则的过程，都是从学习他人开始的。起初，作为学生，我们采纳这样的观点是因为被告知了这些观点，或者因为它们似乎是明显的，而且我们得到了那些片段的却是权威认可的道德观点汇集。对于德性伦理学来说，良好的道德教育的目的是要使学生自己思考他行动的理由，所以这也就是教学生的内容。那么，理想地说，学习者将开始自己反思他已经接受了什么，将发现和处理不一致性，而且将试图做出他的判断，并根据一种更有智慧的理解一致性地实践，这种理解能使他对他做出的特殊决定统一起来、得到证实并提供解释。这是一个在每一个阶段都要求行为者使用他的思想、考虑他正在做什么和试图获得对它的理解的过程。①

朱丽娅·阿那斯关于实践智慧与德性关系的看法显然是新亚里士多德主义的。亚里士多德和新亚里士多德主义的这种看法被迈克尔·斯洛特概括为"聚焦于行为者"（agent-focused）的德性伦理学，其主要特点是认为德性之人之所以做正当的事情，是因为要做的事情是正当的。那么，在他做正当的事情之前就需要对事情做出判断，因而就需要实践智慧的作用。迈克尔·斯洛特不赞成这种观点，并提出了一种他称为"基于行为者"（agent-based）的德性伦理学观点。这种观点把行为的道德情形或伦理情形看作完全由动机、品质特性或个体独立的和根本的品质的（与义务的对立的）伦理特征派生的，并且认为要做的正当的事情之所以是正当的，是因为有德性的个体将选择它或已经选择了它。因此，他要求"我们必须把亚里士多德的（像通常解释的那样）德性伦理学理论与基于行为者的观点区别开来，前者更多地聚焦于有德性的个体和个体的特性而不是聚焦于行为并因而在某种意义上是聚焦于行为者的；而后者不像亚里士多德，它把行为的道德的或伦理的情形看作完全由关于从事它们的个体的动机、意向或内在生活独立的和基本的伦理品质的事实（或要求）派生的"。② 斯洛

① Julia Annas, "Moral Knowledge as Practical Knowledge", in E. E. Paul, F. D. Miller and J. Paul, eds., *Moral Knowledge*, Cambridge: Cambridge University Press, 2001, pp. 236–256.

② Michael Slote, "Agent-Based Virtue Ethics", in Stephen Darwall, ed., *Virtue Ethics*, Oxford: Blackwell, 2003, p. 204.

特认为，行为的正当性是完全由行为者的动机、意向或品质特性决定的，并不需要智慧对行为做出选择。斯洛特称自己这种观点是一种"极端的或激进的德性伦理学形式"。①

聚焦于行为者的观点与基于行为者的观点各有其合理的方面，前者看到了实践智慧在德性养成和完善中的作用，而后者看到了出于德性的行为是常常不需要实践智慧的参与的自发行为。但是，它们也都各有局限。前者没有注意到德性具有自发作为行为动机的意向和从事行为的动力作用，强调出于德性的行为要成为正当的也必须有实践智慧发生作用；后者则完全忽视了实践智慧在德性养成和完善中的作用以及出于德性行动在可能遇到特殊情况的时候需要智慧的作用。在德性养成和完善（即德性修养）的过程中智慧发挥着决定性的作用，在出于德性行动的过程中有时（通常是情境出现了特殊情况时）也需要智慧发挥作用。

二　德性与智慧的相生相伴

《旧约·创世记》有这样的记载：人类的祖先亚当和夏娃一开始在伊甸园中过着无忧无虑的自由生活。有一天，他们受了蛇的引诱，违反上帝的禁令，偷吃了知善恶树上的禁果，顿时心明眼亮，拥有了能辨别善恶的智慧，对上帝犯下了原罪。上帝得知此事后，愤然把他们赶出了伊甸园，让他们到人间过属于人的生活。这个圣经故事的寓意是极其丰富而深刻的：智慧不是人一开始就有的，而是后来获得的；虽然智慧是与神共有的，而且神的智慧是全智，而人的智慧是有限的，但在世间只有人才有这种极宝贵的东西；智慧是与善恶判断相联系的，至少对于人类来说，它是与道德伴随的。

德性作为一种心理定势不是自然而然形成的，而是德性主体在生

---

① Michael Slote, "Agent-Based Virtue Ethics", in Stephen Darwall, ed., *Virtue Ethics*, Oxford: Blackwell, 2003, p. 204.

活实践中运用智慧进行反思、比较、选择逐渐形成的。朱丽娅·阿那斯对此做过这样的分析：学生一开始接受老师或父母或社会告诉他们的各种道德观点，包括道德品质方面的观点。学生在接受的过程中，伴随着年龄和知识的增长，他们开始逐渐睁开了自己心灵的眼睛，用自己的眼睛看待所接受的各种观点，进行反思、比较，消除其中的不一致。同时，他们也开始做出自己的判断和选择，不再完全按告诉他们的那样做，并试图为自己的行为找理由，找自己认为正确的思想观念。找到了这样的理由，他们就可能付诸实践。这种付诸实践的行为得到了他人甚至自己的认可就有可能坚持下去，逐渐成为德性。① 朱丽娅·阿那斯的分析大致是对的。只是她没有说明学生是在哪个阶段开始这个过程的，因为一个人作为学生在学校学习的时间是很长的，从小学一直到大学。这个过程主要是在高中到大学期间完成。在此期间，学生试图将自己的选择与具体的处境相结合，不断加深对道德的理解。在加深对道德理解的过程中，他们逐渐积累自己的道德观点，形成道德心理定势和道德行为习惯。这整个过程是一个人从道德接受者到道德自主者转变的过程，也是一个人德性形成的过程。

整个德性形成过程中的所有反思、比较、甄别、判断、选择、寻找理由、试错、确认以及将这种确认转变为意愿、谋求和行为的活动，不是一种单纯的智力活动，而是智慧的活动，特别是道德智慧的活动。德性形成的整个过程就是道德智慧发生作用的过程。有心理学家将智慧定义为"知识和经验"的协同作用及其"对促进福利的深思熟虑的运用"。② 如果我们把这里所说的"知识和经验"理解为观念、知识、能力，而把"对促进福利的深思熟虑运用"理解为对好

① Julia Annas, "Moral Knowledge as Practical Knowledge", in E. E. Paul, F. D. Miller and J. Paul, eds., *Moral Knowledge*, Cambridge: Cambridge University Press, 2001, pp. 236-256.

② Christopher Peterson, Martin E. P. Seligman, *Character Strengths and Virtues: A Handbook and Classification*, Oxford: Oxford University Press, 2004, p. 106.

（善）生活的谋求，那么德性形成的过程也就是智慧的各因素协同作用及其对好生活谋求的过程。智慧对于德性形成有重要意义。没有智慧，不可能有德性，从一定意义上说，德性就是智慧的结晶，是智慧的道德体现。

另外，一个人从道德接受者到道德自主者转变的德性形成过程，也是一个人从无道德智慧到有道德智慧的过程。智慧在生成德性的过程中，也在生成自己。我们说过，智慧包含对德性的要求，如果智慧不达到德性的要求，智慧就不是真正的智慧，而只是理智。正是在将自己学习到的道德观念运用于道德实践并进行反思、比较、判断、选择、试错、重新理解道德观念的过程中，人们才逐渐积累自己的道德观点，形成道德心理定势和道德行为习惯。这样一个过程是一个既生成德性又生成智慧的过程。从逻辑上看，德性是以智慧为前提的，是智慧的运用，因而智慧应先于德性产生；从现实看，德性看起来早于智慧。人一出生后就开始了德性的形成，智慧则一般需要以自我意识为前提，而自我意识并不是从出生就具有的，因而德性似乎先于智慧产生。但是，先于智慧产生的德性通常是自发的德性，而不是自觉的德性。自觉的德性与智慧产生的先后是很难分清的，大致上可以说两者是相生相伴的。

以上是从德性和智慧的生成角度看它们两者之间的相生相伴性，还可以从两者的变化看它们之间的相生相伴性。无论是智慧的生成还是德性的生成都不是一帆风顺的，而是十分复杂曲折的，甚至可以说是历尽艰难的。人人都知道智慧和德性是好东西，人人都想成为智慧之人、德性之人，但是为什么相当多的人没有成为这样的人呢？有些人原来是有智慧并有德性的，后来却变得既没有智慧也没有德性了。这种情况发生的一个重要原因就是两者的变化存在着相互影响。

从两者形成过程的变化来看，一种智慧的因素产生了问题，德性的形成就会受到影响。道德观念正确是智慧的前提，道德观念不正确也会影响德性的形成。知识的重大错误、能力的重大缺陷都会影响德性的正常形成。另一方面，德性特别是基本德性产生了问题，智慧的形成也会深受其害。如果一个人在品质形成过程中形成了某种恶性，如贪婪，那么他的德性形成过程就会遭到破坏。德性过程一旦遭到破坏就会影响智慧的形成。一个有贪婪恶性的人不会是有智慧的人。我们不能说任何一种德性出现问题对智慧的形成都是破坏性的，但只要有任何一种恶性形成，智慧就不能形成。恶性不除，智慧不再。

从智慧和德性形成后的变化来看，两者的良性变化会相互促进，但其中有一方出现了恶性变化，两者就都会深受其害。例如，一个人因种种因素的影响由一个公正的人变成了一个自私的人，那么这个人就不能再被说成是德性之人，当然也不能说成是有智慧的人，尽管他其他所有方面都没有什么明显变化。又如，一个过去知识丰富、能力很强的人由于意外交通事故大脑受到严重损伤而成为神志不清的人，这个人肯定就丧失了智慧，当然也没有了德性，不过这并不意味着他是有恶性的。因此，智慧与德性两者之间完全是一种一荣俱荣、一损俱损的关系。

需要指出的是，我们前面对德性的规定也好，对智慧的规定也好，都是就两者的理想要求或最高要求（无论是广度还是深度）而言的，所以它们都是一种理想状态。现实生活中，人们很难真正达到这样的要求，达到这样要求的人可以称为有大德性的人和有大智慧的人。一般人有所缺失，达不到理想的高度，这并不一定影响他们被称为有德性的和有智慧的。但是，两者中都不能有恶性，一旦有恶性，一个人就无论如何也不能称为有德性的和智慧的。恶性对于德性和智慧同时具有根本性破坏作用，也表明了智慧与德性的相互依存性。

三 德性与智慧的相互构成

德性与智慧不仅是相生相伴、不可分离的，而且是相互构成的。

它们之间的相互构成就是通常说的你中有我、我中有你。一方面，德性是智慧的内在要求，不具备基本的德性，智慧就不成其为智慧；另一方面，德性又是智慧的结晶和体现，没有智慧，不可能有真正的德性。两者之中有一方缺失或发生问题，都会影响另一方。世界上没有任何一个真正有智慧的人存在品质问题，也没有任何一个不具备应有德性的人能被称作有智慧的人。这就是亚里士多德所说的，不具有实践智慧，人不可能在真正意义上是有德性的，不具有实践智慧，也就不可能有道德德性。① 德性与智慧的这种相互构成关系是目前人们缺乏足够重视而必须予以重视的。

智慧应有基本德性的要求。我们曾在德性中划出了二十种基本德性，即自重、刚毅、节制、勤劳、节俭、善良、诚实、正直、谦虚、关怀、互利、忠诚、守信、负责、守规、环保、节能、贵生、护公、敬古。这二十种基本德性（特别是前十五种，因为后五种尚未得到普遍认同）就是智慧应有的基本德性要求，也是具有智慧的印证。此外，还有两个关键德性，即明智和审慎。它们是智慧的直接体现，当然也是智慧应有的德性要求。

自重、刚毅、节制、勤劳和节俭是利己德性的基本德目，它们是具有智慧的人必须具备的基本德性。我们说过利己德性是指那些有利于自我更好地生存的德性，这种德性与平常说的自私容易混淆，但有着根本的区别。利己会让自己生活得更好，而自私则会让自己生活得更糟，甚至让自己毁灭。一个人如果让自己生活得更糟甚至让自己毁灭，那还有智慧吗？利己德性有很多要求，一个有智慧的人应该达到所有这些要求，至少也得达到以上所说的五种基本要求，否则可能称不上是有智慧的。他应当是自重的：他珍爱自己的生命，善于保护自己，注重锻炼和保健，使身心始终维持在健康和谐的状态。他是刚毅

---

① 参见〔古希腊〕见亚里士多德《尼各马可伦理学》（注释导读本），邓安庆译，人民出版社，2010，第 235 页。

的：他坚强勇敢，矢志不渝地追求目标和理想，勇于克服困难，从容面对痛苦、失败和挫折。他是节制的：他注重适度，讲究适宜，不过度，不放纵。他是勤劳的：他刻苦努力，不畏艰辛，通过自己的诚实劳动追求成功。他是节俭的：他珍惜时间和资源，讲求效率和效益，朴实无华。这些德性看起来很平常，但在诱惑多多的当代社会，一个具备智慧其他条件（如能力强）的人要具备这样一些德性却是十分难的。我们看到现实生活中有许多能人并不具备这样一些基本德性，所以他们尽管可能因为聪明和能干而生活在灯红酒绿之中，但并不一定是有智慧的。

善良、诚实、正直、谦虚、感恩是利他德性的基本德目，它们也是具有智慧的人必须具备的。利他德性是指有利于自我更好生存所需要的和谐人际关系的德性。利他德性不只是智慧的内在要求，而且是智慧的重要体现。利他德性也有很多要求，一个有智慧的人应该达到所有这些要求，至少必须达到以上所说的五种基本要求，否则也不可能称为有智慧的。他应当是善良的：他心地纯正，与人为善，乐于助人，富有同情心，无害人之心，无不正当动机和意图。他是诚实的：他老老实实做人，踏踏实实干事，言行一致，表里如一。他是正直的：他襟怀坦白，率真刚正，公道正派，不委曲求全，不同流合污。他是谦虚的：他为人谦和礼让，虚怀若谷，从他人角度考虑问题，注重并善于向他人学习。他是感恩的：他饮水思源，感念父母、他人、社会给予自己的一切包括生命，并以此作为自己不断进取、获得回报的不竭动力。

互利、忠诚、守信、负责、守规是利群德性的基本德目，它们也是具有智慧的人必须具备的。利群德性是指有利于群体和平稳定、繁荣昌盛的德性。利群德性像利他德性一样，不只是智慧的内在要求，也是智慧的重要体现。利群德性的要求也很多，一个有智慧的人应该达到所有这些要求，至少得达到以上所说的五种要求，否则同样不可能称为有智慧的。他应当是互利的：他正当合理地追求个人利益，并注重自己利益与他人利益、组织利益共进、双赢，不唯利是图，不为了目的不择手段。他是忠诚的：他对组织耿耿忠心，将个人的命运与组织的生存发展紧密地联系起来，通过自己的不懈努力为组织的兴旺发达做贡献，永不背叛和出卖组织。他是守规的：他遵纪守法，按规范和程序办事，坚持真理，追求合规律和合目的的统一。他是负责的：他敢作敢为，勇于担当，具有强烈的责任心，忠实履行自己应尽的责任和义务。

明智和审慎作为智慧的直接体现，更是具有智慧的人应该具备的。有智慧的人应当是明智的：他深谋远虑，运筹帷幄，注重并善于运用理性，善于调动和利用各种因素和力量，着眼于长远、全局、整体思考和处理问题，开明豁达，深刻睿智，有敏锐的洞察力和独到的见解，不昏聩愚蠢，不顾此失彼，不因小失大。有智慧的人也应当是审慎的：他为人处世深思熟虑，审时度势，稳健持重，沉着冷静，从容不迫，注重并善于处理和协调各方面的关系，不莽撞草率，不偏激过分，不急于求成。

德性又是智慧的结晶和体现。德性是人们的心理定势和行为习惯，但不是一般的心理定势和行为习惯，而是人们在生活实践中经过智慧的反复作用形成的心理定势和行为习惯。人一出生之后，会在父母和周围环境的影响下形成一些品质，其中有一些类似德性的品质。但是，这些类似德性的品质并不是真正意义的德性。这些类似德性的品质并不是自主选择、自己认定的品质。当人们有了一定的自主性之后，特别是在面临复杂的生活环境和生活问题时，他们会对这些类似德性的品质进行反思、选择和认定。如果没有智慧的作用，人们在环境的消极、负面因素影响下会丢掉这些类似德性的品质，形成一些不良的品质，甚至恶性。现实世界是十分复杂的，而且许多消极的、负面的东西的诱惑力很大，它们常常会诱使人们放弃那些人原本具有的淳朴品质，而做出一些看起来对人有利而事实上有害于人更好生存的行为并逐渐形成不良的甚至恶性的品质。也许正因为如此，一些思想家主张人们返璞归真，回到孩童。解决受环境不良影响的唯一途径只有运用智慧，因为智慧能使人做出正确的选择。运用智慧人们才能避开或抵御环境的不良影响，使原有的淳朴品质升华为真正的德性，并形成一些有利于更好生存的德性。

德性是智慧的结晶和体现，主要可以从两方面看：一方面，作为德性品质积累基础的行为活动是自觉的智慧活动；另一方面，德性是这样的智慧活动在不同处境下反复进行而逐渐积累积淀而成的。德性虽然是心理定势和行为习惯，但它并不是人生来就具有的，而是人们通过自觉的智慧活动积累的，自觉的智慧活动是其基础。人的活动根据有无智慧可以分为两类：一类是有智慧作用的，另一类是无智慧作用的。所谓自觉的智慧活动，指的是人的活动是自觉地在智慧作用下进行的活动。智慧的作用表现在多方面，主要包括前面说到的反思、比较、甄别、判断、选择、寻找理由、试错、确认以及将这种确认转变为意愿、谋求和行为的活动。所谓反思，就是对自己拟进行的和已进行的行为是否有利于自己更好生存进行思考。所谓比较、甄别、判断和选择，就是对可进行的不同行为以及自己与别人同类的行为进行比照、辨识、评判，看哪一种行为更有利于自己更好地生存，并在此基础上做出选择。所谓寻找理由，就是在做出初步选择的基础上为自己的选择找到能说服自己以及使他人信服的理由。所谓试错，就是将有理由的选择见诸行为，验证自己的选择，必要时做出修正和调整。所谓确认及其转变为活动就是对验证或经过修正、调整的选择做出认定，并在此基础上使所确认的选择转变为意图、目的和动机，并通过意志力转变为外现的谋求行为。这是一个复杂的有意识的智慧运用过程。当这种智慧运用的过程在不同处境下反复进行，就会逐渐积累那些得到智慧确认的经验，并在这种经验的基础上形成心理定势和行为习惯，形成德性。德性不是无智慧行为的经验积累，而是有智慧行为的经验积累，是智慧的结晶和体现。

德性作为智慧的结晶和体现，并不意味着德性一旦形成就不再需要智慧的作用。即使德性形成了，德性在实际生活发生作用的过程中还需要智慧的作用，只不过德性形成后智慧不需要全方位地、随时随地地发生作用。在一般情况下，人们只需凭德性这种经验性的定势和习惯自发地进行活动就能使活动正当，但在一些人仅凭德性不足以正当地行动的特殊情境下，还需要智慧进一步发挥作用，以防止德性在行为中发生偏差和变异。而且德性本身也还需要智慧不断地给予滋养，以使之不断适应变化的环境和条件，使之与时俱进。

四　德性与智慧的相互促进

德性与智慧的关系在一定意义上可以说是智慧的积淀与智慧的运用的关系。德性是智慧的积淀或结晶，而智慧则是一种人的综合调控机能。智慧这种机能一旦运用就是智慧活动，而智慧活动逐渐积累就形成德性和智慧能力。智慧活动越经常、越丰富越有助于德性和智慧能力的形成，而德性和智慧能力的水平越高则越有助于便利而又经济地进行智慧活动。这里所说的"便利"，是指人们由于有更高的德性和智慧能力水平而更倾向于更方便、更有效地进行智慧活动；而这里所说的"经济"则是指智慧活动的成本更低、效率更高。由此可以看出，德性与智慧不仅是相生相伴、相互构成的，而且是相互促进的。

具体说来，德性与智慧之间的相互促进可以分别从德性对智慧的促进作用和智慧对德性的促进作用两方面看，主要体现在以下三个方面。

第一，养成德性的愿望促使人们注意培养智慧，而培养智慧的愿望也可以促使人们注意养成德性。从现实生活看，家庭、学校和社会往往在孩子很小的时候就对孩子提出了德性的要求，并以"好孩子"

"乖孩子""听话的孩子"等语言奖励孩子注重品行。在这样的环境影响下，孩子很早就有形成德性的要求和愿望。有这种愿望的孩子最初可能只是顺从父母、老师和社会的指导，按他们的要求培养自己的德性，但当他们有了自我意识和自主意识之后，他们就会在养成德性的愿望推动下进行反思、比较、甄别、判断、选择、寻找理由、试错、确认以及将这种确认转变为意愿、谋求和行为等活动，而这些活动就是智慧的活动，就是智慧潜能开发和现实化的过程。虽然从顺从他人到自主养成的过程并非在每一个人那里都能得到实现（因为现实生活中确实有些人在品质养成方面一辈子也没有完全脱离对他人的依赖），但有相当多的人实现了这一过程。养成德性的愿望的确可以促使人们觉醒智慧，促进人们开发和培养智慧。例如，人们从小就接受了"不要说谎"的教育，很多人在这种教育下养成了"诚实"的类似德性的品质。然而，这种并非真正德性品质的自发德性在现实生活经常面临挑战。在这种情况下，一些人就开始反思这种"不要说谎"的信念，通过比较、甄别等智慧过程，人们逐渐养成了真正的诚实德性。显然，现实生活对类似德性品质的挑战和形成真正德性的愿望可以促使人们去开发和运用智慧。

不少家庭注重培养孩子的智慧。尽管家长对智慧的理解常常有一些偏差，但当孩子产生了培养智慧的愿望后，在他们接受智慧培养的过程中，也会注意到智慧对德性的要求，从而在培养智慧的同时也注重德性的养成。例如，人们在培养反思、比较、判断等智慧来对待和处理个人与他人、组织的关系过程中会发现，要处理好这些关系，必须具有善良、关怀、合作、公正等德性，他们就会致力于培养这些德性，使自己具有处理这些关系的智慧。同时，人们培养智慧和获得智慧的过程也有助于德性的养成。当人们致力于培养和获得智慧的时候，他们的智慧就会与日俱增，而伴随着智慧水平的提高，德性养成和提升的速度也会加快。例如，当人们具有了关于身心关系的智慧时，他们就会意识到自重、节制等德性对于身心健康及其协调具有重要意义，并会努力培养这些德性。

第二，养成德性要求人们运用智慧，智慧形成也要求人们具有德性。要养成德性就要运用智慧。德性与其他的心理定势和行为习惯的根本区别就在于，德性是运用智慧的结果，没有智慧，就没有德性。例如，养成德性的前提是要做出善恶判断，而智慧的主要功能就是使人知善恶，《圣经》的智慧之树的故事以神话的形式对此做出了表达："如果有一天你吃了它（智慧之树上的果实），那你就能够睁开眼睛，并且像上帝一样，知道善与恶。"就是说，人一旦有了智慧就能知道善恶。这虽然是蛇的预言，但表达了人类对智慧、对道德意义的充分肯定。① 智慧对于德性的意义远不止于此。人们只要想养成德性，就必须运用智慧，可以说，德性养成的过程就是人们运用智慧的过程。例如，人们要养成合作的德性，就需要运用智慧。就人的自然倾向而言，人们会感到他人是自己的竞争对手，存在着利益冲突，他们会因此而对他人加以防范，甚至以邻为壑。而事实表明，人的这种自然倾向是不对的，按照这种自然倾向行事不利于人更好地生存。合作就是克服这种自然倾向的德性，是更有利于人更好生存的。如果一个人要养成合作的德性，那就需要运用智慧。因为只有运用智慧，他才会通过反思、比较、甄别、判断、选择等智慧活动发现，在人所需要的一切中，人最需要的是人，只有合作才能取长补短、互利共赢。同时，也只有运用智慧才能不断解决培养合作德性过程中遇到的问题。显然，人们养成德性要求智慧的运用。

另一方面，人们要形成或获得智慧也要具有德性。智慧也是一种能力，它与智力及其他能力的根本区别在于，它包含着对德性的要求。因此，智慧作为一种能力总意味着正面价值，总是向善的，而其

①　参见〔德〕尼古拉·哈特曼《伦理学》，见万俊人主编《20世纪西方伦理学经典》（Ⅱ），中国人民大学出版社，2004，第251页。

他能力则是中性的，可以为善也可以为恶。一个人只要想获得智慧，也就意味着想获得德性，如果缺乏这种意识，他不可能真正获得智慧。假如一个人想获得科技智慧，那就意味着他必须具备勤劳、好学、创新等德性，如果不养成这些德性，他就不可能获得科技智慧。以勤劳为例。科技智慧的获得需要有不怕苦、不畏难并持之以恒的献身精神，当这种精神变成了人们的心理定势和行为习惯时，它就成了勤劳的德性。一个人没有勤劳的德性，就不会有科技智慧，充其量只有些科研能力。

第三，德性完善要求人们提高智慧的水平，而智慧水平的提高也要求德性完善。无论是德性也好，还是智慧也好都存在着"量"的区别，也就是说，它们都存在着广度与深度的区别。① 德性完善与智慧水平提高之间存在着正相关关系。德性完善相应要求人们提高智慧水平，德性要完善，必须以智慧水平提高为前提，智慧水平不提高，德性不可能完善。如果一个人要拓展自己的德性的广度，使自己的德性达到完整的程度，那么，他就必须在他生活的各个领域运用智慧，使智慧在生活的各个领域得到体现，并凝聚成德性。另一方面，一个人要使自己的智慧水平提高，也需要相应提升德性。如果他想使自己的日常智慧提高到科技智慧，那么他就需要特别强化好学、进取、创新和负责的德性。以负责为例。一个人要真正培养科技智慧，那他得有高度的社会责任感，要达到更高的负责德性水准。因为科技研究的成果对人类生活乃至整个自然的影响很大，没有强烈的社会责任感，就有可能使科技成为伤害人类和破坏环境的武器。某些科学家发明核武

---

① 需要指出的是，它们还存在着向度的区别。所谓"向度"的区别，是指德性和智慧在不同人那里有侧重点或说中心的不同。就德性而言，有的人的德性是以利己的德性为侧重点或中心的，而有的人则是以利他的德性或利群的德性为侧重点或中心的。就智慧而言，有的人的智慧是以科技智慧为侧重点或中心的，而有的人是以政治智慧或商业智慧为侧重点或中心的。不过，向度的区别似属于质的区别，而不是量的区别。

器就是缺乏负责这种德性的结果，他们没有科技智慧，只是具有科技能力。

第三节　作为智慧之学的哲学与德性

一般认为哲学是智慧之学，但哲学不只是智慧的学问，而且也是一种智慧，是一种特殊的智慧，因此我们有必要专门讨论一下哲学这种智慧与德性的关系。

一　哲学的本性与哲学智慧

人的理性有一种穷根究底的追问本性。它总是力图从个别、局部、有限、表面的知识到普遍、全体、无限、深奥的知识；从对象的知识到自我的知识；从经验的知识到超验的知识。理性的追问本性似乎是好奇心使然，实际上体现了人类对自己生存终极目标和总体状况的关切，体现了人类对自己生存的终极关怀。这种对自己生存终极目标和总体状况的关切，正是人不同于万物之所在，正是人的智慧的充分体现。人的智慧有大智慧和小智慧之分。真正的智慧应该包括智慧的所有方面。"既重物欲，又重心灵，既看树木，又看森林，既有近忧，又有远虑，这就是人类智慧的真正本性。"① 人类关切自己的终极目标和总体状况也是一种智慧，但这种智慧不是日常的小智慧，而是哲学的大智慧。

然而，人类并不总是清醒地意识到自己智慧的本性。在西方有一个关于"四种人"的古老箴言，这个箴言为不少西方思想家所欣赏。这个箴言说："他不知道而且不知道自己不知道，他是傻瓜——躲开他；他不知道而且知道自己不知道，他是单纯的——开导他；他知道

---

① 江畅：《幸福与和谐》（第 2 版），科学出版社，2016，引言 vi。

而且不知道自己知道，他是昏睡的——唤醒他；他知道而且知道他知道，他是有智慧的——跟随他！"这个箴言的本意是告诫人们怎样行动，但从一个侧面反映了现实生活中的人并不都是有智慧的。许多人没有意识到自己的智慧本性，也没有努力去发挥和发展这种本性，更不总是去开发自己的大智慧。相反，在平常人那里，由于种种原因，这种大智慧常常为小智慧和聪明所淹没。

人类之所以要哲学，就是要哲学来开启人类的大智慧。"哲学正如其词源学所意指的，是对智慧的爱。它开始于对世界的惊奇，目的在于真理和智慧，并且充满希望地导致一种充满意义和道德善的生活。"①"哲学的本义就是爱智慧。"② 这里的"爱"，就是把智慧作为人最宝贵的东西加以对待，加以研究和阐释。这里的"智慧"不是小智慧，而是大智慧，亦即追问和解答如何更好生存的生存智慧。哲学就是通过研究和阐释生存智慧，并通过批判常识和导引心灵，使人意识到自己智慧的本性，使人真正有智慧，不仅有小智慧，而且有大智慧。哲学作为生存智慧之学，说到底就是要人们有智慧地生存，也就是要人们着眼于生存的终极目的和总体状况反思生存、谋求生存，不断改善自己的生存境遇。在人们普遍感到迷茫的当代世界，更需要哲学智慧指明更好生存之路。罗素曾经指出，"教导人们在不能确定时怎样生活下去而又不致为犹豫所困扰，也许这就是哲学在我们的时代能为学哲学的人所做的主要事情了"。③

各门科学也是为了人类的生存，哲学所关心的是人类生存的总体状况，特别是人的终极目的和价值体系。各种宗教也关心人类生存的总体状况，哲学所侧重的是诉诸人类的理性，诉诸人的反思，诉诸人

---

① Louis P. Pojman, *Philosophy: The Pursuit of Wisdom*, Wadsworth：Thomson Learning, Inc., 2001, p. 16.
② Louis P. Pojman, *Philosophy: The Pursuit of Wisdom*, Wadsworth：Thomson Learning, Inc., 2001, p. 10.
③ 〔英〕罗素：《西方哲学史》上卷，何兆武、李约瑟译，商务印书馆，1963，第13页。

的批判，诉诸人的构建，诉诸人的觉悟。罗素说："哲学，就我对这个词的理解来说，乃是某种介乎神学与科学之间的东西。它和神学一样，包含着人类对于那些迄今仍为确切的知识所不能肯定的事物的思考；但是它又像科学一样是诉之于人类的理性而不是诉之于权威的，不管是传统的权威还是启示的权威。一切确切的知识——我是这样主张的——都属于科学；一切涉及超乎确切知识之外的教条都属于神学。但是介乎神学与科学之间还有一片受到双方攻击的无人之域；这片无人之域就是哲学。"① 罗素的这段话大致上阐明了哲学不同于宗教和科学的特性。诉诸理性反思、批判和构建人类生存的终极目的和价值体系，达到对人生的觉悟和创造，这是人类所特有的哲学智慧。

哲学从终极目的和总体状况着眼，研究人们应该怎样生存。要从终极目的和总体状况着眼研究人们应该怎样生存，就要研究人为什么要活着、人怎样生活才有意义等问题，即要研究人生问题；就要研究什么样的环境最适合人类生存的问题，即要研究社会、世界、宇宙问题，以及它们之间的关系问题；就要研究这一切现在的状况、过去的状况和将来的状况；就要研究它们本来的状况、可能的状况和应该的状况或理想的状况。正是从研究人生、社会、世界、宇宙及其关系的本来状况、可能状况和理想状况着眼，哲学被划分为本体论、认识论、价值论三个基本领域。它们都是从根本上总体上研究人生、社会、世界、宇宙及其相互关系，这是三个分支统一的基础。然而，它们研究的角度和使命不同。本体论主要研究什么是实在的，致力于从根本上总体上揭示人生、社会、世界、宇宙及其相互关系的本来面目，构建关于它们的本体论原则。认识论主要研究什么是真的，致力于从根本上总体上揭示人生、社会、世界、宇宙及其相互关系的可能面目，构建关于它们的认识论原则。价值论主要研究什么是有价值

---

① 〔英〕罗素：《西方哲学史》上卷，何兆武、李约瑟译，商务印书馆，1963，第11页。

的，致力于从根本上总体上揭示人生、社会、世界、宇宙及其相互关系的理想面目，构建关于它们的价值论原则。

哲学之所以要从终极目的和总体状况着眼研究人们应该怎样生存，其主要的目的在于确立和论证对待人生、社会、世界、宇宙和处理它们之间关系应有的根本理念和一般原则，从而为人类更好地生存提供指导。实现这种目的就是哲学的神圣使命。它要立足于变化着的人类生活，着眼于人类、社会、世界、宇宙和相互关系和人类的未来发展，在批判性地继承人类已有思想文化成果的基础上，为人类个体和整体的生活提供一般生存原则和基本行为准则，并使之系统化，亦即构建一般理论观念体系，以引导人们达到幸福。它要把所确立的一般生存原则和基本行为准则延伸到或应用于个人和社会生活的各个领域，确立不同领域的具体生存原则和具体行为准则，并构建不同领域的具体理论观念体系，以从不同的角度、领域和层次为人们提供具体的指导和规范。它要用所确立的一般的价值体系和具体的价值体系作为理想价值体系模式去审视、批判和重构人类生活现实，使之趋向理想价值体系模式，使之趋向完美。人类生活是不断变化的，因而哲学的上述使命永远也不会完结。

哲学是通过其特殊的方法实现其使命的。哲学的方法不是科学的方法，而是思辨的方法。思辨的方法主要由反思、批判和构建的方法构成。尽管哲学研究需要从对人生和社会的观察开始，并且总需要一定的人生体验和社会经验作为基础，总需要一定的知识（包括哲学知识）作为前提，总会有某些观念、信念作为"视界"，但哲学研究绝不只是一个观察、体验、经验、知识积累的过程，也不只是一个归纳、演绎、分析、综合的过程，它需要反思、批判、超越、构建。只有运用这种方法进行研究，哲学才能履行自己的职责，完成自己的使命。

人们总是生活在既定的社会现实之中，生活在既定的价值体系之中，生活在既定的历史文化之中，他们不能不接受现实给予他们的所有一切。哲学研究首先就是要从新的方向、新的角度、新的位置对现实所给予的这一切进行再审视、再认识、再思考。从哲学意义上看，反思就是要对社会倡导的原则、学者主张的理论和大众奉行的信念不断地换方向、换角度、换位置进行再审视、再认识、再思考。用现象学的话语来说，就是进行现象学的还原，进行本质的还原，以发现事物本来的面目。

反思是哲学研究的逻辑起点，真正的哲学研究就是从对人们习以为常的观念和信念进行反思开始的。哲学反思不是欣赏性的，而是批判性的，其目的是要发现问题。因此，反思的过程同时也就是批判的过程。哲学批判不是一种纯理论的批判，而是广义的批判，包括对已有理论的批判、对大众常识的批判和对社会现实的批判。批判的目的不是要全盘否定，而是为了创新，为了超越，为了构建新的理论观念体系。一般说来，创新包括两个方面：一是从无到有，即对原来没有出现的问题进行新的研究，做出新的回答；二是突破原有的理论和观念，对原有的问题做出新解释，提供新答案，从而超越原有的理论和观念。创新是以反思和批判为前提和基础的，同时又是构建新理论的前提和基础。创新可以是某一领域或某一问题方面的创新，但哲学意义上的创新，其最终指向是改造旧的理论观念体系、构建新的理论观念体系，为人类生存的根本性和总体性问题提供新的解决方案。创新的过程就是改造的过程，改造的过程就是构建的过程。哲学研究就是要在不断创新、不断改造的过程中不断构建理论观念体系。

反思、批判和构建是哲学的灵魂，是哲学的根本精神。缺乏这种精神和灵魂，哲学就会丧失其生机和活力，哲学研究就会沦为对原有理论和既定现实的注释。

哲学方法的这种性质决定了不同的哲学家对同一哲学问题会做出不同的回答，决定了不同的哲学家有不同的哲学体系，而且对这些不同的回答和不同的体系很难做出是非判定，不能像自然科学那样可以通过实验得出共同的结论，也不能像社会科学那样可以通过讨论达成共识。这即"哲学和哲学问题无定论"。哲学无定论、无历史、无国界的性质规定了哲学的理论和观点总是多元的。

反思、批判和构建是哲学研究的基本方法，也是哲学引导人类更有智慧地生存的基本途径。它通过反思总结过去，又通过批判警示现在，还通过构建范导未来。

哲学既是人类生存智慧的结晶，又是人类生存智慧的升华。作为人类生存智慧的结晶和升华，它对于人类更好地生存具有重要意义。

哲学能启发个人"觉解"。"哲学，特别是形上学，它的用处不是增加实际的知识，而是提高精神的境界。"① 冯友兰先生在《新原人》一书中曾说，人与其他动物的不同，在于人做某事时，他了解他在做什么，并且自觉他在做。正是这种觉解，使他正在做的对于他有了意义。他做各种事情，有各种意义，各种意义合成一个整体，就构成他的人生境界。每个人各有自己的人生境界，与其他任何个人的都不完全相同。如果不管这些个人的差异，我们可以把各种人生境界划分为四个概括的等级，即自然境界、功利境界、道德境界、天地境界。

一个人做事，可能只是顺着他的本能或社会的风俗习惯。就像小孩和原始人那样，他做他所做的事，而并无觉解，或不甚觉解。这样，他所做的事，对于他就没有意义，或很少有意义。他的人生境界，就是冯友兰先生所说的"自然境界"。

一个人可能意识到他自己，为自己而做各种事。这并不意味着他必然是不道德的人。他可以做些事，其后果有利于他人，其动机则是利己的。所以他所做的各种事，对于他有功利的意义。他的人生境界

---

① 冯友兰：《中国哲学简史》（第 2 版），涂又光译，北京大学出版社，1996，第 289 页。

就是冯友兰先生所说的"功利境界"。

还有的人，可能了解到社会的存在，他是社会的一员。这个社会是一个整体，他是这个整体的一部分。有这种觉解，他就为社会的利益做各种事，或如儒家所说，他做事是为了"正其义不谋其利"。他真正是有道德的人，他所做的都是符合严格道德意义的道德行为。他所做的各种事都有道德的意义，所以他的人生境界，是冯友兰先生所说的"道德境界"。

最后，一个人可能了解到超乎社会整体之上还有一个更大的整体，即宇宙。他不仅是社会的一员，同时还是宇宙的一员。他是社会组织的公民，同时还是孟子所说的"天民"。有了这种觉解，他就为宇宙的利益做各种事。他了解他所做的事的意义，自觉他正在做他所做的事。这种觉解为他构成了最高的人生境界，就是冯友兰先生所说的"天地境界"。

这四种人生境界之中，自然境界、功利境界的人，是人当下所是的人；道德境界、天地境界的人，是人应该成为的人。前两者是自然的产物，后两者是精神的创造。自然境界最低，其次是功利境界，然后是道德境界，最后是天地境界。它们之所以如此，是由于自然境界几乎不需要觉解；功利境界、道德境界需要较多的觉解；天地境界则需要最多的觉解。道德境界有道德价值，天地境界有超道德的价值。哲学的任务就是要帮助人达到道德境界和天地境界，特别是达到天地境界。天地境界又可以叫作哲学境界，因为只有通过哲学获得对宇宙的某些了解，才能达到天地境界。生活于道德境界的人是贤人，生活于天地境界的人是圣人。哲学就是教人以成为圣人的方法。[1]

哲学也能促进社会完善。它不断地从理论上为社会确立终极价值目标和构建价值体系，为社会提供理想的模式，并运用这种模式批判

---

[1]　参见冯友兰《中国哲学简史》（第2版），涂又光译，北京大学出版社，1996，第291—293页。

和改造现实。哲学还能范导科学发展。它为各门自然科学、社会科学、人文科学提供理论观念、一般原则和活动规范。

总之，哲学作为关于智慧的学问，不是思维的艺术品，而是人类生存智慧之学。其中心问题就是要研究和回答人类如何有智慧地生存。其主要使命就是要从根本上总体上关照人类生存，维护人类生存。其根本目标就是要使整个人类和所有个人都成为真正有智慧的。其基本意义就在于促进人类整体和个体对人生和环境的自觉，使人类既重视物质追求又重视精神超越，既关注眼前境遇又关注终极状况，既进取又超脱，既入世又出世，从而达到真正自由幸福的境界。因此，哲学是理智的事业，是精神的事业，是智慧的事业，它关乎人类的生存，关乎人类的自由，关乎人类的幸福，关乎人类的命运和未来。也因此，哲学不是哲学家的专属品，而应该是我们每一个人的公共品。"人不一定应当是宗教的，但是他一定应当是哲学的。"① 每一个人不一定都要成为哲学家，但每一个人都应该有哲学的头脑，有哲学的精神，有哲学的境界。

一个人有哲学头脑、哲学精神、哲学境界，他就有了哲学智慧。哲学智慧不等于哲学，它是哲学的精髓，是哲学的真义。哲学智慧不是天赋的，而是获得的，不是在生活实践中习得的，而是通过学习哲学培养的。哲学智慧离不开对哲学的学习，哲学知识是哲学智慧的基础，不学习哲学不可能掌握哲学知识，也不可能获得哲学智慧，充其量只能产生某些哲学智慧的火花。哲学智慧也离不开哲学观念，哲学观念是哲学智慧的前提，也是哲学智慧的结晶。哲学智慧直接体现为哲学思维能力，但不等于哲学思维能力，正如智慧不同于智力一样。哲学智慧是哲学知识、哲学观念、哲学思维的有机统一，并且具有实践的意向，对人的活动具有终极的调控作用。哲学智慧不是显现的，

①　冯友兰：《中国哲学简史》（第 2 版），涂又光译，北京大学出版社，1996，第 5 页。

情形不同于常说的"书读三遍，其义自见"，哲学智慧是深隐于晦涩的哲学术语、命题和理论之中的，而且要结合个人的人生经验来体悟。对于哲学智慧来说，哲学理论是基础，人生体悟是路径，没有自己的人生体悟的参与，哲学理论不可能变成个人的哲学智慧。哲学智慧是在学习哲学理论的基础上，通过体悟宇宙、世界、社会和人生掌握哲学的基本精神的过程中形成的，仅仅靠死记硬背哲学教义或哲学原理，不能真正获得哲学智慧。培养哲学智慧的过程就是在个人体悟中使哲学理念、原理、原则、方法变成自己的观念、知识和能力，变成自己的智慧的过程。哲学理论是哲学家研究出来的，而要使哲学理论变成个人自己的哲学智慧则需要对哲学理论的学习和体悟。研究哲学是为了阐发哲学智慧，而学习哲学则是为了获得哲学智慧。①

二 哲学智慧与德性养成

哲学智慧对于德性的意义主要体现在它对德性养成的意义上。德性是养成的，而且是智慧的体现和结晶，但在所有的智慧中，哲学智慧对于德性的养成具有根本性的意义。人们可以在没有哲学智慧下养成德性，但这样养成的德性可能是肤浅的、不完整的，甚至可能发生德性的冲突和偏差。哲学智慧对德性养成的最重要意义在于它能给德性养成提供论证，提供方向和根本路径，使所养成的德性真正成为有利于人更好生存的德性。

哲学智慧作为一种反思的、批判的智慧，对德性养成的重要意义体现在它可以促进人们德性意识的觉醒。生活在社会中，每一个人都有道德意识，但不同人的道德意识有很大的差别。有些人是没有经过自己反思和批判的，这些人的道德意识基本上是被动的，也就是说，

---

① 本节的主要内容是以题为《何为哲学与哲学何为：关于哲学性质的反思》的讲演稿（湖北大学文学院编《人文讲坛讲演录》第 1 辑，湖北人民出版社，2004）为基础修改而成的。

他人或社会要求他们在道德上怎样就怎样。另一些人则是经过自己反思和批判的，这些人的道德意识则是自主的，他人和社会的道德要求需要通过他自己的反思和批判才能转化成自己的德性。在这里，反思和批判活动就是哲学智慧的体现。如果一个人没有受过哲学教育（包括自己学习哲学），他就很难想到反思和批判，即使对他人和社会的道德要求有些不满或抵触，一般也很难达到自觉的程度，不大可能进行有意识的反思和批判，并在此基础上进行自我构建。这种反思和批判以及在此基础上的构建对于一个人的德性养成乃至人生的意义是重大的。只有经历了这样过程的人才是真正道德自主的人，也才有真正意义的德性。正是在这种意义上苏格拉底说"未经审视的人生是不值得过的"（the unexamined life is not worth living）。①

"哲学方法的标志是论证。"② 哲学智慧促使人的德性意识觉醒，并不是说教式的，而是说理式的，即所谓"论证"，也就是通过提供理由来说服人们要意识到德性，要意识到德性对于人生的重要性以及德性养成的必要性。而且，哲学智慧的论证并不是仅从现实政治和社会生活的需要出发的，而是从人生存发展或生存得更好的需要出发的。它从人谋求生存得更好的本性要求论证德性对于人过上好生活所具有的重要意义。了解了这种论证，人们就会感到需要养成德性，否则人生不可能幸福，就会去反思和批判已经接受的道德观念，在哲学智慧的作用下进行自己道德的自主构建，包括养成德性。哲学智慧是通过哲学的论证以逻辑的力量说服人们应该重视德性及其养成问题，从而促使人的德性意识觉醒的。

哲学智慧对德性对于人生意义的论证是与哲学智慧对德性的本性

① Cf. Bernard Williams, *Ethics and the Limits of Philosophy*, London and New York: Routledge, 2006, p. 21.

② Louis P. Pojman, *Philosophy: The Pursuit of Wisdom*, Wadsworth: Thomson Learning, 2001, p. 12.

及其根本要求的理解直接相关的。哲学智慧之所以强调德性对于人生具有极其重要的意义，是因为它通过研究和论证理解了德性的本性和根本要求。德性的本性只有着眼于人生存发展的根本的总体的需要才能真正把握，而只有哲学智慧才能从根本上和总体上把握德性与人生存发展的根本的总体的需要满足之间的关系，把握德性在人更好生存中的地位和作用，把握德性发挥其作用的根本要求。一个人通过学习哲学具有了哲学智慧，就可以认识到德性的真实本性及其根本要求。苏格拉底在与许多人的对话中发现，人们往往只知道什么东西（如不说谎）是德性，但对德性的本性无知。而在他看来，关于德性的具体知识并不是德性的本性，德性的本性是关于德性的一般知识，这即他所说的"德性是知识"的真义，但这种知识要由哲学来揭示，需要哲学智慧来把握。苏格拉底认为，这种通过哲学智慧对德性本性的把握极其重要，如果没有这种把握，就没有关于德性的一般知识，那么人们在现实生活中就不可能有德行，一些看起来是德行的行为在道德实践中常常会发生偏差，甚至导致恶的结果。如就"不说谎"而言，如果没有对于德性本性的理解，或者没有苏格拉底所说的"知识"，在许多情况下会导致恶的结果。正是在这种意义上，苏格拉底强调，作恶是由于无知。

德性是一个集合概念，包括不同的方面和不同的层次，不同的德性之间有时表面看起来还存在着矛盾和冲突。例如，自重的德性与关怀的德性看起来就是矛盾的。这种矛盾在德性养成过程中经常发生。事实上，德性虽然有不同的方面、不同的层次，而且在不同处境中有不同的表现，但德性在本质上是完整的、统一的。这种德性的完整性和统一性只有具有哲学智慧的人才能真正把握，也就是只有具有哲学智慧的人才会认同苏格拉底所说的"诸德为一"（即德性在本质上是完整和统一的）。这是因为具有哲学智慧的人能从总体上把握德性的真正本性和根本要求，并了解德性的真正本性和根本要求在不同的人那里，在生活的不同领域，在不同的处境中有不同的具体要求和体现，了解德性的本性和根本要求与德性的具体要求之间、不同德性要求之间的关系，从而可以完整地把握德性，把握德性的内外统一性，妥善处理德性之间可能发生的矛盾和冲突。

对于德性养成而言，最需要的是智慧，是智慧使德性与一般的心理定势和行为习惯区别开来。智慧与德性养成的这种关系，或者说智慧对于德性的这种关键性意义，并不是人们自发地意识到的，它也需要哲学智慧的启迪。当人们不具有哲学智慧的时候，他们往往是根据社会的要求养成德性的，这种养成一般来说是那种按要求办事的方式。这种方式不能说没有作用，但往往是被动接受式的，或者说是"遵循式"的，其德性养成者并没有真正成为德性养成的主体。他们在德性养成的过程中没有经过自己智慧的作用，甚至根本意识不到智慧对于养成的重要意义，所养成的德性是他主的、机械的。但是，当人们具有哲学智慧时，他们会在哲学智慧的启发下，意识到智慧对于形成自己德性的意义，意识到社会的德性要求或道德要求，需要经过自己智慧的作用而转变成适合自己的德性。这种经过智慧作用的德性才是自主的、与自己相宜的德性，才是真正有利于自己更好生存的德性。更重要的是，当人们具有了哲学智慧之后，他们会自觉地运用智慧去养成德性，而不会是被动地、被迫地养成德性。对于德性养成而言，哲学智慧是自觉运用智慧养成自主的、完整的、适宜的德性的启蒙者和指导者。

教育者总是告诉人们要守信，要培养守信的德性，并认为这是作为一个有道德的人应具备的德性，而且这种德性是有利于社会秩序的。一个没有哲学智慧的受教育者也可能按教育者的要求培养守信的德性，但他对于这种德性对于个人更好生存的意义、这种德性与其他德性的关系缺乏了解，因而他的这种德性是孤立的、僵硬的，经受不住现实问题的挑战。而一个有哲学智慧的人则不一样，他会在哲学智慧的作用下意识到养成守信德性需要智慧的作用，道德教育者的道德要求需要经过以有利于自己更好生存为指向的反思、批判过程才能转化为自己的德性，在养成这种德性时要考虑德性的整个结构以及守信在其中的意义。这样形成的守信德性，就不再是孤立、僵硬的，而是适合个人自己的德性，而且是个人德性整体的有机部分。

哲学智慧不仅给人们指明智慧是人们德性养成的关键因素，而且给人们指出德性养成的根本途径，这种根本途径就是人们的道德实践。哲学智慧不只是理论的智慧，而且是实践的智慧，哲学智慧这种理论智慧是指向实践的，是指向好生活构建的。实践精神像反思精神和批判精神一样，是哲学智慧的基本精神。哲学智慧要求人们在德性养成的过程中要运用智慧，而运用智慧的过程不只是一个思维的过程，而且是一个实践的过程。在德性养成的过程中，智慧要面对生活，考虑环境，介入处境，研究解决道德难题。这就是道德实践过程，正是在这个过程中，人们积累道德经验，养成道德习惯，形成道德心理定势。在西方哲学史上，许多哲学家之所以都把道德看作实践，就是因为道德是与人们的实践直接联系的，是实践的智慧。实践及其经验是德性养成的土壤。实践与道德和德性的这种紧密关联是哲学和伦理学揭示的，具有哲学智慧的人不仅会清楚地意识到两者之间的关联性，而且会努力躬行实践，在实践中运用智慧，并在将智慧运用于实践的过程中养成德性。

三 哲学智慧与德性完善

人们的德性养成过程常常没有哲学智慧参与，因为哲学智慧不可能自发形成，需要学习哲学后才能培养起来，而人们学习哲学最早也得到高中阶段（约15岁以后）。这时，人们早已开始了德性形成过程，有可能已经开始了德性养成过程。当然，这时人们的德性并未完全形成，如果学习了哲学，有了哲学智慧，哲学智慧还可以对德性的养成发生作用。但是，哲学智慧对于德性的意义不只在于德性的养成方面，更在于德性的完善方面。哲学智慧对于德性完善的意义也许更值得重视，因为只有通过哲学智慧的洗礼，德性才能不断走向完善。

哲学智慧可以使人们认识到德性完善的必要性和意义。人出生以后，就在环境和教育的影响下开始了德性的自发形成过程，在这个过程中，一般有理智的作用，但没有智慧的作用，因为这时智慧尚未形成。正如我们前面所说的，没有智慧的作用所形成的德性是被动的、僵硬的，有智慧的作用所形成的德性则是自主的、与自己相宜的。但是，即使有智慧的作用，而没有哲学智慧的作用，所形成的德性仍然是有局限的。这主要体现在，所形成的德性尚不是完整的、更难以成为与个人更好生存紧密联系的。当人们有了哲学智慧之后，他们会运用哲学智慧进行反思和批判，并意识到自己所形成的德性的局限性，意识到要使德性真正成为有利于自己及其活动于其中的共同体更好生存的好品质，就必须进一步完善自己的德性，使德性更完整、更具有统一性，使德性达到更高的境界。对已有德性局限性的意识以及对德性完善必要性和意义的意识，是人们进一步完善自己德性的重要前提。许多人的德性之所以停留于较低的层次或不完整的状态，是因为他们对自己德性的局限性缺乏意识，对自己德性完善的必要性和意义缺乏意识。如果有了这种意识，他们就不会甘于自己的德性现状，而要努力对自己的德性现状加以改进。

哲学智慧不仅可以使人们意识到完善自己德性的必要性和意义，而且可以为人们完善德性指明方向。人的德性完善过程是一个修养的过程，这个过程需要哲学理论做指导。从哲学理论的角度看，人的德性完善主要包括四个方面：一是在基本德性的基础上养成派生德性。基本德性是人们正常生活必须具备的德性，而派生德性则主要是人成功、幸福、自我实现所需要的德性。人的德性的完善就是要在基本德性的基础上养成更多派生的德性。二是使德性覆盖所有的生活领域。

在人的基本德性形成的时候，有些生活领域（如职业领域）的德性问题尚未出现，德性完善也包括使德性覆盖个人的所有生活领域。三是改善德性，使德性完整统一。每一种德性可能存在着缺陷和不足，德性改善就是要克服这种缺陷和不足，使德性趋于完善。同时，德性之间可能存在矛盾、冲突，德性改善就是要着眼于人更好地生存消除德性之间存在的不一致问题，使不同的德性成为一个有机的统一整体，能协调地发挥作用。四是提升已养成的德性（包括基本德性和派生德性）。人的每一种德性都存在着水平或层次的问题，在人们具有哲学智慧之前已经养成的德性一般都处于较低的层次，其主要表现是这种德性往往难以应对复杂的生活环境，难以应对现实的难题，因而容易被放弃或发生变异。德性提升就是要经过反思、批判，使德性从经验的层次上升为智慧的层次，从日常智慧的层次上升到哲学智慧的层次。德性完善的修养过程，虽然要有哲学理论做指导，但更需要哲学智慧来完成，而且哲学理论和知识的运用也需要哲学智慧，只有具有哲学智慧的人才能恰当而灵活地运用哲学理论和知识。

德性完善存在着方法问题，哲学智慧可以为人们的德性完善提供基本的方法。不同人由于主观条件和客观条件不同而在德性完善方面可采取不同的具体方法，但也有某种共同的基本的方法需要遵循。这种方法就是哲学的基本方法，即反思、批判和构建的方法。不管人们的德性现状如何，只要追求德性完善，就需要对德性的现状进行反思，根据德性论有关德性的基本要求对照检查。通过对照检查检讨自己的德性，找出自己德性的缺陷和不足及其原因。这个检讨的过程也就是批判的过程。在找出德性方面存在的缺陷和不足并查明原因的基础上，根据德性论的德性要求重构自己的德性，使德性趋于完善并提升德性的层次，从而实现个人德性从基于常识智慧的德性到基于哲学智慧的德性的转换。这个过程不可能一次完成，需要多次甚至不断进行才能完成。因为人的哲学智慧并不是一次就能获得的，哲学智慧获得的过程与德性转换的过程常常是同一个过程，而且德性转换本身要经历思想斗争，需要通过不断的躬行实践加以强化。哲学智慧不只是给人们的德性转换提供基本方法，而且给人们此后的德性修养提供方法。人的德性修养过程是一个无止境的过程，可谓是活到老修养到老。一个具有哲学智慧的人是掌握了哲学方法的人，他可以自觉不自觉地将哲学方法长期运用于德性修养。一个人一旦有了哲学智慧，就掌握了不断完善德性和提升德性境界的方法。

哲学智慧还可以使人们深刻认识到并防范恶性对人生存和幸福的危害。我们曾经说，恶性对于人的幸福是"一票否决性"的，一个人只要有一种恶性特别是极端恶性，他就不可能获得幸福。然而，许多人并不了解究竟哪些品质是恶性的，更不了解恶性对人幸福的极端危害性。这种对恶性的无知是许多人养成恶性的根本原因。哲学智慧对于德性的一个重要意义就在于，它能够使人们认识到什么是恶性以及恶性对于人的幸福乃至人的生存的根本危害性，并通过哲学智慧的运用防范恶性的养成。哲学智慧既是关于德性和恶性的知识，也是关于养成德性和防范恶性的机能。一个人一旦获得哲学智慧，就会认识到人可能养成哪些恶性，了解导致恶性的原因，并知道防范恶性产生的对策。防范恶性产生是德性养成的底线，养成德性从消极方面看就是要防范恶性产生。一个人没有恶性，他虽然不一定是幸福的，但一般不会陷入痛苦和不幸。哲学智慧对于防范恶性产生的意义正在于为人们的正常生活提供保障，为人们的幸福生活奠定基础。

第四节　智慧是德性吗？

在古希腊，智慧被认为是一种德性，此后，不少哲学家也把智慧看作德性。那么，智慧是不是一种德性呢？智慧与德性关系十分密切，而且智慧包含了对德性的要求，但智慧并不是一种德性。一些德性伦理学家将幸福、德性和智慧（主要是实践智慧或道德智慧）看作德性伦理学的三大基本范畴，这种看法并不是将智慧看作德性的一种，而是将其看作与德性并列的基本概念。这些德性伦理学家的观点是更可取的。这里我们将对智慧究竟是不是一种德性做些具体的讨论。

一　对希腊哲学家考虑的分析

古希腊不少哲学家将智慧看作一种德性，其中最典型的是柏拉图和亚里士多德。柏拉图提出并系统阐述了古希腊的四大德性。柏拉图主要是根据人的灵魂的结构来建立他的德性论的。柏拉图的灵魂大致上相当于今天我们所说的心理，主要包括理性、激情和欲望三个部分。这三个部分各有其职能：理性是灵魂中最高贵的因素，是不朽的，是人、神共同具有的，正是这个部分使人与野兽区别开来；激情比理性要低级些但比欲望要高贵些，它一方面是与欲望联系的，另一方面也可以不为欲望所动，站在理性一边与欲望做斗争；欲望则是灵魂的最低级部分，表现为饥渴、情欲等，每一种欲望总是也仅仅是指向某种确定的东西。灵魂的每一个部分都有其德性，也就是都有其优秀的状态。理性的德性是智慧，激情的德性是勇敢，欲望的德性是节制，而三者都具有了德性，也就是它们达到了优秀的状态，它们彼此之间就达到了和谐，于是灵魂就具有了一种总体的德性，即公正。从柏拉图的分析看，智慧以及勇敢、节制和公正等德性都是各不相同的，尽管后来哲学家大多将勇敢、节制、公正作为道德的德性，但作为理性德性的智慧则很难被划入道德的德性。

亚里士多德清楚地意识到了四大德性之间的区别，所以他将德性划分为理智的德性和道德的德性。道德的德性除了柏拉图的四种德性中的勇敢、节制、公正，亚里士多德还列了一些其他的德性，如自制、慷慨、友谊等。其共同特点在于，它们都是无过无不及的中道，而且是经过实践智慧选择养成的习性。对于理智德性，亚里士多德似乎没有明确的划分，不过，在《尼各马可伦理学》第六卷中他列举了五种，即技术、科学、实践智慧、智慧、理智，其中包括智慧。在亚里士多德看来，理性包括两个部分："一个部分，我们是用它来洞见那些其本因不可改变的存在者的；另一部分则是用它来洞见那些可变的存在者的。"① 理智德性的共同特点在于，它们都以真理为依据使个别事物成为真理，而且它们都是通过教育和培养形成的。

古希腊哲学家之所以将智慧看作德性，一个重要原因是他们是在更广泛的意义上理解德性，即将德性理解为优秀。菲力帕·福特曾清楚地指出了这一点。她说："'德性'（virtues）对于我们来说是道德德性，而 aretê 和 virtus 指涉技艺，甚至指涉其范围属于理论而不是实践的思辨理智的优秀。"② 如果我们仅从道德的意义上来理解德性，那么他们所说的理性的德性和理智的德性都不属于德性。从这个角度看，柏拉图和亚里士多德以及其他古希腊哲学家将智慧理解为德性无可厚非，相反他们将智慧看作德性，而当时德性被看作正面的、积极的、优秀的价值，这对于推崇智慧，引导人们重视和追求智慧具有重要的意义。

从优秀的角度看，智慧不是理性③的一种德性，不能说智慧是优秀的理性。智慧可以说是理智的德性。理智是意志力和理性的结合，

①　〔古希腊〕亚里士多德：《尼各马可伦理学》（注释导读本），邓安庆译，人民出版社，2010，第 207 页。

②　Philippa Foot, "Virtues and Vices", in Oliver A. Johnson and Andrews Reath, eds., *Ethics: Selections from Classical & Contemporary Writers* (9th Edition), Wadsworth: Thomson Learning, Inc., 2004, p. 441.

③　需要注意的是，在西文中，理智大致上是与理性同意义的，这与我们后面从汉语的意义上将理智理解为意志的控制机制的意义是不同的。

包括观念、知识、能力和品质等方面，而智慧是正确的观念、丰富的知识、卓越的能力和德性的品质的结合。显然，智慧是理智的最佳状态，而不只是作为认识能力的理性的最佳状态。将智慧说成理性的德性，最突出的问题是贬低了智慧对于人的作用和意义。智慧是人实现幸福的最佳途径，甚至是唯一途径，就是说，一个人没有智慧就不会有幸福。理性对于幸福是需要的，但理性如果没有通过培养和修养转变成智慧，它就有可能给人生带来不利甚至损害，因为理性是中性的，没有正确观念加以引导，没有德性作为保障，没有知识作为基础，没有意志加以控制，它就有可能将人的生活变成痛苦的深渊。而智慧使理性与正确观念、知识和德性以及其他能力融为一体，使之成为一种特殊的综合机能。它包含理性，但远远不限于理性，而且作为智慧构成内容的理性已经智慧化了，与未经智慧化过程的智力相比有了质的飞跃，这种飞跃就体现在，它只会为善，不会作恶。

柏拉图、亚里士多德等古希腊哲学家之所以将智慧作为理性的德性，从深层观念来看，存在着一种过分推崇理性的理性主义倾向。他们都认为理性是人最宝贵的东西，是人神共有的，是人区别于动物的根本之所在，亚里士多德的"人是理性的动物"论断最充分不过地表达了他们的理性主义倾向。正是基于这种观念，他们把智慧这种更好的东西看作理性这种人最宝贵的东西中的精华。他们这样做的时候，一方面推崇了智慧，与此同时也使智慧理性化，而智慧理性化的后果是智慧因被理性所取代而渐渐从学术界和人们的生活中淡出或被边缘化。自此以后，西方学者一般都谈理性而不再怎么谈智慧了。过分推崇理性并使智慧理性化这种倾向一般认为是从苏格拉底开始的，但主要是通过柏拉图和亚里士多德的作用而成为一种传统，并逐渐成为西方社会的主流意识形态，对社会生活和个人生活产生了深远的影响。这种倾向的重大局限和严重后果一直到 19 世纪非理性主义哲学兴起之后才被人们逐渐意识到，一直到今天人们还在对这种理性主义传统进行着反思和批判。理性主义的严重社会后果是最初倡导理性主义的先哲们始料不及的。

二 福特和刻克斯的观点

菲力帕·福特在 1978 年发表的著名论文《德性与恶性》中阐述了一种比柏拉图和亚里士多德更激进的观点。她不同意亚里士多德和托马斯·阿奎那将勇敢、节制、公正作为道德德性而将智慧作为理智德性的观点，认为智慧这种德性也应该属于道德德性。她说："对于我们来说，有四种主要的道德德性：勇敢、节制、智慧和公正。但是，亚里士多德和阿奎那只称这些德性中的三种德性为道德德性；而实践智慧（亚里士多德的 *phronêsis* 和阿奎那的 Prudentia）被他们划入理智德性，尽管他们指出了实践智慧与他们称为道德德性的东西之间存在着的密切联系，而且他们有时甚至很像我们使用'virtue'一样地使用 *aretê* 和 virtus。"①

她的这种观点的主要论证是这样的：德性与身体的特征如健康和体力、精神能力如记忆力和注意力之间的不同在于德性属于意志，而意志是广义的，即涵盖所希望的东西以及所追求的东西。实践智慧被亚里士多德算作理智德性，而我们的智慧是与 *phronêsis* 或 Prudentia 完全不相同的，*phronêsis* 或 Prudentia 也许属于理智（在与理性相同的意义上使用）而不属于意志。她认为智慧不是一个知识问题，因为知识不存在意图或愿望的问题。所以，尽管有充足的理由认为智慧是理智的德性，但另一方面智慧与意志有特殊的联系。在她看来，智慧有两个方面："首先，有智慧的人知道达到某些好目的的手段；其次，他

① Philippa Foot, "Virtues and Vices", in Oliver A. Johnson and Andrews Reath, eds., *Ethics: Selections from Classical & Contemporary Writers* (9th Edition), Wadsworth: Thomson Learning, Inc., 2004, p. 441.

知道特殊的目的是有价值的。"① 她认为，智慧的第二方面得处理人的偏好，既然如此，那它也以人的意志为特征。② 菲力帕·福特认为德性具有两个明显特征，即德性是有利的和德性是正确的。智慧作为德性当然具有这两个特征。

在讨论德性是有利的这一特征时，菲力帕·福特提出了一个重要观点，即德性属于意志。她分析说，虽然德性具有有利性这一特征，但不能据此给它下定义，因为这一特征并不是德性专有的，人的许多其他性质也同样是有利的，如健康、力量、记忆力和注意力等。那么，德性与这些身体的特征和精神的能力的区别在哪里呢？她的回答是：如果说健康和力量是身体的优秀，记忆力和注意力是精神的优秀，那么"正是意志是德性之人身上的善"，③ 也就是说，德性是意志的善，或者说，德性属于意志。

菲力帕·福特将智慧作为道德德性或者说作为德性，克服了亚里士多德等哲学家将德性二分所隐含的矛盾。这个矛盾就是理智德性与道德德性之间除了都可以在"优秀"的意义理解之外几乎没有其他的共同点。其实，除了理智的、道德的德性，还应该有情感的、身体的、记忆力、注意力等方面的德性。显然，将德性划分为理智的和道德的难以自圆其说。菲力帕·福特将智慧作为道德德性，使德性与道德德性一致起来，而且使德性成为道德的专门术语，这就克服了亚里士多德等哲学家将智慧划分为理智的和道德的所导致的问题。但是，

① Philippa Foot, "Virtues and Vices", in Oliver A. Johnson and Andrews Reath, eds., *Ethics: Selections from Classical & Contemporary Writers* (9th Edition), Wadsworth: Thomson Learning, Inc., 2004, p. 443.

② Cf. Philippa Foot, "Virtues and Vices", in Oliver A. Johnson and Andrews Reath, eds., *Ethics: Selections from Classical & Contemporary Writers* (9th Edition), Wadsworth: Thomson Learning, Inc., 2004, p. 444.

③ Philippa Foot, "Virtues and Vices", in Oliver A. Johnson and Andrews Reath, eds., *Ethics: Selections from Classical & Contemporary Writers* (9th Edition), Wadsworth: Thomson Learning, Inc., 2004, p. 442.

她将智慧划入德性又产生了新的问题。即使按她的理解，智慧至少也包括知识方面和能力方面（她所说的领会和判断都属于智力），那么，这与德性作为人的道德品质不是完全一致的。智慧虽然包含对德性的要求，而且对于德性的养成、完善及维护都具有重要意义，而且智慧作为理智的最佳状态，也可以说是一种意志的状态，至少包含意志的调控力。但它不是德性，不属于德性品质的范畴，而是道德德性的精髓和实质。当然，智慧作为理智的最佳状态与德性作为品质的最佳状态，都是优秀，但智慧这种优秀不只是品质的优秀，而且是观念、知识、能力、德性协调统一形成的综合机能的优秀。因此，菲力帕·福特将智慧纳入德性范畴，认为智慧是一种德性的观点，是不能成立的，比亚里士多德等哲学家将智慧与理性联系起来的做法更难找到辩护的理由。

约翰·刻克斯也许是为了解决菲力帕·福特上述观点的问题，在基本上继承亚里士多德等哲学家将德性划分为理智的与道德的这一传统的基础上对德性进行分层处理，也就是将德性分成第一级的和第二级的。他把亚里士多德等哲学家所说的道德德性看作第一级的德性，把他们所说的作为理智德性的实践智慧（他称为"道德智慧"）看作第二级的德性。他首先肯定道德智慧是一种德性，这种德性对于好生活来说是至关重要的。他在《道德智慧与好生活》一书中开宗明义地指出："道德智慧是一种对于过好生活而言本质的德性。"① 在肯定道德智慧是一种德性的前提下，他进一步对德性进行了分层，即把德性划分为第一级的和第二级的。他说："对于过好生活来说需要两类德性：完全指引自然的和正常的倾向的德性和指引其他德性发展的德性。前者即第一级德性，是我们品质中的立法能力，而后者即第二级德性是我们品质中的司法能力。前者根据关于生活和品行应当是什么

---

① Cf. John Kekes, *Moral Wisdom and Good Lives*, Ithaca and London：Cornell University Press，1995，p. 1.

的某种概念促进行为；后者则对指导行为的概念进行考察。"① "第一级德性以我们把什么看作好生活为目的指导我们的行为，第二级德性以发展那种反思合情合理的好生活概念的品质为目的指导我们的行为。"② 他的结论是，道德智慧是这样一种心理能力，这种心理能力能对我们在面临严重影响我们生活的善性问题时应该做什么做出完善判断。这种判断是根据我们的好生活概念做出的，但它涉及作为概念事例的行为的评价和概念本身的评价。道德智慧因而是包含将善和恶的知识运用于对构成好生活的手段和目的两者进行评价的完善判断。它是不同人不同程度具有的品质特征，但就目的在于好生活而言，理性命令我们也应该以发展道德智慧为目的，因为它是过这样的生活所必需的。"这就是道德智慧是一种道德上的重要品质特征因而是一种德性的原因。"③

在约翰·刻克斯看来，道德智慧不仅是一种主要德性，而且是所有德性中最重要的德性。他说："道德智慧的确是一种主要德性，但它甚至有更多的要求：所有德性中最重要的德性。"④ 所有其他德性，无论是主要的还是次要的，都涉及某个具体生活领域的好的品行。然而，好品行要求知道在某个具体领域的好性在于是什么，怎样根据那种一般知识评价我们面临的特殊处境，怎样判断知识和评价在其中会遇到困难的复杂处境。这些都需要道德智慧精确地提供的能力。那么，把道德智慧看作最重要的德性的一个理由就是其他的德性都要以它为前提条件。他认为，如果以下三个条件得到恰当的满足，那么一

---

① John Kekes, *Moral Wisdom and Good Lives*, Ithaca and London：Cornell University Press，1995，p. 9.

② John Kekes, *Moral Wisdom and Good Lives*, Ithaca and London：Cornell University Press，1995，p. 9.

③ John Kekes, *Moral Wisdom and Good Lives*, Ithaca and London：Cornell University Press，1995，p. 14.

④ John Kekes, *Moral Wisdom and Good Lives*, Ithaca and London：Cornell University Press，1995，p. 205.

般来说道德智慧就不是非要不可的。这三个条件是：社会有健全的道德传统，人们从道德传统可利用的资源中为自己选择了一种好生活的概念，他们一直过着他们想要过的生活。如果这三个条件得到满足，人们面对的道德处境就是简单的。然而，从人类历史看，满足这样的条件的社会是罕见而且不具有代表性的，道德传统与个人的好生活概念之间的和谐只是例外，而不是常态。相反，满足这些条件的困难由于永久的逆境而不断加重。大多数人的生活受意外事故、冲突和恶的影响。我们必定要在努力追求根据我们的好生活概念生活的过程中重视我们对道德传统的不满和我们面临的困难。这就是我们为什么需要道德智慧以及判断和反思的原因。

就我们所能见到的资料而言，约翰·刻克斯对道德智慧及其与好生活的关系的研究最为系统且颇有说服力，他关于道德智慧的理解以及道德智慧是其他德性的前提条件的看法与我们的观点相当一致。但是，约翰·刻克斯将智慧作为一种德性的观点也存在着一些难以自圆其说的问题。首先，一般认为，德性是人的品质的特征，是好的品质或道德的品质，而智慧包括道德智慧不能说是一种品质特征。智慧是人的一种有利于人更好生存的综合机能，而道德智慧是人在道德生活中所体现的有利于人更好生存的综合机能。这种综合机能不是品质的特征，而主要是人的知识和能力的综合机能。它在一定意义上可以说是一种不同于德性的心理定势，但不是品质的心理定势，而是体现人的本性要求的综合心理定势，包含了思维定势、品质定势。同时，它又不只是心理定势，还是能力，或者说主要是能力，特别是判断能力、选择能力、调控能力。它能够有意识地、主动地发挥作用，而不像其他单纯心理定势那样只是自发地发生作用。其次，如果说道德智慧是一种德性，那么智慧是不是一种德性？如果说智慧不是一种德性，那道德智慧怎么会是一种德性呢？如果说道德智慧是品质的特征，而品质是人的个性心理特征，那么宗教智慧、政治智慧、科技智慧等是不是个性的心理特征，如果不是，那它们是人的什么特征呢？显然，说道德智慧是品质的特征会导致无法对其他类型的智慧以及智慧的相应载体做出说明，或者说无法找到其他智慧的相应载体。再次，约翰·刻克斯承认，道德智慧是人完善地判断我们在严重影响我们生活的善性问题上应该做什么的心理能力。既然是一种心理能力，那我们就不能说它是一种品质特征。能力与品质是两个并列而不同的概念，不应搅在一起。德性是德性，智慧是智慧，两者虽然有着密切的联系，但它们彼此之间不存在从属关系。

三　智慧不属于德性

智慧既不是德性的一种，也不是不同于第一级德性的第二级德性。智慧是智慧，德性是德性，它们是两个不同的范畴，智慧不属于德性。"智慧"和"德性"以及"幸福"是伦理学德性论的三个基本范畴，它们相互关联、相互交叉，但彼此不存在隶属关系，对这三个范畴及其相互关系的研究和阐述构成了德性论的核心内容。

我们说智慧与德性是两个不同的范畴，并不否认智慧与德性之间存在着密切相互作用的关系。这种关系主要表现在两方面。一方面，智慧包含着必要的德性要求，正是因为智慧包含着德性要求，所以它不同于单纯的知识，也不同于单纯的能力（包括智力和意志力），而使知识和能力融为一体并将其限定在向善的范围，也就是使知识和能力只能服务于人更好地生存，而不能妨碍或伤害人更好地生存。正是有德性的保证作用，人的知识和能力就不再是中性的，只能是为善的，或者说只能以善为取向的，从而使人的知识和能力转化成了智慧。如果没有德性参与其中，人的知识可能转化为能力，但能力不能转化为智慧。

另一方面，德性是智慧的结晶和体现。德性特别是自觉的德性是通过智慧对品质不断作用形成的，这个作用的过程就是智慧不断进行反思、比较、甄别、判断、选择、寻找理由、试错、确认以及将这种确认转变为意愿、谋求和行为的活动过程。没有智慧的作用，就不会有人的自觉的德性品质。因此，我们也可以说德性是智慧的品质化。人的品质必须通过智慧的作用才能成为德性的。更准确地说，人的品质只有通过智慧的作用才能从中性的或恶性的转变为德性的或道德的，才能从他主的、僵硬的、自发的变成自主的、适宜的和自觉的。智慧是德性的充分必要条件，没有智慧参与其中，人们不可能养成德性，更不可能不断完善德性。智慧与德性之间的这种关系是极其复杂的，也许仅通过伦理学的研究还不能给予充分的说明，还需要心理学等学科的实证研究提供支持。

智慧与德性的相互作用和相互促进关系，并不意味着它们之间存在着隶属关系。可以肯定，德性是人的品质的一种特性或者不如说是人的品质的一种状态，一种道德（善）的状态，与它对立的是不道德（恶）的状态，而品质是人格或个性心理特征的重要组成部分之一。大致上说，智慧属于人的能力的范畴，从这种意义上看，智慧也是人格或个性心理特征的构成要素。但是，智慧这种能力不是某种单纯的能力，也不只是一种综合的或总体的能力，而是除总体的能力之外还包含了人的正确观念、丰富知识、善良品质这些因素，而且总体能力受这些因素制约，并因而成为一种具有实践意向的自我调控机制。因此，智慧是人的一种复杂的综合统一机能，如果我们认为理智就是这样一种机能的话，那么智慧就是理智的最佳状态和优化。智慧有点像人格，也有点像总体的个性心理特征，它包括了人格和个性心理特征构成的基本要素。如果我们将智慧看作一种人格或一种总体的个性心理特征，那么这种人就是具有完善的人格或完善的总体个性心理特征的人。不过，智慧与人格和总体个性心理特征不同，它总体上属于能力的范畴，只是通过修养才使这种能力具备了观念正确、品质优良和知识丰富的规定性或特征。

如果我们将德性理解为优秀，并将智慧理解为理智的最佳状态，那么，可以将智慧理解为理智的德性（优秀）。但是，如果不是将德性理解为一般意义上的优秀，而是理解为道德的品质，那么，智慧显然不属于德性的范畴。

社科文献 **SSAP** 学术文库

| 文史哲研究系列 |

德性论

修订本

A THEORY OF VIRTUE（VOL.2）

（下卷）

江 畅 著

社会科学文献出版社
SOCIAL SCIENCES ACADEMIC PRESS (CHINA)

目　录

上　卷

下　卷

Contents

Volume 1

Volume 2

第五章

德性与认识

认识、情感、意志是人的三类主要心理活动，德性对这些心理活动有重要影响，同时它们也对德性有影响。从本章开始的三章分别研究德性与它们的关系。德性与认识活动之间存在着复杂的相互影响，弄清这种影响有助于对德性形成规律的掌握。

第一节　认识的本性

认识是人最复杂的心理活动，也是人们研究最多的心理活动，但有关的分歧也很多，有必要阐述我们对认识的看法。

一　对认识的理解

在汉语中，认识是指"能够确定某一个人或事物是这个人或事物而不是别的"，也指"人的头脑对客观世界的反映"。[①] 这一解释比较

---

① 《现代汉语词典》（第7版）"认识"，商务印书馆，2019，第1102页。

简单，也比较狭窄。实际上，认识的含义要广泛、深刻、复杂得多。"认识"的英文对应词主要是 cognition。这个词的字面意思是"与情感、意志相对而言的知道（knowing）、知觉（perceiving）、构想（conceiving）的行为或能力"。[①] 据西方有关文献解释，cognition 这个术语来自拉丁文的 cognoscere，直接的意思是"知道"（to know）或"认识"（to recognize），它是指加工信息、运用知识、改变偏好的能力。认识可以是自然的或人工的，可以是有意识的或无意识的。认识可以从不同视角进行分析，如可以从语言学、神经学、心理学、哲学、计算机科学等学科进行分析。在心理学以及人工智能中，认识被用来指心灵的功能、心灵的过程（思想）和智能实体（个人、人类组织、高级自动机器）的状态。这个领域尤其注重研究像理解、推论、决定、计划、学习等具体心理过程。最新对认识的研究特别关注抽象化、一般化、具体化或特殊化和元推理之类的能力，而这涉及理智个体（客体、主体或系统）的信念、知识、愿望、偏好和意图等概念。认识也在更广泛的意义上被用于界定认识行为或知识，也可以从社会或文化的意义上被解释为在一个群体中知识和概念的发展以及在思想和行为两方面正在达到的顶点。[②] 认识问题在哲学中有一个专门研究领域，这就是认识论。认识论研究认识何以可能、认识的过程以及认识的真假情形等问题。在认识论领域存在着众多的分歧。

根据人们日常对认识的理解和有关认识的学术研究资料，我们可以在宽泛的意义上给认识做这样的界定：认识是指人为做出决定、制订方案（或计划）、获得知识、形成观念所进行的认知、理解、评价、推理、构想、反思等心理活动。对于这一定义，我们从以下方面做一

---

① "Cognition", in *The Concise Oxford Dictionary* (6th Ed.), Oxford: Oxford University Press, 1976, p. 194.

② Cf. "Cognition", in *Wikipedia*, *the Free Encyclopedia*, http://en.wikipedia.org/wiki/Cognition.

些阐发。

第一，认识是以认识能力为前提的心理活动。认识作为心理活动是以认识能力为前提的。认识既指认识活动，也指认识能力，但一般更多在活动的意义上使用，而认识活动是认识能力的运用，认识能力体现在认识活动中。从活动的角度看，人的认识可以大致上划分为感知活动和思维活动，而思维活动又可以大致划分为认知、理解、评价、推理、选择、决策、构想、反思等活动。

感知活动主要包括感觉活动和知觉活动。感觉是外部和内部对象刺激感官形成的，外部对象是指外部世界的事物，而内部对象则是指人的生理和心理活动。感觉一般都是个别的，其对象是对象的某种性质、状态、运动、结构关系以及对象之间的关系等。例如，我们看到一张纸是白的，那么这种白的感觉就是一种视觉。知觉则是不同的感觉的复合，所形成的是对对象或对象之间关系的整体印象。康德认为人的感知是纯粹被动的，这种看法并不对。事实上，感知活动可以是被动的，也可以是主动的。当我们睁开眼睛就会看见东西，就会形成视觉，尽管我们并没有有意识地去看。这种感觉当然是被动的。但是，我们也会经常有意识地去感觉。例如，我们突然听见一声巨响，我们就会去看看怎么回事，这时的看就是主动的感知。科学研究中的观察一般都是主动的感知活动。这种主动的感知活动已经有思维活动参与其中，思维活动为其确定目的和方向，并注意其结果。

我们过去一般都认为感知活动是人的认识活动的第一阶段，是理性认识（思维活动）的来源。这种看法一般来说是对的，但感知活动的意义绝不止于此。在日常活动中，人的很多行为是以感觉知觉为依据的。例如，看见天下雨，我马上决定拿雨具；口渴了，我拿起杯子喝水；感到困了，倒床就睡。人的感知活动的意义并不仅仅在于它为思维活动提供素材，它本身也是认识活动，可以为行为提供依据。不过，感知活动并不能完全与思维活动分开，在正常情况下，人们在感知的过程中就有思维的参与。单纯的感知活动一般是没有的，感知活动通常与思维活动联系在一起，因而不是单纯意义上的感知，而是认知。

认知是基于感知的思维活动，它是思维对感知觉的材料进行加工整理、分析综合、归纳演绎所形成的对对象的整体、本质和规律的认识，以及所形成的对不同对象之间的关系及其变化的认识。认知活动是人的最本原的认识活动。除这种认识活动外，人还有理解等其他认识活动。

理解是思维通过感知某种文本掌握其意义的活动。理解活动与认知活动不同，它本身就是一种思维活动，它不是认知活动，但也离不开感知。例如，我们阅读一本书，我们看一个一个的字、一段一段的字，这是感知，但理解不是看字是什么样子，而是把握字里行间蕴含的意义。这种把握就是思维的理解活动。显然这种活动与看字、段落、章节、整本书是什么样子的认知活动是不同的，不过它离不开对载体的认知。

在认知和理解的基础上，思维通常还要利用人积累的知识、形成的观念等形成对对象和文本的价值的评价。评价基于认知和理解但不同于认知和理解，它不是为了把握对象的本来面目或文本的本来意义，形成事实判断，而是要把握一个对象或文本对其他事物特别是人（包括自己）的利和害，形成价值判断。

在认知、理解和评价的基础上，也就是在对对象和文本做事实认知和价值评价的基础上，思维还要做出推理、选择和决定。在很多情况下情形更复杂，思维还要综合各种因素、考虑各种条件以及环境构想行动的方案或计划。选择、决定严格地说并不属于认识活动的范畴，而是介于认识活动与实践活动之间的，属于意志活动的范畴，但它属于思维活动。

思维的所有以上活动都不是孤立的，而是密切关联、相互影响的，而且整个过程并不是单向的，而是交叉作用、反馈递进的。人的思维活动的结果一般来说就是思想。思想以各种形式呈现，如概念、判断、推理、观点、理论、决定、计划、方案等等。思维活动与感知活动不同，它完全是主动的，如果不主动地进行思维活动，就不会有思维活动。

从以上分析可以看出，感知活动与思维活动存在着密切的关联，即感知活动的结果是思维活动的基本源泉之一，同时，思维活动也可以促使人们主动地去感知并对感知发生作用。另外，思维活动是比感知活动复杂得多的高级活动，正常人在认识方面的区别主要不是感知活动方面，而是思维活动方面。无论是感知活动还是思维活动，都是以认识能力为前提的，感知能力和思维能力的强弱直接关系到感知活动和思维活动的成效、质量和效率。

第二，认识的主要目的是要做出决定、制订方案、获得知识和形成观念。人的活动一般都是有目的的，认识活动除一些被动感知的活动之外一般也是有目的的。当然，有时人们进行认识活动并不一定目的很明确，他们常常是有了认识活动后再考虑成果用来干什么，但一般来说，认识活动都是有指向性或意向性的。认识活动的目的人各不同、时各不同，不过一般来说，主要不外乎四种：做出决定、做出方案或计划、形成知识、形成观念。人的许多认识活动都是为了做出判断，做出判断后人们可以根据判断做出推理，并在此基础上做出选择和决定（决策）。当我看见天气晴好时，决定出去郊游；当我认识到获得更高的学历有利于找工作，决定读完大学本科后继续读研究生。做出决定是人们认识活动的最经常的目的。

决定可能是很简单的，也可能是很复杂的，复杂的决定需要多种多样的认识活动协同作用，而且要经历反复的过程。对于一些复杂的决定还需要方案或计划。制订方案或计划是为了更好地实施某种实践活动。方案或计划可以在决定前制订，也可以在决定后根据决定的要求制订，但方案或计划不是决定，而是决定的具体化，而且有些方案或计划只是供参考用，并不直接体现决定的要求。方案或计划是基于选择通过构想制订的。

认识的另一个重要目的是获得知识。人的知识是通过人的认识逐渐积累起来的。人可以通过认知获得知识，这是一般的经验性的知识，人也可以通过学习获得知识，但这种知识一般是已有的。例如，我国的大学生都要学习马克思主义基本原理，那么他们通过学习所掌握的这种知识就是已有的知识。进入文明社会以后，特别是近代以来，人类逐渐分化了一批专门从事知识生产的人，这些人专门从事哲学、科学（自然科学、社会科学）、技术等方面的研究。这些人认识的直接目的就是获得新知识。在现代社会，知识特别是新知识主要是靠这些人获得的，他们获得知识以后再让普通人通过学习加以理解并接受。

认识也是为了形成观念。观念是人的重要心理定势，是人的认识成果的信念化，或者说是对某些认识成果的确信。观念的最终来源是认识。人们的观念的直接来源主要有三种：一是认知。比如，我总看到天下雨路面就湿，于是确信：只要天下雨，路面就会湿。这就形成了天下雨就会路面湿的观念。又如，我看见世界上万事万物都有生有死，于是形成了凡物必有死的观点，这种观点在不断地强化过程中可能成为人确信的观念。二是理解。例如，一个人通过学习爱因斯坦的相对论理解了在光速的情况下会发生尺缩钟慢的效应的物理学知识，并对此确信不疑，于是就形成了以光速运动会尺缩钟慢的观念。理解的文本常常是已有的知识。三是评价。当今出现的"金钱不是万能的，没有金钱是万万不能的"观点，当我根据自己的经验证明这种金钱观是正确的时候，就对它产生了确信，于是这种说法变成了自己的金钱观念。所有这些观念的直接来源都是认识的结果。对于一般人来说，观念形成过程并不一定是有意识的，而是不知不觉的。但是，对于哲学、科学、技术这些认识活动来说，其认识的重要目的之一就是要形成观念（哲学的、科学的、技术的），形成之后再作为知识通过教育宣传去影响大众。显然，通过这些活动所形成的观念是有意识确立的观念。

无论是为了做出决定、制订方案，还是为了获得知识、形成观念，人认识的终极目的是指向人更好地生存的。

第三，认识活动包括认知、理解、评价、推理、构想、反思等主要不同形式。我国的许多哲学教科书将人的认识活动的形式概括为感性认识和理性认识，这种概括似乎太简单了一些。人的认识活动形式是丰富多样的，不能简单地归结为感性认识和理性认识两种。认识活动至少包括认知、理解、评价、推理、构想和反思这六种基本形式。认知就是对对象的状态、性质、变化、它们之间的关系以及对象之间的关系进行描述或判断，所形成的就是通常所说的事实判断。理解是对文本特别是已有知识（包括事实方面的知识和价值方面的知识）的领会和把握，所形成的是对文本意义的理解。评价是通过认知和理解对对象对于其他事物特别是对于人的价值进行判断，所形成的就是通常所说的价值判断。这种判断一般是直接对某对象或文本的判断，但更多的情况下是对不同事物的价值做出比较，从而为选择和决定提供依据。推理是根据已做出的判断进行归纳或演绎的推论，从具体的、特殊的命题归纳出抽象的、一般的命题，以扩大知识范围，或者从一般命题演绎出特殊命题，以解析知识。构想则是在认知、理解、评价、推理、活动及其成果的基础上进行思维的建构。这种建构的情形非常复杂，可能是一个简单的工作计划，也可能是一项复杂的工程，但一般都不是对象或文本的简单再现，而总是更复杂对象或程序的重构，具有一定的创新性。构想活动与人的想象力有密切的关系。想象力越强、越丰富，构想越有可能具有创新性。反思是对以上各种认识活动进行的再认识，通过这种认识对认识活动进行检查和修正，以使认识活动不断完善。认识活动的各种形式并不是彼此分离的，而是相互关联的，在实际的认识活动中它们往往相互渗透、协同作用。

人的认识活动有一种非常特殊的形式，这就是学习。学习之所以特殊，是因为它不仅本身是认识活动，同时它贯穿于人的各种认识活动形式之中，人的所有活动都离不开学习，学习是其他认识活动特别是思考活动的重要源泉。孔子曾多次强调学习对于思考的重要性，他根据他自己的经验指出："吾尝终日不食，终夜不寝，以思，无益，不如学也。"① 所以，他得出结论说："学而不思则罔，思而不学则殆。"②

"学习（learning）是因经验或练习获得知识技能或产生行为，并使其成为较为持久改变的历程。"③ 学习是人类和其他动物的一种最重要认识活动，也是有机体适应环境的一个必要条件。有机体生活在不断变化的复杂环境中，只有通过学习经常调节自己的行为，才能与环境保持平衡。学习不仅可以改变有机体外在的可以观察到的行为，也能影响有机体的成熟，促进人类智能的发展。学习贯穿于个体生活的全过程。④ 学习的过程和内容都很复杂。R. M. 加涅（R. M. Gagné）根据学习的复杂程度将学习从简单到复杂划分为信号学习、刺激—反应学习、系列学习、言语联想学习、多种辨别学习、概念学习、原理学习和问题解决学习等八种形式。其中前三种是人和动物都可以完成的，后五种则是人类特有的学习。大卫·保罗·奥苏伯尔（David Paul Ausubel）根据学习材料与学习者原有知识结构的关系将学习划分为意义学习与机械学习，根据学习的方式将学习分为接受学习与发现学习。⑤ 学习虽然也涉及动机、情感、社会行为以及人格等问题，

---

① 《论语·卫灵公》。
② 《论语·为政》。
③ 张春兴：《现代心理学——现代人研究自身问题的科学》（第3版），上海人民出版社，2009，第151页。
④ 参见彭聃龄主编《普通心理学》，北京师范大学出版社，2004，第471页。
⑤ 参见彭聃龄主编《普通心理学》，北京师范大学出版社，2004，第473—476页。

但主要涉及的是认知的因素，如感知、记忆、思维等。

第四，认识是相对于情感、意志而言的。人的认识活动是人的心理活动的一种基本形式，这种基本形式是相对于人的情感活动、意志活动而言的。人的情感（包括感情与情绪）活动是以本能为基础、相对于认识和意志而言的心理活动。情感是对人的某种活动（包括认识活动）的对象及其活动本身产生的具有赞成性倾向（如好感、喜悦、爱恋）或反对性倾向（如反感、忧愁、憎恶）的心理感受。意志活动则是将人的欲望或追求的目的转变为行为动机并出于这种动机行为的心理活动。意志是人从事一切活动的主要心理能量和调控力量，可以使人们的选择、决定和方案或计划转变为现实，因而是认识与实践联系的桥梁。认识活动、情感活动和意志活动是人所共有的心理活动，各自履行着不同的职能，但对于人的正常生存都是必要的。情感可以强化或弱化认识活动，意志可以推动也可以阻止实现某种认识活动，但它们都是不同于认识活动的心理活动。

第五，认识以实践为基础并且是为实践服务的。人们对实践的理解并不一致，如果我们把实践理解为人们将生存目的对象化的行为活动，即谋求更好生存的行为活动，那么认识与实践之间就存在着非常密切的关系。人的认识活动虽然是一种心理活动，但并不是纯主观的，归根到底看是以实践为基础的。如果没有实践活动，人的认识活动就没有了根基。人们只有通过实践活动才能获得人们所需要的物质的、精神的、文化的产品，才能生存下去。因此，实践活动是人直接的求生存活动，体现为人们的行为。对于人的存在而言，实践活动是人的基本的、先在的活动，所有人的其他活动都是在这种活动中并通过这种活动产生的，而且归根到底也是为了这种活动的目的得以顺利实现。

人的认识活动是在实践活动中产生的，也是根据实践活动的需要进行的，最终又是为实践活动服务的。实践活动的质量如何、效果和效率如何直接关系到人生存的好坏，而人的认识活动对人的实践活动有着决定性的影响，因为人的认识活动关系到人实践的方向、目标、手段和途径的选择和决定。从这个意义上看，虽然我们认为实践活动在逻辑上和事实上都是先在的，但并不意味着实践活动比认识活动更重要。两种活动何者更重要需要根据具体情况确定。例如，当人们实践的目标和手段都明确、实践的方案切实可行时，实践活动的重要性就凸显出来；而当人们实践的目标和手段不明确，没有形成实践方案时，认识活动就会显得更紧迫。在日常生活中，认识活动与实践活动是交织在一起的，很难清晰地分开。随着社会分工的发达，在人类的职业领域，有一部分人主要致力于认识活动，而另一部分人则侧重致力于实践活动。即使如此，两者也难以完全分开。许多科学研究活动看起来是认识活动，但其中也有大量的科学实验活动和其他实践活动；而许多工业和农业生产活动看起来是实践活动，其中也有大量的认知、理解、评价、推理、比较和构想活动。

二　认识的主要类型

认识活动是人所有活动中最复杂的活动，人类的进化主要体现在认识能力及其活动的进化上。由于认识活动十分复杂，因而要更好地理解认识活动，就需要对认识进行分类。对认识活动可以从不同的角度进行分类，我国的哲学教科书将认识分为感性认识和理性认识是一种分类，前面我们提出认识有认知、评价、理解、推理、构想和反思等基本形式，也可看作一种分类。这里我们在前面的基础上进一步从认识活动的特点进行分类，主要将认识活动划分为认知性认识、理解性认识、评价性认识、推理性认识、构想性认识、反思性认识六大类。① 这里我们着重从各自不同的特点对它们进行一些阐述。

---

① 后来笔者将人的认识划分为认知、评价、理解、构想四大类型，知识也相应地划分为这四种类型。参见江畅、李华锋《重建知识论》，《社会科学动态》2022 年第 1 期。

　　认知性认识的特点是认识活动有直接的对象。我看见今天天晴，那么这一认识就是有对象的，对象就是今天的天气。这种认识就是认知性认识。我国发射嫦娥一号到月球，就是为了进一步了解月球。这一认识活动也是认知性认识，其对象是月球。在认知性认识中，一般都有主体和客体。主体就是人或者说是人的心理或心灵，而客体则是人的心理所指向的东西。认识主体在一般情况下是个人，但也可能是群体，一项大的认识活动的主体一般就是群体。例如，长江三峡工程的认识主体就是一个群体。任何一个人都不可能承担和完成三峡工程的全部认识活动。客体可以是任何东西，可以是客观的事物，包括一个事物或一些事物的状态、性质、变化、关系以及本质和规律等；可以是主观的东西，如人的心理活动、心理特征等；还可以是虚构的、想象的事物，如变形金刚、飞马、金山、神祇等。所有的认知对象只有当认知活动指向它时，它才成为对象，而并非本来就是客体，这种情形就如同打靶时的靶子一样，只有当枪瞄准它时才是靶子，否则它就不是靶子。当然，人也只有在认知活动中开始认知对象时才成为认知主体的，否则它就不是认知的主体。所以，认知的对象和认知的主体都是认知活动构建的，或者说认知主体在建构认识对象的同时也建构了自己，没有认知活动就无所谓认知的主体和对象。认知性认识的这种特性就是许多哲学家和心理学家所说的意识或认识的"意向性"。

　　理解性认识的特点是对一定的文本所承载的意义进行领悟和把握。读亚里士多德的《尼各马可伦理学》，就是要理解其中概念、命题、节、卷乃至全书的意义。这就是理解性认识。对路口上指示灯的意义的理解也是一种理解性认识。理解性认识表面看上去好像是对某种外在对象的认识，其实不然。我们不能说《尼各马可伦理学》那本书是我理解的对象，而只能说那本书包含的意义是我理解的对象。这本书本身可以是希腊文的、英文的、中文的，可以是精装的、简装的，这些可以成为我们的认知性认识的对象，但作为理解的文本不是这种书，而是书的内容。这本书的内容是不能靠认知把握的，而只能靠理解把握。

理解性认识与认知性认识之间的区别是明显的。我们从小学到大学的所有学习活动几乎都是理解性认识，在学校之后的所有学习活动也几乎都是理解性认识。理解性认识在现代人的认识活动中占有非常重要的地位，我们的许多知识和观念都是通过理解形成的，而不是直接通过认知性认识形成的。"地球绕着太阳转"的知识和观念都是通过理解获得的，在地球上通过肉眼是永远也不可能获得这种知识的观念的。对理解性认识与认知性认识做出这种区别具有重要意义。这种意义主要在于，对于我们普通人来说，没有必要都事事亲身去认知和评价，重要的是学习和理解，通过学习理解更多的文本，从而获得更多的知识和观念。同时，这种区分也为社会需要专门的人从事认知性认识活动提供了理论依据。一个社会不需要那么多人去从事认知活动，大多数人只要将专门从事对象性活动的人获得的成果加以理解就行了。理解性认识与认知性认识之间的区别明显而重要，然而我们感到遗憾的是，我们的哲学教科书完全忽视了这种区别。

评价性认识的特点是对所认知或理解的对象对于其他事物特别是人的利和害做出的价值判断。人们在认识的过程中，常常在对事物进行认知或对文本进行理解的过程中或之后会对所认知或所理解的对象进行价值评价，形成对象或文本对其他事物或对人（包括自己）是有利还是有害的判断。这种判断是人们进一步进行推理、比较的主要依据。评价性认识可以是以对象性认知为根据的。现在有不少科学家研究地球变暖问题，研究地球变暖这一现象（认知性认识活动）及其可能对地球造成的危害（评价性认识活动）。当每年春夏之交我国南方一些地区发生洪涝灾害时，我们就会根据对这种洪涝的认知形成这种洪涝会对这些地区造成损害的价值判断。评价性认识也可以是以理解性认识为根据的。当我们读《红楼梦》的时候，我们在理解贾宝玉的过程中可能形成对这一角色的价值评价。这种评价就是一种评价性认识。评价性认识与认知性认识和理解性认识可能是分离的，即形成认知性认识或理解性认识之后再形成评价性认识，但由于认识活动的复杂性，它们常常是交织在一起的，在认知和理解的过程中进行着评价。就读《红楼梦》而言，人们可能在读完后再对其中的人物或这本小说做评价（如《红楼梦》专家常常如此），但更多的人则是边读边评价，如在阅读的过程中就对林黛玉充满怜爱。

评价性认识既可以是对某一对象或某一文本做出价值评价，也可以对不同对象或文本的价值进行比较，这也是价值评价，这种评价是比较性评价。人们在进行认知性认识和理解性认识的过程中会形成不同的判断，以至于由众多的判断构成理论体系。这些单个的判断及其构成的体系存在着正确不正确的问题，存在着所反映的内容对我们有用没用及用处大小的问题，存在着内容有用的判断的可行性问题。例如，对于宇宙的本体，有的哲学家认为它是物质的，有的认为它是精神的，有的认为它是一元的，有的认为它是多元的。对于一个知道这些判断的人来说就存在着比较性评价的问题，一方面他要对哪一种判断是更正确的做出比较，另一方面他要对哪一种判断所反映的内容对自己更有利做出比较。比较性评价首先要对判断的正确性做出甄别，然后要根据人们活动（主要是认识活动、情感活动、意志活动和行为活动）的需要对不同判断的有用性做出比较，最后还要考虑根据有用的判断进行活动的可能性问题，即个人的主观条件和环境的客观条件是否允许的问题。比较性评价是直接为活动服务的。人们主要是出于选择和决定的需要进行比较性认识的，而形成比较性认识的目的也主要是为决策提供依据。比较性评价一般是以甄别、对比为基础的，或者说包含这两个环节。甄别主要是区分判断的正确错误；对比一般是分析判断或判断所反映的内容的利弊优劣。甄别、对比都要以多种判断为前提，判断越丰富越有甄别、对比的余地。要使判断丰富就要发展思想文化、科学技术，只有这样人们才有可能在各种判断中劣中选优，优中选最优。

推理性认识的特点是对由认知性认识、理解性认识或评价性认识所形成的判断作为根据（前提）推出一些新的判断（结论）。推理性认识非常复杂，但一般认为有两种基本推理形式，即演绎推理和归纳推理。前一种推理的典型形式是亚里士多德的三段论，后一种推理的典型形式是培根的经验归纳法。对于这两种基本形式人们提出了种种批评。不少学者认为三段论式并不能扩大人的知识范围，也有学者对经验归纳法提出了"归纳问题"的质疑。但无论对这两种推理形式提出多少批评，它们都在人们的日常认识中经常使用，是人们进行推理性认识的重要工具。三段论也好，归纳法也好，都主要适用于认知性认识。20 世纪以来，又有不少学者研究了适用于评价性认识的实践推理，以及同时适用于认知性认识和评价性认识的混合推理，等等。推理性认识的主要价值在于，人们可以从已知的判断根据一定的逻辑形式和原则推论出未知的判断，或使隐性的含义变成明确的判断。

构想性认识的特点是以前述各种认识以及观念、知识、条件和环境等为基础构想现实世界中不存在的某种事物，这种事物一般是一个项目，可能是一件作品，可能是一项工作，可能是一项活动，也可能是一项工程。一位画家构想一幅画，一位办公室主任起草一个接待上级领导的方案，一个领导机构策划深入开展学习实践习近平新时代中国特色社会主义思想活动，一位总设计师设计长江三峡大坝，他们都是在进行构想性认识活动。构想性认识与其他认识有三点明显的区别：一是构想性认识需要更多的因素起作用，需要更多的条件做支撑。设计三峡大坝涉及地质、力学、水利、发电、土建等各方面的知识，不具备这些知识以及其他诸多条件，这种构想性认识不可能进行，即使进行了也是空想，不具有变成现实的可能性。二是构想性认识一般都具有更强的可操作性，因而经验在构想性认识中具有重要作用。构想性认识的目的一般是制订计划或方案，而制订计划和方案是为了实施，是为了使某种决定（目的）变为现实。要使计划或方案具有可操作性，需要制订者有经验。经验可以使方案更有针对性，更切实可行。三是构想性认识更需要创造性。对于任何一项方案或计划，切实可行、便于达到目的是基本要求，但具有新意是最高追求。在具备各种条件的情况下，一个人具有经验就可以制订出切实可行的方案，但要使方案具有创造性仅靠经验不够，还需要创新精神和创新能力。由于构想性认识具有这样一些特点，因而它是最难进行特别是最难达到理想效果的一种认识类型，当然它也是最能体现人的聪明才智的。

反思性认识的特点是对已经进行的认识进行再认识。以上五种类型的认识都可以作为对象对它们进行再认识。反思性认识的目的主要不是为了认识某种东西，而是为了认识认识本身，主要是对认识活动及其结果进行反思并在此基础上进行批判，而反思和批判的目的不是为了做出决定、制订方案（或计划）、获得知识、形成观念，而是为了各种认识活动能更正确、更有效地进行。因此，反思性认识活动对于其他认识活动来说是服务性的，是检验性的、校正性的，因而这种认识活动对于整个认识活动十分重要。有些人经常进行反思性认识活动，但不是自觉的、系统的，而是随机的、零散的；哲学家和科学家进行的反思性认识活动则通常是完整系统的。人们可以通过学习哲学认识论和认识科学增强对反思性认识的意识，提高反思性认识的能力。

许多现代西方哲学家对反思性认识持异议，认为正是反思性认识，特别是笛卡尔开始的反思性哲学认识活动导致了人类认识的主客体二元分离以至于人类与环境的主客体二分，并导致了现代文明的许多弊端（最典型的是人类将自然作为客体加以征服）。在反思性认识中，认识的主体和客体（在广义上理解的文本、构想的方案可以看作认识的客体）显现出来，但我们不能将导致现代文明弊端的原因归结为反思性认识，相反，也许正是反思性认识才使人类逐渐看到了人类狂妄地征服和统治自然的后果。导致现代文明种种弊端的原因在于人类对生存目的的错误理解，对生存方式的错误选择，而不是反思性认识所导致的主客分离。虽然在反思性认识中主客体呈现出来，但并不意味着它们对立，更不意味着它们必然对立。例如，反思性认识使人看到一位科学家正在进行科学探讨，并有可能对科学家的探讨方法提出一些批评意见。这种反思性认识活动怎么会使作为认识主体的科学家与他所从事的科学活动分离和对立呢？说反思性认识导致认识主客二元分离和对立，以致人类与环境的二元分离和对立，确实令人费解。

三　认识与知识、观念、意识

认识与知识、观念、意识的关系十分密切。前面我们分别讨论了观念和知识，其中也涉及与认识的关系，这里我们再集中讨论一下认识与它们两者以及与意识之间的关系。

在汉语中，"认识"可以是动词，也可以是名词。① 从动词的角度看，"认识"是指一种活动，知识是认识的结果或结晶。这种认识结果可能物化，也可能没有物化。所谓物化，就是以一定介质形式存在的知识，如以纸、电子文档或其他形式存在的知识。例如，康德的《纯粹理性批判》一书就是以纸介质的形式存在的。所谓没有物化，是指人们通过认知、评价或理解等形式获得的、在大脑中贮存的、没有通过介质呈现出来的知识。从名词的角度看，"认识"是指认识活动的结果，知识是认识中的一部分，是认识中正确的或真的一部分，

---

① 在英语中情形不同，"认识"的对应名词是 cognition，这个词只是名词，没有与这个词直接对应的同形动词，与这个词在词义上对应的动词是 to know 和 to recognize。这里我们只从汉语的角度分析。

而其中那些不正确或不真的部分一般不被看作知识。例如，康德的
《纯粹理性批判》一书是康德对人的认识能力及其对象认识的结果，
它所记录的是康德这方面的认识，但这并不意味着其中都是知识，因
为可能有些是错误的内容。当然，这里的情形比较复杂。对于康德来
说，他记录下来的，可能在他看来都是正确的，是知识，但在别人看
来可能有一部分是不正确的，只有一部分是正确的，即只有一部分是
知识。另一方面，对于一个学习《纯粹理性批判》的人来说，他学习
的时候并不一定能辨别其中哪些是真的或知识，哪些不是，而他一旦
掌握了，似乎就是掌握了《纯粹理性批判》的知识。

这里就涉及几个问题：一是许多认识的成果在认识者看来是真的
或知识，而在别人看来不一定是；二是一个人学习一个文本时，并不
一定有判断其中哪些是知识哪些不是的能力，而是将它作为知识加以
接受，而当他理解了这个文本时，别人一般都会认为他具有了关于这
个文本的知识；三是即使文本中的正确知识也不是绝对的，可能当时
被认为是知识的东西后来不被认为是知识，而当时不被认为是知识的
东西后来被认为是知识。从这几个问题来看，作为认识成果的认识与
知识很难完全分开。由此我们似乎可以得出这样的结论，严格意义的
知识是指那些被认为是真的认识成果，而宽泛意义的知识是指所有的
认识成果。

但是，我们不能因为严格意义的知识很难确定而否认这种意义的
知识。肯定严格意义的知识存在的重要性在于，这将有助于人们在认
识活动中努力追求正确的认识。如果我们认为只有那些正确的认识才
构成知识，这样就会促使人们在认知、理解和评价的过程中努力地去
粗取精，去伪存真，由浅入深，由表及里，以获得真知。尽管这样获
得的认识可能仍然是包含错误的，甚至是错误的，但这比那种敷衍了
事、浅尝辄止的认识有价值得多。从这种意义上看，尽管我们在日常
的意义上可以把认识的成果看作知识，但在学理上还是应该将被认为

是真的认识成果看作知识。

认识是观念的唯一来源，这一点应该是可以肯定的。但是，认识作为观念的来源可以是直接的，也可以是间接的。从直接的层次看，人们可以在自己的认知、评价和理解的基础上形成观念。观念是对自己的认知、理解和评价的确信。我被开水烫了一次，于是我形成了开水烫人的观念。这种观念就是在认知基础上形成的观念。我读哲学家莱布尼茨的《单子论》，理解了事物都是由不可再分的精神性单子构成的，并且一下子就为莱布尼茨的论证所折服，并因而形成了事物是单子构成的观念。这种观念就是在理解基础上形成的观念。我进行了一次生存极限训练，感觉神清气爽，于是感到生存极限训练对健康很有益处，我就形成了生存极限训练有益于健康的观念。这种观念就是在评价基础上形成的观念。从间接的层次上看，人们可以在自己的知识的基础上形成观念。它是在通过认知、评价和理解获得了知识的基础上形成的观念，而不是直接通过认知、评价和理解形成的观念。在这个过程中，人们对一个所获得的认识成果要进行确认，在确认了以后再确信。显然，认识通过知识这个环节再形成观念比没有这个环节形成的观念正确性会更大。例如，我读了莱布尼茨的《单子论》，理解了事物都是由不可再分的精神性单子构成的，但如果我通过阅读其他哲学文献对这种理解是否正确、对事物都是由不可再分的单子构成是否正确进行确认，在确认后所形成的观念，比没有进行这种确认所形成的观念要正确。直接通过认识（无论是认知、理解，还是评价）所形成的观念很容易出现轻信、盲信的问题，而通过知识形成观念可以在相当的程度上避免轻信、盲信的问题。

尽管观念是从认识来的，但认识一旦变成观念就不再是认识了，而是信念。这种信念形成后就不再像认识（包括知识）那样比较容易改变，有时甚至完全不能改变。无论在历史上还是在现实中都有在人类的认识和知识已经发生了根本变化的情况下，仍然坚持与变化了的认识和知识相悖的观念的人。人们之所以有观念这种心理特征，是因为观念是人类在谋求更好生存的进化过程中积淀下来的有利于人类更好生存的特性。观念最重要的意义在于，有了观念后它就可以作为心理定势发挥作用，不需要人们对所面临的同样情形不断进行重新认识，因而可以使人类提高活动的效率和效益。除此之外，它可以使人的人格或个性特征保持一致性或连续性。观念作为个性心理特征是人与人之间区别的重要标志之一。从社会的角度看，一些共同信念也是使人们达成共识和建立法制的基础，从而也是社会秩序和和谐的基础。当一个社会的成员不再有共同信念或共同信念很少的时候，这个社会就到了崩溃的边缘了。我国前些年谈论很多的"信念动摇"问题就是当代社会危机的重要表现之一。

意识是一个非常含糊的概念。在汉语中，意识是指"人的头脑对于客观物质世界的反映，是感觉、思维等各种心理过程的总和，其中的思维是人类特有的反映现实的高级形式。存在决定意识，意识又反作用于存在"。[①] 显然，这种解释是马克思主义哲学的解释。它是相对于存在而言的所有人的主观心理过程。按照这种理解，意识不仅包括认识，而且包括观念、知识、能力、德性等各种心理要素，是各种心理要素的总和。从这种意义上看，认识与意识是一种从属关系。认识从属于意识，它是意识的一种形式。"意识"的英文对应词是 consciousness，它被认为是人的主观经验，可以指各种心理现象，具有主观性、可变性、连续性和可选择性四个特征。[②]在现代西方心理学和哲学中，意识通常是相对于无意识而言的。无意识是人不由自主的心理活动，而意识是人的自主的、有目的的心理活

---

① 《现代汉语词典》（第 7 版）"意识"，商务印书馆，2019，第 1556 页。
② Cf. "Consciousness", in *Wikipedia*, *the Free Encyclopedia*, http：//en. wikipedia. org/wiki/Consciousness.

动，而且意识常常是与理性关联的，而无意识则常常是与非理性关联的。

四　认识的正确性

"认识"作为动词，它是指认识活动；而作为名词，它是指认识结果。无论是作为活动，还是作为结果，认识都存在着正确性问题。就活动的正确性而言，就是通常说的认识方法正确不正确，这就是方法论问题。就结果的正确性而言，就是通常说的认识的真理性问题。认识的方法论问题涉及很多内容，如认识对象或文本的选择问题，认识途径、方法和手段的选择问题，认识的两难问题等。这里着重讨论认识结果的正确性问题。

在哲学史上，乃至目前，哲学家讨论认识的正确性问题主要局限于认识成果的真理性问题，即如何理解真理、什么样的认识是真理、通过什么途径获得的认识是真理、真理与谬误的划界标准是什么等问题。但是，如果我们将认识理解为认知、理解、评价、推理、构想和反思，那么只有认知、理解、评价、推理、反思存在真理性问题，而构想不存在真理性问题或基本上不涉及真理性问题。真理性是认知、评价、理解、推理、反思的正确性标准，而不是构想的标准。那么，构想的正确性标准是什么呢？构想的正确性标准则应该是有效性，即所构想的计划或方案是不是能有效地实现根据比较、选择所做出的决定。所有认识成果都存在着是否正确的问题，但不同形式的认识成果是否正确的具体标准是不同的：认知、理解、评价、推理、反思的正确性标准是真理性，而构想的正确性标准是有效性。

认知活动的结果即事实判断是否正确，主要看事实判断是否与实在（即真实的情形）相一致或相符合，一致或符合就是真的，否则就是假的。我说"今天是晴天"，如果今天确实是晴天，这个判断就是正确的，如果今天不是晴天，这个判断就是错误的。因此，事实判断的验证根据一般是经验的，验证的标准也可以说是经验证实的标准。当然，学界对于如何理解真理、对于如何验证判断的真理性等问题存在着种种不同的看法，但符合论或一致论的观点是得到较普遍公认的。反思性认识就其性质而言可划入认知性认识的范畴，只是它的对象是认识本身。因此，它的正确性标准是与认知性认识相同的。

　　理解的结果的正确性标准也可以是真假，即真理性。理解的结果与文本的原来的意义是一致的，就是真的，否则就是假的。是真的理解结果当然也就是正确的理解结果。不过，这种真假不是判断与某种对象的状态相符合，而是与某种文本的意义相一致。由于文本本身的意义是不完全确定的，有些文本的意义甚至是创作文本的人所不曾意识到的，有些文本的意义由于时代的变化而事实上发生了变化，因而理解结果的真理性要比认知结果的真理性复杂些。"有多少个观众，就有多少个哈姆雷特。"这种情形是普遍的，我们不能简单地说除了某一位观众的理解是真的外，其他观众的理解都是假的。不过，一般的文本总还是有相对确定的本义，这种本义是我们判断理解结果是否正确的标准。理解结果的真假一般来说是比较容易验证的。例如，一个学生学了一篇课文，教师要求他谈他对课文意义的理解，而教师是知道课文的本义的。如果学生的理解与教师所掌握的原意一致，这种理解就是真的、正确的，否则就是不真的或是部分真的。当然，也有些文本是难以完全验证的，历史文本尤其如此。

　　对于评价结果的正确性标准存在着较大的分歧：一些学者认为评价结果或价值判断的正确性标准是真理性，而另一些学者则认为其不是真理性。否认价值判断的正确性标准是真理性的主要理由在于，对同一对象人们可以做出不同的甚至相反的价值判断或评价。例如，对于 20 世纪 20 年代的湖南农民运动，农民认为"好得很"，地主认为"糟得很"。我们不能说哪一个判断真，哪一个判断假，可能是同真的。由此看来，价值判断似乎是公说公有理，婆说婆有理，没有什么真假问题。"如果两个人在价值问题上意见不一，那么他们不是对任何一种真理有不同看法，而是一种口味的不同。"① 价值判断的真假情形虽然比事实判断的情形要复杂，但还是有真假问题，而且真假是其正确与否的主要标准。上面例子中的两个判断确实是同真的，显然，如果说地主说"好得很"，农民说"糟得很"，那就是假判断。对立的价值判断可能存在着同真的情形，但它们都存在着假的可能。如果我们将真理性理解为判断与实在是否一致或符合，而不在于两个对立的判断是否同真，那么价值判断确实存在着与实在是否一致的问题，因而存在着真理性问题。这种判断的真理性是可以验证的。如果把湖南农民运动与当时湖北农民的关系作为一种客观的事实关系加以判断，发现湖南农民运动确实对农民来说"好得很"，那么农民说湖南农民运动"好得很"就是真的，否则就是假的。同时，如果把湖南农民运动与当时地主的关系作为一种客观的事实关系加以判断，发现湖南农民运动确实对地主来说"糟得很"，那么地主说湖南农民运动"糟得很"就是真的，否则就是假的。②

但是，肯定湖南农民运动地主说"糟得很"、农民说"好得很"两种判断都是对的，只是相对于地主和农民这两个不同的价值主体而言。如果将湖南农民运动放在人类更好生存的角度看，结论可能不是这样。因为湖南农民运动推动了中国农民的翻身解放，因而是有利于人类更好生存的。这样看来，对湖南农民运动的评价结论只有一个：好得很。从这种意义上看，即使是价值判断也有某种统一的终极评价标准，根据这种标准可以判断一个价值判断的真假。价值的主体

---

① 〔英〕罗素：《宗教与科学》，商务印书馆，1982，第 127 页。
② 关于价值判断的真假情形问题，可参见江畅著《现代西方价值理论研究》（陕西师范大学出版社，1992）"VII. 逻辑实证主义对价值客观主义的批判"和"XV. 现代西方价值哲学中的价值判断问题"中的相关部分。

是人类或人类社会而不是某个个体（个人或群体）。从这个意义上看，正如李德顺教授所指出的："价值虽然具有主体的多元性，但是归根到底是在人类社会这个最高主体的普遍性上统一的、一元的。对于人类发展的价值是一切个别价值的最终的、绝对的标准，只是在从属于它、符合于它的意义上，个别价值的性质才有统一的、确定的标准。"①

上述情形是对两个评价主体对同一对象的不同评价结论，还有同一评价主体对不同对象的比较评价。这种评价所做出的价值判断是比较性价值判断，这种价值判断也存在着真假的问题。例如，一个人说牡丹比玫瑰美。这个判断也可以通过判断牡丹是不是真的比玫瑰美来验证这个判断的正确性。当然，在进行这种判断的验证过程中要考虑评价主体的需要，而不能仅仅考虑对象本身。

推理结果的正确性标准大致上说也有真假。一般来说，人们对于演绎推理的真假性标准并无多大分歧，亚里士多德的三段论中对推理的真值有明确的定论。但是，不少哲学家对归纳推理的真理性提出了质疑，认为从个别的单称的经验判断不能归纳出全称的一般判断。例如，我们看到的古今中外所有的天鹅都是白的，不能由此推出"所有的天鹅都是白的"结论。尽管作为前提的个别单称判断是真的，推理也是符合逻辑规则的，但结果不是真的，不过也不是假的，而是无法验证的。实践推理、混合推理的情形亦如此。尽管学者们在各种推理的真理性问题上存在着诸多的分歧，但大多数学者特别是普通人一般都承认推理存在着真和假的情形。

作为构想结果的正确性标准的有效性包括两个方面，即最佳和可行。这里所说的最佳是指所构想的方案或计划最能体现决定的意图，能以最小的投入获得最大的产出，能以最快的速度完成，而且完整周

---

① 李德顺：《价值论》（第2版），中国人民大学出版社，2007，第350页。

密，不会发生问题或产生消极后果。效果和效率是方案或计划最佳的两条主要标准。一般来说，单个方案是无法判断其最佳与否的，要有多个方案才能进行比较和鉴别，最佳方案应是所有方案中的最佳方案。这里所说的可行是指这种方案不仅是可能的，而且是切实可行的，可以付诸实施的。一种最佳而可行的方案，就能有效地实现决定的意图，达到决定所期望达到的目的。构想结果有效性和正确性的验证一般来说是比较容易的，因为将所设想的方案或计划付诸实施就可以看出它是否有效地实现了决定的意图，是否可行，是否以最少的时间、最小的投入获得最快的、最大的产出。

五　人在认识中生存

人的认识不仅是观念、知识、能力、德性、方案的来源，而且是生存的一个基本层面，是人的基本规定性。人有认识活动才是真正意义上的人，一旦停止了认识活动，即使还有生命，那也不是真正意义上的人，植物人就是如此。人从一出生开始，就开始了认识活动，尽管最初的认识还不是完全意义上的；人的认识活动一直到死才停止，所以现代医学有脑死亡之说，即心脏停止跳动还不是真正的死亡，只有大脑停止了活动才是真正的死亡。认识对于人来说不只是有认识论的意义，而且具有本体论的意义、价值论的意义。人是在认识中生存的，是认识着生存的，是通过认识获得和实现自己的人生价值的。这里我们可以分别从认识论、价值论和本体论三重意义上简要考察认识对于人的意义。

从认识论的意义上看，人的认识活动是人的一切观念、知识、能力、德性、方案的来源。人的一切观念来源于认识，这也是不言自明的。我们的观念无非来源于直接的认知、直接的理解和评价，而认知也好，理解也好，评价也好都是认识活动。离开了认识活动，我们想象不出观念还有什么来源。哲学史上有哲学家认为人有天赋观念，这是一种误解。人有天赋观念的潜能，这是动物和世界上所有其他事物都不具有的。但是，这种天赋的潜能要通过现实的认识活动才能变为现实，没有现实的认识活动，这种潜能不可能转变为现实。印度狼孩的事实已经充分说明了这一点。人的知识更是人认识活动的结果。人的知识即使不是人直接认知和评价的结果，也是人理解的结果。从人类整体上看，作为理解对象的文本（通常是知识）也是人直接认识和评价的结果，而且理解本身也是认识活动。能力虽然不只是通过认识获得的，但认识是人获得能力的前提。人缺乏对能力的认识，就不会去培养和提高能力，而且能力总是以一定的知识为基础的，而知识是通过认识获得的。人的德性也是如此，如果没有认识活动，人们就不知道德性为何，也不知为何要培养德性，更不会选择做德性之人。人的实践活动都是有方案的，像修建三峡大坝、探索太空等复杂活动更是如此。方案也是认识活动的结果。不仅观念、知识、能力、德性、方案等都来源于认识，而且对它们的验证、修改、完善也都是通过认识活动实现的。如果没有认识，人就没有丰富的内心世界，就不会有多彩的外在世界，就不会心明眼亮，人类的生存不仅是黑暗的，而且是与动物无任何差异的。

从价值论的意义上看，人的认识活动是人生存好和更好所需要的观念、知识、能力、德性等必不可少的要素，是人选择和确定目标以及为实现目标制订方案、实施方案所需要的。以认识中最重要的判断活动为例。约翰·刻克斯在谈到判断对于好生活的意义时指出："善和恶的知识对于好生活不会是充分的。判断也被需要，因为我们必须回答像这样的问题，即在我们可以利用的日常的善中哪些是最适合我们的品质和环境的，我们应该将什么样的重要性分别赋予我们看作值得选择的次级善，以及我们为了享受我们所想要的善应该冒多大的恶的风险和容忍恶。这类判断不能是一般的知识问题，因为它们涉及在一般知识的方格中填充我们品质和环境的具体细节，而且这些在不同个体之间存在着差异。"① 认识也是人生存价值在广度和深度上的重要体现。认识不仅具有工具性价值，而且具有目的性价值。例如，对于一个盲人来说，即使不考虑眼睛的工具性价值，他也会渴望能看见丰富多彩的大千世界。这种看本身就是他的需要，就是他的欲望，对于他就具有目的性价值。一个人的认识能力有强有弱、认识活动有多有少、认识的程度有深浅广狭，而这就决定着一个人人生价值的丰富度、深度和高度，认识能力强、活动多、程度深广的人会具有更丰富、更深刻、更高的人生价值，更有可能自我实现和自我超越。人的认识情况是人生价值的重要尺度和标志。

从本体论的意义看，人的认识是人之所以为人的根本规定性之一。亚里士多德说人是有理性的动物，这一论断之所以自古以来得到了广泛的认同，就是因为它揭示了作为人的主要认识能力的理性是人的根本规定性。其实，不只是人的理性，还有人的其他认识能力（如感知、直觉等），更重要的是人的整个认识活动都是人的根本规定性。因为有认识活动人才具有人性，才获得做人的资格，才成为人。因此，人的认识对于人的生存具有本体论的意义，是人的本性，作为其成果的知识是人格的基本构成成分。人是在认识中生存的，没有认识人就没有了生存，也没有了生存的价值和意义，当然也谈不上过好生活。

第二节 认识对德性的作用

认识特别是认知、理解、评价和决定在人的德性认识、养成和完善的过程中发挥着重要作用。亚里士多德曾谈到对德性形成起作用的根本因素或根基时说："人们所由入德成善出于三端。这三端为〔出

① John Kekes, *Moral Wisdom and Good Lives*, Ithaca and London：Cornell University Press, 1995, p. 25.

于所禀的］天赋，［日后养成的］习惯，及［其内在的］理性。"① 他
认为，只有这三者相互间协调地发挥作用，德性才会产生。但是，在
这三者之中理性是关键因素，发挥决定性的作用。他强调："人们既
知理性的重要，所以三者之间要是不相和谐，宁可违背天赋和习惯，
而依从理性，把理性作为行为的准则。"② 亚里士多德对理性认识与德
性关系的这种理解是深刻而有启示意义的。

一　认识对判断和运用德性的作用

什么品质特性是德性，在很多情况下界限并不是十分分明的。在
这种情况下，需要人的认识做出判断。人的认识能力如何，人的知识
水平高低，对于人判断什么品质特性是德性以及不同德性在一个人的
整个德性构成中具有什么地位有重要影响。

朱丽娅·戴弗认为，在确定德性的结果的过程中存在着认识论的
难题。她假定我们关于慷慨产生的利益方面犯了错误，而且慷慨在近
期只产生好的结果，而其长期结果是破坏性的。如果从长远看对贫困
者的慷慨会产生寄生虫，或其品质在某种意义上受到腐蚀，那么这种
慷慨就不会是一种道德的德性。据此她认为，因为这个理由，我们完
全有可能犯这样的错误：只是因为没有看到某些品质特性产生的有害
效果，而把这些品质称为德性。这些具有可预计的好结果的品质特征
是我们看作德性的品质特性——尽管判断会是错误的。戴弗这里讲的
是我们对德性的认识和认定可能发生错误。她由此就德性与认识关系
得出了一个更一般性的结论，即"我们对世界知道得越多，我们就会
越少犯错误"。③

戴弗的这种看法对于我们正确看待认识对判断和运用德性的作用

① 〔古希腊〕亚里士多德：《政治学》，吴寿彭译，商务印书馆，1965，第384页。
② 〔古希腊〕亚里士多德：《政治学》，吴寿彭译，商务印书馆，1965，第385页。
③ Julia Diver, *Uneasy Virtue*, Cambridge：Cambridge University Press, 2001, p. 84.

是具有重要启示意义的。如果顺着她的思路进一步做深入和拓展性思考，就会发现，认识对于在德性及其运用方面做出正确判断具有多种重要意义。

一种品质是不是德性品质要由认识来识别。人类的品质可能有不同的特性，特别是人类有史以来积累了不少品质特性。人们可以通过学习或环境熏染了解各种不同的品质特性。在这些特性中有些是德性，有些是恶性，也有一些中性的特性；有些在历史上是德性，而在今天已经不是德性，有些过去不是德性而现在又成了德性。因此，人们面对的品质情形是相当复杂的。在这种情况下需要人们通过认识对在今天哪些品质特性是德性做出正确的判断，如果不能做出正确的判断，那就会将不是德性的品质当作德性，从而在德性修养方面导致严重后果。当然，在教育和传媒十分发达的今天，人们可以通过多种途径了解哪些是德性哪些不是，但即使如此，也仍然需要通过个人自己的认识做出判断。因为教育也好，传媒也好，所提供的东西都是普遍化、一般化的，并不一定适合特定的个人。在社会提供的各种可供选择的德性要求面前，人们还需要通过自己的认识根据自己的实际情况做出判断和选择。更重要的是，社会的情况非常复杂，它在给我们提供各种正确的德性要求的同时，也给我们提供了各种不正确的甚至恶性的品质情形，这些情形可能比正确的德性要求更有影响力，可能使人产生迷惑。在这种情况下，更需要人的正确认识做出正确的德性判断。没有认识做出判断，我们的德性修养就丧失了依据。没有正确认识做出正确的判断，我们德性修养的依据就会发生错误。

在一些特殊情境中要通过认识判断在什么情况下运用我们的德性。现实生活的情形是复杂的，并不是所有的德性在所有的情境中运用都是正确的，都会产生有利的后果。这里就存在着戴弗所说的"在怎样确定德性的结果是什么的过程中存在着的认识论难题"。不只是戴弗所说的慷慨，还有很多德性在运用时都存在着这样的难题，如诚实、善良、正直、勤劳、节俭等。可以说几乎所有具体的德性要求都存在着如何合适运用的问题，不合适的运用就会导致消极的后果。一般来说，在情境大致相同的情况下，德性会作为无意识动机发生作用，但是，如果情境发生了变化，就存在着在这种情形中某种相关德性运用不运用、运用到什么程度的问题。这就需要认识做出正确的判断，需要以这种正确判断为依据做出适当的选择。戴弗是一位功利主义者，她更多的是从德性运用的功利结果考虑。实际上，在德性运用的过程中，还有其他因素要考虑，如社会意识形态、法制、人们的心理承受力、文化传统等。不过，无论要考虑的因素有多少，都要通过人的认识活动来完成。在特殊情境中，没有深思熟虑，德性的运用就有可能发生问题，不只是会导致功利的消极后果，还可能导致其他方面的消极后果。互利一般来说肯定是一种德性，但也需要看场合和对象。在我国当前许多父母不顾一切地为子女着想的氛围中，强调父母对子女要运用互利的德性可能就很不现实，有的父母可能因为有这样的想法而感到羞耻。在这种情况下，就需要对德性的运用做出正确的判断。

在德性发生冲突的情况下，要根据认识做出正确的判断和选择。在人的德性结构中，有不少德性要求存在着矛盾甚至冲突的情况，如自重与关怀的德性就是如此。自重是一种关心、珍视、爱护自己的德性，而关怀是对别人的关心、珍视和爱护。两者之间可能是一种反比关系，自重多一点，关怀就少一点，反之亦然。在关怀中还存在对亲人、熟人关怀与对陌生人关怀的矛盾和冲突问题。一般来说，有智慧的人会着眼于人更好地生存发展整体观照地处理这些矛盾和冲突。但是，在实际的情境中，还需要人们的认识做出正确的判断并在此基础上根据智慧的要求做出适合的选择。在这里认识的判断和选择活动仍然是极其重要的，没有认识的作用，人们是不可能正确处理这些矛盾和冲突的。

　　认识对于德性判断的以上这些方面的作用是贯穿于人生始终的。人在实际生活中总会面临着社会德性要求变化的问题，面临着德性在不同情境运用的问题，面临着不同的德性要求的矛盾冲突问题，因而人生始终都面临德性的判断和选择问题。在这整个过程中认识都发挥着重要作用。琳达·扎格则波斯基曾对与行为相关的道德概念做出了以下定义："一个正当行为是一个为德性动机所推动并且作为德性之人会具有的对特殊情境的理解的人，在类似的环境中可能做的行为"；"一个不正当行为是一个为德性动机所推动并且作为德性之人会具有的对特殊情境的理解的人，在类似的环境中不会做的行为"；"道德责任是一个为德性动机所推动并且德性之人会具有的对特殊情境的理解的人，在类似的环境中会做的行为。那就是说，某事是一种义务当且仅当不做它是不正当的"。① 从她的定义看，无论是就正当不正当行为而言，还是就道德义务而言，她都不仅强调是否出于德性的动机，而且还强调对行为情境的理解。显然，这种理解就是认识问题。

　　这里存在着认识与智慧的关系问题。从认识的角度看，智慧是一种特殊的认识能力，特别是辨别善恶并做出正确选择的能力。有智慧的人会运用智慧进行认识活动，根据智慧的要求做出判断和选择，因而更有可能做出正确判断和选择。扎格则波斯基说："一个正当行为整个说来是一个具有实践智慧的人在类似的环境中可能会做的行为。一个不正当行为整个说来是一个具有实践智慧的人在类似的环境中不会做的行为。一种道德责任整个说来是一个具有实践智慧的人在类似环境中会做的行为。"② 没有智慧的人也要做出德性判断和选择，只是在判断和选择的过程中没有智慧可以运用，甚至根本没有智慧的意

① Linda Trinkaus Zagzebski, *Virtues of the Mind: An Inquiry into the Nature of Virtue and the Ethical Foundations of Knowledge*, Cambridge：Cambridge University Press, 1996, p. 235.

② Linda Trinkaus Zagzebski, *Virtues of the Mind: An Inquiry into the Nature of Virtue and the Ethical Foundations of Knowledge*, Cambridge：Cambridge University Press, 1996, pp. 239-240.

识，因而更有可能做出错误的判断和选择，以至于作恶。在苏格拉底看来，真正知道善恶的人即具有善恶知识的人必然行善，而作恶者皆因无知即缺乏善恶知识。有智慧的人就是知道善恶并必然行善的人，"凡人之善在于他有智慧，凡人之恶在于他不智"。[①]

二　认识对德性养成的作用

人的德性形成过程可大致上划分为三个阶段：（1）前反思阶段，即人出生后开始形成德性到对所形成的德性进行反思前的阶段。这个阶段的特点是对德性及德性的形成基本上没有反思，德性的形成主要是自发的。这个阶段一般十多年，如果一个人在德性形成方面始终没有进行反思，那么这个阶段就是一个人从生到死的整个过程。（2）反思阶段，即对所形成的前反思德性进行反思。这个阶段的特点是对此前所形成的德性进行反思并在反思的过程中对此前形成的德性进行确认和调整，形成基本德性。这个阶段的德性形成是自觉的，真正意义的德性养成过程是从这个阶段开始的。所谓德性养成，就是自觉进行德性修养。因此，此前的阶段由于没有自觉进行德性修养而不能称为德性的养成过程。这个阶段时间一般不很长，通常在大学期间。（3）后反思阶段，即在形成基本德性的基础上养成新的德性，并使德性逐步完善。这个过程的特点是根据更好生存的需要对德性进行补充和提升，使之趋于完善。这个过程是人自觉进行德性修养的长期过程，大致上从 25 岁前后开始一直到生命终止。在德性形成的三个阶段，人的认识都具有重要作用，而在前反思阶段，认识的作用更为突出。

在前反思阶段，认识对于德性形成之所以尤为重要，主要是因为在前反思阶段，人的观念、知识、能力尚处于形成阶段，它们对德性形成的作用十分有限，人的德性形成主要以人的认识活动为基础。从

[①]　Plato, *Laches*, 194d.

接受学校教育的角度看，前反思阶段大致上是人上大学前的阶段。在这个阶段，人的所有观念几乎都处在一个从无到有的过程，即使形成了一些观念也不确定、不定形。这样，观念包括道德观念对德性的前提作用十分微弱，人们还不是自觉地以道德观念为前提进行德性选择的。在这个阶段，人的知识也都在从无到有地积累，知识不是系统丰富的，尤其是不具备德性知识，也缺乏知识的经验基础。德性知识的缺乏和其他知识的局限，使人们不可能主要根据知识养成德性，知识对德性形成的影响力很有限。这个阶段的人的能力也处于形成的基础阶段，主要是智力处于形成过程中，专业能力和技能基本上没有提上议事日程。能力的这种状态也限制了能力对德性的作用，不少与专业能力和技能相关的德性还未开始形成。由于观念、知识和能力的影响力有限，因而在前反思阶段，人的德性形成主要依赖于人的认识，人在认识的过程中，特别是在学习理解的过程中，将与德性有关的认识内容自发地转化为德性，从而形成德性。

前反思阶段大致可划分为学前阶段、小学阶段和中学阶段。在不同阶段，认识对德性形成的作用方式是不同的。

在学前阶段，孩子的认知、评价和理解的能力和活动都十分有限，孩子的认识主要通过两种方式对他们的德性发生作用。一种方式是通过接受大人（家人、幼儿园教师和其他成人）的教导（如命令和说服）形成德性。比如，父母、幼儿园教师要求孩子诚实，在他们的要求下，孩子可能逐渐形成诚实的德性。这种方式其实是一种理解的方式，也就是通过理解大人的话来按大人的要求做。另一种方式是通过模仿大人（主要是家人）形成德性。孩子通过自己的观察感知到大人的行为而模仿大人。例如，大人在一些危险的场合总是很勇敢，孩子也会像大人一样在危险的场合勇敢面对，从而形成勇敢的德性。在这两种方式中，模仿的作用可能更大，大人的榜样作用对孩子有潜移默化的影响。这种方式是一种直接的认知方式。

　　小学阶段的情形就要复杂一些。这时孩子有了一定的认知、评价和理解能力和自主活动。特别是这时孩子学习的内容已经不只是来源于大人和教师，还有书本。在这个阶段，除了学前的两种认识方式（理解和认知）外还有评价的方式，而且理解的文本也不只是大人的话，还有书本中的知识，认识的对象也不只是大人的言行，还有更多同学的言行以及外界的现象。所有这些认识都会对孩子的德性产生影响。这时，孩子可能不再只是听命于大人，而且也不再简单地模仿他人，也可能服从书本中的知识，按书本中的要求行动，并形成习惯。由于认识的内容更丰富且有了一定的深度，他们会在一些对立的言行之间做出选择。例如，父母要求孩子诚实，但孩子看到其他大人、同学都不怎么诚实，他也可能不听大人的，而按他周围大多数人的做法行事。父母要求孩子只管自己不管他人，而孩子从书本的内容中了解到要关心他人，他可能按书本的要求去做。

　　到中学阶段，学前阶段的那种听命和模仿的认识方式已经变得非常次要了。这时孩子不仅有了较强的认识能力，认识的内容大大丰富，而且有了较强的自主性，在较高程度上有了自己的意愿和意志。他们直接认知的对象和内容丰富了，他们理解的范围和深度都大大增加，他们有了自己的评价能力和评价标准，更重要的是，他们开始有了一定的反思能力。在这种情况下，他们的认识能力和活动对德性形成的作用更大，他们不再完全听命于大人，也不完全听命于理解，开始根据自己的判断有选择地行动并在此基础上形成德性。成熟较早的孩子已经开始进入德性形成的反思阶段，即使没有完全进入，也为进入做好了准备。同时，孩子开始有了一些观念和较丰富的知识，智力也开始趋向成熟。这些因素对德性形成的作用更为明显。

　　从中学阶段的后期到大学毕业前后大约 5 年至 10 年的时间，人在正常情况下会经历一个德性形成的反思时期。导致人们对自己在前反思阶段形成的德性进行反思的主要原因有两个：一是所形成的德性与生活现实不一致甚至冲突；二是主要受哲学（特别是伦理学）的影响而对人生包括已形成的德性进行反思。这两个原因可能单独起作用，也可能协同起作用。一般来说，受哲学影响所引起的反思更自觉、更系统、更深刻。

人们在中学毕业以前所形成的德性从总体上讲是按照大人们的要求、社会的要求形成的，而这些要求一般来说是与社会意识形态、主导观念所倡导的相一致的，但并不是人们实际信奉的，也不一定是学者们主张的。尽管师长、书本告诉孩子们应该这样做，而实际上大人们自己并不一定这样做，甚至完全相反。例如，父母一般都告诉孩子要诚实，要学好，但父母本人可能很不诚实，是个歹毒的坏蛋。学校鼓励学生见义勇为，而现实生活中良知麻痹的现象屡见不鲜。这样，当学生走出中学校门后，无论是走向社会还是进入高校都会感到所接受的道德教育以及在这种道德教育影响下初步形成的德性与现实社会存在着巨大的反差。直接走向社会的人很快就会观察到这种不一致，进入大学的人也会因为大学比较开放、大学生与社会有更多的接触以及大学生可以获得更多社会现实生活的信息而对这种不一致有较多的了解。在这种不一致面前，人们会面临着选择，而这种选择会引起人们对过去接受的道德观念、所形成的德性进行反思。这种反思的过程就是我们前面所说的对过去形成的德性以及道德观念进行比较、甄别、判断、选择，并在选择的基础上进一步寻找理由、试错和确认的过程。这个过程也可以说是由反思引起的过程。经过这个过程所保留下来的德性就是经过了智慧洗礼的德性。这种德性一般是比较自觉的、可靠的。不过，需要特别指出的是，这个反思的过程并不一定都是积极的，也很可能在这个过程中屈从现实，而将真正的德性抛弃掉了，而选择了某些恶性。不过可以肯定的是，经过这个过程保留下来的德性是更可靠的。

如果在进行这一过程的同时接受了良好的哲学教育，特别是接受了良好的伦理学教育，人们的这个反思过程会更自觉、更系统和更深刻。因为哲学和伦理学是生存智慧之学，而且反思和批判是其基本方法，学习了哲学可以掌握这种方法，而将这种方法运用于人生就会引起对人生包括德性的反思。同时，哲学特别是伦理学可以告诉人们各种德性理论，这些理论可以引起人们对自己德性的反思，而且可以为自己反思、批判和重构德性提供依据和理由。当然，这种哲学只有通过接受良好的哲学教育才能掌握。所谓接受良好的哲学教育，是指人们所学习的哲学不是某一种哲学，而是多种哲学，是哲学史积淀下来的各种经历史检验证明是有价值的哲学。人们只有在这种哲学的百花园中才能找到真正适合自己的精神食粮，才能找到正确的德性理论，才能掌握哲学的基本精神。如果只接受一种唯我独尊的哲学的教育，其结果有可能是无益甚至有害的。

后反思阶段也还会有德性的反思活动，但已经不是主要的。在后反思阶段，人们还会根据生活的新变化、新要求不断养成新的德性。例如，大学毕业参加工作后，要养成一些与职业、专业有关的德性；人在结婚组成家庭后要养成夫妻生活所需要的德性；人退休后要养成与老年生活相适应的德性。这种德性养成与反思前的德性形成之间的最大不同是，它一般都是以反思和智慧选择为前提的，因而是更自觉的、更可靠的。在后反思阶段，认识对德性的养成也具有重要作用。人们要根据生活的新变化、新要求养成德性，首先必须认识到这种德性养成的必要性，要理解所要养成的德性，要对如何养成这种德性进行设计和实践。所有这些方面都离不开认识。在这个阶段，人的观念、知识和能力都会发生作用，但认知、评价、理解、推理、构想和反思等认识活动仍然具有重要意义。例如，一个人参加工作后，他就面临着对养成职业德性的重要性的认识，要对职业所要求的德性有一定的理解，要对养成什么样的职业德性进行选择，要对怎样养成所选择的职业德性进行设计。这些活动无疑都是认识活动，没有认识活动，养成职业所需要的德性是不可能的。

从前面的分析可以看出，反思在整个德性形成特别是在德性养成的过程中具有关键性的作用。严格说来，只有经过反思洗礼之后的德性才是真正的德性，而没有经过反思洗礼的德性只是善的习性。我们在前面说过，反思本身是一种认识，对德性的反思是以已形成的德性为对象进行的认识。既然对德性的反思是一种认识，而这种反思对于德性养成至关重要，那么也可以由此更深刻地理解认识对于德性的极其重要作用。

三 认识对德性维护和完善的作用

米尔格拉姆实验表明，已经形成的德性经常会面临挑战和冲击，德性如果不经常进行维护，就有可能在面临挑战和冲击时被放弃或发生变形，导致德性不再存在甚至变成恶性。

在德性维护方面，认识的重要作用主要表现在三个方面：一是认识可以使人们意识到德性可能遇到挑战和冲击的可能性，为德性可能面对的挑战和冲击做好思想准备。人是有意识的动物，意识到可能遇到的风险对于防范和化解风险意义重大。当人们意识到德性可能遇到风险时，就会对风险保持警醒，不会在真正面临风险时不知所措。二是经常对自己的整体德性或某种德性的重要性进行重新认识，可以有意识地强化德性意识，自觉地坚守和巩固德性。当人们意识到德性可能遇到挑战和冲击而又充分认识到德性的重要性时，他们就不仅会对挑战和冲击有清醒的意识，而且会做应对的准备，当挑战来临时就能有条不紊地从容应对。三是对自己的德性经常进行反思可以不断做出德性判断和选择，使德性适应不断变化的生活的新要求，从而使之始终保持青春和活力，不断提高德性的耐冲击力和应对挑战的韧性。

认识对于德性完善也具有重要作用。德性的完善是指通过修养使所形成的德性达到更高的水准。德性只有经过修养才能达到更高的水准，达到理想的境界，这种理想的境界就是通常所说的德性高尚，或不如更准确地说，就是德性完善。这里所说的高尚并不是指通常所说的高度，而是指水准高，即整体上达到了较高的层次。人的一些德性是不存在不同高度的。例如，诚实这种德性，我们不好说它有高低层次之分，相反，过分诚实可能就不是一种德性，而是一种傻。德性完善是指德性具有完整性、适宜性、坚韧性。完整性是指一个人的各种德性是完备的、一致的、协调的。完善德性不能是残缺不全的，不能是自相矛盾、相互冲突的。适宜性是指德性与德性具有者的实际情况相适宜。例如，一个普通人也许就不需要那种"先天下之忧而忧，后天下之乐而乐"的政治家德性。与具有者不相适宜的德性也许看起来高尚，但却像杀龙的技术一样没有用武之地。坚韧性是指德性整体上具有耐冲击的韧性，不会轻易改变，特别是不会在外在的压力下不自主地改变。一般来说，未经修炼的德性是脆弱的，只有经过不断涵养锻炼的德性才会炉火纯青、出神入化。

完善的德性是通过德性的完善过程获得的，而德性的完善过程就是德性扩展和提升的过程，即德性修养的过程。在这个过程中，认识同样具有重要作用。德性修养是以反思为前提的。一个人要进行德性修养首先得了解自己的德性状况，也就是要进行德性反思，只有通过反思他才能认识到自己的德性还存在着哪些不足和问题，才会意识到进行拓展和提升的必要性。这种反思当然是一种认识活动。德性修养要以对德性完善的重要性认识为前提。一个人发现了自己的德性存在不足和问题后，还得进一步认识到改进和完善自己的重要性，这样他才会去进行德性修养。如果一个人明知自己的德性不完善，但并没有意识到进一步完善的必要性和重要性，他就会满足现状，得过且过。德性修养也需要明确方向和目标，而明确方向和目标需要进行价值比较。不同的人德性完善的方向和目标并不相同。一个想要完善德性的人需要确定自己完善的方向和目标，而要如此，就需要对自己的德性状况有清楚的认识，也需要了解可能完善的方向和目标，并在此基础上进行比较，为做出选择和决定提供依据。这些活动都是认识活动。德性修养还需要设计。一个人明确了德性完善的方向和目标之后，还需要对自己怎样达到目标进行谋划和安排，这是一个认识的构想活动。设计是否正确、合适，直接关系到德性修养的目标能否实现。

第三节　德性对于认识的意义

德性作为一种心理定势是认识活动的一种重要"前见"，对于认识活动具有重要意义，是正确认识的重要前提。这种作用常常是隐性的，不进行反思人们难以觉察。德性对认识具有正确定向、提供动力和承担责任三种意义。

一　德性使认识向善

人的认识作为一种有意识的活动是有目的的。它在总体上有某种倾向，有某种终极指向和善恶取向（价值取向）。潜藏在意识之后的终极指向和善恶取向是与人的品质有关的，是人的品质这种心理定势规定的。人的品质有德性与恶性之分，因而人的认识活动的指向和取向也有正确与不正确之分。德性的品质能给人的认识以正确的指向和取向，而恶性的品质会给人的认识以错误的指向和取向。德性之所以能给认识以正确的指向和取向，是因为德性是以人更好生存为终极指向、以正确的道德观念为前提、经过道德智慧选择养成的心理定势和行为习惯，是使人的一切活动向善的意向。

德性对认识活动的定向意义主要体现在我们出于什么目的去认识方面。我们在日常生活中几乎每时每刻都在进行着认识，我们一般不会随意地去认识，而是出于某种目的去认识，就是说，一个人进行某种认识是为了达到某种目的。人们的认识目的决定着人们认识什么对象或文本，决定着我们做出什么样的选择，决定着我们的计划以什么为取向。人们认识的目的表面看来是由当时的需要和情景确定的，但这种目的背后存在着品质这种心理定势的先在定向作用。这种定向作用不一定能在每一认识所包含的目的中体现出来，但如果我们审视一个人所有认识的目的，就可以觉察到这种品质的定向作用。一般来说，德性之人总是出于同时有利于自己、他人、群体和环境的目的进行认识，其结果通常也都会同时利己、利他、利群或利境的，相反，一个恶性之人则不会这样。恶性之人的认识的目的在很多时候可能只是利己的，这种利己不是同时利他、利群、利境的，甚至是以损害他人、群体或环境为代价的。

德性对于认识目的的这种定向作用尤其体现在构想这种认识中。就构想而言，它的目的可能有两种情形：一是要形成使所做出的选择付诸实施的方案或计划；二是为了实现某种目的从事创作或创造，如构思一个文艺作品，构思一部哲学著作，设计一个宇宙飞船等。就前一种情形而言，关键是所做出的选择是不是道德的。一个德性之人不仅不会做出不道德的选择，更不会为某种不道德的选择或决定做方案或计划。就后一种情形而言，则存在着一个目的的定向问题。一个德性之人一般总会出于同时利己、利他、利群和利境的目的去构想。我们很难想象德性高尚的鲁迅先生会去写一些诲淫诲盗的小说，而今天众多为了个人私利而不断制造文化垃圾和"毒品"的文化人可能就是一些品质有恶性的人。

德性对通过什么途径和使用什么手段进行认识也有定向意义。近年来，一些国家出现了比较严重的学术腐败问题。这些问题的出现给我们提出了一个研究者通过什么途径获得研究成果的问题：是通过正当的方式还是通过不正当的方式进行研究？这就涉及认识活动途径的选择问题。德性对于人们认识活动途径和手段的选择具有正确定向的意义。德性会使人们有一种道德地选择认识的途径和手段的倾向或意向。这种倾向或意向会潜在地阻止人们选择以不道德的途径或手段从事认识。一个有德性的科学家是不会像日本 731 部队那样以活人做细菌战、生物战实验的；一个有德性的学者也不会去搞学术腐败，因为学术腐败是以不正当途径从事学术活动的。那些搞学术腐败的人，那些以不正当途径或手段从事认识的人，其德性程度不同地存在问题。

二 德性为认识提供动力

尽管人的认识随时随地发生，但认识的价值和意义有很大的差别。读一本专业书籍是一种理解活动，看一部电视连续剧也是一种理解；到风景区观光是认知，在实验室进行观察也是认知。这些活动都是认识，但意义不同，价值差别很大。看电视剧、观光有消遣休闲的意义，读专业书籍、进行实验观察有提高专业水平和出科研成果的意义，但在普通人看来，后者一般要比前者更有价值。这里衡量价值的标准主要是所进行的认识是否更有利于认识者及相关者更好地生存。社会要发展，人类要生存得更好，总是需要人们更多地从事那些更有价值的认识。然而，认识的价值是与认识的难度成正比的，认识的价值越高其难度就越大，而难度越大的认识越需要人们付出更多的劳动。但是，有些人愿意从事那些不难、不辛苦甚至能带来快乐的认识。为此，就要推动和激励人们更多地去从事那些价值大而难度也大的辛苦认识。

推动和激励人们从事更有价值的难度更大、更辛苦的认识的因素很多。社会可以给从事这样的认识的人更多报偿，如给予更高的工资、更高的荣誉或社会地位等。这种推动和激励的手段是今天社会最常用的似乎也是最有效的手段。我国就给那些从事最有价值、最难、最辛苦的科技认识并卓有成就的科学家和专家以"中国科学院院士"

或"中国工程院院士"称号。一旦获得这样的称号，科学家或专家就有了金钱、名誉、地位。这种推动和激励有一个明显的问题，那就是社会的金钱、名誉和地位都是紧俏资源，不可能让所有人或多数人都占有这种资源。不用说院士，即使是科学家、教授、高级工程师以及其他各种高级职务也是非常有限的，一个社会不可能以这些有限的资源作为手段普遍推动和激励人们去努力从事那些价值大、难度大、辛苦的认识活动。推动和激励人们普遍地去从事那些价值更大、难度更大、更辛苦的认识持久有效的因素或手段应该是德性，德性可以给人们从事这样的认识提供强大动力。

德性能使人们具有从事更有价值的认识所需的吃苦耐劳、不畏艰难的精神。许多更有价值的认识需要人们具有刻苦努力、任劳任怨、持之以恒精神。一项科学研究可能需要科学家数年的艰苦努力才能完成，一项巨大工程可能需要设计师绞尽脑汁才能设计出来，即使是写一篇有价值的学术论文，也会给人平添些许白发。从事有价值的认识是一种艰苦的劳动。德性能使人具有这种吃苦耐劳、不畏艰苦的精神。一个德性之人会出于自己、他人和组织生存得更好的终极指向而具有更高的精神境界，能清楚地意识到从事有价值的认识所具有的重要意义，从而积极主动地努力从事这样的认识，以获得有价值的认识成果。同时，一个德性之人具备勤劳、刚毅这样一些优良品质，这些品质也使他们在从事认识中习惯于勤奋努力，不怕苦、不怕累。德性体现的吃苦耐劳、不畏艰难的精神比出于某种利益动机所产生的同样的精神更持久、更能经受住困难的考验。只有德性之人才会在任何情况下不计较个人得失，坚韧不拔地从事那些有价值的艰苦认识，德性也能使人们锐意进取、勇于创新，不断探索更有价值的新认识领域。人一辈子能从事几件真正有意义的认识活动已经很不容易，而要一个人不满足现状，在可能的情况下不断拓展和深化有价值的认识更是困难。德性对于认识的一种重要的动力意义就在于：德性之人始终会谦虚谨慎，虚怀若谷，把新的认识作为新的起点，不断进取创新，争取更大的认识成果。利益也可以给人们进取创新提供动力，但这种动力是以获得利益为前提的，一旦认识不能获得所要求的利益，这种动力就可能衰退。在对认识的选择上，出于利益动机的人也会以获利多少和快慢为条件，选择那些获利多和快的。这是我国现阶段科研、学术等认识活动普遍存在着急功近利问题的根源。与出于利益动机不同，出于德性从事认识活动的人是心理定势和行为习惯使然，是人自发的意向或倾向，因而不会以获利多少、快慢为条件和取向。一个具备进取、创新等品质的人，他在认识上的进取创新是习以为常的。如果人们普遍具有进取和创新这样一些德性，科学技术和学术研究领域急功近利和学术腐败现象也许会少许多，也不会有那么多的政绩工程、豆腐渣工程。

德性还能使人们在从事有价值的认识活动的过程中正确处理个人与他人、组织的关系。越是困难、复杂的认识所涉及的方方面面的关系越复杂，其中最直接的就是合作的问题。如果说利益动机尚可解决个人从事困难、复杂活动所需要的精神和动力的话，那么可以说利益动机常常是从事这样的认识的团体不合作、不团结的根源。目前，在各种科学技术和学术研究领域，团队合作的问题十分突出。大学的一些教授从事研究，宁愿让研究能力差的研究生参与，也不愿意与有能力的同事合作。研究者缺乏德性特别是缺乏合作德性是我国目前科学技术研究方面最突出的问题之一，养成合作德性则是解决我国目前科学技术研究由于过强的利益动机导致的不合作问题的根本出路。一个德性之人会出于互利、合作、公正等德性的要求处理与他人的关系，不会过分计较经费多少、排名先后，而会以互利共赢为前提分工协作，会公平合理地分配合作者的利益。因此，具有德性，特别是互利、合作、公正等德性是处理好认识过程中的人际关系的关键。

三 德性替认识负责

人们日常的认识一般没有多少责任问题，但一些重大的认识就存在着对活动本身负责、对活动相关者和对活动的社会后果负责的问题。近几十年来，克隆研究成为人们普遍关注的问题。假如克隆技术可以用来生产"克隆人"，可以用来"复制"人，对人类来说，这种技术是悲是喜，是祸是福？即使克隆技术不被用于"复制"像希特勒之类的战争狂人，而只是用于"复制"普通的人，也会带来一系列的伦理道德问题。如果按照"科学研究无禁区"的说法，那么，克隆人也是可以研究的。科学研究即使无禁区，也必须负起社会责任。实际上，不只是科学技术研究存在着责任问题，政府、企业、事业单位的重大决策都存在着责任问题，不仅存在着社会责任问题，而且存在着活动本身以及与之相关的责任问题，不仅存在着直接的、现实的、眼前的责任问题，还存在间接的、潜在的、长远的责任问题。

德性对于认识的一种重要意义正在于，德性之人会自觉地对所从事的认识活动负责并承担责任。负责是人的基本德性之一，负责这种德性会体现在人的各种活动中，包括体现在人的各种认识中。具有这种德性的人在从事认识，特别是重大认识的过程中，不仅会有很强的责任意识和责任感，会自觉地考虑认识活动及其成果可能产生的后果和影响，对于活动及其成果导致的不良后果勇于承担责任，更重要的是会出于责任感并以负责的态度进行认识。对于重大认识的责任，可以通过法制给予规定和保障，这当然是有效的。但是，人的许多认识的后果不是直接显现的，而是间接、潜在和长远的，特别是人们有可能利用认识后果的这种特点钻法制的空子。因此，仅仅靠法制为认识的责任提供保障是不够的，还需要诉求人们的德性。一个具备负责德性的人，他会自觉地不从事那些可能导致消极后果的认识，相反充分考虑认识活动及其成果可能产生的各种消极后果，并努力避免这种后果，不会钻法制的空子。

第四节　德性认识论述评

近年来，在西方出现了一种新的认识论研究方式，这种研究方式被称为德性认识论（Virtue Epistemology）。德性认识论通过对理智德性概念的研究和阐发进一步突出了德性在认识中的地位和作用，其中有不少思想是有启示意义的。

一　德性认识论概述

德性认识论是新近给认识德性或理智德性概念以一种重要而根本作用的研究认识论的方法的总称。德性认识论主义者可以划分为两个阵营：德性可靠主义者（Virtue Reliabilists）和德性负责主义者（Virtue Responsibilists）。德性可靠主义者将理智德性设想为稳定的和可靠的认识能力，并引证视觉、内省、记忆等作为理智德性的范例。他们特别关注以德性为基础对知识或辩护理由做解释。德性负责主义者则将理智德性设想为良好的理智品质特征，这些特征包括聚精会神、公平和开放的心态、理智的具有和勇敢等。有些德性负责主义者也试图以德性为基础对知识或辩护理由做解释，另一些德性负责主义者则对知识或辩护理由这一传统问题不感兴趣而特别关注像有德性的理智品质的本性和价值、理智德性与认识责任的关系、理智德性与理智生活的社会方面的相关性等问题。

德性认识论的兴起与德性伦理学复兴有直接关系。[①] 欧内斯特·

---

① Cf. Roger Crisp and Michael Slote, eds., *Virtue Ethics*, Oxford: Oxford University Press, 1997.

索萨（Ernest Sosa）于 1980 年在一篇题为《木筏与金字塔》的文章
中最早将理智德性的概念引入当代认识论的讨论。他论证说，对理智德
性的诉求能解决基础主义者与一致主义者在认识的确证（justification）
的结构问题上的冲突。自这篇文章发表以来，一些认识论主义者已经
转向用理智德性概念研究广泛的问题，从葛梯尔问题到内在主义、外
在主义与怀疑主义之间的争论。

在各种德性认识论观点之间存在着实质性的复杂差异，很难通过
一般化的方式阐述德性认识论的中心原理。这种差异主要可归结为关
于理智德性本性的两个有争论的概念。索萨以及某些其他德性认识论
主义者倾向于将理智德性定义为任何一种稳定和可靠的或有利于真理
的性质。他们引述某些像视觉、记忆、内省的认识能力作为理智德性
的例证，因为这样的能力平常特别有助于获得真理。这些认识论主义
者主要关注以德性为基础建构对于知识和辩护理由的分析。他们中有
人论证，知识应大致上被理解为由理智德性的运用所获得的真信念。
由于与标准的可靠主义认识论十分相似，因而这些观点被看作"德性
可靠主义"。

自从理智德性的概念被引入当代认识论后，在把理智德性设想
为可靠的认识能力方面，应首推索萨。他把理智德性的特征非常一
般地概括为"必定有助于使人们的真理超过错误的余额最大化的性
质"。① 他认识到，只就有限的命题领域而言并且只是在某种环境
中、在某些条件下操作的时候，任何给定的性质可能有助于获得真
理。他也提供了以下更精制的特征：一个人具有相对于环境 E 的理
智德性或能力，当且仅当一个人具有这样的内在本性 I，即凭借它
一个人会在某个命题领域 F 在某些条件 C 下最大程度获得真理和避

---

① Ernest Sosa, *Knowledge in Perspective*, Cambridge：Cambridge University Press, 1991,
p. 225.

免错误。① 索萨将理性、知觉、内省和记忆算作最明显的满足这些条件的性质。

索萨在《木筏与金字塔》中主要诉求理智德性解决基础主义（foundationalism）与一致主义（coherentism）关于认识的辩护理由的结构的争论。在他看来，传统对基础主义和一致主义的阐释都是有致命缺点的。一致主义的主要问题在于它没有对经验给予足够的重视。一致主义主张，一种信念只是在它与一个人的其他信念相一致的情况下才被证明是得到辩护的。但是，有可能存在这样的情形，即一个信念满足这个条件然而是与一个人的经验没有关系的甚至相冲突的。在这样的情形下，这种信念在直觉上是没有得到证明的，而这表明一致主义辩护理由的标准是不充分的。② 基础主义者认为，非基础的信念的辩护理由是从基本的或基础的信念派生的，并且后者可根据像感觉经验、记忆和理性洞察之类的东西得到证明。在索萨看来，基础主义必须对各种基础主义原则的表面统一性做出解释，正是这些原则使辩护理由的终极源泉与他们证明的信念关联起来的。但是，传统的基础主义似乎完全不能提供这样的解释，特别是当我们考虑存在着具有与我们极端不同的知觉或认识机制（因而具有与我们极端不同的认识原则）的生物可能性时如此。③

索萨简要地勾画了一种他认为可以提供所需要的解释认识的辩护理由的模式。这种模式将辩护理由描述为"分层的"（stratified）：它把初级的辩护理由归属于像感觉经验和记忆，而将次级的辩护理由归属于由这些德性产生的信念。根据这种模式，一个信念只是当它在理

---

① Ernest Sosa, *Knowledge in Perspective*, Cambridge：Cambridge University Press, 1991, p. 284.

② Cf. Ernest Sosa, *Knowledge in Perspective*, Cambridge：Cambridge University Press, 1991, pp. 184-185.

③ Cf. Ernest Sosa, *Knowledge in Perspective*, Cambridge：Cambridge University Press, 1991, pp. 187-189.

智德性中具有其源泉的时候才被证明是得到辩护的。① 索萨所提出的辩护理由的观点是一种基础主义的外在主义观点，因为一个信念在一种理智德性中有其源泉，因而不用内在地或主观地进入具有它的人就能被证明是得到辩护的。这个模式在理智德性的概念下，将认识的辩护理由的基础主义源泉整合起来，并为一个以理智德性为根据的信念为什么被证明是得到辩护的（即因为它们可能是真的）提供了一个统一的解释。因此，这种模式为基础主义认识论原则的统一性提供了一种解释。如果索萨对传统一致主义和基础主义观点的批评以及他自己的主张是可能的，那么，德性可靠主义就拥有了有效处理当代认识论中一个更具有挑战性并长期存在的难题的资源。

理智德性在约翰·格雷哥（John Greco）那里也被理解为可靠的认识能力，并被作为认识论的中心。他将理智德性一般化为有助于获得真理的"广泛的认识能力"。他尤其主张理智德性是能使一个人在某一相关领域达到真理和避免错误的内在的能力或获得的习惯。它们包括像知觉、可靠的记忆和各种类型的好的推理之类的东西。② 格雷哥提供了一种关于知识的解释，根据这种解释，人们只是在他们相信他们出于理智德性相信的一个给定命题为真的情况下才知道这个命题。③ 格雷哥对这个定义做了如下的阐发：首先，它要求人们在相信相关主张方面主观上被证明是得到辩护的。在他看来，人们在相信一个给定命题方面在主观上证明是得到辩护的，只是在这样的情形下才可能，即这种信念是由使人们相信它为真的时候表现出来的意向所产生的。他认为，运用理智德性会有这样的意向表现出来。其次，它要

---

① Cf. Ernest Sosa, *Knowledge in Perspective*, Cambridge：Cambridge University Press, 1991, p. 189.

② Cf. John Greco, "Virtues in Epistemology", in Paul Moser, ed., *Oxford Handbook of Epistemology*, New York：Oxford University Press, 2002, p. 287.

③ Cf. John Greco, "Virtues in Epistemology", in Paul Moser, ed., *Oxford Handbook of Epistemology*, New York：Oxford University Press, 2002, p. 311.

求人们的信念在客观上被证明是得到辩护的。这意味着人们的信念必定是由一种或多种德性产生的。再次，它要求人们相信关于刚才所说的主张是真理，因为人们相信这种主张是出于一种或多种理智德性的。

另外一些德性认识论主义者不是将理智德性设想为像记忆和视觉这样的认识能力，而是设想为好询问、公平心态、开放心态以及理智的细心、彻底等理智品质特征，而这些理智德性的特征被看作一个负责的认识者或探讨者的特征。这些以认识者的品质为基础对德性认识论所做的解释被看作"德性负责主义"。有些德性负责主义者采取了一种与德性可靠主义者类似的方法，在对知识和辩护理由的分析中给予德性概念一种关键的作用。例如，琳达·扎格则波斯基主张，知识是由她称为理智德性的行为产生的信念。另一些德性负责主义者，如罗莱因·科德（Lorraine Code），则避开传统的认识论问题。科德论证说，认识论应该以认识的负责性观念为取向，认识的负责性是主要的理智德性。然而，她并不试图基于这些概念提供关于知识或辩护理由的定义，但对像德性的认识品质的价值本身、理智生活的社会和道德维度以及探讨过程中行为者的作用这些主题给予了优先地位。德性负责主义至少在两个重要方面与德性可靠主义形成了对照。首先，德性负责主义者不是把理智德性看作像内省和记忆那样的认识能力，而是把理智德性看作注意力、理智的勇敢、细心和彻底之类的品质特征。其次，德性可靠主义者侧重于以德性为基础提供知识或辩护理由的解释，而一些德性负责主义者则看重追求与传统不同的认识论的方案。

最早将理智德性设想为品质特征的认识论作用的当代哲学家之一是罗莱因·科德。她主张认识论者应该更关注个人能动的和社会的认识生活维度，并试图推动和勾画这样做的认识论方法。她的方法的中心是认识上负责的观念，因为一个认识上负责的人特别有可能在她所说的具有优先性的认识生活领域取得成功。她主张，认识上负责是主要的理智德性，并且是"其他德性得以产生的"的德性。^① 这些其他德性包括开放心态，以及理智的开放、诚实和整体性等。她强调认识上负责应该是认识论的焦点，主张根据各种理智的品质考虑认识上负责的问题，并将理智德性看作在认识论中具有根本作用的概念。

科德所提出的认识论方法由于在内容和方法上的唯一性而与传统的认识论问题没有联系。但是，她把这看作一个优点。她相信，传统认识论的范围太窄，而且过分强调分析抽象信念的性质（例如知识和辩护理由）的重要性。她的注意力集中于认识的品质、选择在理智发达方面的作用、道德规范性与认识规范性之间的关系、理智生活的社会和公共维度。在她看来，其结果是更丰富的和更"人性的"方法。

第二位将理智德性理解为品质特征的当代哲学家是詹姆斯·蒙特马克特（James Montmarquet）。他认为，要使某些道德责任性的事例成为有意义的，必须诉求以德性为基础的信念的责任性概念。在他看来，主要的理智德性是认识的有良心（conscientiousness），其特征是达到理智生活的恰当目的的愿望，特别是对真理的愿望和对错误的回避。^② 他的认识"有良心"与科德的认识负责性非常相似。但是，蒙特马克特也指出对真理的愿望对于一个人具有充分的理智德性并不充分，并且与具有像理智的独断主义和狂热这样的恶性相一致。所以，他补充了规范这种愿望的三类德性：无偏私性（impartiality）的德性，包括对其他观念的开放性，与他人交换观念和向他人学习的意愿性，没有那些针对他人观念的妒忌和个人偏见，人们自己无过失的活力感等；冷静（sobriety）的德性，这是心态冷静的探讨者的德性，它是相对于真诚地热爱真理、对不熟悉的新观念的刺激有热情

---

① Lorraine Code, *Epistemic Responsibility*, Hanover, NH: University Press of New England, 1987, p. 44.

② James Montmarquet, *Epistemic Virtue and Doxastic Responsibility*, Lanham, MD: Rowman & Littlefield, 1993, p. 21.

的人而言的；理智勇敢的德性，包括设想和考察不同于流行信念的其他信念的意愿性，面对别人反对的坚持性和要求洞察这样的方案的决心。①

琳达·扎格则波斯基在她的《心灵的德性》中关于理智德性的论述是最彻底、最系统的。她明确地把理智德性看作品质的特征，并详细而系统地论述了德性的结构，认为德性（无论是道德的还是理智的）都是"一个人深刻的和持久获得的优秀"。② 她也主张，所有的德性都具有两个要素：动因的要素和成功的要素。因此，要具有理智德性，一个人必定为达到某种理智的目的所推动，并且肯定会在达到某种理智的目的方面取得成功。这种目的包括两类：一类是像真理和理解这样的终极的或最后的理智目的。在这方面她的解释与科德和蒙特马克特相似，因为她也把理智德性看作由从根本上说对达到某种理智的善的动因或愿望产生的。另一类是由最接近的或直接的德性之间存在着不同的目的构成的。这样，在扎格则波斯基看来，一个理智上勇敢的人是被推动去出于对真理的愿望坚持某种信念和探讨，并且在这样做时取得可靠成功的人。

德性可靠主义者和德性负责主义者都主张要有一种关于理智德性的精确观点，这种观点是以德性为基础的认识论应采取的。它们都诉求最先使用理智德性概念的哲学家亚里士多德，以支持他们的主张。德性负责主义者（如扎格则波斯基）认为，亚里士多德和其他道德生物学家把理智的品质特征看作与道德德性不同的东西，把这些特征看作理智德性是恰当的。针对这种观点，德性可靠主义者指出，无论亚里士多德的道德概念是什么，在他看来都是把理智德性更看作有益于

---

① James Montmarquet, *Epistemic Virtue and Doxastic Responsibility*, Lanham, MD: Rowman & Littlefield, 1993, p. 23.

② Linda Zagzebski, *Virtues of the Mind*, Cambridge: Cambridge University Press, 1996, p. 137.

真理的认识能力，而不是看作理智的品质特征。他们进一步主张，这些能力而不是德性负责主义者所说的品质特征在知识的分析中具有重要作用，因而可以更合情理地看作理智德性。① 然而，两者都重视理智德性的概念，都关注那些真正的、重要的理智优秀，并因而都把它们看作理智德性的特征。德性可靠主义者对作为获得像真理和理解这样的认识价值有效手段的认识性质感兴趣；德性负责主义者感兴趣的也是获得这些价值的手段，因为一个反思的、心态公平的、意志坚定的、理智上仔细和彻底的人，通常比那些缺乏这些性质的人更有可能相信那些是真的东西，更有可能达到对复杂现象的理解，等等。而且，一个人具有反思、心态公平以及理智、勇敢、顽强等品质，也是更好的人，在这种意义上（尽管是就理智而不是直接就道德而言的），这些性质是"个人优秀"。只是这些特征不适合像视觉、记忆这样的认识能力。这些认识能力在对一个人的整个理智福利（intellectual well-being）做出重要贡献的同时，并不使其具有者成为任何相关意义上更好的人。然而，德性负责主义者和德性可靠主义者同样关注真正的、重要的理智优秀，无论将两种特征中的哪一种看作理智德性。德性可靠主义者关注那些作为理智福利或发达的批评工具的特征，而德性负责主义者既关注作为达到理智发达的手段，也关注作为其构成内容的特征。

二　对德性认识论的评论

德性认识论以理智德性为基础对一些知识问题做出解释，这是一种新的尝试。亚里士多德虽然首次提出了理智德性的概念，并对理智德性的含义、要求（体现为德目）和意义做出了解释，但并没有建立德性认识论。德性认识论是当代认识论哲学家借鉴亚里士多德有关理

---

① Cf. John Greco, "Two Kinds of Intellectual Virtue", *Philosophy and Phenomenological Research* 60 (2000): 179-184.

智德性的资源建立的一个认识论分支。总体上看，德性认识论是一种认识论，而不是一种德性论。

德性认识论者所说的理智德性不是品质的道德性质或特征，即不是德性论意义上的德性，而基本上属于认识能力的性质或特征，在有些德性认识论者那里则是理智的良好品质（性质或特征），其中包括道德品质。如果我们把像稳定性、可靠性等认识能力的性质看作理智德性（德性可靠主义者的观点），那么人的情感能力的一些积极的、正面的性质就可以被看作情感的德性，人的意志能力的一些积极的、正面的性质也可以被看作意志的德性；而如果把理智的良好品质看作理智德性（德性可靠主义者的观点），那么观念的良好品质就可以被看作观念德性，知识的良好品质便可以被看作知识德性，理智（智力）之外的良好的专业能力品质和技能品质也可以被看作专业能力德性和技能德性。对德性概念做这样的理解应该说与古希腊对德性的理解比较一致。按照古希腊哲学家的理解，不仅理智有理智的德性，而且马有马的德性，刀有刀的德性。但是，这种理解过于宽泛，与今天伦理学界以及大众对德性的理解不一致，容易导致德性概念的混乱。因此，对德性做这种过于宽泛的理解还有待进一步讨论。

德性认识论的一些基本主张虽然存在着值得商榷之处，但给德性论的研究提出了一些值得考虑的问题。

首先，如何看待亚里士多德理智德性的概念和观点的问题。德性认识论者基本上是从亚里士多德的理智概念出发展开研究的，尽管他们的理解与亚里士多德不同，但他们对亚里士多德理智德性思想的重视值得我们思考。当代对德性的研究基本上撇开了亚里士多德的理智德性思想，这种做法可能隐含着对他的这一思想理解不够充分。在他的德性思想中，理智德性对于幸福来说意义比道德德性的意义更大。那么，他为什么如此重视理智德性的意义？理智德性存在吗？理智德性果真具有他所赋予的重要意义吗？这些问题需要当代德性论进一步研究。对这些问题做更深入的研究不仅可以更完整地理解亚里士多德的德性思想，还可以给当代德性论一些新的启示。

其次，当代德性论关注品质的道德方面，品质还存不存在道德方面以外的其他方面的问题。从德性认识论的研究看，德性认识论者所研究的德性应该是品质的道德方面以外的其他方面。古希腊哲学家一般也都把品质的好理解为优秀，即除了道德的方面，还包括其他方面。例如，古希腊的四主德中的第一主德"智慧"就不是道德意义上的。如果我们也像古希腊哲学家和当代德性认识论那样肯定好品质除道德的方面外还包括非道德的方面，那么，这些方面我们应称为什么品质？这些品质是否应该纳入德性论研究的范围？这两类品质是什么关系？这些问题也似乎值得思考。

再次，一些德性认识论者认为存在有德性的理智品质，如果这样，那么还有没有有德性的观念品质、有德性的知识品质、有德性的能力品质？还有没有认识活动、情感活动、意志活动、行为活动所需要的德性品质？如果这些问题存在，那么它们应该属于德性研究的范围。对这些问题的关注和研究可以为德性论研究拓展更广阔的空间。

第六章

德性与情感

德性与情感的关系十分复杂。人的品质主要是通过人的情感、态度和行为表现出来的，而情感对态度有直接影响，行为也在相当大的程度上受情感制约。"按照亚里士多德的解释，德性不仅在好的行为中得到表达，而且也在好的情感中得到表达。这种行为和情感都是品质在道德上值得赞扬的方面。"① 而且，有些德性与有些道德情感是一而二的，如自重、关怀从品质的角度看是德性，从情感的角度看又是道德的情感，即自重、关爱。因此，德性与情感的关系问题为德性论特别关注。

第一节　情感的本性

情感是一种复杂的心理现象和心理活动，不少学科都关注和研究情感问题，但对情感的理解见仁见智。

---

① Nancy Sherman, *Making a Necessity of Virtue*, Cambridge：Cambridge University Press, 1997, p. 24.

一　对情感的理解

在汉语中，"情感"一词与"感情"一词没有很严格的区别。"情感"既指"对外界刺激肯定或否定的心理反应，如喜欢、愤怒、悲伤、恐惧、爱慕、厌恶等"，也指感情。而"感情"指"对外界刺激比较强烈的心理反应"，也指"对人或事物的关切、喜爱的心情"。① 英语中的情形比汉语复杂，不仅情感与感情难以区分，而且表达情感、感情的语词有多个，如"feeling"（含义最广泛的感情、感受）、"emotion"（比较强烈的感情、感受）、"affection"（通常指喜爱的感情、感受）、"sentiment"（表达态度的感情或思想感情，情绪）、"passion"（强烈的感情，即激情）等。西方哲学所用的"情感"一词主要是"emotion"②。"emotion"在西方被认为是与感情（feelings）、思想（thoughts）和行为（behavior）有广泛联系的精神和心理状态，是与心情（mood）、性情（temperament）、人格（personality）和意向（disposition）相联系的主观经验。这个词与（feeling）大体同义，关于两者的关系，有这样一种解释：feeling 是对 emotion 的有意识的主观经验。在英语中似乎没有与"情感"和"情绪"明确对应的词，但在我国这两个词有较明确的区分。按杨清教授的解释，"情绪和情感都是人在进行各种活动的过程中所获得的一些主观体验，这些主观的体验也同样是人脑的产物。不过，情绪是和无条件反射联系着的，而情感却主要是和条件反射联系着的"。③ 我们这里对这两个词不加严格区别地使用。

---

① 参见《现代汉语词典》（第 7 版）"情感""感情"，商务印书馆，2019，第 1068、425 页。
② 也有些学者将这个英文词译为"情绪"，如张春兴、桑标等。参见张春兴《现代心理学——现代人研究自身问题的科学》（第 3 版），上海人民出版社，2009，第 329 页；约翰·W. 桑特洛克：《毕生发展》（第 3 版），桑标等译，上海人民出版社，2009，第 614 页。
③ 杨清：《心理学概论》，吉林人民出版社，1981，第 414—415 页。

西方哲学自古以来十分重视对情感的研究，柏拉图、亚里士多德、奥古斯丁、霍布斯、笛卡尔、斯宾诺莎、哈奇森、休谟等一大批哲学家都有关于情感的理论。近代以来，心理学开始研究情感问题，从科学的角度考察情感，把情感作为精神过程和行为，探讨作为其基础的心理学和神经病学过程。20 世纪以来许多学科都参与了对情感问题的研究，如精神病学将情感作为这个学科研究和治疗人的精神无序的组成部分，神经科学通过将神经科学与人格、情感和心态的心理研究结合起来研究情感的神经机制，语言学研究情感的表达怎样改变声音的意义，教育学考察情感在学习过程中的作用，社会学探讨情感在人类社会、社会模式和互动以及文化中的作用，人类学研究情感在人的活动中的作用；经济学的一些微观经济学领域为了评价情感对购买决策和风险知觉的作用而研究情感。

近代以来的情感理论有三种主要观点，即身体理论（或詹姆斯—兰格理论）、神经生物理论和认识理论。[1]

身体理论（Somatic theories）主张，身体的反应而不是判断是情感的本质特征。这一理论最早是由美国哲学家、心理学家威廉·詹姆斯于 19 世纪 80 年代提出来的。他在《情感是什么》（What Is an Emotion?）[2] 一文中论证说，情感经验主要是由身体变化的经验引起的。他认为，对身体变化的知觉就是情感，我们因为哭泣而感到悲伤，因为出击而感到愤怒，因为发抖而感到害怕，而不是因为我们悲伤、愤怒、害怕而哭泣、出击或发抖。这一理论得到了通过控制身体的状态引起一种所期望的情感实验的支持，这样的实验也被运用于治疗。丹麦心理学家卡尔·兰格（Carl Lange）在此前后也提出了类似

---

[1] Cf. "Emotion", in *Wikipedia, the Free Encyclopedia*, http：//en. wikipedia. org/wiki/Emotion; "Emotion", in *Stanford Encyclopedia of Philosophy*, http：//plato. stanford. edu/entries/emotion/.

[2] 该文发表在《心灵》（*Mind*）杂志 1884 年第 9 期上。

的理论。所以，这一理论也被称为"詹姆斯—兰格理论"。这一理论由于与人们的直觉相反而经常被误解。大多数人相信，情感引起特定的情感行为，如我因为悲伤而哭泣，或因为害怕而跑开。与此相反，詹姆斯—兰格理论断定，首先我们对一种情景做出反应（跑开和哭泣发生在情感之前），然后我们将我们的行为解释为一种情感反应。在这种意义上，情感是为我们解释和认识我们自己的行为服务的。这一理论在20世纪没有多少拥护者，但近年来又风行起来。

神经生物学理论（Neurobiological theories）认为情感是哺乳动物大脑的边缘系统中被组织的一种快乐或不快的精神状态。如果与爬行类动物的反应进行区别的话，那么情感就是一般脊椎动物的唤醒模式在哺乳动物身上所精巧化地体现的可见的身体运动、姿势、姿态，其中神经化学物质（如多巴胺）可以加速或减缓大脑的活动。在哺乳纲动物、灵长目动物和人类身上，感情被显示为情感和情绪。情感被认为是与大脑的区域的活动相关的，这些区域指导我们的注意、推动我们的行为和确定我们周围发生的事情的意义。早期神经生物学家认为，情感是与被称为边缘系统的大脑中心的一组结构相关的，这组结构包括下丘脑、有色带的皮质、海马状突起以及其他结构。近来一些研究表明，这些边缘系统中的一些结构不像其他结构那样与情感直接相关，而一些非边缘结构与情感有更大的相关性。

神经生物学理论有两种形式，即额叶前部皮质理论（the prefrontal cortex-theory）和体内平衡情感理论（homeostatic emotion-theory）。在额叶前部皮质理论看来，有大量证据表明，左额叶前部皮质能被引起积极进路的刺激物激活。如果有吸引力的刺激物能有选择地激活大脑的一个区域，那么在逻辑上逆命题就会具有，大脑那个区域的有选择的激活将引起对刺激物的更积极的判断。在这种理论中，有两种情感神经生物学模式做出了两种对立的预计。效价模式预计作为一种消极情感的愤怒会激活右额前部皮质；而方向模式则预计作为一种进路情感的愤怒会激活左额前部皮质。后一种模式得到了支持。体内平衡情感理论将情感区分为两类：古典情感和体内平衡情感。古典情感包括肉欲、愤怒和恐惧，它们是对环境刺激物的反应，这些刺激物推动我们去性交、打斗或逃跑。体内平衡情感则是对内在身体状态的反应，这些反应调节我们的行为。口渴、饥饿、冷热、困倦等都是体内平衡情感的例子，其中的每一个反应都是身体系统的警告。当这种系统的平衡被打破时我们就产生了体内平衡情感，而且这种情感推动我们做保持系统平衡所必要的事情。痛苦就是一种体内平衡情感，它告诉我们"情况不平常了，退回以避免受害"。

认识理论（cognitive theories）主要根据与情感相联系的认识来说明情感的特征，认为在判断、评价或思想形成过程中的认识活动对于情感的出现来说是必要的。其主要依据是，情感总是关于某事的，具有有意性。一些这样的认识活动也许是有意识的或无意识的，可能或不可能采取概念形成过程的形式。这种理论主张，情感包含命题态度，许多情感要根据命题才能得到说明：一个人不会对某人愤怒除非他相信那个人冒犯了他，一个人不会妒忌除非他相信某人具有某种好东西。认识理论使某些情感的这种特征普遍化，强调为了具有一种情感，人们必须总是使某种态度为一个命题所引导。

认识理论有知觉理论、诱发事件理论、坎农—巴德理论、两因素理论和构成过程模式等多种不同形式。知觉理论（perceptual theory）是情感的身体理论与认识理论的混合物。就主张身体的反应是情感的中心而言，这种理论是新詹姆斯主义的，但是，它同时像认识理论那样强调情感具有的意义，强调情感是关于某物的观念。这种理论的一个新主张是：概念上作为基础的认识对于这种意义并不是必要的，而不如说身体的变化本身由于被某种情境所激发而知觉到情感的有意义的内容。在这方面，情感被认为是与像视觉或触觉一样的能力，它们通过各种方式提供关于主体与世界之间关系的信息。诱发事件理论

（affective events theory）主张，情感受影响态度和行为的事件的影响，并且是由这样的事件引起的。这种理论也强调时间的重要性，认为人类能经验他们称为情感事件的东西，即跨越时间绵延并围绕一个基本主题而被组织的一系列情感状态。坎农—巴德理论（Cannon-Bard theory）是沃尔特·布拉德福德·坎农（Walter Bradford Cannon）和菲利普·巴德（Philip Bard）针对詹姆斯—兰格理论主张情感行为经常先于或限定情感而提出的理论。这种理论认为人们首先感受到情感，然后才根据这些情感行动。这些行为包括肌肉紧张、出汗等变化。两因素理论（two-factor theory）是以这样的实验为基础的，这种实验表明主体尽管通过注射肾上腺素进入了相同的心理状态但还会有不同的情感反应，可以观察到主体要么表现出愤怒，要么表现出乐趣，而这依赖于在这同一情境中的另外一个人是否表现出那种情感。因此，对情境的评价（认识的）与参与者对肾上腺素或一种安慰剂的接受结合在一起决定着反应。构成过程模式（component process model）把情感更广泛地看作身体和认识的许多不同构成因素同时发生作用。情感是与这样一个全部过程等同的，在这个过程中，低层次的认识性评价特别是相关过程激发身体的反应、举止、感情和行为。

　　以上所有这些理论有助于我们加深对情感的理解，但它们都是经验性的科学理论。人的情感（包括感情与情绪）是以本能、欲望、感觉为基础，相对于理智而言的心理状态。这种心理状态是由某种事件所引起，伴随产生生理反应和心理反应，并且兼具行为与动机两种性质。① 因此，情感既是一种心理活动，又是一种心理能量或能力。情感的原始基础是本能。什么是本能？策动心理学家麦独孤（W. McDougall）下了这样一个定义："一个本能是一种遗传的或先天的心物倾向，决定那有此倾向者感知和注意某一种类的客体，在感知时体

---

　　① 　张春兴：《现代心理学——现代人研究自身问题的科学》（第 3 版），上海人民出版社，2009，第 329—330 页。

验着某种特殊的情绪的激动，和对它作出某种特殊样式的动作或至少体验着这种动作的冲动。"① 本能是人类在长期进化的过程中积淀的原始求生存的能力及其对环境做出反应的活动，情感就是在本能的驱动下对对象产生的具有赞成性倾向（如好感、喜悦、爱恋）或反对性倾向（如反感、忧愁、憎恶）的心理感受。心理学研究认为，情感是一个混合物，由三个部分组成，即生理唤醒（如心跳加快）、外显行为（如步伐加快）和意识体验，包括思维（做出判断）和感受（如恐惧感）。② 人的情感作为心理感受是相对于人的理智而言的。情感是以作为求生存能力的本能和欲望（本能受理智作用后产生的心理机能）为基础产生的心理能量和活动，这种能力和活动可以强化或弱化本能和欲望活动，因而情感是人生存的动力机制。理智则是人理性与意志的统一，理智活动可以控制人的本能和欲望活动。从这个意义上可以说，理智是人生存的控制机制。人类有了理智之后，情感这种动力机制会作用理智，而理智这种控制机制也会对情感发生作用。从这种意义上看，人的情感是以本能为基础，受理智影响和控制的心理能量和活动。

人的情感由于是与理智纠缠在一起的，因而已经不完全是本能了。因为有理智的作用，人的情感与动物的情感相比较，要丰富、深刻得多，也复杂得多。人的情感是一个多彩的、复杂的世界。对于情感这种多彩复杂的现象，可以从不同角度进行把握。有的学者将情感区分为认识的情感与非认识的情感、本能的情感与认识的情感、基本的情感与复杂的情感、瞬间情感（如惊奇）与持久情感（如爱情）等。美国心理学家罗伯特·普鲁契克（Robert Plutchik）在 1980 年提

① 〔美〕麦独孤：《社会心理学引论》，转引自高觉敷主编《西方近代心理学史》，人民教育出版社，1982，第 239 页。
② 参见〔美〕戴维·迈尔斯《心理学》（第 7 版），黄希庭等译，人民邮电出版社，2007，第 429 页。

出了一种著名的"情感轮"（wheel of emotions）理论，用以描述情感的推动作用和细微差异。"情感轮"是一个描述情感之间关系的三维"圆锥模式"（cone-shaped model，3D）或二维的"轮模式"（the wheel model，2D），后者是前者的剖面。垂直维度代表情感强度，圆圈维度代表情感之间的简单性程度（见图6-1）。

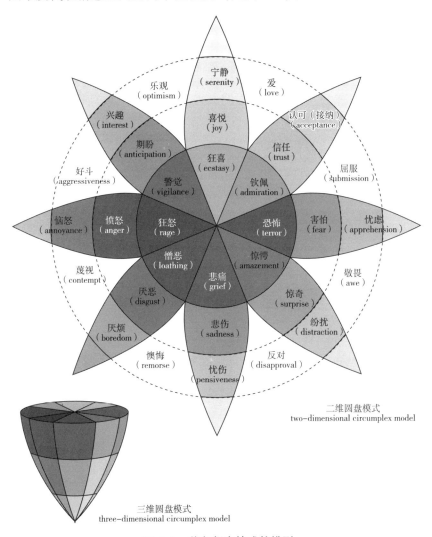

图6-1 普鲁契克情感轮模型

资料来源：参见 Robert Plutchik，*A General Psychoevolutionary Theory of Emotion*，New York：Academic Press，1980。

"情感轮"与"色轮"（color wheel）相似。所谓"色轮"，就是将一系列颜色有次序地通过一个圆盘的形式展现出来。其产生方式是：首先列出三原色（primary colors）——红、黄、蓝；然后二二混合，产生二级颜色（secondary colors）——绿、橙、紫；接着继续二二混合，又产生6种三级颜色（tertiary colors）——黄橙、红橙、红紫、蓝紫、黄绿、蓝紫。通过不断混合相邻颜色，产生新的颜色，最终形成一个全域的色轮。普鲁契克提出了八种两极的原初情感，即欢乐与悲伤、愤怒与恐惧、接受与厌恶、惊奇与预感。在他看来，像颜色一样，原初情感可以在不同强度上得到表达，并且可以彼此混合构成不同的情感。

对于人的情感这种复杂现象，可以从性质、广度和强度三个主要维度加以理解。①

从性质来看，人的情感是有倾向性的，或者是正面的或者是负面的，或者是肯定的或者是否定的，或者是积极的或者是消极的。

人的情感并不都是正面的，也有负面的。正面情感与负面情感的划分主要是以情感是否有利于人的生存为根据的。有利于个人自己、他人和整体生存的情感是正面的情感，不利于或有害于个人自己、他人和整体生存的情感则是负面的情感。正面情感可大致分为四种主要类型：第一类是与人的本能相联系的天然情感，主要包括自爱、乡情、同情；第二类是后天获得的对他人的个人情感，主要包括亲情、爱情（含性爱）、友情；第三类是后天获得的对他人和环境的社会感情，主要包括美感、道德感（可简称为德感，包括作为基础的良心，以及更高层次的义务感、责任感、使命感、正义感

---

① 麦独孤从与本能联系的角度将人的感情或情绪划分为基本情绪或主要情绪（与本能倾向相应的十四种情绪）、混合情绪或次要情绪（由两种本能倾向同时引起相应的两种情绪构成的新情绪，如蔑视）和派生情绪（不与某种本能倾向相关但可能由某种强大冲动或倾向发生作用产生的情绪）。（参见高觉敷主编《西方近代心理学史》，人民教育出版社，1982，第240—242页）这种对情感的划分是有启示意义的。

等）、事业心（可称为业感）。第四类是在前三类情感基础上升华的情感，主要包括仁爱、博爱、圣爱。负面情感难以进一步做出类型的划分，大致上包括自私、贪婪、猜忌、嫉妒、歹毒、残酷、愤懑、哀怨、憎恨、仇视这样一些情感。除正面的和负面的情感之外，也有一些中性的情感，如喜悦、忧愁、抱怨、好感、美感和丑感、厌恶、愤怒等。正面情感通常是人们和社会称道的情感，中性情感是人们和社会认可的情感，而负面情感则是人们和社会不认可或讨厌的情感。

人的情感虽然复杂，但总体上看有两种基本取向：肯定性的和否定性的。肯定性的情感是指情感主体肯定的感情，否定性的情感是指情感主体否定的感情。肯定性的情感一般是以"喜悦"为特征的，而否定性的情感一般是以"厌恶"为特征的。一个事物或人引起了情感主体喜悦的感受，有时并由此引出了爱的感受，这就表明该事物或人引起了情感主体的肯定性感情；反之，一个事物或一个人引起了情感主体厌恶的感受，有时并由此引出了恨的感受，这就表明该事物或人引起了情感主体的否定性感情。爱和恨可以说是肯定性情感与否定性情感的两种极端形式。与正面情感是好的情感而负面情感是不好的情感不同，肯定性的感情并不一定就是好的情感，而否定性情感也不一定是不好的感情。例如，对子女的溺爱是一种肯定性的情感，但这种情感并不是好的。又如，对为非作歹的恶行感到厌恶是一种否定性情感，但这种情感并不是不好的。肯定性情感、否定性情感与正面情感、负面情感的关系是复杂的。前者主要是从个人的情感态度看的，后者则是从社会角度审视的。

无论是正面的、负面的情感还是肯定性的、否定性的情感，其中大多是积极的情感。它们都是以意愿（包括欲望、兴趣或希望）为指向的，而且是其情感主体愿意宣泄或表达的。与之对立的是消极情感，包括悲观、失望、绝望、冷漠以及情感扭曲、变态等。它们一般不是以愿望（包括欲望、兴趣或希望）为指向的，而且是其情感主体往往不愿意宣泄或表达的。悲观、失望、绝望通常是由于愿望或情感受挫引起的看不到前途或希望的消极情绪或感情。冷漠则通常是由于悲观、失望、绝望引起的那种没有喜悦，没有忧愁，没有爱，没有恨，对一切无所谓、不动心的情感状态。由于悲观、失望、绝望、冷漠等消极情感是不正常的情感，长此以往极有可能导致情感的畸形、变态，所以消极情感也属于负面情感。

从广度来看，人的情感世界是多姿多彩的。人的情感不是无缘无故发生的，而总是由某种东西引起的，这即所谓的"世界上没有无缘无故的爱，也没有无缘无故的恨"。情感的诱发因素，可谓之为"情感诱因"。同时，人的情感也不是漫无边际的，而总是有所指向的。情感所指向的对象，可谓之为"情感对象"。情感诱因与情感对象可能是一致的，也可能是分离的，但从总体上来看，大体上是一致的。情感诱因和情感对象十分丰富，几乎可以说，人能接触的一切都可以成为人的情感诱因，也都可以成为人的情感对象。

情感诱因和对象大致上可以划分为八类：（1）自我。一个人自己的某一个方面乃至整体都能诱发自己的情感，也可以成为自己情感的对象。希腊神话中的那喀索斯的自恋情结也许就是一个典型例证。（2）他人（包括亲人、亲友、同事、路人）。我们接触的任何一个人都可以引起我们的情感，也可能成为我们的情感对象。不用说亲人、亲友之间，即使是路见陌生人遇难，我们也会产生同情心，也可能会出于友爱伸手援助。（3）家庭。家庭成员之间会产生亲情。（4）单位（包括工作单位、组织、社团等）。现在有许多单位都注重培养职工的认同感、归属感，这表明单位是可以成为情感诱因和情感对象的，各种组织、各种社团亦如此。（5）家乡（包括社区）。传统社会流行的"美不美家乡水，亲不亲故乡人"说法表明人们可能对作为自然村落的家乡产生家园的眷恋感。（6）社会（包括国家、祖国）。到今天为止，人类生活的社会仍然是以国家为单位的，国家又常常与祖国在范围上一致。我们国家强调人们要热爱祖国，热爱社会主义，这表明政治国家也好，祖国也好，都可以激发人们的爱国情感，成为人们的情感对象。（7）世界（包括人类）。世界和人类虽然与个人的感情相隔较远，但自古以来，一直都有人拥有"四海之内皆兄弟"的情怀，有为人类工作的热情。在全球一体化的今天，世界和人类更成为人类情感关注的对象。（8）自然（包括动物）。古人对自然的恐惧，今人对自然的热爱，文人骚客对自然的赞美等都表明，自然自古以来就是人类情感的重要源泉，也是人类情感的重要对象。今天的宠物爱好者，更表明动物可以成为人类爱恋的对象。

从强度来看，人的每一种情感都有程度的不同。无论是正面情感还是负面情感，无论是肯定性情感还是否定性情感，无论是积极情感还是消极情感，都存在着强度的区别。情感强度最低的是淡泊或平淡，最高的是激情。淡泊就是没有多少情感，这是一种无喜无怒、无爱无恨的情感状态。这种状态与冷漠不同，它是自然形成的，而不是本来可以产生和释放情感而刻意压抑使其不产生或不释放，更不是对一切都无所谓和不动心。激情则是强烈的情感。这是一种大喜大怒、大爱大恨的情感状态。在淡泊与激情之间，存在着无法再细分的不同强度层次。不过，在中西文化中，对情感的强度还是有些基本的表达，从低到高有六种：淡泊（indifference）、感觉（feeling）、情绪（sentiment）、情感（emotion）、感情（affection）、激情（passion）。情感强度的形成与情感诱因和情感对象有关系，更与情感主体的情感能力直接有关，也与理智的控制能力有关系。

二　情感与态度

情感与态度的关系十分密切，我们有必要对两者的关系进行简要的讨论，以加深对情感的理解。

人的态度一方面是指"人的举止神情"，另一方面是指"对于事情的看法和采取的行动"。① 态度的英文对应词是 attitude，字面上的意思是"对一个人或事物的方式、意向、感情、立场等，特别是心灵的倾向或取向"；"身体适合于表现行为或情感等的位置和姿势"。② 从心理学的角度看，"态度（attitude）指个人自幼学得的一种对别人、对事物或对理念的带有认知与情感成分的持久性与评价性的行为倾向"。③ 态度是代表一个人对一个项目喜欢或不喜欢的程度的一种假设性结构。态度表达对一个人、地方、事物或事件的积极的或消极的观点，而这里的个人、地方、事物或事件就是态度对象。人们也可能对一个对象的态度是冲突的或有矛盾的，对一个项目同时具有积极的和消极的态度。④ 态度是人们在某种处境中对某种对象的喜欢或不喜欢、积极或消极的心理反应。

首先，态度有明显的好恶倾向。态度可能表现为言谈举止，也可能表现为表情声音，但都体现着人们的喜欢厌恶倾向或意向。这种倾向或意向可能是直接的，也可能是间接的，通常可以通过细心的观察发现。

其次，态度可能是积极的，也可能是消极的。积极的态度可能是由喜欢对象产生的，也可能是由不喜欢对象产生的，而不积极的态度通常是由对对象不感兴趣产生的。积极的态度能推动人们行动，而不积极的态度会抑制人们的行动。

再次，态度总是有所指向的，总是对某种对象的反应。态度所指向的对象可能是外部的，如天气、事物、事件、人等等，也可能是内

---

① 《现代汉语词典》（第 7 版）"态度"，商务印书馆，2019，第 1266 页。
② "Attitude"，http：//dictionary.reference.com/browse/attitude.
③ 张春兴：《现代心理学——现代人研究自身问题的科学》（第 3 版），上海人民出版社，2009，第 426 页。
④ Cf. "Attitude"，in *Wikipedia*，*the Free Encyclopedia*，http：//en.wikipedia.org/wiki/Attitude_（psychology）.

部的，如身体健康状态、心情等等。

最后，态度的产生通常与情境有关并受人的个性特征和活动制约。情境是态度产生的外部因素。人在不同的情境对同一对象可能有不同的态度，在有利的情境更有可能对对象产生喜欢的反应和积极的态度，而在不利的情境特别是在逆境更可能产生不喜欢的反应和消极的态度。人的观念、知识、能力和德性等个性特征以及人的认识、情感、意志、行为等活动对态度具有重要的制约作用，是人的态度产生的内在因素。在相同的情境，面对同一对象，人们的态度并不相同，其原因主要在于人们的个性特征和人格不同，人们的活动目的和内容不同。

态度因其特殊的功能而对于人的生活具有重要意义。就个人而言的态度具有四种功能：（1）态度能使人取得他希望的东西（因喜欢而求取），（2）态度能使人躲开他不希望的东西（因厌恶而躲开），（3）态度能使人理解并整合复杂的信息（因认知而求知），（4）态度能使人反省自己对别人、对事物或对观念所做的评价（所表达的批评是否适当）。[1] 所有这些功能表明，态度能通过影响行为而对人的生活产生能动作用，一个人对人、事物或观念有正确的态度，就会产生正当的行为；反之，就可能产生不正当的行为。

态度是判断，它们是根据感情、行为和认识模式（ABC model，ABC 指 affect, behavior, and cognition）产生的。感情的反应是表达一个人对一个实有（entity）的偏好程度的情感反应。行为的意图是一个人口头上的象征或典型的行为倾向。认识的反应是对构成个体关于对象信念的实有的认识性评价。大多数态度要么是直接经验的结果，

① 张春兴：《现代心理学——现代人研究自身问题的科学》（第3版），上海人民出版社，2009，第426页。

要么是从环境中观察学习的结果。[①] 影响态度的因素很多，作为人的个性特征的观念、知识、能力、德性，作为人的活动的认识（包括认知、评价、理解）、情感和意志以及环境、对象等，都分别或协同地对人的态度产生影响。例如，人们的观念不同，对待事物的态度就不同，持大男子主义观念的人，就会对女人有个性看不惯。又如，一个人对事物的评价如何会直接影响他对该事物的态度，当一个人高度评价权力的价值时，他就会对权力持特别推崇的态度。在所有这些影响态度的因素中，情感与态度的关系最为密切。

首先，态度就是一种情感反应。态度主要有两个考察的维度：一是喜欢不喜欢，二是积极还是消极。喜欢不喜欢是基本维度，它决定着人们的态度是积极的还是消极的。任何一种态度都会体现人对对象的喜欢不喜欢及其程度（或者说偏好的程度），人们这种对对象喜欢不喜欢及其程度构成了态度的基础和基本取向。对对象的喜欢不喜欢及其程度就是人对对象的情感反应。

其次，情感对态度的影响是基本的、最直接的。在亚里士多德看来，"我们的情感影响我们怎样看和看什么。就友谊而言，这一点是足够清楚的。如果我们对另一个人的极度痛苦和巨大欢乐没有适当的情感反应，我们就没有履行一个真正朋友的角色"。[②] 这里所说的"看"不是认识，而是态度。由于一方面态度就是一种情感反应，另一方面情感往往先于人的其他个性心理特征或活动产生反应，因而情感对态度的影响比其他的心理要素的影响更基本，更直接。我国各种人事考试中的面试就有这样的情形：考官一见到男考生相貌堂堂，身材魁梧，马上就会产生好感，如果再加上发音纯正，思路清晰，该考

---

① Cf. "Attitude", in *Wikipedia*, *the Free Encyclopedia*, http：//en. wikipedia. org/wiki/Attitude_(psychology).

② Nancy Sherman, *The Fabric of Character: Aristotle's Theory of Ethics*, New York：Oxford University Press, 1989, p. 49.

生就可能获得一个更好成绩，至于他的专业知识怎样可能被放到了相对次要的位置。这种情形清楚地表明情感对态度的基本的、直接的影响。

最后，人们可以通过诉诸情感改变人们的态度。情感是态度变化的构成要素，大多数关于态度的研究都强调情感因素的重要性。情感与对问题或情境的认识过程、我们思考的方式共同发生作用。态度和态度对象是认识、情感和欲求的函数。态度是神经的联络网的部分，这种类似蛛网的结构长期存在于由通过联络的路径联系起来的情感和认识节点的记忆中。这些节点包括情感的、认知的和行为的要素。一个联络网的互联结构可以通过单个的节点的激活而改变。通过激活一个情感的节点，态度变化就会是可能的，尽管情感的、认识的要素易于缠绕在一起。除了认识过程之外，情感预测也影响态度的变化。预测情感是决策的一个重要因素，我们对一个结果有什么感觉可能会超出纯粹的认识的基本原理。在研究方法上，研究者也面临着如何测量情感及其对态度影响的挑战。我们不能看见大脑，于是就构想各种模式和测量工具，以获得情感和态度信息。测量可以包括使用像面部表情、声音变化以及其他身体速率的测量之类心理线索。例如，恐惧是与扬起眉毛、提高心率相联系的，并且会增加身体的紧张。其他方法包括概念或网络的设置、使用符号或语言提示等。①

态度是可以通过沟通和劝告改变的，而任何一种情感都能在沟通和劝告的诉求中使用。例如，恐惧就是交际和社会影响探讨中研究最多的一种情感诉求。恐惧诉求被认为是试图通过产生不同意所拥护的立场的消极结果达到意见改变的信息。"扩展的平行过程模式"（The Extended Parallel Process Model，简称 EPPM）表明，使用恐惧和威胁

---

① Cf. "Attitude Change", in *Wikipedia*, *the Free Encyclopedia*, http：//en. wikipedia. org/wiki/Attitude_change.

改变态度是具有有效性的。这个模式包括与威胁和恐惧诉求相联结的思维和感情两个方面。当个体担心某一问题或情境，而且他了解或注意到这些诉求具有处理那个问题或情境的力量时，恐惧诉求是最有效的。恐惧诉求及其他情感诉求的重要结果包括可能导致信息拒绝或资源拒绝以及态度改变不到位反作用力的可能性。正如 EPPM 所提出的，在推动态度改变方面存在着一个最适宜的情感层次。如果没有足够的推动力，态度就不会改变；如果情感诉求过度，推动力就会减弱并因而阻止态度改变。对诉求消极的或包含威胁的情感的研究比诉求积极的情感的研究要多，但是，积极的情感诉求（如幽默）也能发生作用。

影响情感诉求作用的重要因素很多，其中主要包括自我效力、态度的可接受性、问题的复杂性、信息和资源的特征等。自我效力是一种对一个人自己的力量的知觉，它是对我们自己处理情境的能力的知觉。在情感诉求的信息方面，它是一种重要的变量，因为它支配一个人处理情感和情境的能力。如果人们对他们影响全球环境的能力不是具有自我效力的，他们就不可能改变他们对全球变暖的态度和行为。信息的特征、信息的内容和接收者的差异能作用情感对恐惧诉求的影响。信息的特征是重要的，因为一种信息能显示情感对不同人的不同水平。这样，根据情感诉求的信息，一个尺度并不适合所有人。态度的可接受性是指从记忆中激活一种态度，换言之，它涉及一种对对象、问题或情境的态度在多大程度上是可利用的。问题的复杂性是一个问题或情境对个体的相关性和突出性。它既与态度的接受性相互关联，也与态度的力度相互关联。易接受的态度是更不容易改变的。①

---

① Cf. "Attitude", in *Wikipedia, the Free Encyclopedia*, http：//en. wikipedia. org/wiki/Attitude_(psychology).

三　人生存的激发状态

人是复杂的高级动物，有理性的方面，也有感性的方面；有理智的方面，也有情感的方面。人是理性的、理智的动物，也是感性的、情感的动物。马克斯·舍勒（Max Scheler）在谈到爱这种情感对于人的意义时指出："在人是思之在者或意愿之在者之前，他就已是爱之在者。人的爱之丰盈、层级、差异和力量限定了他的可能的精神和他与宇宙的可能的交织度的丰盈、作用方式和力量。"① 他甚至断定："谁把握了一个人的爱的秩序，谁就理解了这个人。"② 显然，在舍勒看来，爱这种情感是人的根本规定性。根据心理学家弗洛伊德的研究，人的心理就像海洋里的冰山，其理性的、理智的意识方面只不过是露出水面上的山尖，而感性的、情感的、欲望的、本能的无意识方面则是水面下的巨大山体。使人成其为人的不是水面上的山尖，而是包括水面下山体的整座冰山。按照哲学家莱布尼茨的说法，人是一个包括理智和意志，也包括微知觉、知觉和本能、欲望的"单子"。这"整座冰山"或"单子"才是完整的人，才是完整的心灵。如果没有了那些感性的、情感的方面，人也许是天使，但绝不再是真正意义上的人。有心理学研究表明，人类显得最为情感化，与其他物种相比，我们会更多地表达害怕、愤怒、悲伤、喜悦和爱。③

任何正常人都是有情感的，只是有些人的情感可能浅薄一些、淡泊一些，有些人的情感可能深刻一些、丰富一些，但任何人都不可能一点情感都没有。这正如人人都有理智，只是存在着程度的差别一

---

① 〔德〕舍勒：《爱的秩序》，见万俊人主编《20世纪西方伦理学经典》（II），中国人民大学出版社，2004，第224页。
② 〔德〕舍勒：《爱的秩序》，见万俊人主编《20世纪西方伦理学经典》（II），中国人民大学出版社，2004，第216页。
③ 〔美〕戴维·迈尔斯：《心理学》（第7版），黄希庭等译，人民邮电出版社，2007，第429页。

样。人们经常谈到某某人是"冷血动物"，某某人"铁面无情"，这种说法通常都是就某人的某一方面而言的。包青天"铁面无情"，但这只是就办案而言，他对待他的母亲就不是这样，否则他就不是一位名垂千古的大孝子。人们常说的"冷血动物"通常是就他对他人而言的，而这样的人往往对功名利禄有着巨大的热情。人的情感是多维度多层次的，一个人某一个方面的情感淡薄或缺乏，并不意味着他其他方面的情感也淡薄或缺乏，不能由此得出这个人没有情感的结论。人不存在有无情感问题，只存在情感正常不正常、健康不健康、丰富不丰富、持久不持久、强烈不强烈、高尚不高尚、美好不美好的问题。

人生来就有情感，但这并不是说人的一切情感都是与生俱来的。情感如同理智一样，人与生俱来的是潜能，而这种潜能是通过人在一定环境中生活才变为现实的。这里就存在从潜能变为现实的广度问题、深度问题，也存在各种情感的结构及其取向问题。这些方面的状况如何取决于三方面的因素：一是生活环境，最重要的也许是家庭环境和社会环境，其中社会环境的熏染对人们情感的广度、深度、结构和发展方向的一般状况有根本性影响。二是教育，情感可以通过教育培养，培养的过程就是使人们的情感从潜能变为现实的过程，教育可以对人的情感从潜能变成什么样的现实发挥重要作用。三是个人的作为，个人是情感的主体，情感的广度、深度、结构和发展方向如何最终取决于个人，个人的能动性在情感从潜能变成什么样的现实方面具有决定性作用。人情感的潜能不能变成现实、不能正常地变成现实，人的情感就会发生问题，人的生活也会发生问题，这就如同人理智的潜能不能变成现实、不能正常地变成现实，人的理智、人的生活就会发生问题一样。

无论是正常变成现实的情感还是不正常变成现实的情感，都是人的一种心理能量，这种能量需要得到必要的释放。释放主要有三种途径：一是转化，即情感的力量转变为行为的动机，使人在情感驱动下行动。"情感能推动我们行为。它们是动因的。我们可以出于同情行动，出于友爱行动，出于怜悯行动。"① 在弗洛伊德那里，这种转化就是一种升华，即通过对情感、欲望的压抑使之升华为对艺术、政治等文明形式的追求。二是宣泄，即将喜怒哀乐等情感发泄出来，这种宣泄通常是无对象的，当然不排除希望别人分享或引起别人的共鸣。三是表达，即将自己的情感表达出来，这种表达通常是有对象的，并希望引起对象的反响或被对象接受。如果人的情感得不到必要的释放，就是说人的情感需要宣泄时不能得到宣泄，需要表达时得不到表达，或表达了没有反应，人就会感到压抑、郁闷，人的生活就会因此发生问题，久而久之，人的情感也会萎缩、变异，并从而影响人的正常生活。

亚里士多德曾经断言，"人是理性②动物"。这一论断影响了人类文明两千多年。在这一名言的强有力影响下，人们更多地想到自己是理性的，与此同时却渐渐地淡忘了自己也是情感的，忽略了人既是理性动物，也是情感动物。正如兰茜·硕曼所指出的，"在日常生活中，情感的表达经常得不到多少理解，而且经常地被轻蔑地看作反思和理性生活的大敌"。③ 随着以理性为基础和价值取向的现代文明的昌盛，人的情感不仅被进一步边缘化，而且被压抑，被扭曲，被替代，被湮没。今天，情感问题普遍突出，已经成为困扰人类的一个重大生存问题。

当代人类的情感问题主要表现在以下几个方面：一是情感的潜能被忽视，被压抑。人们更多地关注人的理智潜能的开发和培养，而忽

---

① Nancy Sherman, *Making a Necessity of Virtue*, Cambridge：Cambridge University Press, 1997, p. 49.

② 理性（reason）与理智（intellect）并没有严格的区别，但理性更强调逻辑性，因而外延要比理智窄一些，而且理性更多地与感性相对应，而理智通常与情感相对应。

③ Nancy Sherman, *Making a Necessity of Virtue*, Cambridge：Cambridge University Press, 1997, p. 25.

视了人的情感潜能的开发和培养。社会的价值取向和导向是理性型的，工具理性盛行，科学技术昌明，唯才是举，学校教育是智育至上的。在这种社会环境和教育的影响下，个人所追求的也主要是怎样成为有用的人才，而不关心自己情感的培养和呵护。生活在这样的社会之中的人的情感潜能不仅被搁置，而且被过分开发的理智潜能所挤压、所抑制。二是情感的释放渠道受阻，人们的情感需求普遍得不到满足，情感被边缘化。现代社会是一种理性化的科技统治的天下，发泄和表达情感被看作不理性、不理智的举动和表现，人们自觉不自觉地不断努力压抑自己的喜怒哀乐情感，不敢甚至也不愿意对情感对象表达自己的真实情感，使自己日益理性化、理智化，成为单面的"冷血动物"。三是某些不正常、不健康的负面情感被强化，社会不仅变成缺乏真情的冷漠社会，而且充斥着自私、贪婪、猜忌、嫉妒、愤懑、哀怨以及由此引起的敌对、争斗，成为可怕的社会。人的情感潜能得不到正常的开发和培养，情感就有可能不正常、不健康地生长，那些对人生存不利的情感就有了可乘之机。例如，如果缺乏教育的影响，人的那种天然的自利倾向在"人对人是狼"的社会环境中就可能演变成一种极端自私的情感。另一方面，人的情感得不到必要的释放，就有可能积聚成可怕的破坏性能量，这种能量可能使人患上抑郁、歇斯底里、精神分裂等精神性心理疾病，而且可能扭曲变形为敌对、仇视、破坏等对待社会和他人的可怕态度和恐怖行为。

情感原本是人的有机组成部分，一旦被湮没、被扭曲，人就不再那么像人了，人不再是原本意义上的人。这样的人当然是畸形的、可怕的，其人生就再也没有人生原有的乐趣和幸福，始终与痛苦和不幸相伴随。

虽然情感是与理智相对而言的，甚至常常被看作与理智相对立的，但越来越多的哲学家注意到，由于情感是以生存本能为基础的，而生存的本能是动物与生俱来的，因而与理智相比较，情感对于人的生存来说，更具有原初性、根本性的意义。本能和情感是人和动物共有的，而理智则一般只有人才具有。情感与人生状况，特别是与人生的幸福和痛苦有着更本原的内在联系。理智也离不开情感，如果一个人的理智离开了情感，他就会成为一个"理智的傻瓜"。对大脑受损的研究发现，人类大脑中有一个很小的叫作额前叶的部分，该部分受损后，患者看上去与正常人无异，他们没有遭受瘫痪的病痛，没有语言障碍，感觉丝毫不受影响，记忆力良好，智商也不错，进行心理测试的结果也与大脑受损之前相差无几。但是，他们失去了情感的机能。面对不幸，面对令人兴奋的好消息和各种令人恼怒的挫折，他们都无动于衷，对事物或行为也无法做出判断，无法进行理智的分析，因而也无法做出相关决定，他们失去了抑制力，对自己的工作无法胜任。情感的缺失可能会导致非理智行为的产生。"如果一个人失去所有情感，他将变成'理智的傻瓜'。"①

张春兴先生给情感下了这样一个定义："情绪（emotion）是指由某种刺激事件引起个体的身心激发状态；当此状态存在时，个体不仅会有主观感受和外露表情，而且会有某种行为伴随产生。"② 这一定义指出了情感的本质，也在一定程度上揭示了情感对于人的意义，这就是情感是人生存的激发状态。这种状态对人生有全面、深刻而直接的影响，它可以成为人生幸福的源泉，也可以成为人生痛苦的渊薮。这里我们主要从对家庭生活、职业生活、人际关系、心态以及对整体生活质量的影响几个方面考察情感与人生的关系。

家庭生活是个人生活的一个重要方面。家庭生活好坏直接关系到个人生活是否幸福。家庭生活好坏的重要标准是家庭是否和睦。"家

---

① 参见〔美〕麦特·里德雷（Matt Ridley）《美德的起源：人类本能与协作的进化》，刘珩译，中央编译出版社，2004，第150页。

② 张春兴：《现代心理学——现代人研究自身问题的科学》（第3版），上海人民出版社，2009，第329页。

庭和睦有两个层次的要求：一是基本要求，包括家庭完整，夫妻之间的性爱关系和谐，家庭成员的权利得到尊重，家庭成员尽自己应尽的责任等四个方面。二是理想境界，包括对家庭有自由感、舒适感、温情感、惬意感、眷恋感等五种感受。"① 和睦的家庭生活，要求家庭成员至少具备这样一些优良的情感，即自爱、亲情、责任感和义务感，以及夫妻之间的性爱情感。例如，优良的自爱情感对于家庭生活和睦就具有基础性意义。如果一个家庭每一个成员都能自爱，都能自觉地爱惜自己的身体，维护自身健康，就可以免去由其成员身心健康问题给家庭罩上的阴影，带来的经济负担和精神压力。自重是家庭成员对家庭负责的表现。又如，夫妻性爱关系和谐是家庭和睦的拱心石，夫妻之间的性爱健康而富有激情，夫妻双方会从家庭获得舒适感、温情感、惬意感、眷恋感，家庭也会因此而变得美好。如果家庭成员缺乏以上所述的这些情感，家庭就难以和睦。因此，健康、丰富、持久和美好的情感是家庭和睦的生命线。

职业生活也是个人生活的重要方面。由于现代职业不仅是谋生的手段，而且是自我实现的途径，并正在成为乐生的要素，因而职业生活的好坏已经成为人们是否幸福的重要指标，它直接规定着人们幸福的深度。职业生活好坏的主要标准在于是否具有职业成功感。职业成功的基本标志在于职业表现优秀。职业是否成功取决于多种因素，如职业技能、职业道德、职业环境、开拓精神、创新意识等，而其中最重要的是情感因素，特别是业感和德感的状况。业感（事业心）和德感（道德感）对于人的职业生活来说，既是动力机制，又是保障机制。业感和德感强的人，就会敬业，就会具有强烈的职业责任感和社会责任感。如果持之以恒地保持这种业感和德感，一个人通常会取得职业成功。由于职业成功还取决于许多其他的条件，包括其他的情感

---

① 江畅：《幸福与和谐》（第 2 版），科学出版社，2016，第 381 页。

条件，因而不能说具有强烈而持久的业感和德感就一定取得职业成功，但可以肯定的是，不持久具有强烈的业感和德感是不可能取得职业成功的。如果以自私、贪婪、猜忌、冷漠这样一些负面、消极情感对待职业，职业注定要失败，直到失去职业。

现代社会人生活的范围日益广泛，交往的范围逐渐扩大，人们生活在复杂的人际关系中，人际关系已经成了人们生活的重要环境，对人生幸福有重要影响。良好的人际关系不仅可以使人得到更多的理解、帮助和支持，从而为职业成功、扩大社会声望提供环境和条件，而且可以使人得到更多情感交流沟通和乐生休闲的机会，从而使人的生活更丰富多彩。人际关系好坏主要取决于两种因素，一是德性状况，二是情感状况。善良、诚实、正直、宽厚、守信、谦虚、慷慨、慈善等德性是营造良好人际关系的必要条件，而友爱、同情、义务感、责任感、使命感、正义感等情感则是营造良好人际关系的充分条件。没有上述的良好德性，不可能形成良好的人际关系，只具有良好德性而不具有以上所述的情感，人际关系也不可能达到真正的和谐。德性加真情是人际关系和谐的保证。德性与情感是相互关联的，特别是善良的感情都是以善良的品质作为前提条件的，没有善良的品质就不会有善良的感情，同时善良的感情又使善良的品质得以充分体现。然而，邪恶的品质常常与那些负面的、消极的情感相伴而生，自私、贪婪、猜忌、嫉妒、冷酷、仇恨、歹毒之类的东西既可以说是邪恶的品质，也可以说是邪恶的情感。无论是邪恶的品质还是邪恶的情感都是破坏人际关系的罪魁祸首，有了这些东西不但形成不了和谐的人际关系，相反会感到别人处处与自己作对，会感到人际关系对自己的压力。在人际关系方面，只能以真情换取真情，以友爱换取友爱，以尊重他人换取受人尊重，以对他人负责换取他人对自己负责。

人们对社会资源过分追求以及由此形成的竞争压力，使人们普遍感到不开心、不幸福，甚至感到痛苦。面对被激起的无限欲望和巨大的竞争压力，人们的心态问题日益突出出来，心态不好已经成为人们不幸和痛苦的重要根源。心态也与人们的德性和情感有直接的关系。要培养和保持健康、良好的心态，最重要的是要克服自私、贪婪、猜忌、嫉妒、歹毒、残酷、愤懑、哀怨、憎恨、仇视这些邪恶的品质和邪恶的情感。一个自私、贪婪的人，心灵永远不可能安宁，他即使得到了整个世界，也还会想得到整个宇宙。一个猜忌、嫉妒的人，心灵也永远不可能安宁，他总感觉别人自私、贪婪，别人是通过不正当手段获得所得的一切的，别人有的自己也应该一应俱有。一个歹毒、残酷的人，心灵更不可能安宁，他的心灵阴暗，见不得阳光。至于愤懑、哀怨、憎恨、仇视的人，心灵则因为不良的激情所激荡而不得安宁。心灵永远得不到安宁的人，不可能以良好的心态为人处世。要有良好的心态，关键是要坚决除掉以上所列举的邪恶的品质和邪恶的情感，形成丰富、持久而又美好的健康情感。

从以上的分析可以看出，情感状况对人生活的不同方面都会产生重要影响，并会通过这些方面影响整个人，影响整个人生质量。人生是一个整体，人的情感也是一个整体。整个情感状况可以影响整个人生（包括人生历程和人生整体），某方面的情感状况也可以影响整个人生。这就是亚里士多德所主张的"善性以及幸福主要依赖于人们的情感状态"。① 一个情感整体上是健康、丰富、持久、美好的人，才会有幸福的人生。一种优良的情感不一定能使人生幸福，但一种负面的、消极的情感却足以破坏整个人生的幸福，足以使人陷入苦难的深渊。要使人生幸福，紧要的是克服一切负面情感和消极情感，并严防此类情感产生。情感对人生既可以产生正面的积极作用也可以产生负

---

① Nancy Sherman, *Making a Necessity of Virtue*, Cambridge：Cambridge University Press, 1997, p. 35.

面的消极作用，所以控制自己情感的能力是个体发展的一个关键维度。[1]

第二节 情感对德性的作用

关于情感对德性的作用，哈奇森做了这样一种情感主义的表述："我们称为德性或恶行的一切，要么是某种感情，要么是由它而来的某种行为。"[2] 哈奇森这种将德性与情感等同起来的看法显然失之偏颇，但他注意到了情感对德性的重要作用。情感是一种非常复杂的心理活动，可划分为正面、负面和中性情感，肯定性与否定性情感，积极与消极情感。在所有这些情感中，有些对德性的养成、维护、完善起激励、促进或强化作用，有些则对德性的养成起阻碍、抑制或破坏作用。前一种作用我们可以称为情感对德性的正面作用，后一种作用我们可以称为情感对德性的负面作用。

一 情感对德性的正面作用

情感是人对某种活动的对象及其活动本身产生的具有赞成性倾向（如好感、喜悦、爱恋），或反对性倾向的心理感受，体现为好恶的态度。同时，情感还可以起动机的作用。在亚里士多德看来，"道德动机本身部分是由情感构成的，善以及幸福主要依赖人们的情感状况"。[3] 这些态度和动因都有可能对德性的养成、维护、完善起激励、促进或强化的正面作用。所谓激励作用，是指情感可以激发人们养成

---

① 参见〔美〕约翰·W. 桑特洛克《毕生发展》（第3版），桑标等译，上海人民出版社，2009，第325页。
② 〔英〕哈奇森：《论美与德性观念的根源》，高乐田等译，浙江大学出版社，2009，第99页。
③ 转引自 Nancy Sherman, *Making a Necessity of Virtue*, Cambridge：Cambridge University Press，1997，p. 35。

德性，激发和鼓励人们出于德性行事。当一个人已经有某种与德性相一致的情感时，这种情感会激发他去养成这种德性。例如，一个有强烈的事业心（业感）的人，他就会注重与职业相关的德性的养成，使这种情感在他的品质和行为中得以体现或得以寄托。在一个人养成德性的过程中，当他的情感对于某种德性持肯定的态度时，这种情感就会对德性起鼓励作用，从而促进人们这方面德性的养成。所谓促进作用，是指情感有助于德性的养成和完善。一个人有强烈而持久的道德感，他就会注重他的德性的整体修养，追求德性的完整和高尚，努力使自己成为真正有德性的人。所谓强化作用，是指情感可以对一个人已经形成的德性起强化作用，使这种德性得以保持下去并得以进一步强化。一个对他人充满友爱的人，会使他的关怀德性得到情感的滋润，从而使他对他人的关怀更情真意切，更富有人情味。所有这些情感的作用对于德性来说都是正面的、积极的。情感是德性的天然滋补品，可以使德性这种人为的品质与自然的倾向融通，从而使基于理智的德性人情化。

一般来说，正面情感、肯定性情感、否定性情感和积极情感都有可能对德性起正面作用，那些持久的、经常发生作用的感情对德性的正面作用更加明显。

第一，正面情感对德性的正面作用。正面情感是有利于个人、他人和整体生存的情感，这些情感在正常情况下对德性的养成、维护和完善能起到促进、激励或强化的作用。

与人的本能相联系的自爱等自然情感，是利己德性的重要情感基础。自重、自尊、自助、明智、乐观、刚毅、节制、勤劳、节俭、好学等利己德性的最初出发点也许就是自爱的情感。一个人有了这种情感，就有可能对利己德性具有赞成性倾向和喜好的态度，在这种情感的作用下，人的智慧更倾向于选择利己的德性进行养成。休谟在分析德性与情感的关系时，深刻揭示了情感对于德性的基础作用："既然德性是一个目的，并因其自身的缘故而成为合乎人们需要的东西，无需任何付费和奖赏，只是为了它带来的直接的愉悦，那么，必须有某种为德性所触动的情感，某种内在的趣味或感受，或无论你愿意称它是什么的东西。区分道德的善恶并接受善而排斥恶的，就是这种东西。"① 一个人如果不热爱自己，不珍惜自己的生命，自怨自艾，他是不会注重养成以自重为基础的所有利己德性的。现实生活中，有的人抱怨自己没有美丽的面孔，没有魁梧的或苗条的身材，或没有聪明的头脑，总之，怨恨自己的命不好，并因而自暴自弃。他们就很难去养成利己的德性。自爱的情感对于已经养成的利己德性的维护也具有重要意义。一个养成了自利德性的人，如果有自爱情感经常给予滋润，他的利己德性会更持久、更鲜活。乡情、同情等自然感情也对养成利他德性有一定的积极意义。例如，同情是关怀的重要感情基础，一个富有同情心的人会更关心别人，尤其对处于苦难中的人更有可能给予关怀，从而更有可能促进他的关怀、慷慨等利他德性的形成。

亲情、爱情（含性爱）、友情等对他人的个人情感是一些利他、利群德性养成、维护的情感力量。亲情和爱情不仅有助于与家庭有关的德性的形成，而且可以维护这方面的德性。一个具有亲情和爱情的人，他会更关心家人和配偶，会形成更强烈的对家庭和配偶的责任感，会具有感恩意识，而这一切会促进关怀、感恩、负责等德性的形成。相对于同情而言，友情更是关怀德性的情感基础。一个富于友爱情感的人，会更容易养成关怀的德性，而且更容易养成慷慨德性。中国传统社会流行的"为朋友两肋插刀"的说法，在一定意义上反映了友爱情感的力量。当然，友爱的情感如果只局限于朋友之间，那还是局限很大的，只有当这种情感升华到博爱，它才更有可能真正成为当代关怀、慷慨等德性的情感基础。

---

① 〔英〕大卫·休谟：《道德原理探究》，王淑芹译，陈光金译校，中国社会科学出版社，1999，第110页。

美感、德感（道德感）、业感（事业心）等对个人和环境的社会情感与德性的关系更为密切。一个有持久而强烈美感的人会以美的心灵和眼睛看待事物、他人、自己和世界，他会热爱同胞、社会、世界和自然，一般很容易形成利己、利他、利群和利境的一些德性。德感和业感更是与德性相通的。德感和业感本身就需要道德智慧才会形成，很难自发产生，它们的形成与德性特别是利他、利群和利境德性的形成有共同的基础，而且可以相互促进，相互强化，相互激励，共同提升。作为基本德感的良心和各种高层次的德感对于德性都具有重要意义。具有德感，人们会更珍视和呵护自己的德性，会更注重德性的升华，使德性达到炉火纯青、情理交融的程度。业感是对职业的综合感情，它不只是单纯的对职业的热爱，而是对职业的热爱感与对职业的珍视感、敬畏感、使命感、责任感的有机结合，是取得职业成功和职业成就的巨大动力。这种感情与多种德性都有密切的关系，特别是与利群方面的德性有直接关系。具有了这种感情，不仅能使人们养成和维护有关德性，而且能使这些德性得到升华，达到崇高的境界。

在前三类正面情感基础上升华的仁爱、博爱和圣爱不仅是与德性相通的，而且是二而一、一而二的。仁爱、博爱和圣爱是从情感方面看的，从德性方面看，它们就是至广、至高的德性，是完整德性和高尚德性的有机统一，即至德之德性或至德。仁爱是一种以人为本的人性化、人道化和人情化的爱，博爱是一种"民胞物与"的对人、对动物、对植物、对自然的博大宽广的爱，而圣爱是一种无利害关系的纯粹的、圣洁的爱。仁爱是基础和前提，博爱和圣爱是仁爱的两个维度，它们一起构成了无边无垠的至爱之爱，即至爱。它们是人所有正面感情升华所达到的最高境界，是人健康情感追求的终极归宿。德性是与仁爱一致的，德性的实质就是仁爱，仁爱要通过德性来体现。完整的德性、高尚的德性则是与博爱、圣爱一致的。博爱、圣爱要通过完整和高尚的德性来体现。到了至爱、至德这个层次，不仅至爱、至德是相通的，而且它们也是与至真、至善、至美相通的。至真、至善、至美、至爱、至德一起构成了人生的圆满境界，佛教的说法是"涅槃"。这是人格完善的最高境界，当一个人达到这种境界时，他就具备了至福的所有主观条件。

第二，肯定性情感对德性的正面作用。肯定性情感是指情感主体自己肯定的感情，它一般是以"喜悦"为特征的。肯定性的情感不一定都是正面的情感，因而并不一定都对德性具有正面作用。对具有道德价值的事物或行为具有肯定性的情感会有助于德性，而对不具有道德价值的事物或行为特别是对那坏事恶行具有肯定性的情感会阻碍德性。但是，实际的情形要复杂一些，当我们遇见许多事物和人的时候我们并不一定知道它（他）们的道德价值情形，但我们也会形成对他们的感情或情绪。在这种情况下，人们具有更多的肯定性情感一般会更有助于德性的形成和维护。例如，我们经常以喜悦的心态和情绪面对周围的事物和人，不仅会善待他人和事物，给他人带来喜悦，而且会有助于我们养成乐观、豁达、关怀的德性。我们经常以喜悦的心情对待家庭、单位，我们会更增进对家庭、单位的情感，会促进有关利群德性的形成。

法国启蒙时期的哲学家培尔曾抱怨现实世界一团糟，到处是监狱；德国哲学家莱布尼茨则不以为然，认为世界上虽然有不少监狱，但房舍比监狱要多得多。这两种不同的态度与他们两人以什么样的情感对待世界有关。莱布尼茨热爱这个世界，以肯定性的情感看待这个世界，认为这个世界是所有可能世界中最好的世界，所以他对这个世界持基本肯定态度。不言而喻，莱布尼茨这种对世界的情感和态度有助于人的多种德性的形成和维护。

第三，否定性情感对德性的正面作用。否定性情感是指情感主体否定的感情，它一般是以"厌恶"为特征的。一个人对他所生活的世界及其人和事物持太多否定性情感一般是不利于他的诸多德性的养成的，但我们不能因此完全否认否定性情感对德性的意义。这种意义主要体现在，对于世界上的那些恶的事物和行为具有否定性情感，有助于我们远离这些恶的东西，当然也就有助于我们倾向并接近善的东西。一个人如果对什么都感兴趣，在情感态度上是非好坏善恶不分，他就很容易被引诱到恶的道路上，逐渐养成恶的品质。因为一般来说，恶的东西常常比善的东西更有诱惑力，正如有毒的花常常比无毒的花开得更妖艳因而更有魅力一样。对恶的厌恶是抵御恶的第一道防线，也常常是德性养成的起点。

第四，积极情感对德性的正面作用。积极情感是以意愿（包括欲望、兴趣或希望）为指向的，而且是其情感主体愿意宣泄或表达的情感。积极情感包括正面情感和负面情感、肯定性情感和否定性情感，除负面情感外，其他类型的情感对德性都有可能产生正面作用，不过情形十分复杂。如果把情感看作人的动力机制，那么只有当一个人具有积极情感时他才会有实现自我、完善自我的动力，才有可能去养成、维护和完善德性。一个人如果没有情感的动力甚至以消极的情感态度对待人生就不会有德性追求。但是，积极的情感中那些负面情感是有害于德性的，因而对于德性来说重要的是如何培养积极的健康的情感。

此外，对德性起促进、激励或强化作用的积极情感还有助于抑制一些恶性的产生或发生作用。具有持久的自爱情感的人，一般不会形成自残的恶性；对他人充满友情的人，一般不会产生歹毒的德性；具有仁爱、博爱、圣爱等高尚情感的人，一般都不会养成某种恶性。

情感对德性的正面作用在一般情况下并不是决定性的，而是辅助性的。德性的养成、维护和完善从根本上说要靠智慧。这主要是因为德性主要是智慧的体现和结晶，没有智慧，不可能有真正意义上的德性。有智慧，情感会有助于德性，也可能转化为德性；没有智慧的作用，情感即使是正面的、积极的、健康的，也可能不会转化成德性。

二　情感对德性的负面作用

情感无论是作为赞成性倾向或否定性倾向的心理感受，还是作为好恶态度，都有可能对德性产生抑制、阻碍或破坏的负面作用。"品质的内核，不只是幸福的外在条件，能因情感状态而变腐败。"①

所谓抑制作用，是指情感可以抑制人们养成德性。人的负面情感和消极情感都会对人们养成德性起抑制作用。在一个人尚未养成宽厚的德性时，如果他就已经滋长了强烈的仇恨情感，他就很难养成宽厚的德性了。即使一个人已经养成了宽厚的德性，如果他产生了强烈的仇恨，他的宽厚德性也会被这种强烈的负面情感所压抑。因为仇恨是一种极其强烈的情感，它的能量远远超过某种德性所具有的力量。同时德性是需要不断修养的，修养是德性得以保持的主要途径。但是，一个人滋生了一些消极的情感，就会中止德性修养，使德性因为得不到应有的维护而消失或变质。例如，一个人如果对人生悲观失望或看破红尘，就会对一切都没有情绪，没有兴趣，势必放弃对德性的追求和修养，他所具有的德性也会因为这些情绪而被抑制，不再能够作为心理定势发生作用。

所谓阻碍作用，是指情感可以对人们德性的养成和完善起阻碍作用。一个处于对某种德性进行养成或完善过程中的人，如果产生了某种与这种德性性质相反的情感或产生了某种消极情感，他的德性养成或完善就会因此受到阻碍。一个人原本十分注重德性修养，但是受到重大政治打击以致被悲观厌世的情绪所笼罩，他就会放弃他的德性修养，甚至会滋生一些恶性出来。

所谓破坏作用，是指情感可能对已经形成的德性起破坏作用。这种情感一般都是那些较为极端的负面情感，如自私、贪婪、歹毒、仇

---

① Nancy Sherman, *Making a Necessity of Virtue*, Cambridge：Cambridge University Press, 1997, p. 35.

恨等。一个德性再高尚的人如果因为某种原因产生了这些极端的负面情感，他所具有的德性就会受到严重的破坏，甚至使他的德性整体上变质，使他成为一个恶性之人或恶人。

对德性起负面作用的情感并不多，但能量很大。负面情感、中性情感、肯定性情感、否定性情感和消极情感都有可能对德性产生负面作用，其中负面情感、消极情感通常只会起负面作用。

负面感情是那些不利于或有害于个人、他人和整体生存的情感，这些情感总体上看都是不利于、有害于德性的情感。大多数负面情感是与恶性完全相通的。像自私、贪婪、猜忌、嫉妒、歹毒、残酷、愤懑、哀怨、憎恨、仇视这样一些心理现象，从情感的角度看是负面情感，而从品质的角度看则是恶性。这样一些心理现象偶尔出现一次或几次还可以说是情感，如果长久地存在，就不只是情感，而是恶性，它会以心理定势和行为习惯对人的活动发生作用。在一个人长期具有这样的情感的情况下，这些情感就已经不是自发产生的，而可以认为是经过了他的选择认定的。人的许多恶性也许最初就是从这样一些负面情感生发的。当这样的情感最初出现时没有及时抑制和扼杀，就有可能使人丧失智慧，使人的理智完全屈从这些不健康的情感。因此，负面情感可以说是人的心理具有巨大潜在能量的毒素，不及时剿灭，后患无穷。无论是养成德性还是维护德性都要坚决克服这些负面情感。一个人只要持续地具有其中一种情感，他的德性的完整性就会受到严重损害，他就不仅不可能具有德性的完整性，而且他的整个德性会受到侵害，他的品质就会成为有问题的。假如一个人长期具有贪婪的情感，这种情感就会逐渐变成他的品质状态或特性，不仅他不会有完整的德性，而且其他德性也会受到污染，乃至整个品质都会受到这种恶性的侵蚀和毒害。

悲观、失望、绝望、冷漠以及情感扭曲、变态等消极情感，都是不健康的情感。这些情感虽然不像负面情感那样直接对德性起破坏作用，但对德性的阻碍和抑制作用是明显的，而且由情感消极走向情感扭曲和变态则还会对德性起直接的破坏作用。德性的养成和完善是人的一种自觉的、积极的修养过程，而且人的德性养成后虽然自发地发生作用，但需要人的修养不断维护，长期不维护就会蜕化或变质，而这种修养也是自觉的、积极的过程。消极情感的问题就在于它会使人们放弃自觉的、积极的修养过程。消极情感并不是针对德性修养的，它是笼罩整个人生活各个方面的情绪和态度，当然也会影响德性修养的过程。由消极情感恶化而转变成的情感扭曲和变态，更是如同极端的负面情感一样，是德性的致命撒手锏，两者不能同存于一人的心灵。不用说进一步养成德性，就是已经具备的德性也会因为这种极其不健康的情感而丧失殆尽。

中性情感、肯定性的情感和否定性的情感对德性的负面作用正如对德性的正面作用一样是不完全确定的。中性情感是人的一些喜怒哀乐好恶感情和情绪，这些情感在一般情况下对德性的作用并不十分明显，但当某种中性情感过度时会对德性产生负面作用。例如，一个人可能因为至亲至爱的人意外去世极度悲哀而不能解脱。这种过度悲哀的情感就有可能对他的德性产生负面影响，他可能因此而丧失对家庭和职业的责任感，使他的负责的德性受到损害。肯定性情感和否定性情感的情形要复杂一些。一般来说，肯定性情感对德性的正面作用要多、要大，否定性情感对德性的负面作用要多、要大，它们的负面作用的情形如何主要取决于情感对象及其善恶性质。前面我们分析过，情感的诱因和对象有八大类，在通常的情感下，对这八大类对象持肯定性情感会有助于德性的养成、保持，但是每一诱因、每一具体对象都有可能同时具有善的性质和恶的性质。一个人对同事持肯定性情感是有助于养成利他德性的，但是对同事的恶行持肯定性情感，就会伤害德性，就会妨碍或破坏正直、公正等德性。一个人对单位（特别是企业）持喜爱的态度是有助于养成职业的利群德性的，但是对这个企业不正当经营持肯定性情感，并参与其中，他的这种情感无疑是会伤害他的德性的。

第三节　德性对于情感的意义

德性对情感具有明显的作用，而且这种作用十分重要。德性对情感的作用直接体现为有助于健康情感的产生和培养、丰富和提升，同时德性也对那些不健康的情感具有防范、抑制和调节作用。

一　情感的价值和道德审视

人是在家庭和社会中生存的，人的生活环境对人的情感形成、诱发和释放有着重要影响。随着人类文明的进步，人类生存的环境对人的情感有着培养、导向和规范的作用。同时，人的情感是与人的理智交织在一起的，受到理智的控制。正是因为环境和理智的影响，人类的情感越来越成为可控的。人类控制情感的总体方向是使情感更有利于人类个体和整体的生存。人的情感的复杂性，使人的情感可能从不同的向度对人的生活产生影响。为了使人的情感有利于人类生存，有必要对人类的情感进行价值审视，弄清人的哪些情感是有利于人类生存的，哪些情感是不利于人类生存的。我们要通过这种审视和判断，对人的情感做出选择，并规定其方向、范围和程度，从而为人的情感的培养、释放、表达提供正确依据。

从伦理学的角度看，可以根据是否有利于人更好生存从五个方面对人的情感进行价值审视，即情感是否健康、是否丰富、是否持久、是否高尚、是否美好。这五个方面就是伦理学审视情感的五个维度，也是情感是否有利于人更好生存的五条标准。其中是否健康是情感的底线标准，不仅规定着情感正常不正常或者说规定着情感是否病态，而且规定着情感的善恶性质或道德与否的性质。健康的情感是有利于人更好生存的，因而是好的或善良的感情，反之就是不利于人类生存的，因而是坏的或邪恶的。是否丰富、是否持久、是否高尚这三条标准是情感的量度标准，它们在健康标准的前提下，规定着情感是否更有利于人的生存，因而规定情感价值的大小。是否美好是情感的最高标准，也以健康标准为前提，所涉及的是能否使情感成为乐生要素。我们可以将符合这五条标准的情感称为"优良情感"。

从有利于人更好生存的角度看，什么样的感情是健康的呢？首先，有利于个人身心健康的情感是健康的。个人身心健康是人生存的基本前提，没有身心的健康，谈不上更好地生存。因此，情感是否健康的首要标准就要看情感是否有利于人的身心健康。健康的情感应当是有助于身体和心理健康的，不会由情感诱发身体或心理疾病。其次，有利于个人的家庭和睦、职业成功的情感是健康的。职业和家庭是人生存得好和生存得更好的两大支柱。健康的情感应当是促进家庭和睦和事业成功的。再次，有利于营造和谐的人际关系的情感是健康的。人生活在环境中，人际关系是人生活的最重要环境，环境不好，不仅生存的压力大，而且会因此影响个人的身心健康以及事业成功和家庭幸福。健康的情感应当是个人事业成功和家庭和睦的源泉和动力。最后，有利于促进个人活动于其中的共同体和谐发展的情感是健康的。现代人活动在各种不同的共同体中，个人的生存状况与个人活动于其中的共同体的命运紧密相连。有共同体的和谐，才有个人人际关系的和谐，才有个人事业的成功，也才有个人的身心健康和家庭和睦。有共同体的公共福利的增进和繁荣，个人的幸福才有根本保障。健康的情感应当是有利于共同体和谐和公共福利的。以上四个方面的划分是理论上的，这四个方面是相互联系的，将有利于这四个方面的情感控制在合理的限度内，它们都是可以相互促进的。

以上四个方面也可以概括为两个方面：一是情感正常不正常，这主要是从心理学的角度看的；二是情感道德不道德，这主要是从伦理学的角度看的。健康的感情是既正常又道德的情感。注重情感健康的道德维度十分重要，不道德的情感是坏的或邪恶的情感，这种情感肯定是不健康的。正因为情感存在着道德不道德的问题，所以亚里士多德始终都将情感纳入道德评价和道德控制的范围。"亚里士多德认为，人们不仅因为我们的行为而被评价，而且也因为我们的情感而被评价。两者都能成为值得赞扬或值得谴责的。"①

从以上四个方面看，前面所说的与人的本能相联系的自爱、乡情、同情等天然情感，对他人的亲情、爱情（含性爱）、友情等个人情感，对个人和环境的美感、德感、业感等社会情感都是健康的情感。它们可以从不同的角度促进个人的身心愉悦、家庭和睦、职业成功、人际关系和谐以及共同体和谐和繁荣。而像自私、贪婪、猜忌、嫉妒、歹毒、残酷、愤懑、哀怨、憎恨、仇视这样一些负面情感，以及冷漠、悲观、绝望这样一些消极情感以及扭曲、变态的情感，则是不利或有害的情感。

在健康的前提下，一般来说情感越丰富越有利于人更好生存。有利于人更好生存，就是能提高人生存的质量。不同时代有不同的质量标准和要求，当代人类生存的质量标准和要求是人的全面而有个性的发展。人的全面发展就是人的人格朝完善的方向发展，人的综合素质（包括思想道德、专业技能、生理心理和乐生休闲等素质）得到全面发展。人的有个性发展，就是个人的人格及综合素质是与他的主观条件和客观条件相适应的、具有个性特色的，而不是追求千篇一律的。人的情感是人的动力机制和快乐源泉。显然，人的情感越丰富越对人全面而有个性的发展有利，并可以提高生活质量，相反，如果人的情感单一，人的人格和素质的一些方面就会得不到发展，生活就会有欠

---

① Nancy Sherman, *Making a Necessity of Virtue*, Cambridge：Cambridge University Press, 1997, p. 75.

缺。一个有强烈的事业心而缺乏亲情、友情、兴趣单一的人，可能专业技能素质得到较充分发展，职业取得较大成就，但他的家庭生活、社交生活可能就是单调而乏味的。这样的人职业再成功，也不是全面发展的，不是人格完善的人、幸福的人，难以有生活的乐趣。

在现代意义上，情感丰富主要是指人的情感生活丰富，包括人的自爱、乡情、同情等天然情感，亲情、爱情、性爱、友情等个人感情，美感、德感、业感等社会感情都得到了充分的培养和呵护，在情感生活方面具有良好的情感反应、感受和激发能力，而且这些情感能力能对人的人格完善和综合素质全面提高起到促进作用。

丰富的健康情感有助于人更好生存，丰富而健康的情感越持久，就越有助于人的全面而有个性发展。如果一个人始终都保持强烈的责任感，那么他就始终都会以负责的态度对待亲人和朋友、对待工作和社会，这种负责的态度无疑有利于他在世界上安身立命，使他得到尊重和取得成功。当然，这种情感的持久并不是指自始至终保持某种情感状态，而是指在适当的场合、适当的时间能激发和释放情感。情感像理智一样，它是一种能力，情感能力培养出来后，并非一劳永逸，已经获得的情感能力可能丧失。情感持久指的是始终都保持或增强情感能力，而不使这种能力弱化或丧失。

情感的一个突出特点是易变性，因而即使是健康的情感也需要呵护。呵护就是珍惜，就是培育。珍惜就是十分珍视和爱惜健康美好的情感，用心使其保值增值；培育就是精心培养和哺育健康美好的情感。呵护的目的就是要使健康的情感保持旺盛的生命力。呵护是有条件的，最重要的条件是有坚定的正确人生理想和信念。这种正确的人生理想和信念就是个人更好地生存并通过他人更好地生存实现自己更好地生存。理想和信念是情感的支柱，一旦人生理想破灭，信念动摇，再健康的情感也会变质。

健康的情感存在着不断升华的问题。所谓升华就是提高情感的层次，也就是通常所说的使情感更高尚。使情感走向高尚，主要就是使情感从自爱、乡情等天然感情上升到亲情、爱情（含性爱）、友情等个人感情，进而上升为美感、德感和业感等社会感情，最后上升为仁爱、博爱、圣爱等高尚感情。情感升华对个人生存的意义主要在于，它可以提高人的精神境界以及人生境界，扩展个人自身存在的意义，从而使人生更有深度感，更有愉悦感和幸福感。使健康情感逐渐升华更有利于共同体的和谐和美好，人们的情感普遍升华可以使人们从自我走向"大我"，更关注他人和共同体整体的幸福。这样，罪恶和争斗就会减少，社会就会更人性化、人情化和人道化。

情感有一个情感主体和其他人感觉美好不美好的问题，即使是健康的情感和高尚的情感也存在这样的问题。所谓情感美好，就是情感在情感主体那里引起了愉悦的感觉，令情感主体心旷神怡，甚至陶醉，而且这种感觉可以在别人那里引起共鸣或同感。情感美好有三个前提条件：一是情感健康，健康的情感才可能是美好的。情感不健康，即使情感主体对它有美好的感觉，其他人也不会有同感。二是情感适宜，情感要与情感主体相适应。只有与个人的年龄、性别和素质状态以及客观条件相适宜的情感，才会在情感主体那里引起美好的感觉。如果不适宜，看起来健康、丰富、持久或高尚的感情也有可能引起不好的感觉，甚至令人难受，看起来别扭。例如，由于生理和社会文化的原因，关爱是一种特别适合女性普遍具有的情感。这是一种复合性的情感，其对象主要是家人，也可以是同事和其他人。具有这种情感，会使女性更具有性别特色和情感魅力。相反，对于男性来说，关爱的情感则难以取得女性那样的效果，有时还会使人有一种"一个大男子汉，怎么婆婆妈妈的"感觉。三是情感强度，一种情感要达到一定的强度才能使人愉悦，才能令人陶醉。文天祥"人生自古谁无死，留取丹心照汗青"的强烈爱国情怀，在给人以情感震撼的同时，也给人以一种为人豪迈的美好感觉。显然，这句诗的情感如果没有这样强烈，就产生不了如此强的感动人和振奋人的效果。当然，情感也不能过于强烈，否则会乐极生悲，也会引起别人的反感。

以上所述的健康、丰富、持久、高尚、美好五条标准，是衡量情感有利于人更好生存的一般价值标准。在实际生活中，情形十分复杂，需要综合考虑，不能简单地生搬硬套，一切都要以人更好生存为终极尺度。

二　德性对于情感的三重意义

德性作为心理定势对人的情感具有积极的正面作用，有助于产生和培养优良情感，也对不良情感具有控制作用。但是，德性的力量是潜在发生作用的，而且德性的作用特别是控制作用是有限的。德性只是对情感发生作用的因素之一，人的优良情感的产生和培养，特别是对不良情感的控制还需要人的其他心理功能发生作用。

德性对情感的积极正面作用主要体现在对情感的控制、优化和提升三个方面。德性可以对情感起控制作用。人的情感可以自发产生，也可以在一定程度上进行自觉的控制。当人的德性形成后，德性就会自发对情感起控制作用，它表现在三个方面。

首先，德性对情感产生和形成定向。人的情感是随时可以产生的，也可以是通过有意识地培养形成的。无论哪一种情形，德性都可以起积极的正面导向作用。当人具有了德性后，德性就会作为一种心理定势自发地限制那些与德性取向不一致的不良情感产生和形成，认可那些与德性一致的良好情感产生和形成。一个具有善良、关怀德性的人，在一般情况下更容易产生同情和友爱的情感，也有助于这样的情感扎根于心灵之中，使其成为持久高尚的情怀。一个敬业、负责的人更会使自己具有强烈的事业心（业感）。

其次，德性防范并抑制不良情感。德性之人，一般不太可能产生那些不良的情感。不良情感都是与德性冲突的，而德性作为一种心理定势，在这种情感有可能萌发的时候，就会起到抑制的作用。德性可以说是不良情感产生的一道隐秘防线。而且德性之人，由于德性的自发控制作用，本来产生不良情感的机会会大为减少，特别是不太可能产生那些极端的负面情感和消极情感。我们很难想象一位德性完整而高尚的人会产生自私、歹毒、仇恨之类极其不良的情感，也很难想象这样的人会因悲观厌世而自杀。

再次，德性调节情感的过度和不足。人的生活是极其复杂的，即使是一位德性完整而高尚的人也难免在某些时候会发生情感过度或不足的问题。例如，一位德高望重的学术大师也可能因为自己学生的不端学术行为而愤慨不已，以激烈的言辞指责学生。这种情绪虽然是正常的，但有些过度。在这种情况下，德性可以对这种情感或情绪起到调节作用。这位大师的高尚德性可能会使他冷静下来反思导致这种学术不端行为的原因和自己负有的责任。现实生活中有一些人情感比较淡薄，热情不高。这种情感状态虽然不是不健康的，但对生活有消极影响，因为缺乏激情的生活是乏味的。德性对于这种情感不足的问题也有一定的调节作用。当一个人注重对自重、关怀、负责、进取等德性的修养时，他会因此而增强对自己生活的热情，增强对他人友爱和对职业热爱的情感。

德性对情感的优化也具有重要作用。人的情感是一个复杂的世界，具有多维性、多层次性和持久性，其结构和功能纷纭杂沓。人的情感结构存在着优劣问题，而情感结构的优劣问题可以从两个层次来看：一是结构中有没有不健康情感问题，二是健康的情感结构完善不完善的问题。要使情感结构完善，不仅要消除情感结构中的不健康情感，还要使情感优良，使健康的情感丰富、持久、高尚、美好。近代以来，人类生活日益理性化、功利化，情感被湮没、被边缘化，这会导致人类生活日益单调枯燥，缺乏人情味，也会导致人们因情感得不到满足而产生心理问题和社会问题。作为人生哲学的伦理学，近代以来也不怎么关心人的情感问题，缺乏对情感问题的应有研究，伦理学在指导人类如何培养优良情感方面丧失了应有的作用。今天，如何使人的情感优良是人生面临的一个重大课题，也是伦理学应当关注的重大课题。

从心理学的角度看，人的情感具有优化的可能性。麦独孤认为，一个人的自我是随时可以扩大的，从爱自己的子女进展到关心所有的儿童，从爱自己进展到爱自己的学校、家乡或国家，从爱具体的事物进展到爱抽象的原理，如"正义、勇敢和自我牺牲"，构成抽象情操和道德情操。[①] 从伦理学的角度看，可以做许多方面的工作来培养人的优良情感。伦理学可以通过改变人们的生活观念来使人们正确认识情感在人生中的地位，可以通过告诉人们优良情感对于人生的意义来提高人们培养优良情感的自觉性，可以通过告诉人们什么情感是优良的、什么情感不是优良的来引导人们对情感做出正确的选择，可以通过告诉人们不良情感对人生幸福的严重后果来引起人们对可能产生的不良情感保持警觉。伦理学还可以通过正确的人生观、道德观教育来确立人们对优良情感的信念，可以通过培养人们的道德感（特别是良心）来建立情感控制机制，可以通过养成德性来形成对优良情感的心理定势。人的德性对于人的情感优良，对情感的整体优化都具有重要的意义。

人的德性与人的优良情感具有取向和性质的一致性，其结构和功能也在一定程度上相关。德性完整的人，他的情感结构不会存在不健康的情感，即使在某些情况下产生不良情感也会得到适当的抑制和调节，更重要的是，他的健康情感也会因德性的完整而丰富、持久。首先，在进行德性修养的过程中，一个人不能正确处理情感与人生的关

---

① 参见高觉敷主编《西方近代心理学史》，人民教育出版社，1982，第243页。

系，不能处理好这种关系，他就会在情感问题上发生偏差，并因而会妨碍德性的修养。例如，一个过分自爱的人就难以形成关怀的德性。一个人德性完整，他就能正确把握自爱与爱人、亲情与友爱、乡情与博爱之间的度，处理好各种情感之间的关系，使之相互补充、相得益彰。其次，德性修养是一个人一生一世的长期过程，坚持不懈地进行德性修养本身需要强大的情感动力。如果没有那种对他人、对共同体、对自然的深深热爱的丰富情感，很难持久地进行德性修养，很难做到不断追求德性的完整和高尚。人的德性修养过程与人的情感优良化过程是一致的，德性修养需要情感优良并因而会促进情感优良，促进情感结构优化。

人的情感不仅存在着结构的优化问题，也存在着升华的问题。情感的升华就是在情感健康、丰富而持久的基础上使情感高尚、美好。情感高尚、美好，就是要使情感从自爱走向友爱、走向博爱，从家庭之情走向群体之情、走向世界之情和自然之情，从自我感走向道德感、审美感。这种走向不是"否定"，而是"超越"，是通过"超越"达到"融合"，即个人、家庭与他人、群体、世界、自然融为一体。融合后就会达到情感的新境界，这种境界也许就是冯友兰先生所说的"天地境界"，也就是我们前面所说的"至爱"。显然，情感的这种升华需要道德的基础，需要德性的基础。一个人只有不断追求德性修养，才能在德性渐进的过程中实现这种情感的升华。德性的升华与情感的升华是同一的过程。我们经常说到"情操"这个概念。这里的"情"就是情感，就是情怀，"操"就是操守，就是德性。当一个人在德性和情感达到足够的高度时，我们说这个人具有"高尚的情操"，也就是说情感与德性在他那里达到了高度的统一并达到了足够的高度。不过，在这两个方面中，德性是主导的方面。一个人没有德性的修养，没有使德性达到足够的高度，就很难使他具有高尚、美好的情感，具有伟大的情怀。

第四节　德性与情感的良性互动

兰茜·硕曼认为，从一种直觉的观点看，情感是道德的中心。"它们之所以是中心，是因为作为道德的存在，我们不仅关心我们怎样行动，而且关心我们怎样感觉——我们的情感状态以及我们的态度和感情是什么。关键不在于情感是内在的，行为是外在的，因为行为和情感两者都有表明与品质联系得更深的内部状态的外部时刻。"[①] 从前面的分析也可以看出，德性与情感的关系十分密切，两者不仅相互影响，而且有诸多相通之处。因此，有必要进一步阐述两者良性互动的问题。

一　良性互动的必要性

德性与情感的良性互动就是德性与优良情感之间相互作用、相互促进，既使德性以情感为基础和动力，成为饱含情感的德性，也使情感以德性为前提和支撑，成为出于德性的情感。之所以要特别重视德性与情感的良性互动，可以从正面或积极和反面或消极两方面看。

从正面或积极方面看，德性需要优良情感，优良情感也需要德性。

一方面，德性需要情感作为动力和养分。人的品质在出生之初是无所谓德性恶性之分的，在一定意义上说是中性的。品质朝德性还是恶性的方向发展既存在着选择的问题，同时存在着动力的问题。推动品质的发展主要有两种力量，一是欲望，二是情感。情感无疑是人德性发展的推动力之一，无论发展的方向是德性的还是恶性的，都不可能离开这种力量。正是从这种意义上我们说德性需要情感作为动力。

---

① Nancy Sherman, *Making a Necessity of Virtue*, Cambridge：Cambridge University Press, 1997, p. 28.

没有情感，德性不可能形成。情感像欲望一样，作为原始的心理能量本身是无所谓好坏善恶之分的，但这两种原始能量存在一个重要区别：一旦它们成为现实的欲望和情感，情感就有好坏善恶之分，而欲望虽然存在着过度不足的问题，但一般没有好坏善恶之分。对于品质而言，只有那种好的、善的情感才能真正成为德性形成的动力，而坏的、恶的情感则是德性的阻力。因此，我们说德性需要情感做动力，其实是说需要好的、善的情感做动力。

德性是需要养分的。认识或知识、欲望是德性的养分，情感也是德性的养分，而且是使德性变得美好的养分。情感能使德性由可敬、可畏变得可亲、可爱，使德性真正成为人们好生活或幸福生活的一部分。

另一方面，情感的优良需要德性作为前提和支撑。人的原始情感能力在现实化的过程中，很容易受过度的欲望或环境的不良影响而成为不良的情感。情感要成为优良的，需要以德性作为前提，需要德性作为支撑。人们情感朝优良方向发展需要德性发挥心理定势作用，需要德性对情感起定向、控制作用。有德性作为前提和支撑，情感就会朝优良方向发展，否则善良的情感也会变质为不良情感。如果爱情有善良、关怀、负责等德性作为前提和支撑，就会持久而且会变得更美好。否则，爱情就会转瞬即逝，甚至由爱生恨。

从消极的方面看，德性与情感不能良性互动会导致不良的后果。

首先，情感有可能对德性起负面的作用。对德性起负面作用的有外在的力量，也有个人的内在力量。就个人内在的力量而言，对德性起负面作用的主要有两个方面：一是欲望，二是情感。过度的欲望和不良的情感都会对德性的养成和维护起阻碍和破坏作用。不良情感不仅有可能中断德性的养成过程，而且有可能使已经养成的德性遭到破坏。一个自私的人不可能养成互助、公正的德性；一个充满关怀心的人可能因为仇恨的情感迷惑了双眼，变得仇视他人；一个敬业的人可能因为冷漠而变成工作马虎的人。由于情感是一种巨大的心理能力，因而它一旦对德性起破坏作用，其破坏力是巨大的。

其次，缺乏情感的德性是僵死的德性。德性需要情感滋养，没有情感的滋养，德性就像没有养分的花，迟早会枯萎。德性是与理智相关联的，没有理智的作用，德性是不能形成的。但是，在德性养成的过程中，如果使德性过分理智化，就可能使德性变成僵硬的、死板的，缺乏生机、活力和人情味。我们在对德性进行界定时强调德性是通过智慧选择和确认形成的，正是为了防止德性的过分理性化。智慧与理性是有重要区别的，智慧是包含优良情感在其中的，是理性与情感的有机统一。智慧选择和确认的德性是包含和体现情感的德性，而不是纯理性的德性。纯理性的德性由于缺乏必要的情感，不是真正的德性。缺乏情感的德性由于缺乏必要的养分而很难达到完整和高尚的程度。德性越完善越需要情感支撑和滋养，越与情感融为一体。

再次，缺乏德性的情感不可能成为优良的情感。亚里士多德在谈到德性的作用时就谈到德性不仅对行为起作用，而且对情感、欲望起作用。在他看来，最根本的德性原则是无过度无不及的中道原则。德性对情感的意义就在于使情感控制在过度与不及之间。如果没有德性的作用，情感就会要么过度要么不及。这样的情感就像过度和不及的行为和欲望一样是有问题的，更谈不上是优良的情感。缺乏德性的情感不可能是真正优良的情感。缺乏德性的情感不是优良的，没有德性的自发的、经常的控制，情感会变成燃烧的大火，烧毁人的一切。这种情感的破坏力量，会给人的生活带来灾难。

总之，对于人的好生活来说，德性与情感两者是不可分离的。德性需要情感滋养，有情感滋养的德性才是人情化的德性；情感需要德性控制，有德性控制的情感才是智慧化的情感。同时，德性与情感两者也是可以良性互动的。一旦达到这种最佳状态，德性和情感就能实现双赢，一方面可以使德性进一步完善，使情感进一步丰富，另一方面可以使德性完善和情感升华，从而使两者达到更高的境界。

二　实现良性互动的关键

实现德性与情感良性互动是复杂的、艰难的，但也是完全可能的。实现这两者的良性互动涉及多种因素，如观念、知识、能力以及认知、欲望等因素，但其关键是要处理好情感与理智的关系，实现两者的和谐。处理好情感与理智的关系，需要诉求理智对情感加以适度的控制。之所以要诉求理智对情感加以控制，是因为德性只是一种心理定势，并不具有直接控制情感的功能，而理智则不同，理智作为理性和意志的有机统一，是人的认知、判断、选择和控制的能力和机制，具有诸多功能和作用。它们包括认识和反思人生，规定人生目标和制订人生发展方案，利用、开发和控制活动能量，制造和选择实现目标的手段等。认识和反思情感及其在人生中的地位和作用，利用好人的情感，将人的情感纳入有利于人幸福的范围，也是理智的重要功能和作用。因此，可以而且需要通过理智对情感的控制实现情感与理智的和谐，使情感与德性良性互动。

情感原本是以本能为基础的一种求生存和自我保护的心理能量。这种能量虽然是人对环境的本能反应，但本身不具有认识、判断和选择的功能。在没有理智的情况下，情感是受本能控制的，并服从和服务于本能。当人类在本能的基础上逐渐获得了理智之后，情感就不再完全受本能的控制，反而在不同程度上受理智的控制，还可以服从和服务于理智的选择。人的情感存在着培养、呵护与激发的问题，也有宣泄和表达的问题，这就需要认识、判断、选择和控制。这种职能是需要理智来完成的。在正常的情况下，情感是与理智交织在一起的，受到理智的控制和接受其指导。美国心理学家丹杰尔·戈尔曼（Dancel Goleman）提出了一种"情感智力"（emotional intelligence）的概念，所指的是"个体能够适当控制自己情绪及了解别人所表达情绪意义的能力"。具体地说，情绪智力包括五方面的能力：（1）觉知自己情感状态的能力、（2）控制自己情感的能力、（3）情绪低落时能自我激励的能力、（4）理解别人情感的能力、（5）与别人建立并维持深厚感情的能力。[①] 显然，戈尔曼所说的情感智力就是理智控制情感的能力。

情感与理智的交互作用构成了人生，两者达到了和谐，人生才会幸福；反之，人生就不会有幸福。两者达到和谐的关键在于理智，只有理智才能给情感导向并对情感进行控制。理智对情感的导向和控制必须是合理的，否则即使理智对情感实现了有效的导向和控制，两者也并不和谐。理智对情感的那种"断激情""灭人欲"式的控制，所导致的是人生的不幸和悲哀。对情感的导向和控制要成为合理的，理智就必须以人更好生存为根据进行导向和控制，也就是要培养、呵护丰富、持久、高尚、美好的健康情感，并在合适的时间和地点对适当的对象激发这种优良情感，使之释放出来。同时，要遏制那些负面的、消极的不良情感产生，对于已经产生的负面、消极情感要制止或限制其宣泄和表达。

具体地说，理智对情感的合理导向和控制作用主要体现在以下六个方面。

第一，根据人更好生存的需要确定培养什么样的情感、这些情感培养到什么程度。人的情感潜能是一种无目标的盲目心理能量，可以朝不同的方向发展成不同程度的不同现实情感。理智对情感的引导和控制作用不是要压抑情感的产生，而是要区分哪些是人更好生存所需要的优良情感，哪些是不利于或有害于人生存的情感，要确定那些优良的情感培养到什么程度为好，并要引导人们培养合适程度的优良情感，从而使这些情感促进人的幸福，成为幸福生活的丰富内容。把情

---

① 参见张春兴《现代心理学——现代人研究自身问题的科学》（第 3 版），上海人民出版社，2009，第 335—336 页。

感划分为正面的与负面的、积极的与消极的，是一种理智的划分。每个人都可以根据自己的实际情况参照这种划分做出自己的理智划分，从而为自己的情感培养提供依据。

第二，根据不同情感主体的自身情况及其具体环境和情景确定怎样培养和呵护并适时激发优良的情感。情感主体是各不相同的，不同的主体有不同的培养和呵护情感的方式和方法。女性与男性、青年人与老年人在这方面就存在着很大的差异，不同的个人之间的差异更大。不同人的不同培养和呵护情感的方式方法需要不同人的理智通过对自己和环境的认识来选择和确定。人的情感有很多时候是需要激发的，在什么时候以及怎样激发情感、将情感激发到什么程度，也需要理智来判断和决定。在祖国被外敌侵略的时候，就需要激发爱国热情，这种热情必须在理智的控制之下，否则就有可能激发到一见敌国的人就攻击的程度。

第三，根据不同人的特点确定如何使人的各种感情保持动态平衡又突出重点。每一个人的主观条件和客观条件不同，每一个人所形成的情感结构也各不相同。因人而异地形成合理的情感结构，使各种情感因素保持动态的平衡，同时根据不同情感主体突出培养和增强某种情感，使各种情感主体形成自己的情感特色和个性特色，这也需要理智的判断和决定。一个很有天赋且由于接受过良好教育而专业技能高超的人，就需要在理智的指导下，突出自己的业感和德感特色。有了强烈的业感和德感，这个人就有可能成为一位伟大的科学家或工程师。

第四，根据不同的时间、地点、情景或对象确定情感主体在特定程度上表达特定情感。不少情感是对象性的，需要表达出来。同情、爱情、性爱、友情、仁爱、博爱、德感等就是这样的情感。理智对情感的作用之一就是确定在特定时候针对特定对象突出表达特定情感，并表达到特定程度。理智的这种作用十分重要，没有理智的作用，一种看起来是优良的情感可能由于表达的时间、地点、情景或对象不合适而成为有问题的。例如，夫妻之间的性爱本来是健康美好的，如果地点、情景不对，就会是有伤风化或让人出丑的。

第五，在情感压抑、得不到满足的情况下确定怎样适度宣泄。任何人都有失意、压抑的时候，在这种情况下，使情感得到适度宣泄是有助于身心健康的。宣泄不足和宣泄过度、宣泄的方式和时机不对都有可能引起不良后果。遇到烦心的事时独自借酒消愁，结果"借酒消愁愁更愁"。这里就有一个消愁的方式和"度"的问题。要把握好情感宣泄的方式和"度"得靠理智。

第六，确定抑制那些负面情感和消极情感的产生和表达的对策。负面和消极情感虽然对人生存不利，但很容易产生并很容易表达出来。自私这种情感就是如此。人有利己的天然倾向，这种倾向没有理智特别是德性的引导就很容易演化成自私的情感，而且这种情感一旦形成就会表现出来。这种情感尽管因为其丑恶而常常被隐藏起来，但总会在生活的方方面面露出尾巴。正因为如此，就存在着认识负面和消极情感对人生存的损害问题，存在着怎样抑制这些情感产生、诱发和表达的问题。这种认识和控制的职责无疑要由理智来承担。

理智要对情感进行正确合理的引导和控制，自身也需要培养和提高。人由于进化而具有理智的潜能，使理智的潜能变为现实，特别是要变成适合于人更好生存需要的认知、判断、选择和控制能力，需要长期培养和不断提高。只有当理智通过培养和提高达到一定的程度时，它才能正确合理地引导和控制情感。在理智形成和增强的过程中，情感也起着重要的作用，情感可以作为动力促进理智的提高，特别是在理智引导和控制情感的过程中，情感所产生的反引导和反控制的作用，可以对理智的提高起重要促进作用。理智形成和增强的过程、理智引导和控制情感的过程，也是理智与情感交互作用的过程。当这种相互作用在有利于人更好生存的前提下达到协调一致的状态，人就具有了智慧。有了智慧，人就走上了幸福之路。

第七章

德性与意志

意志与人的思想和行为密切相关，是人主观见之于客观的关键环节，因而是伦理学、哲学、心理学等多学科极其关注的领域。德性与意志的关系十分密切，有的学者甚至将德性看作意志的特性。菲力帕·福特认为，"在这种意义上，德性与意志相关，即一个人是否具有一种德性，取决于他的选择和意图，也取决于他的欲望和态度"。① 我们不赞成这种观点，但充分肯定德性与意志之间的密切关系。人的德性的养成和完善离不开意志的作用，正如朱丽娅·戴弗指出的，"具有道德德性的唯一行为者是具有意志的那些人；存在者不一定都是行为者，除非他们具有意志"。② 另一方面，德性对意志又具有重要的影响，这种影响事关人的意志是否善良以及如何发挥调控作用。

---

① Oliver A. Johnson and Andrews Reath, eds., *Ethics: Selections from Classical & Contemporary Writers* (9th Ed.), Wadsworth: Thomson Learning, Inc., 2004, p. 439.
② Julia Diver, *Uneasy Virtue*, Cambridge: Cambridge University Press, 2001, p. 109.

第一节　意志的本性

意志是最复杂的心理活动，具有非常复杂的作用机制，要弄清意志的本性、意义和作用机制，是一项难度相当大的任务。对于意志本性、结构、意义尚未有公认的看法，这里我们出于进一步讨论的需要对这些问题提出些初步看法。

一　对意志的理解

在汉语中，"意志"一词的一般含义是"决定达到某种目的而产生的心理状态，往往由语言和行动表现出来"。[①] 在英语中，与"意志"对应的有两个词，即"will"和"volition"。两个词的意义大致上相当，一般指"选择的偏好"（elective preference）。不过，仔细地考察可以发现，这两个词还是有所侧重的。"will"指"一个人能指导他的思想和行为或其他人行为的心理能力"，[②] 所侧重的是能力；而"volition"指"在选择、决策过程中使用某人意志（will）的活动"，[③] 所侧重的是活动。意志和意志力（willpower）的意义大致相当，不过意志力更强调意志的力量的意义。当我们对某件事"下决心"时，即当我们对它有了一个决定的选择状态时，那种状态就被称为内在的意志；当我们从事任何特殊选择行动时，那种行动被称为发出的、执行的或命令的意志。当一种内在的选择或决定的选择状态是控制或主导一系列行为的状态时，我们称那种状态为一种占优势的意志；而那些使"主导的或占优势的意志"（governing or predominant volition）所追

---

① 《现代汉语词典》（第7版）"意志"，商务印书馆，2019，第1557页。
② 《牛津高级英汉双解词典》"will"，商务印书馆、牛津大学出版社，1994，第1739页。
③ 《牛津高级英汉双解词典》"volition"，商务印书馆、牛津大学出版社，1994，第1697页。

求的目标得以实现的特殊选择行动则属于从属的意志（subordinate volitions）。①

许多心理学家从心理学的角度对意志进行了研究。加里·凯尔霍夫纳（Gary Kielhofner）提出了一个"人类事务模式"（Model of Human Occupation）。在这个模式中，意志是对人类行为起作用的三个子系统之一，它考虑个人自我效力和个人能力的价值、利益和信念。在海克·布鲁齐（Heike Bruch）和苏曼特拉·苟莎尔（Sumantra Ghoshal）的《对行为的偏见》（A Bias for Action）中讨论了意志力与动机的不同，他将"意志"这个词作为意志力的同义词使用，并简要描述了纳尔齐斯·阿奇（Narziss Ach）和库尔特·列温（Kurt Lewin）的理论。在布鲁齐和苟莎尔看来，列温主张动机和意志是同一个东西，而阿奇并非如此。阿奇主张存在着某种门槛，当欲望降低这个门槛时，它正好就是动机；而当欲望跨越这个门槛时，它就成了意志。据此，布鲁齐和苟莎尔指出在个体完成任务的层次方面存在着差异。从心理学的角度看，意志（volition 或 will）是一个认识过程，通过这个过程个体决定并进行某一特殊行为过程。它被定义为有目的的力争（striving），并且像感情、动机（目的和期待）、认识一样，是一种原初的心理功能。意志的过程能被有意识地运用，它们能自动化为习惯。大多数现代意志概念都宣称它是成为自动化的行为控制过程。②

意志或意志力也是一个以多种不同方式定义的哲学概念，不少哲学家从不同的角度定义意志，其中比较有影响的定义有以下几种。

其一，将意志定义为物自体（thing in itself）。叔本华认为，我们不能认识作为现象的原因的物自体，但我们能通过认识我们的身体认

---

① Cf. "Volition（Psychology）", in *Wikipedia, the Free Encyclopedia*, http: //en. wikipedia. org/wiki/Volition_(psychology).

② Cf. "Volition（Psychology）", in *Wikipedia, the Free Encyclopedia*, http: //en. wikipedia. org/wiki/Volition_(psychology).

识它，身体是我们同时既作为现象又作为物自体认识的唯一东西。当我们反思我们自己的时候，我们认识到我们本质上在无休止地冲动、渴望、欲求和愿望。这些就是我们称为我们的意志的特征。叔本华断定，我们由此可以认为所有其他现象也在本质上、基本上是意志。在他看来，一切表象、一切客体都是现象，只有意志是物自体。作为意志，它绝不是表象，而是在种类上不同于表象的。"它是一切表象，一切客体和现象，可见性，客体性之所以出。它是个别〔事物〕的，同样也是整体〔大全〕的最内在的东西，内核。它显现于每一盲目地起作用的自然力之中。它也显现于人类经过考虑的行动之中。"① 那么，意志是什么呢？在叔本华看来，纯粹就其自身来看，意志是没有认识的，只是不能遏止的冲动。我们在自然界所见到的意志现象都是这种冲动。我们是从后来产生的、为它服务的表象世界才得以认识意志的欲求，认识它所要的是什么。他认为，它所要的不是别的而就是这个世界，就是如此存在着的生命。据此，他把显现着的世界称为镜子，称为意志的客体。在这里，叔本华并不是说生命是意志的目的，而是说意志就是生命，就是生命意志。"意志所要的既然总是生命，又正因为生命不是别的而只是这欲求在表象上的体现；那么，如果我们不直截了当说意志而说生命意志，两者就是一回事了，只是名词加上同义的定语的用辞法罢了。"② 叔本华认为，意志自身在本质上是没有任何目的、任何止境的，它是一个无尽的追求。每一个达成的目标又是一个新的追求过程的开端，如此辗转以至于无穷。"根据这一切，意志在有认识把它照亮的时候，总能知道它现在欲求什么，在这儿欲求什么；但决不知道它根本欲求什么。每一个别活动都有一个目的，

---

① 〔德〕叔本华：《作为意志和表象的世界》，石冲白译，商务印书馆，1982，第165页。
② 〔德〕叔本华：《作为意志和表象的世界》，石冲白译，商务印书馆，1982，第377页。

而整个的总欲求却没有目的。"[①]

其二，将意志定义为对强力的追求。尼采认为，叔本华的生命意志说是对生命的一种误解，因为凡是有生命的，便也有意志，但不是求生命的意志，而是求强力的意志。强力意志虽然也是生命意志，但它追求的不是生命本身，而是使生命得以超越自身的强力。"所谓'强力'，其实就是指力求扩大自身、超越自身的旺盛的生命力。'强力意志'，就是强大生命力对弱小生命力的支配和侵吞。正是在抗强欺弱中，享受到了生的欢乐，获得了酒神式的陶醉。"[②] 尼采用强力意志来说明无机界、有机界和人类社会的一切现象，把万事万物的永恒生成归结为强力意志。"这个世界就是强力意志，岂有他哉！"[③]

其三，将意志定义为全体。这种观点认为物质世界要么是非存在的，要么是"真正的"观念世界的次级制品。在这样的世界，每一事物都是一个意志行为的结果。即使你被警察逮捕，这实际上也是你意志行为的一个结果。如果你不想这种情况发生，你能做出其他的决定。弗兰科·哈德克（Frank Channing Haddock）和威廉·沃克·阿特金森（William Walker Atkinson）、阿莱斯特·克劳勒（Aleister Crowley）等拥护精神世界或神秘世界的观念主义者持这种观点。[④]

其四，将意志定义为能力。洛克认为意志像自由一样是人的一种能力，它们都属于主体。他说："任何主体只要有一种能力来思想自己底动作，只要能选择它们底或进行或停止，那他就有一种名为意志的那种官能。因此，意志不是别的，只是那样一种能力。"[⑤]

---

① 〔德〕叔本华：《作为意志和表象的世界》，石冲白译，商务印书馆，1982，第236页。
② 参见周国平《尼采》，袁澍涓主编《现代西方著名哲学家评传》上册，四川人民出版社，1988，第55页。
③ 〔德〕弗里德里希·尼采：《强力意志》，李伟编译，重庆出版社，2006，第696节。
④ "Will（Philosophy）", in *Wikipedia*, *the Free Encyclopedia*, http://en.wikipedia.org/wiki/Will_(philosophy).
⑤ 〔英〕洛克：《人类理解论》（上），商务印书馆，1959，第212页。

除心理学和哲学之外，其他一些学科也研究意志，这里我们不一一介绍。①

根据人们日常对意志的理解和有关学术资料，我们给意志做这样的界定：意志是指人所特有的，以人更好生存的需要为基础并以满足这种需要为指向的，有意识的意愿、抉择和谋求能力和活动，它是人所有有意识活动的动力，也是人所有有意识活动的调控机制。

意志是人所特有的。在人类历史上，曾认为诸如天、雷电、鬼、神（特别是人格神上帝）是有意志的，但没有得到证实。在我们可能的经验范围内，目前只能说人有意志，意志是人所特有的。不仅意志这种能力和活动整体上是人所特有的，而且意志的构成要素如欲望、兴趣、选择、决定、意图、目标、动机和行为等也是人所特有的。对于兴趣、选择、决定、意图、目标、动机和行为是人所特有的，人们也许没有多少异议，但不一定会同意欲望也是人所特有的。人们经常将本能和欲望联系起来，将它们看作一类东西，实际上两者是不完全相同的。欲望是以本能为基础的，但已经超越了本能，是本能的理性化、社会化。"人的本能体现为或者不如说发展为欲望，这正是人类文明进化的结果，是人不同于动物的根本性的标志。"② 意志是人所特有的，正如理性是人所特有的一样。

意志以需要为基础并以需要的满足为指向。人在世界上生存客观上存在着各种不同的生存需要，而其根本需要就是更好地生存。正是在追求更好生存需要满足的过程中人逐渐产生了意志这种心理功能。因此，人的需要特别是人更好生存的需要既是意志活动的基础也是意志活动的终极指向。这种指向可能是不明确的，没有具体的对象，也可能是明确的，有具体的对象。当这种指向没有明确的对象时，它体

---

① Cf. "Will（Philosophy）", in *Wikipedia*, *the Free Encyclopedia*, http：//en. wikipedia. org/wiki/Will_(philosophy).

② 江畅：《幸福与和谐》（第 2 版），科学出版社，2016，第 21 页。

现为欲望、兴趣；当它有了明确的对象时，它体现为意图和目的；而当人们出于目的行动时，它体现为动机和行为。在从没有明确对象到有明确对象的转变过程中，抉择（选择和决定）起着关键性的作用。人们是通过抉择使人们的欲望、兴趣转变为意图和目的，并形成动机并开始行动的。在正常情况下，所有意图和目的都是服从于并服务于满足人更好生存的需要这一终极目的的。

意志是有意识的意愿、抉择和谋求能力和活动。意志心理功能是理性的，是以人的认识（包括认知、理解、评价、推理、构想和反思）为前提的。许多哲学家将意志看作人的理性的实践方面，这是有道理的。意志可以说是欲望和兴趣的理性化，理性使需要变为欲望、兴趣，变为意图和目标，并进而变为动机和行为。意志大致可以划分为意愿、抉择和谋求三个方面，或者说意志包括意愿、抉择和谋求三个子系统。意愿活动是指意于什么的活动。一个人在饥饿时想吃饭，一个人读书期间想获得好成绩，这就是意愿活动。抉择活动是指有志于什么的活动。一个人有多种满足食欲的可能对象或可能方式（如吃海鲜或吃麻辣），一个人有获得多门课程（如专业课、基础课、公共课）好成绩的可能以及多种获得好成绩的方式（如通过努力学习或通过投机取巧），对这些意愿做出挑选和决定，就是抉择活动。谋求活动则是指有求于什么的活动。一个人为了找一份工作而想方设法，一个学生为了获得专业课的好成绩而奋发努力，就是谋求活动。所有这些活动由于理性的作用而成为有意识的、自觉的。同时，意志由于想象、情感等因素的作用而可能呈现出意愿无限扩大、抉择明智审慎、谋求强烈有力等特点。意志及其意愿、抉择和谋求既是人的心理能力，也是人的心理活动。它与认识、情感、行为一样，是能力与活动的统一，或者说是以相应能力为前提的活动。

意志是人所有有意识活动的原动力。人的全部活动可划分为有意识的活动和无意识的活动，前者如学习活动、日常工作，后者如梦、醉酒后的胡言乱语。对于正常人来说，绝大多数活动都是有意识的活动。人的所有活动都有动力源泉，人活动的动力源泉主要有三类：一是本能，它是人所有无意识活动的源泉；二是情感，它既可能是无意识活动的源泉，也可能是有意识活动的源泉；三是意志，它是人所有有意识活动的源泉。人的所有有意识活动，无论是意志意愿的，还是意志抉择的，还是意志谋求的，都离不开意志的力量。按康德的看法，意志作为实践理性是"具有实践力量"的，这种实践力量就是"意志力"。也有学者将意志定义为心理力量："所谓意志是指促使个体自愿选定目标并自愿努力达到预订目标的内在心理动力。"[①] 这种意志力是人们有意识活动的原动力，它推动人们有意识地从事各种活动。

意志是人所有活动的调控机制。意志力不仅是人活动的原动力，也是人活动的调控力，意志是活动的调控机制。它主要调控人的有意识的活动，对人的无意识活动也有一定的调控力。意志也可以对情感的力量进行有效的控制，并可以在一定程度上控制本能的力量。人从事不从事活动、从事什么活动以及活动的程度和方向，主要由意志控制。意志也对不同的意志力量以及其他活动动力进行协调，使之形成一种合力，以取得意志所谋求的对象。意志是人活动的调控器，人的所有活动（认识活动、情感活动、行为活动以及意志活动本身）都是意志调控的结果。

二　意志的结构

从以上的分析看，意志不是一个简单的心理现象，而是一种复杂的心理结构，是人的动力—控制结构。这种结构最初源自人的本能。

---

① 张春兴：《现代心理学——现代人研究自身问题的科学》（第3版），上海人民出版社，2009，第311页。

本能在人这里一方面发展成需要，另一方面发展成满足需要的能量，而需要、满足需要的能量与理性相互作用就构成了以需要和追求需要满足为轴心的动力—调控机制。这种动力—调控机制包括四个方面：一是需要变成人的意愿，主要是产生欲望、兴趣；二是意愿具体化为目的的抉择，主要是形成意图和确立目标；三是使目的得以实现的谋求，确定动机和进行行动；四是对前三种活动进行的调控。贯穿于所有动力—控制机制的是意志力，它是意愿、抉择和谋求的原动力，也是意愿、抉择和谋求的调控力。

意志的意愿是一种"有意于"的结构，其特点在于"意"和"愿"，"意"就是意向，"愿"就是心愿，其实质则是有意于符合心愿的事物，如食物、权力、职称等。

意愿是由欲望、兴趣构成的。欲望是指从人的需要产生的满足需要的要求。欲望以需要为基础，但"需要是消极的，而欲望则有积极的"。① 当人意识到需要并追求需要的满足时，需要就转变成欲望。② 欲望可以自发地从需要产生，也可以通过有意识的开发和刺激产生。"欲望通常划分为两种类型：一是基于生理需要的生理性欲望（appetite），其最基本和最典型的是食欲和性欲。这类欲望是原初的，在最原初的意义上可以说是直接与本能相伴随的。二是基于心理需要的心理性欲望。心理性欲望总是以'想要'（want）的形式出现，因而更具有主观色彩，表现为人的愿望（desire）。这类欲望很多，而且呈无限增长的态势，其中最基本和最典型的是利欲、色欲、名欲、权欲。这两类欲望只是一种理论上的划分，实际上除了在极端的情况

---

① 〔美〕罗洛·梅：《爱与意志》，冯川译，国际文化出版公司，1987，第353页。

② T. 施罗德认为，对于欲望这种现象，日常用法中有三种表达，即愿望（desiring）、想要（wanting）和希望（wishing）。他在此基础上将欲望（愿望、想要和希望）划分为内在的欲望（即为自身的目的而欲望某种东西）和工具的欲望（即欲望作为达到某种不同的、终极的目的的手段的某种东西）。Cf. Timothy Schroeder, *Three Faces of Desire*, Oxford / New York：Oxford University Press, 2004, p. 5.

下，人的欲望总是以心理性欲望的形式表现出来。"① 欲望的一个重要特点是不可能完全得到满足，当一个欲望满足后，另一个欲望又会产生。马斯洛说："人是一种不断需求的动物，除短暂的时间外，极少达到完全满足的状态。一个欲望满足后，另一个迅速出现并取代它的位置；当这个被满足了，又会有一个站到突出的位置上来。人几乎总是在希望着什么，这是贯穿他整个一生的特点。"②

兴趣是在欲望的基础上产生的，它是指人对欲望对象范围内的某种特定对象的爱好或偏好。当一个人有了某种欲望后，发现某种对象能满足这种欲望并对这种对象产生了强烈爱好，就会产生对这种对象的兴趣。无论是欲望还是兴趣都是有所指向的，它们都是有意于某种对象的。这种对象可能是实体性的，如住房、汽车；可能是非实体性的，如权力、地位、名誉；也可能是虚无缥缈的，如天堂。但是，欲望与兴趣之间存在着两个区别：一是欲望的指向并不一定是明确具体的，而兴趣的指向总是明确具体的；二是人对欲望的对象并不一定有明显的情感偏向，而人对兴趣的对象有明显的情感偏向。人的欲望是一个丰富的系统，只是其中的欲望有时出现有时不出现，而兴趣则是对所欲望范围的某种对象有了明确的偏好。人都有食欲，但广东人对生鲜更感兴趣，而四川人对麻辣更感兴趣。显然，在兴趣中肯定性的情感因素发挥着重要作用。因为情感因素起作用，所以兴趣可以激发人的欲望，也可以激励人去追求对这种欲望的满足。一个学生对学习有强烈的兴趣，就会大大强化他的求知欲，并会推动他通过努力学习满足强烈的求知欲。

人的意愿，包括欲望、兴趣，千差万别，不过可以大致上划分

① 江畅：《理论伦理学》，湖北人民出版社，2000，第37—38页。也有学者将欲望划分为感官欲望、激情欲望和理性欲望三类。Cf. N. J. H. Dent, *The Moral Psychology of the Virtues*, Cambridge: Cambridge University Press, 1984.

② 〔美〕A. H. 马斯洛：《动机与人格》，许金声等译，华夏出版社，1987，第29页。

为三大类型，即生存意愿、发展意愿和享受意愿。生存意愿是通过获得更好生存所必需的条件和环境使自己生存下去的意愿；发展意愿是人实现自我的意愿，特别是使自己的潜能获得必要开发，使开发出来的潜能得到充分发挥以使自己更好生存的意愿；享受的意愿是获得生理的、心理的享受的意愿。在这三者中，生存意愿是基础的意愿，它是相对较容易实现的意愿，它的实现不仅取决于个人的努力，更取决于社会环境和条件。生存意愿的层次虽然最低，但强度最大。发展意愿是高层次的意愿，也是难以充分实现的意愿。它的实现需要社会环境和条件，但更取决于个人自己的努力。享受意愿可以是低层次的（即生存层次的），也可以是高层次的（即发展层次的）。这种意愿的实现通常是以前两种意愿实现为前提的，它可以通过生存意愿实现来实现，也可以通过这两种意愿同时实现来实现。

一般来说，人的直接基于需要产生的原初欲望存在着正常不正常问题，但不存在道德不道德的问题。然而，有意识刺激和开发的欲望和兴趣则既存在着正常不正常的问题，也存在着道德不道德的问题。正常、道德的（我们可以称为健康的）欲望和兴趣是与人生存得更好的根本需要和总体需要相一致的意愿，而不正常、不道德的（我们可以称为不健康的）欲望和兴趣是那些不利于甚至有害于人生存得更好的根本需要和总体需要的意愿。像贪欲、成瘾的欲望、癖好、偏执（如受虐狂、施虐狂）等就是一些变态的、病态的意愿，同时也是不道德的意愿。

这里有两点需要指出：其一，需要、欲望、兴趣的区分只是理论上的，其实很难区分。著名的人本主义心理学家马斯洛研究需要、动机等心理问题时就不怎么明确区分需要与欲望。随着人类需要结构的复杂化和人的意愿多样化，人的需要、欲望、兴趣越来越难以辨别。吃饭，原本是为了获得营养以维持生命，但现在吃饭这种需要已经变成了对美食的欲望，变成了吃生猛海鲜、山珍海味的兴趣。性爱，原本是繁衍后代的需要，后来演变成了一种并不是为了繁衍后代的正常生理欲望。显然，在吃饭、性爱的问题上，需要、欲望、兴趣常常融为一体、合而为一，很难做出区分，也很难简单地还原。不过，适当地对需要、欲望、兴趣加以区分对于人的现实生活还是十分有意义的。如果一个人能正确地区分需要、欲望和兴趣，并有意识地努力满足需要，将满足需要放在首位，而尽可能地满足欲望和适当地满足兴趣，他就能从容地面对生活。相反，如果一个人不能正确地区分需要、欲望和兴趣，力图实现所有的意愿，他的生活可能就十分沉重和艰辛。

其二，欲望可以通过兴趣满足，但并不必然通过兴趣满足。兴趣可以使人的某种欲望更具有偏向性，而且当欲望变成兴趣后，通过满足兴趣满足欲望，人的欲望会得到更好的满足。但是，人的欲望也可以通过人并不感兴趣的对象得到满足。一个广东人的食欲在特定的条件下也可以通过吃四川的麻辣满足。不过，无论是欲望还是兴趣，都要经过抉择的过程才进入人的有意识的谋求过程。

意志的抉择是一种"有志于"的结构，其特点在于"择"和"抉"，即通过选择和决定确定目的，包括形成意图和确立目标。抉择是在人有了欲望和兴趣之后所做的选择、所下的决心，通常也称决策。当人有欲望之后，人有多种选择的可能，抉择就是在多种选择的可能中做出选择并做出决定，从而确定目的以及实现目的的战略和策略。不仅人的所有的意愿只有通过抉择才能进入实现的过程，而且抉择也贯穿于整个意愿实现的过程之中。因此，抉择是将人的意愿转变为行动的关键环节，也是意愿得以实现的前提条件。抉择是否正确直接关系到意愿能否实现，抉择不当就会导致实现意愿的过程不顺利，抉择错误就会导致实现意愿的活动失败。因此，抉择既是谋求活动的准备，也是全部意志活动的要害所在。

抉择活动的首要任务是通过对意愿进行比较选择确定目的。目的（aim）是人谋求活动所要实现的结果。目的包括意图和目标两个方面。意图（intention）是满足某种欲望或兴趣的总体想法。意图是在某种欲望或兴趣的推动下产生的，并且是以某种欲望或兴趣的满足为指向的。欲望或兴趣是意图的动因，也是意图的指向。意图虽然意欲满足某种意愿，但一般没有明确的对象，只是一种意向。例如，一个人想要买一部汽车，那么他就有了买车的意图，但买什么车并没有明确的目标。意图的突出特点是"意欲"，即有意欲求什么。如果说人的欲望、兴趣还有可能是自然产生的，那么意图就已经有意识参与作用，它将欲望和兴趣转变为有所指向的愿望和爱好。目标（objective）是决定所确定的具体谋求对象。目标是在意图的基础上通过决定确定的，一般比意图更明确、更具体。当一个人有了想买一部车的想法时，他就有了买车的意图；而当他做出决定去买某一种品牌的车时，得到这种车就成了他的目标。目标通常是人追求的直接对象。目标也是在某种意愿的推动下并以某种意愿的实现为指向的，但与意图不同，它不只是意欲某种意愿的实现，而是在根据意愿确定了明确的对象的前提下，将某种意愿指向的对象变成了明确的追求目标。意图一般是对实现某种意愿总体的粗略的想法；目标则是意图的具体化，是明确的谋求对象。总体上看，目标是为实现意图服务的，是服从于意图的。如果说意图是宏观的、一般的目的的话，那么目标则是微观的、具体的目的。意图只有具体化为目标，才能进入谋求活动。

抉择的关键是选择，选择的要害则在于正确性，有正确的选择才有正确的决定。选择正确性的标准不是真假，而是最佳与否，即所做出的选择是不是所有可选择项中最佳的。对于这里说的"最佳"可以从几个方面理解。首先，存在着可供选择项目及其范围问题。如果我们借用莱布尼茨的"可能世界"概念，那么所有可选择项是一个可能世界。选择的最佳结果应该是全部可能世界中最佳的。事实上由于人不像上帝那样全知，人们一般不可能了解所有可能世界的各种可能。不过，最佳选择应该是其对象尽可能多，其范围尽可能大的。如果没有选择余地，或选择的余地很小，那么，即使选中了其中的最佳的，也不一定是最佳的。其次，这里的最佳不是绝对的最佳，而是相对的。所谓相对的是指所做出的选择是相对不同主体而言的，是对于所适用的主体而言最佳的，而不管是否对别人最佳。最后，选择的最佳虽然是相对的，但必须有一些基本的条件。例如，所选择的最佳必须是可能的，是可能世界中的最佳，如果不可能，那就根本谈不上最佳。

选择是否最佳要以按照这种选择做出的选择和决定是否最大限度地满足决定者的需要为根据来验证。归根到底，要以根据这种选择做出的决定是否更有利于决定者更好地生存为根据来验证。根据选择结果做出决定的最佳性或正确性的验证，既要根据它能满足决定者的意图，也要根据它有利于决定者更好地生存。后者是选择结果最佳的终极标准。这个标准是不可忽略的，否则选择的结果表面看起来是最佳的，但事实上并不真正如此。

意志的谋求是一种"有求于"的结构，其特点在于"谋"与"求"。"谋"就是谋划，"求"就是追求。这个结构是一个在抉择的基础上确定动机和进行行动的结构，其功能是使已经成为目标的某种意愿得到实现。因此，我们可以说谋求结构的实质是"有求于"，即追求某种转化为目标的意愿如期实现，通过这种目标的实现而实现意愿。

在人们确定了具体目标并准备去实现这种目标时，人们就产生了行为的动机。"动机（motivation）是因某种内在状态，该状态促使个体产生某种外显行为活动，并维持已产生之活动朝向某一目标进行的内在历程。"[1] 动机是人们谋求将目标付诸行动的直接动因，是人们行

---

[1]　张春兴：《现代心理学——现代人研究自身问题的科学》（第 3 版），上海人民出版社，2009，第 309 页。

为的起点，也是推动人们追求意愿实现的直接动力。动机一般是出于某种意图去追求某种目标实现的。与欲望可以区分为生理性欲望和心理性欲望相应，动机也可以区分为生理性动机和心理性动机。"生理性动机是指以生理变化为基础的动机"，包括饥饿动机和性动机；"心理性动机则与学习经验有密切的关系，其复杂性远远超过生理性动机"，主要包括亲和动机（个体与别人接近的内在动力）、成就动机（个人在设定的目标之下追求学业或事业成就的内在动力）和权力动机（个体行为背后所隐藏的由强烈影响或支配别人的欲望所促动的内在力量）。① 在动机这里，欲望或兴趣、意图和目的实现了统一。

有了动机并不一定就有行动。动机是行动的动因，但要出于动机行动还需要考虑环境和条件是否合适的问题。只有充分考虑了条件和手段，行动才能实现目标，动机才能达到好的效果。因此，动机并不是在任何环境和条件下都可以转变为行动的，而只能在环境和条件合适的情况下才能转变为行动。我们经常谈到动机与效果的关系。人们一般比较注重动机是否善良的问题，的确动机存在着是否善良的问题，但行动还存在着是否合适的问题。只有善良的动机加上合适的行动，才会实现既定目标和产生预期效果。这里所说的合适的行动，不只是指行动的时机合适，还包括行为的方式合适。一个行动即使时机合适，如果方式不合适也不能实现其目标。

要使行动的时机和方式合适，就需要对行动进行谋划，也就是要制订行动的方案，确定行动的战略、策略和步骤。行动方案是实现行动目标的计划或打算，它是否合适直接关系到行动的成败，关系到作为目的的意愿能否顺利实现。因此，必须重视行动方案的制订。要制订合适的行动方案，必须同时考虑三个因素，即行动的可行性、效益和效率。行动的可行性主要涉及行动的主客观条件是否具备、时机是

---

① 参见张春兴《现代心理学——现代人研究自身问题的科学》（第 3 版），上海人民出版社，2009，第 312—323 页。

否成熟等因素；行动的效益主要涉及行动能否以最小的投入获得最大的产出，能否达到最佳的效果；行动的效率主要涉及能否按时或提前达到预期的目标。在制订行动方案的过程中，构想性认识具有前提性意义，比较、选择和决定则具有关键性作用。方案是构想出来的，构想的完善性直接决定着方案的质量和水平。同时，最佳的方案要通过比较和选择来决定，方案决定后才能进入实施的阶段。行动方案并不一定都是成文的，在日常生活的很多情况下，行动方案是不成文的，是存在于大脑中的。行动应当有方案。没有行动方案，行动就会陷入无序，这样的行动肯定难以实现目标。同时，在一般情况下，行动有成文的方案比没有成文的方案更有计划性，更周密，因而也更便于实现行动的目标。因此，大的行动、重要的行动应有成文的行动方案。

意愿结构、抉择结构与谋求结构有机统一就构成了意志的整体调控结构。这个结构的基础是需要，起点是意愿，终点是意愿的实现，意愿通过抉择活动和见诸行为的谋求活动得以实现。意志的整体结构的深层结构是意向性。"意向性是完整理解愿望、意志和决心的基础"，[1] "为愿望和意志提供了一个潜在的结构"。[2] "所谓意向，乃是人的注意力转向某一事物。"[3] 意向是一种心理状态；意向性则隐藏在自觉的和不自觉的意向之下。它关涉一种存在状态，而且不同程度上关涉人在那一时刻对于世界的整体指向。[4] 保尔·蒂利希（Paul Tillich）说："人的意向性有多大，人的生命力就有多强，它们是相互依存的。这使人的生命力超乎万物之上，他可以在任何方向上超越任何特定的处境，而这种可能性则推动他超越自我去进行创造。"[5]

意志结构不是一个静态的僵化结构，而是一个动态的动力—控制

---

① 〔美〕罗洛·梅：《爱与意志》，冯川译，国际文化出版公司，1987，第296页。
② 〔美〕罗洛·梅：《爱与意志》，冯川译，国际文化出版公司，1987，第260页。
③ 〔美〕罗洛·梅：《爱与意志》，冯川译，国际文化出版公司，1987，第261页。
④ 参见〔美〕罗洛·梅《爱与意志》，冯川译，国际文化出版公司，1987，第259页。
⑤ Paul Tillich, *The Courage to Be*, New Haven: Yale University Press, 1952, p. 81.

机制，它从需要产生不同的欲望和兴趣，根据主客观条件将欲望和兴趣转化为意图，通过决定将意图确定为目标并相机形成动机，从而使所确定的目标得以实现。使意愿结构、抉择结构和谋求结构成为一种完整的意志动力—控制机制的，是意志力与理性的有机结合，即理智。意志力是意愿产生和追求意愿实现的原动力，这种原动力主要来自人的需要。需要是意志的动力源泉。意志力加上理性的作用就构成了对意愿进行筛选并对整个谋求活动进行调控的有意识的调控力。理智不是一种源自需要的单纯心理能量，而是由这种心理能量与人的观念、知识、能力、品质、认识、情感等一起有机构成的心理功能，它是一种综合的心理能力。正是在理智的作用下，意志作为一种动力—调控机制发生作用，也正是在理智的作用下，人们自觉地从事意愿和谋求活动。理智是意志动力—控制机制的常态，意志动力—控制机制的最佳状态则是智慧。如果由智慧作为意志动力—控制机制，人的意志结构就达到了最佳运行状态。

意志结构这种动力—控制机制的直接目标是作为目的的意愿的实现，但它是有某种整体的、终极价值取向的。在正常情况下，这种价值取向是人更好地生存或好生活。但是，意志结构的因素复杂多变，可能使意志结构的价值取向及其调控作用发生偏差，意志力的强弱也对意愿能否实现以及实现的程度有直接影响。因此，在现实生活中，普遍存在着意志薄弱、意志不良和意志邪恶等问题。意志薄弱就是意志的原动力不足或意志的控制力不够；意志不良就是谋求不恰当的意愿，追求不利于个人更好生存的目的；而意志邪恶则是产生和谋求邪恶的意愿，或者为了实现个人的愿意而伤害他人和社会。由于意志与人生存的状态关系十分密切，因而伦理学特别关注意志问题的研究。

三　意志力

在汉语中，"意志力"与"意志"大体上是同义的，但两者之间存在着区别。意志力侧重于指意志的能力，而意志侧重指以这种能力进行的活动，两者的关系同认识能力与认识、情感能力与情感、行为能力与行为的关系是大体相当的。在英语中，与意志力相应的词是"willpower"。这个词被定义为"自我控制——控制一个人的行为和坚持一个人自己的决定的能力"。① "willpower"一词在汉语中也被翻译为"毅力"，而"毅力"在汉语中的意思是"坚强持久的意志"。② 从这种解释看，"毅力"与"意志力"的含义并不完全相同，因为这种解释意味着坚强的意志力。就是说意志力是可强可弱的，而毅力指的是坚强的意志力。有文献认为，"意志力"主要是一个心理学概念，并断定在心理学中意志力既有静态的方面，又有动态的方面。一方面，它是引导人类活动的力量；另一方面，它又是人们在这些活动中的行为。因此，当一个人能够在某一事件或一连串事件中表现出极大的决心与力量时，就会被认为拥有很强的意志力（静态的）；而他的意志力的特性，需要通过他的决心或行动的力度和持久性体现出来，而在这一过程中所展现出来的意志力就变为动态的意志力，他的决心也成了引导自我心理的行为。但是，无论在中国还是在西方，心理学家对意志力的研究较少，几乎没有这方面的研究文献。不过，人们一般都承认意志力确实存在，而且对于人生的意义十分重大。

意志力是指源于人更好生存需要的产生意愿和追求意愿实现的原动力，这种原动力在理性的作用下成为人的自觉调控能力，而这种调控能力可以调控一个人自己的意志活动并通过调控意志活动调控人的全部活动。

从这个规定可以看出，意志力具有以下几个特点。

第一，意志力的根源在于谋求更好生存的需要。意志力是人生存

---

① "Willpower: What Is It and How Can I Get More of It?", http://www.lifelinescreening.com/health-updates/healthy-you/exercise/willpower.aspx.
② 《现代汉语词典》（第7版）"毅力"，商务印书馆，2019，第1557页。

的原动力，也是人更好生存的原动力，这种动力的源泉是人谋求更好生存的需要。人作为追求生存得更好的有机体，在生存的过程中必然会产生一些维持生存和更好生存的需要，正是这种需要产生了满足这种需要的动力。这种动力在人这里就体现为意志力。意志力从根本上说就是人满足更好生存需要的力量，靠着这种力量人谋求更好生存。动物也存在着生存的问题，也会产生满足生存需要的力量，但动物那里满足生存需要的力量不是意志力，而是本能。意志力与本能都是生存的原动力，但意志力总会受到人的理性等有意识因素的影响，而本能则不受有意识因素的影响，因而两者存在着质的差别。当人生存的动力体现为意志力时，人就已经超越了动物，并与动物区别开来。人的生存动力主要体现为意志力，但并不否认存在本能的力量。在人的有意识的因素丧失时，在人的意识被抑制时（如在睡眠时、在高烧时、在醉酒时），人的本能力量还会发生作用。人生存的动力虽然超越了动物的本能，但并不是否弃了本能，本能还包含在人的动力之中，在意志力不能发生作用或作用不力的时候，本能还会发生作用。既然人在有些时候可能听任本能的摆布，那么就要努力增强人的意志力及其作用，缩减本能发生作用的空间。

第二，意志力是人产生意愿和追求意愿实现的原动力。意志力是人谋求更好生存的动力，而更好生存在人这里主要体现为产生意愿和实现意愿两个方面。作为意愿的欲望和兴趣是从人的需要产生的，或者说根源在于人的需要，但其内容比需要丰富得多。例如，人有吃饭的需要，但这种需要可能转化为对不可计数的饮食欲望和兴趣。人的意愿的实现则是一个更复杂的过程，首先存在着将某种欲望或兴趣转变为目的，其次要进一步将目的转变为动机，还要将动机付诸行为，并使行为的成果满足欲望或兴趣。使人的需要转变为人的欲望和兴趣的动力就是意志力，而将什么欲望和兴趣转变为目的，将什么目的转变为动机，以及将什么动机转变为行为的动力也是意志力。这种意志力在没有理性等意识因素发生作用时，还只是一种原动力，不具有对这整个过程的调控作用，在有了理性等因素参与之后，它才由原动力转变成调控力。因此，意志力是人产生意愿和追求意愿实现的原动力。意志力作为人产生意愿和追求其实现的原动力对于人更好地生存具有根本性的意义，可以根据一个人的意志力的强弱判断他的生命力的强弱。意志力强的人更充满生机和活力，更有可能走向成功和获得幸福。一个人要获得成功，必须要有强有力的意志力作保证，而要有强有力的意志力必须经受磨炼。孟子说过："故天将降大任于是人也，必先苦其心志，劳其筋骨，饿其体肤，空乏其身，行弗乱其所为，所以动心忍性，增益其所不能。"[1] 这段话生动地说明了锻炼意志力的极端重要性。尼采等意志主义者之所以特别推崇意志，也是因为他们深刻洞察到意志包括意志力对于人超越自我成为强者的极端重要性。

第三，意志力只有与理性结合才成为人的有意识调控能力，即理智。就单纯的意志力而言，它有些类似于本能，区别在于它可以与理性等意识因素结合，而且在一般情况下，它会自动地与人的理性结合在一起发生作用。意志力一旦与理性或智力相结合，就不只是一种产生和满足意愿的动力，同时也会成为一种有意识的调控力，成为人的所有有意识活动的调控机制。这种调控机制我们称为理智。理智主要是意志力与理性或智力的有机统一和协同作用的调控机制。从理论上看，意志力可以是单纯的生存动力，也可以是与理性相结合的调控力，这种调控力将意志的生存动力功能包含其中。有意识的调控力是意志力的一种，并不是全部。在正常情况下，人的意志力与理性是自动结合、共同发生作用的，但也会发生意志力不受理性的指导和制约的情况。在人狂怒的情况下，意志力就不会受理性的指导和制约，人

---

① 《孟子·告子章句下》。

会产生一些难以理喻的行为，这些行为通常被看作丧失或缺乏理智的行为。

第四，意志的调控力可以调控人的全部活动。意志力与理性结合形成的调控力可以对人的全部活动，特别是人的有意识活动起调控作用。首先，调控人的意志活动，包括愿望活动、抉择活动、谋求活动（形成意图、确定目的、产生动机、从事行为等），起调控作用。其次，意志的调控力也对人的认识活动、情感活动、行为活动起调控作用。一个人可以在意志的调控力作用下通过长期的努力培养对人类的"博爱"感情。这种感情一般是不能自发形成的，因为它与人自发的自爱情感相冲突，而且需要很长时间才能培养起来。要培养这种感情就需要意志的调控作用。意志的调控力对各种活动的调控并不是它对不同活动进行的直接调控，而是通过意志的活动进行的。人的情感活动、认识活动、行为活动都会体现为意愿和谋求活动，即体现为意志活动。一个人做一个工作计划，就需要有做这个计划的愿望，并将其变为活动的意图、目标和动机，最后付诸行为。这是一个认识活动，同时也是一个意志活动。情感活动也是如此。如果一个人因为亲人离开人世很悲伤而想解脱，他就要有抑制这种悲伤感情的愿望，并将其变为意图、目标和动机，才能解脱。这也是一个意志活动的过程。

四　人生存的调控中枢

在人的认识、情感、意志和行为四种有意识的活动中，意志具有核心的地位，它是人所有活动的调控中心。历史上许多哲学家和伦理学家都非常重视意志问题，也许就是因为意志对于人的活动乃至人的生存具有关键作用。意志对于人生的意义在前面讲意志的特性时已经有所涉及，这里再从人生存的角度做些集中的阐述。

意志对于人生存的意义首先体现在，意志是所有有意识活动的调控中枢。人的意识活动主要就是认识、情感、意志和行为四类，不仅意志自身，而且人的其他三类意识活动也都是由意志控制的。

就认识活动而言，人去不去认识、认识什么、怎样认识、认识的结果怎样处理，这些看起来是一个认识问题，也是一个意志问题，至少意志参与其中，对这些问题进行调控。例如，我有空余时间，我想看书，又想上网玩，如果我决定去看书，那就是意志的决定，而且是意志克服了上网的欲望。

情感活动与认识活动和行为活动相比具有更大的自发性，它可以在意志控制之外产生。但是，如果人要对情感进行控制，使情感纳入理智的范围，那就需要意志的作用。理智对情感的调控也就是意志对情感的调控，因为理智是意志的调控机制。

行为活动更是在意志的直接支配之下进行的。任何行为都是出于某种动机的，行为出于什么动机是由意志进行抉择的。行为过程更需要意志的直接调控才能达到目的，一旦行为过程失去意志的调控就会偏离行为的目的，行为也就不成为真正的行为，而是盲目的活动。从这个意义上可以说，意志是使行为成为行为的决定因素。

意志对其他活动的调控不只是控制方向、目标，调整内容、方式等，而且可以调节给予活动的动力。如果人活动的动力是一定的，那么在某些活动、某些活动的方面和环节多给予动力完全取决于意志的调控，而且在一定情况下，意志还可以激发人的动力，使人的力量超常发挥。有报纸报道，有一位母亲下班时正好看见自己的孩子从楼上掉下来，她飞也似的跑过去将孩子接住了。事后别人试图在相同的瞬间重复她从起跑的地方跑到孩子落地的地方，却怎么也不能做到。这也许是母爱激发的意志力量使她的跑步速度得到超常发挥。

意志调控着人意愿、抉择和谋求什么。一般来说，人的欲望和兴趣是以人的需要为前提根据环境和情境产生的，但意志对于人产生和抑制什么欲望和兴趣、形成什么意图具有调控作用。人有饮食的需要，但在沿海地区生活通常会产生对海鲜的兴趣，在某种特定的情境中也可能在意志的作用下产生对麻辣的兴趣。在这里意志可以改变人们平常的兴趣，产生某种新的兴趣。意志也可以强化人的某种欲望或兴趣。孩子一般都贪玩，也有学习的欲望，但在意志的作用下，可以克服贪玩而强化学习的欲望，把精力主要用于学习。意志还对于人们的欲望和兴趣的多寡起调控作用。在消费主义盛行的当代，仍然有不少佛教僧人入庙修行，刻意抑制自己的欲望，使自己的欲望变得尽可能的少。人意愿什么意愿多少对人的抉择和谋求具有基础作用，因为抉择和谋求是以愿望为前提的。没有欲望就不会有抉择，也不会有相应的谋求。总体上看，人的意愿多比意愿少更有利于人更好生存，因为意愿多可以给意志进行抉择提供更大的空间，也可以丰富人的内心世界。

意志对抉择，对意图和目标的调控作用更明显。人的欲望多而杂，而且有不同的层次。人有基于基本需要产生的基本欲望，也有基于发展需要产生的发展欲望，还有基于享受需要产生的享受欲望。意志对于这些不同类型和不同层次的欲望可以进行先后排序。这种排序就是一种生活目标和规划的选择，这种规划就是意志的决定。同时意志又总会将那些摆在前面的意愿确定为当下的目的并相机转化为动机。同时，在意愿和谋求的排序既定的情况下，由于种种内部和外部因素的影响，意志可以对这种排序做出适当调整。例如，一个人虽然在总体上将发展欲望摆在首位，但长期的辛勤学习和工作可能使人很疲劳，这时意志可以进行调节，在某一个时段将享受欲望的满足放在首位，作为活动的当下目的和动机，以使人适当放松。

意志的抉择是与意志的总体价值取向相一致的，直接受意志的总体价值取向制约。意志可以将基本生存欲望摆在首要位置，也可以将发展需要、享受需要排在首要位置。在基本生存欲望能得到较好满足的情况下，主要存在着将发展欲望还是将享受欲望摆在首位的问题。

将哪种欲望摆在首位就会着重谋求哪种欲望的满足。一个总是将享受欲望的满足摆在首位的人，他这方面的目的和动机就会总是占据突出的位置，他的发展意愿和谋求就会退居次要位置，这样的人一般难以取得较大的人生成就。因此，一个人总体上意愿什么和谋求什么、朝什么方向意愿和谋求从根本上决定着这个人的人生状态。

意志也对人怎样实现意愿或怎样谋求进行着调控。人实现意愿的过程就是谋求的过程。谋求的过程既是意志本身的过程，也是行为的过程，行为不过是意志谋求的外显。从一定意义上说，谋求是通过行为方式体现出来的。意志对行为方式的调控可以从行为的确定、过程和结果这三个主要方面考察。"行为的确定包括行为的决策、判断、选择、评价、筹划等方面。就行为的确定而言，行为方式主要涉及的问题是是自主的，还是他主（包括他人、社会等主宰）的；是审慎的，还是草率的。就行为的过程而言，行为方式主要涉及的问题是是合法（合法律性、合道德性）的，还是非法的；是自律的，还是他律的。就行为结果而言，行为方式涉及的主要问题是是求实效的，还是求虚荣的；是负责任的，还是推责任的。由此可以从总体上把行为方式划分为两种不同的类型：一种是自主的、审慎的、合法的、自律的、求实效的、负责任的行为方式；另一种是他主的、草率的、非法的、他律的、求虚荣的、推责任的行为方式。在规定着这两种不同类型的要素中，自主还是他主是根本的要素，根据这种要素可以把这两类不同的行为方式区分为两种不同性质的行为方式：自主性的行为方式和他主性的行为方式。"① 所有这些方面都是由意志确定的。

意志选择某种行为方式不仅对于意愿的实现有直接意义，而且对人生的成功和幸福也具有重要意义。一个人确定自主的、审慎的、合

---

① 江畅：《理论伦理学》，湖北人民出版社，2000，第54—55页。

法的、自律的、求实效的、负责任的行为方式作为自己的行为方式，他就不仅会主要靠自助的、正当的途径来实现自己的意愿，而且会成为一个自立、自强、自信的人，这样的人更有可能获得人生成功和幸福。相反，那种将他主的、草率的、非法的、他律的、求虚荣的、推责任的行为方式确定为自己的行为方式的人，则可能主要不依赖自己而依赖他人或组织，甚至以不正当的途径来实现自己的意愿。显然，这种途径不可能走向人生的成功和幸福，相反有可能走向罪恶的深渊。

第二节　德性与意愿

意愿作为意志的"有意于"结构是倾向性结构，也是人的意志力的重要体现之一。德性与意愿的关系十分密切，意愿是德性养成和完善的重要前提，德性则是意愿的道德"过滤器"，对意愿又具有重要的过滤作用，可以防止不良的意愿转化为目的。意愿不仅对德性具有重要意义，对于整个人生也具有重要意义。了解意愿对于人生的一般意义，有助于加深德性对意愿作用的理解。

一　意愿对于人生的意义

人与动物有一个重要区别，动物的本能在人这里由于理性的作用而被分化为意愿、抉择和谋求三个方面。意愿成为一种独立的心理结构和功能对于人生具有重要意义，人生的丰富性、深刻性就源自这里。

意愿起源于人的需要，但不是需要的延伸，而是需要的主观化以及在此基础上的丰富多彩和深化提升，同时又反过来改变人的需要结构。按照马斯洛的需要层次论的观点，人的需要并不是同时出现的，而是先后产生的。"我们的需要，通常只有当更为优先的需要得到满

足时，才会出现新的需要。"① 这里所说的"更为优先的需要"指的
就是那种更基本的需要。人的基本需要优先于人的自我实现需要。
"自我实现需要的产生，有赖于前面的生理需要、安全需要、爱的需
要以及尊重的需要的满足"，② 而"在一切需要之中，生理需要是最
优先的"。③ 人的需要满足并不是直接的，而是通过欲望、兴趣这些意
愿以及抉择和谋求实现的。在这个过程中，人的意愿使人的需要升华
或丰富，或者使人的需要转化为更为丰富和得到升华的意愿，而当这
种意愿得到满足并有可能继续满足时，它就有可能积淀成人的新的需
要。当代人类的需要远远多于和高于古代，就是因为人的愿望、抉
择和谋求在其中发挥着孕育和催生的作用。如果没有愿望的扩大和
深化作用，今天人类的需要也许还停留在原始社会的生存和繁衍那
种最原始的需要水平之上。当代人类社会远远不只是把生存、繁衍
看作人类的需要，而已经把由多维度、多层次需要构成的幸福作为
人类的需要。人类需要结构巨大变化和发展的根本动力就来自人的
意愿结构。

　　意愿在改变人的需要结构的同时又为人的谋求提供了无限的可能
性。人的意愿由于理性和想象等其他心理因素的作用而丰富多彩，而
且具有无限的可能性。意愿是抉择、谋求的前提，有"欲"之后才有
"求"，无"欲"则无"求"。丰富多彩的意愿不仅使抉择、谋求可
能，而且为之提供了选择的空间。谋求并不是与意愿一一对应的，而
是小于意愿的。在一定意义上可以说意愿是人谋求的可能性，意愿越
多抉择的空间越大，谋求也会越多。正是因为人类的意愿越来越丰富

① 〔美〕马斯洛：《人的动机理论》，见林方主编《人的潜能和价值——人本主义心理
　学译文集》，华夏出版社，1987，第175页。
② 〔美〕马斯洛：《人的动机理论》，见林方主编《人的潜能和价值——人本主义心理
　学译文集》，华夏出版社，1987，第168页。
③ 〔美〕马斯洛：《人的动机理论》，见林方主编《人的潜能和价值——人本主义心理
　学译文集》，华夏出版社，1987，第162页。

深刻，人类谋求也不断地向广度和深度进军。

人类意愿不断丰富深化的直接后果是人类文明的进化和繁荣。人类从原始文明走向开化文明、从农业文明走向工业文明、从传统文明走向现代文明，从心理学的角度看，其根本原因在于人类意愿的变化，意愿不断朝着丰富深刻的方向变化是人类文明变化的根本动力。人类文明的进化与繁荣也在不断改变着人类的意愿，但从发生的角度看，人类是先有意愿然后才有追求满足意愿的活动，而正是这种活动铸造了人类文明。这是一种互动的关系，但意愿具有原动力的作用。迄今为止的人类个体和群体的意愿是整个人类文明的逻辑起点、根本动力和心理根源。

外部世界的繁荣还是意愿的外在的直接后果，内心世界的丰富则是意愿的内在的直接后果。今天人的内心世界内容极其丰富，这些丰富的内容从活动的角度看大致可以划分为三个方面，即认识的方面、情感的方面、意志的方面，而意志的方面包括意愿、抉择和谋求三个方面。意志与认识和情感之间的不同在于它与人的需要及其满足直接相关，而当需要主观化为意愿之后，其内容就极其丰富。与谋求相比，意愿更丰富多彩。人只是在某种可能性的情况下才做出抉择，并进行谋求，而意愿则不同，特别是欲望和兴趣几乎没有什么限制，或者说就欲望和兴趣而言没有什么不可以的。人们可以想入非非、奇思妙想。各种文艺作品都可以说是人内心世界的意愿的反映或写照，但即使有再多再好的文艺作品也无法完全表达古往今来人类个体和群体的丰富意愿。

意愿的丰度和深度是与人的内心世界的丰度、深度成正比的，也是与人的生活丰度、深度成正比的。具有丰度和深度意愿的人不一定具有丰度和深度的生活，但没有丰度和深度意愿的人一般不会有具有丰度和深度的生活。"不想当将军的士兵不是好士兵"隐含了这样一个道理："不想当将军的士兵当不了将军。"将军的人生要比士兵的人生丰富深刻得多，但一个人如果没有当将军的愿望，他一般是不可能成为将军的。同样，一个不想当常胜将军的人是当不了常胜将军的。由此看来，意愿的丰度和深度是人生丰度和深度的重要前提。

意愿对于人生具有重要意义，这是从意愿对人生的积极方面看的，但意愿也会对人生有消极甚至有害的影响。健康的欲望和兴趣，即使有时是强烈的，也是对人有积极意义的，而那些不健康的特别是病态的、不道德的欲望和兴趣则是对人不利的或有害的。像贪欲之类的过度的欲望，像那些成为"癖"或"瘾"的兴趣就是这样的不健康的欲望和兴趣。衡量意愿是否健康是看它是否有利于人更好地生存，尤其要看它是否妨碍和伤害他人和社会。

二　意愿对于德性的特殊意义

意愿不仅对于整个人生具有重要意义，而且对于作为人格的观念、知识、能力、德性等方面都具有重要意义。如果没有确立正确观念的意愿，就不会追求观念正确，就不会有正确观念；如果没有获得渊博知识、强大能力的意愿，也不会有知识的渊博、能力的强大。同样，意愿对于作为人格要素的德性也具有重要意义。朱丽娅·戴弗说："为一种品质特征为什么是一种德性提供解释是一回事，而推动某人培养这种品质特征完全是另一回事。我们应该想要具有这些品质特征吗？并非必然。在德性的心理与德性的道德之间存在着一个巨大的差距。"① 戴弗的话指出了人的意志特别是动机对于德性的重要意义。

真正意义上的德性不是自发形成的，而是经过智慧的作用形成的，其前提是人有修养德性的意愿（简称为"德性意愿"）。人的智

---

① Julia Diver, *Uneasy Virtue*, Cambridge：Cambridge University Press, 2001, p. 86.

慧使人意识到德性对于人更好生存的极其重要意义。有了这种意识，特别是当这种意识很强烈的时候，人就会产生修养德性的愿望（简称为"德性愿望"），甚至会产生对养成德性的兴趣（简称"德性兴趣"）。当一个人有了某种德性愿望或德性兴趣之后，他就会产生养成德性的意图，并将这种德性作为目标追求，于是就会产生养成德性的动机和行为。没有这种愿望或兴趣，一个人就不可能产生养成这种德性的动机和行为。一个人没有意识到公正德性可以使人心安理得地生活于世，没有产生养成公正德性的愿望，他绝无可能萌发养成公正德性的动机。一个人有了对德性完善的意愿，他就有可能产生修养完善德性的动机和行为，就有可能追求成为德性完善的人。同样，没有这种意愿，这个人不可能产生修养完善德性的动机和行为。

人养成的德性是可变的，特别是遇到重大挑战或重大变故时更是如此。德性变化的方向一般来说有三种可能：一是保持原有的德性，二是丧失原有的德性，三是进一步扩展和提升已有的德性。在人的德性变化过程中，人的德性意愿也具有重要意义。只有当一个人有强烈、持久的德性意愿时，他才会在任何情况下防止原有德性丧失，努力保持原有德性，而且在可能的情况下还会扩展和提升德性。否则，即使他有再优良的德性，也会弱化或丧失。德性意愿对于德性的意义不是一次性的，而是经常的、持续的、不断发挥着作用的。

德性意愿不是像食欲或性欲那样的基于身体需要产生的生理性的欲望，也不是人们在日常生活中随时都有可能产生的各种心理性欲望，而是高层次的心理性欲望，即精神性愿望。它源于人们的智慧，源于智慧对人生的反思和构建。人的德性愿望是基于人的智慧为了人更好生存而做出的选择产生的。没有这样的精神过程，一个人即使客观上形成了某种德性，这种德性也不是出于他的德性愿望形成的，而是自发形成的。人们的德性愿望在情感的作用下可以转化为人们的德性兴趣。当实现这种转化后，这种愿望更有可能成为人们的动机。养成德性这种精神性的愿望与一般的非精神性愿望不同，它由于经过了智慧的作用而具有更强大、更持久的生命力，更能对人的动机和行为持续地发生作用。因此，我们可以说德性愿望和德性兴趣是对德性养成具有深远影响的精神力量。

虽然德性意愿是智慧作用的结果，但有不同层次。它可以是生存意愿层次的德性意愿，主要是出于生存的需要产生的。一个人可能为了生理的需要、安全的需要、爱的需要或尊重的需要而产生德性意愿。一个人完全可能只是为了养家糊口而产生对工作尽职尽责的德性意愿。一个人也完全可能只是为了得到别人的尊重而产生谦虚的德性意愿。基于生存需要产生的德性意愿一般都不是完整的，只有基于发展需要层次产生的德性意愿才是完整高尚的。这就是发展意愿层次的德性意愿。按照马斯洛的观点，发展需要是人的自我实现的需要。这种需要较少个人功利的考虑，而更注重人格完善的考虑。因此，出于这种需要产生的德性意愿就会注意到德性与人格完善和整个人生幸福的关系，因而更注重德性本身的完善。德性意愿还可以是享受意愿层次的德性意愿。当一个人出于基于享受需要的享受意愿而产生德性意愿时，他的德性意愿就达到了更高的境界，德性意愿成了他享受意愿的有机组成部分。满足这种德性意愿，已经不是为了某种生存或发展需要获得满足，而是为了享受需要获得满足。享受意愿层次的德性意愿已经将具有德性看作人生的享受，把品质修养或德性养成看作乐生的要素。

总体上看，意愿是人德性养成、维护和完善的基本前提和根本动力，没有意愿的作用，人不会有德性的养成，更不会有德性的维护和完善。有些人德性较差，不注重德性的修养，根本的原因在于德性意愿淡漠。一旦一个人的德性意愿淡漠，他就对德性修养没有欲望，更没有兴趣，其直接后果是不能养成、维护和完善德性，其间接后果则有可能形成恶性。如果不去修养德性，就给恶性的形成留下了空间，恶性就可能乘虚而入成为品质的特性。

三　德性对意愿的作用

意愿虽然对于人生和德性具有重要意义，但没有适当的调控就可能导致三种问题：一是产生不合适特别是不道德的意愿。由于意愿是主观的，虽然以一定的需要为基础，但由于意识、情感等方面的作用，意愿有可能大大偏离需要。例如，人有性的需要，可能产生通过不正当途径满足性需要的欲望和兴趣。这些欲望、兴趣都是不道德的，如果变成行为就是有伤社会风化的，甚至是犯罪的。二是使欲望或兴趣过度或不及。在日常生活中，欲望和兴趣过度的情况是很多的。人生活都需要一定的资源，在此基础上产生的占有欲望如果没有适当限制就有可能变成贪欲，而一旦人有了贪欲那就有可能导致不择手段追求资源的占有。这种贪欲就是通过正当途径占有资源的欲望的过度强化。日常生活中欲望和兴趣不足的情况也不少。学生应该有求知欲和对学习的兴趣，但实际生活中学生对学习缺乏兴趣，没有求知欲的情况是不鲜见的。三是使欲望特别是兴趣扭曲或变形。正常人一般都有娱乐的兴趣，但这种兴趣不加调控就会成瘾。有的人喜欢打麻将，如果没有节制，打麻将成瘾，就会伤害家庭。人都有好奇心，这种好奇心是兴趣的一种表现。好奇心如果没有适当的限制就有可能成为某种癖好，如不少人吸毒成瘾最初就是出于好奇心。现实生活中人们的各种"瘾""癖"都是兴趣的一种扭曲或变形。

人调控意愿的机制有两种，即意志的调控机制和德性的心理定势。意志的调控机制是自主的、有意识的调控，这种调控主要是通过理智或智慧实现的。意志调控机制对意愿具有三方面的作用：一是调控意愿的产生。意志可以允许某种意愿产生，也可以抑制某种意愿产生。二是调控意愿的强度。意志可以强化或弱化某种意愿。三是调控意愿的取向。意志可以根据人的价值取向来允许或抑制某种意愿产生、强化或弱化某种意愿。当意志运用理智对意愿进行调控时，意愿的价值取向是不确定的，可能是有利于人更好生存的，也可能是不利于人更好生存的，可能是道德的，也可能是不道德的。只有当意志是运用智慧对意愿进行调控时，意愿的价值取向才是确定的，是有利于人更好生存的、道德的。

德性的心理定势与意志的调控机制不同，它一般是自发地、无意识地对意愿起调控作用。有了这种调控作用，人通常就会自然而然地允许那些有利于人更好生存的道德的意愿产生，而抑制那些不利于人更好生存的不道德的意愿产生，就会强化那些有利于人更好生存的道德的意愿，而弱化或泯灭那些不利于人更好生存的不道德的意愿。因此，德性是意愿的道德"过滤器"。经过德性的过滤，那些不道德的意愿一般不会转化为目的。如果再加上理智这种调控机制，人的意愿通常是有利于人生存得更好的、道德的。当然，有时意志的调控机制即理智的取向不是与德性相一致的，甚至是相反的。在这种情况下，理智是自主的、有意识的，作用力大于德性这种心理定势，德性的过滤作用可能会弱化甚至消失。因此，只有德性这种心理定势与智慧这种意志调控机制结合起来，才能确保意愿产生、抑制、强化、弱化都是有利于人更好生存的、道德的。

第三节　德性与抉择

抉择作为意志的"有志于"结构是决策性结构，它不仅是人的意志力的重要体现，同时也是人的意志结构的关键环节。德性与抉择的关系密切，德性的养成、完善和德性修养都是意志抉择的结果，没有意志对德性品质的选择和决定，就不会有德性修养活动，也不会有德性品质的养成和完善。另一方面，德性能使抉择德性化，从而保证抉择的从善和向善性质。抉择是意志的最重要功能，不仅对于德性具有重要意义，对于整个人生也具有重要意义。

一 抉择对于人生的意义

不少哲学家认为人是一种"能在"，也就是说人是一种面临着多种可能性并需要做出抉择的存在。人具有多种可能性，人性的实现就是使多种可能性中的一些变为现实。人性的现实化在一定意义上说就是人性的可能性的现实化。但是，人使自己的某些可能性现实化，需要对人性所具有的各种可能性进行选择并在此基础上做出使所选择的可能性得以实现的决定。这就是我们所说的人生抉择过程。显然，这种抉择对于人成为哪种人具有决定性的作用。人是自己造就的，造就的前提就是抉择，人是自己抉择的产物。

抉择从根本上决定着一个人成为什么样的人，对于人生具有多方面、多层次的重要意义。而且抉择活动在日常生活中时刻发生，因而对人们的生活持续地几乎是不间断地产生广泛而深刻的影响。

首先，抉择决定着一个人是否身心健康。一个人生活在世界上，首先必须身心健康，否则人的其他一切无从谈起。人的身心状况，特别是身体状况与禀赋有直接关系。正常的身心禀赋状况为一个人的身心健康提供了可能，而要使这种可能变为现实，则首先在于人的选择和决定。就身体而言，一个正常的人正常地吃饭睡觉、适度地工作或娱乐、有病早治无病早防，平时注重保健，做出的选择就会使一个人身体健康。否则，就会导致他的身体不健康。在身体有病的情况下，人们就面临着两种选择：带病坚持工作或者去医院治病。过去我们曾经将带病坚持工作看作工作努力的一种重要表现，在这种氛围下，很多人选择了带病坚持工作。带病坚持工作是忘我工作的表现，可以得到表扬或其他某种好处，表面看来是有利于自己的，但会导致严重后果。就心理而言，一个正常的人平常注重保持良好的心态，妥善处理人际关系，适度淡化对功名利禄的追求，他的这种选择就能使他的心理保持健康的状态。人的身心健康不完全是人选择和决定的结果，但人的选择和决定有着决定性的影响。那些先天身心素质不好的人，可以通过正确的生活方式选择使自己的身心达到比较好的状态。

其次，抉择决定着一个人是否成功。生活在现实世界中的人大多希望自己的人生成功，几乎所有的人都不希望自己的人生失败。人的成功突出地体现在职业方面。尽管每一个人在进入职业领域之初都满怀信心，但到头来有的人职业很成功，而有的人却很不成功。一个人在职业领域是否成功会受到职业环境和社会环境的影响，但主要还是受个人的选择和决定的影响。其一，个人选择的职业是否与自己的状况相适合，直接影响职业是否成功。职业是否适合与职业是否热门、是否赚钱多并不是一回事，而是与个人的潜能和素质直接相关的。如果一个人对自己的潜能和素质不了解，做出了错误的判断和选择，就很难成功。俗话说"男怕入错行"表达的就是这个意思。其二，在个人选择了合适职业的前提下，个人的职业作为也直接决定着个人的职业是否成功。个人职业作为的大小也会受多种外在因素影响，但主要还是取决于个人的职业态度、职业德性、职业能力等主观因素，而这些主观因素也都是个人自主选择和决定的结果。其三，即使一个人由于多种因素影响而入错了行，如果一个人做出了干一行爱一行专一行的选择，他也有可能走向职业成功。

再次，抉择决定着一个人是否人格完善。一个人的人格是他的人性的现实化，一个人的人格完善意味着他的人性得到了完善的现实化。人格完善一般来说意味着人格健全、人格道德、人格高尚和人格个性化。人格完善的所有这些规定性的具备都是个人抉择的结果。如果说身心健康和职业成功在比较大的程度上取决于外在的环境和条件，那么个人的人格是否完善则在更大的程度上取决于个人自己。一个人要实现人格完善，首先必须选择人格完善作为自己的人生目标。如果一个人不做出这样的选择，绝不可能有人格完善。做出了这种选择后，一个人还要长期注重人格修养，努力追求人格完善。这也是人自己做出的选择，而且需要人下定决心，排除各种干扰。不做这样的选择和下这样的决心，一个人是不可能长期坚持人格修养的。

最后，抉择决定着一个人是否幸福。一个人是否幸福从主观上看主要取决于个人的人格是否完善，人格越完善，获得幸福的主观条件越充分。人格是否完善首先取决于个人的抉择。一个人的幸福还需要客观环境和条件的支持。环境是可以营造的，条件是可以创造的。如果一个人为了自己的幸福去努力营造环境和创造条件，他就更有可能获得幸福。这种营造环境和创造条件的努力是个人的作为，当然是人自己选择和决定的结果。综合上述两方面看，如果一个人不追求人格完善，即使环境和条件再好他也不会有幸福；如果一个人追求人格完善但不注重营造环境和创造条件，他也很难获得幸福；而如果一个人既追求人格完善又注重营造环境和创造条件，他就能获得幸福，至少比不如此的人要幸福。个人的选择和决定对于人生幸福的获得具有决定性意义。

抉择是以评价或价值判断为前提的。就人生而言，人要首先认识自己所具有的各种可能性，然后在此基础上对可能性做出价值判断，看哪种可能性对于人生更有价值。这种价值判断的过程也是价值比较的过程。有了这种比较之后，还需要人根据价值比较做出选择，选择那些对人更具有价值的可能性作为追求实现的目的。在这种选择的过程中，还要考虑个人主观条件特别是客观环境的因素，也就是要考虑可行性。一种可能性再有价值，如果不能实现，它就不是最佳的。最佳的可能性必须同时是可实现的。选择的过程也是决定的过程，做出了选择就可以做出决定。决定就是使那种可实现的最佳可能性变为现实。从人生抉择的过程和影响要素看，要使抉择在人生中充分发挥作用，或者说要实现抉择在人生中的意义，必须非常慎重地对待人生的抉择。

二　抉择对于德性的特殊意义

从抉择对于人生的意义就可以看出抉择对于德性的意义，如果抉择对心理是否健康、职业是否成功、人格是否完善和人生是否幸福都有决定性影响，而所有这些都是对品质发挥重要作用的因素，那么抉择对于品质和德性的意义就是显而易见的。没有意志做出对德性的选择和决定，一个人是不会有心理健康、职业成功、人格完善和人生幸福的。这里我们还可以从抉择对德性自发形成到德性自觉修养全过程影响的角度再做些分析。

德性自发形成是一个相当长的过程。在这整个过程中，环境和他人的影响总体上来说发挥着主导作用，但随着年龄的增长，个人的能动作用在不断增长，个人在德性形成方面的抉择作用也越来越大。在年龄很小的时候，人就能区别利和害，并能做出初步的选择；到了年龄大了一些的时候，人开始能对善恶做出区别和选择。在这个时候，无论是环境的影响、教育的影响，还是他人的影响，都不是清一色的，而是有多种可能性的。在这种多种可能性并存的情况下，就需要孩子做出判断和选择。孩子的家长可能告诉孩子在与同学交往时不要让自己吃亏，而老师则告诉他对同学要团结友爱、互让互助。在这两种可能性面前，需要孩子做出选择和决定。如果孩子选择听家长的话，他在与人交往的品质形成方面就可能发生问题。如果一个孩子始终选择按德性的要求行事他就会逐渐形成良好的品质，否则，他就难以形成德性品质。一个孩子德性品质好，环境固然起着重要作用，但孩子自己的选择仍然是主要的。如果一个孩子生活的环境以及他周围的人始终都在品质方面给他以正面的影响，而没有任何负面的影响，这个孩子肯定会形成良好的品质。然而，现实生活十分复杂，他们面临的环境和他人影响都是多元的，有正面的，有负面的。在这种情况下，孩子的自我抉择就是至关重要的，只有做出了正确的抉择，才会形成良好的品质。

进入大学阶段后，人一般都会进入一个自我反思的过程。在这个过程中，一个人是否反思自己的品质，反思后做出什么判断和选择，对于他能否进行德性反思以及反思的结果有着决定性的影响。不少人进入大学后并不对他的品质状况进行反思，更不通过反思检查自己的品质状况，以发现品质上存在的问题和不足，这样的人就不会从自发的德性形成转向自觉的德性修养过程。当一个人接受大学教育的时候，客观上为他进行品质反思提出了要求并提供了可能，他是否反思，就完全取决于他自己的抉择。他不这样做就应该看作他选择不这样做。一个人不做出品质反思的选择，他绝不可能进入品质反思的过程。有的人选择了对自己的品质进行反思，但反思的结果是发现自己过去形成的自发德性是使自己吃亏的品质，他放弃了过去形成的良好品质，而致力于养成一些非德性的品质或恶的品质。这种选择从德性养成的角度看是不良的选择。由此看来，一个人要真正进入德性养成的过程，他既需要选择对品质进行反思，又需要做出基本德性养成的选择和决定。

当一个人决定进入基本德性修养的过程之后，他还需要不断地进行抉择。参加工作后，需要对要不要养成职业德性做出选择和决定；结婚后需要对要不要养成家庭德性做出选择和决定。当他发现他的德性尚不完整、不高尚的时候，他还需要对要不要通过进一步的德性修养使德性完整和高尚做出选择和决定。在实际生活中，人们会经常面临着有关德性问题的选择和决定。当别人都没有什么德性甚至还有恶性，而这些恶性还给他们带来某种好处时，一个人可能会面临着自己要不要坚守自己的德性问题，面临这样的问题时就需要他做出抉择。因此，即使一个人进入了德性修养的过程，由于多方面的原因，他还得不断地对自己所做的决定进行反思，还得不断地做出新的选择。一个人只有始终都坚持做出养成并完善德性的选择，才能使德性不断地趋于完善。当然，做出选择后还需要坚持不懈地进行德性修养的实践。

从以上简要分析可以看出，人的一生从懂事开始就始终面临着对德性的选择和决定。这种抉择活动经常进行，一个人在每次面临抉择的时候能否做出选择德性品质的抉择（简称为"德性抉择"），直接决定着人们是否进行德性形成和修养的过程。因此，德性抉择对于一个人是否具有德性具有前提性、关键性的作用。在对学生进行德性教育的时候，要努力使他们意识到德性抉择的重要性，提高德性抉择的自觉性。

三　德性对抉择的作用

意志的抉择是人经常进行的活动，甚至是日常生活中每时每刻进行的活动。人的所有有意识活动都是出于个人的选择和决定，抉择是人有意识活动的"阀门"，只有这个"阀门"打开了才有接下来的活动。在人的抉择活动中，人的德性具有极其重要的意义，如果德性把住了人活动的这个"阀门"，就从根本上保证了人的活动向善的方向。这里的关键在于使抉择德性化，也就是使所做出的任何抉择都是出自德性的，因而是善性的。之所以人类要努力地养成和完善德性，其重要原因之一是要运用德性这种心理定势来自发地控制人的抉择过程，使所有的抉择德性化，以确保抉择的向善和从善性质。

选择就是在多种可选择对象中做出取舍。选择或取舍的对象极其复杂，可能是物质的东西，也可能是精神的东西；可能是机会，也可能是资源；可能是权利，也可能是责任或义务；等等。在各种复杂的可能性面前，一个人做出的抉择必须是道德的。有多种途径保证抉择的道德性质，有法律、道德、政策、舆论等外在制约机制，也有个人的智慧、良心等内在制约机制。其中，德性是一种长效的保证机制，它作为思维定势始终都会对人的抉择活动发挥作用，保证抉择的道德性质。有德性的人都会在兼顾自己、他人、群体和环境利益的前提下做出选择，在不能同时兼顾的情况下，他也不会为了保全自己的利益而损害他人、群体或环境的利益。一个有德性的科学家就不会为了功名利禄去从事化学武器、细菌武器、生物武器、核武器的研究。

当然，实际的情况十分复杂，一个有德性的人出于同时有利于自己、他人、群体和环境做出的选择，可能由于认知、评价或理解上的偏差而并不真正如此。不过，他不会像一个恶性之人那样总是出于不择手段地利己的目的做出选择。一个有德性的明星就不会为了获得一笔优厚的出场费而选择去做广告，更不用说做虚假广告。当然，要确保抉择的道德性质，仅靠德性是不够的，还需要个人的智慧和良心，更需要有效的社会制约机制。

德性对抉择的最重要作用是持续自发地为抉择确定道德的方向，但德性对抉择的作用远不止于此。德性的许多要求是基于道德的对优秀品质的要求，那些派生德目基本上都是这样的要求，这些要求都会作为心理定势对选择和决定产生重要影响。像自助、感恩、创新和简朴这几种德性就是属于派生德性的范畴，当这些要求转化为一个人的品质时，就会对人们的选择和决定产生重要影响。一个具有自助品质的人，会根据自己具有的实力进行抉择，将他的决定置于自己的能力范围之内，而不会做出那些看起来很有价值而实际是自己所不能实现的选择，也不会将自己的决定的实现寄托在别人或组织身上。一个具有感恩品质的人，他在抉择的时候就会考虑到怎样多给有恩于自己的他人、组织、社会更多的回报，而不会处心积虑、想方设法地从他人那里占便宜。一个具有创新品质的人，他在抉择的时候就会以创新为取向，努力使自己的生活和工作有创意，而不会在任何情况下都做墨守成规的选择。一个具有简朴品质的人，他会有很强的节约意识，求真务实，从简办事，而不会追求奢侈豪华，讲排场，摆阔气。有些优良品质不仅会成为人们为人处世的原则，也可以通过抉择反过来对人们起积极的促进作用。具有自助品质的人在抉择的过程中感到自己解决自己问题的能力不强，就会努力提高自己的自助能力。

第四节　德性与谋求

谋求作为意志的"有求于"结构是启动性结构，它既是人的意志力的重要体现，也是人性的根本特征。德性与谋求的关系也十分密切，谋求是德性养成和完善的重要前提，德性对谋求同样能通过使人的谋求德性化而使之向善和从善。谋求不仅对德性具有重要意义，对于整个人生也具有重要意义，因而我们在讨论德性与谋求的关系时也需要了解谋求对于人生的一般意义。

一　谋求对于人生的意义

人的本性在于谋求生存得更好。谋求生存得更好的根本特征在于谋求。除植物人之外，人都有谋求，都在谋求，生命不止，谋求不止。一个人可能说，"累了，不再谋求了"。其实，这种不再谋求也是一种谋求，是这个人谋求不再谋求。谋求既然是人的本性使然，人就逃避不了谋求。人生来就注定要谋求，他不得不谋求。没有谋求，就不是真正意义的人，也就没有真正的人生。

谋求对于人生的意义在于"谋"。人生在于谋划。广义的谋划包括确定意图和目标，而狭义的谋划则是在明确了意图和目标后，确定如何行动的方案，包括如何确定动机和怎样采取行动。这种"谋"不是率性而为的，而是经过综合考虑的，有时是经过深思熟虑、审慎谋划的。

"谋"对于人生的极其重要意义是显而易见的。过去农村流传这样一句话："吃不穷，喝不穷，算盘打错一世穷。"这里说的"打算盘"就是"谋"。"谋"错了或不会"谋"，人是不会过上好日子的。

一个人不可能事事都"谋"得正确恰当，但事事或大多数事情"谋"得不正确不恰当，那就有问题了，而如果对人生终极目的和整体方案"谋"错了那更是糟糕，必定会导致人生悲剧。而且人生各种大大小小方面的目的和方案之间的关系也需要"谋"，"谋"错了或不会"谋"，也会有很大的问题。

谋求对于人生的意义还在于"求"。人生在于追求，追求就是在所确定的意图和目标的前提下实施行动的方案，也就是进行追求目的实现的现实活动。无论目的多么正确，如果不将目的转变为行动方案，并转变为现实的动机和行动，目的就是只开花不结果的无果之花，不会有什么实际的效果。伴随着高等教育的普遍化和大众化，越来越多的人接受了高等教育，他们一般都能较好地谋划人生，他们知道正确恰当的终极目的应当是什么，也知道家庭生活、职业生活和个性生活的目的应当是什么，甚至也知道日常生活中确立目的时应遵循的一般原则。当然，他们也能根据这些目的制订方案。可是，有一些人不能将这些目的有效地转变为行为的动机，不能努力地使它们见诸行动，他们的生活就不会像他们所"谋"的那样美好。

"求"的关键在于意志力，在于决心，在于毅力。情感也能在一些情景下对"求"发挥重要作用，但"求"主要还是靠意志力。人的意志薄弱尤其体现在缺乏这种构成动机、采取行动的"求"的功夫上。一个人意志薄弱就会畏首畏尾，瞻前顾后，下不了决心，下了决心没有恒心。只有意志坚强的人才会真正在"求"上下功夫，在有了正确恰当的谋划的前提下义无反顾，勇往直前，坚持不懈，在人生的追求上体现出应有的胆识和气魄。

谋求是人的本性，也是人的功能、人生的内容，人生就是谋求的结果。现实生活中每一个人的人生都不同，其关键在于人们的谋求不同。人们谋求的方向、广度、深度、力度、主动性等谋求的任何一个方面不同，都会导致有不同的人生。如果再加上天赋和环境的影响，世界上就没有两个相同的人生。谋求是人的能动性，特别是人的主动性、积极性的集中体现，其实质就是我们常说的进取精神。一般来说，在正确的人生方向上越是着力谋求，人性就越会充分实现，人生就会越成功、越幸福。我们不能简单地说谋求的程度是与成功、幸福成正比的，但有两点可以肯定：一是谋求不够不会有成功和幸福，足够的谋求是成功和幸福的必要条件；二是真正的人格完善和幸福一定是谋求的结果，人格完善和幸福是以谋求为充分条件的。我们通常说"谋事在人，成事在天"，"天"对于每一个人都一样，成事就在人、在人的谋求了。

谋求像意愿一样，对于人生也存在着积极意义和消极意义的区别。这种区别的根本标准就在于是否有利于人更好地生存，是否有利于实现与谋求者活动于其中的共同体及其成员利益共进。谋求对于人生的积极意义在于，谋求有利于个人自己生活得更好、有利于他活动于其中的共同体及其成员利益共进；而消极意义则在于，谋求不利于个人自己生活得更好，不利于他生活于其中的共同体及其成员利益共进。因此，如何使谋求具有积极意义而避免其消极意义是人生始终面临的重大课题。

二　谋求对于德性的特殊意义

谋求对整个人生具有重要意义，对于德性也具有重要意义。德性不是自发形成的，而是通过修养形成的。修养的前提是必须有修养德性的欲望或兴趣和意图、目标，但有了这种意愿和抉择还不够，还需要谋求。德性是通过修养而养成、维护和完善的。无论是养成德性，维护德性，还是完善德性，都是一个谋求的过程。如果我们把德性的养成、维护并完善的过程看作德性修养的过程，那么德性修养的过程就是一个谋求修养德性（以下简称为"德性谋求"）的过程。德性谋求是德性形成的最重要环节，没有这个环节，一个人要具有德性就会成为一句空话。

德性谋求对于德性的首要意义是谋求德性的养成。德性的养成与德性的自发形成不同，德性的自发形成是人们在环境的影响下受他人的影响不自觉地形成德性。这样形成的德性并不是真正的德性，而是类似的德性。德性的养成是在智慧的作用下自觉地、有意识地形成德性。德性的养成就是人的谋求在德性方面的体现，或者说就是人的一种谋求。这种谋求对于德性来说是极其重要的。没有这样的谋求，就不会有德性从自发德性到自觉德性、从类似德性到真正德性的转变，人的德性就可能始终停留在前反思的水平，不能正常发展。谋求的程度对德性的养成也有直接而重要的影响。一个人越是努力地谋求德性的养成，德性意识越强，德性的广度和深度越大，就越会养成更多的德性，也越会使德性水平达到更高的程度，从而为今后德性的完善奠定更坚实的基础。

德性谋求对于德性的意义也在于谋求德性的维护。养成的德性需要不断地加以维护，没有这种维护的功夫，养成的再好德性也会因为各种因素的影响而衰退甚至蜕化。这种维护也是德性修养的重要内容，而这种德性修养也是一种德性谋求。这种德性谋求的关键是要抵御各种不利或有害因素对德性的冲击和侵蚀。人的自然本性包括本能和情感的因素以及天然的自利倾向会经常消解或弱化人养成的德性，社会环境的各种不良诱惑因素会经常对人养成的德性提出挑战，而这两方面的因素相互影响、相互作用更会使人养成的德性面临严重的威胁。在这种情况下，如果一个人放弃了对德性的继续谋求，放弃了德性修养的努力，他的德性就会减弱直至消失。而一旦人的德性减弱或消失，一些恶性就会乘虚而入，使人成为有恶性的人。因此，谋求德性的维护是一种经常性的德性谋求，对保持德性正常状况是不可或缺的。

德性谋求对于德性的意义还在于谋求德性完整和高尚，使德性不断趋于完善。养成德性一般只是养成基本德性，许多其他德性不可能在德性初步养成过程中完成。因此，养成德性只是德性修养的开始。德性初步养成后，德性修养还有很长的路要走：一方面要通过修养进一步使德性完整，使人的认识、情感、意志、行为都具备相应的德性，形成家庭生活、职业生活和个性生活所需要的德性，并使人的各种德性整合成一个和谐统一的整体；另一方面，还要使人的各种德性得到提升，使一般的德性上升为高尚的德性。与人生相伴始终的德性修养过程同样是一种德性谋求的过程。现实生活中，之所以很多人德性不完整、德性水平不高，就是因为这种德性谋求过程更难，需要做更多的努力才行。但是，这种努力是有意义的，只有当一个人不断努力地谋求德性完善，才能实现德性完善或者说使德性日臻完善，才能达到更高的德性境界和人生境界。

德性谋求对德性既具有"谋"的意义，即德性谋划，也具有"求"的意义，即德性追求。人的德性修养首先得有德性意愿，但仅此还不够，还要有德性谋划。德性谋划就是要对德性意愿做出选择和安排，排出先后顺序，并针对如何修养德性形成一个方案。在有些情况下，可能还要通过德性谋划发现德性意愿的不足而进一步完善德性意愿。德性谋划是德性追求的前提，德性谋划发生偏差会影响德性修养的进程和效果。一般人应该先养成基本德性，然后再在此基础上养成派生德性，而在基本德性中又应先养成有利于自己的德性。如果一开始就去养成派生德性，而忽视基本德性，基本品质就可能会出问题，并导致派生德性成为非德性的品质，甚至成为恶性的帮凶。比如一个人在没有负责这种基本德性的前提下就去培养创新的德性，养成的德性就可能是有问题的。前些年报道的一位留学博士用自己所学的专业知识发明了一种可以牟取暴利的冰毒，就是一个缺乏责任这种基本德性导致创新品质的恶化的事例。

德性追求对德性的意义更突出。有了德性谋划后需要将德性修养活动作为行为动机并使之进入行为过程。这是人德性修养的关键一步，只有迈出了这一步，人们才真正开始了德性修养的过程。德性追求是德性修养的主要动力，人们是在德性追求的驱动下进行德性修养的。不迈出这一步，没有这种追求的动力，德性修养就无从开始，德性的养成、维护和完善也就无从谈起。现实生活中不少人德性存在问题可能就是因为这一步迈不出去。迈不出这一步的主要障碍是在追求德性的过程中始终面临着人生的自然倾向和环境的消极影响。这两种不利因素是人们德性追求的抗力，不克服这种抗力，人们德性修养的步子就迈不出去，即使迈出去了也可能走不稳。克服这种抗力的力量只能是理智特别是智慧，只有智慧才能使人着眼于人更好生存这一终极目标而坚定对德性的追求。

三 德性对谋求的作用

虽然谋求对于人生和德性都具有重要意义，但不加以调控就会发生问题。不加调控的谋求可能发生以下三个问题。

一是谋求偏向。人的谋求必须有正确的取向，有正确的选择和决定。取向不正确，谋求就会发生偏差。一般来说，谋求取向最容易发生的偏向是终极目的。一旦终极目的发生偏向就会影响到整个生活各方面的谋求，使各种谋求发生偏差。假如一个人将资源的占有作为终极目的，就会在日常生活中处处体现出来，他就会以占有更多的资源为一切行为的动机。

二是谋求过度和不足。谋求过度就是对某些谋求过分热衷，导致对其他应有的谋求弱化。一个人过分热衷于权力就会忽视对家庭的责任和个性的健康丰富。人的精力是有限的，对某种东西过分热衷通常会无暇顾及其他。谋求不足就是对一些与人生幸福关系重大的意愿不努力去实现，导致人格完善和人生幸福难以实现。一个人如果满足于父母提供的优越条件而不去追求职业成功，就不会有职业的成功，也就不可能获得幸福所需要的职业成功感。谋求过度常常是与谋求不足相互联系的，对某种东西谋求过度就会对其他东西谋求不足。不过，这两者的联系也并非必然。有的人由于某种原因对整个人生都心灰意冷，无精打采，对什么都无所谓。这种谋求不足就不是谋求过度导致的，而是意志软弱导致的，是缺乏面对生活中遇到的困难、挫折或失意所应有的意志力导致的结果。

三是谋求违规。谋求违规就是不遵循社会基本规范的谋求。人的谋求要成功，其谋求必须在社会规范的框架内进行，不能突破法律和道德的底线。孔子说"君子爱财，取之有道"。他所说的"道"就是社会的规范。

所有这些缺乏调控所导致的谋求问题归结到一点，就是谋求不当。谋求是人生不可少的，而且是意义重大的，但谋求不当会使谋求走入歧途。不当的谋求，其力度越大越有可能走向深渊。德性对谋求的调控作用主要体现在它能使谋求德性化，使所有的谋求都成为出于德性的行为，从而保证所有谋求的向善、从善性质。具体地说，德性对谋求的作用首先在于它可以对不当谋求起限制作用。德性作为一种心理定势会在人们进行谋求的时候对人们所有不当的谋求自发地起限制作用。它会将人们的所有谋求限制在符合社会道德和法律要求的范围内，限制在有利于人更好生存的范围内。德性就像一个无形的网，使人们通常情况下的谋求自然而然地纳入其中。德性之人一般不会发生谋求偏向的问题，因为德性是智慧适应人生存得更好的根本需要形成的，在德性范围内谋求，不会偏离正确的人生终极目的。德性之人一般也不会发生大的谋求过度和不足的问题，因为德性是在智慧控制下形成的，由于智慧的作用，德性会给谋求以合理的限度。德性之人更不可能违反社会规范谋求，因为德性对人的所有活动都具有道德限制作用，在这种限制作用下进行谋求至少不会产生大的违规问题。当然，德性的调控是自发的，在正常情况下一般能起作用，但在一些特殊情况下也有可能失控。因此，对谋求不当的调控还需要意志的作用。

除了对谋求不当具有限制作用，德性还可以为人的谋求活动提供方向和动力。德性对人的谋求既有合理的限制作用，也有正确的定向作用和正面的激励作用。德性从总体上看都是指向人更好生存的，当德性对人的谋求发生作用时，它的指向自然地就为人的谋求活动确定了出于德性进行谋求的基本方向，一般不会发生偏差。德性具有促进人的活动朝着幸福的方向不断进取的作用，德性之人会在德性的作用下奋发努力，不断谋求生存得更好。从这方面看，德性的意义十分重大，具体体现在以下层层递进的四个方面。

其一，德性之人不仅谋求生存下去，而且谋求生活得好，还谋求生活得更好。人性的一个重要特点是在理性的作用下不满足现状，首先要求能生存下去，能生存下去后，就会要求生存得好，生存好了还会要求生存得更好。这也就是马斯洛所说的，人的一个需要满足之后，另一个需要就会随之产生。现代德性不同于传统德性，它不是压抑人性的，而是顺应人性的，并给人性的实现指明方向和提供保障。因此，德性不仅在取向上与人性的这种倾向相一致，而且通过自身的力量将人的谋求引导到这个方向，并为朝着这个方向前进提供生存智慧和道德保障。德性之人一定会是谋求生存得更好的人，也只有这样的人才可能真正生存得更好，过上幸福生活。

其二，德性之人不仅谋求物质生活好，还要谋求精神生活好、整个生活好。"'生活'是一个总体性范畴，它不是指人生活的某一方面，而是指人生活的总体，如物质生活、文化生活、精神生活，等等。'好'也是一个总体范畴，它不是指某一方面好，而是指各方面都好，如事业好、家庭好、个性好、德性好，等等。"① 因此，德性之

---

① 江畅：《幸福与和谐》（第2版），科学出版社，2016，引言 iv。

人谋求生活得好，必定会谋求生活的各个方面都好，各个方面和谐一致的好，而不会只谋求生活的某一方面或某些方面好，更不会在追求某一或某些方面的好的过程中忽视或否定其他方面的好。

其三，德性之人不仅谋求现在生活得好，还谋求未来生活得好。德性之人是明智而审慎的人，他们着眼于未来考虑现在，面向未来生活。他们既有近忧也有远虑，不仅注重当下生活得好和现实的享受，也注重现在的生活为未来打基础和做准备。他们不会追求"及时行乐"，更不会只顾"今朝有酒今朝醉"。

其四，德性之人不仅谋求自己生活得好，还谋求家人、亲戚朋友乃至整个人类生活得好。德性作为一种生活智慧，最重要的体现之一就是能处理好个人生活得好与他人和整体生活得好的关系。德性之人虽然从利己出发，但绝不会限于自己，它会处理好利己与利他、利群、利境的关系，而且在可能的情况下还会不断提升人生境界，从单纯地谋求一己生活得好走向谋求生活共同体乃至全人类生活得好，实现个人生活得好与人人生活得好协调一致。

第五节　德性与理智

我们将理智看作主要由理性与意志力相结合构成的意志调控机制。这种调控机制与德性的关系更为复杂，值得仔细研究。这里首先讨论理智对于人生的意义，以加深对德性与理智关系的理解。

一　理智对于人生的意义

理智是意志的调控机制，它不仅是意志的核心和灵魂，也是整个人的核心和灵魂。对于人生的意义集中体现为对人的活动进行调控。人的活动是意志调控的，意志分为三个层面的结构，即意愿、抉择和谋求，意志调控机制即理智是通过对这三种结构进行调控而实现对人的活动进行调控的。我们前面分别对调控对于意愿、抉择和谋求的必要性进行了阐述，这里再从整个人生的角度对理智的意义做进一步的讨论。

理智作为意志调控机制对于人生的意义具体体现为对人的活动进行导向、控制和协调三个方面。

理智是人活动的导向机制。人的活动大多是有意图、有目的、有动机的。人们在从事活动时常常可以出于多种目的、多种动机。一个人从事一种活动需要在这些目的和动机中进行选择并做出决定。这种选择和决定不是随意的，而总是有一定取向的，总是指向一定的总体方向的。有两种因素对这种取向起作用，一是品质，二是理智。品质作为心理定势对活动起定向作用，这种作用是自发的，常常是无意识的；理智则作为调控机制对活动起导向作用，这种作用是自觉的，总是有意识的。这两种因素相比，理智的作用更大、更直接，它有时甚至可以改变品质的定向。品质是人活动的指南针，理智是人活动的方向盘。"指南针"自发地为我们的活动指明方向，"方向盘"控制着我们的活动朝着指南针指明的方向前进。"方向盘"一般会按"指南针"指明的方向前进，但也可另择方向。从这种意义上看，理智对活动的作用比品质要大得多。因此，理智对人的活动乃至整个人生具有至关重要的导向作用。

从意志结构的角度考虑，理智的导向作用具体体现在如下环节：一是给人的欲望、兴趣导向。人的需要是客观的，但在需要的基础上产生什么样的欲望和兴趣，理智起着导向作用。理智可以根据人生的终极目的和环境条件抑制一些欲望、兴趣产生，而允许甚至鼓励一些欲望、兴趣产生。一个人听说麻果这种毒品毒性不强，吃了后感觉很好，于是想尝尝，但担心有可能吃了后还想吃。于是理智抑制了想尝尝麻果的兴趣。理智给欲望、兴趣导向的过程也就是为人确定意图的过程。它会将那些挑选出来的欲望、兴趣变成意图。理智是着眼于人的终极目的和环境条件对已有的欲望、兴趣进行选择并确定让哪种欲望或兴趣转化为意图的。二是给目标和方案导向。理智会根据主客观条件和意图进行筹划，以确定目标和制订方案。这更是一个明确决定活动方向的过程。有的人对许多乐器（如钢琴、小提琴、手风琴等）都有兴趣，但人的精力和时间有限，不可能都学，理智可能根据个人的发展和条件情况最后确定学习其中的一种或两种。三是给动机导向。人的目标很多，但当下要使哪种目标转化为动机，理智说了算。一个大四的学生，既想考研究生，又要做毕业论文，还准备找工作。这些都是他的目标，但把哪一种目标转化为此刻的动机，就需要理智着眼于未来发展的根本的总体的需要来确定。

理智是人活动的控制机制。人的所有活动都是一个或长或短的过程，在这个过程中具有各种可能性，常常会发生意外的情况，出现可控和不可控的因素，因此需要对活动进行控制。理智就是对活动进行控制的机制。理智的控制作用与理智的导向作用不同。理智的导向作用主要是通过对意志的结构要素进行导向并通过这种导向对行为活动进行导向，因而理智导向的作用对象主要是意志活动。理智的控制作用则主要是对行为活动进行控制。理智对意志活动也要进行控制，如对意愿和谋划进行控制，使意愿和谋划也与理智的导向相一致，但理智更要对出于动机所从事的行为活动进行控制，使行为活动最终实现意志的目的。

理智的控制作用主要体现在目标控制、方案控制和过程控制三个方面。目标控制就是在确定活动的总体目标、最后目标和阶段目标或子目标的基础上制订实现目标的活动方案。方案控制就是将活动方案中的手段与目的的关系、投入和产出关系、进度等控制在合理的范围内并对意外和偶发情况有预案，使活动方案具有效益、效率和可行性。过程控制就是根据活动方案对活动过程进行监督管理，使活动按预定方案进行，并对方案不妥之处进行修改、对意外和偶发的情况进行处理。对于活动来说，这三种控制都很重要，其中有一种控制不到位，就可能达不到目的。一个人越有理智，就越是注重活动的有效控制。

假如一位大学生从大二开始想在大学毕业考研究生并据此进行学习活动。这个学生要卓有成效地达到目的，他就需要对他后三年的学习活动进行理智控制。他要确定一个最终目标，如考取某专业的研究生，并要确定约两年时间的阶段目标或子目标，对这种目标进行控制就是理智的目标控制。有了这个目标还需要确定一个活动的方案。比如，确定大二主攻专业基础课，大三主攻专业课，大四主攻政治课，大二至大三都要攻外语课。这种方案必须既要能达到目标又切实可行，还要考虑到可能出现的意外和偶发情况。这就是理智对方案的控制。有了方案后，在活动的过程中要经常对照方案进行检查，对于方案的不合适之处要进行调整，对意外情况要妥善处理，以确保目标的实现。这就是过程控制。这位大学生如果很理智，他就会做好这三方面的控制。这三方面的控制做得好，他就会比缺乏这种控制或这种控制不到位的同学更有可能取得成功。

理智是人活动的协调机制。人的活动是在环境中进行的，受到各种条件的制约，而且会受到同一个人的其他活动的影响甚至冲击。因此，人的活动要卓有成效需要协调。理智具有协调的功能，而且是人活动的主要协调机制。理智的协调作用的范围更广，它既要对意志活动进行协调，也要对其他活动特别是行为活动进行协调。就意志活动而言，理智要对矛盾、冲突的欲望、兴趣进行协调，也要对矛盾、冲突的意图、目标进行协调。对欲望、兴趣协调是为形成意图和确立目标服务，而对意图、目标进行协调则是为产生动机和采取行动服务。就行为活动而言，理智要协调的矛盾、冲突更多。为了防止可能发生的矛盾和冲突，理智要协调四方面的关系。

一是要协调行为与环境的关系。出于一定动机开始的行为可能与环境（如与法律、道德、政策、文化传统等）发生矛盾和冲突。在这种情况下，理智需要对行为进行必要的调整以避免与环境的矛盾和冲突，否则行为难以进行。有两位同性青年互相爱恋，并准备结婚，但遭到亲友的强烈反对，他们不得不取消结婚计划，中止结婚准备。这可看作理智对行为与文化传统相冲突进行的协调。

二是要协调行为与主客观条件的关系。一个人在出于一定动机开始行为时，可能发现自己的知识不够、能力不具备，可能发现经费不足、场地和设施不符合要求，等等。在这种情况下，理智也需要对行为进行适当的调整。"烂尾楼"就是在建设过程中由于资金不足而中止的。这种中止行为可能也是一种理智的调整，尽管肯定是不得已而为之的。

三是要协调与其他行为的关系。人总是同时进行着多种行为，在进行方案设计时可能考虑了不同行为的关系，但在实际行为的过程中还是有可能发生冲突。一个准备考硕士研究生的大学生考虑到了万一考试失败必须找工作的问题，但在真正找工作时发现找工作要比想象的难很多，他不得不花更多的时间找工作，而这会影响到他的备考。这就是两种行为之间的冲突。这种冲突需要理智进行有效的协调，否则两个行为可能都达不到预期的目的。

四是要协调意外和偶发的情况给行为带来的冲击。由于多种原因，在行为的过程中会出现一些没有预料到的情况。这些情况包括自然灾害、社会政策变化、个人突然患病等等。这些没有预料到的情况常常给行为造成很大的影响，而且常常是负面的影响。在这种情况下，理智也需要对行为进行调整，以应对意外和偶发的情况。2008 年汶川大地震不仅使很多中国同胞遇难，而且使很多幸存者调整了他们的许多正在进行中的行为。这就是偶发事件对行为冲击的典型事例。

从上面的阐述可以看出，理智的这三种作用机制，实际是同一调控机制的三种不同功能，它们不是彼此分离独立的，而是紧密地缠绕在一起的，只是为了阐述的需要才加以区分的。

理智的调控作用是中性的，存在着调控方向正确不正确以及调控的过程和结果合不合法律、合不合道德、合不合政策、合不合意识形态的问题。在调控方向方面，只有根据人更好生存即人生幸福的终极目的进行调控才是正确的。在调控过程和结果方面，一般来说只有过程和结果合法、合德的调控才是正当的，只有符合政策、意识形态的过程和结果才是可行的。总的来看，理智可以将人生引向幸福，也可以将人生引向不幸。只有当理智转化为智慧时，它才会真正将人生引向幸福。

二 理智对于德性的特殊意义

理智不仅对于人生具有重要意义，而且对德性也有重要意义，可以说德性是理智的产物，没有理智谈不上德性。理智作为意志的动力—调控机制是意志的灵魂和核心。有学者认为，品质是"完全被意志塑造的自然气质"，① 那么，德性也是被意志特别是理智塑造的结果。动物没有德性，因为动物没有理智；人则因为有理智才有德性。当然，我们这里说的是理智可以发挥这些作用，而并非一定实际上发挥这些作用。只有当理智转化为智慧时，才能自觉自愿地发挥这些作用。但是，我们不能因此否认理智对于德性的极端重要性。

理智对于德性可能具有的意义非常广泛。它可以使人的德性实现从自然德性向自觉德性转变，它可以促进人的德性意识觉醒，可以调控人的德性养成、维护和完善的全部过程，可以排除各种干扰使人在德性上趋于完善。这里主要从以下四个方面对理智对于德性的意义做些阐述。

第一，理智可以唤醒人们的德性意识。人是有意识的，意识是活

---

① Cf. "Character", in *Catholic Encyclopedia*, http：//www. newadvent. org/cathen/03586a. htm.

动的前提。人要从事德性修养活动，首先必须有德性意识。只有当人意识到自己是可以有德性的并应该有德性的，他才会去养成德性、维护德性和完善德性，才会有德性的自觉。否则，即使他有一些德性表现，那也只是类似的德性，而不是真正的德性。人的德性意识越清晰、越强烈，越有利于德性的生长和发展。每一个人都有潜在的德性意识，但这种德性意识需要被唤醒。社会可以通过教育或宣传等途径唤醒德性意识，但还需要个人理智的作用。理智作为意志的动力—调控机制，其重要功能之一就是借助社会因素的触媒作用唤醒德性意识，使人意识到自己的德性形成和完善的可能性、必要性和现实性。理智主要是通过使人意识到具有德性更有利于人更好生存来启迪人的。理智可以通过比较和权衡让人们认识到德性品质更有可能使自己建立和睦的家庭，获得职业的成功，塑造健康丰富的个性，可以妥善处理个人与他人、组织和环境的关系，可以使自己心安理得地在世界上安身立命，过上幸福的生活。人的德性意识就源自对德性意义的认识，当人真正认识到德性的意义，他就有了德性意识。德性意识是一种自我意识，它是不可能通过感知获得的，而只能通过反思获得。没有个人反思的作用，是不可能形成德性意识这种反思性意识的。理智正是通过人的反思使人认识到德性的意义并从而形成德性意识的。

第二，理智可以选择和强化德性意愿，抑制恶性意愿。人的欲望是基于人的需要产生的，欲望的产生有一定的自发性。当人有了需要后，在一定的环境和情景中就可能产生某种欲望，当然，品质在这里有一定的定势作用。但是，人有了某种欲望的念头后，理智就会介入，理智接受的念头，就会允许它继续生长，而理智不接受的念头，就会抑制它继续生长，甚至打消这个念头。如果理智是道德取向的，那么它就会以道德要求为标准对欲望的产生进行控制，对那些符合道德要求的欲望让其生长，而对那些不符合道德要求的欲望进行压制，使其不成为人们的目的。例如，一个落荒山野多天没有吃饭的人，看见地里有红薯，他产生了偷吃的欲望。如果这个人是有道德的人，他的理智就会抑制这种欲望，不让这种欲望变成动机。兴趣的情形大致相同。不过理智对德性兴趣强化和对恶性兴趣抑制的作用更明显。一个有道德的人，他的理智会对他的德性兴趣起强化作用。一个道德高尚的人，在生活或工作受到严重挫折而影响他的工作兴趣时，理智会促使他保持这种兴趣。一个有道德的人也经常面临着恶性兴趣的侵扰。这时，只有理智才能抑制他的这种恶性兴趣。

第三，理智可以激发德性修养的动机，鼓励德性行为。人的德性形成始于教育，成于修养。修养是德性真正形成的途径，尽管教育远在修养之前就已经发生作用。修养是一种活动，而且是一种与人性的自然倾向并不那么一致的活动，经常会受到人性自然倾向的冲击，并经常会受到环境的消极影响。因此，要产生修养的动机并不是那么容易的。特别是德性修养不是一次性的，而是终身性的，一旦开始就成为此后需要不断进行的活动。如果中间停止，德性就可能退化甚至消失。理智可以着眼于人更好地生存的终极目的持续地激发人德性修养的动机，使之成为恒常的习惯性动机。德性修养不是一个纯思想的过程，而是一个动机与行为互动的过程。这个过程是一个出于德性动机行动又通过德性行为反过来修正德性动机并不断如此反复的过程。正是在这种互动的过程中人们形成德性、保持德性和完善德性。在这个过程中，德性行为是十分重要的，德性行为越多、越广泛、越频繁越有利于德性的养成和完善。理智对于德性行为也具有重要的作用，它可以基于人更好生存的考虑鼓励那些德性行为从而使之强化。例如，勤奋读书一般来说是一个德性行为，这种行为对于养成勤劳的德性具有重要意义。但是，勤奋读书是一件苦差事，很多孩子吃不了这份苦，学习不用功。如果一个人的理智使他意识到这种勤奋对于将来职业成功具有非常直接的作用，对将来的幸福也很有意义，他就可能勤奋努力地去学习。

第四，理智可以克服德性发展过程中的各种干扰，使德性不断完善。德性形成发展过程是与人生相伴始终的，在这个漫长的历程中，德性会受到无法列举的因素的消极影响和直接冲击。有一个贪官就谈到，当他看到在自己手里审批给别人的项目让别人赚了很多钱的时候，他心里不平衡了，在别人采取的各种利诱手段面前败下阵来。对于这些来自外部和内心对德性的干扰，人们只能靠理智和智慧来克服。这个贪官说到底就是"利令智昏"，受到其他干扰而使德性丧失的可能还有"权令智昏""名令智昏""色令智昏""情令智昏""瘾令智昏"。显然，如果一个人的"智"不昏，他可能就不会丧失德性。

这里有一点要强调，理智对德性的作用尤其体现在德性自发形成的过程中。德性自发形成可以追溯到童年。孩子在很小的时候就受父母德性的影响，这时就开始了德性的自发形成过程，一直到进入大学前后。在这个过程中，人的智慧尚未形成。我们说过德性是智慧作用的结果，但在智慧没有形成的这一段时间，理智发挥着主导作用，人主要是受环境和他人影响在理智的作用下自发形成德性。在这个过程中，虽然理智的作用不是主要的，但理智还会发挥重要作用，否则我们无法解释在相同环境下两个孩子的自发德性为什么会有较大的差异。如果说智慧主要是在德性自主修养过程中发挥主导作用的话，那么可以说理智在德性自发形成过程中发挥着主导作用。

三 德性对理智的作用

理智作为调控机制，从伦理学的角度看，是中性的，它本身需要调控。理智可以用于使人生活得更好，也可以用于使人生活得不幸。尽管人们的本意并不会将理智用于使自己不幸，但理智没有恰当的调控，就可能顺应并服务于人本性的可能有害于自己的自然倾向，也可能为了短视的利益而屈从于外部世界的各种诱惑或压力。因此，没有调控的理智，不使理智成为德性的，不使理智转化为智慧，理智就有可能成为满足人的不良欲望或兴趣的帮凶。

对理智具有调控力的因素主要有三种：一是当人具有了智慧后，智慧就能对理智起调控作用，或者说就取代理智对人的活动起作用。这是对理智最具有调控力度的直接调控因素。一个有智慧的人，他的理智由于转化成了智慧而始终着眼于人更好生存调控人的活动。二是在智慧尚未取代或尚未完全取代理智的情况下，观念、知识、其他能力等因素对理智也可以起一定的限制作用。一个人树立了正确的观念，对世界、社会、人生有正确的信念，他的理智可以在这种观念的作用下，朝着有利于人更好生存的方向调控人的行为。人的渊博知识、人的卓越智力和专业能力也在一定程度上能对理智的正确运用起积极作用，不过这种作用的力量是较弱的。三是德性对理智的作用。德性对理智的作用虽然不如智慧的作用那么有力和直接，但一旦具有德性，它就会在任何情况下都对理智起作用。德性对理智的作用像对其他心理因素的作用一样，是自发的、隐性的，但它作为心理定势划定了理智调控作用的范围。这种范围是道德的范围，理智在这个范围内对人的活动进行调控，人的活动至少不会走向邪恶，而且一般还会向善从善，还会有利于人更好地生存，因为德性本身是善的，是指向人更好生存的。

德性对理智的作用突出体现在德性对作为理智控制力的意志力的作用方面。

意志力是人产生意愿和追求意愿实现的原动力，在价值的性质上是中性的，它即使在理性的作用下成为调控力，也仍然是中性的，存在着用于什么和怎样用的问题。就用于什么而言，意志力的运用总体上有不同的取向，可以用于道德的活动，也可以用于不道德的活动。

一般来说，将意志力用于有利于具有者、他活动于其中的共同体及其成员更好生存的活动就是用于道德的活动，反之就是用于不道德的活动。就怎样用而言，可以充分地运用意志力，也可以不充分地运用甚至不运用意志力。意志力运用于道德的活动充分不充分不仅直接关系到道德的活动成效，而且直接关系到是否更有利于人更好地生存，越充分越有利于人更好地生存。相反，意志力运用于不道德的活动越充分越不利于人更好地生存。因此，从人类更好生存的角度看，应当将意志力尽可能充分地运用于道德的活动，而努力避免将意志力运用于不道德的活动。

人类社会有多种方式避免将意志力运用于不道德的活动，如法律、道德、政策、习俗、舆论等等。这些方式主要是外在的，与此同时，个人也有避免将意志力运用于不道德活动的内在方式，如智慧、良心、德性等。其中德性的主要作用在于，通过德性这种品质定势和行为习惯使人们的意志力自发地运用于那些符合德性原则的活动，特别是那些外显的行为。由于德性作为品质定势和行为习惯每时每刻都在发生着作用，因而它是避免将意志力运用于不道德活动的一种主要内在方式。它将意志力运用于道德的活动与通过智慧的作用按道德规范行事以及凭良心办事相比，更无所不在，更无内在冲突，因而更能为意志力运用于道德的活动提供保障。如果一个人不具有德性或德性不完整，即使有智慧和良心也还有可能发生意志力运用于不道德的活动的问题。一个人不具有诚实的德性，就有可能说谎，即使他有时意识到不对，受到良心的谴责，感到应当诚实，并且有时也这样做了，但他由于缺乏诚实的品质而不能每时每刻这样做。

德性不只是具有限制意志力不道德使用的作用，更具有引导意志力道德地使用的作用。德性不是一个笼统的要求，而是体现为不同的具体的德性要求，每一个德目就是一种德性原则，这些原则对人们将意志力用于什么具有导向和规范作用。具有了德性品质，意味着德性原则变成了内在准则，这些准则自发地规定着人们的活动，使人们的意志力朝着所规定的活动运用。

德性对于意志力怎样使用，特别是在多大程度上使用也有重要意义。一个德性之人出于德性活动，需要充分运用意志力，这就使意志力运用于出于德性的活动。一个具有进取德性的人就不会满足现状，就会不断追求取得更大的成功，这就需要充分发挥他的聪明才智，而这也就要求他的意志力充分发挥作用。同时，德性之人还要不断进行德性修养，进行德性修养更需要持续不断地充分运用意志力，这就使意志力运用于德性修养活动。由此看来，德性与意志力的发挥是成正比的，德性越完善，德性修养越持久就越需要充分运用意志力，而意志力的运用也就越服从于和服务于出于德性的活动。

意志力本身有强弱的区别，这种强弱并不是先天的，而在很大程度上取决于后天的培养和锻炼。在意志力的获得方面，人的德性也具有非常重要的意义。一个德性之人，为了更好地出于德性活动，会更清楚地意识到意志力的意义，会更自觉地通过培养、锻炼提高自己的意志力，使自己的意志力不断增强。同时，人的不少德性品质也有助于锻炼和增强意志力。像勤劳、好学、进取等德性都是有助于意志力增强的，而且还有些德性（如刚毅、节制、审慎）本身就是意志力的德性。从这种意义上看，德性修养的过程，也可以看作意志力锻炼和增强的过程，两者相互作用、相互促进。

德性还对理智具有定向作用。理智对人的活动进行调控的一个重要目的是给活动确定方向。理智可以在不同因素的影响下给活动确定不同的方向，德性对理智的首要作用就是能给理智确定向善的方向。这种向善的方向就是有利于个人和个人活动于其中的共同体及其成员更好生存。德性作为一种心理定势就是要给各种心理因素确定这种活动的方向。如果理智在德性范围内发生作用，它就自然地顺应德性的价值取向，朝着向善的方向调控人的活动。在当代伦理学讨论中，有一个著名的"荒岛诺言"的道德两难问题。它说的是有两人乘船遇难漂落在一个荒岛。其中一个患病即将死亡的富豪对另一个人说："如果你得救，请你用我所有的积蓄为我的猫盖一座金屋。"这个人获救后，他面临着两难：信守对死者的承诺，这么多的财富被浪费；如果用所有这些钱去救济穷人，又违背了他的诺言。这里需要理智抉择。一个真正有德性的人，会毫不犹豫地做出用这些钱救济穷人的选择，因为这样有利于人类更好地生存。在这里，德性在作为理智的先在条件发生作用。

德性对理智也起规范的作用和保障作用。实际生活的情形十分复杂，理智要在复杂的环境中、在各种利弊因素中做出选择和决定。德性在这个过程中对理智的调控具有规范作用。一个善良的人，他的理智就不会允许他的任何活动妨碍和伤害他人。在这里，他的理智受到他的德性的潜在制约。理智在一些内在的和外在的不良因素影响下，会做出一些"智昏"之举。一个人在路上捡到一大笔钱，这一意外诱发了他发不义之财的欲望，并萌发了不交还失主的动机和行为。这一事情败露后，他受到了法律的制裁。这就是"利令智昏"。类似的情形人们在日常生活中经常会遇到。在这种情形下，德性可以对理智起保障作用，使理智不受消极因素的影响做出正确的选择和决定。如果一个人真正有德性，他看见路边有钱物，他可能不捡它（失主会自己回头找），也可能捡到它后寻找失主或交给有关机构，但他绝不会想到据为己有。现实生活中那些贪小便宜吃大亏的人都是德性或多或少有问题的人，他们的理智因为没有德性提供应有的保护而发生了偏差。

德性对理智的所有这些作用的意义更在于，它在对理智起调控作用的同时也在使理智转化为智慧，当理智的调控完全在德性的范围内，理智就转化成了智慧。当理智与德性融为一体的时候，智慧就不是控制理智，而是取代理智成为对人的活动发挥调控作用的调控机制。

　　每一个正常的人都有理智，但并不是每一个人都有智慧，要使理智转化为智慧，还需要德性，德性是理智走向智慧的桥梁。理智在德性的作用下并在德性修养①的过程中可以逐渐具有智慧的特征，转化为智慧。一个人要成为有智慧的人，关键是要成为德性之人。

---

　　① 德性修养与智慧修养实际上是同一个过程。

第八章

德性与实践

按照文德尔班的说法，"实践问题一般是指在研究被目的所决定的人类活动时所产生的问题"。[①] 实践问题是与人的活动直接相关的，因而也是与人的生存直接相关的，实践直接关系到人生存得好坏。人只有通过实践并通过有效的实践才能生存得更好。更重要的是，人在实践中生存，人不得不实践，只有通过实践才能生存。实践与人的德性有着不解之缘，没有实践的环节，绝不会有德性，而没有德性，实践也不会是有利于人更好地生存的实践。

第一节 实践的本性

实践在哲学中，尤其在马克思主义哲学中是一个十分重要的概

[①] 〔德〕文德尔班：《〈哲学史教程〉绪论》，见冯平主编《现代西方价值哲学经典（先验主义路向）》下册，北京师范大学出版社，2009，第232页。

念，以至于有学者将实践性看作马克思主义哲学的最显著特点。① 今天，马克思关于实践的观点仍然有助于理解实践的本性。

一 对实践的理解

"实践"一词在汉语中有两种意义：一是动词意义的，即"实行（自己的主张）；履行（自己的诺言）"。二是名词意义上的，即"人们有意识地从事改造自然和改造社会的活动"。②"实践"的对应英文是 practice（名词）和 practise（动词）。"practice"的意思是"实际做某事；与理论相对应的行为"。"practise"的意思是"练习；实习"；"积极从事（某事）"。③ 我国宋代以前，还没有完整的"实践"概念，那时"实践"多以"行"或"履行"出现。到了宋代，"实践"一词已逐渐通行了。宋代的吴泳在其所著《鹤林集》中就明确写道："实践真知，见于有政。"④ 王夫之也说："知之尽，实践之而已，实践之，乃正所素之，行焉皆顺。"⑤ 在西方，"实践"概念早在古希腊就已经出现。苏格拉底在为自己申辩时就明确无误地使用了"实践"概念。他说："只要一息尚存，我永不停止哲学的实践，要继续教导、劝勉我所遇到的每一个人。"亚里士多德是在"完成潜能""实现潜能"的意义上用到"实践"的，"不完成目的的活动就不是实践。实践是包括了完成目的在内的活动"。⑥ 他不仅把实践看作一种具体的活动，而且把"目的性"作为构成实践活动的内在环节之一，认为舍此就不能称作"实践"。从哲学的意义上看，使"实践"

① 参见艾思奇主编《辩证唯物主义　历史唯物主义》，人民出版社，1978，第 159 页。
② 《现代汉语词典》（第 7 版）"实践"，商务印书馆，2019，第 1185 页。
③ 《牛津高阶英汉双解词典》（第 4 版增补本）"practice""practise"，商务印书馆、牛津大学出版社，1997，第 1152、1153 页。
④ 《词源》第 1 版（2）"实践"，商务印书馆，1980，第 859 页。
⑤ （清）王夫之：《张子正蒙注·至学》。
⑥ 〔古希腊〕亚里士多德：《形而上学》，吴寿彭译，商务印书馆，1959，第 178 页。

成为一个重要哲学概念的是黑格尔和马克思。

黑格尔对实践研究的突出特点是提出和阐发了"实践精神"概念。他在《精神哲学》中讨论主观精神时研究了实践问题。他把精神划分为三种类型，即理论精神、实践精神和自由精神。这三种精神并不是三种不同的精神，而是精神发展的三个阶段。理论精神大致上相当于理智，而实践精神大致上相当于意志，它们都是主观精神。"主观精神的两种形式——理智与意志，起初只是形式上的真理。因为在两者中，内容并不直接符合于知的无限的形式，因而这个形式就还没有真正地被实现。"① 在理论精神中，对象虽然成为主观的，但对象的内容还留在与主体性统一之外，因而在这里主观东西只是一种没有绝对渗透客体的形式，客体尚不完全是由精神建立起来的东西，相反，在实践的范围内，主观东西还不直接具有真正的客观性，而是属于个体的个别性的东西。如果这两种精神克服了自己的缺陷，因而它的内容不再与它的形式相分裂，主观的东西与客观的东西的统一的确定性就不再是形式上的，这样主观精神就达到了它的目标并过渡到客观精神。这个目标就是自由。

实践精神作为意志的特点是"知道自己是在自己内给自己作出决定和根据自己来实现自己的"。② 实践精神的发展经历三个阶段：第一个阶段是实践感觉。实践精神在自己里面最初是以直接方式因而是在形式上由其自我决定，所以它发现自己是在其内在本性中被决定的个体性。这样，实践精神就是实践感觉。第二个阶段是冲动和任意。意志按照内容的形式起初还是自然的意志，即作为与它的规定性直接同一的意志，这就是冲动和倾向，而意志站在诸倾向之间进行选择的立场上，就是任意了。第三个阶段是幸福。意志是用一种倾向和享受赶走和取消另一种倾向和享受，用另外一种满足来赶

① 〔德〕黑格尔：《精神哲学》，杨祖陶译，人民出版社，2006，第247—248页。
② 〔德〕黑格尔：《精神哲学》，杨祖陶译，人民出版社，2006，第297页。

走和取消一种同样不是满足的满足直至无限的过程。但是，诸特殊的满足的真理是普遍的满足，这样意志就使这种普遍的满足作为幸福成了自己的目的。

马克思不赞同黑格尔从精神方面将实践理解为意志，认为感性实践优于精神实践，把实践范畴的内涵由黑格尔单纯的精神实践扩展到现实的感性实践，并以后者作为整个实践的基础。马克思是在《关于费尔巴哈的提纲》中首次提出并明确阐述自己的实践观的。他针对旧唯物主义指出："从前的一切唯心主义——包括费尔巴哈的唯物主义——的主要缺点是：对事物、现实、感性，只是从客体的或者直观的形式去理解，而不是把它们当作人的感性活动，当作实践去理解，不是从主观方面去理解。"① 在马克思看来，费尔巴哈和其他旧唯物主义离开社会实践去理解客观事物、社会现实，把客观外界仅仅看作认识的对象，而不是改造的对象，看不到社会实践在社会生活和人的认识过程中的作用。马克思认为，客观世界是认识的对象，也是改造的对象，人们对客观世界的认识是在改造世界中实现的。"人的思维是否具有客观真理性，这并不是一个理论的问题，而是一个实践的问题。人应该在实践中证明自己思维的真理性。"② 实践是社会生活的基础，是人类社会生存和发展的根本途径。离开了社会实践，我们就无法理解社会生活的本质和规律。他指出："社会生活在本质上是实践的。"③ 马克思把实践理解为"革命的实践"，理解为"改造世界"。"环境的改变和人的活动的一致，只能被看作是并合理地理解为革命的实践。"④ 正因为如此，马克思特别强调改造世界的实践的重要意义："哲学家们只是用不同的方式解释世界，而问题在于改变

---

① 《马克思恩格斯选集》第 1 卷，人民出版社，1972，第 16 页。
② 《马克思恩格斯选集》第 1 卷，人民出版社，1972，第 16 页。
③ 《马克思恩格斯选集》第 1 卷，人民出版社，1972，第 18 页。
④ 《马克思恩格斯选集》第 1 卷，人民出版社，1972，第 17 页。

世界。"①

马克思认为，"实践"范畴有广义和狭义之分。②广义的"实践"范畴是相对于"非人活动"即人以外的"自然物"，特别是动物的活动而言的。整个世界原本是混沌不分、浑然一体的，是以生产劳动为主要形式的实践使人与自然有了初步分化，成为相互对峙、相互作用的主体和客体。随着实践领域的拓展，实践程度的深化，主客体分化和作用的程度也日趋成熟和完善，并在此基础上逐渐产生出诸如自然与社会、物质与精神、客观与主观之类的分化。"不仅客体方面，而且主体方面，都是生产所生产的"，③这一表述就是对这种情况的总结和概括。实践活动中主客体的形成和确立，主客观的分化与统一，使人的活动与动物的活动相比具有目的性、创造性和自主性等特点。

狭义的或严格意义的"实践"范畴是在人的活动范围内相对于抽象的精神性、理性活动而言的，指感性的、物质的、社会的具体活动。马克思说："人和自然界的实在性即人对人说来作为自然界的存在以及自然界对人说来作为人的存在，已经变成实践的，可以通过感觉直观的。"④实践之所以是"可以通过感觉直观的"，是因为在实践中作为活动主体的人，不是作为黑格尔绝对精神外化过程中的一个"环节"而出现的纯粹精神性的"自我意识"，而是一个有血有肉、有感情、有意志、实实在在的现实的人。马克思把整个感性世界理解为人的感性活动的结果，而且与费尔巴哈把人看作自然性的人和可以离群索居、孤立存在的人相反，认为现实存在着的人，本质上是所处的一定的"社会关系的总和"，明确提出作为实践主体的人及其整个实践活动具有社会历史性的特征。在马克思看来，即使个人

---

① 《马克思恩格斯选集》第 1 卷，人民出版社，1972，第 19 页。
② 参见王干才《"实践"范畴生成考略》，《宝鸡文理学院学报》（社会科学版）1999
　年第 4 期。
③ 《马克思恩格斯选集》第 2 卷，人民出版社，1972，第 95 页。
④ 〔德〕马克思：《1844 年经济学哲学手稿》，人民出版社，1985，第 88 页。

"从事一种我只是在很少情况下才能同别人直接交往的活动的时候，我也是社会的，因为我是作为人活动的"。"不仅我的活动所需要的材料，甚至思想家用来活动的语言本身，都是作为社会的产品给予我的，而且我本身的存在就是社会的活动；因此，我从自身所做出的东西，是我从自身为社会做出的，并且意识到我自己是社会的存在物。"① 在黑格尔那里，人只是"自我意识"，只是"精神的人"，人的实践活动说到底只是"精神活动"；在费尔巴哈那里，人作为吃喝自然、享受对象只是现实存在着的"自然人"，人的实践活动仅仅限于日常生活实践的"自然性活动"；而在马克思这里，人是在既包含了自然属性和精神属性，又包含了社会属性的社会环境中"实践"着的人。

根据思想史的有关资料，特别是马克思的实践思想，我们不难发现，实践在本性上是人在一定社会环境中自主从事的、有目的的、使现实发生改变的个性化活动，是相对于心理活动而言的行为活动。它具有自主性、目的性、改造性、外显性和社会性等特征。

第一，实践是自主的。"自主性"是相对于"他主性"而言的。在人与自然物未分化之前，人作为自然物的一部分，同其他自然物、动物一样，受盲目的自然力支配，为了生存和繁衍，不得不到处迁徙。当然，这种为适应环境而趋利避害的特性虽然包含着"自主性"、自主能力的萌芽，但毕竟是消极的、出于本能的特性。自从劳动实践使人和其他自然物有了初步分化之后，人就不再满足于只是消极适应自然，而是力求让自然适应和满足自身的需要，力求控制和主宰自然。随着实践能力的增长，人的独立性、自主性日渐增强，人最终成为基本摆脱自然力的控制、听命于自我意志的"自由主体"。在这个过程中，人将自我的需要、追求转化为各种欲望和兴趣，并据此确定

---

① 《马克思恩格斯全集》第42卷，人民出版社，1979，第122页。

种种目的，制定出种种方案，创造出前所未有的种种事物，使实践具有了目的性、改造性特征。马克思在对人的生产和动物的生产进行对比分析时深刻地揭示了这一点："动物的生产是片面的，而人的生产是全面的；动物只是在直接的肉体需要的支配下生产，而人甚至不受肉体需要的影响也进行生产，并且只有不受这种需要的影响才进行真正的生产；动物只生产自己本身，而人再生产整个自然界；动物的产品直接属于它的肉体，而人则自由地面对自己的产品。动物只按照它所属的那个种的尺度和需要来构造，而人懂得按照任何一个种的尺度来进行生产，并且懂得处处都把内在的尺度运用于对象；因此，人也按照美的规律来构造。"[①] 人能够全面地进行生产，能够自由地对待自己的产品，能够按照任何尺度进行生产，甚至能够按照美的规律塑造物体。之所以如此，是因为人有"自主性"。正是人的这种自主性特征，才赋予了实践活动这种所有动物所没有也不可能有的自主性以及目的性和创造性。

第二，实践都是有目的、有计划的。动物的吃、喝、性行为一般来说都是本能性的、适应周围环境的消极活动，很难说有什么明确的"目的性"，而人的活动则不然，人的自主的行为一般都是具有明确目的的。"行动如果没有目的就是无目的、无意义的行动。"[②] 人的实践不只是有目的的，而且通常会对如何实现目的进行设计，形成实现目的的方案，并按照这种方案行动。正如马克思所指出的，"蜜蜂建筑蜂房的本领使人间的许多建筑师感到惭愧。但是，最蹩脚的建筑师从一开始就比最灵巧的蜜蜂高明的地方，是他在用蜂蜡建筑蜂房以前，已经在自己的头脑中把它建成了。"[③] 人类的实践活动或行为千差万别，丰富多彩，但一般都是指向终极目的的，这就是人更好地生存。

---

① 〔德〕马克思：《1844 年经济学哲学手稿》，人民出版社，1985，第 57—58 页。
② 《马克思恩格斯全集》第 1 卷，人民出版社，1956，第 287 页。
③ 〔德〕马克思：《资本论》第 1 卷，人民出版社，1975，第 202 页。

人的行为是人意志谋求的外现，而谋求都是有目的的。每一个行为的目的各不相同，但是从根本上、总体上来看，人的一切行为最终一般都指向人的终极目的，都是服从于和服务于终极目的的实践。伽达默尔说："一切实践的最终含义就是超越本身。"[①] 他的这种说法也许是要表明实践的意义不在于实践本身，而在于它所实现的目的。当然，在不少人那里，并没有对终极目的的清晰意识，但即使如此，在他们心里也存在着终极的意图。它像看不见的手，在冥冥之中引导着人的各种行为。在不少人那里也存在着终极目的不正确的问题，并导致终身不幸的后果，但他们的所有行为同样都会受到终极目的的引导和规范。

第三，实践是改造性的。动物活动除了适应环境变迁而发生种种的变异之外，一般都是利用现成的自然物，很难再创造出自然界从未有过的新事物，根本谈不上什么有意识的改造性，而人的活动却与此根本不同。人的大多数实践都会影响世界，使世界发生改变，以组织作为主体的实践更是如此。人"通过实践创造对象世界，即改造无机界"。[②] 改造世界与改造自身往往又是相互联系的。前者使与人原本隔膜的"自在世界"转化为人化世界或属人世界，使世界按人的意图变化，并创造出千姿百态、形形色色的新事物；而在此过程中，人的素质和能力不断提高，知识不断增长，人的面目日新月异，人逐渐成为世界和人自身的主人。正因为实践是改造性的，因而实践总是感性的。实践作为行为活动，不同于任何形式的心理活动的最突出特征在于，它是感性的活动，它是主观见之于客观、行之于（脑）外的，是看得见、摸得着、感觉得到的实实在在的行为。人从事的行为，其动力是人的自然力即体力和脑力的支出；其手段和对象都是实实在在的具体感性物，有广延，有重量，看得见，摸得着；其最终产品，是作

---

① 夏镇平译《赞美理论——伽达默尔选集》，三联书店，1988，第46页。
② 《马克思恩格斯全集》第42卷，人民出版社，1979，第96页。

为"人化物"而呈现在人们面前、人们能够切切实实地感觉到的。这表明整个实践活动，从始到终都是可以为人们直接观察、感觉到的。有些活动，比如文艺创作和理论研究，它们好像不是感性的。这种创作和研究其实依然是文艺工作者、理论工作者体力、脑力的一种支出，其最终产品看上去虽不具有一定的体积和重量，与物质生产产品不同，但又切切实实为人们欣赏、理解，因而也是一种实践活动。只是相比之下，它们具有更明显的创造观念、理论的特征。实践并不是纯粹的感性活动，而是人的心理活动的延伸。实践作为一种改造性行为，不仅是有目的、有计划的，而且总是在一定的观念指导下进行的，是出于动机、服务于目的实现的，是以知识和经验为基础并以人的认识活动、情感活动、意志活动为前提的。

第四，实践是在社会环境中进行的。"实践不是在真空中发生的，而是在对高度具体和实践情境的需要的反应中发生的。"① 实践离不开具体的特殊情境，也不能脱离社会历史条件。实践会受到社会制度、意识形态、文化传统、风俗习惯等社会历史文化因素的影响和制约，不同社会的实践具有某些总体上不同的特征。在近代西方社会，人们受新教伦理的影响，普遍奉行禁欲主义，生活实践具有明显的节俭、克己的特征；而到20世纪以后，西方社会受消费主义的影响，普遍奉行享乐主义，生活实践则具有明显的尽情享受、及时行乐的特征。

虽然人的所有实践活动都具有以上这些共同特点，但由于每一个实践主体是自主的，每一种实践的目的不同、改造的对象和程度不同，实践的环境也不同，因而每一种实践都是个性化的，不可重复的。

---

① Nancy Sherman, *The Fabric of Character: Aristotle's Theory of Virtue*, Oxford: Clarendon Press, 1989, p. 191.

二 实践的类型

每一实践活动都涉及诸多因素，其中主要的因素至少包括实践者或行为者、对象、工具、场所、环境、结果等六种。行为者是实践的主体，是实践的进行者，实践总是行为者的实践。在实践中行为者起着确定目的、激发动机、进行和调整行为、控制结果等重要作用。行为者可以是个人，也可以是组织。行为的过程是目的对象化的过程，因而对象也是行为的重要因素。行为可能是主体作用对象的过程，如我们过去说的"改天换地"的改造世界的活动；也可能是主体创造对象的过程，如各种艺术品的创作。无论是作用对象还是创造对象一般都是通过工具实现，实践越复杂越需要工具的辅助。工具是人的身心器官的延伸。行为作为谋求的外现活动，总是在时间空间和地点中进行的，场所是实践得以进行的舞台。实践的场所不是孤立的，而总是存在于一定的社会历史环境中的，在当代还会受到政治、经济、文化、传统、自然等不同环境因素的调控或制约。行为完成后总会产生一定的结果。结果可能是与行为目的相一致的，也可能是不一致的。与目的相一致的行为可以说是目的对象化的实现，是成功的，而不一致则不能说是目的对象化，充其量只能说是目的部分对象化，是不成功的或部分成功的。行为的目的存在着正确与否的问题，而行为的过程和结果存在着效果好坏和道德与否的评价问题。

实践的每一种影响因素各不相同，影响的程度也迥然有异，因而实践的性质、规模、深度和复杂性差异极大。实践性质是实践的根本规定性，而实践性质主要是由实践者的目的决定的。实践者的目的是实践的灵魂，在整个实践中居于核心地位。有什么样的目的就有什么样的实践，实践的过程就是目的实现的过程或目的对象化的过程。人的行为是一个有意识的过程，其首要体现就是行为是有目的的，是为了目的的实现而进行的。没有目的就没有行为，只会有无意识的活动。因此，可以根据基于目的的行为的性质来考虑实践类型的划分。

从社会整体的实践性质来看，实践活动大致上可划分为物质生产实践、精神生产实践、文化生产实践和社会管理实践四种类型。从个人实践的性质来看，实践活动大致上可以划分为生活实践、学习实践、劳动（或生产）实践、道德实践四种主要类型。

生活实践，是个人以满足个人日常欲望和兴趣为目的的行为，包括吃饭、睡觉、休息、健身、娱乐、性爱、抚育、赡养、交友等各种行为。这种实践的主要特点是多样性、重复性、随意性、随机性和终生性。人的每一天都有各种各样的生活实践，其中有多种形式每天都发生。有些生活实践活动是在人一生中的某些时段发生的行为，如抚育子女一般是在子女未成年时期父母需要重复进行的活动，赡养老人一般是在长辈健在期间重复进行的行为。生活实践具有较大的随意性和随机性。例如，吃饭一般是在家里进行的，但吃什么、怎么吃不是一定的，而是根据心情和条件随意和随机确定的。从总体上看，生活实践是与人终生相伴的。当人有了意识之后，这种实践就开始发生，一直到人的意识消失或停止，这种实践才终止。生活实践不仅直接关系到人生活的幸福，而且直接关系到人生活的快乐。一种或一时的好的生活实践可以使人感到快乐，多种或长期的好的生活实践可以使人感到幸福。要使生活实践成为好的，重要的是需要人有好的心情、好的心态，归根到底需要人有好的德性。

学习实践，是以通过理解和训练丰富知识、培养能力和提高素质为目的的行为，包括读书、实验、实习等各种行为。这种实践具有艰苦性、连续性、递进性、积累性、基础性等主要特点。学习实践主要指在学校学习的行为，当然也指离开学校参加工作后的自学或接受培训的行为。读书之所以苦，是因为读书不能率性而为，要专注用心，而且要受严格的纪律约束。在现代学校制度下，读书是一个连续的过程，这个过程又是前后递进、逐渐积累的，不完成前一个过程，一般不能进行后一过程，后一过程要以前一过程为基础和前提。读书不是目的本身，而是为了学习知识、培养能力、提高素质，为今后的生活、工作打下基础。因此，读书对于人的生活具有至关重要的意义，读书时间长短、读书效果好坏直接关系到人的未来发展、未来幸福。

劳动实践，是以生产物质、文化、精神产品为目的的行为，包括采矿、加工、贸易、教书、科研、写作等各种行为。这种实践的主要特点是差异性、长期性、对象化、工具性、改变性等。在当代社会，由于社会分工日益发展，人类的劳动实践丰富多彩，但不同主体所从事的实践是差别很大的。这与生活实践不同，不同的人有大致相近的生活行为，但不同的人有很不相同的工作或劳动行为。不同的人分别从事物质、文化、精神产品生产，而这三大产品本身又千差万别。劳动的目的是生产产品，而产品是人的目的的对象化。这种对象化可能是收获性的，可能是改造性的，也可能是创造性的。自然界自然生长的符合人的目的的事物就是收获性的对象化，对现成事物进行加工使之符合人的目的是改造性的对象化，而创造现实中没有的事物则是创造性的对象化。劳动实践是一个长期的过程，一个人进入职业领域后一直都要从事劳动，直到退休，甚至退休后还要继续工作。与其他实践类型不同，劳动实践通常都要借助工具进行，越是复杂的劳动越是需要利用工具作中介。人们是通过工具作用劳动对象，使之实现自己的目的的。劳动的重要结果是使现实世界发生改变，这种改变就是使自然界逐渐人化，成为人化的自然。

道德实践，是以培养道德智慧和道德感情、养成和完善德性、增强道德规范意识并使行为智慧化、道德化为目的的行为，包括修养道德智慧、德性品质和道德情感，以及践行道德规范等各种行为。道德实践通常并不是一种独立的实践类型，它往往渗透在前面三种实践类型之中。人们是在生活实践、学习实践和劳动实践中并通过这些类型的实践来进行道德实践的。道德实践是在使所有这些类型的实践智慧化和道德化的过程中培养道德智慧和道德情感、养成和完善德性、增强道德规范意识的。当然，那种单纯的道德实践也存在，一个人在回家的路上见有人落水，他出于道德动机去奋力营救。这是一种单纯的道德实践，但像这样的单纯的道德实践在人生中是偶见的。道德实践的这种特点表明道德实践极端重要。其他几类实践只有是道德化的或者说同时是道德实践才可能是正确的。因为道德实践之外的其他几种实践都存在着正确性的问题。这里的正确性既包括有效性，也包括合规性。有效性是指实践是否能成功地达到实践者的实践目的，而合规性是指实践目的、过程、结果是否合法、合德。一种非道德实践类型的实践，只有既合法、合德，又有效，才是正确的实践，合德是其是否正确的前提。如果一种这样的实践同时是一种道德实践，也就是说它是出于道德动机的实践，它就具备了成为正确实践的必要前提。换言之，一种非道德实践类型的实践只有同时成为道德实践，它才可能是正确的；如果不能成为道德实践，即使它再有效也不能说是正确的。例如，一个学生在学校学习的行为，如果不是出于道德的动机（如为了个人健康全面发展或为了使现实更美好），而是出于不道德的动机，就不会是正确的实践，而是错误的实践。

四种类型实践的范围是不同的。劳动实践的范围主要在职业生活领域，有些劳动实践也在家庭生活领域进行；学习实践的范围主要在学校生活领域，在职业生活、家庭生活和个性生活领域也有学习实践活动；生活实践的范围主要是日常生活领域，也穿插于家庭生活、学习生活、职业生活之中；道德实践的范围则一般可以覆盖个人生活的各个领域。每一领域的实践都存在着是否出于道德的动机问题，当一个人在每一领域的实践都不出于不道德的动机时，也就是每一领域的实践都同时是道德实践时，他就是一个道德的人。

三　人通过实践生存

人们常说"人是理性的动物""人是意志的动物""人是情感的动物"，但似乎更应该说"人是实践的物类"，① 因为实践是人的本性的综合体现，而且人实践着生存，人的生存是通过实践实现的。实践与人的生存直接相关，实践对于人的意义是难以尽述的。

人只能由实践展示其本性。人类也是生存者，但是谋求生存的方式与动物根本不同，不只是谋求生存得好，而是谋求生存得更好。② 如果我们把人谋求生存得更好的本性理解为自主性、创造性、协调性、更新性、互利性的话，那么它们都是在实践中展示出来的。正是在实践中并通过实践，人改变环境、重构环境，获取生存资料、生产和创造环境所不现成提供的生存资料，适应和改变自然环境、不断营造和改善社会环境，谋求现实的生存得好和谋求未来的发展，谋求自己与他人或社会的生存、发展和享受共进。人生的价值在于自我实现，而实践就是自我实现的必由之路。没有实践，不仅人的本性不能得以实现，也许人根本就不会获得自己的本性，人根本就不能成为自己，不能成为人。按照亚里士多德的观点，实践的目的不是在活动之外的，而是在活动之中的。"这种内在于活动的目的或善是那种活动按其内在标准来说的优秀和出色：一种实践的内在的善或目的就在于那种活动进行和完成得出色和优秀，即它进行和完成得合乎德性或具有德性。"③ 在人进行和完成实践的过程中，人体现自己的德性本性，显现不同于动物的卓越性。

---

①　笔者现在认为，人类已经超越了动物，是动物之上的一个物类。整个世界的事物可划分为无机物、低等生物、植物/动物、人类四个由低到高的层次，人类因为具有精神及其自由而与动物有了根本性的区别。［参见江畅、李累《精神与自由》，《湖北大学学报》（哲学社会科学版）2024 年第 1 期］。

②　参见江畅《理论伦理学》，湖北人民出版社，2000，第 35 页。

③　廖申白：《伦理学概论》，北京师范大学出版社，2009，第 54 页。

人要通过实践实现其目的，并由此满足其意愿。人生存的需要是通过意愿（欲望和兴趣）的形式表现出来的，而意愿又会转化为各种各样的目的（意图和目标）。人是为实现目的而活着的。当目的转化为谋求目的实现的活动时，人就进入了实践的过程。人们只有在不断的实践中并通过不断地实践，才能达到一个又一个目的，并通过一个又一个目的的实现而使自己的一个又一个意愿得到满足，从而使自己生存得好和更好。荀子说："道虽迩，不行不至；事虽小，不为不成。"① 荀子的话讲的就是实践对于目的达到的极其重要性。当然，并不是人的每一个实践都能达到目的，但是若没有实践，就绝不可能达到目的，也不可能实现自己的意愿。一个人没有学习实践，他就不可能达到他成为专家的目的；一个国家没有经济建设的实践，它就不能实现它的强国之梦。人的目的是通过实践实现的，也是在实践中产生的，而且随着实践的扩展和深化，人的目的、人的意愿也在实践中丰富和提升。今天人类的目的和意愿的极度丰富和提升，就是因为人类的实践达到了前所未有的广度和深度。当人类能乘宇宙飞船在太空遨游的时候，许多人就有了当宇航员的愿望，有的人还把到太空一游作为追求的目的。实践是达到目的和满足意愿的桥梁和阶梯，也是目的和意愿孕育和生长的沃土。

实践的结果和状态直接关系到个人生存的质量。实践的目的是实现人的预期目的，但实践的结果并不一定都能达到人的预期目的。每一个人都在实践，都在通过实践实现预期目的，但实践的结果很不一样，而实践的结果不同又决定着人生的状况不同，决定着人生的成败和幸福与否。当然，人生的成败和幸福与否也取决于人的目的是否正确、环境是否优良，但更取决于人的实践。假如人的目的和环境都一样的话，那么人的生存状况、生存质量就主要取决于实践。实践就是

---

① 《荀子·修身》。

作为，而作为决定着人生。"人是自己创造的，但更准确地说是自己的作为创造的。没有作为，就不会有人生。人生的过程在一定意义上可以说就是作为的过程。人生有成功不成功、幸福不幸福的问题，这就取决于作为的大小。"[①] 作为也就是人实践的程度和结果。实践的结果有好有坏、有多有寡。实践结果的好坏多寡是与人生的质量成正比的。只有当一个人取得又好又多的实践结果时，他的人生才会有高质量。不仅实践的结果直接影响个人生存的质量，实践的状态亦如此。实践的状态包括实践数量的多寡、规模的大小、层次的高低、进程的顺逆、环境的利害等方面。这些方面都会对人的生存状况，特别是对人生的丰富性、深刻性有重要影响。一个实践经历多的人会有更丰富的人生感受，一个从事高层次实践的人会更有成就感，一个经历实践磨难的人会更珍视所得。实践状态与人生状态有着十分密切的关系，人的生存状况深受实践状态的制约。

人类文明是人类实践的结果。今天，人类已经有了非常发达的现代文明，这种文明当然是人类实践的结果。人类实践的状况决定着人类文明的状况。人类在今天普遍享受着现代文明带来的福祉的同时，也面临着现代文明带来的威胁。自古以来的人类实践基本上都是个人的、组织（包括家庭、氏族、民族、国家以及其他各种组织）的实践，而不是人类整体的实践。这些无数规模不同、持续时间不同和深度不同的实践的主体都是个人和组织，而不是人类整体。人类虽然看起来是一个整体，但并不是真正的整体，没有作为一个整体成为实践的主体。由于人类整体没有成为实践主体，因而人类的实践缺乏统一的目的和规划。这种人类个体（个人和组织）的有目的、有计划、有组织的实践与人类整体的无目的、无计划、无组织的实践，导致了人类文明发展的无目的性和无计划性。这是人类实践的一个根本性的问

---

① 江畅：《理论伦理学》，湖北人民出版社，2000，第149页。

题。此外，长期以来在人类面临着生存威胁的情况下，为了解决人类的基本生存的需要，人类实践主要着眼于如何征服自然、控制自然和改造自然，而忽视了对自然的尊重和保护，再加上人类实践整体上的无目的性和无计划性，导致了环境污染和生态平衡破坏的严重问题。那种过于重视对资源的开发和占有的实践价值取向也导致了人类社会的许多问题。

人类文明的成就是人类实践的结果，人类文明暴露的问题则也是人类实践导致的。在这种情况下，我们更应该从人类文明的宏观视野来反思人类实践。一方面要进一步肯定实践对于人类文明的重要性，另一方面也要意识到人类实践的问题可能导致严重的文明后果。当然，人类文明作为人类实践的后果也会反过来对人类实践起规定作用，在现代文明昌盛以及人类全球化的今天，人类实践不可避免地会受到这种实践后果的制约。这是一个恶性循环。要走出这种恶性循环，关键是要使人类整体走向有组织，并改变过分重视资源开发和占有的价值取向，使人类文明的发展与人类实践的发展真正形成良性互动。

第二节　道德实践与德性实践

在当代中国哲学中，"实践"主要是一个认识论的概念，也有学者将它作为一个本体论的概念，主张建立"实践本体论"。当代中国伦理学中也经常谈到"实践"，但它在伦理学中的地位并不突出，伦理学家们对属于实践范围的内容（如行为、修养等）谈得很多，但较少讨论实践本身。虽然西方哲学自古以来一直有哲学家将"道德的"称为"实践的"，但直接研究两者关系的也很少见，而是将这种关系看作不言而喻的。实践是伦理学中的一个重要概念，却也是一个比较含糊的概念。就德性论的范围而言，它既指德性养成和完善的工夫，即德性修养，也指德性外显的表现，即德性行为；就伦理学的范围而言，它至少既指道德修养，也指道德行为。就德性论而言的实践，我们可以称之为德性实践，而在伦理学范围内的实践我们可相应地称之为道德实践。研究德性时需要研究德性与德性实践的关系，也要研究德性与道德实践以及更广义的实践的关系。

一 西方伦理学的"实践"

在西方哲学史上，不少哲学家在谈到道德问题时经常使用"实践"这个概念，以致今天人们经常将"实践"与"道德"等同起来。这两者能等同起来吗？我们弄清楚西方哲学家所使用"实践的"真实含义有助于我们更准确地理解道德实践的实质。

这一传统大致上可追溯到苏格拉底，因为亚里士多德明确说，苏格拉底在德性与实践智慧的关系上，有时是正确的，有时是错误的。他把所有德性都看作实践智慧，是不对的；反之，他认为没有实践智慧，德性就不存在，则是对的。① 显然，苏格拉底的实践智慧是与德性或道德（当时的道德主要是在德性的意义上使用的）直接联系的。在西方哲学史上，使"实践的"与道德紧密联系起来的主要是亚里士多德和康德。

亚里士多德在《尼各马可伦理学》第六卷中专门讨论实践智慧及其与科学、技术、理智、德性、智慧的关系，阐述了实践的特性。亚里士多德把实践智慧看作灵魂通过肯定和否定而获得真理的五种方式（即技术、科学、实践智慧、智慧、理智）之一。他首先将实践智慧同技术和科学区别开来。它与科学的区别在于，它作为实践的东西是可以改变的，而科学是不可以改变的，因为"科学是对普遍的和出于

---

① 参见〔古希腊〕亚里士多德《尼各马可伦理学》（注释导读本），邓安庆译，人民出版社，2010，第234—235页。

必然的东西进行把握和判断"。① 它与技术在种类上不同。技术是一种创制，具有真正的理性创制品质，而实践智慧是实践，而良好的实践本身就是目的。正是在这种意义上，他说："它是在涉及对于人或好或坏事情上的一种与正当的尺度相联系的行动的品质。"② 因此，技术存在着是否"善于"的问题，因而存在着德性问题，而实践智慧则不存在德性问题，因为它本身就是一种德性。在谈到实践智慧与智慧的关系时，亚里士多德认为，智慧并不考察人的幸福由什么构成，因为它并不关心那些生成的东西，而实践智慧则与此有关。因为实践智慧是关于人的公正、高尚和善良的，这些东西都是一个善良人的实践。即使我们知道了这些东西，也未必实行得更好些，而只有合乎实践智慧才能达到这些品质。在实践智慧与道德德性的关系上，亚里士多德认为，德性需要做出正确的选择，至于怎样按照本性来做所选择的事情是实践智慧的事。德性使人确定正确目标，实践智慧使人选择通向目标的正确道路。③ 在他看来，德性与实践智慧是相互紧密关联的。一方面，实践智慧是德性的基础，没有实践智慧德性就不能生成，因为德性是合乎实践智慧的品质；④ 另一方面，没有道德德性，也不会存在实践智慧，因为德性是与实践智慧一同存在的。⑤ 在这两者之间，亚里士多德更强调实践智慧的意义。他说：一个人只要具备了一种实

---

① 〔古希腊〕亚里士多德：《尼各马可伦理学》（注释导读本），邓安庆译，人民出版社，2010，第 215 页。
② 〔古希腊〕亚里士多德：《尼各马可伦理学》（注释导读本），邓安庆译，人民出版社，2010，第 213 页。
③ 参见〔古希腊〕亚里士多德《尼各马可伦理学》（注释导读本），邓安庆译，人民出版社，2010，第 232 页。
④ 参见〔古希腊〕亚里士多德《尼各马可伦理学》（注释导读本），邓安庆译，人民出版社，2010，第 235 页。
⑤ 参见〔古希腊〕亚里士多德《尼各马可伦理学》（注释导读本），邓安庆译，人民出版社，2010，第 235 页。

践智慧的德性，就将同时具有所有德性。①

跟亚里士多德不同，康德不是在智慧的意义上而是在纯粹理性的意义上讨论实践的，把实践理性看作同一种纯粹理性的实践的运用，而这种实践的运用就是道德意义上的运用。他说："理性的理论运用所关心的是单纯认识能力的对象，而关于这种运用的理性批判真正说来涉及的只是纯粹的认识能力。""理性的实践运用则是另一种情况。在这种运用中理性所关心的是意志规定的根据，这种意志要么是一种产生出与表象相符合对象的能力，要么毕竟是一种自己规定自己去造成这些对象（不论身体上的能力现在是否充分）、亦即规定自己的原因的能力。"② 康德所理解的实践理性就是意志的这种规定自己的原因的能力，这种能力给自己立法。"纯粹理性单就自身而言就是实践的，它提供（给人）一条我们称之为德性法则的普遍法则。"③ 这个普遍法则就是意志自律原则，即每一个有理性的存在者的意志当作普遍立法的意志。④ 康德强调，"意志自律是一切道德律和与之相符合的义务的惟一原则；反之，任意的一切他律不仅根本不建立任何责任，而且反倒与责任的原则和意志的德性相对立"。⑤

从对亚里士多德和康德有关"实践的"论述我们大致上可以形成这样一个基本看法，即他们所说的"实践"并不是指"道德"，而是指"实践智慧"或"实践理性"这样的道德能力所运用的领域。这个领域就是人们的全部行为或者说是由人们的行为构成的现实生活。

---

① 参见〔古希腊〕亚里士多德《尼各马可伦理学》（注释导读本），邓安庆译，人民出版社，2010，第236页。

② 〔德〕康德：《实践理性批判》，邓晓芒译，杨祖陶校，人民出版社，2003，第16页。

③ 〔德〕康德：《实践理性批判》，邓晓芒译，杨祖陶校，人民出版社，2003，第41页。

④ 参见〔德〕康德《道德形而上学探本》，唐钺译，商务印书馆，1959，第45页。

⑤ 〔德〕康德：《实践理性批判》，邓晓芒译，杨祖陶校，人民出版社，2003，第43页。

他们所说的"实践"指的是实践方面，也就是人们的行为方面。他们所说的"实践智慧"和"实践理性"指的是实践方面的智慧和理性，即人们行为方面的智慧和理性。苏格拉底和亚里士多德谈到"实践智慧"时，所涉及的问题是如何在行为领域运用智慧的问题，实践智慧就是关于行为领域的正确原理或原则；康德在谈到"实践理性"时，所涉及的是由谁以及如何给人的行为提供道德法则的问题，其回答是由实践理性通过意志自律给行为提供普遍法则。实践智慧给所有行为提出德性要求，它要求人们的一切行为都要出于实践智慧的德性要求，一个行为只有出于德性要求才是具有德性的；实践理性给所有行为提供道德原则，它要求人们的一切行为都要遵循实践理性的道德原则，一个行为只有遵循道德法则才是道德的。从这种意义上看，他们所说的实践就是使所有行为都出于德性原则的活动，是使所有行为都遵循道德原则的活动。显然，这种实践不是道德本身，而是一种使所有行为道德化的道德意义上的活动。

二　道德实践的含义及其类型

根据苏格拉底、亚里士多德和康德的实践观，可以给道德实践做这样的初步界定：道德实践是人培养道德能力，并将其转化为德性，同时使行为道德化的活动。对于这样一个界定，我们可以从以下几个方面做进一步的阐述。

首先，道德实践活动体现为获得道德能力的活动。道德实践的前提是人具有道德能力，这种能力在苏格拉底和亚里士多德那里被称为实践智慧，在康德那里则被称为实践理性。实际上，他们所指的是同一种能力，这种能力我们可以称为道德智慧。道德智慧是在道德领域运用的智慧，它并不是独立于智慧的，而是同一种智慧在道德领域的运用。在这种意义上，道德智慧与智慧并没有实质性的区别。道德智慧不是像康德的实践理性（作为理性的实践运用）那样是人生而具有的，而是通过修养获得的。在亚里士多德那里，实践智慧作为善于考虑对整个生活有益之事的能力，应该是通过活动后天获得的，而不是先天具有的。只是他没有明确指出它是通过人们的修养获得的。修养道德智慧的活动属于道德修养的范畴，是一种道德实践活动。

其次，道德实践活动也体现为将道德智慧转化为德性的活动。德性是使人们行为道德化的心理定势，它在人们的行为道德化的过程中自发地发挥着导向、规范和保障作用。德性这种心理定势也不是与生俱来的，而是人们在智慧的作用下养成并完善的结果。这种养成和完善活动离不开人的行为。按亚里士多德的说法，"我们也是在做公正的事情当中，成为公正的人，在审慎当中成为审慎的人，在勇敢的行动中，成为勇敢的人"。① 因此，德性养成和完善的活动也是一种道德实践活动。

最后，道德实践活动更直接体现为出于德性行为和在道德智慧作用下按道德要求行为以使行为道德化的活动。德性是道德智慧的结晶和体现，出于德性的行为是经常化、习惯性的道德行为，而道德智慧进行调控的行为是那些在复杂情况下进行的道德行为。两种行为都是道德智慧作用的结果，但前者是道德智慧间接作用的，而后者是道德智慧直接作用的。在一般情况下，出于德性行为与在特殊情况下按道德要求行为，这两个方面是相互补充、不可或缺的。

从上面的阐述看，道德实践包括四个方面：一是人们培养和锻炼道德能力即道德智慧的活动，二是人们养成和完善德性的活动，三是具有道德智慧的人出于德性行为的德性化活动，四是在智慧的作用下按照道德要求（即规范）行为的规范化活动。在这四种道德实践中，前两种是人们的道德修养活动，而后两种是人们的道德行为活动。关于这四种道德实践活动，我们做如下补充。

---

① 〔古希腊〕亚里士多德：《尼各马可伦理学》（注释导读本），邓安庆译，人民出版社，2010，第77页。

其一，道德修养活动不是纯粹的内心活动，而是与行为紧密相连的，是主观见之于客观的，是在行为中并通过行为实现的，因而也是道德实践活动。这种道德实践活动并不是一种不同于德性化和规范化行为的道德活动，而是同一种道德活动。道德活动具有双重的意义，它既产生道德价值，也培育人的道德智慧和道德品质。

其二，道德智慧修养活动与德性修养活动实质上是同一种道德修养活动。人们培育道德智慧的过程，就是使人的理智成为道德的过程，人的理智一旦成为道德的，理智就转化成了智慧。使理智成为道德的，就要使人具有德性。人具有了德性，德性就能作为心理定势作用理智，理智就在人的德性范围内发生作用，理智就会成为道德的。人们是通过德性修养获得德性的，因而使人们具有德性的过程就是德性修养的过程。同时，使人具有德性的修养过程，也是使理智转化为智慧的过程，因而也是智慧修养的过程。因此，智慧修养与德性修养是同一过程的两个方面，也是同一过程的两种结果。

其三，出于德性的行为与遵循道德要求的行为是相互补充的，它们共同使人们的行为道德化。人们在具有了德性的情况下，一般会出于德性行为，但仅此还不够，还需要在道德智慧直接调控下使行为遵循道德要求以确保所有行为道德化，因而这两方面都非常重要。出于德性行为并不能使全部行为道德化，因为人们的德性不一定是完整的，而且行为的情形非常复杂，仅仅靠德性这种心理定势不能保证那些复杂情形下的行为成为道德的。同时，只有道德智慧这种调控机制也不能保证全部行为道德化，因为人们有许多习惯性行为是道德智慧不能总是对其发生作用的，而这些习惯行为如果都是德性的，在道德智慧不能发挥作用的情况下也会是道德的。

其四，上述四种道德实践不是四种彼此分离的活动，而是彼此密不可分的。智慧修养和德性修养两种修养活动是同一过程的两个方面、两种结果，德性化和规范化的两种行为活动也是相互联系、相互补充、不可偏废的，而两种修养活动与两种行为活动又是相互凭借、相互作用、不可或缺的。它们不是四种道德实践，而是道德实践的四个方面或四种形式，只是研究的需要才能做出大致的划分。在人们的实际道德生活中，这四种形式的道德实践相互依赖、相互促进、相得益彰，共同构成人们的完整道德实践活动。

三 德性实践的特点

从前面的分析可以看出，德性实践是道德实践的一个基本方面，是人们使品质和行为德性化的活动。它包括使品质德性化的活动和使行为德性化的活动两个方面。品质德性化的活动就是人养成德性并使德性逐渐达到完善的活动，它包括养成德性、维护德性和完善德性的所有活动。所有这些活动都是德性修养活动。行为德性化的活动就是使行为都出于德性的活动。德性作为品质特性或品质状态是一种心理定势，表现在行为方面就是行为习惯。一旦人具有了德性这种品质，德性就会成为人的心理定势和行为习惯，人就会出于德性行动，人的行为也就被德性化。由此看来，使行为德性化的活动也就是使人品质德性化的活动，即德性修养活动。因此，作为德性实践的使品质德性化活动和使行为德性化活动是同一种活动，而品质德性化与行为德性化是这同一活动的两种结果。

具体地说，德性实践具有以下四个特点。

第一，德性实践即德性修养。品质德性化是通过德性修养实现的，品质德性化过程就是德性修养过程。行为德性化就是要出于德性行动，而品质一旦具有德性它就会自发地出于德性行动，因而品质德性化的过程也就是行为德性化的过程。因此，品质德性化过程与行为德性化都是通过德性修养实现的，它们是同一个德性修养过程。

第二，德性实践的目的是使品质德性化和行为德性化。表面看来，德性实践的目的是要使行为德性化，只是行为的德性化要通过品质德性化实现，因而品质德性化也成了德性实践的目的。实际上，品质德性化不只是实现行为德性化的需要，也是人格完善的需要以及使认识正确、情感健康、理智转化为智慧的需要，而且对观念、知识和能力也有重要的积极影响。因此，品质德性化具有行为德性化之外的重要意义，它也是德性实践的目的。德性实践具有品质德性化和行为德性化的双重目的，其中品质德性化是更基本、更重要的目的。

第三，德性实践是品质与行为及其结果互动的过程。要使品质成为德性的，就必须诉诸行为，使行为具有道德价值，不经过反复的行为，品质就不能成为德性的，因为德性是一种习性或习惯。另一方面，要使行为成为德性的，具有道德价值，就必须诉诸品质，使品质成为德性的品质，不经过不断的品质修养，品质就不能成为德性的，而品质修养除践行之外还需要智慧的作用。西方不少学者都强调在德性见之于行为时要重视行为的价值。例如，詹姆斯·瓦拉斯指出："获得优秀，无论是技能的还是德性的，不只是获得以某种方式行动的能力或倾向，它也是一个获得价值的问题。这种价值对于行为者来说会作为他适当地做事的结果出现。"[①] 因此，德性实践是一个品质与行为及其结果互动的过程，这个互动的过程也就是德性修养的过程。

第四，德性实践活动是终身性的。无论是品质德性化也好，还是行为德性化也好，或者说德性修养也好，一般来说不是一时一事的，也不是一蹴而就的，而是涵盖人的所有品质和行为的，是一个终生的过程。德性实践活动是从德性养成开始的。基本德性养成后，还需要不断维护，不断使之完善，这都是通过德性实践实现的。德性的维护和完善是无止境的，德性实践也是无止境的。没有持续不断的德性实

---

① James D. Wallace, *Virtues and Vices*, Ithaca and London: Cornell University Press, 1978, p. 52.

践活动，即使德性养成了也会丧失，更不用说使德性更完整、达到更高境界。

克里斯丁·斯万顿在《德性伦理学：一种多元主义的观点》一书中提出并讨论了"实践的德性"（virtue of practice）问题。她认为，从事德性实践的人应具备的德性问题值得我们注意。她说她关于实践德性的解释既是德性中心的，也是对话中心的。说它是德性中心的而不是规则中心的，是因为"真实生活"（real life）问题是她按霍伯·西蒙（Herb Simon）的说法称为"病态结构的"（ill-structured）；而说它是对话中心的，是因为单个主体的推理无论其德性怎样都是有局限的，也与问题的社会情景相关。在她看来，大多数"真实生活"问题都是病态结构的。当（1）一个问题缺乏充分解决的明确标准，（2）获得解决的手段是不清楚的，（3）解决所需要的信息的性质不确定时，它就被定义为病态结构的。与之对照的是，健康结构的问题有清楚的解决标准，有解决的明确程序，有具体的信息要求。解决病态结构的问题需要智慧、经验和专业能力。另一方面，一个人之所以需要对话的德性，是因为一方面可以克服他自己的局限，另一方面也可以充分参与社会情景。这种德性还有很多，其中心是理解的悟性和深度、创造性和受有效信息的约束。①

四 德性与德性实践

从本书的"引言"和其他部分（包括后面的部分）的阐述中，我们可以充分了解德性对于个人和社会所具有的极端重要性。从个人的角度看，德性的重要性主要体现在，它是个人幸福之基。一个人不具有必要的德性就不可能过上幸福的生活，而且一个人的德性越好，他就越有过上幸福生活的可能。从社会的角度看，德性的重要性主要

---

① Christine Swanton, *Virtue Ethics: A Pluralistic View*, New York：Oxford University Press, 2003, pp. 258ff.

体现在，它是社会美好之基。一个社会的成员普遍不具有必要的德性，社会即使是有序的，也不会是美好的。同样，一个社会的成员越普遍具有德性，他们的德性境界越高，这个社会就会越美好，其成员越有可能在更大的广度和深度上获得幸福。从反面看，现实社会中有许多人感到不幸福，甚至感到痛苦。导致这种状况的原因很多，品质方面存在问题，或者说这些人不具备应有的德性可能是其中的重要问题之一。今天的社会虽然兴旺发达、繁荣昌盛，但各种问题层出不穷，而且难以解决，导致人们普遍感到现代社会不仅不是启蒙思想家所设想的天堂，相反是他们不曾料想的深渊。按麦金太尔的看法，导致这种状况的根本原因在于近代以来人类丢掉了古代的德性传统。他的这种看法虽然有些偏激，但丢掉德性传统不能不说是当代人类诸多问题的重要原因之一。

社会是由个人构成的，个人普遍具有德性，社会才会是有德性的社会。因此，个人具有德性更具有根本意义。只有社会成员普遍具有德性，这个社会才会是真正的德性社会，才有可能真正实现普遍幸福。人的德性不是自然而然获得的，即使能自然获得，所获得的德性也是不可靠的，人真正的德性只能通过德性实践获得。没有德性实践就不会养成德性，也不会持续保持德性，更不会有德性完善。一个人要真正成为有德性的，必须进行德性实践。因此，德性实践对于德性的养成、维护和完善来说既是必要条件，也是充分条件。这就是德性实践的意义之所在。正如兰茜·硕曼指出的，"好的品质是通过判断、情感和近于德性之人的行为的道德行为产生的"，[①] 这里的"近于德性之人的行为的道德行为"就是德性实践。

当代人类社会问题既众多又棘手的重要原因（也许可以说是根本原因）之一是人们普遍德性缺失，而德性缺失的根本原因则是人们的

[①] Nancy Sherman, *The Fabric of Character: Aristotle's Theory of Ethics*, New York：Oxford University Press, 1989, pp. 190-191.

德性实践缺失。今天人们成天忙忙碌碌，疲于奔命，没有用一点时间和精力培育自己的德性。他们的时间和精力都用于追求更多的资源占有，追求更多的即时享受。然而，占有越多越贪婪，其结果是人们再也无暇顾及德性实践。

当然，人们之所以不花时间、不用心去善待自己的德性，责任并不全在于个人，而在于我们时代的文明是一种使德性边缘化、使行为德性化湮没于利益最大化的文明。但是，我们又可以回头来看，即使是当代文明，它也是人类的文明，是人类自己创造并维护的文明。如果人类的每一个成员都重视德性和德性实践，会有这种问题多多、弊端多多的文明吗？因此，人们不花时间、不用心去修养自己的德性，最终的根源还是在于我们每一个人。在德性修养问题上也存在着一个"从自己做起，从现在做起"的问题。我们每一个人都这样做，我们的文明就会从有严重缺陷和弊端的文明走向完善的文明，成为德性的文明。

今天，我们要克服现代文明的弊端，要使我们每一个人自己从痛苦和不幸中走出来，最重要的甚至最根本的出路也许就是要修养我们的德性，使我们自己成为真正有德性的人。因此，在德性严重缺失的当代，德性实践的重要性尤显突出。没有每一个人对自己德性的意识、培育和践行，人类就会缺乏德性，人类普遍缺乏德性，社会就不会是天堂，而只会是地狱。

第三节　行为与德性行为

行为在一定意义上与实践同义，只是更侧重实践的外显方面。这里我们在对实践讨论的基础上再对行为的含义和意义及其与德性的关系做些具体分析。作为行为重要方面之一的德性行为是道德实践的重要形式之一，德性行为与德性的关系密切。这里我们结合德性与行为

关系对德性行为与德性的关系、德性行为与道德行为（德行）的关系
做些阐释。

一　行为的含义和意义

在汉语中，"行为"的意思是"受思想支配而表现出来的活
动"。① 它与行动、活动的意思大致相当，没有严格的区别。行动指
"为实现某种意图而具体地进行活动"，② 而活动的意思是为达到某种
目的而进行或采取的行动。③ 在英文中，与中文"行为"对应的词主
要有四个，即 behavior、action、act 和 conduct。"behavior"指行为
（action），或一个对象或有机体的反应，通常是就与环境的关系而言
的。它可以是有意识的或无意识的、公开的或隐蔽的、自愿的或不
自愿的。"action"则特指人的行为，意思是一个人能做的某事。
"act"与"action"意义相近，都表示行为动作，但前者指一时的或
个别的行为或动作，注重效果而不注重过程，而后者则指持续而又
复杂或长期的行动，强调动作的过程。"conduct"既指行为
（behavior）、具有个性特征的行为，也在哲学的意义上指与道德的或
伦理的戒律相关的行为（action）。在这四个词中，"behavior"含义
最广，涵盖"action"、"act"和"conduct"，既指动物的行为，也指
人的行为。

动物的行为是受内分泌系统和神经系统控制的。一个有机体的行
为的复杂性与它的神经系统的复杂性相关。一般来说，具有复杂神经
系统的有机体会有更强的学会新反应并调整行为的能力。行为既可能
是天赋的，也可能是学会的。人的行为以及其他有机体和机制的行为
都存在着是平常还是不平常、可接受还是不可接受的问题。人类使用

① 《现代汉语词典》（第 7 版）"行为"，商务印书馆，2019，第 1466 页。
② 《现代汉语词典》（第 7 版）"行动"，商务印书馆，2019，第 1465 页。
③ 《现代汉语词典》（第 7 版）"活动"，商务印书馆，2019，第 590 页。

社会规范来评价行为的可接受性，并借助社会控制机制来规范行为。在 20 世纪早期，伴随着行为主义心理学的兴起，行为成为一个重要的心理学问题。行为主义（behaviorism）是针对所谓的"机能"（faculty）心理学产生的。机能心理学声称不需要科学测量就可以洞察或理解心灵，而行为主义则坚持只能根据被看到或能被操作的事实说话。根据约翰·B. 华特生（John B. Watson）的早期观点，任何东西都不能作为产生行为的实有本性推论出来。在华特生的理论以及"古典条件反射"（classical conditioning）理论之后，斯金纳又提出了"操作条件反射"（operant conditioning）理论，这一理论因注重"自愿行为"或"操作行为"的更改而区别于古典条件反射理论。①

在哲学中，对行为的研究形成了行为哲学（philosophy of action）的学科。行为哲学主要关注的是分析行为的本性，并将它们与类似的现象加以区别，也关注个体化的行为，解释行为与其结果的关系，解释行为与引起它的信念和欲望之间的关系，此外还考察行为者的本性。② 在哲学意义上，行为（action）指行为者主观见之于客观的活动，是行为者出于一定动机、在一定环境中为实现某种目的所从事的身体运动。投球涉及投球者，他的意图和目标，他的动机，他控制的身体运动，以及他投球的场地、球篮、球等。因此，行为涉及行为者、意图、目标、动机和环境条件等因素，这些因素是缺一不可的，否则行为就不能发生。行为是这多种因素的协调统一，具有适应性、多样性、动态性、指向性、可控性、发展性和整合性等特点。③

---

① Cf. "Behavior", in *Wikipedia*, *the Free Encyclopedia*, http://en.wikipedia.org/wiki/Behavior.

② "Action（philosophy）", in *Wikipedia*, *the Free Encyclopedia*, http://en.wikipedia.org/wiki/Action_(philosophy).

③ 参见韩晓燕、朱晨海《人类行为与社会环境》，格致出版社、上海人民出版社，2009，第 3—4 页。

首先，行为有行为者，行为者是行为的主体。行为的主体要成为行为者必须有意识并能在意识的主导下从事身体运动。一个人如果没有意识，尽管他可能有身体的运动，但他并不能成为行为者。同时，行为者还必须能进行身体运动。一个人即使有意识，但他没有身体运动的能力，他也不能成为行为者。一个全身瘫痪的人有清醒的意识，但不能进行身体运动，他的意识控制不了他的身体，我们也不能说他是行为者。只有那种具有意识、具有运动能力并且意识能控制运动能力的人才能成为行为者。

其次，行为总有一定的目的（意图、目标），而且这些目的要转化为动机。人的行为可以追溯到人的需要，需要转化为欲望或兴趣，欲望或兴趣再转化为意图并转化为目标，目标在一定环境和条件下转化为动机。与行为直接相关的是意图、目标和动机，行为总是出于动机而指向目标以实现意图的。这些正是人的行为具有意识的表现。感冒不被看作行为，因为它对一个人来说是偶发的事情，不是被某个人做的事情。一个人不会打算感冒，也不会产生感冒的动机，当然更不会采取让自己感冒的身体运动来达到让自己感冒的目的。但是，一个人感冒了，对感冒进行医治（如看医生、吃药、打针等）则是行为，因为这种活动是有意图、目标和动机的，是为了治好感冒而有意识地进行的。人们通常把身体运动看作行为，这种理解是表面的，身体运动只是行为得以可能的因素，或者说，是行为的外显方面。行为还包括动机这个内在的方面，如果没有动机，即使有身体运动，也不算是行为。

再次，行为是在一定的动机驱使下进行的身体运动。行为总是通过一定的身体运动实现的。身体的运动包括四肢的运动，也包括身体其他部位的运动。一个投球的行为就是出于锻炼或表现动机的四肢运动；一个鄙视的眼神就是一个出于鄙视的动机的行为。有些行为是复合的身体运动，而有些则是单一的身体运动。投球是一个复合的运动，不光需要四肢运动，还需要眼睛的运动；而鄙视的眼神是一种单一的运动，只有眼睛的运动。有的人把做某事的决定也看作行为，即精神行为。这种看法是混淆了行为与活动。活动可以划分为心理活动和行为活动。心理活动是人们内心进行的活动，包括精神活动，做决定就是精神活动或思想活动。除非做出的决定被实施，否则做出决定一般不能看作行为。相信、打算、筹划等都是活动，但不是行为活动，而是心理活动，因为这些活动缺乏身体运动。与心理活动不同，人的语言（主要是说话）包括了行为的各种要素，大致上可以算得上行为。约翰·朗肖·奥斯丁（John Langshaw Austin）把语言看作人的一种特异的行为形式并提出"言语行为"（speech act）的概念，这看起来似乎能够成立。但是，他将语言行为划分为言内行为（locutionary act）、言外行为（illocutionary act）、言后行为（perlocutionary act）。由此看来，他所说的"行为"其实指的是言语的意义，而不是真正意义上的语言行为。

最后，行为总是在一定环境中并在具备必要的条件下进行的。人每时每刻都生活在环境中并与之展开积极互动，而正是在这一互动的过程中，人的行为塑造成形。人们有了行为的动机后，一旦有合适的环境条件就会产生相应的身体运动。一个人在今天有了打篮球的动机，他必须有时间、有球而且有篮球场，这种动机才能变成身体的运动，打球的行为才会发生。也有这样的情况，即遇到了合适的环境且有条件，一个人也会在这种情境下产生某种行为的动机并产生某种行为。一个人看见有篮球场、有篮球，正好这时也闲着，而且还有人邀他打篮球，他也可能上场。不管属于哪一种情况，有必要的条件和环境，行为才得以可能，否则即使有动机也不能产生行为。心理学的古典行为主义将行为看作环境刺激的反应，虽然失之偏颇，但不是毫无根据的。任何行为都离不开环境，也离不开行为所需要的条件。勒温将行为定义为个体与环境交互作用的结果，提出人类行为的基本原理可表达为：B=f（P·E）。其中 P 代表个体，包括一切内在因素，E 代表环境。E、P 并不是彼此独立的，而是相互关联的两个变量。公式的意思为人类行为（B）是个体（P）与环境（E）交互作用的函数或结果。[①] 勒温的这一看法深刻揭示了人类行为与环境的互动关系。

行为是人的主观见之于客观的活动，对人生具有重要意义是不言而喻的，但有几点是需要从伦理学的角度加以特别阐述的。

第一，人生幸福需要通过行为实现。人的一切目的都要通过行为实现，人生幸福作为人的终极目的同样要通过行为来实现。我们不能发现某种具体行为是实现幸福这种终极目的的行为，但幸福的实现离不开行为。人生幸福作为人生最后的、总体的目的，虽然没有与它对应的特定行为，但它是由各种服从于、服务于它的各种具体目的构成的。当我们通过具体行为实现了这些具体目的时，幸福就会得以实现。要实现幸福这种终极目的，必须通过各种具体行为实现各种服从于、服务于幸福的具体目的。提出幸福要通过行为实现，是要强调人要积极行为，没有积极的行为就不会有幸福，因为只有通过更多、更有效的行动，幸福才会获得；还要强调，人要选择那些服从于、服务于幸福的目的的行为，使我们的一切行为都指向幸福，使之成为迈向幸福的"踥步"。积极行为就是"努力奋斗"。幸福不会自天而降，必须通过朝着幸福的目标努力奋斗才能获得。

第二，行为是人的道德意识、智慧和德性的源泉。行为是人的主观意识与客观环境相互作用的结果，是人与外界相互联系的桥梁。人们一方面通过行为改变环境，另一方面也通过行为改变自身，这即所谓的"在改造客观世界的同时改造主观世界"。人的意识包括道德意识看起来是主观，但它是客观的反映和反应，而行为作为改造客观世

---

① 参见韩晓燕、朱晨海《人类行为与社会环境》，格致出版社、上海人民出版社，2009，第 1 页。

界的活动，它不仅是人反映和反应的主要通道，更是人深入洞察和变革客观世界的唯一手段。人的道德意识正是人认识和处理社会客观道德生活的产物。没有社会道德生活，没有参与社会道德生活的行为，人就不可能有道德意识。人的智慧、德性更是以经验为基础的，而经验主要是通过行为积累的。我们说智慧是幸福之路，德性是幸福之基，如果没有行为和经验，理智就不会转化为智慧，品质就不会成为德性。

第三，行为不仅存在着有效性问题，而且存在着正当性问题。行为的主要意义在于实现人的目的，而行为实现目的、能在更大程度上实现目的则取决于行为的有效性。行为的有效性与目的有关，只有目的正确而恰当，它才可能有效实现。在目的正确恰当的前提下，行为存在着效率和效益问题。行为的效率涉及行为为实现目的所花时间的长短，行为的效益涉及行为为实现目的所花成本的高低。有效的行为就是那种以最短的时间取得最大效益的行为，是具有功利价值的行为。行为有效性问题是我们考虑行为时需要考虑的一个维度，行为还有一个同样重要甚至更重要的维度，即正当性的维度。所谓行为的正当性，从根本上说，是指行为是否有利于行为者自己以及行为所涉及的组织和他人更好地生存。"有利于"的行为是正当的，"不利于"的行为就是不正当的。正当的行为使行为具有了善性或道德价值。正当行为才可能成为幸福的"颐步"，而不正当的行为则是幸福的"杀手"。

第四，行为的正当性取决于行为的道德化程度。行为正当与否从根本上说取决于行为是否有利于行为者自己以及行为所涉及的组织和他人更好地生存，而具体地说则取决于行为是否道德化。行为的道德化就是使所有行为出于道德的动机并遵循道德规范。当一个人的所有行为都出于道德的动机并遵循道德规范时，他的所有行为就会全是正当的，而当他的行为部分地出于道德的动机并遵循道德规范时，他的行为可能有的是正当的、有的是不正当的。因此，行为的道德化程度从根本上规定着行为的正当性，要使行为始终都是正当的，关键是要实现所有行为道德化，也就是所有行为都要出于道德的动机并遵循道德规范行为。

二　德行与德性行为

从道德的角度看，人的所有行为大致可以划分为道德的（善的）行为、不道德的（恶的）行为和许可的行为。道德的行为是具有正面道德价值的行为，通常称为德行；不道德的行为是具有负面道德价值的行为，通常称为恶行；许可的行为则是既不善也不恶或无所谓善恶的行为，也就是说一般不具有道德意义的行为。这种划分主要是从评价行为的角度看的。就是说，仅仅从评价的角度看，行为可划分为德行、恶行和许可行为。

德行主要有两种类型：德性行为和规范行为。德性行为是出于德性品质的行为。琳达·扎格则波斯基给德性行为做了这样一个规定："让我们称一个行为是德性 A 的行为，当且仅当它是从 A 的动因成分产生的，它是具有德性 A 的人会（可能）在情境中做的某事，并且它由于具有这些特征而在达到德性 A 的目的（如果有任何目的的话）方面是成功的。"① 这个规定揭示了德性行为的一般规定性，不过在实际生活中并不十分强调德性目的的实现。例如，我是一个具有善良德性的人，在相应的情境中我的善良德性就会无意识地转变为动机，并按善良的德性要求行动，这种行为就是德性行为。规范行为则是指遵循道德规范的行为。例如，信守承诺是一个道德规范，以按这一规范行动为动机，并遵循这一原则行动，行为就是规范行为。

德行的情形相当复杂，而且不同的伦理学派之间存在着分歧，主

---

① Linda Trinkaus Zagzebski, *Virtues of the Mind: An Inquiry into the Nature of Virtue and the Ethical Foundations of Knowledge*, Cambridge：Cambridge University Press, 1996, p. 248.

要表现在两个方面：一是什么样的行为算德行，二是什么样的德行价值更高。

关于什么样的行为算德行，除了动机好效果也好的行为被公认为德行之外，还存在着以下四种复杂的情形：一种情形是为了某种非道德的目的、出于非道德的动机而有意识地采取的具有道德效果的行为。由于德行能得到某种好处，如给人好印象从而使别人相信行为者，因而有的人为了得到这种好处而采取这种行为，达到了某种道德的结果。另一种情形是"无心插柳柳成荫"的行为。行为者本来没有德行的动机，但行为的结果具有正面的道德价值。第三种情形是"歪打正着"行为。这种行为的动机本来是恶的，但行为的结果却具有正面的道德价值。第四种情形是出于德性品质的行为和遵循道德规范的行为，其结果是不道德的，甚至是恶的。我们通常说的"好心办坏事""帮倒忙"就属于这种情形。

对于如何看待德行的这些复杂情形，康德义务论与功利主义的结果主义之间存在着根本的分歧。按照康德义务论的观点，一个行为是不是德行、是不是具有道德价值，要看该行为是不是出于善良的动机，是不是遵循了道德规范，只要行为动机是善良的，并按道德规范行动，无论其结果如何，该行为都是德行。相反，按照功利主义的结果主义观点，一个行为无论其动机如何，也不论是否遵循道德规范，只要其结果是好的，那就是德行，就具有道德价值。这两种观点各有利弊，但相比较而言，康德的义务论观点更符合人们日常的道德观念。人们日常的道德观念是，一个行为无论其结果如何，只要出于道德的动机，那就是德行，就具有道德价值。

关于什么样的德行价值更高，以亚里士多德为代表的德性伦理学家与以康德为代表的义务论者之间存在着分歧。按照亚里士多德的看法，一位德性之人（用亚里士多德的话说，即"有充分德性的人"）出于德性"倾向"所产生的德行在道德价值上要优于一个人因为自制

（控制自己的欲望）而产生的德行，因为前者是出于德性的，后者尽管可能出于责任但不一定出于德性。而在康德看来，一个人为了义务而自制产生的德行在道德价值上要优于出于倾向产生的德行，无论这种倾向是不是德性的倾向。① 笔者认为，就效果相同而言，出于德性的德行与出于自制（当然是康德所说的出于责任的自制）的德行在道德价值上是相等的，但出于自制的德行的难度要大于出于德性的德行。两种行为的动机都是善的，而且都具有相同的好效果，所以它们的道德价值是相同的。但是，出于自制的德性需要理智或智慧的选择，需要意志力的控制，而出于德性的德行通常是自然而然的，因而前者要比后者更难做到，而且风险也比较大。正因为如此，社会更应该注重人们的德性培育。那种出于义务的德行应被看作行为者不具备德性的情况下不得已而为之的选择。

在德性行为与规范行为这两类德行中，德性行为更为复杂。

第一，德性行为一般不需要意志力的推动。遵循规范的行为可能是出于对道德规范的"敬重"（康德语），也可能是迫于外在的压力（如舆论）。对道德规范的敬重，说明人有遵循道德规范的意愿，这种意愿需要通过意志力的作用才能转化为明确的动机，才能转变为行为；而迫于外在压力遵循道德规范，更需要通过理智或意志调控机制对动机和行为过程发生作用。因此，规范行为一般都需要意志力推动，需要理智或智慧调控。与规范行为不同，德性由于是人的心理定势，因而出于德性的行为一般具有自发性，不需要多少意志力的推动，也不直接需要理智或智慧的调控。在大致相同的情境下，人们通常会自发地产生行为的动机并出于德性行动。当然，这并不说明德性行为完全不需要意志调控的作用。德性行为在进行过程中同样会遇到

---

① 关于亚里士多德与康德在这一问题上的分歧，罗瑟琳德·荷斯特豪斯做过专门研究。Cf. Rosalind Hursthouse, "Virtue Ethics and the Emotions", Daniel Statman, ed., *Virtue Ethics*, Edinburgh: Edinburgh University Press, 1997, pp. 99-117.

阻力和"意外"，这时也需要意志的调控，只是其力度通常小于规范行为。

第二，有的德性行为不被认为是德行。德性行为和规范行为这两种行为之所以都称为德行，是因为它们符合一定社会的道德要求。德性行为符合德性原则，而德性原则在一般情况下是社会道德要求的内化；规范行为则一般直接遵循社会的道德要求。这就有可能会出现这样的情形，即出于德性的行为与遵循规范的行为发生背离。因为一个人的德性有可能不是根据社会倡导的道德要求形成的，出于这种德性的行为就会与社会倡导的道德要求不一致。例如，一个人出于根据近代西方个人主义道德要求形成的德性行为，可能与当代中国集体主义的道德要求不一致。这样，这个人自己认为自己出于德性的行为是德行，而社会可能并不这样看。这种情形在社会急剧变化的时期、在社会价值多元化的时期是常见的。在价值观念和道德观念多元化的当代中国，一些出于根据非社会主导价值取向修养的德性行为就有可能不被社会主导价值体系认可。因此，德性不仅需要完善，而且需要与时俱进，需要及时根据社会的道德要求进行调整。当然，也会存在着社会的主导价值观念和道德观念不正确的问题。在这种情况下，需要德性具有者做出合适的选择。

第三，德性行为更容易出现"事与愿违"的情形。出于德性的行为通常是习惯性行为。这种行为的特点是在大致相同的情境下，人们就会出于德性自然地行事。但是，行为的情境总是或多或少有些差异，一些情境看起来是类似的，或者说属于同一类情境，但性质可能是完全不同的。相同的德性会面临各种不尽相同的情境。这样，德性就有可能会面临挑战，就有可能出现出于德性的行为而其结果甚至行为本身是恶的问题。诚实是一种德性，但是，面对陌生人，有时会被他的假象所蒙蔽。在这种情况下，诚实的行为虽然是德性行为，但有可能导致恶的行为后果。德性行为的这种特点表明，出于德性的行为在道德上并不是绝对可靠的，相反经常面临各种挑战并且完全有可能出错。因此，出于德性的行为也需要智慧的调控。

第四，出于单一德性的行为并不一定是德性行为。人的德性体现在方方面面，这方方面面应该是统一完整的德性的体现，而不是各种各样不同的德性。如果一个人不具备完整的德性，甚至不具备基本德性，他的某种像德性那样的品质并不一定就是真正的德性。例如，如果一个人不具备基本德性，但具有创新的品质，那么他出于这种品质的行为可能是发明屠杀人类的核武器的行为。这种品质不仅不是德性，而且可能是恶性的体现。具有单一德性的人不能称为德性之人，最多只能称为有某种德性的人；出于单一德性的行为不能称为德性行为，最多只能称为出于某种德性的行为。真正有德性的人是具有完整德性特别是具有基本德性的人，真正的德性行为是在德性完整的前提下、至少在具有基本德性的前提下出于某种德性的行为。在德性养成的过程中，这种品质也可能成为完整德性的构成部分，而且人们通常还将这样的品质看作好的品质。因此，我们一般还是将这种品质称为德性，只是出于这种品质的行为并不一定是德性行为。

尽管德性行为存在着上述复杂情形，但出于德性的行为对社会和人生都具有极其重要意义。

德性行为是社会和谐的基本保证。人类社会可能以三种基本状态存在：一是无序的社会，二是有序的社会，三是和谐的社会。在无序社会里，社会没有法律制度，没有规范，即使有规范也没有人遵循，通行的是"强权即公理"和"弱肉强食"的法则。这种处于"人对人是狼"的战争状态的无序社会是不适合人居的可怕社会。在有序的社会里，社会有了健全的法律制度和道德规范，社会规范能得到普遍遵循，通行的是"合理利己"和"相互尊重"的法则，人们在这种法则的约束下追求利益的最大化。这种"人人为自己，上帝为大家"

的社会虽然有序，也基本适合人居，但却充斥着利益冲突和无情竞争。在和谐社会里，社会不仅有健全的法律制度和道德规范，而且人与人之间互助共赢，团结友爱。这种社会不仅有序，而且人性化、人道化和人情化，因而是最适合人居的美好社会。和谐的社会就是德性化的社会。这种社会之所以和谐，之所以美好，就是因为其社会成员普遍具有优良品质，他们的行为都是德性化的。德性行为对于社会的意义正在于，当社会成员的行为普遍成为德性行为时，这个社会就是一个美好的社会。

德性行为也是人生幸福的基础。个人的幸福是通过个人的行为实现的，但正如我们前面所指出的，并不是所有的个人行为都能实现幸福。有些行为不仅无助于幸福，甚至还有损于幸福，只有那些正当的行为才能实现幸福。正当行为的基础就是行为出于道德的动机，道德的动机有时是对道德规范的遵循，但更经常的是出于德性。出于德性的行为就是出于道德动机的行为。当一个人具有了德性这种心理定势时，在适当的情境下，这种心理定势就会转化为行为动机，转化为德性行为。人实现幸福的行为并不都是道德意义上的，其中许多行为也许是不具有道德意义的中性行为。德性行为的意义在于，当人们出于德性行动时，行为即使不具有道德意义，通常也不会是恶性的，因为它出于德性化了的动机，经过了德性动机的过滤。

三　行为对于德性的意义

德性作为具有行为倾向的心理定势，它的养成和完善不仅需要理智或智慧的选择，也需要不断的践行，以使之成为行为习惯。德性在一定意义上可以说是出于德性行为的习惯，只有当德性的品质变成行为习惯时，品质才能真正成为德性的。亚里士多德深刻揭示了品质与习惯之间的这种内在联系。他说："品质（êthos），正如这个词本身所表明的，是从习惯（ethos）发展而来的；并且使任何这样的东西成为习惯，这种东西不是内在的指导产生的结果，而是通过重复地改变某种方式而实际上能以这种方式行动的东西。"① 德性不等于德性行为，德性的形成需要诸多因素的综合作用，但可以肯定，德性的形成离不开行为过程，特别是离不开道德践履的过程。这即古人所谓的："履，德之基也。"② 德性是在反复进行的行为中形成的，只有不断地出于德性行为，才会养成并完善德性。出于德性行为是德性修养的重要环节和必经过程，离开了行为，根本不可能造就德性，德性也就不能成为人们的品质。因此，行为对于德性具有重要意义。

具体地说，行为对于德性的意义主要表现在三个方面。

首先，行为是德性自发形成的条件和途径。人的德性自发形成是一个相当长的过程，这个过程从孩子很小时就已开始。在孩子很小的时候，周围的大人就会告诉他坚持做有德性的行为。例如，大人会告诉小孩要做一个诚实的孩子，并且说诚实的孩子是好孩子。在大人的影响下，孩子就会按大人的要求在某种场合说真话。这种说真话的行为会受到大人的表扬或鼓励，这就会强化孩子在更多的场合说真话。如果孩子在某些场合下说了谎，大人就会告诉他说谎不对、说谎不是好孩子，甚至还会批评甚至责骂他。这样不断地反复，孩子就由最初在个别场合下讲真话逐渐形成了讲真话的习惯和诚实的自发德性。显然，在这整个过程中，大人是通过控制孩子的行为来培养孩子的德性习惯和德性品质的。行为在这里是大人判断孩子德性品质状态的根据，也是大人控制小孩德性发展、培养小孩德性的条件和途径。在当代中国，很多家庭的孩子都是独生子女，这些独生子女由于没有兄弟姊妹，就很难形成兄弟姊妹之间应有的关怀德性。究其原因，就是因为这些孩子在家里没有在兄弟姊妹之间发生关怀行为的条件，长此

---

① 〔古希腊〕亚里士多德：《大伦理学》，参见苗力田主编《亚里士多德全集》第 8 卷，中国人民大学出版社，1994，第 360 页。

② 《周易·系辞下》。

以往，他们就不会形成关怀的品质。其结果是，等到他们上学时，他们往往因为缺乏关怀品质而不会关怀同学。这一事实也告诉我们，我们要使小孩形成良好的品质，需要为他们能进行相应的行为创造条件。

其次，行为是德性养成的条件和途径。从自发德性到养成德性要经历一个理智或智慧洗礼的过程。在这个过程中，人对自发形成的德性进行反思、比较、甄别、判断、选择、寻找理由、试错和确认等活动都需要行为的参与，或者说要与行为结合起来进行，因为只有经过行为的过程和结果，特别是经过试错才能发现它们是不是对自己同时也对他人、组织和环境有利的。通过试错证明是有利的时候，人们就会确认一种德性。但是，所确认的德性并不就是德性的品质，而是理智或智慧对这种品质的抉择，只不过有了这种抉择后，就可以进入对这种德性的谋求。在有了这种谋求之后，人还需要经过反复地行为才能使所谋求的德性固定下来成为行为习惯和心理定势，成为品质。如果所确定的德性是原有的自发德性，这个行为过程可能较短。而如果所确定的德性不是原有的自发德性，而是新选择的德性或虽然是原有的德性但有所改变，那么这种行为过程会相当长。但不管怎样，行为仍然是养成德性的条件和途径。朱熹在谈到行与善的关系时说："善在那里，自家却去行。它行之久，则与自家为一；为一，则得之在我。未能行，善自善，我自我。"[1] 朱子的话道出了行为在社会的道德要求与品质形成之间所建立的深刻关联。

最后，行为也是德性完善的途径。当人们出于德性行动时，行为就成了德性行为，这种德性行为对于德性完善更具有重要意义。人们是在德性行为的过程中不断地使德性走向完善的。德性行为是德性走向完善的主要途径。

---

① 《朱子语类》卷十三。

四 德性对行为的作用

德性对行为有没有作用，特别是有没有指导作用，当代西方伦理学界存在着重大分歧。义务论和结果主义一般认为道德规则对行为有指导作用，而德性不具有这种作用。德性伦理学家则认为德性对行为具有指导作用。如果一个人询问德性之人或具有某种具体德性（如慷慨）的人在某种情境下应做什么，或者说把德性之人作为榜样，这会对他的行为有帮助。[①] 他们有时也提出德性的概念不仅可以作为对恰当的（或者说道德上正当的）行为的指导，而且也可以作为对使行为恰当或道德上正当的东西的解释。例如，斯蒂芬·伽迪纳说："德性伦理学与真正的实践指导是一致的，因为有德性道德规则存在。"[②] 不过，德性伦理学家在这个问题上的观点也不尽一致，主要有三种观点。一种观点是罗莎琳德·荷斯特豪斯主张的：一个行为是正当的，当且仅当它是一个德性主体在环境中就品质而言会做的（即出于品质行动）。[③] 第二种观点是迈克尔·斯洛特主张的：一个行为是正当的，当且仅当它展现或表达了一种德性的（值得钦佩的）动机，或至少没有展示或表达一个恶性的（令人悲叹的）动机。第三种观点是克里斯丁·斯万顿主张的：一个行为是正当的，当且仅当它是整体上有德性的。[④]

我们基本上赞成德性伦理学的观点。德性不仅对行为包括德性行

① Cf. Rosalind Hursthouse, *On Virtue Ethics*, Part I. Action, Oxford：Oxford University Press, 1999；and "Normative Virtue Ethics", in Oliver A. Johnson and Andrews Reath, eds., *Ethics: Selections from Classical & Contemporary Writers* (9th Ed.), Wadsworth：Thomson Learning, Inc. , 2004, pp. 454-469.

② Stephen M. Gardiner, "Seneca's Virtuous Moral Rules", in Stephen M. Gardiner, ed., *Virtue Ethics, Old and New*, Ithaca and London：Cornell University Press, 2005, p. 59.

③ Rosalind Hursthouse, "Normative Virtue Ethics", in Roger Crisp, ed., *How Should One Life? Essays on the Virtues*, Oxford：Clarendon Press, 1996, pp. 19-36.

④ Christine Swanton, *Virtue Ethics: A Pluralistic View*, New York：Oxford University Press, 2003, p. 228.

为具有重要的作用，而且能使行为成为德性的，成为德性行为，而德性行为就是道德的或正当的行为。德性是行为成为德性行为的前提条件，因而也可以说是德性行为的前提条件。没有德性，行为不可能成为德性的；没有德性，也就不会有德性行为。这并不否认遵守社会道德规范的行为是道德的或正当的行为。具体地说，德性对行为及德性行为的作用主要体现在以下三个方面。

首先，德性使人出于德性行动。德性作为一种行为的意向是要见之于行为的，在一定的情境中会作为行为的动机发生作用。"具有一种好品质的必要组成部分，包含出于构成好品质的意向的方式行动。换言之，没有像在真空中存在的品质这回事——一种品质不会独立于品质表达它自己的方式存在。"[1] 德性这种意向是一种能动的意向，是要运用于实际的。"德性，人们会说，是能动的而不是被动的意向，是实际被运用的意向。"[2] 德性之人，在遇到与德性相应的情境时，就会产生按德性要求行为的动机，这也就是我们说的出于德性行动。出于德性行动也就是以德性的要求或原则为动机行动。一个具有诚实德性的人，当他遇到要讲真话的情形时，就会产生按诚实的要求讲真话的动机。相反，一个不具有诚实德性的人，当他遇到相同的情境时，他要讲真话就需要意志调控机制即理智的调控才能做到，否则他可能不讲真话。因此，一个德性完善的德性之人，在一般的情况下，他都会出于德性行动，他的动机一般都是德性的，因而也是善良的。

那么，出于德性行动需不需要动机发生作用呢？德性是心理定势和行为习惯，如果这样，那么出于德性行动似乎是自然而然的事，不需要将行为的目的转化为动机。其实不然。如果我们认为即使是出于

---

[1] Pedro Alexis Tabensky, *Happiness: Personhood, Community and Purpose*, Hampshire: Ashgate Publishing Limited, 2003, p. 199.

[2] Pedro Alexis Tabensky, *Happiness: Personhood, Community and Purpose*, Hampshire: Ashgate Publishing Limited, 2003, p. 199.

德性的行为也是人有意识、有目的的行为，那么从事这种行为也是有动机的。德性的动机是一种无意识的动机，它与有意识的道德动机之间的区别主要在于：德性的动机在与德性相应的情境下会自然产生，这种动机会体现行为者过去已经选择和已经确立的目的，不需要行为者在相应的情境下重新选择和确立目的；而有意识的道德动机则不同，它的产生需要理智或智慧在选择和确立目的的前提下将目的转变为动机。一个有诚实德性的人在遇到相应情境的时候，不需要考虑讲真话有什么好处就会产生讲真话的动机。因为他的理智或智慧过去已经对讲真话的行为做出选择和决定，并已经使其成为心理定势和行为习惯。也就是在目的、动机与情境之间建立了相对固定的联系。遇到相应的情境，相应的动机就会产生。相反，一个不具有诚实德性的人遇到这种情境时，他就要考虑讲真话有什么好处，在这种情境下要不要讲真话。他要经过这种选择、权衡之后才能决定行为的目的和动机。如果他产生了讲真话的动机，那是他经过理智或智慧权衡的结果。

假定两个人都产生了讲真话的动机，但一个人的是德性动机，另一个人的是非德性的动机，两者之间有两点区别：一是在行为开始前需不需要理智或智慧选择和确定目的。德性动机不需要这个过程，而非德性的动机需要这个过程。二是在行为开始前需不需要将目的转化为动机。德性动机不需要这个过程，目的与动机已经建立了相对固定的联系；而非德性的动机则需要理智或智慧在目的与动机之间建立联系，实现目的向动机的转化。当然，这里还有另一个区别，即德性动机一般都是道德的动机，而非德性的动机不一定是道德的动机，它只有出于对道德规范的遵循才是道德的动机。从这里也可以看出，德性动机的形成更自然、更快捷、更无冲突。

其次，德性使德性行为成为习惯并不断完善。德性使人们出于德性行动，而出于德性行动的行为就是德性行为。德性生成德性行为，而德性行为也生成德性。德性与德性行为是一而二、二而一的。人们只有不断地出于德性行动才能形成德性，才能维护德性，也才能使德性走向完善，而不断出于德性行动的行为就是德性行为。所以，人们形成、维护和完善德性的过程就是不断产生德性行为的过程，也是使德性行为成为行为习惯、使德性行为走向完善的过程。尽管德性与德性行为是相互生成的，但从逻辑上看，德性是在先的，而且是培养的重点。有德性才有德性行为，才有德性行为的习惯和完善。因此，在德性培养的过程中，要着眼于德性的形成、维护和完善来考虑德性行为，而不是相反。

最后，德性使人按德性原则行为。从行为的角度看，德性有两方面的意义：一是德性作为品质定势，使人们在相应的情境下出于德性行动；二是德性作为行为习惯，使人们在相应的情境下按德性原则行事。一般来说，人们具有了德性，就具有品质定势，也就会有出于德性行为的动机。但是，行为有了动机后还要付诸行为。行为是一个复杂的过程，有很多不可测的因素，而且同类的不同行为也有很大差异。因此，即使出于相同的德性动机、养成了德性的行为习惯，也会遇到一些意想不到的情境因素的影响甚至是挑战。在这种情况下，人们还存在着一个按德性原则行事的问题。例如，我出于诚实的德性动机行为，并且诚实已经成了我的行为习惯，但是在一次行为过程中，有人以金钱引诱我，承诺如果我为达到他的目的说了假话，将给我一大笔钱。在这种情况下，存在着一个遵守德性原则的问题，只有坚持按诚实的德性原则行事才能保证行为是德性的。如果我受诱惑而不坚持诚实的德性原则，即使我的动机是诚实的，我的行为也不会是诚实的德行。一个真正有德性的人即使在这种情况下，他仍然会遵循德性原则，按德性的要求行事。就是说，德性不仅能使人出于德性行动，不仅使人养成了按德性要求行动的习惯，而且能使人在一般情况下排除各种因素对按德性原则行事的干扰。如果一个人禁不住外在因素的干扰而不能按德性原则行事，他就不是真正有德性的人。当然，在有些特殊的情况下，还需要智慧做出判断和选择，根据社会的道德要求而不是出于德性行事，在这种情况下，德性意向可能要让位于道德原则。例如，在对敌斗争中，我被捕了，敌人要我说真话，如果我说了真话就会出卖组织和同志。在这种情况下，我是一个诚实的人也不能说真话，而要根据对组织忠诚的道德要求选择沉默或说假话。这种选择就是智慧的选择，而不是单纯地按诚实的德性原则行事。

第四节　修养与德性修养

修养是人提高综合素质和生存境界的主要途径，更是德性养成和完善的唯一途径。如果将德性的养成和完善过程看作一个德性培育的过程，那么，教育是德性培育的外在作用过程，而修养则是德性培育的内在作用过程，教育最终要通过修养起作用。因此，在德性养成并完善的过程中，修养这种内在作用起着更关键的作用。

一　修养的含义和意义

修养在汉语中有两种含义：其一"指理论、知识、艺术、思想等方面的一定水平"，其二"指养成的正确的待人处事的态度"。① 在英文中，有一个大致上与汉语"修养"对应的词，即"accomplishment"，其意思是成功地完成或取得的成就。尽管在中文和英文中"修养"的意思有所差别，中文更强调人通过努力在知识、能力、品质等方面所达到的境界或层次，而英文更强调通过努力所取得的成功结果或成就，但它们的共同点在于将修养既看作人努力的活动，同时也看作努力的结果。

在中国传统哲学中，修养与修身、修己大致同义，修身、修己就

---

① 《现代汉语词典》（第 7 版）"修养"，商务印书馆，2019，第 1475 页。

是对自身的修养，其目的是涵养德性。《中庸》引用孔子的话说："子曰：'好学近乎知，力行近乎仁，知耻近乎勇。知斯三者，则知所以修身。'"① 《大学》更强调修养的重要性："自天子以至于庶人，壹是皆以修身为本。"② 我国伦理学界在讲到道德修养时一般会谈到修养。罗国杰教授主编的《伦理学》中在谈到道德修养时就给修养做了这样的界定："所谓修养，主要是指人们在政治、道德、学术以至于技艺等方面所进行的勤奋学习和涵育锻炼的功夫，以及经过长期努力所达到的一种能力和思想品质。"③ 但是，我国伦理学界研究道德修养相对较多，而研究一般的修养则较少。国外有学者对修养做了较深入的研究，我们这里进行简要的介绍，也许有助于我们对修养的理解。

美国"成长热线"的创始人和总裁罗伊·帕斯勒（Roy Posner）在《生活修养》一文中从十五个方面全面讨论了修养问题。这十五个方面是：修养的层次，个人的能力和品质，内在因素和外在因素，社会环境，导致成功或失败的人的创造精神，生活的品质，隐藏的生活图式，人的选择——终极的决定因素，无穷尽的成功，知识、意志、精力与修养，负责、成长与修养，个人对机会的反应，修养、退化和进化，最适宜的修养，使用内在的修养技巧。帕斯勒提出："人们经常相信，要在生活方面取得成功需要某种运气和一些技能，然而，决定一个人在任何努力方面成功或失败的因素要丰富得多。"④

他认为，人的修养有四个层次：存活（survival）、生长（growth）、发展（development）和进化（evolution）。在存活层次的人有意识或无意识地欲望现状，没有改变现状、提高生活水平的尝试，也没有提高自己能力的努力。生长则是对一个人现状的扩展，如提高技能、丰

---

① 《中庸》第二十章。
② 《大学》。
③ 罗国杰主编《伦理学》，人民出版社，1989，第 456 页。
④ Roy Posner, "Accomplishment in Life", Growth Online, http：//www.gurusoftware.com/GuruNet/Personal/Topics/Accomplishment. htm# Levels%20of%20Accomplishment.

富知识、赚更多的钱，但它是在现行水平层次上的扩展。发展则是向一个更高层次的扩展。在这个层次人们可以获得新知识或更高的技能、接受或补充一种更高的个人价值、将消极的人生态度变成积极的态度、获得更高层次的知识、在生活方面或从更高的中心而不是某个人现行发展和意识层次的一般反应方面发展一种新的生活信念。进化是一个人的存在整体提升到一个新的更高的意识和存在情形的平台。

在他看来，修养在很大程度上是由个人的机能决定的，而机能在生活中总体体现为个人的品质。个人的生活能力是由对世界的技能和知识，对自己和他人以及事物的态度，各种属性（如目标的清晰程度、组织、心理力量、精力、雄心、坚定性、健康状况等），我们的天赋（如父母的作用和提供的条件、社会的影响等），以及我们个人的价值等因素结合构成的。所有这些因素一起构成我们对世界发生作用的机能。我们具有这些机能的程度决定我们在生活中修养的能力。在这些领域，我们自己的努力都将是一个改进我们生活修养能力的长期过程。

当然，在这个过程中还有外在世界特别是社会环境对我们的修养活动发生影响。帕斯勒特别强调创造精神的作用，但他指出，当我们试图通过我们的创造精神进行修养时，也许是成功的，也许是失败的。这里有一些影响我们创造精神发挥作用的因素。其一，如果社会氛围对于创造精神而言是积极的，这种氛围会培育个人的成功。其二，当创造精神在人们的影响、权威或控制之外时，创造精神会失败。其三，从低级生活层次产生的创造精神不会具有高层次修养的力量。其四，在较高平台生活的人的创造精神比那些在较低平台生活的人更有可能得以实现，并可能更丰富地得以实现。其五，创造精神在与具有生命力的生活走向相一致时可以从生活中获得意想不到的支持，而与正在丧失其生命力的生活相一致时会遇到意想不到的阻力。其六，创造精神在具有能扭转以前失败行为的充沛的精力和机能时会获得成功。

帕斯勒指出，尽管有许多力量对我们的生活起作用，但有一种指导我们生活的根本因素，这就是我们自己生活的意志和欲望，它在很大程度上决定我们生活的结果。"所以，我们生活的终极因素是人的选择，首要的是我们真正有意于什么和有志于什么。"那不是说，我们的机能、品质、社会氛围和条件等不发生作用，而只是指出我们生活的大多数成果都是我们内在的想要和欲望。我们不能以所期望的方式满足我们最深层的欲望，但从终极的意义上看，我们正在向那个方向迈进。①

罗伊·帕斯勒在这篇长文中讨论了诸多与修养相关的问题，尽管他主要从人生的成就的广阔视野看待修养，但他的研究对于我们深入研究修养问题具有重要的启示和借鉴意义。这主要体现在，他不只是从某一方面而是从人生成功和成就的总体上考虑修养，并将修养与个人的各种心理因素和社会的各种环境因素紧密地联系起来，将修养的各种客观条件与主观努力紧密地结合起来，使修养成为一个各种因素和各种条件综合作用而最终取决于人的欲望和意志的过程和结果。

根据罗伊·帕斯勒给我们的启示，我们大致可以给修养这样一个一般的界定：所谓修养，是指人们为了达到某种人生境界而根据环境和主客观条件所进行的旨在提高自己的综合素质或某种素质的学习和实践活动，有时也指通过这种活动所达到的综合素质或某种素质水平。修养一般主要是指学习和训练活动，只是在有些情况下才指学习和训练活动所达到的水平，因此，我们主要在活动的意义上理解修养。从活动的意义上看，修养主要包括以下几方面的含义或特点。

首先，修养的最终目的在于达到某种人生境界，它标志着人生的自觉。修养是人的一种自觉的完善自己的活动，用冯友兰先生的话

---

① Roy Posner, "Accomplishment in Life", Growth Online, http：//www.gurusoftware.com/ GuruNet/Personal/ Topics/Accomplishment. htm#Levels%20of%20Accomplishment.

说，是人的"觉解"活动。它的目的不是指向占有外在的资源，而是指向完善内在的自我，使自我达到某种境界。这是修养活动与人的其他活动的根本不同之处。对于人生的境界，不同的思想家有不同的看法。例如，冯友兰先生将人生划分为"自然境界"、"功利境界"、"道德境界"和"天地境界"；张世英先生将人生划分为"欲求境界"、"求知境界"、"道德境界"和"审美境界"；① 而上面所说的罗伊·帕斯勒将人生划分为"存活"、"生长"、"发展"和"进化"四个境界。综合这些思想家的观点并考虑当代人类整体生存状况，我们大致可将人生境界从低到高划分为生存、发展和超越三个层次。

"生存境界"大致相当于冯友兰先生所说的"自然境界"和"功利境界"、张世英先生所说的"欲求境界"、罗伊·帕斯勒所说的"存活"和"生长"境界。这一境界也是与马斯洛所说的基本需要或生存需要相对接的。处于这种境界的人，他们的一切活动都以自己生存下去为取向，以自己生存欲望满足为活动轴心。在当代社会有相当多的人特别是那些贫困人口就处于这一人生境界。

"发展境界"大致相当于冯友兰先生所说的"道德境界"、张世英先生的"求知境界"和"道德境界"、罗伊·帕斯勒所说的"发展"境界。这一境界是与马斯洛所说的发展需要或自我实现需要相对接的。处于这一种境界中的人已经不以满足基本生存欲望为轴心活动，而追求自我实现和个人的全面而自由发展。

"超越境界"大致与冯友兰先生所说的"天地境界"和张世英先生所说的"审美境界"、罗伊·帕斯勒所说的"进化"境界相当。处于这种境界的人不仅追求自我实现和发展，而且走出自我、超越自我，将个人融入整体、社群之中，追求个人的自我实现与他人的自我实现、组织的繁荣和谐的共进双赢。

---

① 张世英：《人生的四种境界》，《中华活页文选》2010 年第 5 期。

在三种境界中，现代社会的平常人在社会环境的影响下，特别是在教育的影响下都会处于生存境界，只是有的人自觉一些，有的人不那么自觉。因此，这种境界一般不需要通过修养就能达到，人们修养所要追求达到的境界通常是发展境界和超越境界。这里有两点值得注意，其一，正如张世英指出的，在现实的人生中，上述境界总是错综复杂地交织在一起的，很难想象一个人只有其中一种境界而不掺杂其他境界。只不过现实的人往往以某一种境界占主导地位，其余次之，于是我们才能在日常生活中区分出不同的人。① 其二，高层次境界不是对低层次境界的简单否定，而是一种升华，这种升华是在更高的层次、从更广的视野追求低层次欲望的满足，并使之服从于、服务于对高层次欲望满足的追求。

其次，修养的直接目的是提高综合素质或某种素质。人生境界是人生状态的综合指标，而这种综合指标是人综合素质所达到的水平。因此，人要达到更高的人生境界就需要提高综合素质。对人的综合素质人们有不同的表达，从人格构成的角度看，主要包括人的观念、知识、能力、品质等基本方面。就观念而言，存在着丰富不丰富、正确不正确、先进不先进的问题；就知识而言，存在着渊博不渊博的问题；就能力而言，存在着强弱、大小的问题；而就品质而言，存在着是德性恶性以及德性是否完善的问题。修养的目的就是通过提高综合素质达到人生境界的提升，而提高综合素质是修养的直接目的。

修养从总体上看就是要提高观念、知识、能力和德性的水平，但由于每个人的情况不同，所处的环境和情境不同，而且通常不可能四个方面齐头并进，因而在实际的修养活动中，人们常常从某一个方面着手，于是就有了所谓的宇宙观念（世界观）、社会观念（社会历史观）、人生观念（人生观）、价值观念（价值观）等观念方面的修养，

---

① 张世英：《人生的四种境界》，《中华活页文选》2010 年第 5 期。

有所谓一般知识修养、专业知识修养、理论知识修养等知识修养，有所谓智力修养、专业能力修养、技能修养等能力修养，有所谓利己德性修养、利他德性修养、利群德性修养、利境德性修养，等等。当然，当人们有了人生境界提升的自觉追求时，也有可能同时在各方面都注意提高自己的素质。不过，即使在这样的情况下，由于多种因素的影响，各种素质的提高一般也有先有后，不可能齐步走。

既然修养是由个别素质到全部素质、从低层次素质到高层次素质的扩展和提升过程，那么，虽然一个人没有总体上达到某一人生境界，但已经具备这种境界所需要的某种素质。在这种情况下，我们可以说某人在某方面具备了良好的修养。一个工程师在追求发展境界的过程中，特别注重提高艺术欣赏的素质并具备了这方面的素质，我们就会说他有良好的艺术修养。当然，也有这样的情形，即本来并没有提升人生境界的追求，但对某方面的知识有特殊的爱好并有一定的造诣，我们也会说他具有某方面的修养。这种造诣虽然不是通过严格意义上的修养获得的，但由于客观上有利于人生境界的提升并具有修养的一些特征，因而也可以称为修养。

再次，修养是学习和实践交融的活动，体现为自我涵育锻炼的功夫。人的综合素质的提高主要是通过学习和实践实现的，但作为修养的学习和实践活动与其他的学习训练不同。这主要体现在它是着眼于提升人生境界来提高综合素质，或者说是为了丰富自我、提升自我、完善自我、超越自我，而不是为了功利的目的。其前提是对人生的反省和对人生价值的觉悟。一个学生在学校的学习和实践一般不认为是修养活动，因为这种活动的目的是功利性的，比如为了提高学历或为了就业，而且这种活动不是基于对人生的反省和对人生价值的觉悟产生的。相反，一个参加了工作而且工作也很出色的人还出于完善自我的需要而注重学习一些与工作无直接关系的知识并努力将这种知识运用于生活实践，他的这种学习和实践就属于修养。正因为如此，有学者将修养的学习实践活动看作自我"涵育锻炼"的工夫，以与其他的学习实践活动相区别。所谓自我涵育锻炼，就是自己自觉进行的涵养培育自己的综合素质，并在各种环境和情境下对这种素质进行锻造熔炼，以使之达到运用自如的炉火纯青程度。

最后，修养是主客观因素相互作用的与时俱进的过程。修养不是一个单纯的主观涵育过程，而是一系列主观因素与各种客观因素相互作用的过程。参与修养过程的主观因素有观念、知识、能力、德性等个性心理特征因素以及认识、情感、意志、行为等活动，参与修养过程的客观因素有社会经济、政治、文化环境，人际关系环境，家庭环境，个人的生理状态，等等。修养是所有这些因素相互作用的结果，其中自我反思意识、自我实现意识、自我完善意识和自我超越意识等自我意识以及人的智慧因素具有关键性的作用。自我意识越强、越有智慧的人越会注重修养，而自我意识和智慧通常也是通过修养获得的，是修养的结果。由于综合素质的形成非一日之功，而且修养过程中的主观因素和客观因素是变动的，因而修养是一个无止境的过程，即使达到了某种较高的境界也还需要不断地修养来维护，更不用说追求更高的境界。因此，人生修养不仅不能停滞下来，而且还得与时俱进。

修养是一个艰苦、长期的过程，那么，人为什么要走这漫长、艰辛的修养之路呢？这是因为只有通过修养，人的综合素质才能得到不断提高，人的境界才能得到不断提升。这里的关键问题是人为什么要不断通过提高综合素质来提升自己的人生境界。

人类在漫长的进化过程中积淀了许多动物和其他事物所不具有的规定性，这些规定性集中体现为人性。然而，人性与本能不同，它并不是人一出生就现实地存在的，而是以潜在的形式存在的，需要开发才能变成现实的人性，变成人的现实规定性。提高综合素质说到底就是开发人性的潜能，而修养则是在人的潜能已经有所开发的基础上进一步开发潜能，在已经获得的综合素质的基础上进一步提高综合素质，使人性更充分地体现出来，使人格趋于完善。

就现代社会而言，人的修养的主要任务就是发展。所谓发展就是开发，就是进一步开发人的潜能，使潜能更充分地变为现实。人是群体性、社会性动物，在人性中有人类的类性，即哲学家们经常说的"类本质"。这种人类的类性较之人类的个性需要更充分、更深入的开发才能获得。这种开发是一个更艰难的过程，需要人的高度自我意识和人性自觉，需要通过修养的途径来开发。这种开发就是修养。从这个意义上看，人要充分而深入地实现人性的潜能，还不能停留于通过修养达到发展境界，还需要进一步通过修养超越个人的个性，达到人类的类性，即达到人生超越境界。当然，超越境界并不是对发展境界和生存境界的否定，而是包含它们在其中的，是前面较低层次境界的升华。当人将人性全面而深刻地开发出来并展现出来时，人就达到了最完善的自我实现，就成就了完善的人格。一个人的人生会由于最完善地实现了人性和达到了人格完善而是最圆满的，是最具有价值的，也是最值得过的。

二　德性修养及其在修养中的地位

虽然修养的终极目的是提升人生境界而提高综合素质，但提高综合素质通常并不是齐头并进的，而是从不同的方面开始的，因而修养可以根据侧重提高不同方面的综合素质大致上划分为不同的类型。

从人的个性特征看，人的综合素质可大致划分为观念素质、知识素质、能力素质和品质素质四个基本方面。其中能力素质不仅可以从能力内涵角度划分为一般能力（主要是智力）、专业能力和技能，也可以从活动的角度划分为认识能力、情感能力、意志能力和行为能力。根据人的综合素质的这些不同方面，人的修养也可以相应地划分为观念修养、知识修养、能力修养和品质修养。此外，还有人们为了获得智慧所进行的智慧修养。不过如果我们将智慧看作理智的最佳状态，那么它是一种意志能力，大致上属于意志修养的范畴。

品质修养的主要目的是使品质成为有德性的，因而品质修养也可以说是德性修养，两者基本同义。所谓德性修养，是指人们为了提高自己的道德素质所进行的养成和完善自己德性的学习和实践活动。

德性修养是为了形成德性而进行的修养。形成德性主要有三种情形：自发形成德性、养成德性和完善德性。自发形成德性主要是在外在的影响下形成德性，不需要修养的作用，而养成德性和完善德性则都是通过修养形成德性。德性修养就是养成德性和完善德性的活动。德性也存在不同的境界。廖申白教授将德性划分为"'达己达人'——仁者境界"、"'极高明而道中庸'——仁且智者境界"和"'民胞物与'——天地境界"。① 我们则将德性划分为"君子"境界、"贤者"境界和"圣人"境界。"君子"境界是指具备基本的德性；"贤者"境界是指具备完备的德性；而"圣人"境界是指不仅具备完备的德性，而且具备高尚的德性。德性修养就是要通过德性养成活动使人达到"君子"境界，通过德性完善活动追求"贤者"境界和"圣人"境界。

养成德性、完善德性都是为了提高人的道德素质。人的道德素质是人的综合素质中直接关系到人格完善的素质，而且对所有其他素质都具有基础和保障作用。人的道德素质主要包括三个方面：一是德性，二是德感（道德感，包括良心），三是智慧。其中智慧主要是道德智慧，不仅是德性和德感的基础，而且是人的卓越道德能力；德感是人的道德情感，既包括作为基本道德情感的良心，也包括人的更高尚的道德情感；而德性则是人的道德品质，是人的道德的品质定势。这三个方面的素质都需要修养才能形成和完善。这三方面素质的修养

---

① 参见廖申白《伦理学概论》，北京师范大学出版社，2009，第478—482 页。

可统称为道德修养。德感修养是为了形成和完善道德情感，智慧修养是为了形成和完善道德智慧，而德性修养则是为了形成和完善道德品质，形成人的道德品质定势。

德性修养像其他修养一样，也是一种学习与实践融为一体的知行合一活动。它首先是一种学习活动。德性修养的过程是一个不断学习的过程。德性修养的学习过程，也是德性学习的过程，学习德性的过程。德性修养源于德性意识，德性意识对于德性修养具有先决性条件的作用。德性意识就是对德性对于人生重要意义的意识，以及由此产生的对自己德性状态的反思意识。意识到德性的重要性并在此基础上反思自己的德性状态是人们进行德性修养的始点。人是意识的动物，没有对德性重要性的意识和德性的反思意识就不会有德性修养的活动。德性意识主要是通过学习形成的。不仅德性意识是通过学习形成的，德性修养的内容方法更是通过学习获得的。要进行德性修养需要了解德性是什么、德性有哪些基本要求或原则，也需要了解德性怎样养成和完善等。这些都是德性修养方面的知识，这些知识需要学习才能获得。德性修养的学习是广义的学习，包括在接受教育过程中的理解学习，也包括对他人的观察学习。人们主要是在接受教育过程中学习德性方面的理论知识，培养德性意识，而在与他人交往的过程中通过态度和行为的观察学习德性方面的感性知识，增强德性感受。

德性修养是实践活动，需要"涵育锻炼"的工夫。对于德性修养来说，德性意识是前提，德性知识是基础，但德性作为心理定势需要在行为过程中不断践行才能逐渐形成。这个过程就是德性实践过程或实践德性的过程，也是德性修养的实践过程。作为德性修养的实践活动主要是一个意志的过程。也就是通过意志的作用，一方面使德性知识转变为德性愿望，进而转变为德性谋求，最后转变为行为；另一方面使这个过程不断地重复进行下去，特别是不断地将德性要求转变为动机和行为，直到德性要求转变为心理定势、态度倾向和行为习惯。

这是德性修养实践的整个过程。在这个过程中，行为的环节具有关键性的意义，因为人们一般都知道德性要求，但要把德性要求转变为动机、付诸行为则是相当有难度的，要在类似的情境中总是如此更需要意志力。把德性要求转变为动机并付诸行为的难度主要在于，不同的情境有不同的影响因素，其中常常有一些具有诱惑力而不容易抵御的、妨碍在行为过程中贯彻德性要求的因素。在德性实践方面存在着三种挑战：一是将德性要求转变为动机面临着其他欲望或兴趣的挑战，二是将德性动机转变为行为面临着外在诱惑因素的挑战，三是持续地将德性要求转变为动机和行为面临着自己的其他意愿和外在因素的挑战。由于德性修养的实践过程经常面临着这样一些挑战，因而不少人有践行德性的愿望，但不能付诸实践，或者付诸了一次或多次实践，但不能长期坚持下去。因此，许多人难以养成德性，更难完善德性。这即毛泽东同志所说的"一个人做点好事并不难，难的是一辈子做好事"。①

人一辈子有许多各种不同的学习实践活动，德性修养的学习实践活动与其他学习实践活动之间的根本区别之一在于，它是一个运用智慧的过程。人们最初学习德性知识并实践德性，也许不是一个智慧的过程，而是一个理智的过程，但当他有了德性意识并在这种意识的作用下反思自己的德性并对德性进行反思、比较、甄别、判断、选择、寻找理由、试错、确认以及将这种确认转变为意愿、谋求和行为的活动时，他就进入了智慧的过程。这种从一般理智到智慧转变的关键在于，他已经有了德性对人生重要性的意识，并着眼人更好生存的终极目标学习和践行德性、养成和完善德性，并以此调整整个个性和人格结构，使德性成为人的个性和人格的一个构成部分，使之从属于和服务于人更好地生存。智慧使人着眼于人更好

① 《毛泽东文集》第 2 卷，人民出版社，1993，第 261 页。

地生存来学习和实践德性，使德性修养活动成为人生走向幸福和完善的过程。

当然，正是在运用智慧的过程中，人的理智转化为智慧。这是因为人们在运用理智进行德性的反思、选择、确认和践行的过程中，人的理智受德性的影响而逐渐智慧化。这是一个人既不断思考又不断行动的能动作为过程，"道德智慧只有通过能动的作为才能获得发展"。① 在这个过程中，控制具有非常重要的作用，要通过理智的控制，使德性意识和知识转化为智慧。正因为如此，约翰·刻克斯认为，"道德智慧的生长依赖于增长着的控制"。② 例如，当一个人在理智的作用下形成了德性意识，并获得了德性知识后，如果他在理智的调控作用下努力将德性的要求变成自己的行为动机、付诸行为并长期坚持下去，德性也就成了理智的构成要素，理智由此德性化并因而优化，理智于是就成了智慧。因此，在一定意义上可以说，德性修养的过程也是智慧修养的过程。当一个人的德性养成和完善的时候，他的智慧也相应形成和完善。一个人有了德性，他也就成了一个智慧之人，至少为成为智慧之人提供了德性条件。

德性修养是道德修养的基础和关键。德性修养使人具有德性，而正是德性使人的情感变成道德的，形成基本的道德情感即良心，并可以在此基础上产生更高尚的德感。人的理智可以控制情感，可以使某种情感成为道德的，但要形成那种持久存在并自发地发生作用的道德情感，则需要德性，因为只有德性才能作为心理定势每时每刻地对情感产生作用，使情感成为道德的。德性修养使人有德性，而德性与理智的结合，就形成了智慧。因此，形成智慧与形成德性大致上是一个

---

① John Kekes, *Moral Wisdom and Good Lives*, Ithaca and London：Cornell University Press，1995，p. 213.

② John Kekes, *Moral Wisdom and Good Lives*, Ithaca and London：Cornell University Press，1995，p. 94.

过程。当然，智慧修养并不限于德性，还有其他的方面，特别是具有高度的智慧还需要知识、能力和观念等方面。但是，在当代社会，随着高等教育大众化、普及化时代的到来，每一个正常的成年人都有一定的知识、能力和观念，而往往缺的是德性。如果人们都具有德性，他们就具有了基本的智慧。人们修养德性的过程也就是修养智慧的过程；人们在具有了基本智慧的基础上还要进一步通过智慧修养变成更有智慧的人，成为具有高度智慧的人。

德性修养不仅是道德修养的基础和关键，而且是整个人生修养的必要组成部分，并在整个人的修养中具有基础地位，是使人达到更高人生境界的基础。人生的不同境界有不同的要求，但较高的境界（发展境界和超越境界）都必须有道德（包括德性）要求，否则它就不能称为人生的更高境界。一个不具备基本德性的人不是一个发展得好的人，充其量只能是一个占有资源很多的人或者职业成功的人。德性是人生较高境界的不可少的部分。因此，为了达到更高境界进行的修养必须包括道德的方面，尤其是德性的方面。德性修养是人生修养的有机组成部分，而且不同的人生境界有不同的德性及其修养的要求。同时，德性修养在整个人生修养中具有基础性的地位。人生修养是为了达到更高的人生境界，而更高人生境界必须以德性为基础。缺乏德性，一个人不可能达到更高的人生境界。一个人观念再正确、知识再渊博、能力再强，如果不具备德性，就只能处于生存的境界而不可能进一步提升和超越。如果这样，德性修养当然也是整个人生修养的基础和保障。

三　德性修养的功夫

德性修养活动是为了养成并完善德性，养成并完善德性是一个需要不断下功夫的长期过程，德性养成和完善得怎样关键得看德性修养的功夫。德性修养的功夫也就是德性修养方面的作为。有所作为才有所成就，作为越大成就越大。作为的大小最终还是取决于活动主体努力的程度。"努力是作为的核心，是作为的实质之所在。努力的程度是作为大小的关键因素。作为在一定意义上说就是努力。没有活动主体的努力，作为根本无从谈起。"① 德性修养所需要的就是作为，就是努力。

德性修养的作为通常被看作德性修养的功夫。这种功夫可以从三方面考虑：一是下不下功夫，二是下多少功夫，三是怎样下功夫。

德性修养不是一件轻松快乐的事，而是一个艰苦的、长期的活动。下功夫才有德性修养，不下功夫则不会有德性修养。在德性修养问题上下不下功夫，前提在于有没有强烈的德性意识。德性意识是对德性重要性的意识，只有意识到德性对于人生的极端重要性，人才会自觉地下功夫去进行德性修养。缺乏德性意识的人，即使在外在作用下被迫去培养德性，那也不能称为德性修养。这种被迫的活动在外力作用消失时就会停止。今天很多学校采取种种措施迫使学生培养良好品质的情形就是如此，尽管学校费了九牛二虎之力，然而效果不好，学生的良好品质并没有形成。导致这种情形的一个重要原因就是没有使学生形成德性意识，没有使"要学生培养德性"变成"学生要培养德性"。有了德性意识，人们就会出于自己更好生存去进行德性修养。

在德性修养问题上下不下功夫，关键在于意志力强弱。意志力对于德性的重要性是明显的。德性的养成和完善是通过德性修养实现的，而德性修养既是一个改变人的自然本性的艰苦过程，也是一个持续终生的漫长过程。人的真正德性不是自然而然获得的，而是要运用智慧根据人更好生存的要求改变人本性的自然倾向逐渐养成的，而且在养成之后还需要不断完善。一个人要成为德性之人就得不断地进行

---

① 江畅：《理论伦理学》，湖北人民出版社，2000，第152—153页。

这个过程，至死方休。在这整个过程中，需要有强有力的意志力作为支撑。德性作为道德智慧的体现，常常是与人性的自然倾向不一致甚至相反的。在德性的养成和完善过程中要克服人性的这种自然倾向以及人性的惰性，同时还需要抗拒环境的各种诱惑和腐蚀。德性修养需要坚持不懈甚至百折不挠的毅力。所谓毅力，就是坚定持久的力量。德性修养之所以需要毅力，就是因为德性修养不能凭一时的热情，而要持之以恒，坚持到底，克服德性修养过程中可能出现的惰性，抵御德性修养过程中可能遇到的各种干扰和挑战。强有力的意志力是德性修养的不竭动力和不懈毅力。菲力帕·福特说："德性不像技能或艺术，是一种纯粹的能力：它必须有意志的参与。"① 现实生活中许多人有德性修养的愿望而不能付诸行动或即使付诸行动但不了了之，其根本原因就是缺乏强有力的意志力。

意志力不仅给德性修养提供动力和毅力，而且可以作为调控力对德性修养起调控作用。德性修养是一个复杂的自我反思、自我批判、自我改造、自我超越、自我完善的过程。在这个过程中，需要根据个人的主客观条件进行反思、比较、甄别、判断、选择、寻找理由、试错、确认并将这种确认转变为意愿、谋求和行为。所有这些活动都需要调控，这种调控的力量来自意志。在进行德性修养的过程中，需要凭借意志的调控力来克服本性的惰性力量和环境产生的各种干扰、诱惑造成的各种阻力，协调与自我、他人、群体和环境的各种关系。意志的调控力在德性修养的整个过程都起着至关重要的作用。如果没有这种调控力的作用，即使一个人有德性修养的毅力，也不能使德性修养有效地进行。

意志力对德性修养主要有以下四方面的作用。

其一，意志力可以使人下定决心进行德性修养。德性修养是一个

---

① Philippa Foot, "Virtue and Vice", in Stephen Darwall, ed., *Virtue Ethics*, Oxford: Blackwell, 2003, p. 111.

艰苦的长期过程，当一个人意识到这一点时，要进入德性修养就必须下定决心，准备做艰苦的长期努力。当然，有些人在进入德性修养时可能对此缺乏意识，没有下决心。决心是人们进行德性修养的必要条件，没有决心即使开始了德性修养也会在遇到挫折或阻力时放弃。修养德性的决心通常也不是一次下定的，而是逐渐下定的。只有在修养过程中逐渐意识到德性修养对于德性的意义以及德性对于人更好生存的意义的时候，才会逐渐坚定自己的决心。在下定进行德性修养的决心的过程中，意志力发挥着重要作用。在人意识到德性修养的重要性时，意志的调控力给人以克服各种困难和阻力的力量和信心，同时也促进人们处理好在此过程中可能出现的关系问题，以排除各种对决心的干扰。当一个人认定好学是一种德性，并意识到这种德性对于自己的重要性时，他可能会遇到好学与工作或娱乐的矛盾。在这种情况下，意志的调控力可以通过协调两者之间的矛盾为养成好学的德性创造良好的条件。

其二，意志力可以使人克服惰性进行德性修养。德性修养要求人们经常反省自己、坚持践行，而人都有不愿意经常去做那些对自己有益的事情的惰性。这种惰性可能产生于对艰苦事情的害怕，也可能产生于对经常重复的事情的厌烦，还可能产生于对已经取得的成绩的满足。最难超越的是自己，而最难超越自己的又是人的惰性。如果人没有惰性，或者有了惰性能及时克服，那么每一个人都会获得成功，都会成为德性之人。现实生活中，许多人开始修养后常常坚持不下去，其重要原因之一就是因为惰性。要克服德性修养的惰性需要意志力。意志力对德性修养的重要意义之一，就是可以通过它克服这种惰性，使德性修养得以持续地进行。意志力不只是可以给人提供持续地进行德性修养的动力，而且可以调控有关关系，消除惰性产生的根源。

其三，意志力可以使人排除各种干扰进行德性修养。在进行德性修养的过程中，常常会遇到各种因素干扰德性修养。干扰德性修养的因素有很多，如更紧迫的事情、情绪不正常、重大的疾病、有德性可能会暂时吃亏、满足现状等等。人的生活过程非常复杂，经常会遇到来自各方面的干扰。德性修养的过程在一定意义上就是一个排除各种干扰的过程。要排除各种干扰，只有凭借意志力的作用，使自己矢志不渝地进行德性修养。

其四，意志力可以使人抵御形形色色的诱惑进行德性修养。许多人贪得无厌地追求占有资源，一些人为有机会占有更多资源而不择手段。在充满着各种诱惑的社会环境中，要抵御各种诱惑，更需要坚不可摧的意志力发挥作用。

在下功夫的前提下，德性修养还存在着下多少功夫的问题。在方向对头、方法得当的情况下，下功夫越多，越有利于德性的养成和完善；下功夫越少，德性越难以养成，更谈不上完善。德性功夫的多少有两个指标：一是德性修养的力度问题，二是德性修养的持久性问题。前一指标涉及的是德性修养努力的程度问题，越努力德性修养越有成就。努力就是发挥主观能动性。就德性修养而言，所需要的是充分努力，也就是要充分发挥自己的主观能动性，积极主动潜心地进行德性修养。德性修养不充分努力不行，不充分努力就不能养成和完善德性。后一指标涉及的是德性修养持续的时间问题，持续时间越长德性修养越有成效。德性修养要求持续地下功夫，一旦开始就不能停下来，一直到老。德性修养会经常遇到阻力和挑战，这种阻力和挑战常常会使德性修养中断。因此德性修养需要有"坚守"的功夫。所谓"坚守"，就是"不管风吹雨打"，修养德性坚定不移。如果不能做到坚定不移，就有可能前功尽弃。现实生活中，一些人进行过德性修养，但最终德性不怎么样，原因就在于缺乏坚守的功夫。要做到坚守，一个重要的方法是要不断推进德性修养，追求德性完善，在推进中坚守。德性修养虽然不像逆水行舟，不进则退，但推进可以防止倒退。

在下功夫的前提下，还存在着怎样使德性修养活动卓有成效的问题，这个问题也就是怎样在德性修养上下功夫的方法问题。关于德性修养方法，不少伦理学家进行过研究，并提出了一些有指导意义的方法。例如，唐凯麟教授在《伦理学》一书中提出的"学习与思考""省察克治""积善成德""慎独"等方法，[①] 就是颇为有效的方法。综合已有的研究成果和现实经验，要使德性修养活动卓有成效，以下六个方面特别值得注意。

一是明理悟道。要有效地进行德性修养，确实需要冯友兰先生说的"觉解"，要弄清楚为什么要进行德性修养、要修养什么德性和怎样修养德性这些基本问题和做人的基本道理。明理悟道就是要求人们通过不断学习丰富德性方面的知识，明白并体悟有关德性的道理。德性是人更好生存的道德智慧的结晶，而这种智慧结晶要通过修养才能凝聚。明理悟道的过程就是培养道德智慧的过程，而"道德智慧在于根据我们关于好生活的概念生活，而这又在于使用我们的知识、评价和判断以将我们面对的复杂道德情境转变成简单的"。[②] 一个人弄清楚了德性的道理，就会有强烈的德性意识，就会有修养德性的自觉，就会成为德性方面的明白人，就有可能成为有道德智慧的人。明理悟道不是一次能完成的，要根据环境变化、生活经验经常进行，要通过对德性及其修养的理解不断加深。

二是学以致用。德性修养是一个不断学习有关德性及其修养知识的过程。提供德性及其修养知识的学科主要是伦理学。因此，德性修养的过程也是一个不断深化伦理学学习和研究的过程。这种学习的目的当然是增加知识，但更重要的目的是运用，也就是要将学习的知识运用于实践，使之落实在行动上，实现知行合一。伦理学理论最终是实践的。"按照亚里士多德的观点，从事伦理学研究本身是一个实践

---

① 参见唐凯麟编著《伦理学》，高等教育出版社，2001，第271—272页。

② John Kekes, *Moral Wisdom and Good Lives*, Ithaca and London: Cornell University Press, 1995, p. 94.

的问题。有心听他讲课的听众是那些一直关心德性的人，其目的是深化他们过好生活的信念和能力。"① 亚里士多德在《尼各马可伦理学》结尾时说："关于幸福和德性，同样关于友谊和快乐，总体上我们进行了充分的讲述。那么因此可以认为我们的计划达到了目标吗？或者（如我们习惯于说的那样）在实践中目标不在于对细节的观察和认识，而更在于施行？所以对于德性，光有知识是不够的，而要试图内化它，实践它或者总是要以某种方式使我们变成有德性的人。"② 就一般人而言，学习并探讨伦理学是为了过好生活，在学习并探讨的过程中要强化过好生活的信念和提高过好生活的能力，而所掌握的伦理学理论要运用于自己过好生活的实践。学以致用的前提是学，只有不断地学，才能有可用的知识，才谈得上知行合一。但是，要使所学的知识运用到行为上去，关键是要在学习的过程中明理悟道，使自己理解德性知识背后隐含的深刻道理，使自己达到德性的自觉。德性知识与其他知识的根本不同之处是要体悟，在体悟中明白德性的道理。只有真正明白了德性的道理，才会将德性要求自觉运用于行为。一些人是"伪君子"，这些人有德性知识，但表里不一。从学理上看，这些人没有从德性知识中进一步体悟出德性的深刻道理，没有将德性知识转化为德性意识和道德智慧，导致德性知识与德性行为分离。

三是察人省己。德性修养需要经常反省自己。反省自己的主要目的是发现和改正自己在德性方面的错误和缺点。人生活在复杂的环境中，而且人性有其弱点，因而人在生活中不可能"无过"。关键是有过就要改。古人云："人谁无过？过而能改，善莫大焉。"③ "避祸不

---

① Nancy Sherman, *The Fabric of Character: Aristotle's Theory of Ethics*, New York：Oxford University Press, 1989, p. 7.
② 〔古希腊〕亚里士多德：《尼各马可伦理学》（注释导读本），邓安庆译，人民出版社，2010，第349—350页。
③ 《左传·宣公二年》。

如省非。"① 德性修养的过程在某种意义上可以说就是一个从有过到少过再到无过的改过过程。有过不改则是人生的大敌，"过而不改，是谓过矣"。② 人的过需要别人指出，更需要自己反省。

佩德罗·塔本斯基（Pedno Tabensky）提出过一种批判性反省的方法（the method of critical introspection）。他认为，当我们研究我们对我们是谁的通常理解时，我们可以运用这种方法。应用这种方法的目的是要发现我们关于我们自己的概念的某些方面不是充分的，需要根据我们认为我们应该是谁来进行修正，因而与纯粹的描述相反，以这种方式研究我们自己是批判性的。他说："批判性反省的方式是通过对我们已经存在的成为一个人意味着什么进行思考的方法，使我们的理解成为明确的和更完整的。在使这种理解成为明确的过程中，我们将在一个更好的立场上确定我们可能发现存在着的不一致性，并因而调整我们的概念以使其一致性和清晰性最大化。"③ 这种批判性反思的方法可以运用于德性修养，在德性修养的过程中要不断根据我们对德性的深化理解反省、判断和校正对德性原有的理解。

德性的反省是有根据的，其根据一般来说就是德性要求，但德性要求需要在学习过程中掌握，因而我们要在学习到有关新的德性知识的时候反省自己。反省的过程就是一个认识自己或自知的过程。"自知（self-knowledge）的对象是知者的品质，而且它是一个自我意识和反思的过程。它的目的是对我们品质方面有意义的事实做出合情理的解释。这样的解释不可避免的是评价性的，因为它从我们关于好生活概念的视角观察要被解释的事实。"④ 德性要求也可以通过观察他人的

① （北宋）林通：《省心录》。

② 《论语·卫灵公》。

③ Pedro Alexis Tabensky, *Happiness: Personhood, Community and Purpose*, Hampshire：Ashgate Publishing Limited, 2003, p. 91.

④ John Kekes, *Moral Wisdom and Good Lives*, Ithaca and London：Cornell University Press, 1995, p. 136.

表现来掌握，察人也是省己的重要途径。当我们看到别人的德行时可以反观自己做得如何，思考这样做有什么好处以及自己能否这样做；看到别人的恶行及其不良后果也可以反观自己有没有此类恶行，分析导致此类恶行的原因，思考如何避免此类恶行发生，做到"有则改之，无则加勉"。这就是《尚书》所说的"检身若不及"；① 孔子所说的"见贤思齐焉，见不贤而内自省也"。② 通过观察别人反省自己的方法十分重要。尤其对于成年人来说，他们不可能每天学习有关德性的知识，但他们每天随时随地都可以通过别人的行为洞察别人的德性状况，对照反省自己的德性状况。如果有察人省己的意识和方法，他们随时可以以别人为参照，观察别人反省自己，吸取别人德性方面的经验教训，使自己的德性完善。

在察人省己的过程中，不可避免地会模仿别人。模仿不是盲目的，而是有选择的，要像孔子所要求的那样，"择其善者而从之，其不善者而改之"。③ 在日常生活中，不少人过着充分值得欲望的生活。我们不能模仿这样的生活中的运气部分，但可以模仿其中的道德部分，即值得赞赏的部分，这一部分才是值得模仿的。琳达·扎格则波斯基指出："一种充分值得欲望的生活并不是每一个人都能达到的。我们不能模仿运气，无论是好的还是坏的，所以，我们不能模仿那些过着充分值得欲望生活的人的生活，但是我们能模仿值得欲望生活中的值得模仿的部分。值得模仿的生活包括值得赞赏的生活。"④ 这给我们在察人省己的过程中如何模仿提供了方法论的启示。

四是改进判断。察人省己的过程也是一个不断改进自己的道德判

---

① 《尚书·伊训》。
② 《论语·里仁》。
③ 《论语·述而》。
④ Linda Zagzebski, "The Admirable Life and the Desirable Life", in Timothy Chappell, ed., *Values and Virtues: Aristotelianism in Contemporary Ethics*, Oxford: Clarendon Press, 2006, p. 66.

断的过程。约翰·刻克斯指出："我们的判断是需要改进的，因为在我们的道德资源方面，复杂道德情境中的恰当行为会提出比我们能从惯例道德中获得的更多的要求。"① 在我们反思复杂道德情境时，我们需要超出惯例的道德原则和解释，学会处理原则之间的冲突，而且我们必须解释并不明确为原则所涵盖的情境，并在能以几种方式得到合理解释的情境中做出反应。这就是判断能使我们做的事情。然而，要运用判断，我们必须有所获得的资源，而任何人都不是一开始就拥有这些资源的。我们是从一种由天赋的偶然品质开始的，因而我们必须借助我们的好生活概念将其转换成一种能处理道德情境的成熟品质。这种转换包括增强对由什么欲望、能力、机会、价值和行为构成我们品质的稳定结构的控制。通过这种方式，判断就与控制联系起来了。我们可以通过加强我们好生活概念的动因力量和弱化我们的品质，根据好生活概念生活的内在障碍来增强我们的控制。增强控制能对改进判断起促进作用，而得到改进的判断能使评价人们面临的情境成为可能。据此，通过增强运用各种智慧要素（好生活的概念、知识、评价和判断）的能力提高道德智慧水平。②

五是日积月累。德性的养成和完善是一个从点到面、由浅入深的过程，德性修养要遵循这样的规律。德性是成体系的，有不同的德目，有不同的层次，无论是对德性的理解还是使德性成为品质都不可能一次完成。之所以要进行德性修养，是因为德性的养成和完善是一个日积月累的渐进过程。在德性修养的过程中，既要注意维度的渐进性也要注意层次的渐进性。就维度而言，要注意从利己的德性开始，进入利他的德性、利境的德性，最后是利群的德性。当然，在实际修

---

① John Kekes, *Moral Wisdom and Good Lives*, Ithaca and London：Cornell University Press, 1995, p. 158.

② John Kekes, *Moral Wisdom and Good Lives*, Ithaca and London：Cornell University Press, 1995, pp. 158–159.

养过程中，这几个方面也不是完全分离的，而是相互联系的，在修养过程中要注意这种联系性，在突出重点时兼顾其他。就层次而言，要注意从基本德性开始，然后进至派生德性。基本德性是德性养成的重点，也是德性修养的重点。基本德性养成了，还要不断加以维护，防止发生蜕变或丧失。这种渐进的过程是积累性的，是一种逐渐扩展和提升的过程。德性与人的自然本性不一致，有时甚至相冲突，而且会经常受到环境的消极影响，因而会出现反复。出现这种情况难以避免，关键是要经常注意纠偏，通过持续的德性修养维护基本德性。

六是恪守底线。德性修养是在适度遏制人的自然本性的过程中、在抵御环境消极影响的过程中进行的。人在修养的过程中难免左右摇摆、犹豫不决、徘徊不前。出现这些情况，要恪守德性要求的底线，牢固地筑起德性防线，严防走到恶性的一端。德性要求的底线就是由基本德目体现的基本德性原则。这些基本原则也是做人的基本原则，一旦突破就有可能进一步走向深渊。许多底线德性原则是不能突破的，突破了就难以回头。

在恪守底线方面，尤其要注意节制、倾听良心的声音、"慎独"和知耻。

人的许多恶性都是由欲望失控导致的，而且人的欲望又是很难控制的。正如斯宾诺莎所说的，"人类最无力控制的莫过于他们的舌头，而最不能够做到的，莫过于节制他们的欲望"。① 一个人能节制他的欲望，就能在一般情况下恪守德性要求的底线。

良心是人的底线道德情感或基本道德情感，当人们有作恶的倾向或动机时，良心会发出警告。尼古拉·哈特曼在谈到良心时指出："每一个人凭借它来理解不赞成和赞成的内在法庭、一种对善与恶的暗示、一种从人自身存在深处发出的、不请自来的、未曾意料的、神

---

① 〔荷〕斯宾诺莎：《伦理学》，贺麟译，商务印书馆，1958，第95页。

秘的'声音'，它的言说极具权威，并令人信服，尽管它反对自然的自我肯定。"① 倾听良心的声音，就是在做行为选择时要依从良心的指引，凭良心为人处世。在一般情况下，以良心为动机不会作恶。

"慎独"是要求人们在独自行为而别人不能发现的时候要谨慎，要坚守德性底线。用朱熹的话说就是："君子慎其独，非特显明之处是如此，虽至微至隐，人所不知之地，亦常慎之。小处如此，大处亦如此，显明处如此，隐微处亦如此。"② 之所以要慎独，是因为在个人独处时容易放松对自己的要求，容易产生逃避谴责和惩罚的侥幸心理。如此，自己的德性防线上就有可能出现"蚁穴"，导致德性崩溃。"侥幸"是不可靠的，"要想人不知，除非己莫为"，因为"久做必犯"。一个人如果在德性上能"慎独"，那么就在任何场合都不会突破德性底线，就会达到"相在尔室，尚不愧于屋漏"③（意指在个人独处时不起坏念头）的境界。有学者认为，"慎独是入德之方"。④

知耻就是知道什么是耻辱，也就是知道什么样的品质、行为和人格是令人羞耻的，是可耻的。孟子说："人不可以无耻，无耻之耻，无耻矣。"⑤ 缺乏耻辱感，一个人就无德性品质和道德操守可言。这即古人所说的："廉耻，士君子之大节，罕能自守者，利欲胜之耳。"⑥在道德上，知行是统一的。如果一个人知道什么在道德上是可耻的，而去做那些可耻的事，那么这个人并不是真正知耻的。真正的知耻不仅包含了对什么是耻辱的认识，还包含了不做可耻的事、禁止形成可耻的品质和人格的去耻要求。在具备知耻的知识与实现去耻的要求之间，需要耻感发生作用。一个人具有了关于耻辱的知识，并进一步形

---

① 〔德〕哈特曼：《〈伦理学〉导论》，见冯平主编《现代西方价值哲学经典（先验主义路向）》下册，北京师范大学出版社，2009，第 711 页。

② 《朱子语类》卷十六。

③ 《诗经·大雅·抑》。

④ （南宋）叶适：《习学记言序目》卷八。

⑤ 《孟子·尽心上》。

⑥ 《欧阳文忠公集·廉耻说》。

成了对可耻的品质、行为和人格感到厌恶的耻感，才有可能将知耻变为去耻。因此，知耻不仅在于知道什么是耻，更在于恶耻，即在知耻的基础上形成耻感。一个人有了耻感就不会去培养那些可耻的品质和人格，就不会去从事那些可耻的行为，从而可以实现知耻与去耻的统一。在这里，形成耻感是关键，而形成耻感的过程也就是形成道德自我调控机制的过程。在知耻的同时形成耻感，并通过这种耻感使人远离可耻的东西，从而达到去耻的目的，这是道德自我调控机制最重要的作用之一。

第九章

德性与环境

在汉语中，环境是指"周围的情况和条件"。"环境"的英文对应词主要是"environment"，指"有机体或有机体群体周围的情况或条件"。环境总是相对于一定的主体而言的，这里的主体是有机体（个体的或群体的有机体），如植物、动物、人。环境实质上是生存环境。它分化出不同的层面和不同的维度（如政治环境、经济环境、文化环境、舆论环境、学习环境等），形成了一个复杂的体系。"人类的生存环境可以划分为自然环境与社会环境。自然环境包括了土地、资源、气候、动物、植物、噪声等，而社会环境是在自然环境的基础上，人类通过长期有意识的社会劳动所形成的环境体系。"① 对于人的品质有影响的主要是社会环境，包括家庭环境、学校环境、单位环境和狭义的社会环境（如政治环境、经济环境、文化环境、生活环境）等。

个人既是自己的作者，也是自己的作品。但是，谁也不能否认环

---

① 韩晓燕、朱晨海：《人类行为与社会环境》，格致出版社、上海人民出版社，2009，第 5 页。

境对于人的意义，"人在环境中生存"已经成了人们的普遍共识。爱尔维修说："人是环境的产物。"对于这一论断一直以来有不同意见认为，环境也是人的产物。这两种说法各有道理，只是这里的"人"可以理解为"个体的人"和"整体的人"。个体的人是环境的产物，而环境则是整体的人的产物。说个体的人是环境的产物与说个人是自己的作者和作品并不矛盾。在既定的环境中，个人创造自我，个人所创造的自我仍然是那个环境的产物。萨特说："人是自己造就的；他不是做现成的；他通过自己的道德选择造就自己，而且他不能不作出一种道德选择，这就是环境对他的压力。"① 如果说个体的人是环境的产物，那么作为个体的人，人格关键因素和主要体现的品质更是深受环境的影响，特别是深受人际关系的影响。有心理学家以青少年与成年人为对象，调查他们在日常生活中除睡眠、洗浴、如厕等纯属个人行动之外，在求学、工作、吃饭、娱乐等活动中，每天花多少时间与别人相处。调查结果发现，若以跟别人相处时间所占总活动时间百分比来计算，青少年与成年人平均每天用在与别人相处的时间分别是74.1%与70%。由此可见，一般人在日常生活中有 2/3 的时间在与别人接触的活动之中。②

人正是在环境中特别是在人际关系中自发形成或养成和完善德性的。环境既是德性的平台和空间，也是德性的土壤和源泉。一个人有更好的道德环境，那被看作一种运气，即所谓"道德运气"。人的环境的结构很复杂，大致上可以划分为家庭以及私人交往环境、学校环境、单位环境和社会环境，它们都与德性有关系，特别是对德性的自发形成、养成和完善都有重要影响。

---

① 〔法〕萨特：《存在主义是一种人道主义》，载万俊人主编《20 世纪西方伦理学经典》（Ⅱ），中国人民大学出版社，2004，第 348 页。
② 参见张春兴《现代心理学——现代人研究自身问题的科学》（第 3 版），上海人民出版社，2009，第 438 页。

第一节　德性与家庭环境和私交环境

个人的德性状况与家庭环境的关系很密切，这是大家都公认的，而且不少学者从不同学科对两者之间的关系进行过不少的研究。德性与家庭环境的关系很复杂，这里主要从伦理学的角度对两者之间的关系做一些概要性分析，并针对问题家庭的问题提出一些对策性意见。同时，个人的德性也与其私人交往环境有一定的关系，这里我们对这两者之间的关系也做些简要分析。

一　家庭环境对德性的影响

家庭环境是相对于家庭成员而言的家庭生活情况和条件。家庭环境对个体的影响可分为纵向和横向两个方面：纵向影响主要来自家庭背景（如出身富贵或贫贱），多在宏观层面展开（如社会分层）；横向影响属微观层面，主要是指家庭成员的互动影响个体的成长和发育。[①] 家庭是人最原始、最根本的环境，是人接触社会生活的基础，"是最重要的社会化机构"，[②] 对人的发展特别是人的品质具有极其重要的影响。

在个人的一生中，家庭环境是变化较大的，而且情形非常复杂。对于同一个人而言，家庭环境的变化大致上可以划分为三个阶段：个人最初的家庭环境一般主要是由长辈（父母、祖父母或外祖父母）和兄弟姊妹构成的，个人的身份是子辈，这种家庭对于个人来说可以称为"子辈家庭"；结婚后，家庭环境的构成中增加了夫或妻，随后又

---

① 参见韩晓燕、朱晨海《人类行为与社会环境》，格致出版社、上海人民出版社，2009，第7页。

② 〔美〕约翰·J.麦休尼斯：《社会学》，风笑天等译，中国人民大学出版社，2009，第150页。

增加了子女，个人的身份是父辈，这种家庭对于个人来说可以称为"父辈家庭"；当子女独立成家后，家庭的结构又变成了由夫妻及其父母构成的家庭，个人的身份成了祖辈，这种家庭可以称为"祖辈家庭"。个人一生中家庭环境的三个阶段对人的德性的影响是不同的。子辈家庭环境对个人德性的影响最大，父辈家庭次之，祖辈家庭最弱。

子辈家庭环境对于个人德性的意义突出体现在对个人德性自发形成的影响方面。子辈家庭是个人从出生到离开家学习或参加工作的这一段时间（大致上到高中毕业前后）。这一段时间是人的德性自发形成阶段，是人从无德性到有德性的阶段。这时的家庭环境对个人德性的自发形成具有极其重要的影响，是个人德性的"摇篮"。

子辈家庭环境对德性的影响具有以下几个特点。

第一，个人主要是被动接受家庭环境的影响。从出生到成长为青少年这一段时期，个人从不懂事到逐渐懂事，个人的主体性处于形成过程中，一切事情都是听大人的，个人缺乏自主性和自我意识。因此，在这个时期，个人在德性方面主要是被动地接受家庭的影响。廖申白教授在谈到与家庭共同体相关的三个重要事实时指出，与家庭共同体相关的第一个自然事实是：家庭对每个人来说不是选择的，每个人都出生在一个未经他选择的家庭里。[1] 家庭德性氛围好、长辈的德性好、长辈注重对孩子的德性教育和培养而且方法得当，会给孩子的德性形成营造良好的环境。在这种环境中，孩子会在大人的无形影响和有意识的作为下形成良好的品质和习惯，并为将来的德性修养奠定良好的基础。否则，孩子会受到坏影响。这时的人与后来不同，他没有多少选择的余地，只能任凭家庭环境塑造，在儿童时期和学前时期尤其如此。"近朱者赤，近墨者黑"是这个时期个人品质形成状况的

---

[1] 参见廖申白《伦理学概论》，北京师范大学出版社，2009，第120页。

生动写照。

第二，通过多种途径对个人的德性产生影响。子辈家庭环境对个人德性影响有多种途径，主要有家庭氛围的潜移默化作用、长辈的示范作用、长辈的教育作用、长辈的奖惩作用等。家庭氛围就是过去人们经常说的"家风"。德性氛围越浓的家庭越会使孩子从小受到德性的熏陶，这种熏陶有利于孩子形成德性的品质；否则，有害于孩子形成德性品质。"龙生龙，凤生凤，老鼠生子打地洞""上梁不正下梁歪""有其父必有其子"等说法，反映了长辈对子女的示范效应。德性教育的方法对孩子的品质形成也有直接影响。讲究方法、方法得当，特别是合适的奖惩方法对孩子的德性形成能起到更有效的作用。方法不对，即使教育内容正确也会影响效果。"棍棒出孝子"的方法，并不利于德性品质的培养。所有这些途径只有朝着有利于孩子德性形成的方向共同发生作用才真正有利于孩子德性的形成。如果它们彼此矛盾冲突，可能会产生严重的不良后果。假如一个家庭表面看起来有德性的氛围，但其实长辈德性并不好，只是没有表现出来，那么这个家庭就会对孩子的品质产生消极影响。当孩子发现家庭的德性氛围原来是虚假的，孩子就有可能形成两面人格。假如父母对孩子的品质要求很高很严，而他们自己的品质很糟糕，孩子就可能会模仿父母，而不会按他们的要求去做。同样，家庭的德性氛围好，父母品行也端正，也重视对孩子的德性教育，但方法不当，也会引起孩子对德性的逆反心理，抵制父母的苦心教育。要实现所有影响孩子德性的途径都朝有利于孩子德性形成的方向发生作用，需要父母具备一定的德性和德性教育知识。

第三，对个人的影响总体上看由强到弱。子辈家庭环境对个人的影响在幼儿期是最强的，孩子是完全在家庭和长辈的影响下成长的。到了学前期，孩子不仅受家庭的影响，也开始受小同伴的影响，进入幼儿园的孩子还会受到老师的影响。不过，这时家庭的影响还处于主导地位。进入童年期，孩子受学校、老师和同学的影响变大，并且已经开始有了自我意识，这时家庭的影响与学校、老师和同学的影响开始逐渐走向相当，在有些时候，学校和老师的教育可能比家庭和父母的教育影响更大。许多小学生更听老师的话，而不怎么听父母的话。到青少年时期，家庭的影响作用开始变弱，而学校的影响开始变强，特别是伴随着孩子的自我意识明显增强以及知识和能力的增长，他们可以用自己的眼睛观察，开始有自己初步的判断和选择。这是一个正常的过程，如果不是这样，到了青少年时期，孩子还是一切都听父母长辈的，那就会产生心理障碍。家庭对孩子德性形成的正面影响要尽可能靠前，越到后来其力量越有限。

第四，子辈家庭环境中形成的德性对人终生的德性状况具有基础性的作用。"三岁看大，七岁看老"这一说法表明学前期和童年期的德性状态对一个人的一生都有重要影响。这个时期自发形成的德性越完整、越牢固就越有利于将来的德性修养。自发形成的德性是人的德性的基础。自发形成的德性的基础越牢固，德性养成和完善越容易。如果人们在进入成年前养成了恶性，他要再养成和完善德性就得下一番革面洗心的功夫。这即通常所说的"江山易改，禀性难移"。自发形成的品质就是人的秉性。更重要的是，如果一个人自发形成了良好的品质，那么即使他没有经过反思的功夫，以后没有进行德性修养，不再进行德性养成和完善的过程，他的德性在一般情况下也会是较好的，至少是淳朴的。许多偏远山村的居民并不进行有意识的德性修养也具备不少优良的品质，如淳朴、善良、正直、勇敢等。这就是因为他们在淳朴的民风中自发形成了德性，在没有外来冲击的情况下，这些德性足够他们终身受用。

父辈家庭环境对个人德性的影响主要体现在对个人德性的养成和完善方面。当一个人结婚成家后，家庭氛围对德性的作用相对较小，子女对父辈德性的影响也较小，而夫妻相互之间对对方德性的影响较大。这时一个人的基本品质已经形成。家庭环境对德性的影响至少有四种情形：其一，夫妻双方的德性都好而且都注重德性修养，他们可以相互促进，使德性走向完善；其二，夫或妻一方的基本德性已经养成，另一方的德性越好，对对方德性的正面影响越大；其三，夫或妻一方的品质有问题而另一方的德性好，德性好的一方一般有助于对方克服品质的缺陷，但也有可能出现品质有问题的一方使德性好的一方变坏；其四，夫妻双方的品质都有问题，双方可能臭味相投，也可能相互取长补短。第一、第二两种情形是父辈和祖辈家庭环境对德性的正面积极作用，都是有利于德性完善和维护的。在第三、第四两种情形下，则需要德性好的一方通过示范、劝导、限制等途径影响对方。通过这些途径，德性好的一方可以促进对方养成和完善德性。

祖辈家庭环境对个人德性的影响主要体现在对个人德性的完善方面。当一对夫妻的子女独立成家之后，他们就成了祖辈家庭。这样的家庭环境对个人德性的影响主要体现为老两口在德性完善方面可能具有的影响。在这个时候，人们的品质已经基本定形，如果他们的德性状况好，他们可以相互促进，使彼此的德性都进一步走向完善。如果他们的品质都不好，彼此改善的可能性都不大。如果一方的德性好，而另一方的品质不怎么好，德性好的一方可能对对方起到促进作用，但作用不会太大。当然，我们也不能排除有这样的可能，即德性不好的一方或双方在老年将至的时候把一切都看开了，看透了，悟出了某些人生的真谛，把德性和人格看得很重而注重德性修养，使自己的德性得到改善。

二　德性对家庭环境的要求

有的家庭环境有利于一个人成为德性之人，而有的不利于或有害于一个人成为德性之人，甚至还会使人形成恶性。那么，什么样的家庭环境有利于一个人成为德性之人呢？这个问题要根据个人德性自发形成和养成、完善需要或要求什么样的家庭环境来回答。

个人德性自发形成和养成、完善所需要的家庭环境总体上来说就是家庭应该成为德性之家。所谓德性之家，就是家庭本身是德性化的整体，它是以德性为基础组织起来的，靠德性维系的，其功能也是出于德性的。虽然不能说有德性之家才有德性之人，但德性之家是德性之人的摇篮和温床。

大体上说，一个家庭要成为德性之家需要具备以下几个条件。

首先，完整和睦。家庭是否完整和睦对家庭成员个人的德性具有很重要的影响，尤其是孩子德性自发形成的最重要环境和条件。一个完整的家庭，意味着家庭中孩子有父有母。孩子有父母生活在身边，孩子有安全感和依赖感，对家庭有认同感，他们一般不会发生心理问题，特别是不会产生自卑感。在孩子德性自发形成过程中，心理健康是前提。父母不健全是孩子产生心理问题的一个重要根源。更重要的是，父母健全的家庭，父母可以分担家庭的经济负担和家务，因而会有更多的时间和精力关心孩子的成长，分担对孩子的教育责任。父母不健全，家庭会因此而弱化甚至丧失孩子德性形成所必需的功能。孩子德性正常形成不仅要求家庭完整，还要求家庭和睦。家庭和睦就是家庭成员之间融洽相处、互帮互助、相亲相爱。生活在这样的家庭中的孩子，不仅不会产生心理问题，从而为德性自发形成创造条件，而且会在这样的氛围中自然而然地形成一些德性。否则，孩子就会生活在无所适从、不安全甚至恐惧的环境之中。长期生活在这样的环境中，他们的心理就会不正常，并因而影响德性的正常形成，而且他们有可能为了适应这样的环境而形成许多不好的品质。家庭健全和睦对大人的德性养成，特别是德性完善也有重要影响。一个人生活在不完整的家庭，很容易产生妨碍德性修养的心理问题，如产生孤独感、寂寞感、无助感、更大的生活压力感等。家庭不和睦使人生活在不安甚至痛苦、愤怒之中，这种情绪更会影响个人的德性修养。生活在不完整不和睦的家庭的人，无心进行德性修养，有时也无力或无暇顾及德性修养。相反，生活在健全和睦的家庭中的人，不仅生活压力相对较小，产生心理问题的可能性也小得多，可以相对从容地进行德性修养，可以在家庭成员的相互正面影响下促进德性的养成和完善。

其次，趋善避恶。一个家庭要成为德性之家，在家庭生活的价值取向方面要趋善避恶。这里所谓的趋善避恶，就是将家庭的一切活动都限定在社会的法律和道德范围之内，不做任何恶的或不正当的事情。具体地说，家庭趋善避恶的价值取向要求家庭要通过合法合德的途径谋求家庭的利益和追求家庭的和睦、幸福，不贪不义之财，不损人利己，不损公肥私。家庭确立趋善避恶的价值取向不仅对于家庭成为德性之家而且对于家庭成为和睦之家具有根本性的意义，可以说是家庭的立家之本。家庭是社会的细胞，生活在复杂的社会中，面临着各种风险和挑战，这些风险和挑战不仅会威胁家庭成为德性之家，也可能破坏家庭和睦，甚至使家庭破碎。一个家庭只有确立趋善避恶的价值取向，家庭的一切活动才会纳入正当的范围，家庭生活一般才不会有风险，不会出现大的灾难。

再次，谈是论非。和谐家庭也好，德性之家也好都需要建设，建设的一个重要途径就是家庭成员之间要经常进行交流沟通。每一个家庭成员要将自己的所见所闻、所作所为说给家人听，大家一起对各人的行为进行是非善恶判断。有专家将这种交流沟通称为"话聊"，并认为这是家庭的最重要补品。之所以如此，至少有三方面的理由：其一，交流沟通可以使家庭成员的活动置于家庭的监督之下，防止其发生不正当行为，使家庭规避风险；其二，交流沟通可以提高家庭成员判断是非善恶的能力，实现相互促进，形成趋善避恶的家风；其三，交流沟通可以减少家庭成员彼此之间的担心，可以融洽家庭成员之间的关系，促进家庭和睦。当代中国家庭有许多问题，导致这些问题的原因很多，其中的一个重要原因就是家庭缺乏必要的"话聊"。"话聊"不能是偶尔为之的，不是到了周末才为之的。每天都进行"话聊"更便于家庭成员之间的充分透彻了解，而且这样也更方便，不需要大块的时间，一般只需茶余饭后聊聊就行了。更重要的是，每天交流沟通，发现了问题可及时"诊断"和处理。

最后，扬善抑恶。家庭要成为德性之家，还要形成扬善抑恶之风。扬善抑恶是指家庭一旦发现其成员的品行有善的表现就及时给予鼓励，而一旦发现他们有恶的表现就及时给予批评，并采取措施予以制止。扬善抑恶要从小事做起，不以善小而不为，不以恶小而为之，特别是在抑恶方面要防微杜渐。对孩子要扬善抑恶，对大人更要如此。因为从今天的现实情况看，大人特别是男性更容易发生利令智昏、唯利是图、不择手段等会导致家毁人亡的问题。要扬善抑恶，首先要能发现家庭成员品行的善恶，而要能如此，除了前面所说的每天应坚持的"话聊"外，还需要多观察和关心家庭成员，留心他们的品行，善于察言观色。扬善抑恶也需要注意方法。家庭成员虽然都是亲人，但对他们的观察和关心同样要以尊重他们的隐私为前提，表扬批评也要适度和方式适当，不能因为是亲人而无所顾忌，否则就有可能适得其反。

三　家庭在德性方面的应有作为

家庭在其成员的德性自发形成和德性养成、完善方面是可以有所作为的，而且也应该有所作为。在这方面与在其他方面一样，有所作为就会有所收获，无所作为就无所收获，有所作为和无所作为是有很大区别的。所谓作为，就是有意识地去做，用心地去做。一个家庭有意识地、用心地去对其成员进行德性培养，其成员的德性就能更有效地形成。

家庭在德性方面应有的作为至少有以下几个方面。

第一，营造德性之家。德性之家是家庭成员德性形成的家庭环境，德性之家更有利于家庭成员的德性形成，更能避免家庭成员在品质方面发生问题。德性之家不是自发形成的，德性之家需要营造，没有家庭成员的主观能动作用，就不会形成德性之家的家庭环境。今天中国的家庭是一个较松散的组织，要在这样一种松散的家庭中建设德性之家，需要家庭成员共同努力。每一个家庭成员都是德性之家的营造者，都肩负着营造德性之家的责任。不过，在德性之家营造的过程中，特别是在子辈德性之家的营造过程中，家庭的核心成员（主要是父母）具有更重要的作用，肩负着主要责任。因为对于子辈家庭来说，有很长一段时间孩子是缺乏自主的，是被动地接受家庭特别是接受父母的影响的，家庭能不能成为德性之家主要甚至完全取决于父母。因此，对于这样的家庭来说，父母要以对家庭特别是孩子的高度责任感致力于德性之家建设，努力营造家庭的德性氛围。

第二，注重德性示范。注重德性示范主要是就家庭核心成员而言的。在子辈家庭，父母是孩子品行的楷模，父母的品行对孩子有着直接而深刻的影响。古人云："教训子孙，必须自正己身，己身能正，就是教子的方法。予最爱前人有二句话：'心术不可得罪于天地，言行要留好样与儿孙。'其格言也。"① 注重德性示范就是父母要在德性方面为孩子做出表率，也就是要努力使自己成为德性之人。父母是德性之人，孩子更容易成为德性之人。孩子是父母的镜子，孩子的品行有问题一般能折射出父母的品行有问题。注重德性示范，父母要特别防止说一套做一套，口是心非，当着孩子的面表现出很有德性，而背着孩子干出一些见不得人的勾当。这样做的结果只会使孩子按照父母背后干的勾当行事。父母也不能要孩子去做自己在德性方面做不到的，更不能强迫孩子那样去做，否则就使孩子形成双重人格和虚伪品质。注重德性示范要求父母在德性方面要严格要求自己，并且言行一

---

① （清）石成金编撰《传家宝》二集卷二《人事通》。

致，表里如一。孩子的眼睛是雪亮的，父母品行不端可能会逃过外人，却逃不过自己的孩子。在品行方面严格要求自己，注重示范，做出表率，是每一个人之父母能有的、应有的作为。

第三，进行道德教育。父母的德性示范是潜移默化地对孩子产生影响的，而家庭的道德教育是大人在日常生活中告诉孩子在道德上应当怎样和不应当怎样的教导和启发。家庭对孩子进行道德教育的作用十分重要，这是因为：首先，在孩子成人之前特别是在入学之前，家庭的大人是孩子接受道德教育的主要途径甚至唯一途径，孩子只能从父母和其他大人那里受到道德教育；其次，孩子是人生道德品行发展的重要时期，这时不适当地接受道德教育，孩子品行就可能发生偏差，而一旦如此，将来纠正起来就特别困难。因此，对孩子进行道德教育是家庭的重要责任。家庭的道德教育主要包括三个方面：一是对孩子的德性教育，二是对孩子的道德智慧教育，三是对孩子的道德情感教育。这三方面的道德教育是相互关联的，其中对孩子进行德性教育是最基本的。对孩子进行德性教育主要是随时告诉孩子什么是德性，什么是恶性，以及怎样养成德性，对孩子品行方面发生的偏差随时纠正并讲明道理。进行家庭德性教育最重要的是家长要有这方面的意识，根据情境、条件、孩子的表现随时随地进行，可以适合不同年龄孩子的特点采取灵活多样的形式。例如，对于小孩可以通过讲故事、参观、旅游等形式进行德性方面的启蒙教育，对于青少年可以通过讨论一些道德现象进行德性方面的启发教育。家庭道德教育不是系统的，而是一点一滴地积累的，要持之以恒，因势利导。总之，注重家庭德性教育，既是对孩子负责，也是对社会负责，家庭要切实地担负责任，以恰当的方式经常对孩子进行德性教育。

第四，纠正品质偏差。未成年人在德性发展的过程中容易出现偏差，特别是当孩子开始与同伴和同学接触后，更有可能受不良影响而出现品行问题。当孩子出现品质方面的偏差时要及时给予有效的纠正。古人说教子有五个方面，即"导其性，广其志，养其才，鼓其气，攻其病"。① 其中的"攻其病"，就是发现孩子有毛病就要及时纠正。要纠正孩子品质方面的偏差，家长需要注意以下五个方面。第一，家长对品质优劣要有正确的观念。家长要具备一定的德性知识，要能对孩子的品质做出正确的判断。第二，家长要注意观察孩子的表现，要通过随时细心观察及时发现孩子品行方面出现的问题。观察的内容不仅包括孩子的行为，也包括其对人对事的态度、情感、言语等。第三，家长对孩子的偏差要细心加以判断，区分是品质问题、行为习惯问题，还是偶发的或无意的行为错误。第四，家庭要及时纠正孩子品行方面的偏差。对于品质和行为习惯问题要引起高度重视，而对于偶发的或无意的行为错误则只需提示即可。在纠正的过程中，不仅要指出孩子的问题，而且要讲清道理，以理服人，不能以家长的权威强制、压制。第五，对于孩子的已纠正的品行问题，家长要经常注意观察，看其是否改正过来。孩子及时改正，家长要给予恰当的鼓励，增强孩子的自信心和培养其有错必改的习惯。

四　问题家庭的问题与对策

问题家庭表现为家庭环境不良和家庭作为缺失。就家庭环境不良而言，存在着家庭不完整以及家庭善恶含混、是非不辨、正不压邪等问题。前者是家庭结构问题，后者是家庭风气问题。就家庭作为缺乏问题而言，存在着不注重德性之家营造、不注重德性示范、不注重道德教育和不注重品质纠偏等问题。所有这些问题都可归结为家庭作为缺失。据此，对于就德性而言的问题家庭也可以总体上划分为三大类：家庭结构残缺、家庭风气不正、家庭作为缺失。我们着重对这三类问题的表现、危害、原因和对策做些简要的分析。

---

① （宋）家颐：《子家子·教子语》。

家庭结构残缺有多种表现形式，如果不考虑孤儿的情况，主要有隔代家庭、单亲家庭、重组家庭、单身家庭等四种基本形式。

隔代家庭是有子女、祖父母而无父母一起生活的家庭。这类家庭又有不同的情形，如有双祖父母的、有单祖父母而无父母的，或者有双亲或单亲但不在一起生活的，等等。从现实生活的情况看，导致这种家庭的原因主要有两种：一是父母因疾病或意外死亡，二是由于父母离婚而将子女留给祖父母。这种家庭的问题通常是家庭的作为到不了位，而且即使家风正、有作为，但也由于子女易发心理问题而可能出现品质问题。因此，生活在这样的家庭环境的子女一般在品质方面或多或少有些问题。其中最突出的问题是容易形成自卑、厌世、怯懦、放纵、厌学、冷漠、妄为等不良的或恶性的品质。对于这样的家庭环境导致的子女品质问题没有很有效的对策，但也不是无可作为，至少有三种努力是可以做的：一是祖父母意识到这样的家庭可能导致的子女心理和品质问题而有针对性地加以注意，尽可能减少问题的发生或减轻问题发生的程度；二是子女懂事之后有意识地克服家庭给自己带来的品质问题，并防范家庭可能给自己带来的品质问题；三是社区特别是学校给予这样的孩子更多的关心，帮助他们防止和克服心理和品质方面的问题。当然，父母从对孩子负责的角度珍视自己的生命、不轻易离婚对于解决这类家庭问题才是具有根本意义的。

单亲家庭是孩子只有父亲或母亲在一起生活的家庭。这类家庭也有不同的情形，如只有父亲，只有母亲，或除父亲或母亲外还有祖辈。当代中国导致这种家庭的原因，除父母一方因疾病或意外死亡外，主要是离婚。这种家庭的问题主要是缺乏有利的家庭环境和家庭作为不到位。单亲家庭由于单亲承担着全部家庭负担和事务，因而特别繁忙、辛苦，常常没有多少时间顾及孩子，而孩子也会因为缺乏父亲或母亲而产生心理问题，需要家庭在心理和品质方面有更多的作为。这两者之间的矛盾常常是难以解决的，因而在这样家庭环境中生活的孩子也很容易发生类似于隔代家庭环境中容易发生的品质问题。值得注意的是，单亲家庭中的父亲家庭与母亲家庭有很大的差异。父亲通常不太注重道德示范作用，不愿意或不善于进行德性教育，因而父亲家庭导致的问题更多。在母亲家庭中，子女通常能得到更多的关爱，当然有时也会导致子女懒惰、放纵等不良品质。因此，如果夫妻一定要离婚的话，最好从对孩子负责和对社会负责的角度考虑让孩子跟母亲一起生活。对于这样的家庭环境，除了要努力通过减少离婚以减少这样的家庭存在之外，主要是要靠父亲或母亲意识到这种家庭可能导致的问题而有针对性地采取一些补救措施，化解子女心理上存在的问题。当然，子女懂事之后，也要有意识地克服自己心理上的障碍和品质上的问题。同时，社区特别是学校对他们的适当教育和帮助也很重要。

重组家庭的情形更复杂。这种家庭可能是由于夫妻离婚或一方丧偶后组成的。重组家庭的问题主要是子女存在着后妈、后爸的问题以及家庭重组前的子女与重组后的子女之间的关系问题，这一问题由于人们文化程度普遍提高和法律意识增强而不突出。但是，重组家庭的子女还是存在着对后父母的认同问题。如果能较快认同，子女一般不会产生多少心理问题，而长期不能认同则子女可能产生心理问题并会对品质产生负面影响，容易形成虚伪、圆滑、仇恨、冷漠、吝啬等不良品质。长期不认同的原因可能是孩子不容易接受后父母，从而形成隔离感，也可能是后父母不能善待后子女或对后子女不公平。这样的家庭环境对德性产生的消极影响主要通过使家庭从形式上的完整变成实质上完整，增强所有家庭成员对家庭的认同感，使家庭变成真正和睦的家庭减少或消除。当然，子女多理解父母，主动适应重组的家庭，从家庭大局着眼看待和处理问题也非常重要。

那些没有子女或子女不在身边并且不另要子女的重组家庭，一般家庭主要是夫妻二人，也许还有老人。这样的家庭环境对其成员品质的影响，主要体现为夫妻之间的相互影响。重组家庭中年纪比较大的夫妻一般在品质方面相互影响不太大，但夫妻年龄悬殊的，则可能年长的一方对另一方的德性养成和完善有较大的影响。

单身家庭一般都是成年人的家庭，这样的家庭没有其他成员的影响，但这样的家庭是残缺的家庭，因而属于问题家庭。单身家庭容易产生诸多问题，如孤独感、寂寞感、恐惧感、无助感以及由此导致的心理和品质问题。生活在这样的家庭，即使一个人原本是德性之人，他也会重新出现品质问题。导致这样的家庭的原因无非是未婚、离婚、丧偶。对于这样的家庭的问题，解决办法是重组家庭或住公寓，特别是孤身老人更应该住进老年公寓。

五　德性与私人交往环境

每一个人从儿时开始就有私人交往圈子，我们可以称之为个人的私人交往环境，大致相当于有学者所称的"朋辈群体"[①] 或"同辈群体"[②]。这种环境对个体的认知发展、行为塑造、情感表达、精神追求及支持系统均有直接影响，对与此相关的个人品质也有相当大的影响，有时还有决定性的影响。有学者断定，"除了家庭、学校之外，对个体成长和发展影响深远的莫过于朋辈群体"[③]。历史上不少伦理学家都十分重视朋友之间的友谊。"亚里士多德对友谊在好生活中的极端重要性做了使人无话可说的论证，他既把友谊看作内在善，又把友谊看作道德发展所必不可少的善。"[④] 不过，亚里士多德的友谊涵盖的

---

① 韩晓燕、朱晨海：《人类行为与社会环境》，格致出版社、上海人民出版社，2009，第7页。

② 〔美〕约翰·J. 麦休尼斯：《社会学》，风笑天等译，中国人民大学出版社，2009，第152页。

③ 韩晓燕、朱晨海：《人类行为与社会环境》，格致出版社、上海人民出版社，2009，第7页。

④ Nancy Sherman, *Making a Necessity of Virtue*, Cambridge：Cambridge University Press，1997, p.217.

范围比今天广，包括对待父母。

个人的私人交往环境在人生的不同时期有所不同：在学前时期，主要是由"儿时伙伴"构成的；在学校期间，主要是由要好的同学构成的，但在不同的读书阶段，要好的同学不尽相同；在工作期间，主要是由要好的同事以及其他经常交往的朋友构成的；在退休后，主要是由志趣相投的朋友构成的。不同时期的私人交往环境对个人的德性影响不尽相同。"如果你问一个13岁的青少年谁最重要时，他大概会回答'朋友'。当小孩慢慢长大之后，对他们而言，家庭的社会发展功能便逐渐式微。然而，同辈团体逐步地担负起米德的'重要他人'角色。"[1]

学前时期的"儿时伙伴"对小孩品质状况有较大影响。农村的家长过去在要求孩子要跟好小朋友玩时经常对孩子说："跟好人学好人，跟燕子学飞行。"这话讲的就是小伙伴对孩子具有重要影响。小伙伴之间的影响力相当大，不少小孩可能不怎么听父母的话，但很听同伴的话，用鄂东农村大人批评小孩的说法就是："人叫不走，鬼叫飞跑。"这种影响可能是积极的，也可能是消极的。"同辈可以是鼓励，同时也可能是骚扰的来源。"[2] 例如，在校园里，有些学生结伙羞辱、嘲笑甚至虐待某些特定的同学。这种行为在日本被称为校园暴力。小伙伴环境对德性的影响在古代就已经为人们所注意。我国古代的蒙学读物《三字经》就有"昔孟母，择邻处"的记述，讲的是中国古代伟大思想家孟子的母亲为了给他提供一个好的交往环境，曾经三次搬家，最后找到了有利于他德性形成的伙伴圈子。在后来的人们看来，孟轲之所以能成为儒家的亚圣，是与他母亲"择邻处"所提供的好环

---

① 〔美〕理查德·谢弗：《社会学与生活》（插图第9版），刘鹤群等译校，世界图书出版公司，2009，第88页。

② 〔美〕理查德·谢弗：《社会学与生活》（插图第9版），刘鹤群等译校，世界图书出版公司，2009，第88页。

境有关的。颜氏家训中也谈到邻处的重要性："与善人居，如入芝兰之室，久而自芳也；与恶人居，如入鲍鱼之肆，久而自臭也。"[①] 城市邻居之间彼此隔离，很少往来，因而很难形成经常在一起玩耍和做游戏的小伙伴交往环境。农村的情形与城市有所不同，在那里相对比较容易形成小伙伴在一起玩耍和做游戏的环境。

小伙伴交往环境对小孩品质状况的影响主要体现在一起玩的伙伴会在行为方面相互学习模仿从而在品质行为方面相互影响上。一个孩子会在与其他孩子一起玩耍和做游戏的过程中学习和模仿其他孩子，特别是容易受那些在孩子中有影响力的"孩子王"的影响。久而久之，孩子们可能养成某些类似的行为习惯和品质。如果一个孩子群体整体比较规矩，其中的孩子可能会养成守规的习惯；而如果一个孩子群体整体比较顽皮，其中的孩子可能会养成不那么守规的习惯。小伙伴之间的关系状况是自发形成的，也受到孩子们的父母状况、生活条件以及当地风气等因素的影响。孩子们在既定的条件下，浸染着当地（用当代的中国的话语说就是"社区"）的风气，常常学习和模仿大人的做派甚至言语。因此，要营造好的小伙伴交往环境，一方面要营造好的社区风气，另一方面大人们要在品质方面起到正面的示范作用。

到上学阶段，同辈群体对品质的影响比儿时更大。"在这样一个快速变迁的社会，同辈群体具有很大的影响力，而'代沟'或许造成了年轻人和老年人之间态度的不同。一般而言，同辈群体的重要性在青春期达到峰值，这时年轻人开始脱离家庭，并认为自己已经成人。"[②] 与"儿时伙伴"构成的交往环境不同，在学校期间除一般的同辈群体之外，还有由要好同学构成的更亲密的同辈群体。这种同辈

---

① 《颜氏家训·慕贤》。
② 〔美〕约翰·J. 麦休尼斯：《社会学》，风笑天等译，中国人民大学出版社，2009，第152页。

群体一般不是自发形成的，而是选择的结果，主要是由一个或多个志趣相投、感情融洽的同学构成的。要好的同学就是学校期间的要好朋友，其人数通常较少，其活动方式比较隐秘，当事人不愿意让别人知道。因此，这种交往环境具有某种私人性质。这种交往环境也并不是每一个人都有的或每一个人在学校期间总是有的。有的人可能从小学到大学一直都没有真正要好的同学，有的人可能在某一两个时期（小学、中学、大学）有要好的同学，而在其他时间没有。总体上看，一个人有这种私人交往环境比没有要好。因为有要好的同学，他们可以互相关心、互相爱护、互相帮助，不会产生孤独感，有什么心事有倾诉的对象，因而不容易产生心理问题。要好的同学也像许多其他事物一样，并不是绝对好的。在现实生活中，无论是要好的同学还是要好的朋友，都存在着臭味相投的情况。要好的同学彼此之间有可能起到某种强化恶性、恶行的作用。

表面看来，两个好的同学之中有一个在品行方面是优秀的，另一个与他长期交往就会在品行方面受到正面的影响，反之，有一个在品行方面是有明显问题的，另一个与他长期交往常常会在品行方面受到负面的影响。但实际情况可能并不是如此。一方面，在两个品行有较大差异的要好同学之间并不一定就是品行相对好的同学受品行相对差的同学的负面影响，完全有可能反过来，品行相对好的同学对品行相对差的同学产生积极的正面影响。另一方面，每一个人都不是绝对好、绝对坏的。即使是在品行方面相对好的同学，也有其弱点、缺点；而在品行方面相对差的同学，也有其优点。因此，要好的同学之间在品行方面是可以相互取长补短的。人们通常说，"物以类聚，人以群分"。实际上，要好的同学以及要好的朋友之间并不一定如此。要好的同学、要好的朋友通常是以情感为基础的，而较容易产生情感的人彼此之间通常是有差异的，而不是大致相当的。这就是要好的同学之间有可能在品行方面相互取长补短的基础。

谈到这里，有一个观念需要澄清。许多家长甚至老师都告诉孩子，交友要慎重，不要交上了坏朋友。其理由是，交上了坏朋友，可能受坏朋友的负面影响。从伦理学理论的角度看，从社会的角度看，这种看法就是有问题的。如果每一个品行好的同学都交品行好的同学，那就意味着品行不好的同学只能与品行不好的同学交朋友。其结果就是好者更好，坏者更坏。如果这一看法作为一种普遍法则实行，那么好者更好能使社会更好，而坏者更坏则会使社会更坏。而人类生存的需要要求我们首先面对的是那些品行不好的人，特别是要帮助那些品行不好的孩子，使他们的品行由不好变好。让那些品行好的同学与他们交朋友，引导和帮助他们，无疑可以起到这种作用。学生的品行并没有完全定形，不能让品行不好的同学继续不好下去，相反要鼓励品行好的同学与他们交朋友，帮助他们改善品行。

在工作期间，个人的私人交往环境变得十分复杂，而且人们的差异巨大。工作期间的个人私人交往环境，主要是由要好的朋友构成的。要好的朋友可能是同事，可能是同行（如老板之间），也可能是服务对象（如客户），可能是过去的同学，也可能是这一切之外结识的朋友（如在旅行过程中认识的朋友），等等。在交往日益频繁的当代社会，有的人可能有各种类型的要好朋友，但我们也会注意到，也有不少人没有多少要好的朋友。那种朋友特别多的人在当代社会一般都被看作神通广大的人，而那些没有什么要好朋友或朋友的地位低下的人则一般被认为是玩不开或玩不转的人。总体上看，当代人工作期间结交的要好朋友在很大程度上受到了利益的影响。有些人是根据是否对自己有利来结交朋友的：越有利可图，关系就越亲密；一旦无利可图，关系就会疏远甚至断绝了。这即常说的，"只有永恒的利益，没有永恒的友谊"。一个人占有的资源越多，所处的地位越优越，他的朋友就越多；反之，一个人占有的资源越少，所处的地位越不利，他的朋友就越少。从这种意义上看，那些有很多朋友的人的朋友在相当大程度上并不是真正的朋友，而是一些利益伙伴。由这些利益伙伴构成的私人交往环境，对于个人的德性养成和完善没有多少积极意义，相反常常会对我们已经形成或养成的德性提出挑战，现实生活中不少人就是在这样的环境中受朋友的消极影响而走向罪恶深渊的。

从德性论的角度看，工作期间个人私人环境对于个人德性的维护和完善还是具有极其重要意义的。一个人在漫长职业生涯中有真正要好的朋友，不仅可以经常交心谈心，排解烦恼，在生活上相互关照和帮助，而且可以在品行方面相互学习、相互提醒、相互切磋。真正的朋友之间存在着一种超越纯粹利害关系的友谊或友爱，这既是一种道德情感，也是一种基本德性。一个有真正要好朋友的人，至少是具有友爱德性的人。因此，真正的朋友是对德性有益的，也是对人生有益的。

那么，如何才能交到真正的朋友，如何才能建立有益于人生和德性的私人交往环境？在目前的情况下，完全不考虑利益的伙伴是少见的，而且利益伙伴的作用也并不都是消极的。要在利益伙伴之外营造由真正要好的朋友构成的私人交往环境。利益伙伴是利益伙伴，要好朋友是要好朋友，两者不能替代，尤其是不能用利益伙伴替代要好朋友。在对两者适当加以区别的前提下，一个人要交到真正的朋友还需要注意以下几个方面。其一，要有交友意识。最重要的是要意识到真正的朋友对于人生、对于德性的重要意义。这种意识是人们自觉地结交朋友的前提。其二，要选志趣相投者或情投意合者。交友与结婚一样，的确存在着"门当户对"的问题。并不是任何两个人都能成为要好的朋友，两个人要成为要好的朋友一般总有某种或某些相同的东西（如愿望、兴趣、爱好等），这是两人成为朋友的基础。人的志趣不是单一的，而是多样的，因而可以根据不同的志趣交不同的朋友。其三，要用心经营。友谊之花是需要精心浇灌的，否则就有可能枯萎。这里的"用心经营"至少有六方面的要求：一是真诚，在朋友间说真话，干实事；二是关心，对朋友的一切事情都放在心上；三是交流，要经常在一起交流，交换自己的看法；四是互助，在必要时给予不计利害得失的帮助；五是分享，"有福同享，有难同当"的要求太高，但至少可以做到为朋友的高兴而欢欣，为朋友的痛苦而不安；六是忌讳，朋友再好也是有一定的原则限度的，不能无所顾忌。

当一个人退休后，他的私人交往环境主要是由一些志趣相投的朋友构成的。这时的人一般对利益看得比较淡，甚至也不怎么注重志同道合，而注重志趣相投。朋友之间的联系更主要是比较纯粹的友谊，他们在一起谈天论地，休闲娱乐，没有多少利害冲突。这样的私人交往环境是有利于个人身心健康的，也是有利于德性完善的。因此，如何营造一种健康有益的私人交往环境，交一些志趣相投的朋友，是一个人退休以后面临的一个重要问题。

第二节　德性与学校环境

现代人的品质在很大程度上是在学校期间自发形成和养成的。在这个过程中，学校的环境对个人的德性具有重要影响，因而有必要专门研究个人德性与学校环境的关系。不同的人接受学校教育的程度存在着很大差异，这里我们着重讨论小学、初中、高中和大学（本科和专科）阶段学校环境对学生德性自发形成和养成的影响。

一　学校环境对德性的影响

学校环境是指对学生具有影响的校园文化氛围、学校风气，主要包括学校的教风、学风、教职工（主要是教师）的表现、校园管理等因素构成的环境。学校不仅是传授知识、培养能力的地方，也是社会化的重要场所，对于人的德性具有奠基性的作用。学校环境像其他环境一样，主要通过熏染、舆论、提示、规范、指导等途径对学生的品质起培育作用。学校生活是一个人从他主走向自主的过程，因而学段越低，其环境对学生品质的影响越大。这与学校的德性教育不同，学段越高，德性教育对学生品质的影响越大。心理学在研究社会影响时，专门研究了从众这一种社会影响的效应。"从众（conformity）是指社会环境中，因受他人意见与行为或团体规范压力的影响，而使个人在行为表现或思维方式上与他人或团体趋于一致的倾向。"① 从众现象在不同的场合、不同年龄段的人那里都能发现，但在学校的学生那里这种情况更明显，而且学段越低的学校这种现象越突出。因此，学段越低越要注重通过学校环境产生积极的从众心理以熏陶学生的品质，使之朝德性方向发展。

与个人上学的过程相一致，个人的学校环境一般可划分为小学环境、初中环境、高中（中职等）环境、大学（普通本科、高职等）环境。这四种环境对于个人品质的影响是不同的，我们可以分别对它们对学生德性的影响做些分析。

小学生在品质方面基本上还是被动接受影响的，因而小学环境对小学生的品质状态有很大的影响。小学六年是个人品质加速自发形成的阶段，也可以说是个人品质自发形成的最重要阶段。处于德性自发形成阶段的孩子受环境影响很大。学校环境的影响是学校有意识地、系统地施加的，因而比家庭的影响力要大得多。教师对于学生而言是陌生而又有知识的人，小学生对他们有一种敬畏感，他们很听教师的话，教师的言谈举止对学生的影响力要比家长大得多。同时，小孩开始有了自我意识，并开始社会化，比以前更容易接受学校施加的影响。这时学校的环境氛围、教师的示范和教导对学生的品质自发形成具有重要而深刻的影响。在氛围和教师示范作用良好、教师注重德育的学校，学生能普遍形成良好的品质，反之，学

---

① 张春兴：《现代心理学——现代人研究自身问题的科学》（第3版），上海人民出版社，2009，第432—433页。

生的品质状况就会有很大差异，那些家庭环境也不好的孩子就会出现品质问题。这时的品质主要还是通过逐渐养成行为习惯而逐渐形成的，按照教师的要求做和模仿教师的示范做是这时品行形成的主要特点。因此，教师的经常教导和良好示范是这时影响孩子德性形成的最重要环境因素。

初中阶段基本上还是属于学生德性自发形成阶段，在这个阶段，学校环境，特别是教师的教导和示范对学生仍然有较大的影响力。但是，在信息发达的今天，学生可以通过各种媒体接收到各种不同于学校影响的信息，这些信息都会对学生产生影响，特别是对学生的价值观有直接的作用。同时，这时的学生开始有了自我意识，有一定的善恶是非判断能力。因此，这时学校环境的影响力较之小学环境有明显的减弱，在某种意义上可以说学校环境的影响与社会环境的影响存在着博弈的问题。初中的学校环境要对学生德性有效地发挥作用，必须考虑到两方面的问题。一是在学生有一定自主的善恶是非判断力的情况下，学校环境的影响如何得到学生认同的问题。如果学校环境的影响得不到学生的认同，就有可能对学生的德性形成起负面作用。这时教师的示范作用尤其重要，如果教师说的是一套做的是另一套则会引起学生的强烈反感，并会对他们的品质形成产生严重的不良影响。这一问题表明，学校环境的营造要充分考虑学生的心理发展，要充分考虑学生对环境的可接受性。二是在社会环境影响的导向与学校环境影响的导向不一致的情况下，学校环境的正面影响如何有效抵御社会环境的负面影响问题。如果学校环境的正面影响不能有效抵御社会环境的负面影响，学生就可能更多地接受社会环境的负面影响，从而妨碍学生德性的正常发展。这一问题表明，学校不仅要增强学校环境对学生的正面影响力，更要使学生意识到学校环境的影响才是真正对自己的成长有利的，从而自觉抵制社会上的不良影响。这两方面的问题应该说是对初中校园环境建设提出的挑战，如何应对这种挑战是初中学校面临的重大课题。

　　高中的情形与初中有很大的不同，高中阶段的学生的自我意识和自主性进一步增强，学校环境对学生品质的影响力进一步减弱，而学校教育对学生品质的影响力增强。高中阶段可以说是学生从自发形成德性转向自主养成德性的过渡时期。这时学校的环境对学生仍然会产生作用，但作用迅速减弱。教师的教导学生不会全听，他们认为是对的才会听；教师的示范作用也有限，他们认为是好的才会学。同时，教师的不正确教导和不良行为能得到学生一定程度的理解。对于社会环境的影响，他们同样也有自己的判断和选择。对于高中阶段的学生来说，学校环境影响特别是正面的学校环境影响是必要的，但远远不够。学生需要知道他们为什么要养成德性，学校必须通过正规的教育说服他们，使他们信服。

　　到了大学，校园环境对学生德性的作用进一步减弱，学生已经有了自己的看法，必须通过系统的德性教育才有可能改变他们的看法。但是，学校环境对学生的德性还有一定的影响，特别是对那些自我意识和自主性还不充分的学生有较大的作用。这种作用归纳起来主要就是学校环境对学生进行德性反思和修养能起到一定的提醒、催促、激励的作用。所谓提醒作用，就是提醒学生要对自己的德性进行反思，并在此基础上进行德性修养，不能因为专业的学习而忽视或放松综合素质的提高，特别是不能忽视德性修养。所谓催促作用，就是唤醒那些德性意识尚未觉醒的学生的德性意识，让他们意识到上大学还需要培养德性意识，还需要进行自己的德性反思并在此基础上进行德性修养。所谓激励作用，就是激发和鼓励那些已经对德性有所意识的学生继续努力，加强德性反思和修养。值得注意的是，所有这些作用是非常有限的，因为大学生已经在相当大的程度上有主见，而且他们对社会状况看得相当清楚，他们更愿意根据社会的价值取向做出自己的品质和行为选择。对于大学生的德性反思和修养来说，最重要的还是要诉诸他们的理性，要通过有说服力的德性教育使他们形成德性意识，掌握德性知识和学会修养方法。

二　德性对学校环境的要求

学校环境对个人德性的影响力有一个从强到弱的过程，但学校环境仍然是对人生和人的品行最有影响力的环境，因而必须高度重视有利于学生德性形成的学校环境的营造，特别是要努力使学校成为德性之校。所谓德性之校，就是学校本身是德性化的整体，它既以有利于学生德性形成为前提条件，也出于德性展开一切学校活动，并使两者有机统一起来。德性之校像德性之家一样，也是德性之人的摇篮和温床。

一所学校要成为德性之校，以下五个条件是必须具备的。

第一，校园文明圣洁。学校是使人文明的地方，使人文明的学校首先得文明。人们对文明有种种不同的理解，对校园文明也有众多的诠释。文明的原本含义是使人开化，使人远离自然状态，也就是使人更好地生存。如果说学校是使人文明的地方，而社会又是由人构成的，那么学校就是社会文明的源头。这种文明的源头自身必须是文明的并能不断培养文明的人，只有这样才能通过教育将文明传播出去。文明传播出去后可能会发生变异，可能被复杂的现实生活玷污，这就需要学校不断影响社会，给社会送去未被污染的纯洁的文明。文明本身也有好的文明和不好的文明甚至坏的文明的区别。好的文明就是有利于人类更好生存的文明，不好的或坏的文明则是不利于人类更好生存或者有害于人类生存的文明。学校通过学生传递给社会的文明无疑应该是有利于人类更好生存的文明，而不能是不利于或有害于人类生存的文明。当然，学校不可避免地要从现实社会汲取文明的养分（需要注意的是，学校文明的源泉不只是现实社会文明，而是有史以来的全人类文明），但学校必须对现实社会的文明进行过滤，通过过滤汲取现实社会文明的优秀成分，以保持学校文明的纯洁。既然学校是社会文明的源头，不能被污染，那么学校应该是圣洁的地方，要永远保持它的圣洁。人们谈论自然环境保护，却不谈社会环境特别是学校环境保护，一旦学校环境被污染，社会文明就会彻底成为有问题的文明了，而这样的文明社会事实证明是会对人类的生存造成威胁的。有利于人类更好生存的文明有很多因素，首要的因素就是智慧。文明是不是智慧的，决定着文明是否有利于人类更好地生存。道德是智慧在道德领域的体现。因此。学校要成为有利于人类更好生存的文明的活的源头，关键是它要成为人类智慧的源泉，成为孕育社会成员道德（包括德性）的母体。

第二，办学德育为先。学校是教育人、使人有教养的地方。使人有教养包括诸多的方面，其核心是使人有智慧。前面我们已经说过，智慧包括观念、知识、能力和德性四个方面。这四个方面都是很重要的，其中最重要的就是德性。德性的重要性主要在于，一个人有德性，他的知识和能力才能得到正确的运用，否则，一个人越有知识和能力，他越有可能作更大的恶。因此，如果我们说学校肩负着对学生进行观念、知识、能力和德性教育的职责，那么，德性教育无疑应该放在首位。这就是我们经常说的学校办学要"德育为先"。德育为先并不意味着以德性代替其他教育，而是要将它放在首位，并取得实效。通常说的德育并不仅仅指德性教育，而是包括善恶观念教育、道德情感教育、道德规范教育和德性品质教育四个方面。在德育中，这四个方面是相互关联、不可或缺的，但德性教育在四者中是最基本的。善恶观念教育也好，道德情感教育也好，道德规范教育也好，最终要落实到德性品质上，德性品质综合体现了善恶观念和道德规范的要求。同时，德性品质作为人的心理定势和行为习惯又是最难养成的，需要长期地、持续不断地进行教育。因此，学校办学不仅要德育为先，而且要以德性教育为重。

第三，教师为人师表。教师肩负着对学生进行道德教育的职责，其品行对学生具有直接的表率和示范作用。一所学校的校园风气和道德风尚，在很大程度上取决于教师的表率和示范作用。我们前面说学校要文明圣洁，首先教师必须文明圣洁。教师要使学生有教养，自己首先得有教养。教师普遍德性完善、行为端正，一方面可以带动整个校园正气的形成，另一方面也给学生树立了模范和学习的榜样。为人师表不只是要求教师的言行举止要端正，要有教养，要符合道德规范，更是要求所有这些外在的表现是发自内在的品质，是优良品质的外在表现。就是说，为人师表不是装出来的，不是教师的面具，而是发自内心的，是内在素质和人格的自然体现和流露。为人师表最忌讳的是表里不一，道貌岸然。要使教师普遍都能为人师表就需要加强对教师队伍的管理和教育，尤其要建立教师为人师表的考核机制以及与此相应的教师准入和淘汰制度，对于那些不能为人师表的教师要及时从教师队伍中清除出去。

第四，学生互助友爱。学生之间互相帮助、团结友爱也是一所学校成为德性之校的重要条件之一。学生是学校中最大的群体，他们之间的关系如何直接关系到校园的风气。学生之间互助友爱，学校就会形成一种和谐美好的氛围，这种氛围无疑有利于学生德性的形成。同时，互助友爱是符合德性的行为。学生在良好的氛围中根据学校的要求持续地这样做，可以逐渐养成这样做的行为习惯并形成互助友爱的德性。因此，我们既可以将学生互助友爱看作一种良好的校园环境，也可以将其看作学生践行德性的一种道德实践。要求学生有某些互助友爱的行为并不难，难的是使互助友爱成为学生普遍的持续的行为习惯，在当代中国尤其如此。今天，许多孩子是家庭的掌上明珠，得到了无微不至的关爱，但他们不知道关心、帮助他人，从小没有养成互助友爱的习惯。这样，这种原本从小就应养成的习惯到了学校才开始培育，其难度显然很大。但是，互助友爱是人的基本德性，如果在家庭、在学校不能形成或养成这种德性，走入社会后就很难养成。

有心理学家研究认为，人从互不相识到友谊关系的形成要经历四个阶段：第一阶段，彼此陌生，互不相识，甚至彼此均未注意到对方的存在；第二阶段，单方（或双方）注意到对方的存在，单方（或双方）也可能知道对方是什么人（如同校同学），但尚未开始接触；第三阶段，单方（或双方）受对方之吸引，相互接近，构成表面接触；第四阶段，双方交感互动，开始了友谊关系。许多人同学同事多年，彼此之间交往泛泛，一个人与许多人维持着此种关系（第三阶段）。人际友谊关系之所以不容易形成，有一个原因是人们一般在心理上都难免有一些交友的主观条件，如对方值得信赖、待人忠厚、热心且富感情等。① 从友谊的形成过程看，关键是从第三阶段进入第四阶段。一所德性之校应该能使学生普遍从第三阶段进至第四阶段，形成同学之间的互助友爱的良好氛围，使他们在这种氛围中逐渐形成互助友爱的品质。

第五，舆论扬善抑恶。形成扬善抑恶的舆论氛围是德性之校的最基本要求。学校是一个未成年人聚集的地方。未成年人一方面由于不成熟而容易在品行方面发生偏差，另一方面由于好奇好动而容易出现问题行为。因此，学校尤其需要形成扬善抑恶的舆论氛围。这种氛围至少有两方面的意义：一是可以通过舆论的力量及时遏制和纠正学生发生的行为偏差或问题，使他们的行为回到正当的轨道并防止产生不良影响；另一方面可以使学生在这种舆论氛围中辨识善恶，形成和强化善恶观念。要形成扬善抑恶的舆论氛围，关键是学校管理者和教师要敢抓敢管，对不正确的言论和不正当的行为及时进行批评并予以纠正，使正气得到发扬，使邪气没有市场。同时学校要建立并充分利用

---

① 张春兴：《现代心理学——现代人研究自身问题的科学》（第3版），上海人民出版社，2009，第439—441页。

奖惩机制，对于那些良好的品行表现给予必要的奖励，对于不良的品行做出有效的惩戒。

三 学校在德性方面的应有作为

各级各类学校都要对学生进行品质教育，这是学校在德性教育方面肩负的主要职责。但除此之外，学校还要在营造有利于德性形成的环境方面有所作为。这里我们主要从环境营造角度谈学校在德性方面应有的几种作为。

一是注重德性之校建设。德性之校不是自发形成的，也不是一旦形成就一劳永逸的，它是一项需要不断进行自觉建设的综合工程。这不仅是因为学生是一届一届流动的，更是因为学校生存于社会之中，会不断受到社会的各种消极因素的冲击和挑战。注重德性之校建设最重要的是要有德性之校意识，要意识到德性之校对于学生德性形成的极端重要性，将德性之校建设作为学校在德性建设方面的首要任务，作为学校的一项经常性的重要工作。在当代中国，德性之校建设面临的最大挑战是"应试教育""就业教育"的办学取向。"应试教育"的办学取向主要是指中小学办学以升学率为指挥棒，学校的一切工作都是为了提高学生的升学率。"就业教育"的办学取向主要是指中专和大学的办学一切以学生能就业为中心，不考虑学生综合素质特别是德性的教育和培养，不注重学校德性环境的营造。这两种取向的直接后果就是忽视学生德性形成所需要的德性环境的营造，使学生缺乏德性环境的熏陶和影响。这两种取向的形成都是短视的、功利的教育观念作怪，是对学生和社会严重不负责任的表现。要建设德性之校，首先要克服这两种倾向，将学生的德育放在首位，努力营造学生德性形成所需要的学校环境。

二是注重日常道德教育。学校的道德教育包括两个方面：一方面是系统的道德教育，如思想品德课、各种有关的班会等；另一方面是学校教师日常进行的道德教育。后者并不是正规的道德教育，而是日常生活中的批评、指点、教导，但对于学生的德性形成也具有重要作用，尤其具有特殊的针对性。显然，如果学校的全体教师都注重对学生进行正确的品行教育，就会形成良好的道德教育环境。日常道德教育就是我们通常所说的"教书育人"。"育人"的重要内容就是德性教育。每一位教师都有教书的责任，也有育人的责任。教书是在课堂上进行的，育人则主要是在课余时间进行的，当然也可以穿插在课堂中。

日常道德教育对于中小学生尤其重要和起作用。中小学生通常是敬畏教师的，教师怎么说学生就怎么做，他们没有多少自己的看法。在中小学生的心目中，老师的话就是"圣旨"，比父母的话"神圣"得多。尽管经常有学生不听老师的话的情况发生，但这种不听话被其他同学看作"大逆不道"。即使在中专和大学，日常的道德教育也很有作用。中专生和大学生一般都是相信教师的，他们愿意知道教师对各种人生问题、道德问题的看法和见解，教师的意见他们是会重视的。一所好学校就是所有的教师都注重学生的品行、注重随时随地给学生内容正确和方法恰当教导的学校。要使所有教师都注重学生的日常道德教育，学校不能停留于一般号召，而要采取必要的措施。例如，要将对学生进行日常道德教育作为教师的工作职责，制定可以检查考核的可操作标准和奖惩办法，对于履行了这一职责的教师要给予奖励，而对于没有履行这一职责的教师则要给予必要的惩罚。在学校日常道德教育中，不能要求学生盲目地按道德规范行事而不考虑实际的情境和自己的能力。例如，我国学校大多鼓励学生见义勇为，而较少告诉学生要见义智为，往往导致不良后果。有心理学研究认为，助人行为有五个阶段：有无发现需要救助事件的发生（如儿童失足溺水）；是否理解该意外事件情况危急；发现情况危急后，是否自觉有救助责任；个体自觉有救助责任后，自认有无救助的能力（如发现有人落水时自知会否游泳）；采取实际救助行动。① 显然，告诉学生影响助人的因素，使学生对这些影响因素有意识，是使学生见义智为的重要前提。

三是注重教师品行示范。要使学生形成良好的品行，教师要具有良好的品行。教师热爱自己的职业、对教学具有高度负责的责任心，就会使学生终身难以忘怀，他们参加工作后也会像自己的教师那样敬业。从小学到大学，教师对于学生的品行示范作用都十分重要，而对于中小学生来说，这种作用更明显、更直接。中小学生尚处于对周围环境充满好奇的阶段，教师是中小学生的偶像，学校老师的言行举止都是他们模仿的对象。因此，学校要注重抓教师在品行方面的示范作用，要将教师的品行示范作用作为教师称职、优秀的重要依据之一。当前，有的教师斯文扫地、尊严无存，给学生造成严重的负面影响。加强教师的管理，使教师发挥好品行示范作用就更显重要。

四是注重学生良性互动。学生互动是一种社会互动形式。"社会互动（social interaction）是指两人或两人以上的社会情境中，双方在行为或心理上彼此相互影响而改变的历程。"② 学生之间的互动也许是最频繁、影响最深刻的。学生不仅会模仿和学习教师，也会模仿和学习同学，而且同学在课间课后一起玩耍、游戏和学习会在品行方面相互影响。学生互动看起来是自发的，但却是可以引导和营造的。在这方面学校也可以有所作为，这样就能够促进学生之间的良性互动，使学生之间相互产生积极的正面影响。学校一方面可以通过教师的经常教导和启发引导学生的课间课后活动，另一方面也可以培养学生骨

---

① 参见张春兴《现代心理学——现代人研究自身问题的科学》（第 3 版），上海人民出版社，2009，第 436—438 页。

② 张春兴：《现代心理学——现代人研究自身问题的科学》（第 3 版），上海人民出版社，2009，第 432 页。

干，重点发挥那些在学生中有影响的学生领袖的引领作用，通过他们正确引导学生的课余生活。

第三节 德性与工作环境

个人的德性状况与其工作环境（现在也叫职场）也有关系。个人的德性特别是职业德性的形成、维护会受到工作环境的影响，而工作单位的环境也会受制于职工的德性状况，两者之间存在着互动的关系。这里我们在对职工的品质状态与工作环境的互动关系做简要分析的基础上，进一步阐述个人德性养成、保持和完善对工作环境的要求以及工作单位在德性方面应有的作为。

一 职工品质与工作环境的互动关系

在现代社会，几乎每一个适龄人都是职业人。工作单位的环境有好坏，决定工作单位环境好坏最重要的是工作条件好坏、效益好坏、人际关系好坏。工作条件好坏与工作的场所、设施等硬件直接相关，效益好坏与单位的管理直接相关，而人际关系的好坏则与工作单位的职工的品质直接相关。一方面，一个单位的职工普遍德性优良，这个单位的人际关系肯定是好的；另一方面，一个单位好的人际关系有助于单位职工的品质普遍优良化。职工品质与人际关系两者之间的关系是互动的，而且正相关。许多社会学研究显示，同事之间的良好关系可以使原本无聊的工作变得可以忍受，甚至乐在其中。工作场所里的员工之间能有一种自然轻松的互动是工作满足感产生的来源之一。[①]实际上，人际关系的好坏不只是涉及职工个人品质的问题，也不只是涉及人们在工作单位工作是否心情舒畅的问题，还涉及单位的社会效

---

① 〔美〕理查德·谢弗：《社会学与生活》（插图第9版），刘鹤群等译校，世界图书出版公司，2009，第286—287页。

益、经济效益和社会形象问题，而效益又会影响工作条件能否得到改善。因此，职工品质与人际关系、人际关系与工作环境相互之间以及职工品质与工作环境之间存在着互动的、正相关的关系。

职工品质的状况对工作环境既有显性的影响，也有隐性的影响。显性的影响主要是对人际关系的影响。一个单位职工的品质普遍好，人们就会相互关心、相互爱护、相互帮助、相互支持，这个单位就会政通人和、风清气正，人们在单位工作就会感到轻松、从容，不用提防着他人，没有心理压力。隐性的影响主要是职工品质状况对单位效益及形象的影响，这种影响又会反过来作用于工作环境。每一个单位的存在都是追求效益的，要么主要追求经济效益（如公司），要么主要追求社会效益（如政府机关、学校），每一个单位也都注重社会形象。单位职工的品质状况对于效益的影响是明显的。一个单位的职工缺乏应有的职业德性，这个单位就不可能获得应有的效益，声誉也会受到损害。一个公司的职工普遍缺乏敬业的德性，这个公司肯定生存不下去，更不用说经济效益。一所学校的教师普遍缺乏负责的德性，这所学校的声誉很快就完了。一个单位效益不好、声誉不好，这个单位就缺乏生命力，它的工作条件和人际关系也会因此受到损害。

一个单位的职工的角色不同，他们的品质状况对工作环境的影响程度也不同。在单位的角色越重要，其品质状况对单位的工作环境的影响越大，单位的主要负责人的品质状况影响最大。一个单位的主要负责人的品质好，有德性，这个单位的工作环境不一定就好。因为一个单位环境的好坏主要取决于主要负责人的管理能力，主要负责人管理能力差，即使他个人的品质好，那也难以营造好的工作环境。但是，一个单位的主要负责人的品质差，有恶性，他再有管理能力，这个单位的工作环境也不会好。常言道"上梁不正下梁歪，中梁不正塌下来"。

　　工作环境对职工品质的状况也有明显的影响。这种影响主要体现在两个方面：一是对职业品质的影响，二是对其他品质的影响。工作环境的好坏对在其中工作的人的职业品质有直接的影响。工作环境好，在其中工作的人会在环境的影响下自发地形成或自觉地养成良好的职业德性。一个单位的职工都兢兢业业，对工作认真负责，这种氛围更有利于在其中工作的人形成敬业、负责等职业德性。工作环境对在其中工作的人的其他品质也有一定的影响。一方面，职业品质是与其他品质，特别是与人的一般品质直接相关的，养成职业德性有助于其他德性的保持和完善；另一方面，人在工作的过程中除了职业品质之外，其他的品质也发生作用，也会受到工作环境的影响。

　　在职工品质与工作环境之间的互动关系中，职工的品质是影响工作环境的决定性因素，工作环境在一定意义上是职工品质的结果。职工的品质普遍好，职工普遍有德性，工作环境必定会好。工作环境对职工的品质的影响则不是决定性的，我们不能简单地说人的品质是工作环境的产物。职工的品质状态与工作环境有关系，也与家庭环境、学校环境有关系，与个人的修养更有直接的关系。一个单位的工作环境再好，如果一个人不注重修养，他的品质也不会自然而然地好；相反，一个单位的工作环境不好，如果一个人注重修养，他的品质也会成为好的。一个人进入职业领域的时候，他已经成人，而且应该具备基本德性的基础，可以在品质的养成方面不完全为工作环境左右而做出智慧的选择。社会学认为，"学习如何在职场中有得体的表现是人类社会化过程中相当重要的基础部分"。① 因此，一个人进入职场后要努力适应工作环境，进一步社会化，并努力培养自己的职业德性。

---

　　① 〔美〕理查德·谢弗：《社会学与生活》（插图第 9 版），刘鹤群等译校，世界图书出版公司，2009，第 89 页。

二 德性对工作环境的要求

工作环境有利于职工的德性形成、保持并完善。对于职工的德性来说，什么样的工作环境才称得上是好的呢？工作环境是单位管理的结果，一个单位有好的管理就会有好的环境，没有好的管理就没有好的环境。对于什么是好的管理，不同的学科有不同的规定，从有利于职工德性的角度看，好的管理必须实现公正化、人性化和制度化。只有实现了这"三化"，工作环境才会是有利于职工德性的。最有利于职工德性形成的工作环境是和谐的环境，而和谐工作环境形成的基础是管理的公正化，形成的关键是管理的人性化，形成的保障是管理的制度化。

管理的公正化就是要使单位的成员各尽所能，各得其所。一个单位管理的公正化就是要实现组织公正。[①]

组织公正是社会心理学提出的一种观念，社会心理学不是规定什么是公正行为或公平行为，而是描述个体相信什么是公正的，以及描述影响他们公正判断的因素。社会心理学家首先对逐渐为人们所熟知的分配公正（即报酬的分配的公平）感兴趣。到了 20 世纪 70 年代，用于决定分配的程序对公正知觉的影响超过了分配规则的运用，于是出现了程序公正（或所知觉到的用于做决策的程序的公平）的研究。到 20 世纪 80 年代，罗伯特·J. 比斯（Robert J. Bies）和约瑟夫·F. 毛格（Joseph F. Moag）在《互动公正：公平的交际标准》[②] 一文中首次强调发生在决策者与接受决策者之间交流过程中的互动公正的作用。到今天关于组织公正已经有大量的研究，并且这样一种结论是清

[①] Cf. "Organizational Justice", in *Wikipedia*, *the Free Encyclopedia*, http：//en. wikipedia. org/wiki/Organizational_justice.

[②] Robert J. Bies and Joseph F. Moag, "Interactional Justice：Communication Criteria of Fairness", in R. J. Lewicki, B. H. Sheppard, and M. H. Bazerman, eds., *Research on Negotiations in Organizations*, Vol. 1, Greenwich, CT：JAI, 1986, pp. 43-55.

楚的，即在尊重组织公正的情况下做出的决策，明显地会对受该决策影响的人和对那些对该决策负责的权威及组织双方都有积极结果。

组织公正（Organizational justice）是指组织内人们的公平知觉或公平感。通常认为组织公正有三种形式：分配公正（Distributive justice）、程序公正（Procedural justice）、互动公正（Interactional justice）。分配公正关注结果的公平［公道（equity）、平等（equality）和需求（needs）］感，所涉及的是"公正的底线"，即决策的结果公平，这种公平的评估一般涉及一个职工所期望的东西与组织内其他成员期望的东西之间的比较。分配公正要求考虑三种情形。其一是要坚持公道原则。公道意味着报酬与贡献或努力（即价值）相匹配，公道原则既为决策者所青睐，也为受这些决策影响的人所青睐。其二是在某些运用其他分配规则比公道原则更合理的情况下，要考虑运用其他原则。其三是考虑特殊需求也是公平的。程序公正关注决策怎样做出，即在确定目标、做出决策或调查不满的过程中使用的程序是公平的。程序公正强调所使用的方法或程序（决策标准、发言权和过程控制）公平的重要性。程序公正的决定性因素包括适用的一致性、无偏见的决策者、信息的准确性、诉求的通道、受影响各方反馈的信息和现行的道德标准等。互动公正关注在执行决策过程中组织的领导人的行为，即他们怎样对待那些从属于他们的权威、决策和行为的人。互动公正主要包括两个方面，即社会感受性（以尊严和尊敬对待人们）和信息公正（为决策提供解释）。

一个单位在分配、决策程序和人际关系等各方面实现了公正，即管理实现了公正化，就会使一个单位的每一个成员都感到得到了公正的待遇，感到自己得到了自己所应得的一切。有了这种公正感，他们就会各守本分，各司其职，各尽其能，就不会有非分之想，不会有非分的谋求。这样，一个单位就有了整体有序的基础。

一个单位只有实现了公正化，才会整体有序，但仅此还不够，要使一个单位美好，还需要实现人性化管理。公正化可以使一个单位有序，而人性化则可以使一个单位美好。对于一个单位的和谐而言，公正化是前提或必要条件，而人性化则是充分条件。许多当代管理学家都论证了人性化管理的重要性，归纳起来，无非是认为人性化管理可以使单位的成员对单位有认同感、归属感，并由此激发出他们的工作热情、干劲和创造精神。

管理的人性化就是管理要"以人为本"，也就是管理者要将被管理者当人，尊重他们的人格、尊严、权利和价值，尽可能地为他们的自我价值的实现搭建平台，提供条件，营造环境。就一个工作单位而言，管理的人性化主要体现在以下几个方面。

其一，职工首先是人，是公民，职工的人格、尊严、权利和个性都必须得到尊重和维护。每一个职工都是具有人格、尊严、权利和个性的人，这是一切管理的前提，管理的一切制度和活动都不能忽视更不能蔑视职工作为人的身份。管理者可以解聘一个职工，但不能侮辱他的人格，不能亵渎他的做人尊严，不能侵犯他的合法权利，不能干预他的个性和隐私。管理者处于强势地位，被管理者处于相对弱势的地位，但不能将这种地位上的差别理解为主人与仆从的关系，两者在人格、尊严和做人权利上是完全平等的。管理者不能以强势地位压迫和欺凌被管理者。这是管理人性化的基本要求，也是管理的底线原则。

其二，职工是单位的主人，管理要体现职工的愿望和意志。任何一个单位都需要管理，管理的对象无非是人、财、物。从这个意义上看，人当然是被管理对象。但是，人性化管理要求管理者不能只是将被管理者当作管理对象，同时还要将他们作为单位的主人给予尊重。管理者不仅要善待他们，为他们分忧解愁，而且要努力提供机会和创造条件让他们参与单位管理，充分发挥他们的主人翁精神，调动他们的积极性、主动性和创造性，真正使他们对单位有认同感和归属感。

其三，管理的目的不只是实现工作单位的工作目标，也是职工个人的自我实现，要努力通过职工个人自我价值的实现来实现工作单位的工作目标。管理虽然包括人、财、物各方面的管理，但其中人是关键性、决定性的因素。管理的直接目的是要实现工作单位的工作目标，但要更好地实现工作目标关键是要发挥好职工的作用。发挥职工的作用有不同的方式，人性化管理要求通过将职工个人的自我价值与工作单位的工作目标有机结合起来实现，要将职工个人的自我实现作为工作单位的目标。这是人性化管理的最高追求。

管理的制度化就是所有的管理都要通过制度来进行，按制度的规定办事。制度化是规范化和文本化的统一。制度的内容是规范，制度的形式是文本。有规范没有文本不叫制度，有文本没有规范更不叫制度。规范包括两个基本方面：一是规则的规范，二是程序的规范。规则规范是共时性的规范，是办事内容方面的要求，而程序规范则是历时性的规范，是办事过程方面的要求。如果规范包括规则和程序两个方面，那么规范化也相应地应包括规则化和程序化。对于规范化来说，规则化和程序化两者缺一不可，否则就不能称为规范化。"规范化原本是可以成文也可以不成文的。不成文的特点是规则和程序变化灵活，被规范者有较大的灵活性，甚至可以随心所欲。成文的特点则是将所有的规范都记录在案，被规范的对象的自由裁量被明文限制，他们不能随心所欲，他们的违规很容易被人们发现。既然规范化的目的是限制被规范对象随心所欲，使他们的行为和活动纳入规范的范围，因而所有的规范包括规则和程序都必须成文，都必须有文本，也就是必须在规范化的同时文本化。不成文，最终不可能真正实现规范化，成文化或文本化是现代规范化的内在要求或形式化的要求，也是现代意义的制度化的根本要求，现代意义的制度化就是规范化及其文本化的有机统一。"[1] 制度可谓"规范的文本"。管理的制度化就是使

---

① 江畅：《教育考试公正论》，湖北人民出版社，2007，第206页。

所有的管理活动的内容和过程都实现规范化和文本化。

管理需要制度化。首先，制度化才能有效地实现工作目标和管理意图。制度化实质上是把工作目标和管理意图具体化为一套系统的规则和程序，并建立使这些规则和程序得以有效贯彻执行的相应制约机制，从而使达到工作目标和实现管理意图有章可循。现代社会人们都追求制度化，制度化是为许多事实所证明的最有效的工作手段和管理手段。有了制度化不一定能管理好，但没有制度化就很难管理好。其次，制度化才能用统一的管理尺度进行管理，使管理有序化。制度是人们经过深思熟虑制定出来的规范行为的规定，按制度办事不仅可以避免管理活动的随意性、主观性，克服管理者个人的任性行为，防止长官意志和瞎指挥，而且可以通过管理的规则化、程序化使管理有序化、有效化和一以贯之，防止管理发生混乱、失效和前后不一致。再次，制度化才能使管理活动规律化。制度一旦制定出来就具有相对的稳定性和固定性，这就能使管理呈现出规律性和可预期性，人们可以根据制度预期未来的活动。最后，制度化才能使一切管理公开透明。制度是人们行为的规范及其制约机制的文本化，它既是管理者的行为依据，也是管理机构及其工作者向社会所做的文本化的承诺，因而也是公众用以检查和监督管理机构及其工作者的标准。制度化就意味着公开化，它是对暗箱操作的否定，因为一旦成了文，并在一定范围内公布，而且有一定的贯彻执行的制约机制，个别人就不能轻易地改变它，一旦改变也容易被发现。制度化可以说就是阳光化，有了制度化，管理就能够公开透明，就被真正置于公众和媒体的监督之下。

管理的公正化、人性化和制度化三者是相互联系、相互制约的。一方面，所有制度都要体现公正化、人性化的要求。没有体现公正化、人性化要求的制度是不好的制度，这种制度再完善、再严密也不可能有好的管理，也不可能营造好的工作环境。另一方面，公正化也好、人性化也好，都要通过制度来体现，管理者的一切行为都必须依据制度。管理的公正化和人性化是对管理内容的要求，管理的制度化则是对管理形式的要求，是为管理公正化、人性化提供保障的。

好的管理的一个重要结果就是单位的同事之间能产生人际吸引。"所谓人际吸引（interpersonal attraction），是指因人与人之间彼此注意、欣赏、倾慕等心理倾向，进而彼此接近、交往，从而建立感情关系的历程。"① 当一个单位形成了这种人际吸引的关系，人际关系就和谐了。在这种人际关系中，职工的德性与工作环境就形成了良性互动。

三　单位在德性方面的应有作为

单位应该重视职工的德性建设，应该在职工德性形成、保持和完善方面有所作为。

单位在德性方面有许多工作可做，其前提是单位领导人要有"德性也是力量"的意识。德性虽然是品质的力量、精神的力量、人格的力量，但这种力量可以转化为整体的凝聚力、向心力、亲和力，并由此产生大于各个个人能力总和的整体力量。"团结就是力量"，团结的真正基础在于组织成员个人的德性，组织成员都是"德性之人"，组织的团结就是自然而然的。单位的领导人需要意识到德性的这种重要性，把职工的德性作为管理工作的重要方面牢牢抓住不放。只有当一个单位的主要负责人意识到职工的德性像职工的能力一样也是单位效益好坏、形象好坏的决定性因素之一时，他才会重视职工的德性，注重职工德性的建设。

在有了德性意识的前提下，单位领导人在德性建设方面要特别重视以下三点。

---

① 张春兴：《现代心理学——现代人研究自身问题的科学》（第3版），上海人民出版社，2009，第438页。

　　第一，注重职业德性培养。人的德性形成是一个系统工程，需要各方面的协同作用。从工作单位的角度看，最需要重视的是职工的职业德性的培养。职业德性是以基本德性为基础的，但有其特殊性。人的职业德性一般是在工作单位形成的。因此，工作单位应当肩负起职工职业德性培养的责任。职业德性是人所从事的某种职业所需要的道德品质。不同职业有不尽相同的职业德性。不同职业也有一些共同的职业德性，如敬业、守规、负责、合作等德性。注重职工的德性培养，既要注重某种职业的特殊德性的培养，也要注重一般职业德性的培养，并努力使两者结合起来。职业德性培养的重点是刚从事职业的职工以及从事过职业而刚进入本单位的职工。刚从事职业的职工一般不具备从事职业应具备的一般德性和从事某种职业应具备的特殊德性，单位必须对他们进行必要的职业德性教育，并提供条件和机会让他们养成职业德性。对于刚进入本单位的职工则需要着重进行本单位职业所要求的德性的教育，使他们尽快具备本单位职业所需要的德性。

　　刚从事职业的职工及从事过职业而刚进入本单位的职工是单位职业德性建设的重点，但单位职业德性建设的责任并不止于此，还需要对单位全体职工进行经常性的职业德性教育。这是因为：其一，职业德性的要求会随着社会条件的变化而变化，职工的职业德性存在着与时俱进的问题；其二，职业德性并不是一旦形成就不会丧失或变质的，相反，在各种因素的影响下可能发生得而复失或恶变，因而存在着不断维护和强化的问题；其三，职业德性像其他德性一样也需要不断提升境界，因而存在着一个不断完善的问题。因此，德性建设是一个单位的常规工作，不能时有时无，要常抓不懈。进行职业德性建设最常用的方法是经常的职业德性教育。一个单位的职业德性教育主要是通过有关的讲座、报告、座谈会、个别谈话等多种方式进行。教育的最重要目的是使职工增强职业德性意识，掌握有关德性和职业德性的知识及其养成和完善的方法。除经常进行职业德性教育之外，还需要营造有利于职业德性形成的氛围，特别是要形成一个单位独特的理念和精神。一个企业需要形成自己的企业文化。进行德性教育和营造德性环境是必要的，但要使它们有效地发挥作用，还需要将职工的德性状况与对职工的绩效考核结合起来，作为职工绩效考核的主要内容之一。只有这样，职工才会真正重视德性的养成和完善。

第二，用人德才兼备，以德为先。每一个人都希望有良好的职业表现，都希望得到上级的重用和提拔，并通过得到提拔获得职业成功感或职业成就感。这是单位领导人可以用以加强职工德性建设的一个重要抓手。单位领导人可以利用职工普遍存在的这种意愿引导职工重视德性的养成和完善。具体地说，就是单位领导人在用人的时候，无论是重用一个人还是提拔一个人，都要坚持德才兼备、以德为先的原则。德才兼备，就是一个人同时具备某个工作岗位或某项工作所需要的德性水平和工作能力。以德为先，就是在德性水平和工作能力这两个方面以所需要的德性水平为前提，在德性水平达不到要求的情况下不能重用或提拔一个人。这里所说的德性水平有两个层次的衡量标准。其一，具备基本德性。只有当一个人具备基本德性的时候，也就是只有当一个人是德性之人的时候，才可能重用或提拔他。其二，具备工作所需要的职业德性。只有当一个人具备了某个工作岗位或某项工作所需要的职业德性的时候，才可以将这个人安排在这个工作岗位或让他去做这项工作。这两个层次的标准都需要坚持，不可偏废。在这两者之中，基本德性是更重要的。"以德为先"，就是要以基本德性为先。

当然，强调德才兼备、以德为先，并不意味着德性水平不适应要求的人一概不用。现实的情况是，有能力的人常常品质有这样那样的问题，而有基本德性的人也有不少工作能力不强。很多时候单位领导人出于工作需要的考虑不得不重用或提拔那些德性水平达不到要求的人。在这种情况下，要对所重用或提拔的人的品质问题及其可能导致的后果有清楚的认识，并严肃指出其问题，要求其努力改正。在此前提下，还可采取以下对策。一是有限制地使用。就是用其所长，采取必要措施防范可能发生的问题和可能导致的后果。二是要求限期改正品质方面存在的问题，不能如期改正就将其撤换或调离。三是当有更合适的人选时及时进行撤换或调离。总之，单位不能重用或提拔德性水平不达要求的能人。当然，在他们确实达到了所需要德性水平之后也可以重用或提拔他们。

第三，建立恶性防范机制。一个人品质最大的损害是形成了恶性。一个人有一种恶性就不会是德性之人，整体上无德性可言。如果一个单位有一个人品质是恶性的，这个单位可能就会面临灾难。因此，工作单位必须建立防范恶性的机制。这是一个单位德性建设的基础。恶性防范机制包括两个方面：一是恶性形成的防范机制，二是恶性发生的防范机制。恶性形成的防范机制是指一个单位通过完善的制度和有效的措施防止职工形成恶性品质。例如，一个单位可以通过建立严密的管理制度杜绝职工形成自私和贪婪的品质。在人们职业多变、工作单位多变的今天，这种恶性发生的防范机制尤其重要。不少人在改变了职业或调换了单位之后常会将自己的恶性隐藏起来，用人单位不容易了解其品质的真相。只有建立了严密的恶性发生的防范机制，才能迫使那些有恶性的人遏制其恶性，才能防止其恶性可能导致的不良后果。建立恶性发生的防范机制不仅具有防范的意义，而且具有建设的意义。如果一个单位建立了严密的恶性发生的防范机制，恶性的品质就不能见之于行为，长此以往，就可以通过这种机制的控制和引导作用，使那些有恶性的人逐渐克服恶性，养成德性，使那些本无恶性的人不会形成恶性。一个单位没有恶性行为，一个单位的秩序就有了保障；一个人的恶性品质长期受到遏制，他的恶性品质就有可能转变成德性品质。

第四节　德性与社会环境

社会环境是极其复杂的庞大系统，涉及日常活动的互动系统和影响社会功能的环境系统等领域。社会环境与影响人类行为的其他因素交织在一起。社会环境是与人类生物遗传、心理状态及社会过程相互作用的社会系统，家庭、学校、组织、社区、社会、文化等是其中的重要组成部分。社会生态系统理论（society ecosystem theory）将人类成员生存于其中的社会环境看作一种社会性生态系统，包括微系统（micro system）、中系统（mezzo system）、外系统（exo-system）和宏系统（macro system）。微系统是指任何个体实际参与或接触的直接环境，包括角色关系与活动，如家庭内的互动、与朋友的交往等。中系统主要指个体的直接环境或微系统之间的关系，如对于儿童而言的家庭、学校和同辈群体之间的交互作用。外系统指个体未实际参与却对其产生直接或间接影响的环境系统，如父母的工作环境等。宏系统则是指个体发展所处的大的文化或亚文化环境，如法律体系、意识形态、社会阶层等。① 这里所说的社会环境主要是指宏系统意义上的社会环境。个人的德性状况与社会环境有着深刻而全面的关联。国民个人的德性状况深受一个国家的社会环境的影响，国民的整体德性状况是影响一个国家社会环境的重要因素，两者之间存在着互动关系。

一　国民品质与社会环境的互动关系

社会环境有好有坏。笔者曾提出好的社会是和谐社会，现代和谐社会有八大基本特征，即普遍幸福、个体自由、社会平等、民主充

---

① 参见韩晓燕、朱晨海《人类行为与社会环境》，格致出版社、上海人民出版社，2009，第5—6页。

分、法制健全、生活殷实、道德高尚和公正立国。① 在当代，好的社会环境就是这种和谐社会的环境。作为和谐社会特征之一的道德高尚是人们的品行端正的结果。社会成员普遍有德性，这个社会一定是道德高尚的。社会成员的品质状况不仅直接决定着一个社会的道德状况，还会对社会环境其他的因素和整个社会环境具有重要影响。

19 世纪以来，许多学者逐渐意识到了西方现代文明存在的种种弊端及其所导致的西方社会危机，特别是道德危机。对于导致当代西方社会及其道德陷入空前深刻危机的原因，不同学者有不同的看法，其中麦金太尔的看法是相当具有代表性的。他认为造成当代西方道德危机的原因是，启蒙运动以来以个体主义为基础的道德方案，排斥并拒绝了此前西方社会一直存在的以亚里士多德主义为代表的德性主义传统。② 在现代西方社会，规则代替德性占据了人类社会道德生活的中心位置。规则成了唯一的美德，对人们行为的要求仅仅在于对这些道德规范的遵守，人类的行为失去了任何内在的目的意义和品质基础，德性在人们现实的生活中边缘化了。启蒙运动以来，人们通常把摆脱了身份、等级和出身等封建传统对个人制约的现代自我的出现看成历史的进步，而麦金太尔认为这种没有任何社会规定性的自我，即"不具任何必然社会内容和必然社会身份的民主化的自我"，③ 是当代西方道德危机的最深刻根源之所在。他认为，人们在庆贺自己获得了挣脱封建等级身份制约的历史性胜利的同时并不知道自己已经丧失了西方传统德性的根基，还丧失了与之相应的客观的、非个人的道德标准。于是，道德判断的标准只能出于自己，人们对任何事物都可以从自我所采取的任何观点出发，每个人都可以自由选择那种他想成为的人以及他所喜欢的生活方式。这种自我本身什么都不是，什么目的也没

---

① 参见江畅《幸福与和谐》（第 2 版），科学出版社，2016，第 165—166 页。
② 〔美〕A. 麦金太尔：《德性之后》，龚群等译，中国社会科学出版社，1995，第 148 页。
③ 〔美〕A. 麦金太尔：《德性之后》，龚群等译，中国社会科学出版社，1995，第 42 页。

有，它可以成为任何东西，可以扮演任何角色并采纳任何观点。正是这种自我导致了西方道德的解体和道德相对主义。

当代中国正在进行现代化建设，在现代化建设过程中出现了种种影响社会和谐的问题。导致这些严重问题的原因很多，其中有一个原因是人们的德性缺失，恶性流行。当前中国存在的种种为人们所深恶痛绝的社会问题，如官员腐败案频发、黑社会势力猖獗、假冒伪劣盛行等，几乎都可以从人的品质的角度得到解释。德性缺失和恶性流行所导致的社会问题不仅会直接破坏社会和谐的环境，而且会对国家安全和社会稳定造成直接的威胁。

社会学讲"社会互动"（social interaction），即人与人互相响应，认为"社会现实实际上是从我们的社会互动中建构起来的"。[①]　一个国家的道德现实则是其国民的道德品行互动构建起来的。国民的品质状况直接决定着一个国家的道德状况，并在相当大的程度上影响一个国家的整个社会环境，这应是不容置疑的。社会环境对一个国家的国民的品质状况具有普遍影响。人们的品质是在实践的过程中形成的，"实践不是在真空中发生的，而是在对高度具体的、实际的情境的要求的反应中发生的"。[②]　社会环境就是这种高度具体的、实际的情境。社会环境可以有形地和无形地对人们的品质产生影响。有形的形式如大众媒体可以直接对人们形成什么品行施加影响，并通过褒贬等手段强化这种影响的力量。无形的形式则是通过制度、政策、教育、风俗、习惯等途径无孔不入地熏染人们的品行，使人们潜移默化地接受影响。

一个国家内存在区域差异，也可能存在不同的民族，因而社会环

---

① 〔美〕理查德·谢弗：《社会学与生活》（插图第9版），刘鹤群等译校，世界图书出版公司，2009，第97页。

② Nancy Sherman, *The Fabric of Character: Aristotle's Theory of Ethics*, New York：Oxford University Press，1989，p. 191.

境有较大的差异，但在一个国家内所实行的是相同的价值观念、社会制度和意识形态，有大致相同的文化传统。这四个方面是影响社会环境的主要因素。这些因素通过日益发达的大众传媒对国民品质和行为产生影响。

在影响国民品质的四种主要环境因素中，社会的主导价值观念是关键性的因素，因为社会制度、意识形态通常是根据主导价值观念制定并确立的。在主导价值观念中，存在着基本的价值取向。基本价值取向不同，社会的主导价值观念不同，社会的制度和意识形态不同，所形成的社会环境性质就会不同，而不同性质的社会环境对国民品质的影响是很不相同的。以整体主义为价值取向的社会环境表面看起来有利于那种利他、利群、利境的品质形成，但却因忽视了利己品质而常常会使所形成的品质具有虚伪性。因为人的本性具有利己倾向，完全否定利己是不可能的，其结果是表面的不利己掩盖着背后的自私自利。以个体主义为价值取向的社会环境虽然有利于利己品质的形成，却不利于利他、利群、利境品质的形成，而缺乏利他、利群、利境的品质，单纯的利己品质也不是真正意义上的德性。

与其他影响因素相比，文化传统是一个根本性因素。文化传统通常是指一个民族的文化传统，其核心是民族文化。"民族文化是民族心理形成的根本原因，每一种文化中人们共同具有的心理特征，称为群体人格。受其影响，同一群体的人往往表现出相同的行为特征。"① 在庞朴先生看来，文化传统与传统文化不同，它不具有有形的实体，不可触摸，仿佛无所在；但它却无所不在，既在一切传统文化之中，也在一切现实文化之中，而且还在你我的灵魂之中。如果套用一下古老的说法，可以说，文化传统是形而上的道，传统文化是形而下的器：道在器中，器不离道。文化传统是不死的民族魂。它产生于民族

---

① 韩晓燕、朱晨海：《人类行为与社会环境》，格致出版社、上海人民出版社，2009，第9页。

的历代生活，成长于民族的重复实践，形成民族的集体意识和集体无意识。简单说来，文化传统就是民族精神。"所以，一般说来，文化传统是一种惰性力量。它范围着人们的思维方法，支配着人们的行为习俗，控制着人们的情感抒发，左右着人们的审美趣味，规定着人们的价值取向，悬置着人们的终极关怀（灵魂归宿）。个人的意志自由，在这里没有多少绝对意义，正像肉体超不出皮肤一样，个人意志超不出文化传统之外。但也正因如此，文化传统便成了一种无声的指令，凝聚的力量，集团的象征。没有文化传统，我们很难想象一个民族能够如何得存在，一个社会能够如何不涣散，一个国家能够如何不崩解。"① 由此看出，文化传统对人们的品质可能产生的深刻影响。

在影响环境的因素中，文化传统与社会主导价值观念及相应的社会制度和意识形态并不完全一致。相比较而言，文化传统是一个具有相对独立性的环境因素，它可能与社会的主导价值取向一致，也可能不一致甚至相反。例如，西方大多数国家都有基督教文化传统，这种文化传统与近代以来西方个人主义的主导价值取向是大相径庭的。个人主义的价值取向的核心是自爱，而基督教文化传统的价值取向的核心是爱人，即所谓的"邻人之爱"。文化传统本身又非常复杂，有大传统与小传统，有久远的传统和较近的传统，有主流传统和非主流传统，而这些各种不同的传统又常常纠缠在一起，很难清楚区别开来。例如，西方国家有久远的希腊罗马传统，有稍后的基督教传统，有更后的启蒙传统；有基督教这种大传统，还有各种基督教教派的小传统；有希腊罗马文化的主流传统，也有希伯来文化的非主流传统；等等。文化传统由于是一个国家或民族世代相传长期沿袭下来的，有深厚的社会基础，渗透到社会生活的每一个细胞，因而对人们德性有着

---

① 庞朴：《文化传统与传统文化》，《科学中国人》2003 年第 4 期。

难以述说的影响。正是文化传统的不同使得主导价值取向大致相同的国家或社会的环境不尽相同，人们的德性状态也差异较大。例如，同样是资本主义国家的美国和德国，人们的德性的总体特征就有明显的差异：美国人更具有进取的德性，而德国人更具有敬业的德性。

如果我们将由主导价值观念及相应的社会制度和意识形态看作主流文化的话，那么文化传统对主流文化至少有可能起三种作用。一是补充作用，即使主流文化更完善。二是阻碍作用，即使主流文化难以流行或发生作用。例如，中国传统文化中的"忠君""君为臣纲"等观念常常使当代中国倡导的民主观念发生变形。三是反叛作用，即利用文化传统反对主流文化。文艺复兴就是打着复兴希腊罗马传统的旗号发生的，当代的德性主义也大打复兴古典德性主义传统的牌。文化传统对主流文化的这三种作用会对社会环境并因而对人们的品质状态产生重要影响。因此，就社会环境而言，对于一个国家国民的品质状态，不能只从主流文化的角度解释，还要从文化传统的角度进行解释，从文化传统对主流文化影响的角度、从两者相互作用的角度加以说明。

价值观念和文化传统是社会环境的深层影响因素，它们与社会制度、意识形态一起发生作用，形成社会风气，因而社会风气不单纯是社会价值取向的体现。社会风气是一种复杂的现实的社会环境，它对人们的品质有着更直接的影响。人们自发的品质在很大程度上是在社会风气中形成的。在一种对金钱财富、功名利禄贪求成风的社会，人们很容易自发地形成贪婪恶性。社会风气对人们的德性修养也有很大影响。一般来说，风清气正的风气会促进人们自觉地修养德性，而污浊腐败的风气会腐蚀人们的品质。在风气不正的社会环境中，人们要保持德性都很难，更不用说去修养德性。

二　德性对社会环境的要求

通过以上对国民品质与社会环境关系的分析，我们大致可以看出什么样的社会环境有利于国民德性的形成、保持和完善。从国民普遍德性完善的角度看，社会环境具备以下特征是较为理想的。

第一，和谐主义的社会价值取向。今天，人类越来越清醒地意识到，社会是一种人为构成物，人类组成社会是有目的的。这种目的是指向价值的，或者说是一种价值追求，而其基本价值追求就是通常所说的社会价值取向。人类社会与其他事物的一个重要区别在于，它的构建、运行和发展存在着价值取向，所涉及的是人们为什么要组成社会、组成社会干什么的问题。社会价值取向是社会的根本规定性，社会的价值取向不同，社会的构建、运行和发展的方式不同，社会的性质因而也不同。因此，社会价值取向是一个社会的灵魂。影响社会环境的因素很多，但对社会环境具有根本性影响的是社会的价值取向。社会基本价值取向规定着社会环境的基本性质，社会价值取向相同不一定有相同的社会环境，但社会价值取向不同，社会环境肯定不会相同。

从人类历史来看，社会的基本价值取向主要有三种。第一种是整体主义的价值取向，即将整体利益看作至高无上的，个体利益服从于或服务于整体利益，当个体利益与整体利益发生冲突时，个体利益无条件地服从整体利益。其典型表达是"大河有水小河满，大河无水小河干"。传统社会一般都采取这种价值取向，传统社会的社会制度和意识形态都是这种价值取向的体现。第二种是个体主义的价值取向，即将个体利益看作至高无上的，整体利益服从于或服务于个体利益，当个体利益与整体利益发生冲突时，整体利益要服从个体利益。其典型表达是"人人为自己，上帝为大家"。近代以来直至20世纪初西方国家一般都采取这种价值取向，西方近现代国家的社会制度和意识形态都是这种价值取向的体现。第三种是和谐主义的价值取向，即将个体利益和整体利益看作互利共赢的，通过整体利益的实现来实现个体利益，在个人利益与整体利益发生冲突时，要在不侵犯个人正当权益的前提下实现整体利益。其典型表达是"顾客是上帝"。这是一种第二次世界大战后出现的后现代的价值取向，当代世界越来越多的国家认同这种价值取向。一些国家的社会制度和意识形态正在根据这种价值取向进行调整。和谐主义的价值取向一般都是以个体主义价值取向为基础的，或者说是对个体主义偏颇的纠正。这三种价值取向是从历史的角度划分的，但在当代世界，这三种主导价值取向都存在。有不少国家的价值取向还是整体主义的，还有一些国家的价值取向是个体主义的，也有一些国家开始采取和谐主义的价值取向。

与三种社会价值取向相应，有三种不同性质或特征的社会环境，即整体主义的社会环境、个体主义的社会环境和和谐主义的社会环境。在这三种社会环境中，只有和谐主义的社会环境才是有利于社会成员德性形成和完善的。

在整体主义的社会环境中，社会成员的德性一般呈两极分化：一极是完全以国家的价值取向为个人的价值取向，个人的德性具有明显的整体主义特征，有利他、利群的德性，但利己的德性缺失，对具有利己德性的人反感甚至厌恶；另一极则是表面上装扮成很有利他、利群的德性，而实际上只有利己的德性，甚至利己的德性恶性膨胀，变成损害他人和社会的恶性，即所谓"满嘴的仁义道德，满肚子的男盗女娼"。后一种情形的问题是不言而喻的，而前一种情形一般也是有问题的，因为这种德性不注重自助，其结果是个人的问题还得社会加以解决，如果社会解决不了，整个社会就会出现许多问题，如贫困问题。所以，从总体上看，以整体主义为价值取向的国家或社会是不利于人们的德性完善的，在这种社会环境中人们所形成的德性是有缺陷的。整体主义的价值取向之所以会导致这样的德性问题，是因为这种价值取向是与人本性的利己自然倾向相悖的。

在个人主义的社会环境中，在法制比较健全的情况下，社会成员有比较完整的利己德性，但利他、利群和利境的德性相对较弱，即使具备这些方面的德性也主要是出于利己的考虑。这种社会环境下社会成员的德性普遍存在两个问题。一是社会成员一般德性很难达到高尚的水平。在这种社会环境下，人们的品行一般都是以自我为中心的，一切都出于利己的考虑，很难超出自我达到冯友兰先生所说的"天地境界"。完全以自我为中心、一切出于自利考虑的德性不可能是高尚的。高尚的德性是在超越自我基础上实现的自我与他人、社群和环境的协调统一。二是在法制完善的情况下，社会是会有序的，但在法制不完善的情况下，或者在法制不起作用的地方，就会出现由以自我为中心、以自利为追求导致的各种社会问题。近代西方出现的"血汗制度""羊吃人"问题就是在法制不完善的情况下发生的，近代西方海外殖民过程中出现的围剿土著居民、黑奴贸易、贩卖鸦片等问题就是在法制不起作用的地方发生的。这种情况表明，以利己主义为价值导向的社会环境必须有完善的法制做保障，在法制不健全的情况下，人们的德性在维护社会秩序方面几乎不起作用。

在和谐主义的社会环境中，社会成员可以形成利己、利他、利群和利境的德性，而且可以达到比较高的层次。在这种社会环境中，在价值观念上解决了个人与他人、群体或组织、环境的关系，实现了两者之间的良性互动。这种良性互动体现在较低的层次上，个人必须着眼于他人、群体、环境的利益实现才能真正实现自己的利益。在这种情况下只有利己的德性是不够的，必须形成利他、利群、利境的德性，有了这种超出狭隘自我的德性，才能更好地实现自己的利益。这种良性互动体现在较高层次上，个人会出于他人、群体、环境的利益行动，将这些利益的实现作为自己人生的最高追求，作为自己人生价值实现的主要体现。一个社会或国家只有确定了这种和谐主义的价值取向，并建立了与之相适应的社会制度和意识形态，其社会成员才有可能真正形成完整和高尚的德性。当然，即使有了这样的社会环境，也不能使每个人都达到德性的完善。因为和谐主义的社会环境只是为人们提供了德性完善的可能性，一个人要真正达到德性完善，还需要自己的德性修养。

第二，社会制度公正合理。社会是一个庞大的组织，现代人类越来越清楚地意识到，庞大的社会组织需要管理，而社会管理的最有效形式是制度。社会制度可以说是影响社会环境的关键因素，在一定意义上可以说，社会环境好坏是社会制度好坏的结果。近代以来，社会管理日益制度化，这是一个巨大的进步，从根本上克服了传统社会人治的种种弊端。制度已经成为对社会环境有重要影响的因素之一。如果说社会价值取向是社会环境的观念层面的话，那么社会制度就是社会环境的控制层面。社会制度一方面体现着社会价值取向，另一方面是使社会价值取向得以实现的基本保障。但是，社会制度是一种形式，它的内容存在着公正不公正、合理不合理的问题。只有那种公正合理的社会制度，才能构成有利于社会成员德性形成和完善的社会环境。

当代社会，社会制度越来越复杂，从社会的横向结构看主要包括政治制度、经济制度、文化制度、社会生活制度等，从社会的纵向结构看主要包括中央政府制定的制度、地方政府制定的制度和各种非政府组织制定的制度等。依法治国已经成为时代潮流，在许多国家那些比较重要的制度都已经或正在法律化，制度和法律常联系在一起，被称为"法制"。在各种法律中，宪法是根本大法，它规定着一个国家的根本制度并对所有其他法律具有约束力。社会制度的公正合理性在不同社会有不同的解释，也可以从不同角度做出解释，从当代社会看，从有利于社会成员普遍德性完善的角度看，社会制度的公正合理性主要体现在以下三个方面。

其一，社会制度必须体现和谐主义的价值取向并为其实现提供保障。社会的价值取向主要通过社会制度来体现，同时也通过社会制度来实现。社会的价值取向就是社会制度的价值取向。从当代世界发展的总体趋势来看，一个国家的社会制度要成为公正合理的，就要体现和谐主义价值取向的要求，并要通过所具有的对社会生活的规范力和导向力使社会价值导向落实到、贯穿于社会生活的各个方面，使整个社会生活成为和谐主义的。和谐主义价值取向的根本要求是统筹兼顾，处理好社会成员个人之间、个人与组织之间、组织与组织之间、人类与环境之间的关系，实现有关各方互利共赢，反对简单地以个体为本位或以整体为本位，特别反对为了一方的利益而不顾甚至牺牲另一方的利益。公正合理的社会制度就是要体现和贯彻这种要求，使这种要求在社会生活中得以全面实现。

其二，社会制度必须体现社会公正的要求。社会生活极其复杂，为了使整个社会和谐，在以和谐主义为价值取向的前提下，还要努力实现社会公正，即实现全社会的公平和正义。社会公正的根本要求是社会资源分配公平。社会资源是广义的，有些是有形的，如金钱、财富，更多的是无形的，如权力、地位、机会、名誉；有些是利益，如权利，有些是负担，如责任、义务。分配公平的一般要求就是使所有相关者得其所应得，社会的分配公平就是使全体社会成员各受其教、各尽其能、各得其所。所谓各受其教，就是社会要为每一个成员提供充分的受教育机会，并通过享受充分的受教育机会，使其潜能得到合理的开发。所谓各尽其能，就是要使社会成员开发出来的能力得到发挥的机会和条件。所谓各得其所，就是要使社会成员得到与其能力的发挥相应的报酬，并为那些因种种原因不能自食其力的社会成员提供必要的社会保障。为了保证社会资源分配公平，社会公正也要求决策程序公平，要求对社会资源不合理占有以及其他各种犯罪进行惩罚的正义。同时，现代社会公正还要求考虑社会成员对社会公正的认同，要使社会成员产生社会公正感，这即社会的互动公正。公正合理的社会制度要体现所有这些社会公正的要求，要通过制度这种控制手段保证这些要求有效地得到贯彻实行。

其三，社会制度必须与国情特别是文化传统相适应。人类是从分散逐渐走向一体的，不同民族国家有不同的文化传统，有不同的民族个性，还有不同的地域特征，这是客观存在的，而这就使不同民族或国家具有自己的特色。尽管人类在走向一体化，但这种一体化并不意味着同一化，而是与多样化相互补充、相互映衬、相辅相成、相得益彰的。不同国家的国情也是社会制度需要考虑的。一种社会制度可能理论上是正确的，但并不一定是实践上合理的。一种社会制度只有理论上正确，同时又具有实践上的可行性，才是合理的。要使一种社会制度在实践上可行，关键是要使这种社会制度尊重国情，使之与国情相适应，并在此基础上适度并合理地改善国情。这里强调社会制度要尊重国情和与国情相适应，并不否认社会制度借鉴的必要性，那种闭关锁国的社会制度只会使一个国家贫穷落后，使文化传统蜕化和衰落。但是，对外国的社会制度只能借鉴，不能照搬，外国的社会制度再公正合理，完全照搬过来，由于水土不服会变成不合理的，并导致严重的社会后果。由于国情不同，一个国家的社会制度也不可能完全照搬别国的，照搬来后会发生变形，而这种自然变形与自觉借鉴存在着根本差异。

第三，社会控制机制完善有效。社会价值取向需要通过社会制度来体现和实现，而社会制度的付诸实施需要有社会控制机制提供保障，因而社会控制机制也是影响社会环境的重要因素。在当代社会，社会的控制机制越来越多样化，有法制的，有政策的，有道德的，还有舆论的，等等。有社会学家认为，用来鼓励从众（conformity，指和同辈一样的行动）和顺从（obedience，指对阶级结构中具有较高权威者的依从）以及防止违背社会规范的奖惩制度，是通过非正式和正式的社会控制来执行的。人们有时用非正式社会控制（informal social control）来强化社会规范，如微笑、笑声、皱眉和嘲笑等。当非正式社会控制不足以强化从众或顺从行为时，具有权力的机构（如公安机关等）便会执行正式社会控制（formal social control）。"正式控制是在社会化和非正式奖惩无法带来预期行为时的最后凭借手段。"[①]　社会控制机制有三种主要功能：一是约束功能，就是通过有约束力的措施使社会成员包括社会管理者的行为纳入制度规定的范围；二是协调功能，就是及时妥善处理社会生活中出现的各种矛盾和问题，确保社会生活在社会制度框架内正常运行；三是导向功能，就是在社会制度控制的基础上引导社会成员的追求，使社会生活既保持稳定又充满活力，既和谐有序又个性鲜明。

要使和谐主义的价值取向和公正合理的社会制度得以实现，必须有完善有效的社会控制机制。所谓完善，就是各种社会控制机制相互补充、相互配合，使整个社会生活都纳入社会控制的范围，无所遗漏。所谓有效，就是每一种社会控制机制都对社会生活真正起到约束、协调和导向的作用，使整个社会生活正常有序。那么，如何使社会控制机制完善有效呢？首先，要使各种社会控制机制的取向一致，要以和谐主义为根本原则进行社会控制。其次，要使各种社会控制机制分工合作，相互补充而不相互重复。再次，要适度控制而不是全方位控制，将社会控制限定于对违反社会制度的行为进行有效约束，对矛盾和问题进行必要调节，对人们的追求进行恰当导向。最后，要使社会控制机制本身能得到控制，所有社会控制机制都纳入法制的轨道，得到立法机构的授权并置于公众的有效监督之下，防止其随心所欲，侵犯公民的正当权益。

第四，社会管理者应该是"智慧之人"。社会管理是通过管理者

---

① 〔美〕理查德·谢弗：《社会学与生活》（插图第9版），刘鹤群等译校，世界图书出版公司，2009，第166页。

来实现的，无论是价值取向的选择、制度的制定、控制机制的建立和发挥作用，都主要是社会管理者运作的，而且管理者的品行对其他社会成员有重要的示范力和影响力，因而管理者是社会管理的决定性因素，也是影响社会环境的决定性因素。良好的社会环境需要优秀的社会管理者，优秀的社会管理者也就是通常所说的"德才兼备"的社会管理者。这里所说的"德"就是有德性。社会管理者都应该是"德性之人"，至少应该是"君子"，层次越高的管理者德性水平应该越高，最高层的管理者应达到"圣人"的层次。这里所说的"才"就是有才能，不光有卓越的能力，而且还要有正确的观念，有渊博的知识，是三者的有机统一。"德才兼备"就是有智慧，社会管理者都应该是"智慧之人"。"智慧之人"才能选择正确的价值取向，制定公正合理的社会制度，建立完善有效的控制机制，才能进行卓有成效的社会管理。只有智慧之人治国，国家才会和谐、繁荣。柏拉图曾提出国王应该是"哲人王"的设想，如果我们将哲学理解为智慧之学的话，那么他的这种想法就是要让最具有智慧的人成为国家领导人。虽然先哲的理想自古以来还未真正实现，但人类社会总有走向由"智慧之人"治理的那一天，而且这一天绝不会太远。

三　社会在德性方面的应有作为

"社会的一切都产生于人又复归于人，社会的一切都是人为的和为人的。"① 随着人类社会的进步和开明，社会越来越成为人为的、属人的、为人的。社会在使其成员德性完善方面大有可为，而且肩负着重要责任。一个社会的成员成为普遍有德性的"德性之人"关键在于社会环境。人的德性不是与生俱来的，而是后天获得的，是环境与个人造化相互作用的结果。无论是家庭环境、学校环境，还是工作环境

---

① 刘远传：《社会本体论》，武汉大学出版社，1999，第24页。

都受社会环境的规定和制约，社会环境是社会成员德性状态的具有普遍意义的制约因素。社会环境的状况关键在社会管理，而社会成员在德性方面的造化状况也在社会管理。社会管理是通过社会管理者实现的，因而社会成员的德性状况主要取决于社会管理者。因此，社会管理者应该清醒意识到自己在社会成员的德性完善方面肩负的重任，应有所作为，大有作为。

社会管理者在社会成员德性形成和完善方面的作为是方方面面的，其中最重要的是以下四个方面。

一是努力营造德性所需要的社会环境。社会成员德性形成和完善的社会环境绝不是自然形成的，而是营造的结果。社会管理者的重要责任之一就是要努力营造这种社会环境，使社会环境成为有利于并促进社会成员德性形成和完善的环境，并通过这种环境的营造影响德性形成和完善所需要的家庭、学校、工作单位等各种小环境，使之优化。所营造的社会环境应该是这样的，生活于其中的社会成员能形成并不断增强德性意识，能掌握德性形成和完善的知识和方法，能自觉地终身进行德性修养以使自己的德性境界不断提升。这样的社会环境是社会成员普遍进行德性修养的最佳场所和追求德性完善的动力源泉。

二是始终注重国民的基本德性建设。国民的德性是社会的最重要软实力，这种软实力像硬实力一样是需要建设的。国民的德性建设是一项浩大的复杂工程，有许多工作要做，其中最重要的是国民的基本德性建设。具备基本德性就能使一个人成为"德性之人"，在使人具备基本德性方面，社会是最有作为空间的。个人的基本德性是在自发德性基础上经过反思、选择、确认等智慧环节养成的。自发德性主要是环境作用的结果，这种环境是社会能够控制的，而养成德性则主要是通过学校教育的作用形成的，而教育是社会组织实施的。国民的基本德性既非常重要，又能为社会管理者所控制。因此，社会管理者在国民德性建设方面要将重点放在国民的基本德性方面。基本德性建设搞好了，不仅为德性完善奠定了良好基础，而且确保了社会成员普遍成为"君子"层次的"德性之人"。一个社会的成员能普遍成为"君子"，这个社会大致上就可称为"德化社会"，即绝大多数社会成员都是"德性之人"的社会。

国民基本德性建设的对象主要是未成年人（大致在参加工作前），建设的任务则主要是有目的、有计划地给未成年人提供系统的德性熏染和德性教育。提供德性熏染是给未成年人提供德性自发形成所需要的氛围，提供德性教育则是给未成年人从自发德性走向自觉德性并掌握德性知识和方法所需要的教育。无论是提供德性熏染还是提供德性教育都必须有目的地、有计划地进行，而这种目的和计划应建立在相关的心理学、教育学和伦理学特别是德性论的基础之上，不是应景的，更不是随心所欲的。一个人从出生到参加工作前，一般都有二十年左右时间，给他们提供系统的德性熏染和德性教育，是这样一个漫长的持续过程，德性熏染和德性教育务必一代一代地持续下去。这就要求将国民基本德性建设作为国家的基本制度，使之成为像社会的物质生产一样的社会日常建设活动。

三是建立完善的防恶惩恶机制。由于人性的弱点和社会的复杂性，至少到目前为止的人类社会不可能达到尽善尽美的状态，相反恶性和恶行经常地、不断地、反复地出现。因此，社会需要建立完善的防恶惩恶机制，需要有效的社会控制。所谓社会控制，是指"在任何社会里，预防人为越轨行为的技巧与策略"。① 建立有效的社会控制不仅是维护社会秩序的需要，也是社会德性建设的需要。从社会德性建设的角度看，建立完善的防恶惩恶的长效机制至少具有以下三种作用。一是净化社会环境，使社会环境有利于和促进社会成员的德性形成。恶性和恶行对社会环境具有破坏性，对恶行不惩罚、不防范，恶

---

① 〔美〕理查德·谢弗：《社会学与生活》（插图第9版），刘鹤群等译校，世界图书出版公司，2009，第163页。

行和恶性就会流行，就会腐蚀人们的心灵，破坏正常的社会秩序。二是威慑和防范作恶者，使有意作恶的人不敢作恶，也没有机会作恶。在任何社会，目前还没有可能使所有的人都不作恶，需要通过有效完善的惩罚和防范机制使那想作恶的人不敢也不能作恶。三是使作恶者和有意作恶者逐渐弃恶从善。在人们不敢也不能作恶的情况下，再加上其他教育、熏染等途径，那些作恶者和有意作恶者会逐渐放弃作恶的念头，久而久之，有可能悔过自新，重新做人。防恶惩恶机制要发挥这些作用，它本身要尽可能完善和有效，要击中要害，"疏而不漏"；同时要惩罚与防范结合、与教育结合，着重从源头上治理，坚持"惩前毖后，治病救人"的方针。

四是采取有效措施激励人们追求德性完善。社会在建立完善的防恶惩恶机制的同时，还要通过各种途径采取各种措施激励人们进行德性修养和追求德性完善，形成全社会追求德性的舆论导向，特别要重视树立德性完善方面的榜样。同时，对于那些德性水平达到较高层次的德性修养成功人士，社会要给予奖励和宣传。奖励和宣传是对德性修养成功人士给予的社会肯定，同时也是通过这种肯定为公众树立的榜样和示范，以带动更多的人像他们这样做。所以，这种奖励只能是一种荣誉，而不能是某种实利，否则就会误导；这种宣传也必须适度，要真实，不能夸大，更不能神化，否则就会适得其反。关于树立榜样，琳达·扎格则波斯基有一段特别值得重视的论述："德性的榜样是值得赞赏的人，并且要把他们看作值得赞赏的，就是要感受到某种模仿他们的吸引力。值得赞赏的生活是由值得赞赏的人引导的生活。值得欲望的生活是值得赞赏的人欲望的生活。值得赞赏的人欲望值得赞赏的生活，所以值得赞赏的生活是值得欲望的。值得赞赏的人也欲望那些健康、朋友和享受等无可争议的令人繁荣的要素。我们经常不能拥有所有这一切是一个糟糕的事实。一种充分的值得欲望的生活不是每一个人都能达到的。我们不能模仿运气，无论是好的还是坏的，所以我们不能模仿那些过着充分值得欲望的生活的人的生活，但是，我们能模仿值得欲望生活中的那些值得模仿的部分。值得模仿的东西包括值得赞赏的生活。"① 社会就是要树立值得赞赏的人作为榜样，也要使值得赞赏的人过上值得欲望的生活，通过榜样的力量和合理的制度安排引导人们过既值得赞赏又值得欲望的生活。

四 "按德性分配"问题

谈到社会在德性方面的应有作为，就会涉及社会应不应该对有德性的人给予奖赏的问题，或者说，就会涉及社会在分配资源时应不应该以人们的德性状况为依据的问题。在这个问题上，康德、罗尔斯以及诺齐克之间存在着明显的分歧。

按照康德的观点，人生的理想是至善，而至善是德性（体现为德行）与幸福的统一。这种统一是以德配福的统一，就是说有德性才会有幸福。但是，现实世界中人不可能实现两者之间的统一，因为现实世界的事实是"有德者未必有福，有福者实多恶徒"。他认为，要实现两者之间的统一，必须求助于"灵魂不朽"和"上帝存在"的悬设。因为只有假设灵魂不朽才能使人确立道德上完善的目标并给人来世以德配福的希望，同时只有假定上帝存在才能保证德福匹配绝对公正。这里需要指出的是，在康德那里，幸福是与德性相分离的，因而他的幸福并不是完全意义上的幸福，而是幸福的客观条件，从当代意义上看就是对社会资源（如金钱、财富、权力、名誉、地位等）的享有。康德的这种至福论隐含着一个重要的观点，这就是：人们幸福的客观条件或者说他们在社会分配中的"应得"应该与他们的德性相匹配，德性越好的人越应在社会资源分配中得到更多的份额，越应多

---

① Linda Zagzebski, "The Admirable Life and the Desirable Life", in Timothy Chappell, ed., *Values and Virtues: Aristotelianism in Contemporary Ethics*, Oxford: Clarendon Press, 2006, p. 66.

享有幸福的客观条件；反之，德性越差的人越应少享有幸福的客观条件。他的这种观点不过是一种按德性分配的观点。根据这种观点，德性是实现幸福的唯一途径。因为，如果我们将德性理解为实现幸福的唯一主观条件，当人们具有了这种主观条件时，就应享有与之相应的客观条件。

康德的这种观点实际上是人们的一种常识观点。罗尔斯对这种常识观点进行了批评，并提出了公正的社会不能根据人们的德性分配社会资源。他说："常识倾向于假设：收入、财富和一般生活中的美好事物都应该按照道德上的应得来分配。正义即为由德性决定的幸福。"① 他指出，尽管这是一种不能完全实现的理想，但它被认为是分配公正的一个应有观念，至少应是一个首要原则，只要条件许可，社会就要实现它。在罗尔斯看来，按照公正原则形成的分配份额与道德价值无关。一个人做出的贡献是受到他的天赋才能和技艺以及他可选择的对象影响的，在其他条件（包括德性）相同的情况下，天赋才能、技艺等较好的人更有可能为社会做更大的贡献。罗尔斯之所以反对按德性分配的原则，首先是因为这一原则不会在原初状态中被选择。他认为，"对于一个社会来说，把奖励道德价值的目标作为第一原则来组织自身，就像为了惩罚窃贼而建立财产制度一样。所以，在原初状态中各方不会选择按照每个人的德性付酬的标准"。② 其次是因为这一原则也不能区分道德应得与合法期望。他认为，只要个人和团体参与了公正的安排，他（它）们就拥有了由公正的规则所规定的相互之间的权利要求。如果他们完成了现存制度所鼓励的事情，他们就获得了某些权利，而且公正的分配份额尊重这些权利。一个公正的社会体系回答了人们有权要求什么的问题，满足了他们建立在社会制度之上的合法期望。"一个正义体系给予每个人以他

① 〔美〕约翰·罗尔斯：《正义论》，何怀宏等译，中国社会科学出版社，1988，第300页。
② 〔美〕约翰·罗尔斯：《正义论》，何怀宏等译，中国社会科学出版社，1988，第302页。

应得的一份，换言之，它分配给每个人以正义体系本身规定的他有权得到的东西。"① 但是，有权得到的东西并不与他们的内在价值相称，也不依赖于他们的内在价值。他的结论是："调节社会基本结构和规定个人义务和责任的原则并不涉及道德应得，分配的份额并不倾向于要与它相称。"②

诺齐克走得更远，他既反对按德性分配，也反对按贡献或别的什么分配。他将"按每个人的（××）给予每个人"或"按照（××）分配"看作模式化原则。"如果一个分配原则规定一种分配要随着某一自然之维，或一些自然之维的词典式次序的不同而给予不同量的分配，那么我们称这样的原则为模式化原则。"③ 他提倡和拥护"最弱意义上的国家"，这种国家是管事最少的国家，是国家意义最弱但还是国家的国家，它是除了保护性功能之外再无其他功能的"守夜人"式国家。在他看来，模式化原则的最大问题在于会赋予国家更多的功能，从而会造成不断地干涉个人生活，侵犯个人权利。他举例说，假设一个社会现在实现了某种模式化的分配，如实现了平等的分配，每个人都得到了一份等量的财产，而且这个社会是自由的社会，人们可以自由转让和交换。同时，假设有一个篮球明星张伯伦，他技艺高超，他的球赛能吸引很多门票。一个球队与他签订了一个合同，承诺从每张门票中抽 25 美分给他。一个赛季下来，有 100 万人观看了他的比赛，张伯伦得了 25 万美元。这样，他的收入与其他人的收入之间就有了很大的差距，出现了两极分化，原先平等的分配变为一种不平等的了。但是，这一切都是在自觉自愿的基础上进行的：球队因会获得巨大收益而心甘情愿地与他签约，观众因欣赏到高超球艺而心甘

---

① 〔美〕约翰·罗尔斯：《正义论》，何怀宏等译，中国社会科学出版社，1988，第303页。
② 〔美〕约翰·罗尔斯：《正义论》，何怀宏等译，中国社会科学出版社，1988，第300页。
③ 〔美〕罗伯特·诺齐克：《无政府、国家与乌托邦》，何怀宏等译，中国社会科学出版社，1991，第161页。

情愿地掏钱买票。这样，个人的自由就搅乱了原先的分配模式，使它转向了反面，社会也就陷入了两难的境地：要么放弃模式化原则，认可现在的分配；要么继续坚持模式化原则，通过禁止自由转让或定期剥夺来干预人们的生活。在诺齐克看来，这个例子展示了模式化原则的弊端："如果不去不断干涉人们的生活，任何目的原则或模式化的分配正义就都不能持久地实现。……为了维持一种模式，必须不断地进行干涉以不准人们如其所愿地转让其资源，或者不断地（或定期地）从某些人那里夺走某些资源——这些资源是另一些人因某种理由自愿转让给他们的。"① 他认为，模式化原则问题的症结在于：它只注意接受的一面，而忽视了给予的一面；它看到了接受者的权利，却忘记了给予者的权利。

康德主张的以德配福或按德性分配的观点有其片面性。德性是人们获得幸福的主观条件之一，但并不是充分条件。正如我们前面所指出的，人们获得幸福的充分主观条件是人格，包括人的观念、知识、能力和品质。尽管品质是人格的关键构成因素，但并不是唯一因素。而且，人的人格还需要体现为实践上的作为即贡献。只有人格完善的程度及其发挥的程度才是人们配享幸福客观条件的标准。这大致相当于我国流行的"德、能、勤、绩"说法，其中"德、能、勤"相当于人格完善的程度，而"绩"是人格发挥的程度。只有其完善人格在实践中充分体现出来的人，才应现实地配享充分的幸福客观条件。一个具有德性的人并不一定观念正确、知识丰富、能力卓越，也不一定有充分发挥他的才能的机会，这些方面决定了他对社会的贡献不一定大。我们可以设想，如果两个人德性水平相同，但他们的观念、知识、能力以及发挥才能的机会不同，也就是说，他们的贡献不同，显然社会不能给他们分配相同的社会资源。否则，人们就有可能缺乏充分挖掘自己潜能

---

① 〔美〕罗伯特·诺齐克：《无政府、国家与乌托邦》，何怀宏等译，中国社会科学出版社，1991，第168—169页。

的动力，也可能不追求所具有的能力的充分发挥，社会也就会因为缺乏利益刺激和竞争力而失去生机和活力。因此，我们不能只以德性或德行为唯一根据分配社会资源或作为幸福的客观条件。

罗尔斯所主张的德性与按公正原则进行的社会资源分配无关的观点也是片面的。在现实生活里，按照社会公正的最一般原则即使社会成员各得其所进行社会资源分配，通常总是要考虑人们的德性状况的。即使按照罗尔斯自己的公正原则进行社会资源分配也不能不考虑人们的德性状况。他的公正原则要求，社会和经济的不平等应这样安排，使它们依系于在机会公平平等的条件下职务和地位向所有人开放。在这个原则实际运用时，尽管职务和地位向所有人开放，但人们在选择担任职务和占据地位的具体人选时还是会考虑他们的德性状况的。这就是说，职务和地位向所有人开放，不管他们的德性如何，可以说无任何限制条件，但这只是形式上的，而实际的职务和地位分配则是有条件的，其中的重要条件之一就是人们的德性状况。例如，我国的公务员招聘是对全社会开放的，符合基本条件的都能报名参加考试，但只有通过考试和考察才能被录取，而考察的重要内容之一就是人们的德性状况。这种对德性的要求虽然不能说是按德性分配，但肯定是社会资源分配的重要根据之一。如果社会将资源分配给其他条件与别人相同而品质更好的人，我们当然也可以在一定意义上说这种资源是一种道德应得。罗尔斯主张的问题在于，他没有在形式上的分配原则与实质上的分配活动之间加以必要的区别。一旦我们注意到实质性的分配活动，就不能不承认德性状况是人们进行分配的重要依据之一。

罗尔斯提出的社会资源分配不涉及道德应得的理由也是难以成立的。即使人们在原初状态下不选择按德性分配的原则，也并不意味着社会资源分配可以完全不考虑德性的因素。而且，他所设想的原初状态是一个人们彼此孤立而无知的状态，在这种状态中，道德的问题不会产生，更不会凸显出来。另一方面，在进行社会资源分配时要考虑德性的因素，并不意味着按德性分配，如果我们将德性作为社会资源分配的必要条件或重要因素，并不会影响人们的"合法期望"。假如在分配社会资源时提出要考虑"德能勤绩"，在"德能勤"条件相同的情况下重点考虑"绩"，这种分配的标准也可以成为人们的"合法期望"，人们也会认为是合理的。由此看来，罗尔斯提出的按照公正原则形成的分配份额与道德价值无关的观点是难以成立的，至少是理由不充分的。社会资源确实不能完全按德性分配，而应按人格完善的程度及其发挥的程度分配，但是，我们不能因此否认人们的德性状况应该成为社会资源分配的重要因素甚至必要条件。对于那些出于恶性的贡献不仅不能分配社会资源，而且要给予谴责甚至惩罚。

至于诺齐克的反对模式化原则、主张"最弱意义上的国家"的观点，无论从理论上看，还是从人类现实生活看都是缺乏说服力的。如果社会资源的分配不考虑德性、贡献、劳动等因素，而任由人们自由竞争，社会必定走向贫富两极分化。这样的社会不会有平等，更不会有真正的公正，其自由也是少数强者才会具有的，而不是所有社会成员普遍具有的。然而，少数人具有自由的社会不是真正自由的社会，这样的社会充其量只是形式上自由而实质上不自由的社会。

第五节　道德运气问题

关于道德运气的问题，西方伦理学有诸多的观点和争论，这里对有关道德运气的各种观点进行简要述评并着重分析道德运气与德性的关系。

一　道德运气问题的提出及有关争论

《自由百科全书》对道德运气做了这样一个界定："道德运气是一个道德主体因为行为或其结果而受到道德谴责或赞扬的现象，即使所说的主体不具有充分的控制行为及其结果的能力，这一点也是清楚的。"①《斯坦福哲学百科全书》和《互联网哲学百科全书》则在肯定道德运气存在的前提下对它什么时候出现做出规定。前者的规定是"道德运气在这样的时候出现，即在行为主体能被正确地作为一个道德判断的对象对待，尽管被评价对象的一个有意义的方面依赖于超出其控制的因素"；②后者的规定是"每当运气造成一种道德差异的时候，道德运气的情形就出现"。③《互联网哲学百科全书》认为，道德运气的难题产生于这样的冲突，即看起来广泛存在的道德运气情形不应该出现的直觉与阻止这样的情形产生是不可能的事实之间的冲突。鉴于《互联网哲学百科全书》"道德运气"词条的观点更符合人们平常对运气的理解，这里主要根据该词条的阐述做些介绍。④

提出"道德运气"概念并使之成为现代西方伦理学的一个热点问题的是伯纳德·威廉斯和托马斯·内格尔（Thomas Nagel）。他们两人的文章最初发表在 1976 年亚里士多德学会的一次学术研讨会上，并被收入该学会的会刊第 50 卷（1976 年）。内格尔的文章是对威廉斯的答复。威廉斯的文章在他 1981 年出版的《道德运气》⑤一书中作为第二章，内格尔的文章在他 1979 年出版的《有死问题》⑥一书中作为第三章，两章的标题都是"道德运气"。虽然他们两人强调的重点不同，但道德运气都是他们文章关注的中心问题。"他们两人都对道德免受运气影响的断言提出了挑战，力图表明运气威胁道德并不亚于它

---

① "Moral Luck", in *Wikipedia*, *the Free Encyclopedia*, http：//en. wikipedia. org/wiki/Moral_luck.

② "Moral Luck", in *Stanford Encyclopedia of Philosophy*, http：//plato. stanford. edu/entries/moral-luck/.

③ "Moral Luck", in *The Internet Encyclopedia of Philosophy*, http：//www. utm. edu/research/iep/m/moralluc. htm.

④ Cf. "Moral Luck", in *The Internet Encyclopedia of Philosophy*, http：//www. utm. edu/research/iep/m/ moralluc. htm.

⑤ Bernard Williams, *Moral Luck*, Cambridge：Cambridge University Press, 1981.

⑥ Thomas Nagel, *Mortal Questions*, Cambridge：Cambridge University Press, 1979, pp. 24-38.

威胁人生活的其他领域。他们为他们称为道德运气的东西做论证，并赋予了哲学一个新概念和一个广泛的问题领域。这些新的观念引起了哲学家极大的兴趣和巨大的反响"。①

威廉斯不赞同康德的道德观点并提出最好放弃道德概念，代之以更广泛的"伦理学"概念。他在这样做的过程中，不只是对康德的道德思想提出了挑战，也对关于道德的常识观念提出了挑战。他认为，道德免受运气影响的观念是"基于我们的道德观念的"。为什么会这样？威廉斯提出，如果道德价值不依赖运气，它就不会是我们认为它所是的那种东西。我们已经注意到运气渗透到我们生活的程度。有些人生而健康，有些人则生而有残疾；有些人天生富贵，有些人则辛苦工作但总是贫穷。运气对每个人都不同，但我们会认为至少有一种价值是所有人都同样可利用的，那就是道德价值。张三也许比李四富有，但这并不意味着张三是一个更好的人。一个人可能在道德上更优秀，但运气与他道德上的优秀没有什么关系。这样，道德就给我们提供一种安慰，用威廉斯的话说，道德"给世界的不公平提供一种慰藉"。② 但是，"即使道德价值根本上不受运气支配，但如果道德价值只是其他价值当中的一种，那么它不受运气支配这个事实就变得没有多大意义了"。③ 为了使道德具有这种慰藉作用，必须假设道德价值具有一种特殊的、至高无上的重要性或尊严。只有道德价值真正具有这两个特征（是免受运气影响的和是价值的最高类型），它才能给我们他所描述的慰藉。针对这种观点，威廉斯给我们提供了一个两难：要么（1）道德价值（有时）是一个运气问题，要么（2）它不是最高的价值。

---

① Daniel Statman, "Introduction", in Daniel Statman, ed., *Moral Luck*, New York: State University of New York Press, 1993, pp. 1-2.

② Bernard Williams, "Moral Luck", in Daniel Statman, ed., *Moral Luck*, New York: State University of New York Press, 1993, p. 36.

③ 〔英〕伯纳德·威廉斯：《道德运气》，徐向东译，上海译文出版社，2007，第31页。

　　威廉斯试图通过集中关注理性的辩护而不是道德的辩护走出这个两难。他的论证的基石是理性的辩护在某种程度上不是一个运气的问题。他使用一个思想实验提出这个观点。他给我们提供了一个大致上以画家保罗·高更（Paul Gauguin）生活为原型的故事。他的高更感到对家庭有责任，并感到应幸福地和家人生活在一起，但他放弃了家庭，使他们陷入可怕的境地。他之所以这样做，是因为他想成为一名伟大的画家。他到了一个海岛生活，相信在一个更原始的环境中生活能更充分发挥他的绘画才华。高更的这个决定能否得到理性的辩护呢？像他这样做是不是理性的？

　　威廉斯正确地注意到，预见高更成为一名伟大的画家的想法是否成功是不可能的。即使在做出决定前高更有理由认为他具有相当高的艺术天赋，但他也不能肯定那种天赋能体现出来，也不能肯定离家的决定有助于他的天赋的发挥。威廉斯说，"在这种状况中，唯有成功本身才能为他的选择做辩护"。① 同样，威廉斯主张，能表明高更是理性的得不到辩护的唯一东西是失败。既然成功在某种程度上取决于运气，理性的得到辩护至少在某些情形下也取决于运气。

　　然而，并不是每一次成功都能证明得到辩护，也并不是每一次失败都标志得到辩护的缺乏。如果有运气存在的话，得不得到辩护就取决于在成功或失败中所涉及的东西。于是，威廉斯在外在运气（extrinsic luck）与内在运气（intrinsic luck）之间做出了区分。内在运气是由经过考虑的计划或行为的要素产生的运气，而外在运气是从计划之外产生的运气。内在运气是从高更自己产生的运气，因为在他的计划中他是唯一一个涉及者。如果高更失败，证明海岛生活使他迷恋，以至于他成了一名最糟的画家，这就是一种坏的内在运气的情形并因而他将是没有得到辩护的。另一方面，如果在他计划的开始一个

_____

① 〔英〕伯纳德·威廉斯：《道德运气》，徐向东译，上海译文出版社，2007，第34页。

反常的意外引起他受到伤害阻止了他绘画，他就既没有得到辩护也没有得不到辩护，因为他的计划不能实行。他的计划已经失败，但就得到辩护而言，由于外在坏运气的干预而不会得到一个定论。如果高更足够有运气而具有充分的天赋去发现这种天赋能施展的环境，那么他的计划就会成功，他就会得到辩护，而得到辩护是由于（内在的）运气。

这与道德有什么关系呢？威廉斯希望通过表明在理性的得到辩护与道德的得到辩护之间冲突存在，使道德的观念遭到致命的损害。他认为，如果理性的得到辩护至少部分上是个运气问题，而道德的得到辩护完全不是个运气问题，这就为两类得到辩护之间的冲突留下了空间：一个行为在道德上不能得到辩护，但在理性上能得到辩护，反之亦然。高更的例子正好给我们提供了这种情形。假设高更的离家决定在道德上不能得到辩护。既然运气与这个决定的道德价值之间没有任何关系，那么我们可以说当高更做出这个决定时，他的决定是一个道德上恶的决定。然而，在威廉斯看来，当高更做出决定时，他的决定是否理性地得到辩护还不能确定，我们得等待，看这个计划怎样进行。假设他的高更像真实的高更一样成了一位伟大的艺术家，高更的决定就在理性上得到了辩护，尽管还没有在道德上得到辩护。

这对于威廉斯所反对的道德类型来说会产生一个难题。朱迪思·安德烈（Judith Andre）指出："既然理性的得到辩护部分地是一个运气问题……那么我们的理性的得到辩护的观念不是与道德的得到辩护的观念同义的，而且道德不是价值的唯一源泉。"[1] 然而，这并没有完全正确地把握威廉斯的观点。威廉斯所针对的不是"道德是价值的唯一源泉"的观念，而是"道德是价值的最高源泉"的观念。道德与

---

[1]　Judith Andre, "Nagel, Williams, and Moral Luck", in Daniel Statman, ed., New York: *Moral Luck*, New York: State University of New York Press, 1993, p. 123.

理性冲突的事实并不必然导致一个难题，但它会给康德提出一个难题，因为对于康德来说道德地行动就是理性地行动。这样，高更的例子提出的难题就不简单的是除了道德之外还可能有其他的价值源泉，而且还意味着道德不是最高的价值源泉。我们得在以下两种可能中做出选择。

（1）如果情形像威廉斯所描述的那样，我们处在道德价值与另一种价值（理性）冲突的情境中，并且后一种价值是赢者，道德则从最高价值类型降低到受运气影响的价值类型。然而，在这样做的过程中，我们面对着这样一个艰难的选择：道德给我们提供"对世界的不公平感的慰藉"的能力遭到破坏。

（2）这一点可以通过主张道德和理性在这种情形下不冲突来避免。我们能宣称道德像理性一样依赖于运气。这种策略将消除理性对道德的至上性提出的威胁，但是，这种情况要以牺牲我们对道德的一种深刻承诺即道德不受运气的影响为代价才会出现。那么，我们就会面对一个不同的艰难选择。

无论哪一个方面，道德的观念都不能避开损害。威廉斯据此主张，我们应该放弃道德观念而赞成伦理学观念。这就是威廉斯想让我们相信的。

内格尔把道德运气问题看作由大多数人的道德直觉与可能存在的道德事实之间的不一致产生的。他对这种直觉做了这样的阐述："在反思之前，这一点在直觉上似乎是可能的，即人们不能因为不是他们的缺点的东西或因为是超出他们控制的因素导致的东西而在道德上被评价。"[1] 然后，他对道德运气做了一个这样的定义："当某人所做事情的一个有意义的方面依赖于超出他的控制的因素的时候，而我们在那方面仍然把他作为一个道德判断的对象对待，它就

---

[1] Thomas Nagel, "Moral Luck", in Daniel Statman, ed., *Moral Luck*, New York：State University of New York Press, 1993, p. 58.

能被称为道德运气。"① 显然，道德运气的情形限于对道德的直觉层面。然而，内格尔主张，尽管我们有这种直觉，但我们经常基于不在其控制的范围的因素对人们做道德判断。一个司机酒后驾车轧死小孩（"倒霉的"司机）而一个司机酒后驾车没有轧死小孩（"幸运的"司机），我们会对"倒霉的"司机的判断更严厉，尽管两者之间的唯一差别只在于这个小孩碰巧在"倒霉的"司机经过的路上。对于内格尔来说，这就是道德运气问题：一个人的道德立场不能受运气影响的直觉与运气在决定一个人的道德立场方面起重要作用（甚至本质作用）的可能性之间的冲突。内格尔提出，直觉是正确的，并且是道德观念的核心，但他也赞成运气不可避免地会影响一个人的道德立场的观点。这导致他怀疑在道德观念中存在着一个真正的悖论。

内格尔认为，运气应该被理解为缺乏控制的地方的操作，所以对于他来说，关于控制的问题与关于运气的问题是同一个问题。然而，重要的是，他似乎认为存在一个运气是否总是造成道德差异的问题。这一点是重要的，因为有理由认为将运气与控制的缺乏等同是错误的。即使一个事情对于一个人是运气与那个事情超出那个人的控制是一回事，我们仍然面临着道德运气的难题。

道德运气问题在于认为运气有时造成道德差异。但是，运气造成道德差异的方式不止一种。在关于道德运气的文献中，有两种差异被讨论。这两种差异为两种观点所代表：一是认为"倒霉的"司机并不比"幸运的"司机更坏；二是认为既然我们不可能认为"幸运的"司机对小孩的死负责（因为在他的情形中没有小孩死），那么我们也不能认为"倒霉的"司机在道德上要对小孩的死负责。第二种观点则

---

① Thomas Nagel, "Moral Luck", in Daniel Statman, ed., *Moral Luck*, New York: State University of New York Press, 1993, p. 59.

将个人事故指定一个人。第一种观点涉及对一个人的更直接评价。它涉及多少荣誉或耻辱直接给予一个人。我们可以用"道德价值"（moral worth）这一术语来表示荣誉和耻辱这两者。那么我们有两个问题要考虑：（1）运气会在一个人的道德方面造成差异吗？（2）运气在一个人道德上对什么负道德责任方面会造成差异吗？内格尔很难说属于哪一种。内格尔指出的问题是，当我们考虑影响我们的运气的事情的类型时，"在终极的意义上看，一个人没有做什么事情或几乎没有做什么事情似乎是在他的控制之下"。① 那就是说，我们做的每一件事情似乎都在某种程度上涉及运气。

内格尔区分了运气在我们的道德评价中起作用的四种方式：（1）结果方面的运气（resultant luck），即"人们的行为和计划产生的方式方面的运气"。这种运气涉及行为和情境的结果。上面例子中的两个司机都是受结果运气影响的，因为一组特殊的结果是以两种不同方式产生的。（2）环境方面的运气（circumstantial luck），即在"人们面临的难题和情境类型"方面的运气。这种运气涉及的是道德行为者的环境。内格尔文章中提供的是纳粹的例子。他们要么因为道德上应该负责任的行为，要么因为没有做出努力反对纳粹反而追随纳粹而受到道德谴责。但是，如果 1929 年这些人移居其他国家，他们就可能过着很不相同的生活，我们也不会谴责他们。（3）原因方面的运气（causal luck），即"人们怎样为以前的环境所决定方面的运气"。这种运气指行为是由外在事件决定的，因而是个人行为不能控制的事件的结果。（4）生成方面的运气（constitutive luck），即人们具有的"爱好、能力和性格"方面的运气。这种运气涉及一个道德主体的个人品质。教育、培养、基因和其他不可控的影响在某种程度上构成了一个人。而且个人的人格在某种程度上指挥着一个人的行为。

---

① Thomas Nagel, "Moral Luck", in Daniel Statman, ed., *Moral Luck*, New York：State University of New York Press, 1993, p. 59.

一个人会因为极端自私而遭到道德谴责，即使这种自私几乎主要是外在环境造成的。① 内格尔虽然做了这样的划分，但没有分别给它们命名。他可能受威廉斯的影响，使用了"构造的运气"。有人提出原因方面的运气是多余的，它没有涵盖构造和环境方面的运气之外的任何原因，而只是为了讨论自由意志问题而提出的。②

　　道德运气问题的提出使我们陷入了直觉与事实的两难：直觉是道德运气不应该造成道德差异，如运气不应该影响一个人的道德价值，运气不应该影响一个人在道德上应负的责任；事实是运气似乎造成道德差异，如我们对那位"倒霉的"司机的谴责要比对那位"幸运的"司机的谴责强烈。

　　对于这个难题有两种回答。其一，直觉是错误的：运气造成道德差异没什么错。其二，所谓的"事实"完全不是事实：运气绝不能造成道德差异。第一种回答较少流行。当它提出来时，其方法通常意味着如果道德运气的情形是令人感到麻烦的，这只是因为我们对道德有一种错误的观点。例如，布莱恩默·布劳恩（Brynmor Browne）论证说，道德运气只是令人感到麻烦的，因为我们错误地倾向于将道德评价看作与受惩罚联系在一起的。他论证说，一旦我们更正了我们的思维，道德运气的情形就不再是麻烦。③ 马伽瑞特·厄本·沃科（Margaret Urban Walker）主张，如果我们采用错误的行为主体资格即她所称的"纯粹行为主体资格"（pure agency）的观点，道德运气的情形只是令人感到麻烦的。她论证说，这种观点具有矛盾的含义，因而应该被拒绝。她赞成一种道德运气不再是令人麻烦的行为主体资格

---

① Thomas Nagel, "Moral Luck", in Daniel Statman, ed., *Moral Luck*, New York：State University of New York Press, 1993, p. 60.

② Cf. "Moral Luck", in *Wikipedia*, *the Free Encyclopedia*, http：//en. wikipedia. org/wiki/Moral_luck.

③ Cf. B. Browne, "A Solution to the Problem of Moral Luck", *Journal of Philosophical Quarterly*, 42（1992）：345-356.

的观点，即"不纯粹的主体资格"（impure agency）。① 朱迪思·安德烈主张，我们发现道德运气的情形是令人麻烦的，因为我们的一些关于道德的思维受到了康德的影响。她补充说，我们关于道德思维的核心是亚里士多德主义的，亚里士多德主义不必为道德运气的情形所麻烦。② 所有这些学者的主张都是矛盾的。

对道德运气最流行的回答是第二种，即否认道德运气的情形发生。这种观点提出运气似乎造成道德差异的情形不过是这样的情形，即在这种情形中，运气造成认识差异（epistemic difference）；在这种情形中，运气使我们处于一个更好或更差地评价一个人的道德立场的位置（没有实际上改变那种立场）。根据这种思路，"幸运的"司机和"倒霉的"司机两者之间没有什么差异。就"倒霉的"司机而言，我们对他的有缺陷的道德立场有清楚的标示。"幸运的"司机是有运气的，只不过是他的道德堕落没有被发现，而并不是使一种道德立场与"倒霉的"司机有任何差异。例如，尼古拉斯·勒歇尔（Nicholas Rescher）认为，"……所涉及的运气不是与我们的道德条件有关的，而只是与我们的形象有关的：它无关我们是什么，而与人们（包括我们自己）怎样看待我们有关"。③ 罗温·里查兹（Norvin Richards）认为，"在一个罪犯应得的惩罚是否清晰方面可能是有运气或没有运气的"。④ 这种对道德运气难题的回答也有问题。结果或环境方面的运气可能只造成认识的差异，但构造方面的运气是否只会造成认识上的差异则是完全不清楚的。

---

① Cf. M. U. Walker, "Moral Luck and the Virtues of Impure Agency", in Daniel Statman, ed., *Moral Luck*, New York: State University of New York Press, 1993, pp. 235-250.

② Cf. J. Andre, "Nagel, Williams and Moral Luck", in Daniel Statman, ed., *Moral Luck*, New York: State University of New York Press, 1993, pp. 123-129.

③ Nicholas Rescher, "Moral Luck", in Daniel Statman, ed., *Moral Luck*, New York: State University of New York Press, 1993, pp. 154-155.

④ Norvin Richards, "Luck and Desert", in Daniel Statman, ed., *Moral Luck*, New York: State University of New York Press, 1993, p. 169.

二　道德运气与德性

三十多年来，关于道德运气的研究很多，有关的争论也不少。这里我们不可能对道德运气进行专门的研究，但从德性论的角度看，如果我们承认环境和个人的观念、知识、能力以及认识、情感、意志和行为活动对德性有程度不同的影响，就要承认对于德性自发形成、养成、维护和完善来说，道德运气是存在的。

"运气"在汉语中的意思有两种：一是命运，二是幸运。① "运气"的英文对应词是"luck"，意为"机会，特别被看作是带来好运或坏运的机会"。② 汉语中的"运气"与英语中的"luck"意思是大致相同的，既可以泛指对人生存发展有利或不利的机会，在这种意义上，运气有好运气和坏运气之分，也可以特指对人生存发展有利的机会，在这种意义上存在着有运气和没有运气的区别。广义上的运气应该包括生存和发展的环境、条件和机遇，既包括外在的运气（家庭、学校、单位、社会等环境、条件和机遇），也包括内在的运气（个人禀赋、受教育程度以及观念、能力、知识、活动等）。从人的品质形成的角度看，无疑存在着有利于品质成为德性的因素，因而存在着运气。这种运气可以说是道德运气的一种，可以称为"德性运气"。③ 与"运气"一词可以在两种意义上使用一样，"德性运气"一词可以在广义上使用，也可在狭义上使用。前者是在中性的意义上使用，相当于"品质运气"，在这种意义上我们可以说一个人德性运气好或者德性运气坏；后者是在正面的意义上使用，在这种意义上我们可以说

---

① 参见《现代汉语词典》（第 7 版）"运气"，商务印书馆，2019，第 1624 页。

② 《牛津高阶英汉双解词典》（第 4 版增补本）"luck"，商务印书馆、牛津大学出版社，1997，第 885 页。

③ 在笔者看来，道德运气可以划分为两种，一种是德性运气，另一种是德行运气。前者主要指德性形成和保持过程中的运气，后者指人们在实际从事行为过程中的道德意义上的运气。目前学者较多是在德行运气的意义上研究道德运气，笔者认为也要重视德性运气问题。

一个人有德性运气或者没有德性运气。

德性运气可以从两方面来看，一是从外在因素（环境、条件和机遇等）看，这方面的运气大致相当于内格尔所说的"环境方面的运气"；二是从内在因素（如禀赋、气质、受教育程度以及观念、能力、知识、活动等）看，这方面的运气大致相当于内格尔所说的"生成方面的运气"。

外在的德性运气主要表现在，如果一个人生活和工作在德性之家、德性之校、德性单位和德性社会，他就更有可能形成德性的品质，这样的人我们可能称他为德性运气好或有德性运气。反之，如果一个人生长在道德风气不好的家庭、学校、单位和社会，他形成德性的品质的难度就会大一些。当然，实际的情形要复杂得多。一个人面临的生活和工作环境可能是不一致的。如家庭是德性之家，而社会是道德风气不好的社会，或其他不一致的情形。总体上看，环境越具有德性氛围，越有利于个人德性形成。同时，家庭、学校、单位和社会的其他条件也对德性有重要影响。例如，如果一个家庭比较富有，能让孩子受良好的教育，这显然也对孩子的德性形成有利。同样，一个社会富裕、文明、和谐也对其成员的德性形成有利。

内在的德性运气主要表现在，一个人具有更好的潜能，这种潜能得到好的开发（受到适当的教育），并在这些基础上形成了正确的观念、渊博的知识和卓越的能力，他的品质更有可能朝德性方面发展，而且可以达到较高的层次。在这些德性运气因素中，有些是人能自主控制的，有些是不能控制或不能完全控制的。人的禀赋一般是个人不能完全控制的，人受教育的程度也是个人不能完全控制，而观念、知识和能力人控制的可能性相对较大，但也受禀赋、受教育程度的影响。当然，这里的情形也很复杂。像外在影响因素一样，并不是一好百好，而常常是有差异的。有的禀赋虽然不那么好但开发得充分，而有的禀赋好但开发得不充分；有的虽然受到良好教育，但观念并不正确，知识、能力也存在问题。

德性运气对人的德性发展过程的影响程度是不一样的。德性运气对德性自发形成有关键性甚至决定性的影响，对德性的养成和完善的影响相对较小，而对德性保持的影响又相对较大。在德性自发形成的过程中，内外在因素在一定意义上都可以看作德性运气。这些德性运气因素特别是外在因素对个人德性的自发形成具有至关重要的作用。一个人出生时有什么禀赋、出生在什么样的家庭、生长在什么样的社会不是个人能决定的，但它们作为个人不可控制的因素直接提供给个人，个人是在这样的条件下形成自己的自发品质的。小孩生活的家庭、学校和社会的德性环境好，他的品质就会健康形成。在这三种因素中，家庭的影响最大而且最直接。一个生活在家长有恶性的家庭的小孩，就很难形成德性的品质。在未成年的阶段，特别是在学前，家庭的因素对小孩品质的影响是最重要的。在学校阶段，则还会受到学校和社会环境的影响，个人的禀赋会起一定的作用，但与外在因素相比，其作用要小得多。

成年以后，特别是当一个人有了德性意识以后，内外在因素的影响还会起作用，但不是主要的。这时的德性形成关键在于个人的主观努力。因此，当一个人成年之后，德性运气的影响退居第二位，而个人的德性作为作用凸显。这里有两点是值得注意的。一是有的人到了成年阶段，他们在德性方面仍然处于自发形成状态。这时德性运气因素对他们还起着主导作用，没有退居到第二位。这种情况属于品质发展不正常的状态，因为对于这样的人来说，德性运气因素本应退居第二位。二是到了成年阶段，德性运气因素在一定意义上可以不看作运气因素。德性运气因素虽然不能完全为个人所控制，但个人可以在不受或少受这些因素的影响下，通过自我德性修养养成并完善德性。

无论是自发形成的德性还是养成的德性都存在着保持的问题。在德性保持的过程中，德性运气的各种因素也会对已经形成的德性产生较大的影响。就自发形成的德性而言，由于这种德性主要是非自主形成的，在很大程度上没有经过智慧的作用，因而在后来保持这种德性的过程中如同在它形成的过程中一样深受运气的影响。当原来德性运气因素发生变化，德性可能会相应发生变化。就养成的德性而言，这种德性养成之后还需要不断地进行修养加以维护，一旦停止了道德修养，原来的德性可能就会在较大程度上受道德运气因素的影响。例如，一位即将退休的领导干部过去很注重德性修养因而养成了良好的德性，但在退休前他放松了德性修养。在这种情况下，各种德性运气因素就会相对以前起更大的作用。假如他工作单位的各种制度完善，无漏洞可钻，而且社会风清气正，他原来的廉洁品质可能会继续保持下去；如果不是这样，他就有可能利用手中的权力贪婪地占有，廉洁的品质蜕化为贪婪的品质。

德性运气对于德性具有重要影响，而影响最大的是自发形成的德性，但德性运气的这种影响力可以通过德性修养加以克服。对于注重德性修养的人来说，德性运气有一定的影响作用，但至少不是决定因素。如果我们将真正的德性看作通过德性修养养成和完善的，那么德性运气对于德性的意义就是不大的。只有德性修养才是德性养成和完善的决定因素，对于一个成年人来说，不能以德性运气不好为理由而为自己的品质不好辩护。

第十章

德性与教育

德性的形成和完善与德性教育有着密切的关系，德性教育差不多伴随着人的终身，没有德性教育人们充其量只能形成自发的德性，而不能自觉地养成德性和使德性不断完善。在现代社会，教育在德性自发过程中也具有特别重要的作用。

第一节　德性教育的重要性和任务

古今中外的思想家一般都肯定德性教育的必要性，但在对人们进行德性教育有无可能的问题上却存在着不尽一致的看法。中国古代儒家对德性可教性持完全肯定的态度，认为人性可通过后天的教育而被德化，而且断定"人皆可以为尧舜"①。西方自古希腊以来对这个问题一直存在分歧。我们肯定德性教育既有必要也有可能，下面着重阐述德性教育的意义和任务。

①　《孟子·告子下》。

一　关于德性可教性的争论

德性是否可教的问题是柏拉图在《普罗泰戈拉篇》中最初提出来的。著名的智者普罗泰戈拉声称，德性是能够通过像他那样的智者传授给他人的，但苏格拉底和柏拉图则认为，只有作为知识的德性才是可教的，而那些各种各样纷然杂陈的德性则是不可教的。在他们看来，通常所谓的德性是各种具体的德性，这些德性并不是真正的德性，因为它们不是德性本身，或者说不是关于德性的知识。真正的德性是德性本身，是关于德性的知识，各种具体的德性都不过是德性本身的表现。一个人只有具备了关于德性的知识才真正具有了德性，而不具备这种知识就会作恶，作恶是由于无知。各种具体的德性是不可教的，即便像伯里克利那样伟大的政治家，也不能将自己的各种具体的德性传授给儿子。只有德性本身或作为知识的德性才是可教的。

如果德性知识是可教的，那么，谁能担任教人以德性的教师呢？这种教师不是一般意义上的教师，否则好人或善人为什么会有恶的、坏的子女呢？智者们自称是教师，他们的任务是教人以德性，但由于他们不懂得德性是知识，教给人们的是关于德性的莫衷一是的意见。在《斐多篇》中，柏拉图指出，只有哲学家才有真正的德性。他们不像普通人那样根据种种个别的动机、目的权衡得失，采取行动，而是出于保持灵魂的纯洁性而随时摆脱肉体这座坟墓，到理念世界永恒地观照德性本身和不朽的灵魂。当然，也只有这样的人才能教人以德性。德性的知识是不朽的灵魂里固有的，凭回忆可以得到，无须他人教导。哲学家的任务不是教人德性知识，而是将人灵魂中所固有的德性知识"接生"出来。① 苏格拉底将自己比喻为"产婆"。

苏格拉底和柏拉图主张德性是人固有的，德性作为知识是可教

---

① 〔古希腊〕柏拉图：《斐多篇》，《柏拉图全集》第 1 卷，王晓朝译，人民出版社，2002，第 77~94 页。

的，这两种观点今天看来还是有道理的。德性是人性的一种可能性，是人性的品质潜能，每一个人都具有这种潜能，只要通过合理的途径就可以使之现实化。人如果不具备这种潜能就不可能在后来形成德性。从这种意义上看，德性是人固有的。事实上，肯定德性是人固有的这一点很重要，因为我们将德性看作人性固有的潜能，就不会做那些僭越人性潜能培养德性的蠢事。我们认识到这种潜能，通过理论研究和经验总结发现这种潜能变成现实的规律，形成有关知识，就可以通过教育传授给人们，人们可以根据这些知识开发德性潜能，形成德性。从这种意义上看，德性确实是可教的。真正可教的是关于德性的知识，而不是德性本身，德性本身不是教的结果，而是人自己造化的结果。人是受知识的启发并在知识的指导下获得德性的。所以，苏格拉底和柏拉图认为作为知识的德性是可教的观点是正确的，但是他们将德性本身与德性知识混同了起来。

苏格拉底和柏拉图关于具体的德性是不可教的看法过于武断、简单。具体的德性也可成为知识，这种知识当然也是可以教的。在实际生活中，家长经常教育孩子要诚实，要勤奋，很多孩子就是在家长的教育下变得诚实、勤奋的。这也表明具体德性的知识是可教的。德性是否可教、个人是否接受德性教育以及接受了德性教育是否去培育德性并不是一回事。我们不能因为伯里克利的儿子没有伯里克利具有的各种德性而说具体德性不可教，因为情形可能是伯里克利教了，他儿子也接受了，但不去修养，结果不具有他父亲具有的各种德性。不过，通过所教的具体德性知识形成的德性并不一定就是真正的德性。如果一个人不总体上具备德性品质，那些通过教育的作用培养的个别德性并不是德性的特征，也不表明他是有德性的。只是教人们个别的、具体的德性知识是不够的，还要教人们关于德性的一般知识，同时还要使人们懂得，有德性知识并不叫有德性，德性是在德性知识指导下通过自己的修养获得的。

德性能否被教的问题在苏格拉底和柏拉图那里被提出来之后，成为西方伦理学十分关注的问题，一直到今天还有不少伦理学家仍在讨论这个问题。[①] 这个问题之所以为伦理学家所重视，是因为这个问题所涉及的是能否通过教育使人更具有德性，成为道德上的好人。

罗伯特·M. 亚当斯（Robert M. Adams）指出："德性能被教吗？我相信，在柏拉图的对话中关于德性的问题如此经常地与关于教育的问题一起进入谈话之中，这不纯粹是一个历史的偶然事件。当我们忙于作为我们已经成为的样子而存在的时候，我们较多注意哪种行为会是正当的和哪种目的会是好的，而较少注意评价我们是什么样子。正是当我们思考我们和其他人怎样才会成为道德上更好的时候，考虑成为一个道德上的好人所涉及的内容并因而思考德性，就会成为最迫切的问题。"[②] 因此，苏格拉底、柏拉图与普罗泰戈拉之间的争论的意义不在于给德性是否可教一个答案，而在于使德性与教育更明确地联系了起来，并因而促使伦理学家更自觉地思考怎样通过教育使人们具有德性或更具有德性。

无论是苏格拉底、柏拉图，还是普罗泰戈拉或其他智者，都承认德性是可教的，分歧只是什么样的德性是可教的。后来的伦理学家虽然一而再地提出"德性能否被教"的问题，但他们大多也都承认德性是可教的，只是讨论德性教育应该教什么的问题。罗伯特·M. 亚当斯在《德性论》的第十二章"德性能被教吗"所讨论的是德性教育的三大任务，即初级的任务（elementary tasks）、规制的任务（modular tasks）和一体化的任务（integrative tasks）。因此，"德性能被教吗"所意味的是"什么样的德性应该被教"或"德性教育应该

---

① 例如，罗伯特·M. 亚当斯在《德性论》中有专章（第十二章"德性能被教吗"）讨论德性能否被教的问题，巴巴拉·霍曼在《道德学问》一书中也有专章（第五章"德性能被教吗"）专章讨论。Cf. Robert Merrihew Adams, *A Theory of Virtue: Excellence in Being for the Good*, Oxford：Clareddon Press, 2006；Barbara Herman, *Moral Literacy*, Cambridge, Mass. ／London：Harvard University Press, 2007.

② Robert Merrihew Adams, *A Theory of Virtue: Excellence in Being for the Good*, Oxford：Clareddon Press, 2006, p. 212.

教什么"。这里的"应该"当然隐含着"能够"，但包含了伦理学的要求。关于这个问题不同的伦理学家有不同的回答。智者认为，我们应该教各种具体的德性，如智慧、勇敢、节制、公正等，而苏格拉底和柏拉图认为应该教关于德性的一般知识，因为只有这种知识才能被教，而具体的德性是不能教的。到了亚里士多德那里，德性被划分为道德的德性和理智的德性。他认为，理智的德性是可以通过教育获得的，而且只能通过教育获得；而道德德性是习性，因而不能通过教育获得，只能通过实践获得。不过，他还是认为道德德性有一种根本原则，即中道原则，这种原则似乎要通过教育才能掌握。巴巴拉·霍曼（Banbana Herman）在《道德学问》一书中根据康德的道德自律思想提出，德性教育面临的任务是培养人的道德自主性，让人们在面临他所谓的"新道德事实"时不发生行为偏差，因为"当面临一种新的道德事态——我所称的'新道德事实'时，正派的人经常恶劣地行事"。[①]在所有这些不同观点中，苏格拉底、柏拉图的观点也许更可取。

如果我们将德性理解为人们在长期的生活实践中自发形成或通过修养形成的品质状态，那这种状态显然不是通过教育形成的，而是人们在环境的影响下自发形成的或通过自己的主观努力自觉实践逐渐形成的。德性不是知识，不能够通过学习理解掌握，德性也不是能力，不能通过教育直接培养，它是品质，需要长期的实践才能形成。但是，教育对于德性的形成并不是无所作为的，而是意义重大的。这主要体现为通过有关德性知识的传授，使受教者了解德性的实质、要求、意义以及德性形成的规律等，从而促使他们德性意识的觉醒，并有意识地自觉进行德性修养。苏格拉底、柏拉图强调只有关于德性的知识才是可教的，也是应该教的，这种观点显然是对的。当然，他把德性本身即德性知识看作灵魂固有的，教育的任务只是帮助对这种固

---

① Barbara Herman, *Moral Literacy*, Cambridge, Mass. /London: Harvard University Press, 2007, p. 106.

有的知识的回忆，这种看法有其局限性。因此，我们可以说，德性本身是不可教的，但德性的知识是可教的。

不过，德性教育不只是知识的传授，还应该包括日常的德性教育，这种教育可以产生德行并可能形成德性。父母经常告诫自己的孩子要诚实，不要撒谎，这也是德性教育。这种教育也会通过影响孩子的行为而使孩子逐渐形成相应的德性。人的许多具体的德性都是在父母、教师或其他人的教育下逐渐形成的，特别是那些我们称为自发德性的德性，不仅是个人自发地在环境的影响下形成的，同时也是在他人教育下形成的。离开了他人的日常教育，单靠环境的影响，人们很难形成各种具体的德性。我们可以用普罗泰戈拉的观点对苏格拉底、柏拉图的观点做如下修正和补充，不仅德性知识是可教的，而且具体的德性也是能够通过教育培养的。需要指出的是，我们这里说的是具体的德性能够通过教育培养，而不是说完整的德性能够通过教育培养。完整的德性需要通过修养才能获得，而不能仅通过教育获得，教育在这里的作用是为修养提供知识的准备。

二　德性教育的意义

从伦理学的角度看，不仅德性的知识是可教的，具体的德性是可教的，而且德性教育是非常必要和重要的。德性像观念、知识和能力等个性心理特征一样，与禀赋有关，但离不开教育。"天性相当重要，后天教养也同样相当重要，这是当代心理学的一个核心结论。"① 一个人的德性形成通常要经历一个从自发形成到自觉养成再到逐渐完善的过程，在这整个过程中，德性教育具有非常重要的作用，可以说是最重要的外在影响因素。这种外在因素在激发个人的内在因素的同时与内在因素相互作用，使一个人的德性得以形成和完善。没有日常的德

---

① 〔美〕戴维·迈尔斯：《心理学》（第7版），黄希庭等译，人民邮电出版社，2007，第84页。

性教育,没有正规的学校德性教育,各种具体的德性是很难形成的,更不可能有德性养成和德性完善。人们的德性可以说是教育的结果,没有德性教育就没有德性的自发形成、养成和完善。德性教育对于德性形成的重要意义主要体现在以下三个方面。

第一,德性教育是德性自发形成的前提。人的许多具体的德性是自发形成的,这种具体形成的德性是德性走向完整和高尚的重要基础。一个人自发形成的具体德性越丰富,德性完善的基础就越厚实。自发的德性形成主要有两个条件,也可以说有两个前提:一是环境影响,二是他人教育。环境对德性自发形成的影响当然是很重要的,没有必要的德性环境,人们很难形成德性。但是,环境是被动的,而且常常是无语的,即使有良好的德性环境,人们也不一定能体会到、意识到德性要求。他人教育则不同,它是主动的。它告诉人们在特定的环境中应该怎样、作为一个好人应该怎样,具有针对性、直接性和可操作性,并对符合德性要求的行为给予奖励,而对于不符合德性要求的行为给予批评或谴责。因此,教育对于人们应该怎样行动、应该养成什么样的品质具有直接的指导作用和培养作用。一个人在成年前,总是在各种不同的人的教育中生活,即使在成年之后也还会得到一些这样的教育,这些教育中的很大一部分都是有关品行的。这样的教育对于德性的形成起着重要作用,人的许多具体的德性就是在这样经常的、反复的教育中形成的,人类的许多德性也是靠这样的教育一代一代传承的。一个人生活的环境德性状况良好,但他从小到大都得不到任何德性教育,许多德性是不可能形成的。因为一个人没有他人的教育,仅靠自己的体验、模仿获得德性,效率肯定会很低,而且成效也不会大。当然,教育与环境是相互作用的。一般来说,环境德性化再加上适当的德性教育,人们就容易形成德性。如果环境不是德性化的,甚至是恶劣的,教育的内容再正确、再有针对性,教育的方式再得当,可能作用也不大,甚至会引起逆反心理。日常的德性教育通常是一种非正规的德性教育形式，因而要使这种形式在德性自发形成过程中发挥好的作用，需要对这种形式进行反思。

进行日常德性教育的教育者很多，可能是父母等长辈，可能是单位的领导，也可能是各种新闻媒体等；进行德性教育的动机也很不一样，有些可能是为了受教者本人好，有的可能是为单位或社会好；进行教育的方式也各不相同，有的是直白地提要求或劝告，有的是隐含地宣示或感化，有的是以鼓励为主，有的是以批评为主。在这种情况下，要发挥好日常德性教育的作用，教育者都必须注意以下四方面。一是内容要正确和有针对性。德性教育的内容必须是与社会的道德要求相一致并从根本上有利于受教者更好地生存发展的，否则受教者不能接受。教育的内容还要考虑受教者的年龄、职业、文化程度、德性水平，要因材施教。二是方式要得当。德性教育不是道德说教，而是友情提示，适度说理。要尊重受教者的个性、尊严和人格，要以平等的身份与之对话。那种高高在上，将自己当作权威的盛气凌人的说教是不会为受教者真心接受的。三是情景要适宜。要注意时间、地点、场合，同时也要利用好时间、地点和场合，使教育恰到好处。四是要注重启发德性自觉。在促进受教者的德性意识觉醒和增强上下功夫，将具体德性的教育与启发德性意识有机地结合起来。

第二，德性教育是走向德性养成的桥梁。在人的德性形成发展过程中，从德性自发形成到德性自觉养成的转变是一个关键的环节。在德性自发形成的情况下，起作用的主要是外在的因素，主体当然也有重要作用，但在很大程度上是被动受影响的，是对外在因素的反应。在德性养成阶段，情形则发生了根本性的变化，外在因素不再起主要的决定作用，起决定作用的是主体，主体在反思自发形成的德性的基础上运用智慧自觉地选择和培养德性。这个阶段养成的德性才是真正意义上的德性，而且也只有这种德性才可能走向完整和高尚，达至完善。在一个人的德性发展过程中如果没有这个阶段，那么他的德性是不可能达到完善的。然而，从德性自发形成到德性养成的转变并不是像人的第二性征一样，到了一定年龄就会自然发生，而是需要外在因素影响的。这个因素主要是德性教育。德性教育可以唤醒人们的德性意识，使他们反思自己的德性状态，同时可以告诉人们这种转变的重要性以及如何实现这种转变、转变后的发展方向和路径。这就是《论语》中所说的"学以致其道"。① 这种转变是通过学校教育实现的，只有学校才能使人们受到系统的德性教育，而系统的德性教育对于这种转变是必需的。因为德性形成从自发到自觉的转变需要足够的知识准备和恰当的启发诱导，而这些只能由学校教育提供。当然，在缺乏系统的学校教育的情况下，也有可能通过日常德性教育和环境影响实现这种转变，但这种情况是个别的，不具有普遍性。正是在这种意义上，我们说德性教育特别是学校德性教育是人们的德性从自发走向自觉、从他主走向自主的桥梁。这里提出了另一个问题，即并不是有学校就有德性教育，有学校德性教育就能使人们实现这种转变。从当代中国的现实情况看，虽然许多学校有德性教育，但将其放在非常次要的位置，领导不重视，教师也不重视，学生更不重视。更重要的是，德性教育在不同层次的学校重复交叉，没有进行系统的设计和安排，内容陈旧，方式单一，效果较差。这样的学校德性教育有与无没有多少差别，甚至还引起学生对德性教育乃至德性的反感。要使不同学段的学校在促进人们德性从自发向自觉转向中发挥应有的作用，需要对德性教育的内容、方式进行根本性的改变，同时要对不同层次的学校的德性教育进行合理的分工，使学校德性教育循序渐进，环环相扣。

第三，德性教育为德性完善提供指导。德性完善是人格完善的重要内容和标志，也是人生幸福的重要内容和标志。德性完善需要通过长期的德性修养实现，一个人达到了德性自觉就为德性完善提供了基

①　《论语·子张》。

础和起点，但要走向德性完善还有很长的路要走。德性完善既包括德性完整，也包括德性高尚。德性完整意味着什么？什么样的德性是高尚的？人为什么要追求德性完善？人怎样才能逐渐走向德性完善？所有这些问题都需要通过学校教育以及其他教育形式来告诉人们。一般来说，明白了以上这些问题的人不一定追求德性完善，但不明白这些问题甚至没有意识到这些问题的人是根本不可能追求德性完善的。德性教育不仅向人们指出存在着德性之路，人应该走这条路，而且告诉人们这条路该怎样走，会遇到哪些问题以及遇到这些问题该怎么办。德性完善需要德性教育做指导，同时也需要德性修养的功夫来实现，德性完善是在德性教育指导下通过德性修养实现的。

三　德性教育的任务及不同教育者的职责

罗伯特·M. 亚当斯在《德性论》中提出德性教育有三大任务。一是初级的任务，指的是"对于学会评价性地或规范性地思考完全必要的"任务。他强调伦理惯例的作用，特别是这些惯例会以语言惯例的形式呈现给儿童，因而儿童很早就面对"善""恶""正当""不正当""美""丑"之类的语词，学会使用这些词在一定程度上说就是学会构成使用者自己的伦理意见，而我们是通过学会提供伦理理由、通过学会接受或给出理由并评价它们来给出伦理意见的。在这样做的过程中，我们学会了认识和评价具体的、特殊的善和恶，并逐渐开始了伦理思考。二是规制的任务，指的是"对有效的经济合作和一种有序的社会非常必要的"任务。我们在面临某种危险的时候学会做出勇敢的反应，在某种社会情境中做出诚实或帮助的反应。如果我们对这些反应发生作用的方式感到满意，我们就可能继续在相同情境下以同样的方式做出反应。同样，我们可能学会很好地履行某种社会角色。亚当斯认为，尽管这种规制的道德学习是在特殊情境下发生的，但绝不是无价值和无意义的。三是一体化的任务。初级的和规制的学习任务并不能构成一种充分的德性教育，行为意向的规制在有些情形下构成真正的德性，但如果没有贯通规制的一致性或将规制一体化为一种更综合的伦理立场，它们就不可能整合成一种完整的德性或好的道德品质，而可能不再是某种最重要的特殊的德性。因此，"德性教育面临着道德一体化的任务"。①

亚当斯的观点及其分析很细致、很深入，并借鉴了发展心理学家L. 柯尔伯格（L. Kohlberg）关于道德发展的研究成果，值得我们重视。从伦理学的角度看，德性教育的根本目的是要培养"德性之人"。德性之人要具备利己、利他、利群和利境四方面的基本德性，而且这些德性是统一的或一体化的，而不是分离的，它们是道德智慧的体现。进行德性教育的基本任务就是要培养具有内在统一性的四方面基本德性的德性之人，而更高的追求则是要为人们的德性完善奠定基础并提供指导。这里需要特别指出的是，培养德性之人的德性教育目的应该与社会的一般教育目的相一致。教育的目的是马克思所提出的"人全面而自由发展"。这种目的还可以进一步展开。弗洛姆在他的《占有还是存在？》一书中针对现代文明所导致的问题主张社会要培养一种新人，这种新人包括21个方面的品质特征，这些品质特征不全是德性品质，但可以说是当代人应具备的优秀品质，在某种意义上可以看作马克思的人格理想在当代的具体阐述。这些品质特征如下。

（1）愿意放弃一切占有的方式，以便达到真正的存在。

（2）相信自己的存在，自己需要与他人建立关系，需要兴趣、爱和与世界一致，并在此基础上确立安全感、同一性和信心，而不是为占有欲和控制世界之欲望所控制，成为自己占有物的奴隶。

（3）除了自己以外，没有任何人或物会赋予生命意义，只有这种

---

① Robert Merrihew Adams, *A Theory of Virtue: Excellence in Being for the Good*, Oxford: Clareddon Press, 2006, pp. 213-229.

彻底的独立自主和否定物质的精神才能关心他人、与他人分享一切的完全主动性的条件。

（4）人的存在乃是他此时此地充分显现的那个样子。

（5）从给予和分享中获得快乐，而不是从积聚财物和剥削中获得快乐。

（6）从各方面表现对生活的热爱和尊重，从知识方面而不是从物品和权力方面，这些都是僵死的，唯有生活和适于生命发展的一切才是神圣的。

（7）尽自己的一切可能消除贪欲、仇恨和种种幻想。

（8）不崇拜偶像、不抱任何幻想地生活，因为人们已经达到目的，达到不需要幻想的阶段。

（9）培养自己的爱的能力和批判的思维、理性思维能力。

（10）抛弃自恋，承认人类生活中所固有的种种可悲的局限性。

（11）让自己和自己的同胞得到全面的发展，并使之成为生活的最高目标。

（12）认识到纪律和正视现实是实现这个目标的必要条件。

（13）认识到只有结构上的发展才是健康的发展，而且还必须认识到作为生命之属性的结构与作为无生命、僵死之物的属性的"秩序"之间的区别。

（14）发挥自己的能力，不是为逃避不堪忍受的现状，而是预先考虑切实可行的办法，以便改变现状。

（15）不欺人，也不为人欺；做一个天真无邪的人，不做一个幼稚无知的人。

（16）认识自己，不仅要认识自己所了解的那个自我，而且要认识自己所不了解的那个自我，即使对自己所不了解的东西有一个朦胧的认识也好。

（17）意识到自己同一切有生命之物的统一性，从而放弃征服自然，掠夺、蹂躏和摧残自然的目的，而是努力去认识自然，同自然通力合作。

（18）自由，并不是随心所欲，而是成为自身的可能性；自由并不是一大堆贪婪的欲望，而是一种巧妙的稳定结构，它随时都面临兴与衰、生与死之间的选择。

（19）认识到罪恶和毁灭乃是生长停滞的必然结果。

（20）认识到只有少数人具备所有这些品质，达到完善的境界，但是，这些少数人不应怀有"实现这一目标"的野心，他们应认识到这种野心不过是贪婪和占有的另一种方式而已。

（21）在充满生机和活力的不断发展过程中获得幸福，而不管命运允许人们走多远，因为人们对如此充实的生活感到十分满足以致很少有机会去进一步思考自己能得到什么。[1]

进行德性教育可以说是全社会的任务，不仅家庭、学校、单位、政府，而且几乎每一个成年人都承担着德性教育的职责。因此，德性教育的教育者是多元的。如果我们将德性教育者做一个大致的划分，主要有以下六类：一是家庭，二是学校，三是工作单位，四是社会组织，五是大众媒体，六是政府以及执政党。这六种德性教育者共同肩负着对社会成员进行德性教育的职责，但各有不同的侧重，它们所承担的德性教育的具体任务是不尽相同的。

家庭是进行德性教育的重要教育者，家庭在子女成年之前担负着特别重要的德性教育责任。我国古代有许多经典名言警句值得记取，如"教诫弟子，是第一要紧事"；[2] "不怕饥寒，怕无空教，惟有教儿，最关紧要"；[3] "养不教，父之过"；[4] "爱子不教，犹为不爱也；

---

① 见高觉敷主编《西方心理学的新发展》，人民教育出版社，1987，第389—390页。
② （明）孙奇逢：《孝友堂家训》。
③ （清）李惺：《老学究语》。
④ （南宋）王应麟：《三字经》。

教而不以善，犹为不教也"；① "爱子不教，犹饥而食之以毒，适所以害之也"。② 在子女成年之前，家庭可以在上学时间之外的所有其他时间对子女进行德性教育。家庭德性教育的主要任务是对子女进行德性教导和德性培养。德性教导就是利用各种机会告诉子女什么是善的、什么是恶的、什么是正当的、什么是不正当的、什么样的人是好人、什么样的人是坏人，并在必要时讲道理，说明为什么会如此。德性培养就是持续不断地观察子女的言行，对有利于德性形成的言行给予鼓励，对于不利于德性形成的言行给予批评和纠正，使子女在生活实践中逐渐养成道德行为习惯并进而形成德性品质。家庭教育的优势是可以利用亲情的力量有效地培养孩子的道德习惯和德性品质，为德性的未来发展奠定良好的基础。家庭德性教育也有其局限性，家庭的德性教育一般是零碎的、直接的，家庭一般不大可能对孩子进行系统、深刻的德性教育。而且家庭的差异特别大，现实生活中既有德性之家，也有恶性之家，不同家庭的主要成员的德性水平差异也很大。因此，我们不能忽视家庭在德性教育方面的重要作用，但也不能过高地估计家庭在这方面的作用，不能完全寄希望家庭来解决社会成员的德性问题。

学校在德性教育方面具有十分特殊的地位。学校教育具有四种基本功能，即社会化、文化创新、社会整合、社会流动，此外还有一些潜在功能。在这四种基本功能中，使学生社会化和对异质人口进行社会整合的功能都包含了对品质培育的要求。③ 学校主要肩负着对学生进行系统的德性教育的任务。人们的德性意识、德性知识、进行德性修养的能力主要取决于学校。此外，学校也肩负着对学生进行德性培

---

① （明）方孝孺：《逊志斋集》卷一《杂诚第三十七章》。
② （清）申涵煜：《省心短语》。
③ 〔美〕约翰·J. 麦休尼斯：《社会学》，风笑天等译，中国人民大学出版社，2009，第595页。

养的任务。总体上看，学校德性教育的成败和水平高低直接影响整个社会成员的德性状况。好的学校德性教育培养出的并不一定是普遍具有德性品质的社会成员，但不好的学校德性教育的结果则是社会成员的德性水平普遍低下，甚至品质存在各种缺陷。

工作单位主要肩负着对职工进行职业德性教育的任务。在实际生活中，不同工作单位差异非常大，有的单位领导很重视对职工进行德性教育，有些单位领导并不如此。单位进行德性教育的一个重要特点是，单位大多是根据本单位工作需要对职工进行工作规范和职业道德或操守教育，这种教育一般也会有利于相关行为习惯和德性品质的形成。单位进行的德性教育通常不系统不全面，局限于与工作或职业有关的品行教育。职工的职业德性主要取决于单位的德性教育，而职工的职业品质既有利于单位的发展和和谐，也有利于社会的稳定和美好。因此，每一个单位都要切实地履行对职工进行职业道德和职业德性教育的职责，把进行德性教育作为单位的责任目标，作为常抓不懈的重要工作。

有些社会组织也在不同程度上进行德性教育。注重德性教育的社会组织主要有宗教组织、政党组织和群团组织。一些宗教组织十分注重对人们进行德性教育，它们利用宗教的形式和力量劝导人们弃恶从善，培养良好的品质。基督教就将邻人之爱这种关怀性质的德性要求作为自己的基本原则，通过各种形式和手段贯彻这种德性要求。在中国，像中国共产党组织和青年团、工会、妇联等组织也非常注重对其成员进行德性教育，并将德才兼备、以德为先作为选人用人的标准。社会组织主要出于组织存在和发展的需要对其成员进行德性教育，因而客观上承担着对其成员进行德性教育的任务。但是，由于不同的社会组织对其成员的约束力不同，因而它们教育的力度和效果差异较大。在中国，中国共产党组织德性教育的力度就较大，而一般的社团组织的力度则较小。另一方面，社会组织所进行的德性教育一般是不系统的，而且是为其工作目标服务的，因而有其明显的功利性和局限性。

大众传媒是现代社会进行德性教育的重要途径和手段。传媒已经成为现代社会德性教育的阵地。现代大众传媒是通过各种文化产品（如报纸、书籍、杂志、电影、电视、游戏等等）发生作用的。所有这些文化产品都可以承载德性教育的内容，只是有些是明显的（如有关德性的书籍），有些是隐含的（如具有德性教育寓意的各种电视剧、电影）。随着科学技术的发展，特别是电视和网络的兴盛，文化产品对人们的影响越来越大，对人们品质的影响也很大。今天，大众传媒承担着最广泛的人群（包括各种年龄和阶层的受众）的德性教育任务，大众传媒的价值取向如何，倡导什么样的品行具有最广泛的影响。但是，这种形式的德性教育也有其明显局限。除书籍之外，其他媒体一般都不能对人们进行系统的德性教育，而且这种形式的教育主要是通过个人自己的理解实现的，一般没有人指点，也不大可能进行交流和互动，因而容易出现理解的偏差。

政府是进行德性教育的主导者。政府不仅可以直接进行德性教育（如通过执政党的特殊地位进行德性教育），而且可以利用政治、行政的力量控制社会的各种德性教育者，使不同的德性教育者贯彻政府的德性教育意图。它可以倡导家庭培养什么样品质的孩子，它可以为学校确定教育以及品质教育方针并通过行政手段使学校贯彻这种方针，它也可以通过各种政策对各种社会组织的德性教育活动和内容发生影响，它更可以通过各种制度、法律、政策、措施对大众传媒进行导向的监控。同时，政府还可以为德性教育营造环境，提供经费等条件。因此，政府是一个国家德性教育的管理和控制机构，一个国家的德性教育状态如何，政府肩负着主要责任。

以上这六种德性教育者所进行的德性教育活动在取向上可能是一致的，也可能是不一致的，而且有些教育者本应承担德性教育的职能，而实际上没有承担。因此，从全社会来看，要使各种德性教育者切实履行德性教育职责同时又协同地发挥作用，就需要进行必要的统筹规划和监管协调。这种统筹规划和监管协调的职责只能由政府来承担。

第二节　学校的德性教育责任

在多种德性教育者中，学校肩负着特殊而又特别重要的责任。这里我们具体分析学校在德性教育中的主渠道地位、学校德性教育的主要责任以及不同层次学校的责任分工，并在此基础上讨论一下当代中国学校德性教育的问题及其对策。

一　学校：德性教育的主渠道

在社会的整个德性教育体系中，学校的德性教育发挥着主渠道作用，是人们德性形成和完善的关键性因素。理由如下。

第一，系统的德性及其修养知识要靠学校德性教育来传授。人类自古以来都非常重视德性，学者从不同角度对德性进行了研究，积累了大量的研究成果，同时，人类在德性培养方面也积累了大量的经验。所有这些都积淀成了人类的德性及其修养的知识。这些知识对于人们认识和理解德性、养成和完善德性具有非常重要的意义，是人们进行德性修养的思想资源。所有这些知识都要通过学校教育来传授，要通过学校的教育手段来使人们掌握。人们也可以通过其他德性教育形式获得这方面的知识，但是通过其他德性教育形式获得的德性及其修养知识一般是不系统、不深入的，而且其他德性教育形式一般没有像教学那样的有效手段来使人们有效地掌握，在这种情况下了解的德性及其修养的知识往往是不牢固的。在现代社会，德性及其修养知识像许多其他专业知识一样，要通过系统的学校教育来传授，仅靠学校以外的非正规的德性教育是远远不够的。

第二，人们的德性意识要靠学校德性教育来唤醒和强化。对于德性养成和完善、德性修养来说，德性意识是前提。缺乏德性意识人们是不可能进行德性修养和追求德性完善的。人在社会中生活通常会在环境和各种德性教育的影响下或多或少地形成一些德性意识，但这样形成的德性意识一般是朦胧的、泛泛的，不清晰、不强烈。人们的清晰而强烈的德性意识要在接受系统的学校德性教育的过程中形成。学校在传授德性知识的过程中会阐明德性对于个人幸福和社会和谐的重要意义，会强调德性修养对于德性养成和完善的意义，而且这种阐明和强调会在不同层次的学校德性教育中有针对性地进行，并不断得到深化。在这种情况下，人们会逐渐将德性修养与德性完善联系起来，将德性完善与个人幸福和社会和谐联系起来，使德性修养从学校德性教育的要求变成自己的内在需要和自觉实践。

第三，各种基本德性品质要靠学校德性教育来培养。人们的德性品质包括基本德性和派生德性两个层次，其中基本德性是基础，是一个人成为德性之人的基本要求或基本规定性。在一个人形成这多方面的基本德性的过程中，学校德性教育发挥着重要作用。学校的德性教育可以向学生讲解有哪些基本德性，它们对人具有什么意义，它们有哪些基本要求，以及如何践行这些德性要求。同时，学校还可以按照这些要求来检查、考核学生的表现，对践行得好的给予表扬和鼓励，对于践行得差的则给予批评甚至惩罚，从而使学生逐渐养成德性行为习惯和德性品质。其他的德性教育形式也能在这方面发挥作用，但所有其他的德性教育形式都有三个局限：一是只从不同角度对人们的德性提出要求，不可能对人们进行系统的德性知识讲授；二是不可能根据人们品质形成的规律从基本德性培养起，而只根据不同的需求各取所需地进行教育；三是不可能根据基本的德性要求采取适当的措施督促践行。在现实生活中，尽管许多人成天都接受着各方面的德性教育，但并没有真正培养出基本德性，甚至根本不知道一个人应该具备哪些基本德性。究其原因，就是在学校时没有接受系统的基本德性教育。

詹妮弗·威尔切曼（Jennifer Welchman）注意到，在德性研究的过程中，学者们一般都重视像勇敢、审慎、慈善、公正等主要德性，而且给这些德性过高的评价，而不重视次要的德性。她认为，主要德性在人的一生中非常短的时间内即在成熟和充分独立的成人时段发生作用，它们是高度依赖情景的；而那些次要德性在人的整个一生中都是品质的主要构成要素。而且主要德性是依赖性的，如直接依赖以前对次要德性的培育。如果一个人没有同情的德性，怎么会认识到慈善的价值。她强调，"任何一种解释如果不包括促进生长的作为品质的关键德性的倾向，就是严重地不完整的。特别是与儿童联系的倾向，如同情、好奇心、爱玩、信心、信任、感恩、忠诚等，证明是对于人生长和繁荣具有中心意义的德性"。① 威尔切曼并不是要否认主要德性的重要性，而是主张从人的发展角度看那些被认为是次要的德性对整个人生更重要，更具有基础性。威尔切曼所说的这些对于人的发展和繁荣具有中心意义的次要德性是在儿童时期形成的，学校在培育儿童的这些德性方面肩负着主要的、不可推卸的责任。

第四，学校德性教育根据人们心理发展的规律循序渐进、由浅入深地进行，可以收到良好的效果。这是学校德性教育所特有的一个重要优势。如果我们从小学算起一直到大学，人们在学校的时间一般可达十六年到二十二年。如果从小学到大学本科阶段实施德性教育的话，教育的时间也长达十六年。在这漫长的时间里，学校德性教育如果设计科学，按照小学、初中、高中、大学统一有序地安排，那么就可以对学生德性的自发形成和自觉养成发挥重要作用，可以完成学生

---

① Jennifer Welchman, "Virtue Ethics and Human Development: A Pragmatic Approach", in Stephen M. Gardiner, ed., *Virtue Ethics*, *Old and New*, Ithaca and London: Cornell University Press, 2005, pp. 142-155.

的德性自发形成和基本德性养成过程，并为他们未来的德性完善奠定良好基础。

由于学校是德性教育的主渠道，因而学校应该充分发挥主渠道的作用，肩负起对学生进行系统的德性教育的职责，使学生的德性自发形成尽可能全面到位，让学生掌握德性及其修养的知识，并在此基础上启发学生的德性意识，实现学生的德性从自发形成到自觉养成的转换。

学校要充分发挥德性教育的主渠道作用，有许多工作要做。从全社会的角度看，政府要对各级各类学校的德性教育进行统一规划，明确不同类型学校德性教育的目的和任务，并将德性教育的目标和任务作为学校办学质量和水平的重要考核指标，加大监管力度。从学校的角度看，各级各类学校不仅要将德性教育与知识教育、专业技能教育一起作为学校的教育目标，而且要更重视德性教育，将德性教育看作培养健康人的教育放在一切教育工作的首位。同时学校要建立完整的德性教育计划和德性教育评估体系，配备优质师资力量，使德性教育落到实处。学校德性教育不只是涉及教学，还涉及德性日常教导和实践培养，比知识教育和专业技能教育更复杂、更艰难，因而学校主要领导要亲自抓，学校各部门全力配合，全校教职员工协同努力，将德性教育作为学校工作的第一要务。从学生的角度看，要把德性形成作为自己成长的主要目标和重点追求，克服只重视知识、专业和技能学习的倾向，努力使自己成为有德性的人，成为健康的人。在这方面，还需要家长的积极配合，家长要把子女德性形成和人格健全作为对子女的基本要求，并让子女了解做德性之人是成为有用之人的基本前提和可靠保障，不能成为德性之人是不可能成为真正的有用之人的。

二 学校德性教育的主要责任及其分解

学校德性教育的责任主要包括三个方面。一是给学生传授德性知识，将德性理论作为一门从小学到大学的由浅入深的主干课程让学生系统学习，通过教学使学生了解和掌握德性的本性、意义、类型和基本要求，德性形成的一般过程和基本规律，德性修养的重要性及其基本方法，使学生具备必要的德性理论知识。二是培养学生的德性品质，将对学生的德性教学与学生的德性实践结合起来，通过各种途径和措施使学生从我做起，从现在做起，在日常生活中按德性的要求行事，努力使德性要求内化成自己的德性；将德性教学与日常的德性教导、日常的德性实践有机结合起来，将对优秀表现的表扬和鼓励与对不良表现的批评和惩罚有机地结合起来，将在学校的表现与在家庭、社会的表现有机地结合起来，使学生防微杜渐，慎独自律。三是启发学生的德性意识，通过学校德性教育让学生真正意识到德性形成和完善对于人生存和发展、对于社会的繁荣和美好的极端重要性，意识到德性主要靠个人的德性修养来养成和完善，意识到德性完善是人终身的追求。这种德性意识越强烈，越有利于学生的德性形成，越有利于学生未来的德性修养和完善。

以上这三方面的主要责任是所有学校共同的，但不同层次的学校各有侧重。

小学主要进行基本德性教育。基本德性教育要告诉学生作为一个德性之人应该具备的基本德性，让学生了解和掌握各种基本德性的含义和基本要求，并采取必要的措施使学生将这些基本德性要求落实到自己的行为中，使之逐渐外化为行为习惯和内化为德性品质。德性的基本要求包括利己、利他、利群、利境四个方面，可考虑小学前三年着重培养利己、利他德性，小学后三年着重培养利群、利境的德性。小学的基本德性教育是一种灌输性的教育，主要是告诉学生应该怎样，不应该怎样，不用花太多时间讲述为什么要这样。在教育的方式上可考虑用实例进行教育，通过实例使学生了解基本德性的要求，并按照德性要求行事。学校的所有教师都应该肩负起德性教导的责任，随时随地给学生以德性指导。为了使德性要求落实到学生的行为上，学校要采取各种措施对按德性要求行事的学生给予表扬和鼓励，对没有按德性要求行事的学生给予批评和惩罚。同时，学校也要努力在校内营造有利于基本德性养成的环境，使学生能在学校受到德性的熏陶。

中学主要进行德性知识教育。中学阶段的德性教育要在学生掌握了基本德性要求的基础上给学生讲授有关德性的基本知识，主要包括以下几个方面：德性的基本含义，德性的类型及其要求，德性与人格完善、事业成功、人生幸福、社会和谐的关系，德性与观念、知识、能力的关系，德性与智慧、认识、情感、意志、行为的关系，德性修养的含义、意义、途径和方法，恶性的表现、原因及其危害，等等。在初中阶段，可着重进行德性的含义、类型、意义及德性修养的一般问题的教学，到高中阶段则进一步对学生进行其他有关德性问题的教育。对于不上高中而上中职的学生还要适当地进行一些职业德性方面的教育。要通过教育使学生掌握德性及其修养的基本知识，初步形成德性意识，加深对小学阶段所掌握和践行的德性要求的理解，并在反思的基础上进行确认，使之真正成为自觉的品质。在高中阶段，还可以考虑结合德性知识教育对学生进行伦理学常识教育。笔者曾在《应当重视伦理学教育》一文中提出，可以考虑在高级中等教育阶段进行国家倡导的（即主导的）伦理学教育。① 这个阶段的伦理学教育可以称为"伦理学常识"教育。"伦理学常识"主要是介绍我国目前占主导地位的伦理学观点，即以阐述社会主义道德和共产主义道德为主要内容、以集体主义为基本原则的伦理学。这种伦理学理论观点渗透于我国思想文化和社会生活的各个方面，人们耳熟能详，因而可以作为伦理学常识系统地传授给接受高级中等教育的学生，使他们了解我国

---

① 参见江畅《应当重视伦理学教育》，《湖北大学学报》（哲学社会科学版）2005年第3期。

社会的主流观点倾向和社会对他们的期待。

大学本科阶段主要进行伦理学理论教育，将中学阶段学习的德性知识和伦理学常识置于伦理学学科的框架内理解，一方面加深对德性知识的理解，同时掌握伦理学的基本理论。笔者在《应当重视伦理学教育》一文中提出，在大学本科阶段，学生有独立思考和选择的能力，因而可以介绍人类思想史的各种主要伦理学理论。[①] "伦理学理论"主要是介绍我国目前占主导地位的伦理学之外的古今中外各种有代表性的伦理学理论，以开阔学生的视野，丰富他们的知识，提高他们的理论水平，训练他们的辨识能力，培养他们的道德智慧，使他们对应该做什么样的人、应该怎样生活有正确的理解。当然，在进行多元伦理学教育的过程中，也可以适当强化主导伦理学教育，但要以传授知识、提高能力、培养智慧为主。

研究生阶段，学生主要进行专业学习，而且他们也已经有了丰富的伦理学理论基础，可以再根据不同的专业对学生进行应用伦理学教育以及职业德性教育。"应用伦理学"是一个统称，在研究生阶段，学校应针对不同的专业，开设不同的应用伦理学，如医学专业开设医学伦理学、政治学专业开设政治伦理学、经济学专业开设经济伦理学。应用伦理学的意义主要在于为不同的专业提供哲学理念、价值原则和活动规则，通过规范和导向防止所从事的专业对人类生存产生消极后果。各种应用伦理学要阐明所属专业在人类生活中的地位，它们的价值、原则，它们可能产生的消极或有害后果及预防措施，同时要阐明各种职业的基本德性要求。

三　当代中国学校德性教育的问题及对策

自新中国成立以来，我国的各级各类学校一直都非常重视对学生

[①]　参见江畅《应当重视伦理学教育》，《湖北大学学报》（哲学社会科学版）2005 年第 3 期。

进行思想政治教育，其中也包括德性教育（通常称为"德育"。不过，对"德育"一词可以做两种理解：道德教育、品德教育。前者的含义更宽泛一些，大致可以包括后者），从小学到大学基本上都开设思想政治教育方面的课程，各类学校有分管思想政治工作的校领导和相关机构，配备专职的思想政治工作人员（班主任、辅导员等）。七十多年来，我国的学校思想政治教育无论是内容还是形式都变化很大，但一直以来存在着一些明显的问题，导致德性教育的效果不佳。从德性教育的角度看，这些问题概括起来主要有以下几个方面。

第一，目的不明确。德性教育是一种目的在于培养德性之人的教育，培养德性之人就是德性教育的根本目的。德性之人是具备利己、利他、利群、利境等各方面基本德性的人，学校德性教育就是要培养这样的人。但是，我国的学校一直以来缺乏比较纯粹意义上的德性教育，德性教育总是与政治教育、思想教育混在一起。在很多时候，思想政治教育取代了或者淹没了德性教育，德性教育在思想政治教育中处于从属的或附庸的地位，没有确立德性教育在学校教育中的独立地位。既然学校没有独立的德性教育，当然也就没有给德性教育规定明确的目的和任务，没有确定各级各类学校在德性教育中肩负什么责任，没有建立相应的德性教育责任制和责任追究制，也没有相应的检查考核以及奖惩的办法。我们也经常将"德"的培养作为教育的目的之一，但由于常常将"德"等同于思想政治表现，因而"德"并没有德性意义上的规定性。

第二，内容不完整。完善的德性教育必须是系统的，只有系统的德性教育才能帮助学生形成基本德性，并为德性的进一步修养奠定良好基础。然而，我国德性教育一直以来都与思想政治教育混杂在一起，缺乏独立的教育地位，因而也就没有考虑德性教育的系统性，没有考虑对学生进行什么样的德性教育，德性教育总体上应包括哪些内容，这些内容应怎样安排到各级各类学校。我们不能否认今天的学校思想政治教育包含一些德性教育的内容，但总体上看，德性教育的内容是零散的、混乱的甚至矛盾的。许多学校思想政治教育工作者都说不清楚他们要在德性方面给学生教授的内容，他们也不清楚小学毕业生、中学毕业生、大学毕业生应该具备什么样的德性、应该具备什么样的德性知识，不清楚应该怎样培养学生的这些德性和使学生掌握这些德性知识。德性教育内容不完整，学生就难以意识到德性及其修养的重要性，难以培养应有的德性，也不可能为未来形成完整高尚的德性打下坚实的基础。

第三，层次不衔接。从小学到大学的学校教育是一个由初级教育到中级教育再到高级教育的过程。这个过程必须遵循人生理和心理的生长和发展规律，在这个过程中德性教育像知识教育一样有一个循序渐进、由浅入深的过程。然而，我国在德性教育方面缺乏统筹规划，没有根据人生长和发展的规律来安排德性教育，因而存在着教育的顺序颠倒、教育内容重复等问题。一个典型的例子是，小学生高唱"我们是共产主义的接班人"，而对研究生还要进行基本行为规范教育。这些问题所导致的后果是要么学生接受不了所教育的内容，感到所学的内容是空洞的说教；要么学生对内容感到厌倦，对德性教育产生抵触情绪。

以上所说的是我国学校德性教育中存在的几个最主要问题，肯定还有不少其他问题，这里不一一讨论。导致这些问题的原因很复杂，其中有三个原因可能是很重要的。一是德性教育政治化。对学生进行思想教育、政治教育都是必要的，但是，德性教育既不是思想教育，也不是政治教育，而是品质教育，从学科的角度看属于伦理学的范畴。品质教育离不开意识形态的影响，也应该有政治取向，但这只能体现在内容之中，而不能用政治思想教育的内容代替德性教育的内容，或使德性教育成为思想政治教育的附庸。笔者曾经指出，"思想政治教育是培养'接班人'的教育，伦理学教育是培养'健康人'

的教育，后者更为根本，是前者的基础和前提，因为只有'健康人'才可能是当代中国所需要的合格'接班人'。正因为如此，两者不可相互替代。"① 德性教育作为一种伦理学教育更是直接培养"健康人"的教育。二是理论准备缺乏。我们有庞大的思想政治理论研究的队伍，思想政治理论方面也出了许多成果，但这个领域对德性研究较少，没有形成完整的德性及其修养的理论。我国伦理学界长期以来受规范伦理学的影响也较少涉及德性，只是受西方德性伦理学的影响才有一些学者将目光转到德性问题上来。总体上看，我国还没有系统的德性问题的研究，更缺乏系统的德性理论。理论上的这种状况必定会限制和妨碍学校的德性教育，使学校的德性教育缺乏理论依据和指导。三是缺乏统筹规划。到目前为止，我国还没有一个全国各级各类学校德性教育的统筹规划，没有规定小学、中学、大学各自的德性教育目的和任务，没有制定德性教学和培养的标准，没有明确它们各自的德性教育职责。这种状况必然导致学校德性教育缺乏渐进性、衔接性和系统性。

我国德性教育存在的问题所导致的后果是十分严重的，主要体现在：一些人的基本德性不完整，社会上德性之人较少；一些人缺乏德性意识，不追求德性完善，甚至根本没想到要完善德性；一些人不重视德性修养，不重视"人应该怎样生活"问题的思考，生活越来越平面化、单面化。与之相应的是，一些恶性（特别是自私、贪婪、虚伪）不但不为人们所谴责，相反瘟疫般地流传开来。

要解决我国目前德性教育存在的问题，从伦理学的角度看，应主要采取以下对策。

第一，要重视学校德性教育，使德性教育在学校教育中具有独立的不可替代的地位。学校德性教育在整个德性教育中具有关键性、主

---

① 江畅：《应当重视伦理学教育》，《湖北大学学报》（哲学社会科学版）2005年第3期。

导性地位，这种地位是任何其他形式的德性教育不可替代的，也不是其他类型的教育可以替代的。因此，必须明确德性教育在学校教育的独立的、不可替代的地位，在人员、经费、教学设施各方面提供必要的保障。重视学校德性教育不只是学校的事，更是政府的事。政府要做出明确的规定，将德性教育作为学校的主要职责之一并进行有效的监管。

第二，要制订学校德性教育的统一规划。学校是各级各类的，因此要对学校的德性教育进行统一规划。一方面要明确整个学校德性教育的地位、目的和意义；另一方面要将学校德性教育的总目标分解到不同层次、不同类别的学校，并明确各级各类学校德性教育的职责和人才培养规格，制订统一的教育计划，提出明确的教学和培养的要求。

第三，要在明确各级各类学校德性教育的职责的基础上建立相应的督导考核制度以及责任制和责任追究制。为了确保学校德性教育按统一的规划进行，取得应有的实效，要在明确各级各类学校的德性教育职责的基础上对学校进行德性教育督导和考核，使学校在德性教育方面达标。同时要建立德性教育的责任制和责任追究制，对于那些不能达标的学校要追求学校主要负责人的责任。

第四，要加强德性理论研究和学校德性教育研究。德性教育是最复杂的一种教育，要使学校德性教育取得效果，必须有德性理论研究和学校德性教育研究的成果作为前提，以德性理论和德性教育理论作为德性教育活动的依据和指导。伦理学界要加强德性理论研究，提供比较完整的德性理论，各级教学研究机构要加强德性教学和培养研究，提供有针对性的德性教育方案并及时解决德性教育中出现的各种问题。

第三节　德性教育的共同原则

德性教育与其他许多种类的教育不同，它是一种多教育者的教育。这是一种客观现实，也是必要的。但是，要使各种德性教育者的教育协同有效地发生作用，它们就既要分工合作，又要遵循一些共同的或一般性的原则。这些原则可能有不同的概括，我们将之概括为诉诸自主、防微杜渐、循序渐进、协同作用、营造环境和率先垂范六条。这是任何从事德性教育的个人和组织都应当遵守的一般德性教育要求。

一 诉诸自主原则

许多哲学家都认为德性的品质是获得性的，即使是自发形成的德性也有一定程度个人自主的作用，更不用说自觉养成和完善的德性。正因为如此，许多哲学家强调在德性形成过程中个人的自主性。这种德性的自主性是建立在两个前提之上的：一是品质具有成为德性的潜能，这种潜能为个人自主地塑造自己的德性提供了可能性；二是品质具有可塑造性，这种可塑造性为个人塑造什么样的品质提供了可能性。德性归根到底是个人通过自主的塑造使德性潜能变为德性现实的。显然，在德性形成过程中，德性的自主塑造，或者说个人的德性自主性具有至关重要的作用，离开了这种自主性，德性是不能形成的。然而，个人的德性自主性本身并不是人们能自发地意识到的。人们要意识到这种自主性，形成我们所谓的德性意识，需要触媒的作用。德性教育就是这种"触媒"，它的意义正在于启发人们的德性自主意识，使人们意识到自己的品质具有德性的潜能和可塑造性，意识到可以在这种潜能和可塑造性的前提下进行自主的德性塑造。因此，任何德性教育都要尊重受教者的这种德性自主性，并在此基础上启发个人的德性自主性意识，增强个人的德性自主性，并通过个人的这种德性自主性施教。

另一方面，德性教育又要给人们提供自主塑造的知识，为人们的自主塑造指出方向和提供依据。这种知识的给予不是强迫的，而是在启发个人的德性自主性的前提下变成个人自主塑造所自觉需要的。例如，当一个人有了"我应该成为什么样的人"的意识并希望得到答案的时候，德性教育就可以发挥作用。心理学家关注可能自我的研究，可能自我包括一个人梦想将来可能成为的样子——富裕的自我、成功的自我、受人爱戴的自我等。可能自我还包括一个人所害怕的样子——失业的自我、孤独的自我、学业失败的自我等。这些可能自我为个体展现了具体且需要全力以赴去实现的目标，从而激发起个体的动机。① 德性教育的一项重要任务就是要给人们展现不同的自我，让他们进行自主的判断和选择，并提供必要的指导。

诉诸自主原则，要求在进行任何形式的德性教育的时候都要诉诸受教者的自主性，使受教者变被动地对德性教育的接受为主动地对德性教育的需求，变别人要受教者形成德性为受教者自己要求形成德性。诉诸自主性原则的关键在于，在德性教育过程中要努力将德性知识的教导和德性意识的启发有机地结合。在进行德性教育的过程中，要始终努力使受教者懂得并相信，德性是智慧的体现，是个人幸福之基，具有德性更有利于个人生存，更有利于处理个人与他人、群体和环境的关系，有德性的生活是人应该过的生活，德性之人是人应该成为的人。贯彻诉诸自主原则最忌讳的是教育者把德性与个人生存隔离开，使受教者感到德性是使自己做出自我牺牲的东西，是只有利于他人、群体而不利于自己的东西，因而本能地拒绝形成德性；然后在这种情况下采取各种措施强迫受教者接受德性教育，使受教者感到德性教育不是自己所需要的，而是他人强加的，因而对德性教育产生反感，内心里抵制德性教育。

---

① 〔美〕戴维·迈尔斯：《心理学》（第7版），黄希庭等译，人民邮电出版社，2007，第523页。

二　防微杜渐原则

德性教育就是品质教育，是使人们的品质成为德性的教育，因而这种教育本身包含了使原本是中性的品质朝德性方向发展而防止朝恶性方向发展、防止恶性产生和流行的要求。德性教育的一个基本任务就是要从受教者言行的细微处着手，防范恶性品行的产生和流行，阻止恶性向深度发展，通过严防死守杜绝受教者的品质朝恶性方面发展的可能性。德性教育不一定能使每一个受教者的品质成为高尚的，但一定要防止任何一个受教者的品质成为恶性的。防微杜渐原则的意义在于，使德性教育成为恶性生长和流行的一道强有力防线，通过德性教育将恶性扼杀在萌芽之中，使所有受教者都厌恶恶性、远离恶性，从而防止恶性流行。通过德性教育防微杜渐是从源头上治理恶性的主要措施。如果普遍实施的德性教育能防止恶行产生和流行，恶性就会逐渐没有了存在的空间，人们的恶性品质就会大大减少。

防微杜渐原则要求任何形式的德性教育都要在德性教育的过程中，在进行正面的德性教育的同时努力铲除恶性可能发生的根源，使恶性没有存在的空间。防微杜渐原则有两方面的基本要求：一是要进行防范恶性方面的教导，主要包括告诉受教者什么是恶性，有哪些恶性，恶性对个人生存和社会生活有什么危害，以及如何防止恶性；二是要在日常生活中通过细小的言行防止受教者恶性产生，主要是在受教者有恶的苗头和言行的时候要及时进行批评，遏止恶性生长和膨胀。

坚持防微杜渐的原则，要掌握品质的德性底线。德性底线的情形是复杂的，有些德性的反面就是恶性。例如，诚实的反面是不诚实，不诚实就是恶性，那么诚实就是德性的底线。有些德性的反面并不一定就是恶性，如勤奋的反面是不勤奋，但不勤奋不一定就是懒惰。无论德性底线的反面情形多么复杂，我们始终要牢牢记住基本德性是人应该具备的品质，是德性的底线，在任何时候都不要越过这个底线。正是在这种意义上，我们强调德性教育要着重培养受教者的基本德性，使之成为"君子"层次的德性之人。

坚持防微杜渐原则，关键在于日常的德性教育，要通过日常的德性教育防止和及时制止那些细小的恶行发生，从而防范恶性的形成。所有德性教育者都要平时多观察受教者，及时发现出现的恶性苗头和言行并及时进行批评、纠正和教导，事后还要进一步观察直至受教者完全消除恶性为止。约翰·克刻斯在谈到我们对恶要做什么时提出："应对恶，依赖于改变导致恶的条件。"① 他认为，导致恶的条件一部分是外在的，一部分是内在的，所以改变这些条件要从两个方向进行。内在条件既包括积极地鼓励恶行的动机又包括对认识这种行为是恶的消极阻碍。对恶行的积极动机会在六种情形下发生，即信仰、观念、野心、荣誉、妒忌和无聊。这六种动机不一定总是激发恶行，但很容易如此，而且也有其他导致作恶的动机。克刻斯特别强调培养道德想象对于改变这种内在条件的重要性，认为培养道德想象"不仅提供个人的丰富性，而且提供一种有助于使生活更好和应对恶的道德力量"。② 虽然道德想象有助于应对恶，但它本身不能阻止恶。如果道德想象再加上对恶行有强有力的禁止作为补充，应对恶的机会就会得到增加。这些禁止设定限制，以保护在社会中一起生活的人们的品质安全。改变外在条件要求对作恶有全面的禁止（他称为"丰富的禁止"），而不考虑它是不是有意的。克刻斯说，"应对恶，依赖于道德想象的培养和凭借惩罚的道德的、法律的禁止的丰富这两者的结合"。③

---

① John Kekes, *The Roots of Evil*, Ithaca / London：Cornell University Press, 2005, p.235.
② John Kekes, *The Roots of Evil*, Ithaca / London：Cornell University Press, 2005, p.239.
③ John Kekes, *The Roots of Evil*, Ithaca / London：Cornell University Press, 2005, p.242.

三　循序渐进原则

任何教育都要遵循循序渐进的原则，德性教育更要注重这一原则。人有一个生长发展的过程，人的品质也有一个生长发展过程，而且德性本身也存在着一个从无到有、从低层次到高层次的形成过程。早在 20 世纪 40 年代，皮亚杰（Jean Piaget）就对人的道德发展过程进行了研究。他通过说故事的方式与儿童讨论故事中儿童行为对错发现，五岁以前的儿童对行为的表现尚不能做对错的判断，而五岁以上儿童道德的发展大致分为两个阶段：五岁至十岁的儿童对是非判断所采用的标准是道德实在主义，即在做是非判断时以成年人所规定的规范为标准，因而也称为"他律道德阶段"（heteronomous morality stage）；十岁以上的儿童对是非判断所采用的标准是道德相对主义，是非判断标准除了考虑社会规范之外也考虑到规范未必是绝对的，道德判断有了自主性，因而也称为"自律道德阶段"（autonomous morality stage）。1963 年，美国心理学家柯尔伯格在皮亚杰道德发展理论的基础上以习俗为标准提出了道德发展阶段论，将道德发展解释为三个时期，而每一个时期又各自包括两个阶段：九岁以下的儿童为前习俗道德期，分为避罚服从取向（即只从表面看行为后果的好坏，盲目服从权威，旨在逃避惩罚）和相对功利取向（只按行为后果是否带来需求的满足判断行为的好坏）两个阶段；九岁以上为习俗道德期，分为寻求认可取向（寻求别人认可，凡是成人赞赏的，自己就认为是对的）和遵守法规取向（遵守社会规范，认定规范中所定的事项是不能改变的）两个阶段；二十岁以上为后习俗道德期，分为社会法制取向（了解行为规范是为了维持社会秩序经大众同意所建立的，若大人形成共识，社会规范便可加以改变）和普遍伦理取向（道德判断以个人的伦理观念为基础，个人的伦理观念用于判断是非时，具有一致性和普遍性）两个阶段。① 虽然皮亚杰和柯尔伯特格的理论有一定的局限性，但它们揭示了人的道德包括人的德性是发展的，显现明显的阶段性。

由于人的品质和德性有一个发展过程，因而德性教育要适应这个过程，循序渐进地实施。人的品质形成与人的观念、知识、能力等个性心理特征是相关联的，而且与人的生活经历有密切的关系，而所有这些影响因素都存在一个发展丰富的过程。德性教育不能忽视这些相关因素的情况而我行我素，相反，要根据这些影响因素相应地实施，使德性教育与整个人的生长过程相一致。同时，人的许多德性是与人的成长和经历有密切关系的。例如，人的职业德性只有在人们从事职业后才会真正形成，此前只能获得一些职业德性方面的知识。德性教育也要考虑这种情况酌情实施。另一方面，人的德性存在着层次，一些较高的层次是以较低层次为基础或前提的。例如，对陌生人的关怀，是以对亲人、熟人的关怀为前提的。一个不关怀父母、同学、同事的人，很难形成对其他与自己不相关的人的关怀。德性教育如果不注重从基本的德性培养开始就很难培养出高尚的德性。

循序渐进的原则要求进行任何形式的德性教育都要在施教前考虑受教者的外在条件和内在条件，考虑受教者已有的品质状况，根据受教者的实际情况逐渐实施德性教育。循序渐进原则的前提是因材施教、因时施教、因情施教，克服德性教育的盲目性和任意性。坚持循序渐进原则，要注意克服三种倾向：一是盲目施教，二是重复施教，三是高调施教。盲目施教就是不了解受教者的主客观实际情况无针对性地进行德性教育，如在受教者不具备必要的知识和能力的情况下要求他们形成创新的德性就是如此。盲目施教必定会使德性教育不能产生实效。重复施教就是学校讲过的家庭再讲，小学讲过的中学甚至大

---

① 参见张春兴《现代心理学——现代人研究自身问题的科学》（第3版），上海人民出版社，2009，第277—282页。

学再讲。重复施教的后果是使学生对所教内容厌倦，甚至产生反感。高调施教就是对受教者讲一些他们目前不能理解和接受的内容，提出一些他们目前不可能做到的过高要求。例如，当一个人还不具备爱父母的品质时，就要求他们爱国家、爱人类。高调施教看起来所讲的内容很深和所提出的要求很高，但受教者不能接受，有时可能还会使受教者形成伪善的品质。这三种倾向是相互联系的，其根本是盲目性。因此，坚持循序渐进的原则最重要的是要克服德性教育的盲目性，增强其针对性。

四　协同作用原则

德性教育是一种多教育者、宽口径的教育，家庭、学校、单位、社会组织、大众传媒、政府乃至每一个人都是德性教育者，德性教育不仅涉及人生活的方方面面，而且涉及从基本的行为习惯到观念意识的不同层次。因此，各种不同教育者实施的不同形式的德性教育存在着如何协同作用的问题。一般来说，不同教育者实施的德性教育应有所分工，有所侧重，而且要彼此一致，相互补充、相互促进，而不能彼此矛盾和冲突。多教育者实施德性教育有可能出现三种问题。一是彼此矛盾，即不同教育者所教育的内容是矛盾的。例如，学校教育要求孩子要以集体利益为重，而家庭教育孩子要以自己的利益为重。二是彼此重复，即不同教育者所教育的内容不断重复，如一个孩子在学校教师要求他这样，回家后父母又不断重复这种要求。三是彼此隔离，即不同教育者对同一受教者的教育彼此相去甚远，不能起到相互帮衬和相互促进的作用。提出协同作用原则，就是要克服德性教育可能出现的这些问题，使多教育者、多形式的德性教育协同对受教者发生作用，使教育达到最佳的效果。

协同作用要求任何主体、任何形式的德性教育都要在坚持诉诸自主、防微杜渐、循序渐进等原则的前提下价值取向一致并相互补充、相互促进，齐心协力地共同帮助受教者的德性形成和完善。坚持协同作用原则最重要的是要突出学校德性教育的主渠道作用。虽然德性教育的主体很多、很复杂，但总体上看学校的作用最重要。因此，所有德性教育主体的德性教育要主动与学校的德性教育相一致，围绕学校的德性教育展开各自的德性教育，不能另搞一套。当然，学校的德性教育要科学并且有规划。另一方面，学校要切实履行起对学生实施全面、系统、持续的德性教育的职责，而其他的德性教育形式要更侧重从不同领域（如家庭、单位、社会生活等）进行日常的德性教导和德性培养，并随时有效地防止恶行发生和恶性形成。这样，各种德性教育形式就可以协同地对受教者发生作用。

五　营造环境原则

环境对德性形成和完善有着重要影响，而且德性教育要卓有成效也需要有利于德性的环境（德性环境）的支持。《幸福与教育》一书的作者内尔·诺丁斯指出："在一个促进人幸福的环境中接受教育和教导，年轻人就会经常和那些同关怀相联系的'人性反应'，如同情、动机移置（乐于帮助和与其他人分享）、亲切、对残忍行为愤怒和厌恶、宽容、乐于听取他人意见、感动等保持关联。"[①] 有利于德性的环境通常不是自然而然形成的，而是人为营造的。一方面家庭、学校、单位、社会组织、大众传媒、政府各个方面要为社会成员营造社会德性环境，同时各种教育主体也要为受教者营造相关的德性环境。营造德性环境与实施德性教育要有机地结合起来，这样两者就会相互促进、相得益彰，使德性教育收到事半功倍的效果。如果实施德性教育的环境是恶性的，那么就会减弱甚至抵消德性教育的效果。

环境包括家庭环境、学校环境、单位环境、社会组织环境、舆论

---

① 龙宝新译《幸福与教育》，教育科学出版社，2009，第158页。

环境等各种类型，营造德性环境是要使所有这些环境都成为德性化的。如果有些环境是德性化的，有些不是德性化的，也不利于德性教育。其中社会大环境的影响最广泛，对其他各种环境有深刻的影响，因而使社会大环境德性化是有效实施德性教育的最重要条件。因此，不少学者和德育工作者呼吁在德性教育方面要形成学校、家庭和社会三位一体。

营造环境原则要求所有德性教育者在进行德性教育的同时要努力营造德性环境，使环境与德性教育相一致、相协调，而不相矛盾、相冲突，使受教者在接受德性教育的同时受到德性环境的熏陶。营造德性环境首先是德性教育工作者（专职德性教育者）的责任。但是，营造德性环境并不只是德性教育工作者的责任，还是全社会的责任，特别是家庭、学校、大众传媒和政府的责任。德性环境特别是社会德性环境的营造是复杂而艰难的，涉及方方面面和诸多因素，仅仅靠德性教育工作者的力量是不可能完成的，需要全社会共同努力，特别是需要政府的重视，需要运用政治、行政的力量推动。因此，在实施德性教育的过程中，全社会特别是政府需要坚持营造环境的原则。这条原则得不到全面的坚持和贯彻，德性教育就难以取得真正的成效，更难以取得普遍的成效。

为了更好地坚持营造环境原则，也需要德性教育本身与环境对接，根据环境的实际情况有针对性地进行德性教育。社会环境的复杂性决定了往往不可能一下子使社会环境德性化，在这种情况下，德性教育也要注意增强受教者在德性方面适应环境的能力以及抵御干扰和腐蚀的能力。

六　率先垂范原则

除了大众传媒，德性教育通常是由专职德性教育者通过德性教导、德性培养和德性知识传授等途径或方式实施的。这些教导者、培养者和传授者对于受教者来说往往是德性的化身，具有重要的示范和榜样作用。孔子说："其身正，不令而行；其身不正，虽令不从。"[①]朱熹说："上行下效，捷于影响。"[②] 这些先哲的话，讲的都是教育者正人先正己的重要性。有研究者认为，根据德性伦理学的观点，既然规则在道德动机方面不起作用，那么它们在道德教育中就只起次要的作用。成为一个好人不是学会"运用"原则的问题，而是模仿一些榜样，我们学会成为一个有德性的人就是像学跳舞、做饭、踢足球一样，只要在旁边看，并试着像别人一样做就行了。[③] 我们并不像德性伦理学那样主张道德规则在道德动机方面只起次要作用，但承认榜样在德性教育中比在规范教育中更有效，因为榜样更具体、更可感。[④]如果这些榜样能以一种吸引人的方式表现，模仿他们的动机就更强。这样，德性教育者，特别是专门从事德性教育的专职德性教育者的率先垂范的问题就被提了出来。尼古拉·哈特曼曾说过："在教育中没有什么东西像榜样那样直接有效并具有决定性。"[⑤] 专职德性教育者工作在受教者身边，是受教者最生动可感的榜样，其影响力要远远超过那些不在身边的榜样。

德性教育者不能率先垂范所导致的后果是十分严重的。不能率先垂范的德性教育者就是口是心非的"伪善者"。德性教育者一旦被看作伪善者，他所进行的德性教育工作不但不能取得正面的效果，相反会导致负面的效果。这种负面效果有两方面：一是一些受教者鄙视德性教育者，并由鄙视德性教育者而对德性教育乃至德性本身反感，不

---

① 《论语·子路》。

② （南宋）朱熹：《四书章句集注·大学章句》。

③ Cf. Harold Alderman, "By Virtue of a Virtue", in Daniel Statman, ed., *Virtue Ethics*, Edinburgh: Edinburgh University Press, 1997, pp. 145–164.

④ Cf. Daniel Putman, "Virtue theory in Ethics Courses", *Teaching Philosophy* 15 (1992): 51–56.

⑤ 参见〔德〕哈特曼《〈伦理学〉导论》，见冯平主编《现代西方价值哲学经典（先验主义路向）》下册，北京师范大学出版社，2009，第707页。

愿意接受德性教育，不愿意成为德性之人（因为他们将这种德性教育者看作德性之人的代表）；二是一些受教者也可能受这种"伪善"的德性教育者的影响而成为口是心非的"伪善者"。总的来看，德性教育者的品行无论好坏都会具有示范作用，一位德性完善的德性教育者会给受教者正面的德性示范，而一位伪善的德性教育者会给受教者负面的恶性示范，这种恶性示范会败坏德性和德性教育，同时也会导致受教者形成恶性品质。

率先垂范原则要求德性教育者自己要成为真正的德性之人，具有较高的德性水平，注重德性修养，以自己的优良品行作为受教者的范例。率先垂范原则有许多不同的表达，如"以身作则""正人先正己""打铁必须自身硬"等等。这些表达从不同的方面体现了率先垂范原则的要求。坚持率先垂范原则，更是对专职德性教育者的要求，他们要是不能做到率先垂范，对受教者的影响是极为消极的。具体说来，坚持率先垂范原则对专职德性教育者有以下三方面的要求。

一是专职德性教育者要具备基本德性。具备基本德性的人有较高德性水平，可以在品质的各方面对受教者起正面的示范作用。这就要求在选择专职德性教育者时要慎重，不能让那些不具备基本德性的人担任德性教育工作。

二是专职德性教育者要不断完善德性。专职德性教育者一方面要坚持不懈地进行德性修养，以不断提高德性水平，使德性趋于完善；另一方面无论何时何地都要严格要求自己，慎言慎行，自觉按社会的道德要求行事，努力达到"从心所欲不逾矩"的道德自由状态。特别是，他们要求受教者做到的，自己应该努力先做到，至少要与受教者一起努力做到，而不能要求受教者做到，自己却做不到，甚至根本不去做。

三是专职德性教育者要言行一致。专职德性教育者在教育的过程中不能说一些自己做不到甚至没有人能做到的大话、空话、套话，尤其不能使自己的行为表现与自己对他人的要求形成明显反差，使受教者感到专职德性教育者是些夸夸其谈、华而不实的人，甚至认为他们是道貌岸然的伪君子。

第四节　德性教育与德性修养

德性教育与德性修养的关系十分密切，下面我们研究如何实现两者的良性互动。

一　德性教育与德性修养的一致性与不同功能

德性教育和德性修养是对于人们德性形成具有能动作用的两种主要活动。德性教育是从外部对个人德性形成施加影响的德性帮助活动，德性修养是个人自己在德性教育的影响下自主进行的德性塑造活动。对于德性形成而言，德性教育可以通过德性修养起作用，也可以直接起作用，而一旦个人开始进行德性修养，德性教育的作用便退居次要地位，或作用消失。就个人德性形成而言，德性教育可称为"德性他助活动"，德性修养可称为"德性自助活动"。通过德性教育直接起作用形成的德性是自发形成的德性，尽管在这种德性形成过程中个人的自主性也会发挥作用，但这种德性不是完全自主选择的，不是自觉的德性，而德性教育通过德性修养形成的德性是自觉形成的德性，这种德性是人完全自主地选择和塑造的德性，因而是真正自主的德性或自觉的德性。由此看来，德性教育与德性修养既有一致性又有不同的功能。

德性教育与德性修养的一致性在于，它们都是为了使人形成德性的品质。按亚当·斯密的看法，"当我们考虑任何个体的品质时，我们自然会从两个不同的方面着手：一是它可能对他自己的幸福有影响，二是它可能对其他人的幸福有影响"。① 这是德性教育和德性修养所需要共同关注的两个主要方面。

德性形成的源泉有三种：一是环境，二是教育，三是修养。环境通常被动地对人们的品质产生影响，人们可以营造德性环境，但德性环境对人们品质形成的影响不是主动的。德性教育和德性修养与环境不同，它们都主动地作用个人使之形成德性。德性教育是一种德性形成的外在主动作用力量，它通过教导、培养和知识传授等途径使人们自发地或自觉地形成德性，而德性修养是一种德性形成的内在主动作用力量，它在德性教育的影响下自主养成和完善德性。因此，德性教育与德性修养在根本目的上是一致的。当然，由于德性教育有许多教育者，而且当代是道德与价值多元化的时代，因而不同教育者的德性教育内容可能并不一致，有时可能会有矛盾。在这种情况下，再加上人们的文化程度普遍提高，他们可以自己学习各种不同学派的德性理论和知识。这样，德性修养的内容就有可能与德性教育的内容不尽一致。不过，即便如此，德性教育与德性修养都是指向个人德性形成的，这一点确定无疑。

德性的形成有三种不同的层次：一是自发地形成，即在德性教育和环境的影响下通过一定的个人自主作用形成德性；二是养成，即在德性教育的启发和指导下主要通过个人有意识的修养形成德性；三是完善，即在德性教育的指导下主要通过个人有意识的修养使德性不断达到更高层次，趋于完善。后面两个层次都是通过德性修养发生作用的，但也都离不开教育的影响。显然，德性教育与德性修养在个人的德性形成过程中具有不同的功能或作用。

德性教育主要有两个基本功能：一是通过德性教育使人们自发地形成德性；二是通过德性教育使人们自觉地进行德性修养，形成更完

---

① Adam Smith, *The Theory of Moral Sentiments*, ed. by D. D. Raphael and A. L. Macfie, Beijing: China Social Sciences Publishing House, 1999, p. 212.

整高尚的德性。前一功能是德性教育的低层次功能。一般来说，只要对人们实施德性教育，它就或多或少地会对人们的品质产生影响，有可能使之朝德性的方向发展。之所以说这种功能是低层次的，是因为这种功能还不能使受教者从被动变主动，不能使受教者成为自主的或自觉的德性修养者。而在受教者没有成为德性修养者的情况下，所形成的德性一般不可能是完整高尚的，难以抵御外在的干扰和腐蚀。后一功能是德性教育的高层次功能。这种功能是在给受教者以教导和知识的同时，培养他们的德性意识，使他们在教育的启发和指导下自觉进行德性修养，通过德性修养养成和完善自己的德性。之所以说这种功能是高层次的，是因为这种功能使受教者变被动为主动，根据自己更好生存的需要构建和塑造自己的德性，所形成的德性是自己甄别、选择、确认的，这样形成的德性不仅可能走向完善，而且更具有抗干扰和腐蚀的能力。

德性教育的这两种功能并不是截然分开的，而往往是相互关联的。完整的德性教育应同时具备这两种功能，但由于完整的德性教育是一个过程，在这个过程的前一阶段主要是发挥前一功能，后一阶段主要发挥后一功能，而且德性教育是多主体实施的，其中完整的学校德性教育一般同时具有两种功能，而其他德性教育一般只具有前一种功能。这样，如果一个人只是接受了前一阶段的学校德性教育（通常是小学），他就可能难以成为自觉的德性修养者。另一方面，如果学校的德性教育没有完整的规划，内容重复或只停留于德性教导或德性知识的传授，而不渐次进行德性意识的培养，或者德性教育质量不高，受教者也很难成为自觉的德性修养者。因此，德性教育特别是学校德性教育要充分发挥其功能，需要德性教育本身的完善和高质量。

德性修养也具有两个功能：一是德性养成功能，二是德性完善功能。前一功能是在多少具有自发的德性的前提下，通过德性教育的启发和指导对自己的德性状况进行反思，并在此基础上进行比较、甄别、判断、选择、寻找理由、试错、确认，以及将这种确认转变为意愿、谋求和行为。后一功能是在基本德性养成的基础上再在德性教育的指导下拓展德性的范围，提升德性的层次，使德性趋于完善。德性修养的这两种功能是德性修养前后相继的两个过程，或者说是在这两个过程中发挥的两种功能，前者是后者的基础和前提，没有前者，不可能有后者，但有了前者并不必定有后者，因而后者的层次更高。德性修养这两种功能的发挥乃至德性修养本身通常是在德性教育的影响下产生的，德性教育对德性修养及其功能的发挥具有启发、指导、提供依据和知识储备的重要作用。没有德性教育，人们很难自发地进行德性修养，即使进行德性修养也不会使其渐次发挥这两种功能。

二 德性教育与德性修养的良性互动

德性教育与德性修养之间需要实现和谐对接和良性互动。只有实现了和谐对接和良性互动，德性教育与德性修养的功能才能发挥得有成效，真正取得德性养成和完善的效果。

德性教育与德性修养的和谐对接主要表现在三个方面。一是德性教育在发挥其帮助人们自发形成德性功能的过程中能为人们德性的养成和完善奠定良好的基础。也就是在人们自发形成德性阶段，德性教育能使受教者形成尽可能丰富的自发德性，而不形成恶性。自发德性越丰富，德性养成和完善的基础就越好。这种对接要求德性教育要落实到每一个受教者的品质德性化上，受教者则能接受教育者的教育并在教育的影响下形成教育者所期望的德性品质。二是德性教育在发挥帮助人们自觉进行德性修养功能的过程中能使受教者从德性的他助者转变成德性的自助者，从被动变主动，自觉养成基本德性。这种对接要求德性教育要落实到每一个受教者成为德性形成的自助者上，受教者则能认同教育者的启发和指导并在这种启发和指导下自觉进行德性修养，按自己的意愿形成自己的德性品质。三是德性在发挥上述两种功能的过程中为人们提供的德性知识有助于人们进一步拓展和提升自己的德性，能使人们在基本德性养成的基础上追求德性完善。这种对接要求德性教育要落实到每一个受教者都能成为终生德性自助者上，受教者则能在所接受的德性教育的基础上自觉地不断修养德性，使德性日臻完善。

整个和谐对接的过程也就是德性教育与德性修养良性互动的过程。每一种对接都需要德性教育者尊重受教者德性发展的规律，考虑他们的实际情况，注重德性教育的实际效果，并始终着眼于受教者从德性他助者向德性自助者转变。同时，每一种对接也都需要受教者自觉接受德性教育，并在接受教育的过程中积极主动地按照德性教育的要求塑造自己的德性，变被动为主动，走上自觉修养德性、追求德性完善的人生道路。在德性教育与德性修养互动的整个过程中，德性教育具有更重要的作用。尽管人们的德性状况最终取决于自己，但德性教育对于人们整个德性的形成、对于人们走上德性修养之路、对于人们追求德性完善都有关键性的影响。我们并不主张德性教育万能，但肯定德性教育与人们德性状况具有直接相关性。在一个社会，对人们的德性状态有根本影响的是环境，而有直接影响的是教育，而且环境也在很大程度上受教育的影响。

德性教育与德性修养在对接和互动方面存在着一个难以克服的困难，即作为德性教育主渠道的学校德性教育通常面对的是群体，而德性修养总是个人的，因而两者之间常常是难以直接对接和互动的。我们不能期望学校德性教育由班级教育变成一对一的教育，在这种情况下，怎样使学校群体性的德性教育与个人性的德性修养对接和互动，是一个很值得研究的问题。这个问题值得进行专门研究，这里提出几点建议：一是要根据人生长发展的规律增强各级各类学校德性教育的针对性；二是要增强教育内容特别是课堂教学内容的相对普适性，尽可能使教育内容与相关受教者群体相适应；三是要重视德性教育过程的互动，无论是课堂教学还是日常教导和培养都要避免一味灌输，而要在对话交流中达到教育效果；四是要加强个性化教育，特别是在日常的教育和培养过程中要因材施教，帮助有特殊困难的受教者；五是要始终注重启发受教者的德性意识和自觉，使受教者从被动的德性他助者转变为主动的德性自助者，从而更多地依靠他们自己主动地实现与德性教育的对接和互动。

参考文献

（一）中文著作（以作者姓氏笔画为序）

[1]《四书五经》，吴根友点注，中国友谊出版公司，1993。

[2] 万俊人：《寻求普世伦理》，北京大学出版社，2009。

[3] 万俊人：《现代西方伦理学史》上卷，北京大学出版社，1990。

[4] 万俊人：《现代西方伦理学史》下卷，北京大学出版社，1992。

[5] 万俊人：《现代性的伦理话语》，黑龙江人民出版社，2002。

[6] 马俊峰：《评价活动论》，中国人民大学出版社，1994。

[7] 王华：《美德伦理——传统美德与当代公民道德建设研究》，山东人民出版社，2002。

[8]《道德资本与经济伦理——王小锡自选集》，人民出版社，2009。

[9] 王玉樑：《价值哲学》，陕西人民出版社，1989。

[10] 王玉樑：《价值哲学新探》，陕西人民教育出版社，1993。

[11] 王国银：《德性伦理研究》，吉林人民出版社，2006。

[12] 王海明：《新伦理学》，商务印书馆，2001。

[13] 田海平：《哲学的追问——从"爱智慧"到"弃绝智慧"》，江苏人民出版社，2000。

[14] 冯平：《评价论》，东方出版社，1995。

[15] 冯友兰：《中国哲学简史》（第2版），涂又光译，北京大学出版社，1996。

[16] 江畅：《现代西方价值理论研究》，陕西师范大学出版社，1992。

[17] 江畅：《自主与和谐——莱布尼茨形而上学研究》，武汉大学出版社，1995，2005年再版。

[18] 江畅：《幸福之路——伦理学启示录》，湖北人民出版社，1999。

[19] 江畅：《江畅自选集》，华中理工大学出版社，1999。

[20] 江畅：《理论伦理学》，湖北人民出版社，2000。

[21] 江畅主编《现代西方价值哲学》，湖北人民出版社，2003。

[22] 江畅：《走向优雅生存——21世纪中国社会价值选择研究》，中国社会科学出版社，2004。

[23] 江畅：《幸福与和谐》，科学出版社，2016。

[24] 江畅：《教育考试公正论》，湖北人民出版社，2007。

[25] 江畅主编《比照与融通——当代中西价值哲学比较研究》，湖北人民出版社，2010。

[26] 江畅、周鸿雁：《幸福与优雅》，人民出版社，2006。

[27] 江畅、戴茂堂：《西方价值观念与当代中国》，湖北人民出版社，1997，2002年修订。

[28] 孙英：《幸福论》，人民出版社，2004。

[29] 孙伟平：《事实与价值》，中国社会科学出版社，2000。

[30] 李建华：《德性与德心——道德的社会培育及其心理研究》，教育科学出版社，2000。

［31］李德顺：《价值论》（第 2 版），中国人民大学出版社，2007。

［32］李德顺、孙伟平：《道德价值论》，云南人民出版社，2005。

［33］杨清：《心理学概论》，吉林人民出版社，1981。

［34］杨国荣：《伦理与存在——道德哲学研究》，上海人民出版社，2002。

［35］杨祖陶：《康德黑格尔哲学研究》，武汉大学出版社，2001。

［36］肖群忠：《伦理与传统》，人民出版社，2006。

［37］何怀宏：《良心论》，北京大学出版社，2009。

［38］何怀宏：《底线伦理》，辽宁人民出版社，1998。

［39］余涌：《道德权利研究》，中央编译出版社，2001。

［40］宋希仁主编《当代外国伦理思想》，中国人民大学出版社，2000。

［41］宋希仁主编《西方伦理思想史》，中国人民大学出版社，2004。

［42］张世英：《哲学导论》，北京大学出版社，2002。

［43］张世英：《进入澄明之境——哲学的新方向》，商务印书馆，1999。

［44］张传有：《伦理学引论》，人民出版社，2006。

［45］张春兴：《现代心理学——现代人研究自身问题的科学》（第 3 版），上海人民出版社，2009。

［46］陈真：《当代西方规范伦理学》，南京师范大学出版社，2006。

［47］陈瑛主编《人生幸福论》，中国青年出版社，1996。

［48］陈少峰：《中国伦理学史》上、下册，北京大学出版社，1996。

［49］陈仲庚、张雨新编著《人格心理学》，辽宁人民出版社，1987。

［50］陈根法：《德性论》，上海人民出版社，2004。

［51］陈新汉：《评价论引论》，上海社会科学院出版社，1995。

［52］欧阳康：《哲学方法论》，武汉大学出版社，1998。

［53］罗炽等：《中国德育史纲》，湖北教育出版社，1998。

［54］罗国杰主编《伦理学》，人民出版社，1989。

［55］罗国杰主编《道德建设论》，湖南人民出版社，1997。

［56］罗国杰主编《中国传统道德》（简编本），中国人民大学出版社，1995。

［57］罗国杰主编《中国革命道德》（简编本），中共中央党校出版社，1999。

［58］俞吾金：《意识形态论》（修订版），人民出版社，2009。

［59］袁贵仁：《价值学引论》，北京师范大学出版社，1991。

［60］倪愫襄：《善恶论》，武汉大学出版社，2001。

［61］徐向东编《美德伦理与道德要求》，江苏人民出版社，2007。

［62］高玉祥编著《个性心理学概论》，陕西人民教育出版社，1985。

［63］高国希：《走出伦理困境——麦金太尔道德哲学与马克思主义伦理学研究》，上海社会科学院出版社，1996。

［64］高国希：《道德哲学》，复旦大学出版社，2005。

［65］高恒天：《道德与人的幸福》，中国社会科学出版社，2004。

［66］高觉敷主编《西方近代心理学史》，人民教育出版社，1982。

［67］高觉敷主编《西方心理学的新发展》，人民教育出版社，1987。

［68］高新民：《人心与人生——广义心灵哲学论纲》，北京大学出版社，2006。

［69］郭齐勇：《中国哲学史》，高等教育出版社，2006。

［70］唐凯麟编著《伦理学》，高等教育出版社，2001。

［71］唐凯麟、王泽应：《20世纪中国伦理思潮》，高等教育出版社，2003。

［72］陶德麟、何萍主编《马克思主义哲学中国化的理论与历史研究》，北京师范大学出版社，2011。

［73］唐凯麟、张怀承：《成人与成圣——儒家伦理道德精粹》，湖南大学出版社，1999。

［74］黄显中：《公正德性论——亚里士多德公正思想研究》，商务印

书馆，2009。

[75] 曹日昌主编《心理学》，吉林科学出版社，2007。

[76] 寇东亮：《德性重建的自由根基——现代道德困境的人学解读》，河南人民出版社，2006。

[77] 彭聃龄主编《普通心理学》，北京师范大学出版社，2004。

[78] 彭富春：《论中国的智慧》，人民出版社，2010。

[79] 葛晨虹：《德化的视野——儒家德性思想研究》，同心出版社，1998。

[80] 韩震：《生成的存在——关于人和社会的哲学思考》，北京师范大学出版社，1996。

[81] 韩震：《重建理性主义信念》，北京出版社，1998。

[82] 韩东屏等：《疑难与前沿——科技伦理问题研究》，人民出版社，2010。

[83] 韩晓燕、朱晨海：《人类行为与社会环境》，格致出版社、上海人民出版社，2009。

[84] 焦国成：《中国伦理学通论》，山西教育出版社，1997。

[85] 舒红跃：《技术与生活世界》，中国社会科学出版社，2006。

[86] 强以华：《西方伦理十二讲》，重庆出版社，2008。

[87] 廖申白：《伦理学概论》，北京师范大学出版社，2009。

[88] 樊和平：《道德形而上学的精神哲学基础》，中国社会科学出版社，2006。

[89] 樊和平：《伦理精神的价值生态》（第2版），中国社会科学出版社，2007。

[90] 戴茂堂：《西方伦理学》，湖北人民出版社，2002。

[91] 戴茂堂、江畅：《传统价值观念与当代中国》，湖北人民出版社，2001。

（二）中文译著（以作者时代先后为序）

[1] 〔古希腊〕柏拉图：《理想国》，郭斌和、张竹明译，商务印书馆，1986。

[2] 苗力田主编《亚里士多德全集》第 8 卷，中国人民大学出版社，1994。

[3] 〔古希腊〕亚里士多德：《尼各马可伦理学》（注释导读本），邓安庆译，人民出版社，2010。

[4] 〔古希腊〕亚里士多德：《政治学》，吴寿彭译，商务印书馆，1965。

[5] 〔古罗马〕马可·奥勒留（Marcus Aurelius）：《沉思录》，何怀宏译，中央编译出版社，2008。

[6] 《阿奎那政治著作选》，马清槐译，商务印书馆，1991。

[7] 〔英〕哈奇森：《论美与德性观念的根源》，高乐田等译，浙江大学出版社，2009。

[8] 〔英〕哈奇森：《论激情和感情的本性与表现，以及对道德感官的阐明》，戴茂堂等译，浙江大学出版社，2009。

[9] 〔英〕哈奇森：《道德哲学体系》（上、下），江畅等译，浙江大学出版社，2010。

[10] 〔荷〕斯宾诺莎：《伦理学》，贺麟译，商务印书馆，1958。

[11] 〔英〕休谟：《人性论》，关文运译，商务印书馆，1980。

[12] 〔英〕大卫·休谟：《道德原理探究》，王淑芹译，陈光金译校，中国社会科学出版社，1999。

[13] 〔英〕亚当·斯密：《道德情操论》，余涌译，中国社会科学出版社，2003。

[14] 〔英〕边沁：《道德与立法原理导论》，时殷弘译，商务印书馆，2000。

［15］〔英〕约翰·穆勒：《功用主义》，唐钺译，商务印书馆，1957。

［16］〔英〕约翰·密尔：《论自由》，程崇华译，商务印书馆，1959。

［17］〔德〕康德：《纯粹理性批判》，邓晓芒译，杨祖陶校，人民出版社，2004。

［18］〔德〕康德：《实践理性批判》，邓晓芒译，杨祖陶校，人民出版社，2003。

［19］〔德〕康德：《道德形而上学原理》，苗力田译，上海人民出版社，1986。

［20］〔德〕弗里德里希·包尔生：《伦理学体系》，何怀宏、廖申白译，中国社会科学出版社，1992。

［21］〔德〕马克斯·韦伯：《新教伦理与资本主义精神》，于晓等译，三联书店，1987。

［22］〔法〕爱弥儿·涂尔干：《道德教育》，陈光金等译，上海人民出版社，2001。

［23］〔英〕摩尔：《伦理学原理》，长河译，商务印书馆，1983。

［24］〔德〕石里克：《伦理学问题》，张国珍、赵又春译，商务印书馆，1997。

［25］〔德〕M. 舍勒：《爱的秩序》，林克等译，三联书店，1995。

［26］〔美〕弗兰克·梯利：《伦理学导论》，何意译，广西师范大学出版社，2002。

［27］〔日〕牧口常三郎：《价值哲学》，马俊峰、江畅译，中国人民大学出版社，1989。

［28］〔美〕塞森斯格：《价值与义务——经验主义伦理学理论的基础》，江畅译，中国人民大学出版社，1992。

［29］〔美〕汤姆·L. 彼彻姆：《哲学的伦理学》，雷克勤等译，中国社会科学出版社，1990。

［30］〔美〕威康·K. 弗兰克纳：《善的求索——道德哲学导论》，黄

伟合等译，辽宁人民出版社，1987。

[31]〔澳〕J. J. C. 斯马特、〔英〕B. 威廉斯：《功利主义：赞成与反对》，牟斌译，中国社会科学出版社，1992。

[32]〔美〕约翰·罗尔斯：《正义论》，何怀宏等译，中国社会科学出版社，1988。

[33]〔美〕罗伯特·诺齐克：《无政府、国家与乌托邦》，何怀宏等译，中国社会科学出版社，1991。

[34]〔美〕A. 麦金太尔：《德性之后》，龚群等译，中国社会科学出版社，1995。

[35]〔美〕A. 麦金太尔：《谁之正义？何种合理性?》，万俊人等译，当代中国出版社，1996。

[36]〔美〕A. 麦金太尔：《三种对立的道德探究观》，万俊人等译，中国社会科学出版社，1999。

[37]〔美〕A. 麦金太尔：《伦理学简史》，龚群译，商务印书馆，2003。

[38]〔美〕丹尼尔·贝尔：《社群主义及其批评者》，李混译，三联书店，2002。

[39]〔美〕麦特·里德雷（Matt Ridley）：《美德的起源：人类本能与协作的进化》，刘珩译，中央编译出版社，2004。

[40]〔美〕欧文·辛格：《爱的本性——从柏拉图到路德》第1卷，高光杰等译，高光杰校，云南人民出版社，1992。

[41]〔英〕伯纳德·威廉斯：《道德运气》，徐向东译，上海译文出版社，2007。

[42]〔美〕雅克·蒂洛、〔美〕基思·克拉斯曼：《伦理学与生活》，程立显等译，周辅成校阅，世界图书出版公司，2008。

[43] 龙宝新译《幸福与教育》，教育科学出版社，2009。

[44]〔美〕罗尔斯顿：《环境伦理学》，杨涌进译，中国社会科学出版社，2000。

[45]〔英〕齐格蒙特·鲍曼:《生活在碎片之中——论后现代道德》，郁建兴等译，学林出版社，2002。

[46]〔美〕余纪元:《德性之镜:孔子与亚里士多德的伦理学》，林航译，中国人民大学出版社，2009。

[47]〔美〕罗洛·梅:《爱与意志》，冯川译，国际文化出版公司，1987。

[48]〔美〕戴维·迈尔斯:《心理学》第7版，黄希庭等译，人民邮电出版社，2007。

[49]〔美〕卡拉·西格曼（Carol K. Sigelman）、伊丽莎白·瑞德尔（Elizabeth A. Rider）:《生命全程发展心理学》，陈英和审译，北京师范大学出版社，2009。

[50]〔美〕约翰·W. 桑特洛克:《毕生发展》（第3版），桑标等译，上海人民出版社，2009。

[51]〔美〕理查德·谢弗:《社会学与生活》（插图第9版），刘鹤群等译校，世界图书出版公司，2009。

[52]〔美〕约翰·J. 麦休尼斯:《社会学》，凤笑天等译，中国人民大学出版社，2009。

[53]周辅成编《西方伦理学名著选辑》上、下卷，商务印书馆，1964、1987。

[54]万俊人主编《20世纪西方伦理学经典》（I–IV），中国人民大学出版社，2004、2005。

[55]冯平主编《现代西方价值哲学经典（先验主义路向、心灵主义路向、经验主义路向、语言分析路向）》，北京师范大学出版社，2009。

（三）英文文献（以作者姓氏字母顺序为序）

[1] Abelson, Raziel and Marie-Louise Friquegnon, eds., *Ethics for*

Modern Life（6ᵗʰ Ed.），Boston / New York：Bedford / St. Martin's，2003.

[2] Adams，Robert Merihew，*A Theory of Virtue: Excellence in Being for the Good*，Oxford：Clarendon Press，2006.

[3] Annas，Julia，*The Morality of Happiness*，New York / Oxford：Oxford University Press，1993.

[4] Anscombe，G. Elisabeth M.，"Modern Moral Philosophy"，*Philosophy* 33，No. 124（January 1958）.

[5] Aquinas，St. Thomas，*Virtue: Way to Happiness*，Translated with an Introduction by Richard J. Regan，Scranton：University of Scranton Press，1999.

[6] Aristotle，*The Nicomachean Ethics of Aristotle*，Translated by D. P. Chase，Beijing：China Social Sciences Publishing House，1999.

[7] Baracchi，Claudia，*Aristotle's Ethics as First Philosophy*，Cambridge：Cambridge University Press，2008.

[8] Baron，M. W.，Philip Pettit，and Michael A. Slote，*Three Methods of Ethics: A Debate*，New York：Oxford University Press，1997.

[9] Blum，L. W.，*Friendship，Altruism and Morality*，London：Routledge，1980.

[10] Cahn，Steven M.，ed.，*Philosophy for the 21ˢᵗ Century: A Comprehensive Reader*，New York/Oxford：Oxford University Press，2003.

[11] Cahn，Steven M.，Peter Markie，eds.，*Ethics: History，Theory，and Contemporary Issues*，New York / Oxford：Oxford University Press，1998.

[12] Carr，David，*Educating the Virtues: An Essay on the Philosophical Psychology of Moral Development and Education*，London，New

York: Routledge, 1991.

[13] Chappell, Timothy, ed., *Values and Virtues: Aristotelianism in Contemporary Ethics*, Oxford: Clarendon Press, 2006.

[14] Cole, Phillip, *The Myth of Evil*, Edinburgh: Edinburgh University Press, 2006.

[15] Craven, Martha, *Frontiers of Justice: Disability*, *Nationality*, *Species Membership*, Cambridge, Mass.: Harvard University Press, 2006.

[16] Crisp, Roger, ed., *How Should One Live? Essays on the Virtues*, Oxford: Clarendon Press, 1996.

[17] Darwall, Stephen, ed., *Virtue Ethics*, Oxford: Blackwell, 2003.

[18] Dent, N. J. H., *The Moral Psychology of the Virtues*, Cambridge: Cambridge University Press, 1984.

[19] Driver, Julia, *Uneasy Virtue*, Cambridge: Cambridge University Press, 2001.

[20] Engstrom, S. and J. Whiting, eds., *Aristotle*, *Kant and the Stoics*, Cambridge: Cambridge University Press, 1996.

[22] Flanagan, Owen and Amelie Oksenberg Rorty, eds., *Identity*, *Character and Morality*, Cambridge, Mass.: TMIT Press, 1990.

[23] Foot, Philippa, *Virtues and Vices and Other Essays in Moral Philosophy*, Berkeley, CA: University of California Press, 1978.

[24] Foot, Philippa, *Natural Goodness*, Oxford: Clarendon Press, 2001.

[25] Foot, Philippa, *Moral Dilemmas: And Other Topics in Moral Philosophy*, Oxford: Clarendon Press, 2002.

[26] Gardiner, Stephen M., ed., *Virtue Ethics*, *Old and New*, Ithaca / London: Cornell University Press, 2005.

[27] Gill, Christopher, *Virtue*, *Norms*, *and Objectivity*, Oxford: Clarendon Press, 2005.

［28］ Goldie, Peter, *On Personality*, London: Routledge, 2004.

［29］ Graham, Gordon, *Eight Theories of Ethics*, London/New York: Routledge, 2004.

［30］ Held, Virginia, *The Ethics of Care: Personal*, *Political and Global*, Oxford University Press, 2006.

［31］ Herman, Barbara, *The Practice of Moral Judgment*, Cambridge, Mass. : Harvard University Press, 1993.

［32］ Herman, Barbara, *Moral Literacy*, Cambridge, Massachusetts / London: Harvard University Press, 2007.

［33］ Hooft, Stan van, *Understanding Virtue Ethics*, Durham: Acumen Publishing Limited, 2006.

［34］ Hooker, Brad, *Ideal Code*, *Real World: A Rule-Consequentialist of Morality*, Oxford: Clarendon Press, 2000.

［35］ Hudson, Stephen D. , *Human Character and Morality: Reflection from the History of Ideas*, Boston / London / Henly: Routledge & Kegan Paul, 1986.

［36］ Hume, David, *A Treatise of Human Nature*, Beijing: China Social Sciences Publishing House, 1999.

［37］ Hurka, Thomas, *Virtue*, *Vice and Value*, New York: Oxford University Press, 2001.

［38］ Hursthouse, Rosalind, *On Virtue Ethics*, Oxford: Oxford University Press, 1999.

［39］ Hutcheson, Francis, *A System of Moral Philosophy* (Vol. 1-2) , with a New Introduction by Daniel Carey, Bristol: Thoemmes Press, 2000.

［40］ Johnson, Oliver A. and Andrews Reath, eds. , *Ethics: Selections from Classical & Contemporary Writers* (9th Ed.) , Wadsworth:

Thomson Learning, Inc. , 2004.

[41] Kant, Immanuel, *Foundations of the Metaphysics of Morals*, Trans. and with Introduction by Lewis White Beck, Beijing: China Social Sciences Publishing House, 1999.

[42] Kant, Immanuel, *Critique of Practical Reason*, Trans. and with Introduction by Lewis White Beck, Beijing: China Social Sciences Publishing House, 1999.

[43] Kekes, John, *Moral Wisdom and Good Lives*, Ithaca / London: Cornell University Press, 1995.

[44] Kekes, John, *The Roots of Evil*, Ithaca / London: Cornell University Press, 2005.

[45] Korsgaard, C. , *Creating the Kingdom of Ends*, Cambridge: Cambridge University Press, 1996.

[46] Kraut, Richard, ed. , *The Blackwell Guide to Aristotle's Nicomachean Ethics*, Malden, MA / Oxford: Blackwell Pub. , 2006.

[47] Kvanvig, Jonathan L. , *The Intellectual Virtues and the Life of the Mind: On the Place of the Virtues in Epistemology*, Savage, Md. : Rowman & Littlefield Publishers, c1992.

[48] LaFollette, Hugh, ed. , *The Blackwell Guide to Ethical Theory*, Oxford: Blackwell Publishers Ltd. , 2000.

[49] MacIntyre, Alasdair, *After Virtue: A Study in Moral Theory*, Beijing: China Social Sciences Publishing House, 1999.

[50] MacIntyre, Alasdair, *Dependent Rational Animals*: *Why Human Beings Need the Virtues*, Chicago /and La Salle, Illinois: Open Court, 1999.

[51] MacIntyre, Alasdair, *Three Rival Versions of Moral Enquiry*: *Encyclopaedia*, *Genealogy*, *and Tradition*, Notre, IN: University of

Notre Dame Press, 1991.

[52] Maxwell, N. , *From Knowledge to Wisdom*, Oxford: Basil Blackwell, 1984.

[53] Mill, John Stuart, *Utilitarianism*, Beijing: China Social Sciences Publishing House, 1999.

[54] Nussbaum, Martha, *The Fragility of Goodness*, Cambridge: Cambridge University Press, 1986.

[55] Nussbaum, Martha, *Love's Knowledge*, Oxford: Oxford University Press, 1990.

[56] O'Neill, Onora, *Towards Justice and Virtue: A Constructive Account of Practical Reasoning*, Cambridge: Cambridge University Press, 1996.

[57] Paul, Ellen Frankel, Fred D. Miller, Jr. , and Jeffrey Paul, eds. , *Virtue and Vice*, New York: Cambridge University Press, 1998.

[58] Peterson, Christopher and Martin E. P. Seligman, *Character Strengths and Virtues: A Handbook and Classification*, Oxford: Oxford University Press, 2004.

[59] Plato, *Republic*, Trans. by Robin Waterfield, Beijing: China Social Sciences Publishing House, 1999.

[60] Pojman, Louis P. , *Philosophy: The Pursuit of Wisdom*, Wadsworth: Thomson Learning, Inc. , 2001.

[61] Rachels, James, *The Elements of Moral Philosohy*, New York: McGraw, 1978.

[62] Rawls, John, *A Theory of Justice*, Beijing: China Social Sciences Publishing House, 1999.

[63] Reis, Birkhard, ed. , *The Virtuous Life in Greek Ethics*, Cambridge: Cambridge University Press, 2006.

[64] Runkle Gerald, *Theory and Practice: An Introduction to Philosophy*,

New York, etc. : CBS College Publishing, 1985.

〔65〕 Ryckman, Richard, *Theories of Personality*, Belmont, CA: Thomson / Wadsworth Publishing, 2004.

〔66〕 Schroeder, Timothy, *Three Faces of Desire*, Oxford: Oxford University Press, 2004.

〔67〕 Scully, Jackie Leach and Pink Dandelion, *Good and Evil: Quaker Perspectives*, Hampshire: Ashgate Publishing Limited, 2007.

〔68〕 Sherman, Nancy, *The Fabric of Character: Aristotle's Theory of Virtue*, Oxford: Clarendon Press, 1989.

〔69〕 Sherman, Nancy, *Making a Necessity of Virtue*, Cambridge: Cambridge University Press, 1997.

〔70〕 Slote, Michael, *Goodness and Virtues*, Oxford: Clarendon Press, 1983.

〔71〕 Slote, Michael, *From Morality to Virtue*, New York / Oxford: Oxford University Press, 1992.

〔72〕 Slote, Michael, *Moral from Motives*, Oxford: Oxford University Press, 2001.

〔73〕 Slote, Michael, *The Ethics of Care and Empathy*, London / New York: Routledge, 2007.

〔74〕 Smith, Adam, *The Theory of Moral Sentiments*, ed. by D. D. Raphael and A. L. Macfie, Beijing: China Social Sciences Publishing House, 1999.

〔75〕 Smith, R. Scotle, *Virtue Ethics and Moral Knowledge: Philosophy of Language after MacIntyre and Hauerwas*, Aldseshot / Hants / England: Burlington VT. Ashgate Publishing, c2003.

〔76〕 Statman, Daniel, ed. , *Moral Luck*, Albany, New York: State University of New York Press, 1993.

[77] Statman, Daniel, ed., *Virtue Ethics*, Edinburgh: Edinburgh University Press, 1997.

[78] Stephens, Willams O., *Stoic Ethics: Epictetus and Happiness as Freedom*, London: Continuum International Publishing Group, 2007.

[79] Swanton, Christine, *Virtue Ethics: A Pluralistic View*, New York: Oxford University Press, 2003.

[80] Taylor, Gabriele, *Deadly Vices*, Oxford: Oxford University Press, 2006.

[81] Tabensky, Pedro Alexis, *Happiness: Personhood, Community and Purpose*, Hampshire: Ashgate Publishing Limited, 2003.

[82] Tessman, Lisa, *Burdened Virtues: Virtue Ethics for Liberatory Struggle*, New York: Oxford University Press, 2005.

[83] Walker, Rebecca L. and Philip J. Ivanhoe, *Working Virtue: Virtue Ethics and Contemporary Moral Problems*, Oxford: Clarendon Press, 2007.

[84] Wallace, James D., *Virtues and Vices*, Ithaca / London: Cornell University Press, 1978.

[85] Weinman, Michael, *Pleasure in Aristotle's Ethics*, London / New York: Continuum, 2007.

[86] Williams, Bernard, *Morality: An Introduction to Ethics*, Cambridge: Cambridge University, 1993.

[87] Williams, Bernard, *Ethics and the Limits of Philosophy*, London / New York: Routledge, 2006.

[88] Williams, Bernard, *Moral Luck*, Cambridge: Cambridge University, 1981.

[89] Wolker, Rebecca L. & Philip J. Ivanhoe, eds., *Working Virtue: Virtue Ethics and Contemporary Moral Problems*, Oxford: Oxford

University Press, 2007.

[90] Zagzebski, Linda Trinkaus, *Virtues of the Mind: An Inquiry into the Nature of Virtue and the Ethical Foundations of Knowledge*, Cambridge: Cambridge University Press, 1996.

人名术语索引

（以汉语拼音字母为序）

H

哈德克

哈奇森

海德格尔

害己的恶性

害境的恶性

害群的恶性

害他的恶性

韩愈

合作

和谐

荷马

荷斯特豪斯

赫拉克利特

黑尔

黑格尔

宏系统

互动公正

互动机制

互利

华特生

环保

霍伯·西蒙

霍夫特

霍卡

J

吉利根

家庭观

价值

价值定向

价值观

价值观念

价值论

价值原则

节俭

节能

节制

结构的恶性

结果主义

金钱观

经济满意度

居里夫人

绝对命令

K

卡尔·兰格

卡尔·罗哥斯

卡拉·西格曼

卡思林·赫斯金

凯尔霍夫纳

L

M

后　记

　　我最初萌生专题研究德性问题的想法大概是在 2008 年初。长久以来，我在生活和工作中深深感到人的品质问题对于个人幸福和成功有着极大影响。一些既聪明又有才能的人由于品质存在问题，不仅事业不成功、家庭不和睦，而且心态不正常，甚至有心理疾病。但是，我一直没有集中精力对人的品质问题做系统深入的研究。引起我对品质问题的重视是当代西方德性伦理学家对德性问题的高度关注。当时，我看到一些西方德性伦理学的资料，发现德性是亚里士多德幸福主义的一个核心范畴，几乎所有的当代西方伦理学家都将他的伦理学看作德性伦理学，于是我开始了解西方关于这方面的研究情况。当我了解到德性伦理学以及关于德性研究的一般情况后，我深感这是一个值得深入研究且亟待研究的重大理论和现实问题，更为紧要的是，我深感我所阐释的当代幸福主义伦理学如果不对这个问题做出回答，就会是不完整的。

　　于是，我开始搜集所能找到的有关资料，并于同年下半年到国家图书馆查阅并复印了国外有关德性问题的 20 多本英文著作。在翻阅资料的过程中我发现，无论国内还是国外，对德性问题的研究都不够系统，而且纷争很多。同时还发现西方有研究价值问题的价值论，也有研究规范问题的义务论，但没有研究德性问题的德性论这门伦理学的分支学科。这不能不说是一个缺憾。鉴于这种情况，我打算写一本阐述伦理学分支之一的德性论的书，一方面全面系统地研究德性问题，另一方面也试图建立伦理学的德性论这门学科。

基于这样的考虑，2008 年底我初拟了《德性论》一书的提纲，随后进行了反复修改和调整，大约在 2009 年暑假开始动笔写作。在阅读和写作的过程中，我发现还有不少英文资料没有复印齐全，于是又再次到国家图书馆查阅和复印有关资料，这次几乎复印了国家图书馆所有与研究直接相关的英文资料。拿到这些资料后，我又再次对本书的提纲进行了调整和修改。如此一来，这本书的提纲前后做大的修改 10 多次，小的修改就无法统计了。本书的初稿大概完成于 2010 年春节。初稿完成后，我进一步阅读了国内外有关文献，对初稿进行了补充和丰富，形成了一个补充稿。在对补充稿从头至尾进行修改后，形成打印稿请人进行了审校，我在此基础上又一次进行了修改调整，这即现在本书的整体面貌。顺便指出，本书参考书目所列的 90 本英文著作我全部翻阅过，但由于时间的关系，只对与本书直接相关的一部分进行过较认真的研读。列出这些与德性研究相关的英文书目，主要是为读者进一步研究提供参考。

我之前写作并出版过 10 多部价值论和伦理学方面的书，总结以前写作的经验和教训，我为写这本书确定了一个基本原则，即兼顾思想性、学术性、知识性和对话性。我以前的书思想性比较突出，有一定的学术性，但知识性不够，对话性更弱。哲学研究的重要特点之一，就是研究者要能与古今中外的哲学家对话。所以，这次除了进一步重视思想性，我还力图加强学术性，注重知识性，尤其突出对话性。根据这种意图，这部书更多地参阅了自己所掌握的国内外有关学术资料，在尽可能充分尊重并理解所有涉及的文本及其作者的基础上与其进行平心静气的讨论，同时也对一些相关的知识性问题进行了清理和阐释，并提出了自己的见解。

我学习和研究哲学、伦理学整整三十年。在写作本书时，我发现对不少哲学问题过去只是有一个大致的了解，没有真正弄清楚，尤其是发现有一些问题在国内以往的研究成果中并没有得到清晰的阐释，甚至没有进入哲学、伦理学的视野。于是，我在研究和写作的过程中试图对这些问题从哲学的角度进行梳理，其中比较突出的是观念、知识、能力、品质、认识、情感、意志、行为等问题。这些问题都与德性问题以及其他相关的哲学、伦理学问题有关，不把它们弄清楚，德性问题和其他相关的哲学、伦理学问题就很难说清楚。在对这些概念进行梳理和解析的同时，我对人性与人格的关系、人格的结构和个性心理特征、人的活动结构及其与个性心理特征的关系，以及所有这一切与人生幸福的关系等问题都做出了自以为较有说服力的回答。其中比较重要的见解有：人的人格是人性现实化的结果；人格主要由观念、知识、能力和品质四要素构成；人格完善是幸福的充分主观条件；人的活动划分为认识活动、情感活动、意志活动、行为活动；意志包括意愿、抉择、谋求三个子系统，意志力加上理性构成意志的调控机制，即理智；理智的最佳状态是智慧；等等。由于对这些问题做了较多的阐释，本书的篇幅大大增加。我的这些见解和阐述不一定都能得到同行们的认可，但也许不无启示意义。经过这一番梳理，我对人的理解更清晰了，对不少有关人的哲学和伦理学概念有了更明确的把握。

这部书是我所有书中写作耗时最长的，前后整整三年半时间；也是篇幅最大的，字数达到了 70 万字；更是花费精力最多的，大大小小的修改上百次，几乎一有空就琢磨它。尽管如此，本书还是有诸多不尽如人意之处。

一是理论上的。本书中涉及的有些问题，尽管我进行过反复思考，但答案仍有可商榷之处。例如，对德性的理解和表达，虽修改达几十次，但还是有些说不清楚。德性究竟是只指品质的道德性质，还是除此之外还包括其他的优秀品质？如果德性仅指品质的道德性质，那么就有很多平常被看作德性的品质不能被纳入德性的范围，像创新的品质就是如此；如果像亚里士多德理解的那样，德性指人各方面的优秀品质，那就有不少优秀品质在不少情形下可能不是道德的，"真诚的纳粹"现象就是如此。我对这个问题的解决办法是，将德性划分为基本德性和派生德性，基本德性规定品质的道德性质，派生德性只有以基本德性为前提才是德性，否则就不是德性。所有德性品质都是通过个人的自主作用形成的，而那些不能通过个人的自主作用形成的优秀品质（如反应的敏捷、相貌的美丽等）则不能划入德性的范畴。像这样的问题还有不少。虽然我对这些问题大致上有一个解决，但不一定能自圆其说。

二是学术上的。本书涉及的一些问题没有多少可供借鉴的资料，特别是缺乏哲学方面的资料，因而所做的阐述学术性不强。像观念、能力问题以及德性与观念、能力的关系问题等都较缺乏哲学及其他学科的资料支持。对于这些问题，我只是根据自己的观察以及对自己经验的反思做了一些初步的阐释，研究不够深入，阐述有些空泛且不够严密。

三是表述上的。本书中许多概念中西方哲学在理解上存在着较大差异，无论在翻译上还是在表达上都有难度。最典型的是"善"这个概念。这个概念的英文对应词是"good"即"好"。这就涉及一系列的表达问题，如英文中的"good life"我们译为"好生活"，与中文将"good"译为"善"不对应，而如果译为"善生活"又与英文的原意有较大出入。"理智"这个概念也是如此。"理智"在中文中同时包含"理性"和"意志"的含义，有对情感控制的意味，而在英文中没有相应的词，我们通常所译的对应词"intellect"却只有理性的含义，没有意志的含义。对于这样一些问题，我一般都适当地做了说明，但还需要读者仔细辨析。

由于存在以上这些不尽如人意的地方，所以本书同时兼顾"思想性、学术性、知识性和对话性"的意图并没有完全达到。不过有一点是令我欣慰的，那就是本书的主题是很有意义的，而且自己为研究和回答这个主题做出了很大的努力。

长期以来我一直着眼于当代世界文明发展的大趋势，面向当代人类问题和我国现实问题，从价值论的角度研究价值和道德问题，并以幸福这一价值和道德的总体性问题为中心构建自己的学术体系。以前我着重研究了幸福、智慧、和谐和优雅问题，德性问题有所涉及，但没有做系统、深入的研究。这次对德性问题的系统研究，弥补了过去的不足，同时也深化了对以前研究过的问题的认识。到这本书完成，我大致上实现了我的幸福主义伦理学体系的构建。这个体系概括说来由五个基本范畴、五个基本命题和五个基本主张构成。五个基本范畴是：幸福、智慧、德性、和谐和优雅。五个基本命题是：幸福是人类追求的终极目的，智慧是实现幸福的最佳途径，德性是人格完善的可靠保证，和谐是生存环境的理想状态，优雅是当代人类的应有选择。五个基本主张是：走幸福之路，做智慧之人，修德性品质，创和谐环境，过优雅生活。这个伦理学体系试图将对历史的传承和对现实的反思有机结合起来，最终落脚于回答当代人类如何更好地生存。这个回答是否令人满意，还得由读者和历史评说。

本书初稿完成后，我的同学和好友张继年先生对书稿进行了认真审读，并提出了诸多中肯意见。正是他的宝贵意见，推动我对本书的结构做了较大的调整并对篇幅进行了压缩。同时，我还请左兵先生对本书进行了字斟句酌的审读，他纠正和删除了书中不妥的和口语化的语言表达，使本书的文字准确、严谨、简洁了许多。左先生曾经对我的《幸福与和谐》一书做过相同的工作，使得那部著作重印本的文字质量大为提高。左先生已年过古稀，前后为本书工作了几个月，他对学术高度负责的精神和对我的真诚帮助令我深受感动，终生难忘。在此，我要对张继年先生和左兵先生表达崇高的敬意和深深的谢意。我也要感谢我的博士生方德志和方熹为本书所做的收集资料工作。最后我要特别感谢本书的责任编辑张伟珍编审。她对本书精雕细刻，精益求精，唯恐给读者留下任何编辑上的遗憾。她高尚的职业德性和精湛的业务能力，正是本书所极力推崇的，也是本人所十分敬佩的。

本书是2011年国家社科基金重点项目"西方德性伦理思想研究"（11AZX009）的主要前期成果。本书的写作和出版得到了湖北省道德与文明研究中心、湖北大学省级重点学科哲学和湖北大学省级优势学科伦理学的支持。

江 畅

2011 年 8 月

图书在版编目（CIP）数据

德性论：上下卷／江畅著 . --修订本 . --北京：
社会科学文献出版社，2024.12
（社科文献学术文库 . 文史哲研究系列）
ISBN 978-7-5228-3548-8

Ⅰ . ①德⋯　Ⅱ . ①江⋯　Ⅲ . ①道德-研究　Ⅳ .
①B82

中国国家版本馆 CIP 数据核字（2024）第 080062 号

社科文献学术文库·文史哲研究系列

德性论（修订本）上下卷

著　　者／江　畅

出 版 人／冀祥德
责任编辑／周　琼
文稿编辑／梅怡萍
责任印制／王京美

出　　版／社会科学文献出版社·马克思主义分社（010）59367126
　　　　　地址：北京市北三环中路甲 29 号院华龙大厦　邮编：100029
　　　　　网址：www.ssap.com.cn
发　　行／社会科学文献出版社（010）59367028
印　　装／三河市东方印刷有限公司

规　　格／开　本：787mm×1092mm　1/16
　　　　　印　张：57.5　字　数：765 千字
版　　次／2024 年 12 月第 1 版　2024 年 12 月第 1 次印刷
书　　号／ISBN 978-7-5228-3548-8
定　　价／238.00 元（上下卷）

读者服务电话：4008918866